KB042993

다다 혁명 운동과 헤겔 미학

Movement Dada & Hegel's *Aesthetics*

다다 혁명 운동과
헤겔 미학

Movement Dada & Hegel's *Aesthetics*

정 상 균 지음

學古房

머리말

   헤겔 신학(神學)의 가장 뚜렷한 두 가지 특징은, '게르만 신국(神國, The German City of God)' 주장과 '희생(Sacrifice) 예찬'이다.
   그런데 헤겔의 〈미학(*Aesthetics*)〉은 헤겔 전(全) 사상(思想)의 축약이다.

   헤겔은 이것으로 그 자신이 소위 '계몽주의(Enlightenment)'의 '사해동포주의' '개인 생명 존중' 운동에는 명백히 그 반대편에 서 있음을 확실히 하였다.

   그러나 이후 세계사의 전개는, '보수주의자' 헤겔의 예상(豫想)과는 다르게 전개되어 독일은 패망(敗亡)하고 '지구촌'은 상호 교류 속에 다양한 새 문화를 펼쳐나가게 되었다.

   '헤겔의 바른 이해'를 위해서는, 모름지기 그 '헤겔 자신의 말'을 바탕으로 삼아야만 그의 본지(本旨)를 다 얻게 된다.
   이에 필자(狄小乭)는 그 '헤겔의 평생 저술'을 통해서 '헤겔의 바른 모습'을 늦게나마 제대로 드러나게 한 것을 다행으로 생각한다.

2016년 7월 15일
추수자(狄小乭)

차례

16

제1장 총론

헤겔(Georg Wilhelm Friedrich Hegel, 1770[英祖 45년]~1831[純祖 31년])
은, 영국의 뉴턴(I. Newton, 1642~1727), 프랑스의 볼테르(Voltaire, 1694~
1778), 독일의 칸트(I. Kant, 1724~1804)가 주도를 하였던 소위 유럽의 '계몽
주의 시대(啓蒙主義 時代, The Age of Enlightenment)'[1]에 반대를 하고, 중세
(中世) 아우구스티누스(A, Augustinus, 354[新羅 흘해왕 45년]~430[新羅 눌지
왕 14년])가 그의 〈신국(神國, *The City of God*, 426)〉에서 밝힌, '삼위일체
(Trinity)'와 '신의 통치(Theocracy)' '노예철학(a servant of the Lord)'을 그대
로 수용하고 거기에다 다시 '게르만 우월주의' '제물(희생, sacrifice) 예찬' '전
쟁 불가피'론을 추가하여 소위 '현실주의(Actualism)' 철학을 펼쳤던 수구(守
舊) 보수주의 신학(神學)자였다.

더 구체적으로 말하여 칸트는 그의 〈순수이성비판(1781)〉에서 인간의 인
식(Cognition)의 작용을, '감성(Sensibility 물자체)'과 '오성(Understanding 이
성)'이라는 두 가지 원리[二元論(dualism)]로 설명하였고, 무엇보다 그 '감
성(Sensibility 물자체 – Things in themselves)'을 '실체(Substance)'로 중시하
였다.

---

1) '개인에 의한, 자유롭고 적절한 이성(理性)의 행사(行使)가 계몽주의 시대의 주제(主題)
   이였다.(The free and proper exercise of reason by the individual was a theme.)' –
   Wikipedia 'I. Kant'

이에 대해 신학자 헤겔은 '절대정신(하나님)'을 '실체(Substance)'로 잡고 소위 '삼위일체(Trinity)' 논리로 인간 '사회' '역사' 문제를 망라(網羅)하려 하였다.[一元論(monism)]

뿐만 아니라 헤겔은 '게르만 국가주의(The German Nationalism)'가 '현실인 것'이고 '이성적인 것'이라고 주장하였고, 헤겔 특유의 '우울증(憂鬱症, Hypochondria)'에 근거를 둔 '자살 충동(The Suicidal Impulse)'을 '자유(윤리) 의지(The Free Will)' '정의 실현(the Realization of Justice)'으로 오해(誤解)를 하였던 '강박증(強迫症, Obsessive Compulsive Neurosis)' 환자로서, 19세기 '제국주의 게르만 군주(君主)'를 '신(神)'으로 떠받들도록 주장하였던 '신권통치(Theocracy)' 이론가였다.

거기에다 헤겔은, 중세 신학자들의 '동어반복(tautology)'의 '가짜 논리학(a logic of illusion)' '변증법(Dialectic)'을 그 '신권통치(Theocracy)' 합리화와 '게르만 우월주의(The Chauvinism of German)' 입증(立證) 방법으로 적극 활용을 하였다.

<u>헤겔의 그러한 생각을 가장 종합적으로 명시했던 저작이 <미학 강의(Lectures on Aesthetics, Vorlesungen über die Ästhetik)>이다.</u>

이에 그 헤겔의 주요 주장들을 항목별로 요약을 해 보면 다음과 같다.

① 헤겔은 개신교 신학자로서 '하나님의 살아계심과 그의 역사(役事)'를 믿고 있었다. (〈종교철학〉 〈법철학〉 〈역사철학〉)

② 헤겔은 '하나님(God)'을 '절대정신' '세계정신' '보편정신' '이성' '순수존재' '즉자대자존재' '절대이념'으로 달리 부르고 있는데, 그것은 플라톤의 '이념' 칸트의 '순수이성' 아우구스티누스의 '삼위일체' '세계정신' 이론을 원용(援用)해 통일한 결과이다. (〈종교철학〉 〈정신현상학〉 〈논

18

리학〉〈역사철학〉〈철학사〉)

③ 칸트는 '감성(Sensibility, 物自體, 對象)'과 '오성(悟性 Understanding, 判斷力, 理性)'이란 인식(認識)의 양대 축(兩大 軸)에서 '감성(感性, 물자체, 대상)'을 '실체(實體, Substance)'로 한 이원론(Dualism)이었음에 대해, 헤겔은 '절대정신(理性)' '신(God)'을 '실체(實體, Substance)'로 전제하고 그것의 통일(일원론－Monism)을 주장하였다. (〈종교철학〉 〈정신형상학〉〈논리학〉)

④ 헤겔은 '대상(Object, 자연, 육체) 극복'을 그 신학적 가장 큰 전제로 삼았으니, 그것은 '하나님(절대정신)'으로 나가는 헤겔의 기본전제로서 헤겔의 '염세주의(厭世主義)' '허무주의' '부정의 철학(Philosophy of Negation)'과 깊이 연동된 사항이다. (〈정신현상학〉〈논리학〉〈자연 철학〉)

⑤ 헤겔의 '현실주의(Actualism)' '이성주의(Rationalism)'는 가장 유명한 사항이다. 그것은 헤겔의 경우, 바로 '게르만 국가주의(The German Nationalism)'를 지칭한다. (〈법철학〉〈역사철학〉〈철학사〉)

⑥ 헤겔은 '역사종속주의자(歷史從屬主義者)'로서, 각 개인은 '시대의 아들(A Child of His Time)'이라 규정하였다. 그래서 헤겔은 '게르만 신국 (神國, 공동체)' 건설에 각 개인은 '신의 종(a servant of the Lord)'으로 서 그 '희생(Sacrifice)'이 '절대자유(법에의 복종)'로 마땅한 것이라 주장하였다. (〈정신현상학〉〈법철학〉〈역사철학〉〈미학〉)

⑦ 그래서 역시 헤겔은 '신권통치(Theocracy)' '신정론(神正論, Theodicy)'을 당연시하였다.['帝國主義' '軍國主義'의 긍정] (〈종교철학〉〈법철학〉 〈철학사〉)

⑧ 헤겔은 아우구스티누스의 '희생(Sacrifice)'론에 자신의 '우울증(憂鬱症)' '자살충동' '자기파괴 충동(Impulse of Self-Destructiveness)'을 연

동(聯動)시켜 그 '자살(自殺)'을 '프로테스탄트 고유 정신'으로 예찬(禮讚)하였다. (〈법철학〉〈미학〉〈자연철학〉)

⑨ 헤겔은 '전쟁 심판' 이론을 긍정하여 '전쟁'을 세계사의 변증법적 전개에 불가결한 요소로 [A. 토인비에 앞서]긍정(肯定)하였다. (〈법철학〉〈역사철학〉〈미학〉)

⑩ 헤겔의 경우 그 '배타주의(排他主義, Elitism)'가 극(極)을 이루어, '동양인에 대한 서구인, 서구인 중에 독일인, 독일인 중에 헤겔 자신'이란 '상대적 우월주의'를 명시하여, '오만(傲慢) 신학(神學)'의 표본이 되었다. (〈역사철학〉〈철학사〉〈미학〉)

⑪ 헤겔의 〈미학〉은 '내용(Content)'의 미학(美學)을 펼친 것이 그 특징인데, '신 중심의 미학' '신을 향한(도덕) 미학'이 최고라고 주장하였다. (〈미학〉)

⑫ 그리고 헤겔은 '예술(비유적인 하나님)'보다는 '종교(교회 속에 하나님)'를 중시해야 하고, 그 '종교'보다는 '현실 이성 철학(게르만 국가주의와 희생정신)'을 중시해야 한다고 주장하였다. (〈미학〉)

⑬ 헤겔은 '과학(경험)주의' '평화주의' '인간(생명)주의'의 '계몽사상(Enlightenment)'에 반대한 '보수주의 개신교 신학자'였다. (〈철학사〉〈역사철학〉〈미학〉)

⑭ 헤겔의 '변증법'이란 기본적으로 '삼위일체'의 전제에 비롯한 '동어반복(Tautology)'으로 불가능한 무리(無理)를 연발하게 하였으니, 그 대표적 오류(誤謬)는 (a) '개념(Notions)=(자연)대상' (b) '존재(Being)=무(Nothing)' (c) '이성(Reason 예수, 헤겔의)=조물주(God)' (d) '자유(Freedom)=윤리(Morality, Law)' (e) '자기파괴(Self-Destructiveness)=정의(Justice)' 등이었다. (〈종교철학〉〈정신현상학〉〈논리학〉〈자연철학〉)

제2장 〈종교철학〉

헤겔은 '튀빙겐 신학대학(the University of Tübingen)' 출신으로 졸업 후 가정교사 시절부터 이미 〈그리스도교의 절대성(*The Positivity of the Christian Religion*)〉이라는 제목으로 예수의 일생을 책이 될 분량으로 작성을 하였던 '기독교 열성파(熱性派)'였다.

소위 '헤겔 철학'이란 한 마디로 '삼위일체(the Trinity)'에 근거한 '정신(Mind, Spirit, Holy Spirit) 중심의 개신교 신학(Theology)'이다.

이러한 측면에서 먼저 헤겔의 〈종교철학 강의(*Lectures on the Philosophy of Religion*)〉를 살피는 것은 그 '헤겔 신학(神學)'의 이해에 지름길이다.

②-01 〈종교철학 강의〉의 성립(成立)과 개요(概要)

"헤겔의 〈종교철학 강의(*Lectures on the Philosophy of Religion*, Vorlesungen über die Philosophie der Religion)〉는 '기독교'에 관한 헤겔의 생각을, '자기의식(自己意識 self-consciousness)'의 형태로 개괄한 것이다. 그 개념들은 궁극적인 것, 어떤 측면에서 헤겔 철학 체계에 결정적 요소를 대변하고 있다. 헤겔은 그의 변별적 철학적 탐구를 감안하고 변증법적 역사적 방법을 적용하여, 기독교의 의미를 근본적으로 재해석하고 기독교의 특징적 이론을 제공하고 있다. 이 강의에서 채택된 탐구는, 헤겔의 최초 저서 〈정신현상학(*The Phenomenology of Spirit*, 1807)〉에서 어느 정도 예시(豫示)가 된 바였다.

Ⓐ 1832년 마르하이네케 판

헤겔의 '개념'과 그 강의 '내용'은, 그 강의가 행해진 1821년, 1824년 1827년 1831년의 경우마다 크게 달랐다.

최초 독일어판은 1832년에 베를린에서 간행되었는데, 헤겔 사망 이후 '유저(遺著) 간행 시리즈'의 일부이다. 이 책은 P. 마르하이네케(Philip Marheineke, 1866~1952)가 서둘러 헤겔이 손수 적은 강의 노트와 학생들의 노트들을 수집해 엮은 것이다.

Ⓑ '신(神)의 현존 증거들'

1840년에 헤겔의 젊은 제자 B. 바우어(Bruno Bauer, 1809~1882)와 K. 마르크스(Karl Marx, 1818~1883)가 만들었는데, 그것은 마르하이네케(Philip Marheineke) 이름으로 출간이 되었다.

제 2판을 준비하면서 편집자 바우어와 마르크스는 헤겔의 원고 중에 중요한 논고를 찾았는데, 거기에는 헤겔이 죽을 때에 출판사를 위해 개정을 하고 있었던 <u>신의 현존 증거에 대한 강의(Lectures on the Proofs of the Existence of God)'</u>를 포함하여 이전에 사용된 어떠한 스케치보다 헤겔의 관념이 훨씬 상세하게 된 것을 찾아내었다. 마르하인네케도 역시 헤겔의 가장 뛰어난 제자들의 강의의 참신하고 온전한 기록들을 보유하고 있었다.

그러나 보유하고 있는 그 책은, 하나의 편집적인 모음집으로 남아 있다. 그 어떤 부분에는 헤겔 자신이 실제 저작까지도 출판을 예상한 것은 아니고, 강좌의 비공식적 토론의 성격이 확실한 것도 포함되어 있다.

Ⓒ 1920년대에 라손(Georg Lasson) 판

1920년대에 라손(Georg Lasson, 1862~1932)은 〈전집(全集, Sämtliche Werke)〉중에 신판(新版)으로 간행을 하였다. 라손 판 〈종교철학 강의〉는 학생들의 노트와는 달리 헤겔의 원고를 차별화 했고, 서로 분리된 강의 내용을 연결하고 라손이 '반복(反復)이다.'라고 생각된 것은 삭제를 행하였다. 그 결과를 오늘날 다 찬동하는 바는 아니나, 라손 판은 그 이후 사라진 헤겔 원고로의 길을 탐사하는데 유용(有用)하다.

Ⓓ 예스케 판(1990)

1990년 예스케(Walter Jaeschke, 1945~)는 원전(原典)의 완전한 재편집을

바탕으로 강의 시리즈를 마련하여 옥스퍼드 대학 출판으로 간행하였다. 이 영역(英譯)은 해리스(H. S. Harris)의 협력 하에 브라운(Robert F. Brown) 호지슨(Peter C. Hodgson), 스튜어트(J. Michael Stewart) 팀에 의해 마련이 되었다. 3권의 책에는 '편집자 서문' '텍스트에 대한 비평적 주석' '텍스트의 다양성' '목차' '참고문헌' '용어 사전'이 포함되어 있다.

ⓔ '절대 종교' '계시적 종교'인 기독교

'절대 종교(The Consummate [or Absolute] Religion)'는 기독교에 대한 헤겔식 이름이고, "계시적 종교(the Revelatory [or Revealed] Religion)"도 역시 헤겔식 명명이다. 헤겔은 그 강의를 통해 주요 기독교 교리에 대한 사변적 재(再) 해설을 제공하고 있다. 즉 '삼위일체' '창조' '인간' '소원(疎遠)과 악' '그리스도' '성령' '영적 세계' '교회' '세상'이 그것이다. 헤겔의 해설은 현대 신학에 강력하고 논쟁적인 영향을 주었다.

ⓕ 루터 식 '종교 자유(Luther's idea of Christian liberty)'

헤겔은 루터(개신교) 식 기독교 자유를 확장하였다. 헤겔은 '범신론(pantheism)'을 언급하고 인도, 중국, 고대 이집트, 고대 희랍, 고대 로마의 종교를 논하고 있다. 헤겔의 이슬람 고찰은 하나의 책을 이루고 있다. 그 강의를 기초로 제3권에서 헤겔은 '신의 현존(the existence of God)'에 관한 많은 서로 다른 철학적 논쟁을 장황하게 논하고 있다."

> ((Hegel's Lectures on the Philosophy of Religion (German: Vorlesungen über die Philosophie der Religion) outlines his ideas on Christianity as a form of self-consciousness. They represent the final and in some ways the decisive element of his philosophical system. In light of his distinctive philosophical approach, using a method that is dialectical and historical, Hegel offers a radical reinterpretation of the meaning of Christianity and its characteristic doctrines. The approach taken in these lectures is to some extent prefigured in Hegel's first published book, The Phenomenology of Spirit.
>
> Hegel's conception and execution of the lectures differed significantly on each of the occasions he delivered them, in 1821, 1824, 1827, and 1831.

The first German edition was published at Berlin in 1832, the year after Hegel's death, as part of the posthumous Werke series. The book was rather hastily put together by Philip Marheineke, mainly from students' copies of the lectures delivered during different sessions, though it also contained matter taken from notes and outlines in Hegel's own handwriting.

In 1840, two of the Young Hegelians, Bruno Bauer and Karl Marx, began work a second edition,[2] which appeared under Marheineke's name. In the preparation of this second edition, the editors drew largely on several important papers found amongst Hegel's manuscripts, in which his ideas were developed in much greater detail than in any of the sketches previously used, including the "Lectures on the Proofs of the Existence of God," which Hegel was revising for the press when he died. Marheineke had also fresh and very complete copies of the lectures made by some of Hegel's most distinguished pupils.

Yet, the book in the form in which we have it, remains an editorial compilation. No part of it, not even the part which is Hegel's actual composition, was intended for publication, and the informal and discursive character of the Lectures is apparent.[1]

In the 1920s, Georg Lasson published a new edition within the Sämtliche Werke series. It used special types to differentiate the text of Hegel's manuscripts, from his students' notes, but stitched lectures from different session together, and cut out what Lasson viewed as repetitions. Although the result is not always praised today, his edition is useful to researches as he had access to manuscripts that have since been lost.

In 1990, Oxford University Press published a critical edition, separating the series of lectures and presenting them as independent units on the basis of a complete re-editing of the sources by Walter Jaeschke. This English translation was prepared by a team consisting of Robert F. Brown, Peter C. Hodgson, and J. Michael Stewart, with the assistance of H. S. Harris. The three volumes include editorial introductions,

---

1) Wikipedia, Hegel 'Lectures on the Philosophy of Religion'

critical annotations on the text, textual variants, and tables, bibliography, and glossary.

"The Consummate [or Absolute] Religion" is Hegel's name for Christianity, which he also designates "the Revelatory [or Revealed] Religion." [7] In these lectures, he offers a speculative reinterpretation of major Christian doctrines: the Trinity, the Creation, humanity, estrangement and evil, Christ, the Spirit, the spiritual community, church and world. These interpretations have had a powerful and controversial impact on modern theology.

Hegel expanded on Luther's idea of Christian liberty. He touches on pantheism, and discusses religions of India, China, Ancient Egypt, Ancient Greece, and Ancient Rome. It is the only work where he examines Islam. In the last of three volumes based on these lectures, Hegel discusses at length many different philosophical arguments for the existence of God.))

〈'헤겔의 종교철학'2)〉

   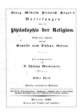

〈'마르하이네케(Philip Marheineke, 1866~1952)' '종교철학 강의(1832)', '바우어(Bruno Bauer, 1809~1882)' '마르크스(Karl Marx, 1818~1883)' '종교철학 강의(1840)'〉

〈'라손(Georg Lasson, 1862~1932)', '예스케(Walter Jaeschke, 1945~)'〉

---

2) Wikipedia, Hegel 'Lectures on the Philosophy of Religion'

＿＿＿＋

* 머리에서 (Wikipedia) 해설자는 헤겔(1770~1831)의 〈종교철학〉과 〈정신현상학〉의 연관성을 언급했으나, 물론 이들은 절대적 상호연관성을 지니고 있고, **〈종교철학〉은 헤겔의 모든 저서를 관통(貫通)하고 헤겔에 관한 제1급의 정보(신념)이다.**

* 헤겔 신학(神學)은, 계몽주의 철학자 칸트(I. Kant, 1724~1804)의 〈순수이성비판(*The Critique of Pure Reason*, 1781)〉과 절대적인 '대립 관계'에 있다. 간단히 말해 칸트는 영국의 뉴턴(I. Newton, 1642~1727)의 '만유인력의 법칙(the law of universal gravitation)'과 프랑스 볼테르(Voltaire, 1694~ 1778)의 '자연법(Natural Law)' 사상을 그 대로 수용하고 거기에 다시 플라톤의 이념철학(선험철학)에 대입(代入)하여, 중세 '스콜라(敎父) 철학'을 타파(打破)하고 소위 '경험철학'과 '선험철학'의 통합을 달성했던 저서가 바로 〈순수이성비판〉이었다.
그런데 **헤겔은 그 뉴턴 볼테르 칸트의 주장의 대극(對極)적인 위치에 자리를 잡아 이른바 그 '계몽주의(Enlightenment)'를 (겉으로는 찬동하고, 중심으로는) 반대하여 비판하는 그 '개신교(Protestant)' 입장에서, 자신의 평생 저술을 지속하였다.**
'헤겔 (개신교)신학'과 기존 '스콜라 철학(가톨릭)'과 구분된 점은, **헤겔은 우선 칸트가 앞서 주장했던 그 '이성(Reason)' '자기의식(self-consciousness)'을 바로 기독교의 '자신의 개념(self-conception)' '삼위일체(Trinity)'의 '성령(Holy Spirit, 聖神)'에 그대로 대입(代入)하여 '하나님의 살아계심'을 증언하며 '독일 개신교(German Protestantism)'를 적극 옹호하였던 점이다.** (참조, ⑦-08. '배타(排他)적인' 유대 민족(Jewish) ⑦-05. '이성(理性)'이 세계(史)를 지배한다.) 그러한 측면에서 헤겔의 〈종교철학〉을 살펴보는 것이 무엇보다 '헤겔의 파악'에 필수불가결한 문제이다.

26

* 본고는 위에서 소개한 'ⓓ **예스케 판(1990)**' 선행(先行) 본인 1884~5년의 '캘리포니아 대학 출판(University of California Press)' 본을 기초로 하였다. 그리고 1968년 라우틀리지 사(Routledge & Kegan Paul)의 스파이어스와 샌더슨(E. B. Speirs & T. B. Sanderson) 번역을 대거 원용(援用)하였다.

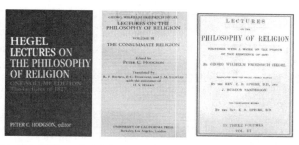

〈'캘리포니아 대학 출판(1984)', '캘리포니아 대학 출판(1985)', '라우틀리지 사 출판(1968)'〉

②-02 '하나님'은 출발점이고 종착점이다.

"종교 자체의 대상(God)은 최고 절대 존재(the highest, the asolute)이며, 그 자체가 절대적으로 진실하고 진리 그 자체인 절대자이고 세계의 모든 비밀과 사고의 모든 모순(all contradiction of thought), 그리고 감정의 모든 고통이 용해(are resolved)되어 있는 영역이다. 이것은 절대 진리 그 자체인 영원한 진리와 영원한 안식의 영역이다. <u>인간이 동물과 구별되는 것은 의식과 사상이다(Conscious or thought is what distinguishes human beings from the animals)</u>. 이로부터 시작되는 학문과 예술의 모든 구별, 무한하게 뒤얽힌 인간적인 관계, 습관, 그리고 행동, 노련함, 향유 등 모든 구별들은 신의 유일한 사상 안에서 그 최종점을 찾는다. 신이야말로 만유(萬有, all things, everything)의 출발점이며 종착점이다. 만유는 그로부터 시작하며 그로 돌아간다. 신은 철학의 유일무이의 대상이다.(God is the one and only object of philosophy) 철학은 신에 대한 연구에 몰두하며 신 안에서 만유를 인식하고, 모든 특수자를 그로부터 끌어내는 것처럼 만유를 그에게 귀속시킨다. 철학은 또한 만유가 그로부터 나오며, 그와의 연관성 가운데서 보존되며 그의 빛으로 인해 살고 그 영혼을 소유한, 만유를 홀로 정당화시킨다. 그러므로 철학은 곧 신학이며(philosophy is theology) 신학에 대한 몰두이다. 신학에 몰두한 철학은 그 자체가 예배(禮拜)이다.(occupation with philosophy…is of itself the service of God) 이 대상은 오직 자기 자신을 통해 존재하며 자신을 위해 존재한다. 그는 최고 최종 목적 그 자체와 같이 스스로 절대자 충만자이며 무제약자이고 자존자(自存者)인 동시에 자유자이다."

The object of religion itself is the highest, the absolute,[4] that which is absolutely true or the truth itself. This is the region in which all the riddles of the world, <u>all contradictions of thought, are resolved</u>, and all griefs are healed, the region of eternal truth and eternal peace, of absolute satisfaction, of truth itself.

<u>Consciousness or thought is what distinguishes human beings from the animals.</u> All that proceeds from thought—all the distinctions of the arts and sciences and of the endless interweavings of human relationships, habits and customs, activities, skills, and enjoyments[5]—find their ultimate center in the *one* thought of God. <u>God is the beginning of all things and the end of all things; [everything] starts from God and returns to God.</u> <u>God is the one and only object of philosophy.</u> [Its concern is] to occupy itself with God, to apprehend everything in him, to lead everything back to him, as well as to derive everything particular from God and to justify everything only insofar as it stems from God, is sustained through its relationship with him, lives by his | radiance and has [within itself] the mind of God. <u>Thus philosophy *is* theology</u>, and [one's] <u>occupation with philosophy—or rather *in* philosophy—is of itself the service of God.</u>[6]

This object exists solely through itself and for its own sake. It is something that is ⌐absolutely self-sufficient, unconditioned, independent, free, as well as being the supreme end unto itself.⌐ [8]

〈'종교철학 서론'3)〉

---

3) G. W. F. Hegel(Edited by P. C. Hodgon), *Lecture on the Philosophy of Religion*, University of California Press, 1984, Ⅰ, pp.83~4 'Introduction' ; 헤겔(최신한 역), 종교철학, 지식산업사, 1999, pp.11~12

_____✦

* **계몽주의자 칸트와 신학자 헤겔의 차이점은, 칸트가 '확실한 인간 정신(인식, Cognition)'을 그 최고기준으로 삼았음에 대해 헤겔은 '신(절대정신, Absolute Spirit)'을 최고 정신, '실체(substance)'로 주장던 점이다.** 앞서 언급했던 바와 같이 칸트는 뉴턴과 볼테르 정신의 온전 수용자였다.

이에 대해 헤겔은 칸트의 '이성(Reason)' 개념을 바로 '절대정신(신)'으로 대용(代用)하며, G. 라이프니츠(G. Leibniz, 1646~1716)의 '신정론(神正論, Theodicy Theocracy)'를 그대로 수용하였다. **(참조, ⑦-05. '이성(理性)'이 세계(史)를 지배한다. ⑦-06. '절대자'는 역사(歷史) 속에 역사(役事)한다.)**

* 위에 인용한 헤겔의 말은, 헤겔이 '베를린 대학 교수'로서 1821년 대학 강단에서 행한 '강의(lectures)'의 일부이다. 그런데 위의 헤겔의 말은 오늘날 '교회나 성당'에서 목사(牧師)나 신부(神父)가 행한 '기도(祈禱)'나 '찬송'과 완전 동일한 것이다. 그러함에도 헤겔은 당시 위와 같은 내용을 학생들에게 소위 '과학(Science, Wissenschaft)'으로 수용(收容)하기를 독려(督勵)하고 있었다. 헤겔의 '신(여호와)'에 대한 전제는, 문자 그대로 '[시간적으로]영원' '[공간적으로]무한대' '[힘으로]전능'이고 현재 작용(役事)을 계속하고 있는 '절대자(The Absolute)'이다.

헤겔은 여기에 다시 그 '하나님이 살아계시는 증거(the Proofs of the Existence of God)'⁴⁾를 대며 평생을 보내었다[**그것이 '전 헤겔 저술'의 要旨임**]. 헤겔은 위에서 '모든 사고(思考)의 모순(all contradiction of thought)이 풀린다(are resolved)'라고 말했는데, 이것은 그 인간 중심의 칸트가 〈순수이성비판〉에서 '감성(Sensibility)'과 '오성(Understanding)'을 구분했던 것(二

---

4) G. W. F. Hegel(Translated by E. B. Speirs & T. B. Sanderson), *Lectures on the Philosophy of Religion*, Routledge & Kegan Paul, 1968, V.3, pp.155~327 'First Lecture~Sixteenth Lecture' (Concluded 19th August 1829)

元論)을 비판한 말이다.[모든 '區分'은 무의미하다는 要旨] (참조, ④-23. '정신 (심성)의 주요 기능'은, 감성능력(표상 능력)과 그 종합능력(오성기능)이다.-I. 칸트)

그러나 더욱 쉽게 말하여 '인간 인식(Cognition)'과 '자연 대상(Object)'을 구분한 칸트의 입장은 인류 보편의 전체로 당연한 것이다.[헤겔 자신의 경우도 피해갈 수 없는 사항이다.] 헤겔은 '하나님, 성부(聖父, 절대정신)'이 '피조물, 성자(聖子, 자연 대상)'를 창조하셨으니, 그 '성부'와 '성자(자연물 포함)'는 하나다(삼위일체)는 기독교인의 주장에 있었다-'하나님' 중심의 一元論 Monism]. (참조, ②-14. **'하나님(절대신)'이 '아들(만물, 자연물)'을 창조하셨다.** ②-21. **'성부(聖父)' '성자(聖子)' '성신(聖神)'은 하나이다.**)

위에서도 헤겔은 '철학은 바로 신학'(The philosophy is a theology)이라고 하였는데, 이 말을 달리 해석한 사람은 신학자 헤겔의 본뜻을 '크게 곡해(曲解)할 사람'이다.

②-03 인생은 '가상(假像)'으로, 그 자체가 고통과 근심이다.

"모든 유한적 정신은, 이 대상[God]에 몰두하는 가운데 해방되며 모든 것에 대해 보증될 뿐 아니라 확증된다. 이 일은 다름 아닌 '영원한 존재(the eternal, 하나님)'에 대한 몰두이다. 그러므로 우리는 영원한 존재와 하나인 삶과 그 안에 있는 삶을 탐구해야 하고 또 탐구할 수 있다. 또한 우리가 이러한 삶을 느끼며 이러한 삶에 대한 감정을 갖는 한, 이 느낌은 '모든 결핍된 것과 유한한 것(everything imperfect and finite, 인생)'의 해소이다. 이러한 무한한 삶에 대한 느낌이야말로 지복(至福)이며, 이에 대해서는 다른 이해가 있을 수 없다. 신은 이렇듯 원리이며 만유의 모든 행위, 시작과 노력의 최종점과 진리이기 때문에, 인간은 신에 관한 의식을 가지며, 인간 자신과 만유의 진리일 뿐 아니라 인간 존재와 행위의 진리인 절대적 실체에 대한 의식을 갖는다. 인간은 이러한 신에 대한 몰두와 신에 관한 지식 및 감정을 자신의 최고 삶으로, 그리고 그의 진정한 위엄으로, 다시 말해서 인간 자신의 주일 (主日, Sunday)로 간주한다. 그러므로 <u>유한한 여러 목적들, 제한된 관심에</u>

대한 구토증(嘔吐症), 그리고 이러한 삶의 고통은 비록 그것이 단편적 계기이기는 하지만 그 자체가 불행한 계기이다. 이것은 곧 근심과 수고이며 시간성의 여울의 염려이고 연민과 동정이다. 이 모든 것은 환상과 같이 부동하는 것으로 느껴지고 과거의 늪으로 빠져 들어가는 것이다. 이는 망각의 조수로부터 새어나온 영혼과 같아서, 시간적으로 다른 존재가 된 이 영혼은 그 자신을 더 이상 위협하지도 않고 그를 종속적으로 묶고 있지도 않은 가상(假像)을 향해 떠돌 뿐이다."

We may and must, therefore, contemplate a life in and with the eternal, and to the extent that we sense this life and feel it, (this sensation) is the dissolution of everything imperfect and finite. It is the sensation of blessedness, (and nothing else [is to be] understood by blessedness.)

(Since God is in this way the principle and goal, the truth of each and every deed, initiative, and effort,) all persons have therefore a consciousness of God, or of the absolute substance, as the truth of everything and so also of themselves, of everything that they are and do. They regard this occupation, the knowing and feeling of God as their higher life, as their true dignity, as the Sunday' of their lives. <u>Finite purposes, (disgust at) petty interests, the pain of this life, (even if only [in] isolated moments that are themselves unhappy,)</u> the troubles, burdens, and cares of "this bank and shoal of time,"[10] pity and compassion—all this, | like a dream image, seems to float away (into the past like the soul that drinks from the waters of forgetfulness,[11] its other, mortal, nature fading into a mere semblance, which no longer causes it anxiety and on which it is no longer dependent.)

〈'종교철학 서론'5)〉

———→

* 위에서 헤겔이 '유한한 여러 목적들, 제한된 관심에 대한 구토증, 그리고 이러한 삶의 고통은 비록 그것이 단편적 계기이기는 하지만 그 자체가 불행한 계기이다.(Finite purpose, (disgust at) petty interests, the pain of this

5) G. W. F. Hegel(Edited by P. C. Hodgon), *Lecture on the Philosophy of Religion*, University of California Press, 1984, Ⅰ, pp.84~5 'Introduction' ; 헤겔(최신한 역), 종교철학, 지식산업사, 1999, pp.12~13

life, (even if only [in] isolated moments that are themselves unhappy,)'라고 했던 점은 먼저 주목을 요하고 있다. 왜냐하면 헤겔 자신의 '염세주의(厭世主義, Pessimism)' '허무주의(虛無主義, Nihilism)'를 바탕으로 '현세(現世, 이승) 부정(The Negation of this world)' '현생(現生, 자기 생명) 극복(Subjugation of this Life)'의 '부정의 철학(The Philosophy of Negation)'을 수립하였기 때문이다.

즉 헤겔은 평생토록 '현세 부정' '육신(肉身) 초극(The Overcoming of this body)'의 '우울증(憂鬱症, Depression, Hypochondria)' '염세주의(Pessimism)' '허무주의(Nihilism)'를 바탕으로 '신(절대 정신)'을 교설(教說)하였는데, 이것은 '인간 중심의 계몽주의(Enlightenment)' 더욱 구체적으로 뉴턴, 볼테르 칸트 사상과는 반대되는, 개신교 신학을 고집한 헤겔 신학의 정면(正面)이다. (참조, ③-08. 이 세상은 '껍질(husk)'이다. ⑪-06. '세계의 정신(말 탄 나폴레옹)'을 보다(1806).)

* 헤겔보다 앞서 '인생의 고통(the pain of this life)' '꿈같음(like a dream image)'을 말했던 이는 석가모니 부처(釋迦牟尼, 563~483 b.c.)가 있었는데, 위의 헤겔의 말은 그 경우와 동일한 경우인데, 이것도 헤겔의 말(신학)에 유념해야 할 말이다. (참조, ④-10. '존재'와 '무(無)'의 일치는 동양적인 것이다.)

* 천재적인 볼테르(Voltaire, 1694~1778)가 '뉴턴(I. Newton, 1642~1727)의 천체물리학적 우주관' '로크(J. Locke, 1632~1704)의 의학적 실존주의' '공자(孔子, 551~479 b.c.)의 자연법(Natural Law—내가 싫은 일을, 남에게 행하지 말라.[己所不欲 勿施於人])'을 통일(〈관용론, 1763〉)하여 이미 250년 후 (2016) 미래 세계에 나와 있었다.

이에 칸트(I. Kant, 1724~1804))는 뉴턴의 '만유인력 법칙(law of universal gravitation)' 볼테르의 그 '자연법(Natural Law)' 사상에다가 플라톤(Plato, 427~347 b.c.)의 '이념 론'을 적용하여 〈순수이성비판, 1781〉을 제작했고, 소위 '범주(範疇, Categories)'론 '세계 개념(Cosmical Conceptions)'에는 뉴

턴의 '만유인력(universal gravitation)' 이론을 적용하였고 그에 기초한 인간 (理性의) '자유(Freedom)'은 볼테르(孔子)의 '자연법'을 기초로 하였으니, 역시 '천하무적(天下無敵)'의 논리가 된 것이다. (참조, ⑥-31. **인간 '최대 자유 보장'론-I. 칸트**)

그런데 칸트의 후배 **헤겔은 신학교를 이수(履修)하면서, 이미 '주님의 종(a Servant of the Lord)' '예수 정신'에 심취(深醉)해 있었다. 그리하여 인간 현상(萬物)에서 '하나님의 존재'를 느꼈던 헤겔은, (칸트의 〈순수이성비판 1781〉을 읽고 칸트가 말한) '순수이성'이야말로 '절대 정신(Absolute Spirit, 하나님, Holy Spirit)'라고 확신을 하였다.**[이성=하나님]

〈'공자(孔子, 551〜479 b.c.)' '로크(J. Locke, 1632〜1704)' '뉴턴(I. Newton, 1642〜1727)' '볼테르(Voltaire, 1694〜1778)' '칸트(I. Kant, 1724〜1804)'〉

그러나 여기까지도 아직 '헤겔의 재변(災變)'은 아직 나타지 않았으나, 헤겔은 이에 더 나아가 칸트의 '순수이성'을 비현실적 '관념적' '이상적[Ideal]'이라고 보고 칸트의 '세계 개념(천체물리학적 세계관)'을 [아우구스티누스의]'세계 정신(World Soul)'으로 바꾸어 해석하고, '가짜 논리학(a logic of illusion)' 변증법을 '절대정신(신)'으로 향해 가는 '수행(修行) 과정(인생관의 변전)'으로 치환(置換)하며 거기에 칸트가 앞서 경계(警戒)했던 '(스콜라 철학의)철면피(鐵面皮)한 허풍이고 방자스런 자만(extravagant boasting and self-conceit)'[6]

---

6) I. Kant(translated by J. M. D. Meiklejohn), *The Critique of Pure Reason*, William Benton, 1980, p.149 'Pure Reason of its Transcendental Problems'

까지 오히려 갖추었다. (참조, ③-10. 하나님은 살아 역사(役事)하는 실체요 주체이다.)

②-04 '인간'보다는 '신(God)의 영광'을 알려야 한다.

"정신의 눈으로 바라 볼 때 우리 인간은 종교 가운데 반영된다. 종교 속의 인간, 즉 종교를 접하는 인간은 이러한 제한된 현실의 냉혹함에서 벗어나서 이 현실을 단지 흘러가는 가상(假像)으로 간주한다. 종교의 이 순수한 영역 안에서는 이러한 가상이 오직 평화와 사랑의 빛 가운데서 그 그늘과 구별됨 과 영원한 안식으로 순화시킬 뿐이다. 이러한 직관과 감정을 가진 인간에게 는 자기 자신이 중요하지 않다. 다시 말해서 인간 자신의 지식과 욕망에 대 한 관심, 허영, 긍지 등이 중요한 것이 아니라 인간이 지니고 있는 내용, 즉 신의 존귀를 알리고 신의 영광을 드러내는 이러한 내용이 중요한 것이다.

이것이 종교에 대한 일반적 직관이며 느낌인 동시에 종교의식이며 우리가 종교에 대해 일컫고자 하는 것이다. 종교의 본성을 탐구하는 것이 이 강의의 목적이다."

> we see it with the spiritual eye only as a floating semblance, which, in this pure region, only mirrors its lights and shades, its contrasts, softened, in the radiance of satisfaction and love, into eternal rest. In this intuition and feeling, we are not concerned with ourselves, with our interests, our vanity, our pride of knowledge and of conduct, but only with the content of it—proclaiming the honor *of God* and manifesting *his* glory.
>
> This is the universal intuition, sensation, consciousness—or what you will—of *religion*. To investigate and become cognizant of its nature is the aim of these lectures.[12][13] [3a]

〈'종교철학 서론'7)〉

---

7) G. W. F. Hegel(Edited by P. C. Hodgon), *Lecture on the Philosophy of Religion*, University of California Press, 1984, Ⅰ, pp.85~6 'Introduction' ; 헤겔(최신한 역), 종교 철학, 지식산업사, 1999, pp.13~14

_____→

* 헤겔은 위에서 '정신적 눈(the spiritual eye)'이라는 말을 사용하였는데, 헤겔에게 '정신(Spirit)'은 바로 '성신(聖神, Holy Spirit)'과 동일한 의미이다.

* 칸트의 〈순수이성비판〉은 전체적으로 '감성(感性), 직관(直觀), 표상(表象, Sensibility, Intuition, Representation)'과 '오성(悟性), 판단력(判斷力), 이성 (理性, Understanding, Judgement, Reason)'의 구분하였고, 구체적인 쟁점은 '인식(Cognition)과 대상(Object)의 일치'[眞理] 문제였다. (참조, ④-23. **'정신 (심성)의 주요 기능'은, 감성능력(표상 능력)과 그 종합능력(오성기능)이다.-I. 칸트, ②-33. '진리'란 '인식과 그 대상이 일치하는 것'이다.-I. 칸트**)
칸트는 인류 공통의 '이성'에 대한 구체적인 '작용 범위(Categories)와 기능들 (Functions)'을 설명했을 뿐이다. 그런데 헤겔은 '사제(司祭) 정신' '특권 의식' '귀족 정신' '배타주의'로 칸트의 '직관(Intuition)' '표상(Representation)' '감성 (Sensibility)' 논의를 [신학적으로]곡해(曲解)하여 비웃고 폄훼하기에 바빴다. 즉 헤겔은 '육체 무시' '현실 부정' '이 세상의 지양(止揚) 극복(克服)'을 최고 (最高)로 생각하였다. 다시 말해 헤겔에게는 인간의 '직관과 감정(intuition and feeling)'은 중요하지 않고, '신의 영광(the honor of God)' 높이는 것이 제일이라고 주장하였다.

②-05 '엄밀학(嚴密學, *les sciences exactes*)'은 종교와 대립한다.

  "종교에는 '절대적 내용(the absolute content)'이 들어 있다. 그러나 그 개념에 의할 때 인식(認識, cognition)은 없다. 인식(認識)은 앞서 언급한 바와 같이 그 자체가 규정적이어야 하는 원인과 결과 및 근거와 결론의 관계와 연관 속에서 움직인다. 인식은 유한자를 지배하고 이를 그 활동영역 안으로 끌어들인다. 그러나 인식은 '이 무한자(the eternal)'에 걸맞지 않다. 이러한 무한자는 유한자(the finite)와 구별되는 무한자이며, 모든 규정적 내용은 이 무한자에게 귀속된다. 인식은 이러한 유한자의 연관성과 필연성을 의식하는 것을 의미한다. 따라서 종교는 단순한 감정으로 수축되며 이 감정이 그것에 대해 어떤 것도 알지 못하고 그것에 대해 말할 어떤 것도 갖지 못하는 것, 무한자를 향한 '내용 없는 정신의 고양(高揚, a contentless elevation of spirit)'으로 쪼그라든다. 인식에 해당하는 모든 것은 이 인식을 유한자의 영역과 연관으로 전락(顚落)시키는 것을 의미하기 때문이다.(since any cognizing would be a dragging down of the eternal into this sphere of finite connections)

따라서 '엄밀학(嚴密學, les sciences exactes)'은 종교와 대립한다. 여기에 두 가지 측면이 있다. 1. 신적(神的)인 존재로 채워진 심정, 실체적인 의식과 느낌, 자유, 그리고 규정적 존재에 비추어 보았을 때 일관성을 결여한 자기의식-이것은 우연적인 것이다. 2. '규정적 존재의 일관된 연관(a coherent connectedness of the determinate)', 유한자와 사유규정 가운데서 이러한 연관에 정통함, 순수성과 신이 배제된 체계 자체.(a familiarity with the finite and with the thought-determinations of this nexus of connections) 1.에는 절대적 재료, 절대자, 전체성, 그리고 가장 중요한 점인 신(神)이 존재한다. 모든 것은 신으로 빠져들며 그에게 관계하고 그를 통해서만 정립된다. 이것은 관념론이다. 여기서 신은 긍정적 존재이기는 하지만 추상적인 긍정적 존재에 지나지 않는다. 2.에는 유한한 재료, 유한한 지식과 의식, 중심점을 결여한 필연적 연관성이 있다. 1.은 인식이 아니며 2.는 인식이다. 종교철학은 이 둘의 조정이다. 무한자는 유한자 가운데 있는 무한자이며 유한자는 무한자 가운데 있는 유한자이다.(Everything submerged in and related to him, but posited only by him is idealism, There is only the positive, but it is abstractly positive.) 이것은 심정과 인식의 화해이며 종교적 절대적 순수 감정과 지성의 화해이다."

[54]To religion belongs the absolute content—but without any cognition according to this concept of it. This cognition weaves and moves among its relations and connections of cause and effect, of grounds and consequents, which, as we have said, are themselves necessarily determinate. ⟨[It] takes possession of the finite, draws it into | its sphere, finds [it] to be incongruous with the infinite; [this is] just such an infinite as is distinguished from the finite.⟩ All determinate content devolves upon it, and to be cognizant means to become aware of the connectedness and necessity ingredient in

the finite. [55]Religion, therefore, shrivels up into simple feeling, [8a] into a contentless elevation of spirit into the eternal, etc., of which, however, it knows nothing and has nothing to say, since any cognizing would be a dragging down of the eternal into this sphere of finite connections.

Consequently, *les sciences exactes*[56] [stand] opposed to religion. These two sides [confront each other as follows: on the side of religion[57]] the heart and mind [are] filled with divine substantial consciousness and sensation, ⟨[with] freedom, self-consciousness,⟩ but without consistency in regard to the determinate, this being, by contrast, contingent; [on the side of cognition] a coherent connectedness of the determinate [prevails], ⟨a familiarity with the finite and with the thought-determinations of this nexus of connections,⟩ a system on its own account but without solid substance, without God. [The religious side has] an absolute content, an absolute totality [with] God ⟨[as its] center. Everything submerged in and related to him, posited only by him, [is] idealism.⟩ [There is] only the positive, but [it is] abstractly positive. [The other side has] a finite content, finite knowledge and consciousness, necessary connections without a midpoint. [The former is] not cognition, [the latter is] cognition.

〈'종교철학 서론'[8]〉

_____→

* 헤겔이 위에 언급한 '절대적 내용(the absolute content)'이란 '절대 정신' '신(God)'을 말한다. 그런데 **칸트의 '내용(content)'이란 '직관(直觀)'이고 '직관 의 참된 대상'인 '물자체(the thing in itself)'이다.**[헤겔의 '내용(content)'은 역시 '신(God)'임] 더욱 간결하게 말하면 헤겔의 관심은 '하나님'이고 칸트의 관심은 '천지 만물'과 그것을 '인식(cognition)'하는 주체 '나(I)'이다. 헤겔은 신학자로서 '신(神)'이 중심이고, 칸트는 '일상인'으로서 (과학적 사고를 바탕 으로)자유롭게 사는 것이 목적이다. (참조, ②-34. **감성의 참된 상관 자는 '물자체(the thing in itself)'이다.-I. 칸트**)

---

8) G. W. F. Hegel(Edited by P. C. Hodgon), *Lecture on the Philosophy of Religion*, University of California Press, 1984, Ⅰ, p.103 'Introduction' ; 헤겔(최신한 역), 종교철 학, 지식산업사, 1999, pp.31~33

* 위에서 '목사 헤겔'과 '과학의 엄밀성(嚴密性)' 사이에 고민(苦悶)이 토로되어 있다. 그렇지만, 헤겔은 이러한 고민은 '세속인(일반인)'을 굽어보는 성직자(聖職者)로서 헤겔의 고지(高地)를 명시하는 '(허풍의)귀족 의식'의 토로일 뿐이다.

역시 위의 말은 헤겔이 그의 〈논리학〉에서 펼쳐 보인 그 '변증법'이 허구일 수밖에 없음을 시인(是認)한 것으로 주목을 요한다. **'신(God)'은 '믿음'이니, '엄밀학(嚴密學, les sciences exactes)-과학'은 종교와는 대립한다는 점을 헤겔은 명백히 긍정(주장)하고 있다.**

헤겔은 이 말은 역시 칸트의 〈순수이성비판〉을 비판한 말이다. 계몽주의자 칸트는 그 〈순수이성비판〉에 대대적으로 '스콜라(敎父) 철학'을 비판하여 (사실상) 그들이 설 자리를 빼앗아 버렸기 때문이다.['과학의 탐구' 대상이 아님] 이것이 목사 헤겔이 칸트 비판의 이유이고, 더러 '헤겔이 칸트를 극복했다' '관념철학을 완성했다'고 주장한 사람은 모두 교회 '목사' 성당의 '신부(神父)'이거나 〈순수이성비판〉을 바로보지 못한 사람들이다. 왜냐하면 칸트는 (〈순수이성비판〉에서)우리가 알 수 없는 것을 말하지 않고 우리(인간 모두)의 '인식력(認識力)의 작용'을 설명하였고 어떻게 '종교적 신비주의(神秘主義)'가 용납될 수 없는지를 다 설명했기 때문이다.[칸트는 인간의 '감성(感性, sensibility, 物自體)이 무시된 논의는, 인간을 위한 논의일 수 없다'는 기본 전제에 있었다.]

②-06 '인식(cognition)'은 '신의 본성(the nature of God)'이다.

"나는 이제 지성의 세계(an intelligible world), 즉 '인식의 세계(a world of cognition)'로 옮겨진다. 인식은 신(神)의 속성이며 신의 규정 방식과 행위 방식이다(cognion is the nature of God). 신이 실제로 이러한가 하는 것은 내 속에 제시되어 있는 타자의 직관과 확신 및 신앙에 기인한다. 그러나 마찬가지로 나 가운데는 사유와 인식과 이성이 존재한다. 나는 죄악성 가운데 있는 나의 자유를 드러내 보인다. 이것이 자유이며 사유이다. 나는 바로 나 자신 가운데 있는 존재이다. 그리스도교는 내가 인식해야 한다고 말할 뿐 아니라 인식이 그리스도교 자체의 본질에 들어 있는 것이라고 말한다. 나는 그리스도교 속에서 나의 자유를 보존하며 더 나아가 그리스도교 속에서 자유로운 존재가 된다. 그리스도교 가운데 개체와 주체가 있으며 영혼의 구원이 있다. 이것은 개별자가 개별자로서 구원하는 것이며 이것이야 말로 근본적인 목적이다. (단순히 유한적 존재는 인간의 목적이 아니다.) 이러한 주관성(subjectivity)과 주아성(主我性, selfhood)-이것은 이기심과는 구별이 된다.-이야말로 인식 자체의 원리이다."

> I am transported into an intelligible world, [a world of] cognition: this is the nature of God, ⟨his attributes and modes of activity.⟩ Whether it is so rests on the intuition and assurance of others, [on] confirmation. [The cognition is] referred to myself; thought, cognition, reason occur precisely within me. My freedom [is] put before my eyes in my sinfulness; my freedom [is] in my thinking: I am on my own. The Christian religion does not merely *say* that I should know; cognition, rather, is part of its very nature. (α) In the Christian religion I am to retain my freedom—indeed, I am to become free in it. In it is the individual, the subject; the welfare of the soul, the salvation of the individual as an individual, not merely of the race, [is] the essential purpose. This subjectivity, this selfhood (not selfishness) is precisely the principle of cognition itself. ⟨(β) At the same time God's essence and nature [are] manifest—the development of his content.⟩ [9a]

〈'종교철학 서론'9)〉

------✦

* 헤겔의 '말'이 난해한 첫 번 재 이유는 자신의 '신학적 공상(空想)'을 동어반복(同語反覆)으로 막 늘어놓는 점을 들 수 있는데, 위에서 헤겔은 '하나님 인식'과 '개인 헤겔의 인식'을 뒤섞어 말하고 있다. 이것은 '신=이성'이란 헤겔의

---

9) G. W. F. Hegel(Edited by P. C. Hodgon), *Lecture on the Philosophy of Religion*, University of California Press, 1984, Ⅰ, pp.105~6 'Introduction' ; 헤겔(최신한 역), 종교철학, 지식산업사, 1999, pp.35

개신교적 신념에 비롯한 것이지만, 일반인은 그러한 비약을 필요로 하지 않는다. 그러나 헤겔의 경우, '헤겔의 이성=신의 이성' 공식이 무너지면 그의 신학(철학)은 처음부터 불능이다.[헤겔의 '5대 거짓말' 중 제3항]

* '헤겔의 간교(姦巧)함[전쟁 옹호라는 측면에서]'은 사람들이 다 알아보는 데는 시간이 걸린다. 칸트가 〈순수이성비판〉에서 인간 '이성(Reason)' 최고 위치에 놓고 '신학(Theology)'은 '순수이성'의 산물이나, '오성(Understanding)'의 뿌리를 상실한 것이라 비판하였다.['感性(直觀, 物自體)'의 무시 부정이라는 측면에서]

이에 헤겔은 '절대 정신'을 강조하며 인간의 인식을 '초월한 존재'를 주장하고 칸트를 한사(限死)코 비판을 감행했다.

* 헤겔의 장기(長技)는 '동어반복(Tautology)'이니, 위에서도 헤겔은 역시 '(헤겔의)인식=지성=신=그리스도=자유=절대이념'의 동어반복을 무한정으로 펼칠 기세이다. (참조, ②-39. 스콜라 철학자들의 '동어반복(Tautology)'-I. 칸트) 헤겔의 '동어반복'에 결정적 오류(誤謬)로는, (a)'개념=(자연)대상' (b)'있는 것(Being)=없는 것(Nothing)' (c)'헤겔(그리스도)의 이성=하나님(창조주)' (d) '자유=윤리(법)' (e)'자기파괴=정의(正義) 실현' 다섯 가지 사항이다.

* 칸트의 밝음으로 이미 (헤겔의) 그것까지를 예상하여 '인간 모두는 시비를 판정해야 할 의무가 있다.'라는 금언(金言)을 남겨 놓았다. (참조, ④-25. 우리에게는 '시비(是非) 판정의 의무'가 있다.-I. 칸트)

②-07 '유한 정신(finite spirit-예수)'이 '신의 절대 의식(absolute consciousness for God-여호와 권능)'을 갖고 세상에 나오다.

"완전종교(The Consumate Religion, 기독교)는 종교의 개념이 객관적으로 전재된 종교이며, 이는 이미 규정된 바 있다. 종교의 개념은 총체성 속에서 그 규정을 향해 구별되어 전개되는데, 이 총체성은 이러한 규정의 과정을 통해 정립되므로 총체성은 곧 '의식의 대상(an object of consciousness)'이다. 최초로 우리는 인간이고, 의식의 측면이고, 유한 정신으로 신에 대한 정신으로 반영된 바로서의 신을 가졌다.(First we had humanity, the side of consciousness, God as reflected in spirit, in spirit vis-a-vis God in finite spirit.) 때가 차고 토대가 마련되었으므로 유한적 정신의 측면으로부터, 그리고 유한적 정신의 측면으로부터 유한성이 벗겨져야 했던 것이다.(When the time was fulfilled, the soil prepared, finitude had to be abolished from the side of finite spirit-it had to abolish it on its side, the finite side.) 신이 계시되고 있고 나타나 있을 뿐만 아니라 유한적 정신이 신의 형상과 과정이므로 유한적 정신은 절대의식의 능력을 갖는다."

> [2]This religion [was] earlier defined[3] as the one in which the *concept of religion* has become *objective* to itself; [it is] the totality in which the concept of religion—developed in different ways to yield its determinate moments—is *posited*; it has existence for others and so becomes an object of consciousness. ([First we had] humanity, the side of consciousness, God as reflected in spirit, in spirit vis-à-vis God, [in] finite spirits. When the time [was] fulfilled,[4] the soil prepared, finitude had to [be] abolished from the side of finite spirit—it [had to abolish it] on its side, the finite side. [Thus spirit became] sufficiently capable of absolute consciousness for God to reveal or manifest himself. [Spirit is] precisely this image [of God].)

〈'온전한 종교'10)〉

———✈

* 위의 말은 기독교 신학의 상투어(常套語)이다.

* 위 부분은 '정신(Spirit)'으로 '신(God)'을 전제한 헤겔이 '사람의 형상'으로 이 세상에 온 예수를 설명한 부분이다.['개신교도'로서 헤겔 식 '신(God)'의 해명]

* 그러나 소위 '과학(Science)'이란, '어떤 사물(自然物)에 동일한 조건을 제공하면 시간(시대)과 장소를 초월하여 동일한 결과(효과)를 얻는 방법(方法)이

---

10) G. W. F. Hegel(Edited by P. C. Hodgson), *Lecture on the Philosophy of Religion*, University of California Press, 1985, Ⅲ, pp.61~2 'The Consummate Religion' ; 헤겔(최신한 역), 종교철학, 지식산업사, 1999, pp.243~4 (일부가 英譯을 바탕으로 보충이 되었음)

고 기술(技術)'이다. 즉 '시간' '장소' '인간'의 구분을 초월하여 '동일한 조건에 동일한 결과'를 내지 못한 이론은 '과학적 이론'이 아니다(또는 아직 불충분하다). 그래서 칸트는 그 '과학적 사고'의 근본을 건드리지 않고 그것을 총괄하는 인간 모두가 태어날 때부터 가지고 나온 '선험적(先驗的) 이성'론을 펴서 '인류평등'의 대의(大義)를 실현하는 거대 기초를 마련하려 한 것11)이다. 이것이 역시 온전한 선배 볼테르와 동일한 '지구촌(The Global Villages)' 의식에 도달한 칸트의 바른 의도였다.

* 그러한 칸트의 모습에 평생토록 '치우친 말(기독교인들의 말)'과 '가짜 논리학' 변증법으로 비판을 행한 것이 헤겔이었으니, 딱한 노릇이다.
* 위의 말은 역시 '신과 예수' '신과 헤겔'이 아울러 논의될 수밖에 없으므로 자연스럽게 그 '삼위일체(Trinity)' 논리로 가게 되었다. 헤겔의 '삼위일체'는 '정신학' '논리학' '국가학' '역사학' '미학' '변증법' 등 모든 영역에 제외될 수 없는 사항이다. 왜냐하면 신학자 헤겔의 말은 문자 그대로 '삼위일체'의 구조 속에 항상 가동되었기 때문이다.

②-08 만물은 '신(God)'에서 출발하고 '신'에게로 돌아간다.

"우선 종교철학에서 우리 앞에 가지고 있는 대상, 일반적 종교 관념이란 무엇인가를 상기함이 필요할 것이다. 종교에서 '우리는 현세적인 것을 떠나는 것(we withdraw ourselves from what is temporal)'을 알고 있고, 종교가 우리의 양심이고 종교 속에 세상의 모든 수수께끼가 풀리고 모든 심화된 사상의 모순이 그들의 의미를 드러내고 거기에서 마음속 고통의 목소리가 잠잠해지고 거기가 영원한 진리 영원한 휴식 영원한 평화의 장소이다. 전반적으로 말해 종교는 사상을 관통해 있고, 구체적인 사상, 더욱 구체적으로 말하

---

11) 볼테르는 이 칸트에 앞서 그의 〈무식한 철학자(*The Ignorant philosopher*, 1766)〉에서, '정의(正義)를 아는 이성(理性)은 인류의 통성(通性)이다.'라고 하였다. - Voltaire, *The Best Known Works of Voltaire*, The Book League, 1940, p.446 'X X XI. Is There any Morality?'

면 종교는 인간이 인간으로 존재하는 인간의 존재 정신(Spirit)에 의해 있다. '정신(Spirit)'을 지닌 인간으로부터 인간의 자유와 의지에 관련된 과학과 예술과 정치적 생활과 모든 조건의 발전을 이룩하고 있다. 그러나 모든 인간관계 행위 기쁨 이들이 얽혀 있는 모든 다양한 것, 인간의 가치와 존엄성(worth and dignity)을 지닌 모든 것은 그의 행복 영광 긍지를 추구하고 그 궁극의 중심을 종교, 사상, 양심, 신의 느낌에서 발견하고 있다. 이처럼 신은 만물의 출발점이고 종착점이다.(God is the beginning of all things and the end of all things) 만물은 이 지점에서 출발하고 다시 그것으로 되돌아간다. 신은 생명 공급의 중심이고, 만물을 촉진하고 존재의 모든 다양한 형식으로 실재하여 활략하고 보존되어 있는 그 중심이다. 종교로 인간은 자신을 이 중심과 관련을 맺고 그 속에서 모든 다른 관계가 자체를 구체화하고 그렇게 함으로써 의식의 최고의 수준에 올리고 그 자체가 아닌 다른 것으로부터 떠난 경지, 절대 자족적인 어떤 것, 조건이 없고, 자유롭고 그 자체가 목적인 경지로 올린다."

To begin with, it is necessary to recollect generally what object we have before us in the Philosophy of Religion, and what is our ordinary idea of religion. We know that in religion we withdraw ourselves from what is temporal, and that religion is for our consciousness that region in which all the enigmas of the world are solved, all the contradictions of deeper-reaching thought have their meaning unveiled, and where the voice of the heart's pain is silenced——the region of eternal truth, of eternal rest, of eternal peace. Speaking generally, it is through thought, concrete thought, or, to put it more definitely, it is by reason of his being Spirit, that man is man; and from man as Spirit proceed all the many developments of the sciences and arts, the interests of political life, and all those conditions which have reference to man's freedom and will. But all these manifold forms of human relations, activities, and pleasures, and all the ways in which these are intertwined; all that has worth and dignity for man, all wherein he seeks his happiness, his glory, and his pride, finds its ultimate centre in religion, in the thought, the consciousness, and the feeling of God. Thus God is the beginning of all things, and the end of all things. As all things proceed from this point, so all return back to it again. He is the centre which gives life and quicken-

ing to all things, and which animates and preserves in
existence all the various forms of being. In religion
man places himself in a relation to this centre, in which
all other relations concentrate themselves, and in so doing
he rises up to the highest level of consciousness and
to the region which is free from relation to what is other
than itself, to something which is absolutely self-sufficient,
the unconditioned, what is free, and is its own object
and end.

〈'종교철학 서론'12)〉

_____→

* 이 '서론'은 1824년 '종교철학 강의'에서 펼친 서론이다.

　그런데 위와 같은 헤겔의 말은 그렇다고 동조(同調)를 하건, 또는 그것에
이론(異論)을 제기하던 큰 문제는 없다.

　그런데 헤겔의 말이 칸트의 '인간 이성 중심'을 근본으로 '절대정신(절대신)'
중심으로 바꾼 것이라는 사실을 확인하고 나면 문제는 한없이 심각해진다.

* <u>헤겔은 '신의 종(a Servant of The Lord)' 예수의 행적에 심취하였는데, 그
생각으로 '이승의 부정(Negation of this world)' '현재 생명의 부정(Negation
of this life)'을 최고로 생각하여 '염세주의' '허무주의'를 자신의 긍지로 삼았던
사람이다.</u>

* 그렇지만, 그것도 한 개인의 취향(趣向)이면 어쩔 수 없는 경우도 있다.

　그런데 헤겔은 그것을 자기 개인 문제에 묶어두지 않고 '사회화(社會化)'
'국가화(國家化)' '세계화(世界化)' 즉 '게르만 신국(神國, The German City
of God)'으로까지 비약하여 열을 올렸으니, 그 뚜렷한 자취가 〈법철학〉 〈역
사철학〉 〈철학사〉 〈미학〉이었다. (참조, ⑧-03. '게르만 왕국', '신국(神國)',
'이성적인 세계')

12) G. W. F. Hegel(Translated by E. B. Speirs & T. B. Sanderson), *Lectures on the
Philosophy of Religion*, Routledge & Kegan Paul, 1968, V 1, pp.1~2 'Introduction'

그리고 그 '게르만 신국(神國, The German City of God)'은 '이성(신)'이 명령한 것이고 '이성(신)'이 달성한 것이고, 거기에 '전쟁(戰爭, war)은 불가피한 것'이고 그러기에 모든 '시민(국민)'은 '자기파괴(自己破壞, Self-Destructiveness)'를 '최고의 정의(正義) 달성'으로 '자유(윤리) 성취 기쁨으로 수용해야 한다.'는 것이 헤겔 주장의 전부이다.[이것이 헤겔 식 '프로테스탄트 독일주의'의 正體임]

②-09 '신(God)'이 '절대 진리', '절대 가치', '절대 자유'이다.

"이 궁극의 대상과 목적을 가진 것으로서의 종교는, 그러하기에 절대 자유이고 그 자체의 목적이다. 그밖에 모든 다른 목적들은 이 궁극의 목적에 집중하고 그것의 존재 속에 그들 자체가 갖는 가치가 사라지고 포기되기 때문이다. 그밖에 어떤 목적도 그것에 배치(背馳)된 근거를 가질 수 없으며 여기[신]에서만이 만물이 그들의 성취를 보게 된다. 그 정신(spirit)이 그 자체를 목적으로 지니는 종교에서는 '모든 유한성(all finiteness)'을 벗어버리고 궁극의 만족과 구원을 획득한다. 종교에서는 자체가 아닌 다른 어떤 것, 한정적인 것과도 관계가 없고 무제한 무한정이고 그것은 어떤 의존도 아닌 하나의 무한의 관계 자유로운 관계이기 때문이다. 종교에서 종교의 인식은 완전한 자유(absolutely free)이고, 진정으로 진실한 인식이니, 그것은 절대 진리(absolute truth)에 대한 인식이기 때문이다. 감정으로서의 종교의 성격으로 이 자유의 조건은 우리가 '축복(blessedness)'이라 부르는 만족감이니, <u>인간의 행위는 신의 명예 신의 영광을 넘어 행할 것이 없고 이 행위 속에는 인간 자신의 관심이나 공허한 자존심과는 관계가 없고 절대 목적과 공존한다.</u> 다양한 모든 것들은 그들이 소유하고 있는 종교 인식 내부에 있다고 느끼고 있고, 진정한 권위와 인생의 안정(Sabbath)을 이루는 것은 종교로 알고 있다. 우리 속에 의심과 두려움 모든 슬픔 모든 걱정 모든 유한 인생의 작은 관심들을 일으키는 것을 우리는 세월의 강가에 내다버린다. 그리고 산의 최고 정상(頂上)에서 이 세상에 유한 것들을 멀리 보며 유한한 세상 경치를 굽어보며 영적인 눈(the spiritual eye)으로 '이 현실 세계의 딱딱한 실제(the hard realities of this actual world)'를 벗어나 실체와 비슷하기만 하는 어떤 것으로

영적 태양의 빛으로 목욕하는 그 순수한 경지에서 영원한 안식으로 들어가
는 색채의 그림자 다양한 번쩍거림을 반추한다. 프시케가 들어 마시어 모든
슬픔을 버린 망각의 강 영역에서 인생의 어두운 것들은 꿈같은 광경으로 연
화(軟化)하고 영원의 광명 속에 하나의 단순한 뼈대가 될 때까지 변전을 계
속한다."

    Religion, as something which is occupied with this
final object and end, is therefore absolutely free, and is
its own end ; for all other aims converge in this ultimate
end, and in presence of it they vanish and cease to have
value of their own.　No other aim can hold its ground
against this, and here alone all find their fulfilment.
In the region where the spirit occupies itself with this
end, it unburdens itself of all finiteness, and wins for
itself final satisfaction and deliverance; for here the spirit
relates itself no longer to something that is other than
itself, and that is limited, but to the unlimited and
infinite, and this is an infinite relation, a relation of
freedom, and no longer of dependence.　Here its con-
sciousness is absolutely free, and is indeed true conscious-
ness, because it is consciousness of absolute truth.　In
its character as feeling, this condition of freedom is the
sense of satisfaction which we call blessedness, while as
activity it has nothing further to do than to manifest
the honour of God and to reveal His glory, and in this
attitude it is no longer with himself that man is con-
cerned—with his own interests or his empty pride—but
with the absolute end.　All the various peoples feel that
it is in the religious consciousness they possess truth,
and they have always regarded religion as constituting
their true dignity and the Sabbath of their life.　What-
ever awakens in us doubt and fear, all sorrow, all care,
all the limited interests of finite life, we leave behind
on the shores of time; and as from the highest peak of
a mountain, far away from all definite view of what is
earthly, we look down calmly upon all the limitations of
the landscape and of the world, so with the spiritual eye
man, lifted out of the hard realities of this actual world,
contemplates it as something having only the semblance
of existence, which seen from this pure region bathed in
the beams of the spiritual sun, merely reflects back its
shades of colour, its varied tints and lights, softened

away into eternal rest.　In this region of spirit flow the
streams of forgetfulness from which Psyche drinks, and
in which she drowns all sorrow, while the dark things of
this life are softened away into a dream-like vision, and
become transfigured until they are a mere framework for
the brightness of the Eternal.

〈'종교철학 서론'13)〉

_____ ✈

* 헤겔은 위에서 '인생의 덧없음'을 오히려 서정적으로 서술했다.

헤겔은 위에서 '절대 진리(absolute truth)' '절대 자유(absolutely free)'를 말
하였는데, 헤겔에 앞서, 칸트는 〈순수이성비판(The Critique of Pure Reason,
1781)〉에서 '진리(truth)'란 "인식과 인식 대상이 일치하는 것(the accordance
of the cognition with its object)"14)이고 "자유는 도덕법의 존재 근거이고
(freedom is the _ratio essendi_ of the moral law)"15), "하나님이나 영혼불멸의
관념은, 도덕률의 조건은 아니다(The ideas of God and immortality,
however, are not condition of the necessary object of a will determined
by this law)"16)라고 하였고, "각 개인의 자유는, 타인의 자유와 함께 한다는
원칙에 기준에 따라 최대한의 자유를 보장하는 것이 법제정에 이념이다."17)라

---

13) G. W. F. Hegel(Translated by E. B. Speirs & T. B. Sanderson), _Lectures on the
Philosophy of Religion_, Routledge & Kegan Paul, 1968, V 1, pp.2~3 'Introduction'
14) I. Kant(translated by J. M. D. Meiklejohn), _The Critique of Pure Reason,_ William
Benton, 1980, p.36
15) I. Kant(translated by T. K. Abbott), _The Critique of Practical Reason,_ William Benton,
1980, p.291
16) I. Kant(translated by T. K. Abbott), _The Critique of Practical Reason,_ William Benton,
1980, p.291
17) I. Kant(translated by J. M. D. Meiklejohn), _The Critique of Pure Reason,_ William
Benton, 1980, p.114 'A constitution of the greatest possible human freedom according
to laws, by which the liberty of every individual can consist with the liberty of every
other is, to say the least, a necessary idea, which must be placed at the foundation
not only of the first plan of the constitution of a state, but of all its laws.'

고 주장하여 '인간 이성 중심'의 '진리' '자유'를 명시하였다. (참조, ②-33. '진리'란 '인식과 그 대상이 일치하는 것'이다.-I. 칸트 ⑥-31. 인간 '최대 자유 보장'론 -I. 칸트)

* 그러했음에도 헤겔의 위의 말은 그대로 '염세주의(Pessimism)' '허무주의(Nihilism)'를 기본으로, '절대 신'에의 귀의(歸依)를 주장한 그것이다. 그 이외는 단순한 '수사(修辭)'일 뿐이다.
* 헤겔은 '계몽주의' 영향 속에 과거의 '육체 부활'을 전제로 한 신관(神觀－가톨릭 神觀)'을 버리고 '관념(Idea)의 신' '정신(Spirit)의 신'을 주장하는 '개신교'도 입장에 섰다. 그러나 궁극적으로 그 '관념' 그 '정신'이 '인간이 생각한 관념' '인간의 현실 집착'을 버리고, '신의 절대 자유' '절대 진리' '무한 행복'을 찾아야 한다고 주장하고 있었으니, 그 '헤겔의 신(God)' 뒤에는 역시 헤겔 자신이 있음을 확실히 될 필요가 있다.['헤겔의 이성=신의 이성'] (참조, ⑥-10. '현실적인 것'이 '이성적인 것'이다.)

②-10 세상일에 바쁜 사람은 '영원(永遠)'을 모른다.

"'절대자의 이미지'는 현존하는 기쁨의 원천으로 종교적 독실한 마음에 운명적으로 확실하게 나타날 수 있다. 혹 그것은 그리워하는 어떤 것, 소망하는 어떤 것으로 먼 미래에 나타날 수도 있다. 역시 그것은 영혼이 이 세상에 머무는 동안 고통을 주는 걱정 속에서도 항상 확실한 것으로 남아 있어 그 빛이 이 현재의 인생에 신성한 것으로 흐르고 있고, 진리로 활동하는 의식을 제공하고 있다. 신앙은 절대자를 진리로 알게 하고 현실에 실존하는 사물의 본체임을 알게 한다. 그리고 종교적 사유의 정수(精髓)를 이루는 것은 현 세상에 생명력이고 개인 생활에서도 생생하게 느끼도록 만들어 신앙인의 전 행동을 지배한다. 그와 같은 것이 일반 종교의 인지 감각 의식이라고 우리는 정의할 수 있다. 그 종교의 속성을 고려하고 고찰하고 이해하는 것이 이 강의 목표이다.

그러나 우리는 무엇보다도 어떤 개인에게서 종교가 생겨난바 철학이 아닌 우리가 갖고 있는 목적을 구체적으로 이해해야만 한다. 그것의 존재는 반대로 모든 이에게 근본적인 것을 형성하는 것으로 상정되고 있다. '인간 필수 본성[신을 향한 성질]'에 관한 한에서는, 새롭다는 것을 그 사람에게 소개할 것은 없다. 그것을 해보려면 개에게 책을 먹여 우리의 정신을 개에게 집어넣으려는 생각만큼이나 부조리한 일이다. '이런 유한(有限) 세상(this finite world)'에 서둘음과 바쁨을 초월하여 자신의 영적 관심을 넓히지 않는 사람은, 열망과 기대와 '영원의 감정(the feeling of the Eternal)'을 통해 이승을 초월한 자신의 고양(高揚)에 성공할 수가 없고, 영혼의 순수성을 응시하지 않는 사람은 우리가 이승에서 우리의 목적인 요소[신과 종교]를 소지(所持)하지도 않은 사람이다."

This image of the Absolute may have a more or less present vitality and certainty for the religious and devout mind, and be a present source of pleasure ; or it may be represented as something longed and hoped for, far off, and in the future. Still it always remains a certainty, and its rays stream as something divine into this present temporal life, giving the consciousness of the active presence of truth, even amidst the anxieties which torment the soul here in this region of time. Faith recognises it as the truth, as the substance of actual existing things ; and what thus forms the essence of religious contemplation, is the vital force in the present world, makes itself actively felt in the life of the individual, and governs his entire conduct. Such is the general perception, sensation, consciousness, or however we may designate it, of religion. To consider, to examine, and to comprehend its nature is the object of the present lectures.

We must first of all, however, definitely understand, in reference to the end we have in view, that it is not the concern of philosophy to produce religion in any individual. Its existence is, on the contrary, presupposed as forming what is fundamental in every one. So far as man's essential nature is concerned, nothing new is to be introduced into him. To try to do this would be as absurd as to give a dog printed writings to chew, under the idea that in this way you could put mind into it. He who has not extended his spiritual interests beyond

the hurry and bustle of this finite world, nor succeeded
in lifting himself above this life through aspiration,
through the anticipation, through the feeling of the Eter-
nal, and who has not gazed upon the pure ether of the
soul, does not possess in himself that element which it is
our object here to comprehend.

〈'종교철학 서론'18)〉

------✈

* 헤겔은 잠시도 자신이 '신앙인임'을 망각(忘却)한 적은 없었다. 〈종교철학〉
  에 보인 헤겔의 태도는 '요한복음' 기술자의 태도 그것과 많이 비슷하다.
  그러나 **〈신약〉과 헤겔의 저서가 확실히 구분됨은, 헤겔이 마지막 결론을 '게르**
  만 국가주의' '전쟁 긍정의 희생 예찬'으로 변용시켰다는 점이다.

* **헤겔의 진정한 모습은 개신교 '목사로서의 헤겔'이다. 먼저 이 지점을 확인을**
  해야 그 '전반적인 말(철학)'이 그 '난해(難解)'에서 벗어날 수 있다.
* 위에서 헤겔이 언급한 '개(dog)'에게 '정신(mind)' 주입의 비유는 심각한 의
  미를 지니고 있는데, 볼테르(Voltaire, 1694~1778)는 그의 〈무식한 철학자
  (*The Ignorant philosopher*, 1766)〉 '개'도 주인을 알아본다는 입장에 있었고,
  태초에 (노아의 홍수로) 동물까지 심판했다는 기록은 지나친 기록으로 전제
  하였다.19)

---

18) G. W. F. Hegel(Translated by E. B. Speirs & T. B. Sanderson), *Lectures on the Philosophy of Religion*, Routledge & Kegan Paul, 1968, V 1, pp.3~4 'Introduction'
19) Voltaire, *The Best Known Works of Voltaire*, The Book League, 1940, pp.424~425 'VI. Beasts' '사냥개는 주인의 생각을 알아 그에게 복종하고 사냥할 때에는 주인을 돕는 다.' '창세기'에.....이 말은 '선악(善惡)'을 짐승들에게도 전제한다는 말이다.'

②-11 '존재(存在)로서의 자유'와 '당위(當爲)로서의 자유'

　"철학적 지식을 통해 종교가 가슴 속에 일깨워질 수도 있다. 그러나 그것은 꼭 그럴 필요가 있는 것은 아니다. 철학의 목적은 개인 속에 종교적 감정을 일으키는 개별적인 경우를 통해 선행(善行 to make good) 주장에 필요한 사소한 고양과 평정이 아니다. 철학은 자유자재인 종교의 불가피성을 개발해야만 하고 정신(Spirit)이 인지와 감정 속에 의지의 '여타(餘他) 양식'을 떠나 그 '절대 양식(mode)'으로 필연적으로 나가게 하는 사상을 파악하는 것이다. 그러나 그것은 그처럼 성취된바 정신의 보편적 운명이다. 개인 주체를 이 고지(高地)로 올리는 것은 또 다른 문제이다. 그러기에 자기 의지, 사악, 개인의 나태는 그들의 보편적 정신 속성의 필연성에 개입할 수 있다. 개인은 본성에서 벗어날 수 있고, 자기 자신의 어떤 지점에 도달하려 시도할 수 있고, 그것을 고수할 수 있다. 일탈(逸脫)로 인해 의식적 의도적으로 비 진리의 관점에다가 자신을 표류할 수 있는 가능성도 주체의 자유에 포함되어 있다. 행성(行星) 식물 동물 그들 본성-그들의 본성, 그들이 마땅히 되어야 할 바의 필연성에 일탈할 수 없음에도 인간은 이탈할 수 있다. 그러나 인간 속에 자유는 존재로서의 자유와 당위로서의 자유가 서로 분할되어 있다.(But in human freedom what is and what ought to be are separate.) 이 자유가 자유로운 선택의 힘(the power of free choice)을 제공하고 그것이 그 자체를 그 필연성 법칙 그 진정한 운명에서 분할해 내어 반대로 작용할 수 있다. 그러기에 비록 철학적 지식이 종교적 관점의 필연성을 명백히 해서 의지가 현실 속에 일탈의 무효를 교육해도 이 모든 것이 그 필연성과 진실로부터 무관하고 그 고집 속에 버틸 수 있는 의지를 저지할 수 없다."

> **It** may happen that religion is awakened in the heart **by** means of philosophical knowledge, but it is not necessarily so. It is not the purpose of philosophy to edify, and quite as little is it necessary for it to make good its **claims by** showing in any particular case that it must produce religious feeling in the individual. Philosophy, it is true, has to develop the necessity of religion in and for itself, and to grasp the thought that Spirit must of necessity advance from the other modes of its will in conceiving and feeling to this absolute mode; but it is the universal destiny of Spirit which is thus accomplished.

It is another matter to raise up the individual subject to
this height. The self-will, the perversity, or the indo-
lence of individuals may interfere with the necessity of
their universal spiritual nature ; individuals may deviate
from it, and attempt to get for themselves a standpoint
of their own, and hold to it. This possibility of letting
oneself drift, through inertness, to the standpoint of un-
truth, or of lingering there consciously and purposely, is
involved in the freedom of the subject, while planets,
plants, animals, cannot deviate from the necessity of their
nature—from their truth—and become what they ought
to be. But in human freedom what is and what ought
to be are separate. This freedom brings with it the
power of free choice, and it is possible for it to sever
itself from its necessity, from its laws, and to work in
opposition to its true destiny. Therefore, although philo-
sophical knowledge should clearly perceive the necessity
of the religious standpoint, and though the will should
learn in the sphere of reality the nullity of its separation,
all this does not hinder the will from being able to per-
sist in its obstinacy, and to stand aloof from its necessity
and truth.

〈'종교철학 서론'20)〉

_____→

* 헤겔의 **'절대 정신(Absolute Spirit)'이란**, 칸트의 '순수이성(Pure Reason)'과
  '절대적 전체성이라는 이념(the idea of absolute totality)'이란 말에서 (그것
  을) 헤겔이 **'신(God)'의 대명사로 만들어낸** 말이다. 칸트의 '인간 보편의 이성'
  을 헤겔은 '절대 이성(신)' '헤겔 이성' '교회(게르만) 이성'으로 나누어 그
  '삼위일체'로 풀어 놓은 것이 헤겔의 '개신교 신학'이다.

* 헤겔은 위에서 '인간 속에 자유는 존재로서의 자유와 당위로서의 자유가 서로
  분할되어 있다.(But in human freedom what is and what ought to be are

20) G. W. F. Hegel(Translated by E. B. Speirs & T. B. Sanderson), *Lectures on the Philosophy
of Religion*, Routledge & Kegan Paul, 1968, V 1, pp.4~5 'Introduction'

separate.)'라고 했는데, 소위 '존재로서의 자유(human freedom what is)'란 '육체 속(유지로서)의 자유'이고, '당위로서의 자유(human freedom what ought to be)'란 인간으로서 '당위(법)'와 '도덕'을 지켜야 할 의지이다. 볼테르 칸트의 계몽주의를 신봉하는 사람은 모두 양자(兩者)를 긍정하여 그 '자유'를 최고의 위치에 놓았다. (참조, ⑥-31. 인간 '**최대 자유 보장**'론-I. 칸트)

그러했음에도 헤겔은 '법'과 '도덕'에의 복종을 '보편, 절대자유'라 하였다.['신, 이성' 중심주의] (참조, ⑦-10. '**보편 의지**'로서의 '**자유(윤리) 의지**' ⑥-18. '**자유로운 의지**'를 의욕(意慾)하는 자유 의지)

* 칸트는 그 '순수이성' '절대적 전체성'이라는 것도 '오성 법칙(the laws of the understanding)'[21]을 떠나면 무용(無用)한 것이라고 명백히 밝혔다.[인간 중심의 사상]

그러했음에도 이미 '광신주의(Fanaticism)' 상태로 나간 헤겔은 그 신학(개신교)적 주장, '일방주의'를 수정(修正)할 줄도 몰랐다. (참조, ②-40. '**절대적 전체성**'이라는 이념은, '**오성 법칙**'에 응한 한도 내에서의 문제이다.-I. 칸트)

②-12 '철학'은, '우주론' 속에 '종교'를 정착시킨다.

"인지와 철학적 지식에 반대를 펴는 주장이 있으니, 예를 들면 '여차여차한 사람이 신에 대한 지식을 갖고 있다고 하나 종교와는 거리가 멀고 신이 되려고도 않는다.'고 말함이 그것이다. 그러나 그것으로 이끄는 것이 지식의 목적이 아니고 그러한 것을 의미함도 아니다. 지식이 행해야 할 것은, 이미 실존하고 있는 어떤 것으로서의 종교를 아는 것이다. 종교인이 아니거나 종교와 무관하거나 종교를 원하지 않는 이 사람이나 저 사람 어떤 경험적 주체를 종교로 유도하는 것은 철학의 의도나 임무가 아니다.

---

21) I. Kant(translated by J. M. D. Meiklejohn), *The Critique of Pure Reason,* William Benton, 1980, p.132 'System of Cosmological Idea'

그러나 어떤 사람도 그처럼 철저하게 황폐화하지 않았고, 그처럼 상실하고 나빠지는 않고, 어떤 사람도 그에게 종교라곤 없고 종교를 두려하고 동경만 하고 종교에 저주(詛呪)감을 갖는 불쌍한 존재라고 여길 사람은 없다는 사실이다. 이 최후의 경우에도 그도 내적으로는 종교에 점령을 당하고 그것을 벗어날 수 없기 때문이다. 종교가 인간에게 필수적이듯이 인간은 그 본성에 무관한 감정은 없다. 그러나 <u>필수적 질문은, 우주의 일반적 이론과 종교와의 관계이니, 철학적 지식이 그 자체를 연결하여 거기에 불가피하게 작용을 한다</u>. 이 관계 속에서 우리는 종교를 향한 정신의 일차적 절대 경향에 반대를 일으킨 분할의 원천을 가지게 되고, 여기에 역시 모든 의식의 다중의 형식과 종교의 주된 관심과 가장 폭넓은 서로 다른 모든 형식이 들고 일어난다.

종교철학이 그 독특한 개념으로 자체를 요약하기 전에 이제까지 종교의 광범위한 영역에 펼쳐 있는 그 자체들에 집중된 시간 속에 그 관심의 파문을 통과해만 한다. 우선 시간 원리상 운동은 '철학적 탐구의 밖의 장소(its place outside of philosophical study)'에 자리 잡았다. 그러나 이 운동은 철학과 접촉하고 갈등하고 적대하는 지점에까지 밀고 나간다. 우리는 이 반대와 철학 밖에서 그것이 자체 주장을 펴는 반대를 점검할 때의 그 해답을 고려하게 되고 거기에 저절로 그것이 '철학적 지식을 포함하는 온전한 상태(that complete state where it involves philosophical knowledge)'에 이르기까지 발달했다는 것을 알게 된다."

There is a common and shallow manner of arguing against cognition or philosophical knowledge, as when, for instance, it is said that such and such a man has a knowledge of God, and yet remains far from religion, and has not become godly. It is not, however, the aim of knowledge to lead to this, nor is it meant to do so. What knowledge must do is to know religion as something which already exists. It is neither its intention nor its duty to induce this or that person, any particular empirical subject, to be religious if he has not been so before, if he has nothing of religion in himself, and does not wish to have.

But the fact is, no man is so utterly ruined, so lost, and so bad, nor can we regard any one as being so wretched that he has no religion whatever in him, even if it were only that he has the fear of it, or some yearning after it, or a feeling of hatred towards it. For even in this last case he is inwardly occupied with it, and cannot free himself from it. As man, religion is essential to him, and is not a feeling foreign to his nature. Yet the essential question is the relation of religion to his general theory of the universe, and it is with this that philosophical knowledge connects itself, and upon which it essentially works. In this relation we have the source of the division which arises in opposition to the primary absolute tendency of the spirit toward religion, and here, too, all the manifold forms of consciousness, and their most widely differing connections with the main interest of religion, have sprung up. Before the Philosophy of Religion can sum itself up in its own peculiar conception, it must work itself through all those ramifications of the interests of the time which have at present concentrated themselves in the widely-extended sphere of religion. At first the movement of the principles of the time has its place outside of philosophical study, but this movement pushes on to the point at which it comes into contact, strife, and antagonism with philosophy. We shall consider this opposition and its solution when we have examined the opposition as it still maintains itself outside of philosophy, and have seen it develop until it reaches that completed state where it involves philosophical knowledge in itself.

〈'종교철학 서론'22)〉

———✈

* 여기에서 역시 명시되어야 할 사항이 '신학자' '철학자'의 헤겔 식 구분이다. 헤겔이 '기존 신학' 비판은 '구교(舊敎, 가톨릭)'에 국한 된 사항이다. (참조, ⑥-14. 프로테스탄티즘 고유 원리 ⑧-18. 지옥(地獄)보다 억센 이성(理性) ⑪ -01. '개신교(改新敎)의 토머스 아퀴나스') 그러나 헤겔이 갈데없는 신학자임은 그 '전체 사상'이 '삼위일체(Trinity)' '자신의 개념(The Self-Conception)'을 떠나 개진된 말이 없다는 사실이다.

---

22) G. W. F. Hegel(Translated by E. B. Speirs & T. B. Sanderson), *Lectures on the Philosophy of Religion*, Routledge & Kegan Paul, 1968, V 1, pp.5~6 'Introduction'

(참조, ⑦-08. '배타(排他)적인' 유대 민족(Jewish))

* 모든 것을 다 '신'에게 종속시킨 신학자 헤겔은, '예술' '종교' '철학'의 관계에 서도 그러하였다. (참조, ⑨-29. **'신적(神的)인 것'의 표현이, 예술의 이상(理想)이다. ⑧-06. '철학사(哲學史)'의 주제는 '절대정신(God)'이다.**)

* '전통 철학'이 종교와 불가분리의 상태 있긴 했지만, '현대(과학) 철학'의 경우에는 물론 '종교' '과학'을 혼동할 필요는 없다.

* 위에서 헤겔이 종교운동이 '철학적 탐구의 밖의 장소(its place outside of philosophical study)에 자리 잡았다.'다고 함은 과거 기독교(가톨릭의 〈신학대전〉에서 확인할 수 있듯이)가 '육체의 부활(復活)' '영혼불멸' 등을 강조함을 말한 것이다. (참조, ⑧-18. **지옥(地獄)보다 억센 이성(理性)**)

〈'토머스 아퀴나스(T. Aquinas, 1225~1274)' '신학대전(영역본, 국역본)'[23]〉

* 그리고 '철학적 지식을 포함하는 온전한 상태(that complete state where it involves philosophical knowledge)'란 헤겔이 자랑하는 경험주의 도식 '변증법'의 활용 결과로 '미신(迷信)'과 '합리(合理)'의 대립을 '변증법적 절대주의'로 풀었다는 그의 '관념 철학' 포용성의 자랑이다.

* 그러나 헤겔이, 칸트를 부정하고 뉴턴 볼테르를 무시하는 태도로는 그 '개신

23) St. Thomas Aquinas(Translated by Fathers of English Dominican Province), *Summa Theologica*, Christian Classics, 1948 ; 이재룡 등 역, 성 토마스 아퀴나스의 신학대전 요약, 가톨릭대학교출판부, 1993

교도들(Protestants)'도 헤겔에게 별로 기댈 사항이 없을 것이다.[헤겔은 전통 기독교의 '사랑'의 개념이 거의 생략되고, '전쟁 옹호'와 '변혁(變成, Becoming)'의 절대정신에의 '복종(자유)'이 강조되었음으로] (참조, ⑥-26. '영구평화(永久平和)론' 비판 ⑥-38. '세계 근대 문명'은, '게르만(아리안) 문명'이다.-A. 히틀러)

②-13 '신'은 '정신(spirit)'이다.

"1. 신은 정신이다. 신은 사상의 요소 가운데 있으며 정당하게도 '영원한 신'과 '신 자체'로 일컬어지는 존재이다. 여기에 이 독자적으로 존재하는 실재에는 유한성의 외화의 가상, 그리고 그(신)의 현상은 존재하지 않기 때문이다.

신은 정신이다. 다시 말해서 신은 우리가 '삼위일체의 신(triune God)'이라고 부르는 존재이다. 이것이야말로 순수한 사변적 내용이며 신의 신비이다. 신은 정신이다. 신은 절대적 활동성이며 순수 행위이고 주관성과 무한한 인격성이며 무한한 자기구별이자 창조(begetting)이다. 그러나 이러한 구별자는 자기를 대상화하는 신성(神性)이며, 절대적 주체성인 보편성의 영원한 개념 가운데 보존된다. 이 모든 것을 관장하는 신은 절대적 주체로서 영원한 보편성의 개념 속에 보존이 된다. 이렇듯 신은 그 무한한 구별 가운데 정립되지만 어두움에 이르는 것은 아니다. 다시 말해서 신은 대자적 존재(being-for-itself), 불투명성, 비 침투성, 유한성이 아니라, 차라리 그의 구별과 자체 통일과 고유한 구분 속에 남아 있는 온전한 신의 개념인 '성자'와 '성부'이고 구별 가운데서도 자체 동일의 절대적 통일이 영원한 사랑이다."

(α) God is spirit in the element of thought—that which rightly is called the eternal God, God as such. For here the show of finitude, of God's divestment and his appearance to an autonomous reality, has not [yet] taken place.

God is *spirit*—that which we call the *triune God*, a purely *speculative* content, i.e., the *mystery* of God. God is spirit, absolute activity, *actus purus*, i.e., subjectivity, infinite personality, infinite distinction of himself from himself, [as the term] "begetting" [suggests]. However, this that is distinguished—(divinity standing over against itself and objective to itself)—is contained within the eternal concept of universality as absolute subjectivity. Thus it is posited in its infinite differentiation, it has not arrived at darkness, i.e., being-for-itself, opacity, impenetrability, finitude; rather, both as remaining, in its differentiation, in this immediate unity with itself, and in its inherent differentiation, it is the entire divine concept, Son and God; (this absolute unity, as of itself self-identical in its differentiation, [is] *eternal love*.) [77b] |

〈'온전한 종교'24)〉

_____→

* 이 문건은 1821(헤겔 51세)년 '종교철학 강의'의 일부이다.
* 헤겔은 위에서 '삼위일체의 신(the *triune* God)' : '절대적 주체성(absolute subjectivity－聖神)' '무한 인격성(infinite personality－聖子)' '무한한 자기 구분(infinite distinction of himself from himself－聖神)' 거듭 해설하였다.

* 헤겔에 앞서 칸트는 〈순수이성비판〉에서 "변증법은 가짜(幻想, 假像) 논리학이다.(dialectic...was nothing else than a logic of illusion)"25)라고 하였다.
  그리고 칸트는 '감성(感性, Sensibility)'을 통합한 '오성(Understanding)'의 '범주 표(範疇表 Table of the Categories)'를 제시 하였는데, 거기 '분량(Of Quantity)' 항에서 '단일성(Unity)' '다수성(Plurality)'에서 '총체성(Totality)' 항목을 마련한 것이라고 하였다26).
  그리고 역시 칸트의 그 '범주 표'는 기본적으로, 감성(the sensuous faculty)

---

24) G. W. F. Hegel(Edited by P. C. Hodgon), *Lecture on the Philosophy of Religion*, University of California Press, 1985, III, pp.77~8 'The Consummate Religion' ; 헤겔(최신한 역), 종교철학, 지식산업사, 1999, pp.261~2 (일부 英文 참조로 보충이 되었음)
25) I. Kant(translated by J. M. D. Meiklejohn), *The Critique of Pure Reason*, William Benton, 1980, p.37
26) I. Kant(translated by J. M. D. Meiklejohn), *The Critique of Pure Reason*, William Benton, 1980, p.42

을 중시하는 일상적(과학적) '진리', "인식과 인식 대상이 일치하는 것(the accordance of the cognition with its object)"[27])에서 "감성의 참된 상관 자, 곧 물 자체(whose real correlate, the thing in itself)"[28])를 배제한 것은 허위(虛僞)라고 단정하였다.

* 이에 대해 목사 헤겔은, 칸트의 '오성적 종합(변증법)'을 바로 신학의 초 감성적인 '자신의 개념(Self-Conception)'에 적용 '절대 변증법'으로 둔갑(遁 甲)을 시켰다.

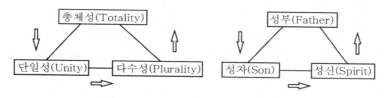

〈칸트의 '세속적 변증법' 도(1), 헤겔의 '삼위일체 변증법' 도(1-1)〉

* 그 헤겔에 앞서 칸트는, 그 '범주 표(오성의 작용 영역 도표)'를 제시면서 소위 (신학자들이 말하는) 말하는 "실재(절대신)하는 것은 하나요, 참되고 선 하다.(*Quodlibet ens est* UNUM, VERUM, BONUM)"는 명제를 "동어반복적 명제(tautological propositions)" "소용이 없는 것(empty)" "의례상(courtesy)의 것"[29])으로 엄격한 제한을 두었다. (참조, ②-38. '변증법'은 가짜 논리학이다.-I. 칸트, ②-39. 스콜라 철학자들의 '동어반복(Tautology)'-I. 칸트)
* 그래서 (개신교)신학자 헤겔은, '칸트의 (인간 이성 중심)이론'을 그대로 놔 두고 새로 행할 말이 없었다. 그러기에 타고난 개신교 신학자 헤겔은, '헤겔

27) I. Kant(translated by J. M. D. Meiklejohn), *The Critique of Pure Reason*, William Benton, 1980, p.36
28) I. Kant(translated by J. M. D. Meiklejohn), *The Critique of Pure Reason*, William Benton, 1980, p.26
29) I. Kant(translated by J. M. D. Meiklejohn), *The Critique of Pure Reason*, William Benton, 1980, p.44

의 모든 저서에서] 사사건건(事事件件)' '칸트 비판'을 빼 놓을 수가 없었다. [헤겔의 경우 '이성=신' 가장 중요한 전제였음] (참조, ⑧-13. '신'은 '이성'이고 '정신'이다.)

②-14 '하나님(절대신)'이 '아들(만물, 자연물)'을 창조하셨다.

"표상의 두 번째 영역은 창조와 세계의 보존이다. 세계는 자연과 유한적 세계로 보존되며 정신적 자연과 물리적 자연으로 보존된다. 이것이 전혀 다른 토대의 시작이며 유한적 세계의 시작이다.

우리는 개념으로부터 구별의 계기를 알고 있다. 더 상세히 말해서 규정적 구별의 계기를 알고 있는 것이다. 하나의 측면은 분리되지 않고 분리될 수 없는 개념이며, 이는 일자 가운데서 자기를 보존하는 청명한 주장이다. 구별 자체의 타자존재는 구별 안에 있다. 다시 말해서 자기 외적인 것이다. 이것은 타자 존재의 측면에 절대성을 부여하는 절대적 판단이며 이러한 타자존재의 외화에 전체의 이념 ─ 이 이념이 타자존재의 방식으로 이 외화를 수용하고 이를 대변할 수 있는 한에서 ─ 을 부여한 선이다.

첫 번째 영역에 대한 이 두 번째 영역의 관계는, 동일한 이념이 있지만 이 즉자적 이념이 이 두 영역에 서로 다른 모습의 규정으로 나타나는 관계이다. 첫 번째 판단의 절대적 활동은 두 번째 활동과 같다. 그러나 표상은 이 둘을 전혀 다른 요소와 행위로 구별한다. 사실 이 두 활동은 서로 구별되어야 한다. 이미 언급한 바와 같이 이들은 즉자적으로 동일한 것이다. 따라서 이것이 어떻게 이해되어야 하는가 하는 문제가 정확하게 규정되어야 한다. 그렇지 않을 경우 잘못된 의미가 생겨날 수 있다. 이것은 앞서 설명한 내용에 대한 부정확한 파악일 수 있는데, 이는 아버지의 영원한 아들은 세계와 동일하다는 것이다. ─ 여기에서 아버지는 스스로 객관적으로, 대상적으로 존재하는 신성이다. ─ 이러한 파악에서 세계가 물리적 정신적으로 오로지 아들 가운데서 파악될 수 있다."

The *second sphere* for representation is the *creation* and *preservation* of the *world as nature*—a finite world,[75] spiritual and physical nature, the inauguration of a quite different region, the world of finitude.

60

We know from the concept the moment of differentiation, and
more precisely, the determinate differentiation.[76] One side, as the
undivided and indivisible concept, [is] the pure subjectivity that
keeps itself in unity. The other side is the difference as such in itself,
that is to say, what has being outside itself.[77] It is the absolute
judgment or primal division [*Urteil*] that grants independence to
the side of other-being; it is goodness that grants the idea as a whole
to this [side] in its estrangement, insofar as it can receive this idea
into itself in its modality as other-being, and can represent it.

[78]The relation of this second sphere to the first may be defined
by saying that it involves the same idea implicitly but in another
determinate modification. The absolute act of the first judgment or
division [is] *implicitly* the same as the second; but representation
holds the two apart as quite different grounds and acts. And in fact
they should be distinguished and held apart; if it is said that they
are *implicitly* the same, then it must be exactly | determined how
this is to be understood. Otherwise a false interpretation may arise
(one that is false in itself and is also an incorrect grasp of what has
just now been expounded) to the effect that the eternal Son of the
Father, of divinity having being objectively for itself, is *the same as*
the physical and spiritual world—and only this is to be understood
under the name "Son."[79] [80b]

〈'온전한 종교'30)〉

────→

* 계몽주의자 볼테르는 그의 〈역사철학(*The Philosophy of History*, 1765)〉에
서 유독 중국의 공자(孔子)만이 '신비주의(神秘主義)'를 거부하였고, 중국의
역사 서술에는 '세계창조'를 거론함이 없음을 탁월한 (현대적)기록이라고
칭송을 하였다.[反 神秘主義]

"중국인은, 그들의 황제(皇帝) 이전에 역사는 없다. 이집트나 희랍인 경우
처럼, 어떤 허구(虛構), 어떤 예언가들, 신들린 사람, 반신반인(半神半人)이라
자칭하는 자들이 중국에는 없었다. 중국인들은 기록을 할 때, 이성(理性)적

─────────────────────

30) G. W. F. Hegel(Edited by P. C. Hodgon), *Lecture on the Philosophy of Religion*,
University of California Press, 1985, Ⅲ, pp.86~87 'The Consummate Religion' ; 헤겔(최
신한 역), 종교철학, 지식산업사, 1999, pp.272~3

으로 기록을 행하였다.

중국인이 역사(歷史) 기록에서 다른 민족과 크게 구분되는 사실은, 그들의 법(法)을 통솔할 사제(司祭) 학교가 따로 존재하지 않았다는 점이다. 중국인들은 사람들을 교도(敎導)한답시고 기만(欺瞞)을 행한 야만적 시대를 기록하지 않았다. 그밖에 다른 종족(種族)들은 지구(地球)의 기원부터 그들의 역사(歷史)를 시작하였다. 페르시아인의 젠드(Zend), 인도인의 베다(Vedam), 산코니아토(Sanchoniato), 마네토(Manetho), 내려 와서는 헤시오드(Hesiod)까지, 그들은 모두 사물의 기원과 세계의 형성에까지 소급(遡及)을 하고 있다. 그런데 중국인은 그 오류를 범하지 않았다. 그들의 역사(歷史)는 역사 시대만을 인지하였다.....(중략)........

중국의 법(法)은 사후(死後)의 상벌(賞罰)에는 언급이 없다. 중국인은 모르는 것에 확신을 보이지 않는다.[知之爲知之 不知謂不知 是知也] 중국인과 다른 민족의 차이는 매우 충격적인 사항이다. 지옥(地獄) 이론은 유용(有用)하다. 그러나 중국 정부는 그것을 인정한 적이 없다. 중국인에게는 정확한 정책과 일관된 행정이, 반대 의견이 있을 수 있는 (어떤 '지옥' 등) 의견보다도 효과적이다. 중국 사람들은 '미래'에 어떤 것보다는 항상 '현재'의 법을 무서워한다."

...ed from rotting. These are persans ... They have no history before that of their emperors, no fictions, no prodigies, no inspired men, who called themselves demi-gods, as with the Egyptians and Greeks. When these people write they write reasonably.

They particularly differ from other nations in the history, making no mention of a college of priests, who ever controlled their laws. The Chinese do not refer to those savage times, when it was necessary for men to be cheated in order to be guided. Other people began their history by the origin of the world; the Zend of the Persians, the Vedam of the Indians, Sanchoniato, Manetho; in fine, down to Hesiod, they all trace things back to their origin and the formation of the world. The Chinese have not been guilty of this folly; their history comprehends no other than historical times.

It is true that the laws of China do not mention rewards and punishments after death; they did not choose to affirm what they did not know. This difference between them and all the great polished people is very astonishing. The doctrine of hell was useful, and the government of the Chinese never admitted it. They imagined, that an exact policy, constantly exercised, would have greater effect than opinions, which might be opposed; and that the people would fear a law always present more than one in future.

〈역사철학-'ⅩⅦ. 중국에 대하여'31)〉

31) Voltaire, *The Best Known Works of Voltaire*, The Book League, 1940, pp.398~401 〈*The Philosophy of History*〉 'ⅩⅦ. Of China'

* 위의 말은 '낯 두꺼운 헤겔'이 소위 '삼위일체' 정신으로 '일원론(一元論, Monism)'을 편 구체적인 근거를 제시하고 있는 현장이다.

* **위에서 헤겔의 핵심주장은 모두 제시되었다. 즉 '성부(하나님)'='성자(자연)'='성신(정신)'의 등식(等式, 동어반복)이 그것이다. 이것이 헤겔이 달성했다는 통일의 일원론(Monism) '절대이념' '절대정신' '하나님' 설명의 전부이다.**

* 위에서 헤겔은 '정신과 물질' '절대 신과 인격(헤겔의)신' '존재(Being)와 무(Nothing)'를 통합한 '억지 주장(이것은 이후 실존주의자의 주장으로 명시된 바임)'을 폈으니, 이 억지 논리를 뒷받침 했다는 방법이 소위 '가짜 논리학(a logic of illusion)' '변증법(Dialectic)'이다. 헤겔은 그 '가짜 논리학'을 그의 전 저작을 통해 쉬지 않고 반복하였다.

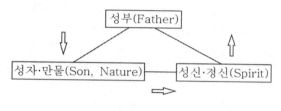

《(만물) 변증법 도(2)》

* 그러므로 칸트의 〈순수이성비판〉이란 여기(헤겔의 생각)에는 그 근본 차원(次元)부터 다른 문제다. 즉 '일상적' '과학적' '이성적' '인류 공통 정신'을 다루었던 〈순수이성비판〉은, 신학자 헤겔의 '삼위일체'와 '게르만 신국(神國)'론 '자살(희생, Sacrifice) 긍정'의 '프로테스탄트' 논리와 같은 저울에 올릴 수는 없다.[기준이 자체가 '물자체-칸트' '절대성신(신)-헤겔'로 서로 다름] (참조, ⑥-14. 프로테스탄티즘 고유 원리)

②-15 '완전 종교'란 '신에 관한 자신 의식(the self-consciousness of God)' 이다.

"우리는 이제 그 속에서 그 자체 목적이 있는 '온전한 종교' 인지된 종교 개념에 도달해 있다. 우리는 종교를 엄격한 개념에서 '신에 관한 자신 의식 (the self-consciousness of God)'라고 정의하였다. 의식으로서 그 특징인 자신의 인식은 어떤 대상을 가지고 있고, 그것이 대상 속에 자체 인식이다. 이 대상도 역시 의식이다. 그러나 그것은 대상으로서의 의식이고 결국 유한의 의식이고 '절대 신(God the Absolute)'과는 구분되는 의식이다. 유한의 요소는 이 의식(意識)의 형식 속에 드러나고 결국 유한성은 그것 속에 존재한다. 신이란 '자신의 의식(意識)'이다. 당신은 당신과 구분되는 의식(意識) 속에서 당신 자체를 알고 계시고 의식(意識)은 잠재적으로 신의 의식(意識)이다. 그러나 의식(意識)은 현실에 존재하기에 의식(意識)은 그것의 신과의 동일성을 알고 있으나, 유한성의 거부로 조정이 되고 있다. 이것이 종교의 내용을 형성하고 있는 개념이다. 당신은 당신 자신으로부터 당신 자신을 구분하시고 당신 자신을 목적으로 삼으시나 이 구분 속에 당신은 순전히 당신과 동일하시고 사실은 정신(Spirit)이시다. 이 인식과 개념이 이제 현실이 되어 의식(意識)은 이 내용을 알고 있고, 그것이 그 자체를 절대적으로 이 내용으로 상호 엮는 것을 알고 있다. 신이 전개한 인식 속에서 의식은 어떤 계기 그 자체이다. 유한 의식은 신이 그 속에 당신 자신을 알고 있다는 지점까지 신을 알고 있다. 그러기에 신은 정신(Spirit)이고, 실상은 당신 교회의 정신, 당신을 받드는 기독교도의 정신이다. 이것이 온전한 종교, '인식(Notion)'이 그 자체에 대상이 된 것이다. 여기에 신은 존재하심으로 현현(顯現)한다. 당신은 더 이상 이 세상을 이 세상을 초월한 '알 수 없는 존재'가 아니라, 당신은 당신이 계신대로 인간들에게 말씀하시고, 역사 속에 드러난 존재가 아니시고 의식(意識) 속에 계시시기 때문이다. 우리는 역시 여기에 신을 명시한 종교를 가지고 있고, 신은 '유한 정신(the finite spirit)' 속에 당신을 알고 계신다. 단순한 이것이 신의 현현(顯現)을 의미한다. 여기 이것이 필수적 조건이다. 우리가 자유정신으로서의 신에 대한 지식이 어떠한 것인가를 보게 될 때 아는 그 이행(移行)이 된 바가 역시 유한성과 직접성을 실체를 가미하게 되었다. 이 유한성은 정신(Spirit, 성령)의 작용으로 폐기되었다. 세상의 불행과 슬픔은, 주체적인 측면에서 '절대 자유 무한 정신'인 자유 성령의 의식을 위한 조건이고 준비이다."

WE have now reached the realised notion or conception of religion, the perfect religion, in which it is the notion itself that is its own object. We defined religion as being in the stricter sense the self-consciousness of God. Self-consciousness in its character as consciousness has an object, and it is conscious of itself in this object; this object is also consciousness, but it is consciousness as object, and is consequently finite consciousness, a consciousness which is distinct from God, from the Absolute. The element of determinateness is present in this form of consciousness, and consequently finitude is present in it; God is self-consciousness, He knows Himself in a consciousness which is distinct from Him, which is potentially the consciousness of God, but is also this actually, since it knows its identity with God, an identity which is, however, mediated by the negation of finitude. It is this notion or conception which constitutes the content of religion. We define God when we say, that He distinguishes Himself from Himself, and is an object for Himself, but that in this distinction He is purely identical with Himself, is in fact Spirit. This notion or conception is now realised, consciousness knows this content and knows that it is itself absolutely interwoven with this content; in the Notion which is the process of God, it is itself a moment. Finite consciousness knows God only to the extent to which God knows Himself in it; thus God is Spirit, the Spirit of His Church in fact, i.e., of those who worship Him. This is the perfect religion, the Notion become objective to itself. Here it is revealed what God is; He is no longer a Being above and beyond this world, an Unknown, for He has told men what He is, and this not merely in an outward way in history, but in consciousness. We have here, accordingly, the religion of the manifestation of God, since God knows Himself in the finite spirit. This simply means that God is revealed. Here this is the essential circumstance. What the transition was we discovered when we saw how this knowledge of God as free Spirit was, so far as its substance is concerned, still tinged with finitude and immediacy; this finitude had further to be discarded by the labour of Spirit; it is nothingness, and we saw how this nothingness was revealed to consciousness. The misery, the sorrow of the world, was the condition, the preparation on the

subjective side for the consciousness of free Spirit, as the
absolutely free and consequently infinite Spirit.

〈'3부 절대 종교'32)〉

_____✈

* 이 문건은 1827년 헤겔의 '종교철학 강의' 관련 내용이다.
* 이 부분도 헤겔 핵심 소신을 그대로 털어 놓은 부분이니, '헤겔의 생각(신학)'
  은 이(개신교)에서 출발했고, 결국 이로 다시 돌아온 생각(신학)임을 그의
  전(8가지) 저서를 통해 확인할 수 있다.
* 헤겔이 위에서 '완전 종교(개신교)'를 '신에 관한 자신 의식(the self-
  consciousness of God)'이라 했음은 '요한복음'에서 예수가 말했던 바, '아버
  지는 내 안에 계시고 나는 그 아버지 안에 있다.'라고 했던 그 '예수'에 초점을
  맞추어 '완전 종교(the perfect religion)' 정의를 내린 것이다. (참조, ⑦-08.
  '배타(排他)적인' 유대 민족(Jewish))

②-16 '완전 종교(기독교)'는 '절대 의식'이다.

  "우리는 이 사상 영역의 일반적 양상으로 우선 (A)로 우리 자신을 우리
자신을 한정하게 될 것이다.
  절대 종교는 1 '계시 종교(The Revealed Religion)'이다. 종교는 보여주는
것이니, 종교는 증언이 되는데 종교의 관념이나 개념 자체가 저절로 실존할
때만 그렇다. 혹 달리 생각하여 종교나 종교의 관념은 객관적인 것 그 자체
가 되기도 하니, 제한된 한정적 객관 형식에서가 아니라 그 관념과 일치하고
있는 객관성 자체로서의 방법상 그러하다.
  이것은 종교의 보편적 개념이나 관념에 따른 종교가 '절대 정수의 의식

32) G. W. F. Hegel(Translated by E. B. Speirs & T. B. Sanderson), _Lectures on the
    Philosophy of Religion_, Routledge & Kegan Paul, 1968, V 2, pp.327~8 'Part Ⅲ Absolute
    Religion'

(the consciousness of the absolute Essence)'임을 말함으로써 더욱 명확한 방법으로 표명될 수 있다. 그러나 구분은 의식의 속성이다. 그래서 우리는 '의식'과 '절대 정수' 두 가지를 가지고 있다. 처음 이 두 가지는 상호배타적 상태에 있고, 상호 유한적 관계에 유지된다. 우리는 경험적 의식을 가지고 있고, '정수(Essence)'는 다른 어떤 의미에 있다.

그들은 상호 유한 관계 속에 있으나, 양자가 유한하여 의식은 '절대 정수'가 진리가 아닌 유한한 어떤 것으로 알고 있다. <u>신은 그분 자체가 의식이시다. 그분은 그분 자신 속에서 그분 자신에서 떠나 그분 자체를 구분하신고, 의식이 그러하듯이 그분은 우리가 의식의 주변이라 부르는 것의 객체로서 그분 자신을 공여하신다.</u>"

> We shall confine ourselves, to begin with (A), to the general aspects of this sphere of thought.
> The Absolute Religion is—1. *The Revealed Religion.* Religion is something revealed, it is manifested, only when the notion or conception of religion itself exists for itself ; or, to put it differently, religion or the notion of religion has become objective to itself, not in the form of limited finité objectivity, but rather in such a way that it is objective to itself in accordance with its notion.
> This can be expressed in a more definite way by saying that religion, according to its general conception or notion, is the consciousness of the absolute Essence. It is the nature, however, of consciousness to distinguish, and thus we have two things, consciousness and absolute Essence. These two at first are in a state of mutual exclusion, standing in a finite relation to each other. We have the empirical consciousness, and the Essence taken in the sense of something different.
> They stand in a finite relation to each other, and so far they are themselves both finite, and thus consciousness knows the absolute Essence only as something finite, not as something true. God is Himself consciousness, He distinguishes Himself from Himself within Himself, and as consciousness He gives Himself as object for what we call the side of consciousness.

〈'3부 절대 종교'[33]〉

---

33) G. W. F. Hegel(Translated by E. B. Speirs & T. B. Sanderson), *Lectures on the Philosophy of Religion*, Routledge & Kegan Paul, 1968, V 2, pp.328~9 'Part III Absolute Religion'

* 헤겔의 가장 심각한 '허점(誤謬)'은 '변증법'이고, 그 지독한 '광신주의' 현장
은 '게르만 신국(神國)' '희생(祭物)' 이론이다. (참조, ⑥-35. 공동체(共同體)
안에 희생(犧牲)-A. 아우구스티누스)
즉 **'변증법적 신권통치(Dialectical Theocracy)의 전개'가 〈역사철학〉이고 그
것을 구체화한 '전쟁불가피론(Inevitable War Theory)' 사회 체계가 '게르만
신국(The German City of God)론'이 〈법철학〉이다.** (참조, ⑧-03. '게르만
왕국', '신국(神國)', '이성적인 세계' ⑥-12. 각 개인은 '시대의 아들'들이다. ⑥
-13. 현재는 '장미'이며 '십자가'이다.)
헤겔의 '광신주의'는 그대로 'A 히틀러(A. Hitler, 1889~1945)의 정신'으로
이어졌다. (참조, ⑥-37. 독일 '국가 사회주의(나치즘)'-A. 히틀러 ⑥-38. '세계
근대 문명'은, '게르만(아리안) 문명'이다.-A. 히틀러)

* '변증법 논리의 입증'이란 것이 헤겔 〈논리학〉의 황당한 논리이다. 그런데
헤겔은 결국 '광신적 개신교 목사' 정체를 감출 수가 없었으니, 1829년 8월
19일까지 진행된 소위 '신(神)의 현존 근거에 관한 강의(Lectures on the
Proofs of the Existence of God)' 16강(講)[34]이라는 것이 바로 그것이다.[헤
겔은 〈정신현상학〉에서 '절대정신'으로 강조했던 것을 정녕 未盡했다고 판
단했던 것임]

* 볼테르는 '(예수, 교황, 교부, 목사가 주장하는)인격신(人格神)'에 반대하고,
엄연한 '자연 법칙(이치)'의 실재(實在)를 최고(最高)로 전제하여, 그의 〈철
학적 비평(*Philosophic Criticisms*, 1776)〉에서, "만약 모든 것을 알고, 모든

pp.328~9 "
34) 'First Lecture~Sixteen Lecture'-G. W. F. Hegel(Translated by E. B. Speirs & T. B.
Sanderson), *Lectures on the Philosophy of Religion*, Routledge & Kegan Paul, 1968,
V 3, pp.155~327

것을 주관하고, 불변의 법으로 만물을 관장하는 신이 그것을 뒤집는 법으로 어긋나게 행동을 한다면, 그것은 모든 <u>자연(nature)의 은혜로만</u> 그 대체가 될 수 있을 것이다.(If the Eternal Being, who has foreseen all things all things, who govern all things by immutable laws, acts contrary to his own design by subverting those laws, this can be supposed to take place only <u>the benefit of all nature.</u>)"[35]라 하였다.

* **이러한 볼테르와 칸트의 '자연법(Natural Law)'을 넘어, 헤겔은 '정신(관념)' 하나에 모든 것을 걸어 '절대 정신(Absolute Spirit)'이라 이름을 붙여놓고 아예 '그분(He)'이라 부르며 '(절대정신-신으로의)통일을 이루었다'고 주관적 상상의 자만(自慢)에 빠져 있었다. (참조, ⑧-25. 칸트의 불쌍한 '이율배반(Antinomies)')**

②-17 '정신'이 전체이고 종교의 대상이다.

　　"여기에서 우리는 유한적 외적인 형식으로 서로 관련된 두 가지 요소[성부 성자]를 항상 가진다. 그러나 이 단계의 경우와 같이 종교는 진정한 그 자체 인식을 갖게 되어 종교의 내용과 대상이 '바로 그 전체(this very Whole)'가 되고 그 자체가 '정수(Essence)'와 관련을 갖는 의식(意識)을 이루니 즉 '정신(Spirit)'이 종교에서 대상이 된다. 그래서 우리는 의식(意識)과 대상 두 가지를 갖는다. 그러나 계시 종교에서는 그 자체의 속성이 충만(fullness)이고, 그 자체를 알고 있는 종교이니, 대상이 그 자체이고 말하자면 그 자체를 아는 '정수(Essence)'는 '정신'이다. 여기에서 종교의 내용 대상이 그러하듯이 '정신'이 첫째이고 정신은 정신을 위해 존재할 뿐이다. 정신이 내용이고 대상이니, 정신이 그 자체를 알고, 그 자체를 자체로부터 구분하고 유한으로 보이는 또 다른 주체적 의식을 그 자체가 공급한다. 그 자체로부터 충만을 이끌어내는 것이 종교이고 그 자체 속에 완성하는 것이 종교이다. 이것이 그 형식에서의 관념의 추상적 개성화, 또는 다시 말해서 사실 종교는 이념이다. 왜냐

---

35) Voltaire, *The Best Known Works of Voltaire*, The Book League, 1940, pp.492~3 'Of Miracles'

하면 용어의 철학적 의미에서의 이념은 목적을 위해 그 자체를 갖는 '관념(Notion)'이니, 다시 말하면 어떤 내적 주체성도 없는 유한적 실존 현실성 객관성을 가지고 있으나, 그 자체가 객관적 형식을 제공하는 '개념(Notion)'이기 때문이다. 그러나 그 객체성(objectivity)은 동시에 그 [신, 정신]자체 속으로 귀속하거니와 우리가 '결과(End)'로 '관념'을 설명을 하면 그것은 결국 객관적으로 인지되고 개발된 '결과'이다."

> Here we have always two elements in consciousness, which are related to each other in a finite and external fashion. When, however, as is the case at this stage, religion comes to have a true comprehension of itself, then it is seen that the content and the object of religion are made up of this very Whole, of the consciousness which brings itself into relation with its Essence, the knowledge of itself as the Essence and of the Essence as itself, *i.e.*, Spirit thus becomes the object in religion. We thus have two things, consciousness and the object; in the religion, however, the fulness of which is the fulness of its own nature, in the revealed religion, the religion which comprehends itself, it is religion, the content itself which is the object, and this object, namely, the Essence which knows itself, is Spirit. Here first is Spirit as such the object, the content of religion, and Spirit is only for Spirit. Since it is content and object, as Spirit it is what knows itself, what distinguishes itself from itself, and itself supplies the other side of subjective consciousness, that which appears as finite. It is the religion which derives its fulness from itself, which is complete in itself. This is the abstract characterisation of the Idea in this form, or, to put it otherwise, religion is, as a matter of fact, Idea. For Idea in the philosophical sense of the term is the Notion which has itself for object, *i.e.*, it is the Notion which has definite existence, reality, objectivity, and which is no longer anything inner or subjective, but gives itself an objective form. Its objectivity, however, is at the same time its return into itself, or, in so far as we describe the Notion as End, it is the realised, developed End, which is consequently objective.

〈'3부 절대 종교'36)〉

70

＊ 위와 같은 '헤겔의 관념(정신)주의 발언'에는 무엇보다 '순수이성'[관념주의, Idealism]을 존중한 칸트 책임도 일부 있다.['감성' '오성' 모두를 '인간 정신'에 그 근거를 잡았다는 점에서]

그러나 결론적으로는 '과학(감성, 물자체)을 무시한 헤겔 고집'에 오로지 다 그 원인이 다 있다. 즉 칸트는 그 '감성(Sensibility, 물자체)'에 '(자연적)대상' '내용' '실체(substance)'로서의 의미 부여했는데, 헤겔은 칸트의 '이성(Reason)'을 자신의 '절대정신(God)'으로 대체해 놓고 ['감성' 중시의] 칸트를 평생 무시 조롱하였다.

그러므로 헤겔이 '칸트의 소중한 사전 경고(변증법의 오류, 동어반복)'를 하나도 돌아보지 않았던 그 근본 이유는, 바로 헤겔의 치우친 '게르만 신국(The German City of God)' '희생(Sacrifice)'론에의 '열광(熱狂)'에서 그러하였다. 그것이 헤겔 신학의 '맹점'이고 '병통'이다. (참조, ⑧-03. **'게르만 왕국', '신국(神國)', '이성적인 세계'** ⑨-23. **'자기 파괴'가 '영원한 정의(正義)'이고 인간 본성이다.**)

②-18 기독교는 '보편 정신(the universal Spirit)'과 '개별 정신(the particular spirit)'의 연결이다.

"종교는 그것의 목적으로 '정수 의식(the consciousness of the Essence-[신])'을 소지하고 있는데, 그것은 그것 속에 객관적 형식을 가지고 있고 현실적으로 존재하고 처음부터 '개념(Notion)'으로 개념만으로 실존하고 최초로 인간의 '개념(Notion)'이었다. 절대 종교는 계시 종교이고, 내용과 충만을 소지하고 있다.

<u>어떤 실제화한 형식으로 '정신[영적] 존재(the Being of Spirit)'를 나타내는</u>

---

36) G. W. F. Hegel(Translated by E. B. Speirs & T. B. Sanderson), *Lectures on the Philosophy of Religion*, Routledge & Kegan Paul, 1968, V.2, p.329 'Part III Absolute Religion'

종교, 그 속에 종교 자체에 관해 객관적으로 되어 있는 '완전한 종교'가 기독교이다. 기독교에서는 '보편적 정신(the universal Spirit-[신])'과 '개별적 정신(the particular spirit)', '무한의 정신(the infinite Spirit-[신])'과 '유한의 정신(the finite spirit)'이 불가분리로 연결되어 있고, 그것이 기독교를 이루고 있는 정체성(Identity)이고, 기독교의 실체 내용(Substance, Content)이다. '보편적인 힘(The universal Power)'은 실체로서의 주체가 그러하듯이 잠재적으로 조용한 것이기에 정신에 소속된 잠재적인 실체[신]이고, 그 자체에서 구분된 결과로 그 자체를 '유한 정신[개인 이성]'의 지(知)와 '소통(communication)' 한다. 그러나 그렇게 함에 있어, 정신은 그 자체 발달의 동기이기인 연고로 정신은 그 자체로 남아 있고, 자체 분할 행위 속에 분할되지 않은 자체로 회귀한다."

Religion has just that which it itself is, the consciousness of the Essence, for its object ; it gets an objective form in it, it actually *is*, just as, to begin with, it existed as Notion and only as the Notion, or just as at first it was *our* Notion. The absolute religion is the *revealed* religion, the religion which has itself for its content, its fulness.

It is the Christian religion which is the perfect religion, the religion which represents the Being of Spirit in a realised form, or for itself, the religion in which religion has itself become objective in relation to itself. In it the universal Spirit and the particular spirit, the infinite Spirit and the finite spirit, are inseparably connected ; it is their absolute identity which constitutes this religion and is its substance or content. The universal Power is the substance which, since it is potentially quite as much subject as substance, now posits this potential being which belongs to it, and in consequence distinguishes itself from itself, communicates itself to knowledge, to the finite spirit ; but in so doing, just because it is a moment in its own development, it remains with itself, and in the act of dividing itself up returns undivided to itself.

〈'3부 절대 종교'37)〉

37) G. W. F. Hegel(Translated by E. B. Speirs & T. B. Sanderson), *Lectures on the Philosophy of Religion*, Routledge & Kegan Paul, 1968, V.2, pp.329~330 'Part III Absolute Religion'

—✈

* 여기에서 역시 헤겔의 전 사상은 모두 공개가 된 셈이다. 소위 '보편적 정신 (the universal Spirit-[신])'과 '무한의 정신(the infinite Spirit-[신])' '보편적인 힘(The universal Power)' '실체, 내용(Substance, Content)' '실체, 그리고 '개별적 정신(the particular spirit)' '유한의 정신(the finite spirit)'과의 '소통 (communication)'에 대한 설명이 그것이다.

헤겔은 기존 기독교(가톨릭)와는 달리 '인간 이성'을 '절대 정신(이성, 이념, 신)' 을 바로 연결했던 점이 특징인데, 이것이 개신교 신학자 헤겔(개신교) 식 해설의 [개방적]특징이고, 역시 [칸트의 이성을] 자기 맘대로 '신학(개신교 방식)'으로 전용(轉用)하였던 그 독단의 현장이다.

* 헤겔은 위에서 역시 자신의 기본적인 전제, '정신' '보편적 힘' '유한 정신(the finite)' 문제는 각 인간들의 정신(개별 정신, 유한 정신)과 그것과 관련된 신(보편 정신, 무한 정신, 실체)을 모두 거론하였다.

특히 '보편적인 힘(The universal Power, 신)'과 '유한의 정신(the finite spirit, 개인)'의 '소통(communication)'에 대한 언급에 주목(注目)할 필요가 있다. 헤겔의 '보편적인 힘(The universal Power, 신)'은 '현실적'으로 '세계정신 (World Spirit)'과 같은 것으로 '군국주의' '군주의 힘'과 동일한 것이어서 각별 한 주의를 요하는 사항이다. (참조, ⑪-06. 말을 탄 '세계정신'(1806))

* 오늘날 종교의 선택은 '자유'이고 각자가 선택한 종교를 '세상에서 최고'라고 알고 있지만, 그것이 각 개인의 취향(趣向)에 머무를 때는 탈이 없지만, 어떤 한 가지 종교에 절대적 의미를 부여할 때 '큰 문제(戰爭과 殺人)'가 생겼다. 헤겔의 생존 당시에 헤겔은 기독교 중 개신교(Protestantism)만 인정하고 가톨릭 이나 이슬람은 긍정하지 않았다. 그 중에도 헤겔은 '배타주의(Exclusion)' '우월 의식(Chauvinism)'에서 '게르만 국가주의(German Nationalism)'에 각별했던 사람이었다. (참조, ②-12. '철학'은, '우주론' 속에 '종교'를 정착시킨다. ⑧-18. 지옥(地獄)보다 억센 이성(理性))

* 위에서 헤겔이 말한 '힘' 문제에 관해, F. 니체(F. Nietzsche, 1844~1900)는, '철학은 독재 권력(힘)의 형상화'[38]라고 비판을 낳았으니 그 말에 해당한 사람은 바로 플라톤과 헤겔이었다.

②-19 우리(기독교인)는 우리 신과 하나이다.

"일반적으로 알려진 신학의 목적은 단순히 객관적 신을 아는 문제이다. 객관적인 신은 주체 의식에서 완전히 분리되어 있고, 그래서 어떤 외적 대상, 태양 하늘 등 의식의 대상들과 다름이 없어서, 여기에서 대상은 영원한 타자(Other)로서 외적인 것으로 특징을 갖는다. 이것과는 대조적으로 '절대 종교의 관념'은, 우리가 동행해야 할 것을 암시 제시하고 그 외적인 것이 아닌 종교 자체이니, 다시 말해 우리가 신이라고 부르는 관념과 의식적 주체와의 통일이다.

이것은 역시 오늘날의 관점을 대표하는 것으로 생각할 수 있으니, 지금 사람들의 종교 독실함 경건함에 관련되는 한에서는 종교에서 객체에 자신들을 묶어두지 않는다. 사람들은 다양한 종교를 가지고 있고, 주요 문제는 경건함이다. 우리는 신을 객체로 생각할 수 없고, '당신(He)'을 현실로 받아들이고 우리가 관심을 가지고 있는 주요 문제는 단지 '당신'을 아는 주체적 방식이고 우리의 주체적 종교 조건이다. 우리는 앞서 말했던 바로 그 관점을 알 수 있다. 그것은 시대의 관점이고 동시에 어떤 무한 동기가 당위의 가치로 인지됨에 어떤 가장 중요한 진전을 표현이다. 왜냐하면 그것이 어떤 절대적 계기를 이루는 것으로 주체 의식의 인지를 포함하고 있기 때문이다. 동일한 내용이 양측에 실존하는 것으로 보이고, 그것은 이 잠재적이거나 양면의 진정한 존재이다. 우리 시대를 대표하는 위대한 진전은, 절대적 계기로서 '주체성의 인지(the recognition of subjectivity)'로 구성되어 있고, 그래서 필수적 이것이 확실한 개성이다. 그러나 전체적인 질문은 주체의 확실한 개성화 방법으로 돌아간다."

---

38) F. Nietzsche (Translated by T. Common), *Beyond Good and Evil*, The Edinburgh Press, 1907, p.14 'philosophy is this tyrannical impulse itself, the most spiritual Will to Power'

The object of theology as generally understood is to get to know God as the merely objective God, who is absolutely separated from the subjective consciousness, and is thus an outward object, just as the sun, the sky, &c., are objects of consciousness, and here the object is permanently characterised as an Other, as something external. In contrast to this the Notion of the absolute religion can be so presented as to suggest that what we have got to do with is not anything of this external sort, but religion itself, i.e., the unity of this idea which we call God with the conscious subject.

We may regard this as representing also the standpoint of the present day, inasmuch as people are now concerned with religion, religiousness, and piety, and thus do not occupy themselves with the object in religion. Men have various religions, and the main thing is for them to be pious. We cannot know God as object, or get a real knowledge of Him, and the main thing, what we are really concerned about, is merely the subjective manner of knowing Him and our subjective religious condition. We may recognise this standpoint as described in what has just been said. It is the standpoint of the age, but at the same time it represents a most important advance by which an infinite moment has had its due value recognised, for it involves a recognition of the consciousness of the subject as constituting an absolute moment. The same content is seen to exist in both sides, and it is this potential or true Being of the two sides which is religion. The great advance which marks our time consists in the recognition of subjectivity as an absolute moment, and this is therefore essentially determination or characterisation. The whole question, however, turns on how subjectivity is determined or characterised.

〈'3부 절대 종교'39)〉

---

39) G. W. F. Hegel(Translated by E. B. Speirs & T. B. Sanderson), *Lectures on the Philosophy of Religion*, Routledge & Kegan Paul, 1968, V 2, pp.330~1 'Part III Absolute Religion'

* 헤겔의 위의 진술에서 특히 주목을 요하는 대목이 '절대종교(the absolute religion)'는 '신(God)'과 '의식적 주체(the conscious subject)'와의 '통일'이라고 했던 부분이다. 이것은 사실 불교의 '부처'와 '불승(佛僧)'도 그러하지만, 헤겔은 유독 기독교가 그러함을 강조하였다.[배타적 독선(獨善)주의]

* 헤겔은 '요한복음'에 예수의 말로 명시된 '자신의 개념[아버지는 내 안에 계시고, 나는 아버지 안에 있다. 너희는 내 안에 있고, 나는 너희 안에 있다.]'를 거듭 환기(喚起)하며, 그것을 모든 사람의 '정신'으로 보편화하고 그것을 '기독교의 정체성(正體性)'으로 설명하고 있다.

  이 헤겔의 설명이 굳이 나쁠 것도 없으나, 문제는 결과적으로 유대인의 '배타적 정신(Exclusive Chauvinism, Elitism)' '현실 부정(Negation of this world)' '허무주의(Nihilism)'와 연결하여 '군주(주인)'에 대한 '노예 도덕' '절대 복종'을 그 '개신교 정신'으로 주장했던데 문제가 있다. (참조, ⑥-12. **각 개인은 '시대의 아들'들이다. ⑥-13. 현재는 '장미'이며 '십자가'이다.**)

* 이점이 역시 칸트처럼 '인간 보편의 인식' '인류 통성(通性)' '인류의 이성(human reason)'을 표준으로 삼은 것이 아니라, '기독교의 신앙심' '기독교의 하나님 사상'에 '헤겔의 생각'이 크게 치우쳐 있다는 그 문제점이다. 그렇지만, 이것은 그의 '절대정신'의 문제와 더불어 헤겔의 가장 분명한 생각이었다.

②-20 '신성(神性)'과 '인성(人性)'의 통합이 '절대 정신(Absolute Spirit)'이다.

"신의 이념에 대한 형이상학적 개념 :

여기에서 신의 형이상학적 개념이란 우리가 말해야 하는 그것 자체를 통해 실존하는 순수 개념을 의미한다. 그래서 신의 확실성은 여기에서 '그분(He)'이 '절대 이념(Absolute Idea)' 즉 '정신(Spirit)'이시다. 그러나 '정신'이나 '절대 이념'은 단순히 관념과 현실의 통일로 보이는 것이다. 그 관념 자체로

총체성을 나타내고 동일한 현실임에도 말이다. 그러나 이 현실이 '계시'이고
실제적 나타남이고, 저절로 존재를 나타냄이다. 역시 나타남은 그 자체가 차
별의 계기를 갖고 있고, 그것은 유한 정신 인간 본성의 주석과 개성을 포함하
고 있는데, 인성(人性)의 유한함은 앞서 말한 '(신의) 관념'의 반대편에 서 있
다. 그러나 우리가 '신성(神性)'을 '절대 정신'이라고 하므로, '정신의 이념
(Idea of Spirit)'은 신성(divine nature)과 인성(human nature)의 통합이다.
그러나 신성 자체가 '절대 정신'이 되는 것이므로 '신성' '인성'의 통합이 '절대
정신' 자체이다. 진리는 단일한 전제로 표현될 수 없다. 현실의 절대 통합으
로서 절대 관념 이념은 서로 다른 것이다. 정신은 삶의 진행에 따라 신성과
인성의 통합은 실현되고 어떤 구체적인 실존을 갖게 된다."

THE METAPHYSICAL NOTION OR CONCEPTION OF THE IDEA OF GOD.

The metaphysical notion of God here means that we
have to speak only of the pure Notion which is real
through its own self.   And thus the determination or
definition of God here is that He is the Absolute Idea,
i.e., that He is Spirit.   Spirit, however, or the Absolute
Idea, is what appears simply as the unity of the Notion
and reality in such a way that the Notion in itself re-
presents totality, while the reality does the same.   This
reality, however, is Revelation, actual manifestation,
manifestation which is for self.   Since manifestation, too,
has in itself the moment of difference, it contains the
note or characteristic of finite Spirit, of human nature,
which being finite stands opposed to the Notion above
mentioned.   Since, however, we call the Absolute Notion
the divine nature, the Idea of Spirit means the unity of
divine and human nature.   But the divine nature it-
self is merely something which is to be Absolute Spirit,
and thus it is just the unity of divine and human nature
which is itself the Absolute Spirit.   The truth, however,
cannot be expressed in a single proposition.   The absolute
Notion and the Idea as the absolute unity of their reality,
are different the one from the other.   Spirit is accordingly
the living Process by which the implicit unity of the
divine and human natures becomes actual and comes to
have a definite existence.

〈'3부 절대 종교'40)〉

_____✈

* 헤겔의 '이성=신' 문제는 얼마나 편리(?)한 것인지를 모르면 헤겔의 생각을 다 아는 것이 못 된다. 즉 헤겔의 '이성=신'은 칸트처럼 분명 인간의 소유이면서, 역시 주장하는 자신이 '신(God)'이 아니면 주장할 수 없는 사항이다. (참조, ⑧-15. **인간 이성은 자력(自力)으로 진리에 도달할 수는 없다.**)
  여기에 헤겔은 그 평생 그 신학(철학)의 명운(命運)을 걸었다. 그 '이성'은 '인간'이며 '신'이고 '도덕'이고 '자유'이고 '개인'이고 '공동체'이니, 그것으로 역시 달성했던 바가 헤겔의 '일원론(Monism)'이다.

* 그러나 칸트와는 달리, '신(God)의 논의'는 더 이상 필요가 없을 정도로 '헤겔의 전담(全擔) 사항'이 되었다.
  헤겔의 '신'의 논의는, **'신을 위한 신'이 되어 '인간 생명[실존·육체] 경시의 신' '현실 부정의 신' '차별의 신' '무책임한 신'이라는 '헤겔(개인)의 (主觀的)신'이 되었다는 점**에 근본 문제가 있다.

* 그러므로 결국 '헤겔이 논한 신'은 '헤겔의 신'이고 여타 '비기독교도의 신'과는 차별이 나지 않을 수 없는 사항이다. 그 '차별'을 초월 무시하기 위해 동원된 헤겔의 주장이 '절대(Absolute)'라는 용어였다. 헤겔은 우선 그것(신 문제)으로 세계를 동서(東西)로 구분을 행했으니, 그것이 헤겔 독선(Chauvinism)의 출발점이다. (참조, ⑦-08. **'배타(排他)적인' 유대 민족(Jewish)**)

* 헤겔은 '고대 사제(司祭)' '세상 경멸' '육신 무시'를 통째로 떠안고 있으니, 헤겔의 별명으로 '관념 철학의 대표자'라는 것은 정당하나, 혹시 '후기 계몽주의자'라는 말은 천만부당하니, 그것은 '르네상스 정신 계승'의 '계몽주의'라는 말 자체를 위태롭게 하는 바로 '헤겔 이해'에 하등 도움이 되지 않은 말이다.

---

40) G. W. F. Hegel(Translated by E. B. Speirs & T. B. Sanderson), *Lectures on the Philosophy of Religion*, Routledge & Kegan Paul, 1968, V 2, pp.348~9 'Part Ⅲ Absolute Religion'

②-21 '성부(聖父)' '성자(聖子)' '성신(聖神)'은 하나이다.

"절대종교(The Absolute Religion)

C. 주체의 구분

(I) 자유자제로 당신의 영원한 관념 속에 거주하시는 신; 성부(聖父)의 왕국

    1. 사상의 요소로의 확실성

    2. 절대 괴리(乖離)

    3. 3위 일체

(II) 의식이나 일상적 사상 차별적 요소 속에서의 영원신의 관념; 성자(聖子)의 왕국

    1. 차별성의 전제

    2. 세상

    3. 인간의 본성

  (III) 교회나 영적 사회 요소에서의 '관념'; 성신(聖神)의 왕국

    a. 성령 사회의 개념

    b. 성령 사회의 실현

    c. 우주 현실 속에 성령의 실현"

〈'절대 종교-주체의 구분'41)〉

____✈

* 이 문건은, 1827년 '종교철학 강의' 관련 자료이다.
* 헤겔은 자신의 〈종교철학 강의〉에서 소상하고 분명하게 자신의 전체 생각을 거듭거듭 쉬지 않고 명시를 하였다. 그러므로 **헤겔의 바른 이해를 위해서는 우선 이 〈종교철학 강의〉를 상세히 검토하는 것이 지름길**이니, 그 '여타 저서들' 속에 생길 수 있는 '구체적인 의문에 대한 해답'은 여기(〈종교철학 강의〉)에 다 제시되어 있다.[국가주의 개신교도로서의 모든 문제에 대한 해답]

* **헤겔이 평생 고수했던 바는 '신(God) 주체의 세계관'과 '삼위(聖父 聖子 聖神)일체(一體)'의 신념이었다.** 그밖에 모든 인간의 저술과 행적은 그 '신(神)에의 복종(자유)'만큼 큰 가치를 지니는 것은 없다는 것이 헤겔의 기본 정신이고, (개인과) 이 세상은 '변증법' 지양 극복이 되어 '절대 신과 하나 됨'이 그 헤겔의 이상(理想)이었다.['생명 부정' '이승(현 세계) 부정']
* 헤겔의 이해는, 헤겔이 루터(M. Luther, 1843~1546) 식으로 〈성경〉에 의해 '절대자'를 알았듯이 헤겔의 저서를 통해 반드시 이해가 되어야 하고 그것(헤겔의 말)을 벗어난 논설은 해설자의 자의(恣意)에 의한 오류가 될 수밖에 없다.

②-22 '절대 영원의 이념' '신(God)' '정신(Spirit)' '물리적 자연(Physical Nature)'의 상호 관계

"주체의 구분
(1) '절대 영원의 이념(Idea)'이란 필수적인 존재로서 자유자제(卽自對自, in and for itself)의 신(God)으로서 세상 창조 이전의 세상 밖의 '영원 신

---

41) G. W. F. Hegel(Translated by E. B. Speirs & T. B. Sanderson), *Lectures on the Philosophy of Religion*, Routledge & Kegan Paul, 1968, V.3, p.v 'The Absolute Relation-C. The Division of the Subject'

(God in His eternity)'이시다.

(2) '세계의 창조' – 창조가 된 것, 타자(他者, Other)는 그 자체 속에 '물리적 자연(physical Nature)'과 '무한 정신(Spirit)' 양면으로 나뉘었다. 그러기에 피조물이 신(神 God)의 밖에 최초로 타자(他者, Other)로서 자리를 잡았다. 피조물은 신의 필수적 본성에 종속되어 있으나, 신에게서 분리된 것으로 존재하게 하게 된 그 특별하거나 독특한 요소로 신과 이질적인 그것으로 신과 화해한다. 바로 그것이 '이념(理念, Idea)'의 속성인데, 그것은 자체로부터 분리되어 자체로부터 떨어져 나가고 이 착오(錯誤, lapse)로부터 그것의 진실과 진실한 상태로 되돌아간다.

(3) 그것이 '정신(Spirit)'이 괴리(乖離 diremption)와 차별 상태에서 그 자체로부터 구분되어 통일 화합하는 화해의 경과이고 '정신'이 '교회' 속에 나타나는 '성령(Holy Spirit)'이다."

THE DIVISION OF THE SUBJECT.

I. The absolute, eternal Idea is, in its essential existence, in and for itself, God in His eternity before the creation of the world, and outside of the world.

II. *The Creation of the World.*—What is thus created, this otherness or other-Being, divides up within itself into two sides, physical Nature and finite Spirit. What is thus created is therefore an Other, and is placed at first outside of God. It belongs to God's essential nature, however, to reconcile to Himself this something which is foreign to Him, this special or particular element which comes into existence as something separated from Him, just as it is the nature of the Idea which has separated itself from itself and fallen away from itself, to bring itself back from this lapse to its truth or true state.

III. It is the way or process of reconciliation whereby Spirit unites and brings into harmony with itself what it distinguished from itself in the state of diremption and differentiation, and thus Spirit is the · Holy Spirit, the Spirit is present in its Church.

〈'절대종교 – 주체의 구분'42)〉

---

42) G. W. F. Hegel(Translated by E. B. Speirs & T. B. Sanderson), *Lectures on the Philosophy of Religion*, Routledge & Kegan Paul, 1968, V 3, p.1 'The Absolute Relation-C. The Division of the Subject'

_____✈

* 이 짧은 인용 속에 역시 전 헤겔 철학(신학)이 다 요약되어 있다.

헤겔의 위의 진술에서 역시 크게 관심을 보여야 할 대목이, '창조가 된 것, 타자(他者, Other)는 그 자체 속에 물리적 자연(physical Nature)과 무한 정신(Spirit) 양면으로 나뉘었다.'는 설명인데 '물리적 자연(Physical Nature)과 무한 정신(Spirit)' 공유한 존재는 인간이다. 그런데 헤겔은 그 '물리적 자연'을 극복하고 '무한 정신'으로 나가는 것이 인간의 마땅한 길이며 전부라는 주장이다.

* 한 마디로 '절대 영원의 이념(Idea)' ='신(God)' ='정신(Spirit)'이 헤겔의 기본 전제인데, 그것에 '물리적 자연(Physical Nature)'을 극복 통합(統合, Synthesis)하는 것이 신학자 헤겔의 목표인데, 이에 헤겔이 동원한 것이 그 '가짜 논리학' '변증법'이었다. (참조, ②-38. **'변증법'은 가짜 논리학이다.-I. 칸트**)

* 이전 철학자(예수 포함)는 모두 '물리적 자연(physical Nature)'과 '정신(Spirit)'을 서로 구분하였는데, 유독 헤겔이 그 '변증법'을 동원하여 기존 사상을 비판하고 스스로 그 '일원론(Monism)'의 '고지(高地)'에 올랐다고 스스로 착각(錯覺)하였다. (참조, ⑧-25. **칸트의 불쌍한 '이율배반(Antinomies)'**)

* 한 마디로 헤겔은 '절대 이념(The Absolute Idea)'이 '전부'이고 '결과'이고 '시작'이라 생각하였는데, 그래서 헤겔은 '관념(이념) 철학자'로 부르고 있다.

* 루터(M. Luther, 1843~1546) 교회의 목사답게, 헤겔은 성경('요한복음')에 말씀대로 '태초에 말씀이 계시니라.'라는 말을 온전히 신봉하여 그의 철학 체계를 세웠으나, 뒤의 과학적 탐구는 '인간의 역사'는 5천년 이내(以內)의 이야기이고, 지구의 나이는 20억년이라고 하니, 헤겔의 '관념주의'는 작은 벌레의 '큰 소리'밖에는 되질 못 하고 있다.

* 이러한 사실은 이미 볼테르(Voltaire, 1694~1778)가 그의 〈무식한 철학자 (*The Ignorant philosopher*, 1766)〉에서 "인간은 자연의 노예다.[자연 법칙의 지배 속에 있다.]"[43]라고 솔직한 고백을 털어 놓았다. 그런데 목사 헤겔은 그의 말에 오히려 분노(忿怒)하여, '신(정신)이 자연을 지배해왔다'는 사실을 〈성경〉을 토대로 그 '변증법'으로 반박 논증하려 하였던 것이 헤겔의 저작 (著作)들이다.

그러한 '헤겔의 주장'은 한 사람의 '개신교도 주장'이고, 그('헤겔의 주장')와 무관하게 진행된 '과학적(자연과 육체) 탐구'는 오늘날 인류 '최고의 양심과 자유와 이상(理想)' 위치에 자리를 잡고 있다.

②-23 '절대 정신'='전체'='삼위일체(三位一體)'

"이처럼 우리가 행하고 있는 구분은 외형적으로 행한 것이 아니다. 그러나 반대로 '절대 정신(Absolute Spirit)'의 개발된 생명력인 그 행동은 그 자체가 어떤 영원한 생명이다. 그 행동은 어떤 발전이고, 이 발전을 그 자체로 되돌리는 것이다.

더욱 구체적으로 이 이념 속에 포함되어 있는 것이 '세계정신(the universal Spirit)'이고 '전체(the Whole)'이니, 그 세 가지 특징 또는 명백함을 공유하고 자체를 개발하고 자체를 실현하고 마지막에 가서야 그 전제를 이루고 있는 것을 온전한 형식으로 동시에 소유하는 것이다. 절대 정신(Absolute Spirit)이 처음부터 전체로 실재하고, 그 자체를 예비 전제하고 마지막에도 꼭 같이 존재한다. 이처럼 정신은 그 자체가 있는 그대로 세 가지 형식이나 요소로 고려되고 있다.

그 세 가지 형식은 보편적 형식인 자유자재(Being in and with itself)의

---

43) Voltaire, *The Best Known Works of Voltaire*, The Book League, 1940, pp.422~423
'Ⅱ. Our Weakness'－'무슨 이유로 프라이어 씨와 나이트(Knight) 씨가 자연(自然)의 군주(君主)가 되었는지는 나는 알 수가 없다. 왕이 아니라 한 지점에 쇠사슬에 묶여 엄청난 것으로 둘러싸인 내 주변의 모든 것에 노예인 내[볼테르]가, 이제 탐색(探索)을 시작하려 한다.'

영원한 존재이고[성부], 타자를 위한 존재 개별화한(Particularisation, Being for another) 출현의 형식이고[성자], 외모로부터 절대 단일 개체인 그 자체로 돌아가는 형식이다[성령]."

> Thus the distinctions we make are not made in an external fashion; but, on the contrary, the action, the developed life-force of the Absolute Spirit, is itself an eternal life; it is a development and a carrying back of this development into itself.
>
> Put more definitely, what is involved in this idea is that the universal Spirit, the Whole which this Spirit is, posits itself together with its three characteristics or determinations, develops itself, realises itself, and that only at the end we have in a completed form what constitutes at the same time its presupposition. It exists at first as a Whole, it pre-posits or presupposes itself, and exists likewise only at the end. Spirit has thus to be considered in the three forms or elements in which it posits itself.
>
> The three forms indicated are : eternal Being in and with itself, the form of Universality ; the form of manifestation or appearance, that of Particularisation, Being for another ; the form of the return from appearance into itself, absolute Singleness or individuality.

〈'절대 종교 - 주체의 구분'44)〉

_____✈

* 헤겔은 헤겔의 경력이 말해 주듯이('연보' 참조), 헤겔은 어렸을 적부터 '개신 교 신학(Theology)'에 이미 흠뻑 젖어 있었다. 그러므로 '헤겔 신학'의 이해 는 '개신교도 헤겔'의 먼저 이해해야 하고, 그러한 측면에서 역시 우선적으로 살펴야 할 책이 그의 〈종교철학〉이다.

* 그 〈종교철학〉에서도 '완전 종교'를 자세히 읽어야 하고, '완전 종교' 속에서

---

44) G. W. F. Hegel(Translated by E. B. Speirs & T. B. Sanderson), *Lectures on the Philosophy of Religion*, Routledge & Kegan Paul, 1968, V 3, pp.1~2 'The Absolute Relation-C. The Division of the Subject'

도 '삼위일체(Trinity)'론을 자세히 검토해야 하고 '삼위일체' 이해가 [과학도
입장에서는]쉽지 않은 문제이지만, 그 중에도 '정신(성령, Holly Spirit)'의
이해 전부이이다.['理性=神'] 그래야 '헤겔 철학의 전모(全貌)'가 손 안으로
들어온다. (참조, ②-19. 우리(기독교인)는 우리 신과 하나이다. ③-18. 철학
: '절대자를 수중에 넣는 도구')

②-24 '주체의 역사(歷史)' '신의 역사(歷史)'

"신의 이념은 그 자체를 다음 이 세 가지 형식으로 펼치고 있다. 정신은 신의
역사(歷史)이니, 자체의 분화, 분할, 괴리, 재개(再開)의 과정(the process of
self-differentiation, of separation or diremption, and of resumption of this)으
로, 그 역사가 그 세 가지 형식 속에 고려되고 있다.
　그 주체 의식에 관하여 고찰을 하면, 3자는 다음과 같이 정의 될 수 있다.
제1 형식은 사상적 요소이다. 순수 사상 속에서의 신은 자유자재의 신으로서
나타나 명시나 외모의 단계에 도달하지는 못 했다[성부]. 신은 당신의 영원한
정수로의 신이고, 그 자신과 더불어 있지만, 아직 나타나지는 않았다. 제2
형식에 의하면 신은 개별화한 요소로서 세속적 구체적 관념의 요소로 실존
한다. 여기에서 의식은 "타자(Other, 신)"의 보유 참조의 태도를 취하는데,
이것이 현현(顯現)과 명시의 단계를 나타내고 있다[성자]. 제3 요소는 주체적
인 것이다. 이 제3의 주체성이 일부는 직접적이고 느낌 관념 감상의 형식을
취하나, 역시 일부는 그것 자체로 돌아올 때에만 자유로운 '관념(the Notion)'
'사유하는 이성' '자유정신의 사상'을 나타내는 주체를 이루고 있다[성신]."

> The divine Idea unfolds itself in these three forms.
> Spirit is divine history, the process of self-differentiation,
> of separation or diremption, and of the resumption of
> this; it is divine history, and this history is to be con-
> sidered in each of these three forms.
> 　Considered in relation to the subjective consciousness,
> they may further be defined as follows. The first form
> is the element of thought. In pure thought God is as
> He is in-and-for-Himself, is revealed, but He has not yet
> reached the stage of manifestation or appearance, He is

God in His eternal essence, God abiding with Himself
and yet revealed. According to the second form He
exists in the element of the popular or figurative idea,
in the element of particularisation. Consciousness here
takes up an attitude of reserve in reference to the
" Other," and this represents the stage of appearance or
manifestation. The third element is that of subjectivity
as such. This subjectivity is partly immediate, and takes
the form of feeling, idea, sentiment; but it is also partly
subjectivity which represents the Notion, thinking reason,
the thought of free Spirit, which is free only when it
returns into itself.

〈'절대 종교-주체의 구분'45)〉

————✈

* 구교(舊敎, 가톨릭)에서는 토마스 아퀴나스(T. Aquinas, 1225~1274)가 〈신
  학대전(*Summa Theologica*, 1471)〉에서 그 '가톨릭 정신'을 통합했음에 대해,
  헤겔은 M. 루터의 생각과 칸트의 '관념철학'으로 헤겔 식 '개신교 신학'을
  확립한 결과가 헤겔의 모든 저술이다. (참조, ⑪-01. '개신교(改新敎)의 토머
  스 아퀴나스' ⑧-18. 지옥(地獄)보다 억센 이성(理性))
* 그러나 헤겔은 '개신교'를 지나치게 '게르만 국가주의' '전쟁 옹호' '희생 예찬'
  의 '게르만 신국(The German City of God)'에 집착하여, 결국은 양차(兩次)
  대전(大戰)에서 독일이 그 주역이 됨을 피할 수 없게 만들었던 주역이 바로
  헤겔이었다.
* 신학자 헤겔의 유일한 (신학적) 수단은 '가짜 논리학(a logic of illusion)'
  '변증법(Dialectic)'으로 '삼위일체' 식 해설의 나열이었다. 위에서도 볼 수
  있듯이 소위(개인과 세상의) '자체의 분화(分化), 분할(分割), 괴리(乖離),
  재개(再開)의 과정(the process of self-differentiation, of separation or

---

45) G. W. F. Hegel(Translated by E. B. Speirs & T. B. Sanderson), *Lectures on the Philosophy
    of Religion*, Routledge & Kegan Paul, 1968, V 3, pp.2~3 'The Absolute Relation-C.
    The Division of the Subject'

diremption, and of resumption of this)'의 공식(公式)이란 그대로 '변증법'
이고 '삼위일체' 식 순환논리(循環論理)이다.

얼마나 편리(便利)한 생각인가? 즉 이 '삼위일체'를 통치제제로 풀면 〈법철
학〉이 되었고 ['군주(성부)'⟹ '개별 시민(성자)'⟹ '애국심(성신)'], 역사적 전개
로 풀면 〈역사 철학〉이 되었다.[희랍⟹ 로마⟹ 독일] (참조, ⑥-12. **각 개인은**
'시대의 아들'들이다. ⑦-08. '배타(排他)적인' 유대 민족(Jewish) ⑧-01. '게르만
의 자유(윤리)' 속에 달성된 '개인의 오성(悟性)'론)

* 헤겔의 '성부' '성자' '성신'은 '절대 이념' '절대 이성' '절대 정신'으로서 영원을
  지배하고 역시 세계 역사를 '변증법'으로 운영한 그 '주체(Subject)'로 전제하
  였으니, 이것은 아우구스티누스(A, Augustinus, 354~430)의 〈신국(The City
  of God, 426)〉 정신이고, 라이프니츠(G. Leibniz, 1646~1716)의 '신정론
  (Theodicy, – 신이 최고 역사를 경영하신다.)'의 정확한 적용이다.

* 볼테르는 라이프니츠의 '신정론' '신권통치'를 비판으로 작품 〈캉디드
  (*Candide*, 1759)〉를 써서 '인간 중심주의' '계몽주의 운동'을 펼쳤다.

  그런데 헤겔은 그 '계몽주의' 이름을 다시 그 '신정론' '신권통치(Theocracy)'
  로 되돌린 사람이다. (참조, ⑪-06. **말을 탄 '세계정신'(1806). ⑦-05. '이성(理**
  性)'이 세계(史)를 지배한다. ⑦-06. '절대자'는 역사(歷史) 속에 역사(役事)한다.)

* 사실 라이프니츠, 헤겔의 '신정론(神正論, 신의 경영이 최고다. 주께 맡기자)'
  는 마음편한 '낙천주의'가 되기도 하지만, 결국 '현실의 불행' '목전의 재난'
  '인간이 행한 전쟁'까지 모두 '신의 뜻'으로 돌리고 있는 현장은 '무책임'을
  넘어 '가소로운 구약(舊約) 시대의 몽상(夢想)'[46]이라고 말하지 않을 수 없
  다. (참조, ⑥-37. **독일 '국가 사회주의(나치즘)'-A. 히틀러 ⑥-38. '세계 근대**

---

46) '특권을 요구한 유대인들' – Voltaire, *The Best Known Works of Voltaire*, The Book
League, 1940, pp.414~416 'ⅩⅩⅤ. Of the Jew from Moses to Saul'

문명'은, '게르만(아리안) 문명'이다.-A. 히틀러)

* F. 니체는 독일의 헤겔 식 '염세주의' '허무주의' 성행(盛行)을 독일의 우울한
  날씨 탓으로도 생각하였다.[47]
* 다다 초현주의 예술가 S. 달리(S. Dali, 1904~1989)는 작품 '석양과 달빛에
  비친 철학자 (1939)'를 제작하여 '헤겔 철학'의 무용(無用)함을 풍자하였다.

〈'석양과 달빛에 비친 철학자(1939)'[48]〉

②-25 역사(歷史) 속에 '성부' '성자' '성신'의 문제

"장소와 공간에서 이 세 가지 형식은 서로 다른 장소에서 발달과 역사를
보여 왔기에 그것들은 다음과 같이 설명이 된다. 제1 형식[성부]에서의 신의
역사는 세상 밖의 장소 당신의 정수(精髓)의 존재, 당신의 자유자재 속에 거
하는 당신(He)으로서의 신(God)을 나타낼 장소가 없는 무한대 세상 밖에 거
(居)하신다. 제2 형식[성자]은 확실하고 온전한 체험 속의 신으로 세상 속 인
간의 형식으로 신(神)의 역사(歷史)를 나타낸다. 제3 단계[성신]는 '영적 사회
(Spiritual Community)'가 내적으로 나타나 처음 세상에 존재하는 것이다. 하

---

47) '쾌적한 날씨는 천재 출현 요건이다.(that genius is conditioned by dry air, by a pure sky.)'—
    F. Nietzsche (translated by A. M. Ludovici), *ECCE HOMO-Nietzsche's Autobiography*,
    The Macmillan Company, 1911, p.34
48) R. Descharnes, Salvador Dali; The Work The Man, Harry N Abrams, 1989, p.246
    'Philosopher Illumined by the Light of the Moon and Setting Sun(1939)'

지만 그것은 동시에 자체를 천상(天上)으로 올리는 것이고, 지상에 교회가 이미 당신을 저절로 소유하고 있듯이, 세상 속에 충만한 은혜로 행동하고 현현한다.

이 세 가지 요소는 시대 개념에 따라 구분되어 특성화가 가능하다. 성부로서의 신은 영원한 이념으로서 시대와 대립하는 영원으로서 시대를 초월하고 영원의 요소로 실존한다. 이처럼 온전하고 독립적인 형식으로의 (성부의)시대, 자유자재의 시대는 자체를 펼쳐 과거와 현재와 미래의 구분을 깨뜨려 작용한다. 그래서 현현의 제2(성자) 단계의 신의 역사는 과거사로 인식이 되니 말하자면 성부는 존재를 지녔으나, 그것은 단지 유사한 존재인 것이다. 모습의 형식을 취함에 성부는 직접적 실존이나 동시에 거부되어 과거로 존재한다. 신의 역사는 부정되어 과거적인 것 이른바 역사적인 것으로 인정되고 있다. 제3(성신)의 요소는 영원한 존재가 아닌 현재의 실존이나 제한된 현재에 있으나, 그 자체를 과거와 미래로부터 구분하고 지금 실존하는 감정적 직접 주체의 요소 영적 존재 요소를 대표하고 있다. 그러나 현재가 역시 제3(성신)의 요소를 나타내고 있으니, 교회가 역시 '천국(Heaven)'을 향하고 있다.

그래서 이 현재는 역시 그 자체를 세우고 있는 것이고, 현재에는 없어 미래로 상상되는 온전하고 보편적인 완벽한 형식을 향해 그 직접성을 부정하는 것을 수단으로 필수적으로 화해를 하고 있다. 이것이 이전에 있었던 완전한 단계의 현존이다. 그러나 이 완전한 단계는 역시 직접적이고 미래로 상정되는 '특별한 지금(the particular Now)'과는 구분이 되고 있다.

우리는 신의 자체 계시로서의 '관념(Idea)'을 생각해야만 하고 이 계시가 이제까지 언급한 세 가지 범주에 의해 명시되고 있는 바이다."

As regards place or space, the three forms, since they appear as development and history in different places, so to speak, are to be explained as follows. The divine history in its first form takes place outside of the world, outside of finitude where there is no space, representing God as He is in His essential being or in-and-for-Himself. The second form is represented by the divine history in a real shape in the world, God in definite completed existence. The third stage is represented by the inner place, the Spiritual Community, existing at first in the world, but at the same time raising itself up to heaven, and which as a Church already has Him in itself here on earth, full of grace, active and present in the world.

It is also possible to characterise the three elements, and to distinguish them in accordance with the note of Time. In the first element God is beyond time, as the eternal Idea, existing in the element of eternity in so far as eternity is contrasted with time. Thus time in this complete and independent form, time in-and-for-self, unfolds itself and breaks up into past, present, and future. Thus the divine history in its second stage as appearance is regarded as the past, it is, it has Being, but it is Being which is degraded to a mere semblance. In taking on the form of appearance it is immediate existence, which is at the same time negated, and this is the past. The divine history is thus regarded as something past, as representing the Historical properly so called. The third element is the present, yet it is only the limited present, not the eternal present, but rather the present which distinguishes itself from the past and future, and represents the element of feeling, of the immediate subjectivity of spiritual Being which is now. The present must, however, also represent the third element; the Church raises itself to Heaven too, and thus this Present is one which raises itself as well and is essentially reconciled, and is brought by means of the negation of its immediacy to a perfected form as universality, a perfection or completion which, however, does not yet exist, and which is therefore to be conceived of as future. It is a Now of the present whose perfect stage is before it, but this perfect stage is distinguished from the particular Now which is still immediacy, and it is thought of as future.

We have, speaking generally, to consider the Idea as divine self-revelation, and this revelation is to be taken in the sense indicated by the three categories just mentioned.

〈'절대 종교-주체의 구분'49)〉

---

49) G. W. F. Hegel(Translated by E. B. Speirs & T. B. Sanderson), *Lectures on the Philosophy of Religion*, Routledge & Kegan Paul, 1968, V 3, pp.3~4 'The Absolute Relation-C. The Division of the Subject'

_____✈

* 헤겔은 루터(M. Luther, 1483~1546)의 '개신교도'로서 '가톨릭'과는 스스로 차별을 명시하였다. (참조, ②-12. '철학'은, '우주론' 속에 '종교'를 정착시킨다. ⑧-18. 지옥(地獄)보다 억센 이성(理性))

〈'면죄부(免罪符) 판매'50) '루터'51)〉

* 헤겔의 변증법은 기본적으로 '삼위일체(Trinity)' – '성부' '성자' '성신'의 기초 위에 세워졌다.

* 개신교 신학자 헤겔은, 칸트의 '순수 이성(Pure Reason)'을 그 '성신(Holy Spirit)'과 완전 동일시하였고, 그것을 다시 '게르만 군주(The German Sovereign)'에 '세계정신(The World Soul)'을 올려 '아들' '종(a servant of the Lord)'으로서의 소임을 다 하도록 독려하였다. (참조, ⑥-12. **각 개인은 '시대의 아들'들이다.** ⑥-35. **공동체(共同體) 안에 희생(犧牲)-아우구스티누스**)

②-26 세계 창조 이전에 계셨던 신(성부)

"(자유자제(即自對自)로 당신의 영원한 이념 속에 거주하시는 신; 성부(聖父)의 왕국 :)
이처럼 사상의 요소로 인정되는 '신(God)'은, 말하자면 세계 창조 이전 세

---

50) Wikipedia, 'M. Luther' – 'The sale of indulgences'
51) Wikipedia, 'M. Luther' – 'Portrait of Luther, 1546.'

상 밖에 계시었다. 당신(God)은 당신으로서 현실에 존재하지 않는 영원한 이념이나, 그 자체는 아직 추상적 이념일 뿐이다.

이처럼 당신의 영원한 이념 속에 거하시는 신은, 사상의 추상적 이념적 요소로 존재하여, 인지적 이해 대상으로의 존재는 아니다. 그것이 우리가 이미 알고 있는 신에 관한 '순수한 이념(pure Idea)'이다. 이것이 사상의 요소이고 영원 속에 존재하는 이념으로 자유로운 사상으로 실존하듯이 그 근본적 특성은 거침없는 빛이고 자체 정체성으로 그 자체가 아닌 다른 존재에 의해 영향을 받지 않는 요소이다.

일반적으로 사상이 '정신 발전(the process of Spirit)'을 이해하고 파악한 사상과는 다르다는 점에서 이 영역이나 요소 내부에서의 확실성(구분)이 필요하다. 필수적 존재로서 자유자재(卽自對自)인 '영원한 이념(The eternal Idea)'은 사상으로 실재하고 그 '절대 진리(absolute truth)'에서의 '이념(Idea)'이다. 종교는 이처럼 어떤 내용을 가지고 그 내용이 목적이다. 종교는 인간의 종교이고 인간의 다른 바탕은 젖혀두고 생각하는 양심(consciousness)이다. 그러기에 '이념'은 생각하는 양심을 위해 실존해야만 한다. 그러나 '이념'은 인간의 존재가 전부가 아니니, 왜냐하면 이념은 인간이 그의 본성을 아는 사유의 영역에 존재하고 '이념'은 보편적인 대상으로 존재하는 사상을 위해 존재하고 사상을 향해 대상의 정수 그 자체를 보여주고 있다. 그러기에 종교 속에 신은 대상(an object)이다. 신은 필수적으로 사상의 대상이다. 정신이 양심이듯이 신은 대상이니, 신은 사상을 위해 실존하고 있으니, 신이 대상이기 때문이다."

GOD IN HIS ETERNAL IDEA IN-AND-FOR-SELF.

Thus, regarded in the element of thought, God is, so to speak, outside of or before the creation of the world. In so far as He is thus in Himself, He represents the eternal Idea which is not yet posited in its reality, but is itself as yet merely the abstract Idea.

Thus_ God in His eternal Idea still exists in the abstract element of thought, and not in that of notional comprehension. It is this pure Idea with which we are already acquainted. This is the element of thought, the Idea in its eternal presence, as it exists for free thought, whose fundamental characteristic is the untroubled light, self-identity, an element which is as yet unaffected by the presence of Being other than itself.

92

Within this sphere or element (I.) Determination is necessary, inasmuch as thought in general is different from thought which comprehends or grasps the process of Spirit. The eternal Idea in its essential existence, in-and-for-self, is present in thought, the Idea in its absolute truth. Religion has thus a content, and the content is an object; religion is the religion of men, and Man, besides his other qualities, is a thinking consciousness, and therefore the Idea must exist for thinking consciousness. But this is not all that Man is, for it is in the sphere of thought that he first finds his true nature, and it is only for thought that a universal object exists, only to thought can the essence of the object show itself; and since in religion God is the object, He is essentially an object for thought. He is object inasmuch as Spirit is consciousness, and He exists for thought because it is God who is the object.

〈'절대 종교-성부의 왕국'52)〉

———✈

* 전통 신학자들과 마찬가지로 헤겔의 생각은 플라톤(Plato, 427~347 b.c.) 철학과 〈성경〉을 토대로 하였다.

  헤겔의 '절대 이념(The Abolute Idea)'은 '여호와(Jehovah)'의 다른 이름이니, 플라톤의 '이념'과 〈성경〉의 여호와를 통합해 놓은 것이다. (참조, ④-21. **'절대 이념'이 불멸의 생명이다.**)

* 헤겔의 문제점은 '개신교 정신'을 19세기 '군국주의(Militarism)' '제국주의 (Imperialism)'와 결합시켜, '희생 예찬' '전쟁불가피론'을 폈던 점이다. (참조, ⑥-13. **현재는 '장미'이며 '십자가'이다. ⑥-14. 프로테스탄티즘 고유 원리 ⑥ -26. '영구평화(永久平和)론' 비판**)

---

52) G. W. F. Hegel(Translated by E. B. Speirs & T. B. Sanderson), *Lectures on the Philosophy of Religion*, Routledge & Kegan Paul, 1968, V 3, p.7 'The Absolute Relation-the kingdom of the Father'

②-27 감각적 합리적 영역은 '신'이 계신 곳이 아니다.

"감각적이거나 반성적 의식을 위해서는 신(God)은 당신의 '영원 절대의 정수(精髓)의 신'으로 존재할 수 없다.(For sensuous or reflective consciousness God cannot exist as God, *i. e.*, in His eternal and absolute essentiality.) 당신의 당신 자체의 명시는 감각적 의식적으로 된 것과는 구분이 되는 어떤 것이다. 만약 신이 감각적으로만 나타난다면 인간은 짐승보다 높을 것이 없다. 신이 감정으로도 존재하나 현현(顯現) 명시의 경우가 그것이다. <u>신은 합리주의적 유형의 의식(consciousness of rationalistic type)에도 없다.</u> 반성은 확실히 사상이다. 그러나 그것은 동시에 우발적 성질을 지니고 있고, 그 내용이 자의적 선별적인 것이기에 제한되어 있다. 신은 확실히 이와 같은 내용은 아니다. 신은 이처럼 사상을 위한 필수적으로 실존한다. 우리가 인간으로부터 주체적인 것을 논의 할 때에는 그 문제를 전제함이 필수적이다. 그러나 이것은 우리가 신에서 출발할 때도 역시 우리가 도달하고 있는 바로 그 진리이다. 정신은 정신을 위해 실존하고 그것을 위해 실존하고 그 자체를 보이고 구분하는 한에서만이 실존하여서 이것이 '영원한 관념(the eternal Idea)'이다. 이 영역에서 신은 자체 계시자이고, 신이 정신인 그 이유이다. 그러나 아직 외적으로 명시되는 않고 있다. 신이 정신을 위해 존재한다는 점은 필수적 원리이다."

For sensuous or reflective consciousness God cannot exist as God, *i.e.*, in His eternal and absolute essentiality. His manifestation of Himself is something different from this, and is made to sensuous consciousness. If God were present only in feeling, then men would be no higher than the beasts. It is true that He does exist for feeling too, but only in the region of appearance or manifestation. Nor does He exist for consciousness of the rationalistic type. Reflection is certainly thought too; but it has at the same time an accidental character, and because of this its content is something chosen at random, and is limited. God is certainly not a content of this kind. He thus exists essentially for thought. It is necessary to put the matter thus when we start from what is subjective, from Man. But this is the very truth we reach, too, when we start from God. Spirit exists for the spirit for which it does exist, only in so far as it

reveals and differentiates itself, and this is the eternal
Idea, thinking Spirit, Spirit in the element of its freedom.
In this region God is the self-revealer, just because He is
Spirit; but He is not yet present as outward manifestation.
That God exists for Spirit is thus an essential principle.

〈'절대 종교-성부 왕국'53)〉

_____✈

* 위에서 헤겔은 오히려 '감각적이거나 반성적 의식을 위해서는 신(God)은
당신의 '영원 절대의 정수(精髓)의 신'으로 존재할 수 없다.(For sensuous
or reflective consciousness God cannot exist as God, *i. e.*, in His eternal
and absolute essentiality.)'라고 하였다.

* **헤겔의 위의 진술은, 칸트가 그의 〈순수이성비판〉에서 '진리'를 '인식과 대상의
일치'로 전제하고 '감성, 직관, 물자체(Sensibility, Intuition, Thing in self)'를
'실체(Substance)'로 잡았음에 대해, 자신은 '절대정신(하나님)'을 '실체
(Sustance)'에 잡은 것에 대한 주장의 연장이다.** (참조, ②-33. '진리'란 '인식과
그 대상이 일치하는 것'이다.-I. 칸트 ②-34. 감성의 참된 상관 자는 '물자체(the
thing in itself)'이다.-I. 칸트)
이로써 신학자 헤겔과 '계몽주의자' 칸트는 혼동이 될 수 없다는 점은 거듭
명시가 되게 된다.

②-28 신(God)이 진리이다.

"(Ⅱ) 일상적 의식과 차별 속에서 영원신의 이념; 성자(聖子)의 왕국
여기에서 우리는 이 '이념(Idea)'이 어떻게 그것의 보편적 무한의 조건에서

53) G. W. F. Hegel(Translated by E. B. Speirs & T. B. Sanderson), *Lectures on the Philosophy
of Religion*, Routledge & Kegan Paul, 1968, V 3, pp.7~8 'The Absolute Relation—the
kingdom of the Father'

벗어나 '확실하고 유한(有限)한 개별 형식(the determination or specific form of finitude)'으로 되는지를 살펴야만 한다. 신은 계시지 않는 곳이 없으나, 신의 출현은 모든 것에서 바로 진리의 요소이다.

처음, '이념'은 사상의 요소로 발견이 되었다. 이것이 기초를 이루고 있고, 우리(철학도)는 그것과 함께 출발하였다. 더욱 추상적인 '본편적인 것(신)'은 과학적인 것으로 그밖에 다른 것보다 선행할 수밖에 없다. 과학적인 관점에서 생각해 보면, 최초로 도래한 것이 신이다. 그러나 제한된 형식에서 고려되는 존재로 고려되는 경우 현실적으로는 늦게 온다. 신은 중요하고 필수적인 것이다. 그러나 지식으로는 뒤에 나타나고, 인식의 단계와 앎의 단계에는 뒤늦게 도달한다.

실제로 '그 이념의 형식(The Form of the Idea)'은 반드시 잠재적인 결과로서 나타나고 있다. 그리고 이념의 내용은 끝이 처음이고 처음이 끝이듯이, 결과로 나타난 것이 잠재적으로 전제의 기초인 것이다. 이 이념이 일반적으로 이념의 요소에서는 제2차적 요소로 보인다고 생각이 될 것이다. 객관적이고 잠재적인 형식 그 형식에서 '절대 이념(신)'은 완전하다. 그러나 절대 이념은 주체적인 측면 '신성한 이념(the Divine Idea)'으로 주체가 현실적으로 출현할 때, 주체적 양상으로서의 이념 경우는 못 된다. 여기에 '관념'의 발전은 두 가지 측면으로 보이게 되어있다."

THE ETERNAL IDEA OF GOD IN THE ELEMENT OF CONSCIOUSNESS AND ORDINARY THOUGHT (*VORSTELLEN*), OR, DIFFERENCE; THE KINGDOM OF THE SON.

We have here to consider how this Idea passes out of its condition of universality and infinity into the determination or specific form of finitude. God is everywhere present, and the presence of God is just the element of truth which is in everything.

To begin with, the Idea was found in the element of thought. This forms the basis, and we started with it. The Universal, and what is consequently the more abstract, must precede all else in scientific knowledge. Looking at the matter from a scientific point of view, it is what comes first, though actually it is what comes later, so far as its existence in a definite form is concerned. It is what is potential and essential, but it is what appears later in knowledge, and reaches the stage of consciousness and knowledge later.

96

The Form of the Idea actually appears as a *result* which, however, is essentially *potentiality ;* and just as the content of the Idea means that the last is the first and the first is the last, so what appears as a result is the presupposition, potentiality, basis. This Idea is now to be considered as it appears in the second element, in the element of manifestation in general. In its form as objectivity, or as potential, the absolute Idea is complete; but this is not the case with the Idea in its subjective aspect, either in itself as such, or when subjectivity actually appears in the Divine Idea. The progress of the Idea here referred to may be looked at from two sides.

〈'절대종교-성자 왕국'54)〉

——————✦

* 헤겔은 위에서 '확실하고 유한(有限)한 개별 형식(the determination or specific form of finitude)'을 말하기 시작하였다. '신(神)의 인간으로서의 형상화' 인격신 예수를 설명한 말이다.

  헤겔은 바로 이어 '신은 계시지 않는 곳이 없으나, 신의 출현은 모든 것에서 바로 진리의 요소이다.'라고 강조하여 '신(God)이 진리이고 역시 만물을 창조하고 계시지 않은 곳이 없다.'는 기독교의 일반 논리를 반복하고 있다. 이 말 속에 사실은 일상생활에서는 서로 혼동할 할 수 없는, '시간'과 '공간'의 구분은 무론 없어지고(초월되고) 그 '초월(超越, transcendence)'을 행하신 '신(God)'만 있게 되는데, 헤겔은 편리하게 '그 존재'를 붙들고 평생을 보내었다.

* 위에서 헤겔은 '신이 진리이다.'라고 했던 것은, 신학자 헤겔로서는 이상할 것이 없는 발언이나, 앞서 칸트가 '인식과 대상의 일치'가 '진리'라고 했던 것과 비교하면 서로의 거리[相距]를 짐작할 수 있다. (참조, ②-33. '진리'란

---

54) G. W. F. Hegel(Translated by E. B. Speirs & T. B. Sanderson), *Lectures on the Philosophy of Religion*, Routledge & Kegan Paul, 1968, V 3, pp.33~4 'The Absolute Relation-the kingdom of the Son'

'인식과 그 대상이 일치하는 것'이다.-I. 칸트)

* 그런데 헤겔이 칸트를 비판했던 것은 칸트의 '무신론(無神論)' 때문이라는 이유를 이에 역시 확인할 수 있다. (참조, ④-06. 칸트 철학은, 신(神)이 없는 신전(神殿)이다. ⑧-25. 칸트의 불쌍한 '이율배반(Antinomies)')

②-29 신(God)을 생각하는 '현실적 주체'

"이것들을 처음부터 고찰을 하면, 우리(철학도)는 이 이념을 소유한 주체는 '생각하는 주체'라는 것을 알 수 있다. 일상적 개념으로 사용된 형식들까지도 근본적 형식의 속성을 벗어나지 않고 있고, 인간을 위한 존재나 사상으로 특수화된 형식도 이 근본적인 형식을 방해하는 것이 아니다. 전반적으로 주체는 생각하는 '어떤 것'으로 실존하니, 주체는 그 '이념(Idea)'을 생각하나, 주체는 구체적인 자기의식이다. 이 이념은 '구체적인 자기의식의 주체' '현실적 주체'로서 실존해야만 한다.(This Idea must exist for the subject as concrete self-consciousness, as an actual subject.)

달리 말하면 이렇다. 최초의 형식으로 이념은 '절대 진리'이다(the Idea in its first form is the absolute truth.). 하지만 주체적 형식으로는 이념은 사상으로 존재한다. 그러나 '이념'은 주체를 위한 진리일 뿐만 아니라 이념의 일부로서 주체는 이념의 확실성, 즉 '유한의 주체', '감성의 영역에 속하는 경험적 구체적 주체'를 소지할 수밖에 없다.

이념은 주체의 확실성을 소유하고 있고, 주체는 '관념'이 현실적으로 인지되고 그것이 주체를 위해 실존하는 한에서만이 그 확실성을 가진다. 만약 내가 "저것은"이라고 어떤 것을 말하면 그것은 내게 확실한 것이고, 이것이 직접적 지식이고 이것이 확실한 것이다. 중계의 다음 단계는 '존재라는 것은 역시 필연적인 것(what is, is likewise necessary)'이고, 그것이 진리이고 그것이 확실한 것을 증명하는 것으로 이루진다. 그래서 이것은 보편적인 것으로의 초월이다.

진리의 형식에서 출발했으므로 우리는 이 형식은 확실성을 보유하여 그것이 내게 실존한다는 확실한 생각에 도달하였다.

이 이념 진전의 명시를 입증하는 다른 양상은, 이념 그 자체의 측면으로 인지가 될 것이다."

Looking at it from the first of these, we see that the subject for which this Idea exists is the thinking subject. Even the forms used by ordinary conception do not take anything from the nature of the fundamental form, nor hinder this fundamental form from being for man a form characterised by thought. The subject, speaking generally, exists as something which thinks, it thinks this Idea, and yet it is concrete self-consciousness. This Idea must exist for the subject as concrete self-consciousness, as an actual subject.

Or it may be put thus—the Idea in its first form is the absolute truth, while in its subjective form it exists for thought; but not only must the Idea be truth for the subject, the subject on its part must have the certainty of the Idea, *i.e.*, the certainty which belongs to this subject as such, as finite, as a subject which is empirical, concrete, and belonging to the sphere of sense.

The Idea possesses certainty for the subject, and the subject has this certainty only in so far as the Idea is actually perceived, in so far as it exists for the subject. If I can say of anything, "that is," then it possesses certainty for me, this is immediate knowledge, this is certainty. The next form of mediation consists in proving that what is is likewise necessary, that it is true, that it is something certain. This accordingly is the transition to the Universal.

By starting from the form of truth, we have reached the definite thought that this form possesses certainty, that it exists for me.

The other mode of viewing the advance of the Idea to manifestation is to regard it from the side of the Idea itself.

1. Eternal Being, in-and-for-itself, is something which unfolds itself, determines itself, differentiates itself, posits itself as its own difference, but the difference, again, is at the same time eternally done away with and absorbed; what has essential Being, Being in-and-for-itself, eternally returns to itself in this, and only in so far as it does this is it Spirit.

⟨'절대종교-성자 왕국'55)⟩

───→

* 헤겔은 위에서 '이념(Idea)'은 하나님으로, '생각하는 사람' '현실적 존재'를
  '성자(Son, 예수)'로 설명한 셈이다.

  헤겔은 '이념'과 '개별 사물'의 관계를 그대로 '성부'와 '성자'의 관계에 적용하
  고, 모든 피조물(被造物)은 '하나님' 속에 의미를 갖는 법이라고 역설하고
  있다.

  위에서 '이 이념은 구체적인 자기의식의 주체, 현실적 주체로서 실존해야만
  한다.(This Idea must exist for the subject as concrete self-consciousness,
  as an actual subject.)'라고 말했던 점은 개신교도 헤겔의 가장 중요한 주장으
  로 주목을 해야 한다.

  즉 '**그 이념(This Idea, 신)**'과 '**현실적 주체(an actual subject, 인간)**'의 공존이
  니, 여기에 다시 '신(성부)' '인간(성자)'의 관계가 저절로 전제된다.

* 그런데 〈법철학〉에서는 '현실적인 것'이 다시 강조되어 '게르만 국가주의(공
  동체, 성부)'에 대한 '희생(성자)'이 전제되어 있으니, 이것이 헤겔이 운영했
  던 그 생각 체계의 핵심이 되었다. (참조, **⑥-10. '현실적인 것'이 '이성적인
  것'이다. ⑥-11. 국가(國家)는, 인륜(人倫)의 우주(宇宙)다. ⑥-35. 공동체(共同
  體) 안에 희생(犧牲)-A. 아우구스티누스)**

②-30 '성자(the Son)'는 현실 속에 '그분(He)'이다.

"차별화된 것은 그 차별성이 즉시 살아지는 그 방식에서 확실시 된다. 그
래서 보여주는 것이 단지 '신' '그분(He)'과의 관계 속에 존재, 그 이념 자체와
의 관계에 존재한다는 점이다. 이 차별화 행동은 단순한 어떤 운동이고, 사

─────────────────

55) G. W. F. Hegel(Translated by E. B. Speirs & T. B. Sanderson), *Lectures on the Philosophy
    of Religion*, Routledge & Kegan Paul, 1968, V 3, pp.34~5 'The Absolute Relation – the
    kingdom of the Son'

랑 놀음이고 중요한 의미에서 '타자 존재(Other-Being)'가 된 것도 아니고, 실제로 분리 분할의 조건에 도달한 것도 아니라는 점이다.[일반인의 경우] 그 '타자(Other)'는 성자(the Son)이고, 감정의 측면, 또는 더욱 높은 관점 에서 정의하면 사랑이고, 그 자체 밖에는 존재 않는 자유자재의 '정신(성령, Spirit)'이다. 이 확실성에서 차별의 확실성은 이념에 관한한 아직 완전한 것 은 아니다. 여기에서 우리가 소지하고 있는 것은 단순히 추상적 보편적 차별 성이고, 우리는 아직 고유하게 그것에 소속되어 있는 형식상의 차별에는 이 르지는 못 하였다. 여기에서의 차별은 타자들 속에서의 단하나의 특징이고 명백함이다.

이 점에서 우리는 아직 차별의 기간을 획득하지 않았다고 말할 수 있다. 구분된 사물들은 동일한 것으로 전제된다(The things differentiated are considered to be the same.). 우리는 아직 구분되는 사물들이 구분되는 확실 성을 지녀야 하는 확실성에 도달하지 못 했다. 이러한 측면에 관해서, '성자' 가 그처럼 타자의 확실성을 얻었다는 것, '당신(He)'은 자유자재로 실존하고 있다는 것, 당신은 신(God) 밖에서 현실로 나타나고 실제로 계신다는 것을 포괄하는 '이념의 판단이나 차별화 행위'로 생각하지 않을 수 없다.

'당신'의 이념성, 당신의 필수적 존재로의 회귀는 직접적이고 정체(正體)적 인 '최초 형식 이념의 자리'를 잡고 있다. 차별성이 있고, 적절히 인식되게 하기 위해서 '타자(Otherness)의 요소'를 지니는 것이 필요하고, '존재(Being, 신)에 홀린 타자'로 나타나야 할 차별성이 필요하다."

What is differentiated is determined in such a way that the difference directly disappears, and so, that this is seen to be a relation of God merely to Himself, of the Idea merely to itself. This act of differentiation is merely a movement, a playing of love with itself, in which it does not get to be otherness or Other-Being in any serious sense, nor actually reach a condition of separation and division. The Other is defined as the Son, as love regarded from the side of feeling, or, defined from a higher point of view, as Spirit which is not outside of itself, which is with itself, which is free. In this determination, the determination of difference is not yet complete so far as the Idea is concerned. What we have here is merely abstract difference in general, we have not yet got to difference in the form which peculiarly belongs to it ; difference here is only one characteristic or determination amongst others.

In this respect we can say that we have not yet got the length of difference. The things differentiated are considered to be the same ; we have not yet reached that determination according to which the things differentiated should have a different determination. Regarded from this side, we have to think of the judgment or differentiating act of the Idea as implying that the Son gets the determination of the Other as such, that He exists as a free personality, independently or for Himself, that He appears as something real outside of and apart from God, as something, in fact, which actually is.

His ideality, His eternal return into essential Being, is posited in the Idea in its first form as immediate and identical. In order that there may be difference, and in order that it may be properly recognised, it is necessary to have the element of Otherness, necessary that what is thus distinguished should appear as Otherness which is possessed of Being.

〈'절대종교-성자 왕국'56)〉

───→

* 위에서 헤겔이 '구분된 사물들은 동일한 것으로 전제된다.(The things differentiated are considered to be the same.)'고 말한 것은, 그 '가짜 논리학' '변증법'의 기본 전제이다. 즉 그 주장을 이해할 수 있지만, '왜 그러한 논리' (사람들이 이미 알고 있는 사항)를 거듭 해야 하는지를 그 '궁극 목적(-절대 정신)'을 확인하면, 그것은 '허무주의' 논리의 강요밖에 남은 것은 없다. (참조, ④-15. '절대자'는 비체계적인 변증법이다. ④-20. 생명 과정 속에서의 '모순' 과 '고뇌(Pain)')

* 헤겔은 그 '정신(精神, Spirit)'으로 모든 구분하고 통합하였다. 헤겔은 위에 서 '당신(신, God)'이 차별화된 '성자'로 나타심을 자세히 설명하였다. '헤겔 의 장기(長技)'는 '신의 현존하심'을 기존 서양 문헌 모두를 동원하여 더욱

56) G. W. F. Hegel(Translated by E. B. Speirs & T. B. Sanderson), *Lectures on the Philosophy of Religion*, Routledge & Kegan Paul, 1968, V.3, pp.35~6 'The Kingdom of The Son'

상세하게 설명하는 일이었다. 그것은 물론 헤겔의 '절대 신의 사랑'의 다른 형식이었으니, 헤겔의 외곽(그 밖의 게르만, 그 밖의 서구, 그 밖의 세계)에 있는 사람들은 헤겔이 마치 자신이 예수처럼 '아버지는 내 안에 계시고 나는 아버지 안에 있다.'고 말을 하여도 반대할 이유는 없다.

* 그렇지만 더욱 구체적으로, 만약 헤겔이 '프리드리히 2세의 로스바흐 전투 승리'는 '아버지(理性)의 뜻'이라고 헤겔이 말할 경우에는 우리는 결코 거기에 동의(同意)할 수 없다. 그것은 명백히 '개인 헤겔이 그 하나님(The Absolute Being)에게 홀린 잘못된 해석'이기 때문이다. (참조, ⑦-09. 개신교의 영웅, 프리드리히 대왕 ⑥-37. 독일 '국가 사회주의(나치즘)'-A. 히틀러)

②-31 '선량함(Goodness)'이 '절대 이념'의 기준(基準)이다.

"자체를 명시하고 있는 것이 '절대 이념[신]'이고, 그것은 내적으로 저절로 확실한 절대 자유이고, 이러한 확실 속에 절대 이념은 확실한 것이 독립된 것 어떤 독립의 대상으로 현존의 인정을 포함하고 있다. '자유(the Free)'는 '자유'만을 위하여 실존하고, 역시 타자를 자유롭게 한 자유로운 인간[성자] 속에만 존재한다.

이념의 절대 자유(The absolute freedom of the Idea)는 자체 결정과 판단 차별화에서 타자의 자유로운 독립의 존재를 인정한다. 독립된 존재로 허락된 이 '타자(Other)'는 일반적 감각으로 포착되는 '세계(World)'로 표현된다. '타자의 존재(Other-Being[성자])'라 부를 수 있는 '존재(Being[신])'의 양상에 독립성을 제공할 수 있는 판단의 절대 행동은 역시 '선량함(Goodness)'이라고 할 수 있고, 그것이 전체에서 소외된 상태에 있는 그 '존재'의 측면에 부여하는 것이고, 그렇게 하는 한에서 그것은 '절대 이념'을 받을 수 있고, 대표할 수 있다.

2. 세상의 진실은 그것[성자]의 '이상(ideality)'뿐이고, 그것의 진정한 실체를 포함하지 않고 있다. 그것은 마땅히 존재하는 그 속성에 포함이 되어 있으나, 이상적 의미로일 뿐이다. 그것은 암암리에 영원한 것이 아니고 반대로 그것은 창조되는 어떤 것이고, 그 존재는 단순히 머물렀던 것이거나 그 밖의 어떤 것에 의존하고 있는 것이다.

'세상의 존재[성재]'는 그것이 존재의 순간을 지니고 있다는 것을 의미하나, 신으로부터 분리되고 소외됨을 극복시키고 '세상의 존재'는 그것의 원천으로 돌아가 '정신' 혹은 '사랑'과의 관계를 획득하는 것이다.

이처럼 우리는 반란과 분리의 상태를 통과하여 화해의 상태로 가는 것을 포함한 '세계의 진전'을 획득하고 있다. 그 이념 속에 처음 나타난 것이 단순한 '성부(Father)'와 '성자(Son)'와의 관계이다. 그러나 '타자(Other)'는 역시 타자의 존재적 특징이나 타자다움이라는 존재하는 어떤 것의 특징을 소유하게 된다."

It is only the absolute Idea which determines itself, and which, in determining itself, is inwardly certain that it is absolutely free in itself; and in thus determining itself it implies that what is thus determined is allowed to exist as something which is free, as something independent, as an independent object. The Free exists only for the Free, and it is only for free men that an other is free too.

The absolute freedom of the Idea means that in determining itself, in the act of judgment, or differentiation, it grants the free independent existence of the Other. This Other, as something thus allowed to have an independent existence, is represented by the World taken in a general sense. The absolute act of judgment which gives independence to that aspect of Being called Other-Being might also be called Goodness, which bestows upon this side of Being in its state of estrangement the whole Idea, in so far as and in the way in which it is able to receive and represent the Idea.

2. The truth of the world is its ideality only, and does not imply that it possesses true reality ; it is involved in its nature that it should *be*, but only in an *ideal* sense ; it is not something implicitly eternal, but, on the contrary, it is something created, its Being is something which has been merely posited, or is dependent on something else.

The Being of the world means that it has a moment of Being, but that it annuls this separation and estrangement from God, and that it is its true nature to return to its source, to get into a relationship of Spirit or Love.

We thus get the Process of the world which implies a passing from the state of revolt and separation to that of reconciliation. What first appears in the Idea is

merely the relation of Father and Son ; but the Other also
comes to have the characteristic of Other-Being or other-
ness, of something which *is*.

〈'절대종교-성자 왕국'[57]〉

───────→

* 위에서 헤겔은 '타자의 존재(Other-Being)라 부를 수 있는 존재(Being)의
양상에 독립성을 제공할 수 있는 판단의 절대 행동은 역시 선량함
(Goodness)이라고 할 수 있다.'고 하였다.
그런데 헤겔의 경우도 그 '선(Good)'과 '하나님'은 동등한 것이라 하였으나,
**헤겔의 '하나님'은 '게르만(神國)의 개신교도의 하나님', 헤겔의 '희생(Sacrifice)'
을 반기는 하나님이 되어 있어 그것이 문제이다.** (참조, ⑧-03. '게르만 왕국',
'신국(神國)', '이성적인 세계' ⑥-13. 현재는 '장미'이며 '십자가'이다.)

* 헤겔이 위에서 **'타자(Other)'**란 주체(God)가 아닌 '대상(세계, World)'이니,
세상만물을 말하고 역시 좁게는 '성자(예수)' '헤겔 자신'을 지칭한다.
* 위에서 헤겔은 '자유(the Free)'를 거론하였으나, 그것은 '신에게 복종하는
것' '도덕에 복종하는 자유'라는 사실을 먼저 확인할 필요가 있다. (참조,
⑦-10. '보편 의지'로서의 '자유(윤리) 의지')

②-32 '하나'가 전체이고, '한 번'이 영원이다.

"(Ⅲ) 교회, 영적 사회, 성신(聖神)의 왕국에서의 '이념'.
최초로 다루어진 것은, 의식(consciousness)을 위한 이 관점[성신]에서의
개념(notion, conception)이었다. 제2차로 오는 것은 이 관점[성신]으로 공급

---

57) G. W. F. Hegel(Translated by E. B. Speirs & T. B. Sanderson), *Lectures on the
Philosophy of Religion*, Routledge & Kegan Paul, 1968, V 3, pp.36~7 'The Kingdom
of The Son'

이 된 바이었고[성자], 현실적으로 '영적 사회(Spiritual Community)'를 위해 실존하는 것이고, 제3의 포인트는 이 '사회[공동체]' 자체 속으로 초월이다[성신].

이 제3의 영역[성신]은 개별성으로 그것의 독특한 개성으로 그 '이념(Idea)'을 표현하고 있다. 그러나 시작부터 그것은 단지 하나의 개별성을 보이고 자유자재인 보편적 개별성인 신(the divine)을 표현한다. 그래서 개념(Notion)의 관점에서는 잠재적으로, 하나가 전부이고 단 한 번이 영원이니 성신(聖神)은 단순한 확실성이다. 그러나 독자적 독립의 존재로서 개성을 지닌 개체는 자유로운 직접성과 독립성에 도달하는 차별된 동기를 허락하는 그 행위이니, 그것은 서로 단절되어 있고, 개별성은 바로 동시에 경험적인 개인을 소유한다는 뜻이다.

배타적인 개인은 타자들의 직접성을 위해 존재하고, (성신은) 타자(the Other)로부터 그 자체[성신]에로의 회귀이다. 한 인간으로서의 '신의 이념(Divine Idea)'인 그 개인(예수)은 최초로 현실에서 완전성을 획득하였기에, 최초로 많은 개인이 그것(성자 예수)과 마주칠 수 있었고, 그들을 '정신의 통일성' '교회' '정신적 사회'로 되돌릴 수 있었고, 현실적 보편적 자기인식으로 현실에 실존하고 있다."

THE IDEA IN THE ELEMENT OF THE CHURCH OR SPIRITUAL COMMUNITY, OR, THE KINGDOM OF SPIRIT.

What was first dealt with was the notion or conception of this standpoint for consciousness ; what came second was what was supplied to this standpoint, what actually exists for the Spiritual Community ; the third point is the transition into this Community itself.

This third sphere represents the Idea in its specific character as individuality ; but, to begin with, it exhibits only the one individuality, the divine, universal individuality as it is in-and-for-itself. One is thus all ; once is always, potentially, from the point of view of the Notion, it is simple determinateness. But individuality in its character as independent Being, Being-for-self, is this act of allowing the differentiated moments to reach free immediacy and independence, it shuts them off from each other ; individuality just means that it has at the same time to be empirical individuality.

〈'성신 왕국'58)〉

106

_____→

* 헤겔은 '하나님(God)'을 인간의 '절대 정신(The Absolute Spirit)'과 동일시하여, 소위 〈성서〉에 널려 있는 '신비주의'를 일단 많이 완화한 셈이다.[舊敎(가톨릭)의 '육신 부활론' 제거] 즉 인간의 '정신' 속에 없는 것이 없고 '인간 행한 모든 것'은 '인간이 생각할 수 있는 것' '정신' 그것밖에 없는 칸트의 〈순수이성비판〉을 일단 긍정했기 때문이다. (참조, ⑧-18. **지옥(地獄)보다 억센 이성(理性)**)

* 그러나 헤겔은 이미 '주님의 노예(a servant of the Lord)' 예수 사상에 심취하여 결국 대학에서 〈종교철학〉 강의를 맡아, 16회에 걸쳐 '**하나님이 살아계심에 대한 증거**에 관한 강의(Lectures on **the Proofs of the Existence of God**)'를 행하였다.[59]
그러므로 헤겔에게 칸트의 〈순수이성비판〉은 그것을 다시 '개신교 신학'으로 덮어씌우기 위한 방편이고, 그의 진정 전하고 싶은 뜻은 '하나임의 살아계심'에 대한 그 증언을 행하는 것이었다.
* '칸트 생각'과 '헤겔 생각'의 차이점은, 사실상 '계몽주의'와 '기독교 신학'의 차이니, 헤겔과 칸트를 연결함은 사실상 무용(無用)한 도로(徒勞)이다.

②-33 '진리'란 '인식과 그 대상이 일치하는 것'이다.─I. 칸트

"'진리란 무엇이냐?'라는 오래고도 유명한 질문으로 말미암아 사람들은 논리학자들을 궁지에 몰아넣는다고 생각했었고, 또 논리학자들이 '가련한 궤변

---

58) G. W. F. Hegel(Translated by E. B. Speirs & T. B. Sanderson), *Lectures on the Philosophy of Religion*, Routledge & Kegan Paul, 1968, V 3, pp.100~101 'The Absolute Relation─the kingdom of the Spirit'
59) G. W. F. Hegel(Translated by E. B. Speirs & T. B. Sanderson), *Lectures on the Philosophy of Religion*, Routledge & Kegan Paul, 1968, V 3, pp.155~327 'Lectures on the Proofs of the Existence of God'

(pitiful sophisms)'에 출구를 찾거나 그렇지 않으면 자기들의 무지를, 따라서 그들의 전(全) 기술(技術)의 공허를 고백해야 할 처지에 놓였다.

'진리(truth)'는 '인식과 그 대상이 일치하는 것(the accordance of the cognition with its object)'라고 명목상 거기에 주어진 전제인데, 그러나 우리는 개개 인식의 진리 여부를 판단할 수 있는 보편적이고 안전한 기준이 무엇이냐를 알고 싶은 것이다.

무엇을 질문하는 것이 합리적인 질문이 될지를 안다는 것만도 벌써 총명이나 달관의 증거이다."

> The old question with which people sought to push logicians into a corner, so that they must either have recourse to pitiful sophisms or confess their ignorance, and consequently the vanity of their whole art, is this: "What is truth?" The definition of the word *truth*, to wit, "the accordance of the cognition with its object," is presupposed in the question; but we desire to be told, in the answer to it, what is the universal and secure criterion of the truth of every cognition.
>
> To know what questions we may reasonably propose is in itself a strong evidence of sagacity and intelligence.

〈'일반 논리학의 구분에 관하여'[60]〉

———✈

* 더러 '칸트의 관념철학'을 '헤겔의 관념철학'이 '극복' '통일'했다는 이야기는, 헤겔의 (〈철학사〉에서의)주장을 그대로 다 수용한 사람이다.

* 칸트가 전제한 소위 '진리'란 특별한 것이 아니다. '목이 마르다.'라는 신체적

---

60) I. Kant(translated by J. M. D. Meiklejohn), *The Critique of Pure Reason,* William Benton, 1980, p.36 'Of the Division of General Logic' ; 칸트(윤성범 역), 순수이성비판, 을유문화사, 1969, p.98 '일반 논리학의 구분에 관하여'

현상에 '컵에 맑은 물이 있다.' 인식(認識, cognition)에 '그 컵에 물을 마심'은 '진리'의 성취이다. 그러므로 칸트의 '진리'는 '인간의 보편 생활 속의 진리' '자연 환경 속에 생(生)의 운영과 집행 속에 진리'이므로 (기존 인간 생활을 벗어난) 특별한 것이 아니다.

위에서 칸트가 '인식과 그 대상이 일치하는 것' '진리'의 기준은 모든 생명을 운영하는 인간들이 이미 운영하고는 '진리' 그냥 거듭한 확인하고 있는 사항이다.

* 이에 대해 '하나님'이 '진리'라고 한 헤겔의 주장은 그의 신앙심에 충실한 '하나님 사도' '개신교 목사'의 발언일 뿐이다. 이것이 칸트와 헤겔의 근본적 차이점이다. (참조, ②-28. **신(God)이 진리이다.**)

* 뉴턴의 〈자연 철학의 수학적 원리(1687)〉, 볼테르의 〈캉디드(1759)〉, 〈철학 사전(1764)〉 〈역사 철학(1765)〉 〈무식한 철학자(1766)〉 〈철학적 비평(1776)〉 에 이어 칸트는 〈순수이성비판(1781)〉을 제작하여 드디어 대륙의 '선험철학' 에도 그 '과학(경험과학의) 근거'를 제공하게 되었다.

* 이 경과를 짚어 보면, '칸트 생각'은 '계몽주의' 속에 탄생된 것이고, 헤겔은 '개신교 교의(敎義)'에 끝까지 충실한 신학자로서 고약(怪惡)한 '게르만 신국' 까지 주장한 '변용된 광신교도'일 뿐이다. (참조, ⑪-01. **'개신교(改新敎)의 토머스 아퀴나스'** ⑧-03. **'게르만 왕국', '신국(神國)', '이성적인 세계'**)

②-34 감성의 참된 상관 자는 '물자체(the thing in itself)'이다. -I. 칸트

"이와 반대로 공간 안에 있는 현상의 선험적 개념은 아래와 같은 하나의 비판적 경고이다. 즉 공간 안에서 직관되는 것은 일반적으로 사물 그 자체(a thing in itself)가 아니고 공간은 사물 그 자체에 속해 있을 법한 사물의 형식 이 아니며, 오히려 대상 그 자체(that objects in themselves)는 전혀 우리가 알지 못 하며, 우리가 외적 대상이라고 부르는 것도 단순한 우리의 감성의 표상(mere representation of our sensibility)에 지나지 않는데, 감성의 형식은 공간이며 <u>감성의 참된 상관 자, 곧 물 자체(whose real correlate, the thing in itself)</u>는 그 공간을 통해서 전혀 인식되지 않고 인식될 수도 없는 것으로 물자체에 관하여는 경험 가운데서도 결코 질문되어지지 못 하는 것이다."

> On the contrary, the transcendental conception of phenomena in space is a critical admonition, that, in general, nothing which is intuited in space is a thing in itself, and that space is not a form which belongs as a property to things; but that objects are quite unknown to us in themselves, and what we call outward objects, are nothing else but mere representations of our sensibility, whose form is space, but whose real correlate, the thing in itself, is not known by means of these representations, nor ever can be, but respecting which, in experience, no inquiry is ever made.

〈'공간론'61)〉

_____→

* 칸트의 〈순수이성비판(1781)〉에 출발의 거점(據點)은, '감성, 물자체(Sensibility, the thing in itself)'론이다. 이것은 기하학(幾何學)에서 '점(點)' '선(線)' '직선' 등과 마찬가지로 칸트가 전제한 하나의 '과학 탐구'에 '구극(究極)의 지향점(指向點)'이다. 즉 기하학에 '점(點)' '선(線)' '직선'은 오직 인간의 이성으로 전제한 것이나, 그것을 토대로 '모든 면적' '모든 공간'의 사유가 그 '공리(公理, 前提)' 속에 사유(思惟)될 수 있다. 그러하듯 '자연과학의 탐구'

61) I. Kant(translated by J. M. D. Meiklejohn), *The Critique of Pure Reason,* William Benton, 1980, p.26 'Of Space' ; 칸트(윤성범 역), 순수이성비판, 을유문화사, 1969, p.78 '공간론'

에 '물자체'는 하나의 가상(可想)의 구극(究極) 지점이다.

* 이에 칸트는 인식의 출발점 '감성'의 궁극적 거점으로 '물자체(the things in themselves)'를 상정(想定)하였다. 이것으로 칸트는 이전에 확립할 수 없는 '새로운 과학(경험) 철학' 〈순수이성비판〉을 서술할 수 있었다. 칸트는 '감성을 전제할 수 없는 어떤 주장'도 '인간의 이성적인 논의'로 그 '근거(根據)'를 상실해 버린 것이라는 전제를 명시했다. (참조, ②-40. '절대적 전체성'이라는 이념은, '오성 법칙'에 응한 한도 내에서의 문제이다.-I. 칸트)
칸트의 명석(明晳)함은 그대로 뉴턴, 볼테르를 이은 '계몽주의' 3대 사상가로서의 위치가 말해주고 있다.
이미 '절대신(여호와)'에 깊이 들어 가 있는 헤겔의 경우로는, 칸트가 그(헤겔)를 겨냥하여 〈순수이성비판〉을 지은 것은 물론 아니었으나 신학도로서 '칸트 비판'을 멈출 수 없었던 것은 그(헤겔)가 사람들을 '신권통치(Theocracy) 믿음'으로 가는 그 길목에 '공인(共認)'을 위한 심각한 '점검(點檢)대(感性 통과 기준)'를 칸트가 설치해 놓았기 때문이다.[사실상 헤겔은 '즉자존재(卽自存在, Being in itself)' 용어로 칸트의 '물자체(Thing in itself)'을 그냥 넘어가려 했으나, 칸트의 구극의 관심은 '과학 중심' '인간 중심'이었음에 대해, 헤겔은 '이성=하나님' '게르만 신국(神國)주의'로 자신의 '개신교 포교(布敎)'에 관심이 있었으므로 출발부터 ('인간 중심'과 '신 중심'으로)서로 어긋나 있었다.]

②-35 '대상과 일치하지 않는 인식'은 거짓이다.-I. 칸트

"인식이 인식대상과 일치(the accordance of a cognition with its object)할 때 진리가 성립한다면 이로 말미암아 이 대상은 다른 대상과 반드시 구별되어야 한다. 왜냐하면 대상과 관계하면서도 그 대상에 일치하지 않은 인식은, 비록 다른 대상에는 타당할 수 있는 어떤 것을 내포하고 있더라도, 그런 인식은 거짓된 인식이기 때문이다."

If truth consists in the accordance of a cognition with its object, this object must be, *ipso facto*, distinguished from all others; for a cognition is false if it does not accord with the object to which it relates, although it contains something which may be affirmed of other objects. Now an universal criterion of truth would be that which is valid for all cognitions, without distinction of their objects.

〈'일반 논리학의 구분에 관하여'62)〉

———✈

* 칸트는 마치 기하(幾何)학자가 어떤 면적을 측량해 가듯이 '신학(神學)'이 지배한 사회'를 인간 공통의 '감성' '오성'을 기준으로 서서히 증명해 나가서, 그 '감성(직관, 표상)' '오성(판단력, 이성)'이 '진리를 운영하는 유일한 기준'일 수밖에 없다는 것을 확인하였다. 그리고 한 인간에 '감성(직관, 표상)' '오성(판단력, 이성)'이 어떤 다른 것(사람의 것)에 침해될 수 없는 것은 그것은 '살아가는 인간이 날 때부터 가지고 나온 권리'이고 그 '인간 고유의 권리'이고 그 '자유'라고 확인하게 되었다. (참조, ⑥-31. **인간 '최대 자유 보장'론-I. 칸트**) 그러므로 칸트가 말하는 '자유'는 '인간의 생활에 따른 모든 오성(판단력, 이성) 작용'으로 모든 인간이 이미 그렇게 살아 왔고, 누가 막을 수 없는 그런 것이다.

* 그런데 '하나님을 믿는 헤겔'은 '하나님이 절대 진리 절대 자유'이므로 '하나님처럼 행동하는 것' '하나님이 가르친 바가 자유'라는 주장이다. (참조, ② -09. '신(God)'이 '절대 진리', '절대 가치', '절대 자유'이다. ⑦-10. '보편 의지'로서의 '자유(윤리) 의지')

---

62) I. Kant(translated by J. M. D. Meiklejohn), *The Critique of Pure Reason,* William Benton, 1980, p.36 'Of the Division of General Logic' ; 칸트(윤성범 역), 순수이성비판, 을유문화사, 1969, pp.98~9 '일반 논리학의 구분에 관하여'

* 우리는 '칸트의 자유론'과 '헤겔의 자유론'을 다 이해할 수 있다.

  한마디로 칸트는 '인간 생명 중심'이고 헤겔은 '하나님 교리 중심'이다. 그런데 주지하다시피 서구에 '계몽주의'는 '중세 기독교 사회'를 타파하고 '현대 과학 시대'로 향한 첫걸음이다. 그러므로 칸트의 계몽주의에 개신교 신학자 헤겔은 '딴죽'을 건 셈이었다.

* 이러한 진술이 이미 '(과학세계로의)역사적 행진'이 진척된 오늘에는 '옛 이야기'가 되었으나, 그 '계몽주의 시대'에는 얼마나 격동이 있었는지를 헤겔이 그의 〈종교철학〉으로 거의 남김없이 보여주었다.

②-36 '논리학'에서도 '대상과 일치'는 불가결한 문제이다. - I. 칸트

"그러나 (내용은 모두 제쳐놓고) 순전히 형식상의 인식문제에 관해서 말한다면, 논리학이 보편 필연적인 오성 규칙을 진술하는 한에서, 논리학은 진리의 기준을 바로 이러한 규칙으로 설명해야 함도 마찬가지로 명백한 일이다. 즉 이런 규칙과 모순되는 것은 거짓된 것이다. 왜냐하면 이런 경우엔 오성은 자기의 보편적인 사유 규칙과 모순되고, 따라서 자기 자신과 모순되기 때문이다. 그러나 이러한 기준은 진리의 형식에만 관계되고, 또 그런 한에서만 정당하다. 그러나 그것은 불충분하다. 왜냐하면 어떤 인식이 논리적 형식에 완전히 일치하더라도, 즉 자기 자신에 모순되지 않더라도 대상에는 여전히 모순될 수도 있기 때문이다. 그러므로 진리의 순 논리적인 기준은, 다시 말하면 <u>오성과 이성의 보편적이면서 형식적인 법칙에 어떤 인식이 일치한다는 것은 실로 '불가결한 조건(conditio sine qua non)'</u>이요, 그렇지 못 할 경우 거짓이다. 따라서 모든 진리의 소극적 조건이기는 하나, 논리학은 그 이상으로 더 나아갈 수 없고, 또 형식이 아닌 내용에 관한 오류는 어떠한 시금석으로도 논리학은 찾아낼 수 없는 것이다.")

> On the other hand, with regard to our cognition in respect of its mere form (excluding all content), it is equally manifest that logic, in so far as it exhibits the universal and necessary laws of the understanding, must in these very

laws present us with criteria of truth. Whatever contradicts these rules is false, because thereby the understanding is made to contradict its own universal laws of thought; that is, to contradict itself. These criteria, however, apply solely to the form of truth, that is, of thought in general, and in so far they are perfectly accurate, yet not sufficient. For although a cognition may be perfectly accurate as to logical form, that is, not self-contradictory, it is notwithstanding quite possible that it may not stand in agreement with its object. Consequently, the merely logical criterion of truth, namely, the accordance of a cognition with the universal and formal laws of understanding and reason, is nothing more than the *conditio sine qua non,* or negative condition of all truth. Farther than this logic cannot go, and the error which depends not on the form, but on the content of the cognition, it has no test to discover.

〈'일반 논리학의 구분에 관하여'[63]〉

———✈

* 칸트는 〈순수이성비판〉에 진술을 간략하게 하고 자신의 주장을 명시하였다. 특히 '대상(물자체)의 감성'과 '오성' '이성'에의 일치(the accordance of a cognition with the universal and formal laws of understanding and reason) 문제를 처음부터 일관되게 전개시키고 있다.

* 그런데 헤겔은, 칸트의 평범하고 간결을 논리를 '하나님' '삼위일체'의 신학(神學, Theology)으로 논리로 맞서, 끝없는 말을 늘어놓은 것이 그의 〈정신현상학〉〈논리학〉이다. (참조, ③-38. '실체(신)'는 자기이다. ④-09. '존재'와 '무'는 동일한 것이다.)

---

63) I. Kant(translated by J. M. D. Meiklejohn), *The Critique of Pure Reason,* William Benton, 1980, p.36 'Of the Division of General Logic' ; 칸트(윤성범 역), 순수이성비판, 을유문화사, 1969, p.99 '일반 논리학의 구분에 관하여'

②-37 '변증법'은 가짜 논리학이다. - I. 칸트

"고대(古代)인들이 어떤 학문이나 기술에 변증법(dialectic)이라는 명칭을 사용할 때에는 여러 가지 뜻으로 쓰이었으나, 그들이 말을 실제로 사용했던 것을 잘 살펴보면 고대인들에게 있어서는 이 명칭이 '가짜 논리학(a logic of illusion)'에 불과했다는 것을 확실히 알 수 있다. 논리학이 일반으로 요구하는 철저성의 방법을 모방하고, 공허한 가장을 변명하기 위해 논리학의 전제론 증명법을 이용함으로써 사람들이 자기들의 무지, 자기들의 계획적인 허위를 진리인 듯이 가장 시키려는 궤변술이 '가장의 논리학'인 것이다. 이제 우리는 확실하고 유용한 주의를 환기시켜야 되겠다. 즉 원칙으로 여겨진 일반 논리학은 언제나 가짜 논리학이요, 다시 말해 변증법이라는 것이다. 사실 일반 논리학은 인식 내용에 관하여 우리에게는 아무것도 가르쳐 주지 못 하고, 다만 오성에 일치하는 형식적 조건, 그러면서도 대상에 관해서는 아무 상관도 없는 형식적 조건만을 가르쳐 주기 때문에, 적어도 무슨 구실을 삼아서 확장하고 확대하기 위해서 일반 논리학의 도구(기관)로 사용하려는 부당한 기대는 다만 공리공론으로밖에는 더 나아갈 나아갈 수 없다. 공리공론이란 사람들이 몇 가지 가상을 덧 붙여 제멋대로 주장 혹은 논박하는 것이다.

이런 유의 공론은 철학의 존엄성에 비추어보아 결코 합당치 못한 것이다. 그런 까닭으로 우리들은 변증법이란 여기에서 '변증법적 가짜 비판(a critique of dialectical illusion)' 의미로 이해하면 될 것이다."

Different as are the significations in which the ancients used this term for a science or an art, we may safely infer, from their actual employment of it, that with them it was nothing else than a logic of illusion—a sophistical art for giving ignorance, nay, even intentional sophistries, the colouring of truth, in which the thoroughness of procedure which logic requires was imitated, and their topic employed to cloak the empty pretensions. Now it may be taken as a safe and useful warning, that general logic, considered as an organon, must always be a logic of illusion, that is, be dialectical, for, as it teaches us nothing whatever respecting the content of our cognitions, but merely the formal conditions of their accordance with the understanding. which do not relate to and are quite indifferent in respect of objects, any attempt to employ it as an instrument (organon) in order to extend and enlarge the range of our knowledge must end in mere prating; any one being able to maintain or oppose, with some appearance of truth, any single assertion whatever.

Such instruction is quite unbecoming the dignity of philosophy. For these reasons we have chosen to denominate this part of logic *dialectic,* in the sense of a critique of dialectical illusion, and we wish the term to be so understood in this place.

〈'분석론과 변증법'64)〉

_____→

* 칸트는 이러한 측면에서 뉴턴과 볼테르 정신을 제대로 계승한 '과학 정신'의 철학자였다. 칸트의 '감성(感性, Sensibility, Intuition, Thing in itself)'론은 영국의 '경험주의 철학'을 그대로 수용한 칸트 철학의 '실체(Substance)'로 '오성(悟性, Understanding, Judgement, Reason)'과 이원론(Dualism)을 이룬 칸트 철학의 양대(兩大) 기둥으로 모든 인간 사유의 기본을 이루고 있다. 즉 이 두 가지 전제(대상(자연)과 정신(개인 이성)) 중 하나를 결여하면 '사실상 일상생활'을 유지할 수 없다는 것을 모르면, 어느 누구나 헤겔의 '절대정신(신)' 중심의 억지를 모를 사람은 없다. (참조, ④-25. **우리에게는 '시비(是非) 판정의 의무'가 있다.-I. 칸트**)

64) I. Kant(Translated by J. M. D. Meiklejohn), *The Critique of Pure Reason,* William Benton, 1980, p.37 ; 칸트(윤성범 역), 순수이성비판, 을유문화사, 1969, p.100

116

②-38 스콜라 철학자들의 '동어반복(Tautology)' — I. 칸트

"옛날 철학자들이 주장하던 선험철학에도 순수오성 개념을 취급한 중요한 장(章)이 하나 있는데, 실은 이것이 범주로 여겨진 것은 아니나, 고대인들은 이를 대상에 관한 아프리오리한(先驗的) 개념이라고 했다. 그러나 이러한 경우에 있어서는 범주의 수가 더 늘어날 것이므로, 될 수 없는 노릇이었다 (which can not be). 이런 개념은 스콜라 철학자들(the schoolmen) 사이에 유명했던 명제, '실재하는 것은 하나요, 참되고 선하다.(*Quodlibet ens est* UNUM, VERUM, BONUM)'라는 명제가 잘 나타내고 있다. 이러한 논리를 적용했을 때, 그 결론에 있어서는 (동어반복적 명제-tautological propositions 만 있을 뿐) 별 신통한 효과가 없었기(empty) 때문에, 이 원리는 근세의 형이상학에 있어서는 의례상(courtesy)의 진술이 되었을 뿐이다."

In the transcendental philosophy of the ancients there exists one more leading division, which contains pure conceptions of the understanding, and which, although not numbered among the categories, ought, according to them, as conceptions *a priori*, to be valid of objects. But in this case they would augment the number of the categories; which cannot be. These are set forth in the proposition, so renowned among the schoolmen—"*Quodlibet ens est* UNUM, VERUM, BONUM." Now, though the inferences from this principle were mere tautological propositions, and though it is allowed only by courtesy
among the schoolmen—"*Quodlibet ens est* UNUM, VERUM, BONUM." Now, though the inferences from this principle were mere tautological propositions, and though it is allowed only by courtesy

〈'순수오성개념, 즉 범주에 관하여'65)〉

---

65) I. Kant(Translated by J. M. D. Meiklejohn), *The Critique of Pure Reason,* William Benton, 1980, p.44 'Of the Pure Conception of the Understanding, or Categories' ; 칸트(윤성범 역), 순수이성비판, 을유문화사, 1969, p.115 '순수오성개념, 즉 범주에 관하여'

___→

* 칸트의 '계몽주의' 운동은 바로 그 〈순수이성비판〉을 행해졌으니, 그것은 바로 '경험주의' '과학주의' 승리를 인정한 것이다.

* 그런데 그 개신교 신학에서 떠날 수 없었던 헤겔은, 칸트의 주장을 다시 물고 늘어져 끝도 없는 장황한 논설을 계속하였다.

* 헤겔의 주관은 바로 '실재하는 것은 하나요, 참되고 선하다.(*Quodlibet ens est* UNUM, VERUM, BONUM)'는 그 주장에 있으면서 다시 '가짜 논리학(변증법)'을 '정신'과 '국가사회' '역사' '예술'에 적용하여 〈정신현상학〉 〈법철학〉 〈역사철학〉 〈미학〉을 제작하였다. 헤겔은 '게르만 신국(神國, The German City of God)' 건설에는 그 공(功)이 높을지 몰라도 소위 '계몽주의의 반동(反動)'이라는 점은 아무도 부정할 수가 없다.[개신교도의 T. 아퀴나스 임] (참조, ⑪-01. '절대주의' : '일원론(一元論)'으로 통일을 하다.)

* 칸트는 '계몽주의자'로서 신을 대신한 '인간 이성'을 최고의 위치에 두고, 그 '순수이성의 통합(The Apperception of Pure Reason)'에 근거를 둔 '최고 자유론'을 펼치었다. 그것은 바로 공자의 '자연법'을 칸트 식으로 정착시킨 그 결과였다. (참조, ⑥-31. 인간 '최대 자유 보장'론-I. 칸트)

②-39 '절대적 전체성'이라는 이념은, '오성 법칙'에 응한 한도 내에서의 문제이다. -I. 칸트

"따라서 우리가 다양적인 것의 조압 안에서 필연적으로 하나의 계열을 지니고 있는 것만을 뽑는다면, 범주의 네 강목에 준하여 네게의 우주론적 이념만이 있는 것이다.

1. 모든 현상을 포함하는 주어진 전체의 합성의 절대적 완전성
2. 현상 안에 주어진 전체 분할의 절대적 완전성

3. 현상일반의 발생의 절대적 완전성

4. 현상내의 가변적인 것의 현존재와 의존성의 절대적 완전성

여기에서 첫째로 주의해야 할 점은 '절대적 전체성이라는 이념(the idea of absolute totality)'은 현상의 해명에 관한 것에 불과할 뿐이어서, 사물일반의 전체라는 순수오성 개념에 관계하지 않는다는 것이다. 따라서 현상은 주어진 것으로 여겨지고, 이성은 현상을 가능케 하는 조건의 절대적 완전성을 요구하는데, 이는 이 조건이 하나의 계열을, 즉 하나의 절대적으로(다시 말하면, 모든 의도에 있어서) 완전한 종합을 형성하여 이 종합을 통해서 현상이 오성 법칙(the laws of the understanding)에 따라 해명되어질 수 있는 한에서이다."

> There are, accordingly, only four cosmological ideas, corresponding with the four titles of the categories. For we can select only such as necessarily furnish us with a series in the synthesis of the manifold.

> I

> *The absolute Completeness*
> *of the*
> COMPOSITION
> *of the given totality of all phenomena*

> 2

> *The absolute Completeness*
> *of the*
> DIVISION
> *of a given totality*
> *in a phenomenon*

> 3

> *The absolute Completeness*
> *of the*
> ORIGINATION
> *of a phenomenon*

4

The absolute Completeness
of the DEPENDENCE *of the* EXISTENCE
of what is changeable in a phenomenon

We must here remark, in the first place, that the idea of absolute totality relates to nothing but the exposition of *phenomena,* and therefore not to the pure conception of a totality of things. Phenomena are here, therefore, regarded as given, and reason requires the absolute completeness of the conditions of their possibility, in so far as these conditions constitute a series —consequently an absolutely (that is, in every respect) complete synthesis, whereby a phenomenon can be explained according to the laws of the understanding.

〈'우주론적 이념의 체계'66)〉

—————→

* 칸트의 〈순수이성비판(1781)〉의 저작 목표는 공리공론(空理空論)의 '신학적 논쟁'을 종식시키고, 현실적인 '인간 중심의 과학적 사고의 전개'로의 혁신을 달성하는 것이었다.

* '절대적 전체성이라는 이념(the idea of absolute totality)'은 스콜라 철학의 전제이다. 칸트가 그것을 '오성의 법칙(the laws of the understanding)'에 묶어둔 것이 '기독교 신학'을 극복하는 유일한 방법이다.

* 이에 대해 헤겔은 '(독일의) 현실적인 것이 이성적인 것'이라고 엉뚱한 '게르만 신국(神國)'과 '희생(sacrifice)' 논리를 펼쳤으니, 칸트가 옳고 헤겔이 잘

---

66) I. Kant(translated by J. M. D. Meiklejohn), *The Critique of Pure Reason,* William Benton, 1980, p.132 'System of Cosmological Idea' ; 칸트(윤성범 역), 순수이성비판, 을유문화사, 1969, p.294 '우주론적 이념의 체계'

못 되었음은 양차(兩次) 세계대전과 '다다 혁명 운동'으로 입증이 되었으니, 오늘 이 문제('신 중심' '인간중심')는 다시 논할 필요가 없는 사항이다. (참조, ⑥-37. 독일 '국가 사회주의(나치즘)'-A. 히틀러 ⑥-38. '세계 근대 문명'은, '게르만(아리안) 문명'이다.-A. 히틀러 ⑫-02. 추축국(樞軸國, Axis Powers) 사상 형성(1936) ⑫-03. 신궁(神宮)'과 '궁성 요배(宮城 遙拜))

②-40 신(神)이 그 후견자(後見者)인 '신권(神權) 정치' – 볼테르

"고대 국가들은 대부분 신권 정치(theocracy)가 행해졌다. 인도의 브라만들(Brahmans)이 그 지배권을 지니고 있었다. 페르시아에서는 마기(Magi)가 최고의 권위를 보유하고 있다. 〈스메르디 인의 귀(The Ears of Smerdis)〉 이야기는 그럴 법한 우화다. 그러나 키로스 2세(Cyrus, 600~529 b.c.)는 그 주술사(Magi)의 권위로 군림을 하였다.

몇몇 이집트의 사제(司祭)들은 왕에 대한 큰 지배권을 행사하여, 사제들은 왕에게 자기들이 먹고 마실 것을 책정(策定)하게 하고, 아이들의 양육을 맡기고, 왕의 사후(死後)에는 심판에 참여하고, 자주 자기네 스스로가 왕이 되기도 하였다.

희랍으로 내려오면서 비록 우화적인 역사 이야기이나, 예언가 칼카스(Calcas)가 '왕 중의 왕'의 딸을 군문(軍門)에서 희생을 시키는 막강한 권력을 휘둘렀던 것을 알 수 있다. 희랍 시대에서 더욱 아래로 내려오면, 두루이드 인(Druids)이 가울 족(Gauls)과 다른 종족을 지배하는 시대가 된다.

원시시대에는, 신권(神權) 정치 이외의 것은 거의 성립할 수가 없었다. 왜냐하면 한 종족이 후견인과 같은 신(神)을 선택하자마자 그 신은 사제(司祭)를 갖게 되고, 그 사제들이 일반 사람들의 마음을 통제했기 때문이다. 그들은 신(神)의 이름이 없으면 통치를 할 수가 없었다. 그러기에 사제들은 항상 신(神)이 말하게 하였다. 사제는 신탁(神託)을 전하였다. 그것이 모든 것을 진행시키는 '신의 명령'이었다.

그래서 희생(犧牲)된 인간의 피가 온 세상을 적셔왔다. 어떤 아버지, 어떤 어머니가 그들 나라의 신(神)이, 희생을 명령했는지 확인을 못 하고서, 자기의 아들과 딸을 사제(司祭)에게 내주어 제단(祭壇)에서 죽여라고까지 하였겠는가?

신권(神權) 정치는 오래 지속되었을 뿐만 아니라, 인간의 속임으로 획득될 수 있는 충격적 방만(放漫)으로 독재(獨裁)를 확장하였다. 거기에다가 신권 정부는 신성이라는 이름아래 잔인과 부패를 더욱 가중시켰다.

대부분의 모든 사람들이 그들의 신(神)들에게 자식을 헌납해 왔다. 그러고서 그들이 경배(敬拜)를 행한 신으로부터 비상한 권한을 받은 것으로 믿었다.

부당하게 문명화되었다고 불리는 사람들 중에, 중국인(中國人)은 홀로 그 끔직한 악독함을 실행하지 않았다. 성직자(聖職者)에게 예속을 당하지 않은 고대 모든 국가들 중에, 중국(中國)이 그 유일한 나라이다. 일본인의 경우, 우리가 그렇게 되기 6백 년 전에 사제(司祭)가 부여한 법의 통치를 받았다. 거의 모든 다른 국가에서 신권 정치는 견고하게 자리를 잡아왔고, 깊이 뿌리를 내려 유럽 국가들의 역사는 신의 화신(化身)으로서 사람들의 운명을 주관하는 신 자신들의 역사이다. 테베(Thebes)와 멤피스(Memphis) 사람들에게 말한 그 신들이 이집트를 2천 년간 통치하였다. 브라만은 신(神)의 화신으로 인도(印度)를 통치하고, 시암(Siam, 타이)에서 사모노코돔(Samomonocomdom), 시리아를 다스린 신 아다드(Adad), 시벨레(Cybele) 여신은 프리기아(Phrygia)를 다스렸고, 크레테(Crete)의 주피터, 희랍과 이탈리아에 사투른(Saturn)이 그것이다. 동일한 정신이 모든 우화(寓話)를 관통하고 있고, 그것은 옛날 신들이 인간을 지배하러 세상으로 왔다는 관념을 이루어 모든 곳에 퍼져 있다."

IT APPEARED that the greater part of the ancient nations were governed by a kind of theocracy. To begin with India, you there find the Brahmans have long been sovereigns. In Persia, the Magi have the greatest authority. The story of *The Ears of Smerdis* may very probably be a fable; but it will still follow that he was a Magi upon the throne of Cyrus.

Several of the Egyptian priests had so great a dominion over their kings that they went so far as to prescribe to them how much they should eat and drink; took charge of their infancy, sat in judgment upon them after their death, and often made themselves kings.

If we come down to the Greeks, however fabulous their history may be, do we not learn therefrom that the prophet Calcas had sufficient power in the army to sacrifice the daughter of the king of kings? Come still lower to the savage nations since the Greeks, we find the Druids governing the Gauls, and other nations.

It hardly seems possible that in the early ages there could have been any other than a theocratic government: for as soon as a nation has chosen a tutelar god, this god has priests; these priests reign over the minds of the people. They cannot govern but in the name of God! They therefore always make Him

speak; they retail His oracles, and it is by an express order from God that
everything is performed.

Hence the sacrifices of human blood which have drenched almost all the
earth. What father, what mother, would ever have adjured nature to that
degree as to present their son or daughter to a priest, in order to be slain upon
an altar, if they had not felt certain that the God of their country had com-
manded the sacrifice?

Theocracy did not only reign for a long time, but it extended tyranny to the
most shocking excesses that human falsehood can attain,—and the more this
theocratical government was called divine, the more it became cruel and
corrupt.

Almost every people have sacrificed children to their gods; they must there-
fore have believed that they received this unnatural mandate from the gods
whom they adored.

Among the people who have improperly been called civilized, the Chinese
alone appear not to have practiced these horrible cruelties. China is the only
one of all the ancient states which has not been under sacerdotal subjection. As
to the Japanese, they submitted to the laws imposed upon them by a priest six
hundred years before we were in being. In almost every other nation, Theocracy
has been so firmly established and so deeply rooted, that our first histories are
those of the gods themselves, who became incarnate, to preside over the
destinies of men. The gods, said the people of Thebes and Memphis, have
reigned twelve thousand years in Egypt. Brahma incarnated himself to reign in
India, Samonocodom at Siam, the god Adad governed Syria, the goddess Cybele
had been sovereign of Phrygia, Jupiter of Crete, and Saturn of Greece and
Italy. The same spirit runs through all these fables; it consists in a confused idea
which everywhere prevailed, that the gods formerly came upon earth, to govern
men.

〈역사철학 – 'Ⅷ. 신권(神權) 정치에 대하여'67)〉

————→

* 볼테르는, 기독교에서 주장된 '성자 희생(예수의 십자가 희생)' 문제는 인도
'브라만의 성자 희생'68)론과 동일하고, 기독교의 '사후(死後) 상벌'은 '이집트의
영혼불멸 사후 상벌'69)과 동일하고, '묵시록(요한계시록)'의 기록자는 '희랍 주
술사의 예언 방식70)을 따랐고 '모세 신화'는 '희랍 박카스 신화의 차용71)이라고

67) Voltaire, *The Best Known Works of Voltaire*, The Book League, 1940, pp.378~379 'Ⅷ.
  Of Theocracy'
68) Voltaire, *The Best Known Works of Voltaire*, The Book League, 1940, pp.393~398 'ⅩⅥ.
  Of India'
69) Voltaire, *The Best Known Works of Voltaire*, The Book League, 1940, pp.480~481
  'Mysteries of the Egyptian'
70) Voltaire, *The Best Known Works of Voltaire*, The Book League, 1940, pp.489~492

'실증주의(Positivism)' 방법으로 그 근거를 대었다.

* 목사 헤겔의 생각의 대표적인 특징은, '게르만 신국(神國 The German City of God)' 주장과 '희생(Sacrifice)'의 강조였다. (참조, ⑧-03. '게르만 왕국', '신국(神國)', '이성적인 세계' ⑥-35. 공동체(共同體) 안에 희생(犧牲)-아우구스티누스)

'Of the Greek Sibyls'
71) Voltaire, *The Best Known Works of Voltaire*, The Book League, 1940, pp.482~484
'Of Bacchus

제3장 〈정신현상학〉

근현대 세계관의 전계에 계기가 된 뉴턴(I. Newton)의 '천체 물리학적 세계관'을 기초로, 볼테르(Voltaire)는 먼저 그 '지구촌 정신(The Vision of The Global Village)'을 바탕으로 '전쟁 반대' '세계 평화'라는 행운의 고지(高地)를 선점(先占)하였다. 역시 그것을 계승하여 칸트(I. Kant)는 〈순수이성비판(1781)〉을 써서 인간이 그 '감성'과 '오성(판단력, 이성)'의 인식(Cognition)의 과정에는 그 어떤 전제도 선행(先行)할 수 없음을 밝혀, '인간 태생의 자유(Freedom)가 스스로 지고(至高)함'을 명시(明示)하여 그의 지성(知性)을 세상에 자랑하였다.

이에 대해 신학자 헤겔은 기독교 신학의 '삼위일체'에 '정신(聖靈, Holy Spirit)'을 칸트의 '이성(Reason)'에 그대로 대입(代入)하여, '개신교 신학(The Theology of Protestant)' 이론서 〈정신현상학(*The Phenomenology of Spirit*, 1807)〉을 썼다.

칸트는 인간 경험의 '감성(Sensibility, 물자체)'를 '실체(實體, Substance)'로 전제하여 인간 전반의 '인식(Cognition)' 과정을 설명했음에 대해, 신학자 헤겔은 〈정신현상학〉에서 '신(절대정신, The Absolute Spirit, God)'을 그 '실체(實體)'로 삼아 '주님의 종(a servant of the Lord)'으로서 그 자제(司祭) 입장에서 그 '신(God)'에의 지향(志向)'을 ('感性' 극복의) '변증법적 과정'으로 설명해 보려 하였다.

③-01 〈정신현상학〉은 '마음(정신)'에 대한 논의이다.

"〈정신현상학(*The Phenomenology of Spirit*, Phänomenologie des Geistes 1807)〉은 헤겔의 가장 중요하고 널리 논의된 철학적 저작이다. 헤겔의 처녀작으로 정신의 변증법적 3 단계를 서술하고 있다. 제목은 '정신 현상학' '마음의 현상학'이라 번역될 수 있는데, 독일어 'Geist'는 '정신'과 '마음'의 뜻을 다 지니고 있다. 그 책의 부제(副題)는 초판부터 '의식의 경험 과학(Science of the Experience of Consciousness)'이었다. 그 초판(하단 참조)부터 그것은 '과학의 체계(System of Science)'가 제 1부임을 알리고 있고, 거기에 〈논리학 (the Science of Logic)〉은 제 2부로 기획됨을 말하고 있다. '정신현상'('마음의 철학'이라 역시 번역됨)'이란 제목의 더 작은 규모 작업은 헤겔의 〈철학백과사전(*Encyclopedia of the Philosophical Sciences*)〉에도 나타나 있고, 거기에는 원래 '현상학'의 주요 테마가 약간 변형된 형태로 이야기 되고 있다.

〈정신현상학〉은 헤겔 후기 철학의 기초가 되었고, 칸트 이후 독일 관념주의의 주목할 만한 전개이다. 형이상학 인식론 물리학 윤리학 역사 종교 인식론 양심 정치철학 등에 초점을 둔 〈정신현상학〉에서, 헤겔은 '변증법(주인노예 변증법 포함)' '절대 이념' '도덕 생활' '지양(止揚, Aufhebung)'의 개념을 개발해 내고 있다. 이 책은 서양철학에 심대한 영향을 미쳤고, '실존주의 공산주의 파시즘 개발, 신(神)의 사망(死亡) 신학, 사적(史的) 허무주의라는 찬양과 비판'을 받고 있다."

((Phänomenologie des Geistes (1807) is Georg Wilhelm Friedrich Hegel's most important and widely discussed philosophical work. Hegel's first book, it describes the three-stage dialectical life of Spirit. The title can be translated as either The Phenomenology of Spirit or The Phenomenology of Mind, because the German word Geist has both meanings. The book's working title, which also appeared in the first edition, was Science of the Experience of Consciousness. On its initial publication (see cover image on right), it was identified as Part One of a projected "System of Science", of which the Science of Logic was the second part. A smaller work, titled Philosophy of Spirit (also translated as "Philosophy of Mind"), appears in Hegel's Encyclopedia of the Philosophical Sciences, and recounts in briefer and somewhat altered form the major themes of the original Phenomenology.

Phenomenology was the basis of Hegel's later philosophy and marked a significant development in German idealism after Kant. Focusing on topics in metaphysics, epistemology, physics, ethics, history, religion, perception, consciousness, and political philosophy, The Phenomenology is where Hegel develops his concepts of dialectic (including the Master-slave dialectic), absolute idealism, ethical life, and Aufhebung. The book had a profound effect in Western philosophy, and "has been praised and blamed for the development of existentialism, communism, fascism, death of God theology, and historicist nihilism."))

〈'정신 현상학(1807)' '정신현상학(英譯 본)' '헤겔'1)〉

———✈

* '헤겔의 생각'을 알기 위해 '칸트의 이해'는 그 '필수 선행 이수(履修)' 사항이다.

* 칸트는 인류 공통의 정신 '이성'에 관한 해설서 〈순수이성비판(1781)〉을 제작하였는데, 그 출발 화두(話頭)가 '진리(眞理, truth)'는 '인식과 그 대상의 일치(the accordance of the cognition with its object)'라는 것이었다.['인간의 (자연)대상 인식'이 가장 큰 쟁점이었다.] (참조, ②-33. **'진리'란 '인식과 그 대상이 일치하는 것'이다.-I. 칸트**)

1) Wikipedia, 'Hegel The Phenomenology of Spirit'

* 헤겔은 그 칸트의 '순수이성(Pure Reason)' 문제를 바로 '절대 정신(The Absolute Spirit-God)'으로 바꾸어 놓고, 인간의 자연적 '감성적 지배(육체 중심)' 상태를 지양(止揚)하고, 그 '이성(신)' 중심으로 향하는 헤겔의 개인 경험(수도(修道)과정) 과정을 소위 '삼위일체(Trinity)'의 변증법으로 펼쳐 보인 것이 이 〈정신현상학〉이다.

　칸트의 〈순수이성비판〉은 '인간의 자연 인식'을 기본으로 한 '감성(물자체)' '이성(오성, 종합력)' 설명임에 대해, 헤겔의 〈정신 현상학〉은 '절대정신(신)'을 향한 신학적 '수행(修行) 체험기(體驗記)'이다.

* 헤겔 이후 '세계 사상사(世界思想史)의 전개'는, 그 '헤겔의 절대주의(Absolutism, 절대신)'에 비판과 정정(訂正)이 주류(主流)를 이루었는데, 인물로는 A. 쇼펜하우어(A. Schopenhauer, 1788~1860), F. 니체(F. Nietzsche, 1844~1900), S. 프로이트(S. Freud, 1856~1939)를 들 수 있고, 그 가장 큰 변혁의 주도는 1916년 이후 '인간 생명 중심'의 '다다 혁명 운동(Movement Dada)'이다.

③-02 〈정신현상학〉은 나폴레옹 침공 시(1806)에 마무리되었다.

　"헤겔은 나폴레옹이 1806년 10월 14일 예나 교외(郊外) 고원(高原)에서 '예나 전투(the Battle of Jena)'를 치르고 프러시아 군을 생포할 적에 〈정신현상학(the Phenomenology of Spirit)〉에 마지막 손질을 하고 있었다. 그 전투를 실행하기 바로 전날 나폴레옹은 예나 시에 입성(入城)하였다. 헤겔은 친구 니트함머(Friedrich Immanuel Niethammer, 1766~1848)에게 자기의 (나폴레옹에 대한)인상을 다음과 같이 술회하였다.

　-나는 그 '세계정신'인 군주가 도시를 순찰하는 것을 보았네. 단순한 하나의 점, 말을 타고 세계를 정복하여 주인이 된 한 개인을 본다는 것은 정말 장관(壯觀)이었네. 이 놀라운 개인을 보고 감탄하지 않을 수가 없었네. -

　T. 핀카드(T. Pinkard, 1950~)는 헤겔이 니트함머에게 했던 말은, - 헤겔이

당시 이미 정신 현상학의 결정적 장서문을 써 놓고, 그 '혁명'이 '관념상으로'
는 끝이 났으나, 실제로는 부분적으로만 실행되어 다른 지방(독일)으로 지금
횡단을 해 가고 있다는 점에서 더욱 충격적인 말-이라고 주목을 하였다."

((Hegel was putting the finishing touches to this book as
Napoleon engaged Prussian troops on October 14, 1806, in
the Battle of Jena on a plateau outside the city. On the day
before the battle, Napoleon entered the city of Jena. Hegel
recounted his impressions in a letter to his friend Friedrich
Immanuel Niethammer:

I saw the Emperor – this world-soul – riding out of the city
on reconnaissance. It is indeed a wonderful sensation to see
such an individual, who, concentrated here at a single point,
astride a horse, reaches out over the world and masters it .
. . this extraordinary man, whom it is impossible not to admire.

Pinkard notes that Hegel's comment to Niethammer "is all
the more striking since at that point he had already composed
the crucial section of the Phenomenology in which he
remarked that the Revolution had now officially passed to
another land (Germany) that would complete 'in thought' what
the Revolution had only partially accomplished in practice."))

〈'정신 현상학' '헤겔'2)〉

───────✈

* 위의 서술에는 우선 다음과 같은 점에서 더욱 자세히 짚어져 할 사항들이
있다.

(a) 헤겔은 '정복자 나폴레옹'을 바로 '세계정신(world-soul)'으로 생각했다는 점.
(b) 헤겔(과 친구)은 '(살인의)나폴레옹 전쟁'을 '(나폴레옹)혁명'으로 생각했
다는 점.
(c) 나폴레옹 예나 침공(侵攻) 당시(1806. 10. 14) 헤겔의 경제적 궁핍(窮乏)
은 그 극한점에 이르러 있었다는 점.

───────────────────────

2) Wikipedia, 'Hegel The Phenomenology of Spirit'

ⓓ 헤겔은 역시 당시에 자신의 '우울증(憂鬱症, Hypochondria-Depression)'을 고백하였다는 점.

ⓔ 헤겔이 자신의 긍지(肯志)를 담은 '첫 저서(〈정신현상학〉)'가 마무리 되었다는 점.
(참조, ⑪-06. 말을 탄 '세계정신'(1806).)

* 위에서 주목해야 할 중요한 점이 **헤겔은 '전쟁의 영웅'을 '세계정신(world-soul)'의 소지자로 착각(錯覺)했다는 점과 '살인(殺人) 전쟁' '혁명'으로 찬양을 했다는 점이다.** 그리고 '우울증(憂鬱症)'의 고백은 헤겔의 '자살 충동' '자기파괴' '정의(자유)의 실현'으로 보았다는 점에서 뒤에 헤겔이 펼친(〈법철학〉) '게르만 신국(The German City of God)'에 '희생(Sacrifice)' 정신이 갖추어 명시되어 아우구스티누스의 이론에 그대로 부합하고 있다는 점이다. (참조, **⑥-35. 공동체(共同體) 안에 희생(犧牲)-A. 아우구스티누스**)

* 헤겔은 누구보다 깊은 '종교적 열정(하나님 現存)'을 가지고 있었고, '신(하나님, 이성)의 현실적 통치'를 믿고 주장하며 평생을 살았고, 그것이 헤겔 신학의 가장 뚜렷한 특징이다. (참조, **②-19. 우리(기독교인)는 우리 신과 하나이다.**)
* 그래서 그 '하나님의 통치는 그 전쟁으로 명시된다.'고 생각했던 사람이었다. (참조, **⑦-06. '절대자'는 역사(歷史) 속에 역사(役事)한다. ⑦-09. 개신교의 영웅, 프리드리히 대왕**)
* 역시 그래서 그 '신의 통치' 속에 '희생(Sacrifice)'이 됨이 바로 '천국(天國)행'이라 확신 속에 있었다.['자기파괴' 美化 (참조, **⑥-13. 현재는 '장미'이며 '십자가'이다.**)
* 헤겔의 '자살' 문제는 바로 세상에 향한 '공격 충동(aggressive impulse)'의 발동이고 자신에 대한 '파괴충동(destructive impulse)'이고 '자유 실현'이다. [헤겔의 '허무주의'는 그의 전 저서(著書)에 명시되어 있음] (참조, **⑨-23. '자기 파괴'가 '영원한 정의(正義)'이고 인간 본성이다. ⑨-30. 몰락(죽음)=영원한 정의=윤리적 실체=만족**)

③-03 〈정신현상학〉은 '교양 소설(bildungsroman)'이다.

"〈정신현상학〉은, 머리말(저술된 다음 첨가된 것) 서론 (크게 다양화한) 여섯 개의 주요 부분 : '의식(Consciousness)' '자기의식(Self-Consciousness)' '이성(Reason)' '정신(Spirit)' '종교(Religion)' '절대지(Absolute Knowledge)' 로 나뉘어 있다. 이들 대부분은 계층적 세분(細分)을 지니고 있고, 어떤 판(板)의 목차에서는, '이성' '정신' '종교' '절대지'를 하나로 묶어서, '의식'과 '자기의식'과 같은 수준으로 해놓기도 하였다.

〈정신현상학〉 자체의 애매모호한 속성과 그 〈정신현상학〉을 이은 많은 헤겔 저작으로 인(因)하여, 〈정신현상학〉 자체의 구조와 핵심은 논쟁거리로 남아 있다. 첫째, 〈정신현상학〉은 헤겔이 개작을 할 수 없는 시간적 제약 하에서 작성되었다는 사실이다.(개별 휴들은 다른 휴이 써지기 전에 출판소를 보내졌다.) 더구나 독자들에 의하면, 저작 과정에서 헤겔이 당초 계획을 바꾸었을 수도 있다. 둘째, 〈정신현상학〉은 철학 용어 상 고도의 기술적 주장과 서로 다른 국가의 사람들에 의해 개발된 상상적 역사적 구체적 사례들로 넘쳐나고 있다. 그들의 관계가 분란을 일으키고 있다. 그것으로 헤겔이 '세계 역사의 발전'을 주장하거나 삽화로 썼거나, 더욱 진부한 철학적 통로가 어떤 개별적 역사적 철학적 입지를 전하는 등속(等屬)인지는 다 알 수가 없다.

J. 이폴리트(J. Hyppolite, 1907~1968)는, 〈정신현상학〉을 문학 이론가들은 다 알고 있듯이, 개성을 지닌 주인공 즉 '(헤겔의)정신'의 행적을 의식(意識)의 역사(history)를 통해 추적한 교양 소설이라고 해설하였다. 그러나 다른 사람들은, '어떤 사회건 저절로 자기를 들어내는 법이다.'고 믿었던 (헤겔) '자기의식 반영'으로 해석을 하기도 한다. 하이데거(M. Heidegger, 1889~1976)는 〈정신현상학〉을 헤겔이 추구한 더욱 큰 '과학 체계(System of Science)'의 기초로 생각했다. 이에 대해 코제프(A. Kojève, 1902~1968)는 '거대한 역사 체계 속에 플라톤 식 대화록'과 유사하다고 생각을 했다. 〈정신현상학〉을 '그와 같은 진행이 헤겔을 즐겁게 하고 환상에 젖게 했을 지도 모르지만, 그 진행에는 아무 조리도 없는.... 철학적 롤러코스터(기복이 심한 놀이기구)'라고도 규정되기도 한다."

((The book consists of a Preface (written after the rest was completed), an Introduction, and six major divisions (of greatly varying size): "Consciousness", "Self-Consciousness",

"Reason", "Spirit", "Religion", and "Absolute Knowledge". Most of these have further hierarchical subdivisions, and some versions of the book's table of contents also group the last four together as a single section on a level with the first two.

Due to its obscure nature and the many works by Hegel that followed its publication, even the structure or core theme of the book itself remains contested. First, Hegel wrote the book under close time constraints with little chance for revision (individual chapters were sent to the publisher before others were written). Furthermore, according to some readers, Hegel may have changed his conception of the project over the course of the writing. Secondly, the book abounds with both highly technical argument in philosophical language, and concrete examples, either imaginary or historical, of developments by people through different states of consciousness. The relationship between these is disputed: whether Hegel meant to prove claims about the development of world history, or simply used it for illustration; whether or not the more conventionally philosophical passages are meant to address specific historical and philosophical positions; and so forth.

Jean Hyppolite famously interpreted the work as a bildungsroman that follows the progression of its protagonist, Spirit, through the history of consciousness, a characterization that remains prevalent among literary theorists. However, others contest this literary interpretation and instead read the work as a "self-conscious reflective account" that a society must give of itself in order to understand itself and therefore become reflective. Martin Heidegger saw it as the foundation of a larger "System of Science" that Hegel sought to develop, while Alexandre Kojève saw it as akin to a "Platonic Dialogue ... between the great Systems of history." It has also been called "a philosophical rollercoaster ... with no more rhyme or reason for any particular transition than that it struck Hegel that such a transition might be fun or illuminating."))

〈'정신 현상학' '헤겔'3)〉

---

3) Wikipedia, 'Hegel The Phenomenology of Spirit'

〈'이폴리트(J. Hyppolite, 1907~1968)' '하이데거(M. Heidegger, 1889~1976)'
'코제프(A. Koj ve, 1902~1968)'〉

─────✈

* 헤겔의 〈정신현상학〉은, 개신교도(Protestant)로서, '기독교 신학'의 '삼위일
체의 성신'을 칸트의 '(순수)이성'에 그대로 대입하여 헤겔 '개인의 체험 경과
(변증법적)'로 다시 풀어 놓은 결과이다.
**즉 '이성(Reason)'은 원래 '절대정신(聖神)'에 유래한 것이지만, '감성(육체)' 속에
묶여 이 세상에 나왔고(聖子), 그 '감성(육체)' 세계에서 분리 극복된바 이성(聖神)
로써 '절대정신(성신)'에로 다시 귀속된다는 '헤겔 식 개신교 신학'의 요약이다.**
['범아일여(梵我一如 ─ 神과 司祭가 하나임)'의 우파니샤드 식 '철학'의 전개]

* 칸트는 헤겔에 앞서 '변증법'을 '가짜의 논리학(a logic of appearance)'이라
고 단정하고 **'현상(現象, Phenomenon)'과 '가상(假象 가짜, Appearance)'를
확실히 구분하였다.** (참조, ③-42. '현상(現象)'과 '가상(假象)'을 서로 혼동을
해서는 안 된다.-I. 칸트)
그런데 태생적으로 신학자 체질인 헤겔은, 칸트의 '이성(Pure Reason)'을 바
로 기독교 식 '성신(절대정신, The Absolute Spirit, God)'으로 바꾸어 놓고,
'이성(Reason)=신(God)'의 기본 구도 속에 헤겔의 모든 저술이 행해졌다.
그러므로 헤겔은 그 '이성=신' 공식으로 사회 국가 역사 예술 철학을 다
말했으니, 그것은 개인의 소유이며, 역시 '천지만물을 주관하는 신(절대정
신)'이니, 여기에 19세기 신학자 헤겔의 모든 진술이 이루어졌다.

* 칸트는 '현상(現象, phenomenon)'을 '판단력'의 발휘 속에 전제된 대상 (자연)으로 '오성(悟性)법칙에 완전히 합치한 인식에는 오류(誤謬)가 없다(In a cognition which completely harmonizes with the laws of the understanding, no error can exist)'라고 하여 간명하게 말했다.

그런데 **헤겔은 (칸트의 발상과는 반대로) '현상(現象, Phenomenon)'과 '가상(假 象 가짜, Appearance)'의 구분을 무시하고, '만물(자연)'을 가상(가상(假象 가짜, Appearance))으로 전제하고, '절대 이성, 절대 정신, 유일한 실체(實體), 하나님 (이성)' 논의로 향한 '전체주의' '절대주의' 이론을 펼쳤다.**[헤겔의 모든 주장은 ① '절재 정신(God, Reason)' ② '삼위일체(Trinity)' 변증법 ③ '게르만 국가 주의(The German Nationalism)' 범위 내의 문제였다.]

* 앞서 확인했던 바와 같이 칸트는 근본적으로 '물자체(物自體, 감성, 표상 The Things in Themselves, Sensibility, Representations)'와 그것을 종합하는 '오성(판단력, 이성Understanding, Judgement Reason)'의 두 인식(Cognition) 의 원리 속에 '생명(Life)' '이승(This World)' '인류(Human Being)' '자유 (Freedom)'를 최고로 생각하였다.[긍정적 인생관 세계관]

그런데 헤겔은 '절대정신(신, 이성)'을 하나를 제일로 생각하고 '세상 만물'을 '가상(假像, Appearance[現象-Phenomenon이 아님])'으로 생각하여 그 변증 법을 적용 '극복해야 할 대상'으로 전제하여 '부정적 인생관(Negation of This Life)' '부정적 세계관(Negation of This World)' '전쟁 옹호론(The Inevitable War Theory)'을 펼쳤다.[부정적 인생관 세계관 (참조, **②-03. 인생은 '가상(假 像)'으로, 그 자체가 고통과 근심이다. ③-08. 이 세상은 '껍질(husk)'이다.**)

③-04 〈정신현상학〉 - '정신에 관한 지속적 변화에 대한 탐구'

"〈정신현상학〉의 '머리말'은 철학사에서 전적으로 헤겔의 주요 저작으로 꼽히고 있다. 그 속에 헤겔은 독일 선배 관념주의자들(칸트 피히테 셸링)과 구분이 되는 '헤겔의 철학적 방법(the core of his philosophical method)'의 핵심이 드러나 있기 때문이다.

헤겔의 탐구, 헤겔식 방법이란, 경험 속에 떠오른바 의식 자체의 체험과 그 대상 실제적 점검된 의식 체험, 그 대립과 역동적 운동을 이끌어내는 것으로 성립하고 있다. 헤겔은 '순수 직관(pure looking at, reines Zusehen)'으로 그 방법을 설명하고 있다. 만약 의식이 저절로 '실제로 있고 그 대상'과 관련성에 바로 관심을 가질 경우, 의식은 안정되고 고정된 것으로 보이는 것들이 '어떤 변증법적 운동' 속으로 사라진다는 것을 알게 될 것이다. 이처럼 철학이란 헤겔에 의하면 '어떤 연역적(演繹的) 추론의 흐름(a flow of deductive reasoning)'에 기초를 두고 주장을 펼 수는 없다는 것이다. <u>철학은 차라리 실제로 있는 '현실 의식(actual consciousness)'을 알아야 한다는 것이다.</u>

헤겔은 데카르트(R. Descartes, 1596~1620)에서 칸트(I. Kant, 1724~1804)에 이르는 인식론적 강조에 크게 반대를 하였는데, 헤겔은 (데카르트, 칸트가) 어떤 것을 현실적으로 알아 가는 것에 앞서 자연과 지식의 기준을 먼저 정해버린 것이라 설명하고, 헤겔은 그것이 자체 모순, 불능인 어떤 '무한 퇴행(an infinite regress)' '기초주의(foundationalism－기정사실은 모두 옳다는 사고방식)'를 다 포함하기 때문이라 하였다. 헤겔은 주장하기를, 우리는 차라리 실제적으로 알아 가는 과정 속에 발생하는 '현실적 앎(actual knowing)'을 고찰하여야 한다고 했다. 이것이 '현상학'이란 용어를 사용한 이유이다. '현상학'은 '보이는 것(to appear)'이라는 희랍어에서 유래한 것으로 〈정신현상학〉이란 이처럼 어떻게 '의식'이나 '정신'이 그 자체를 보이는가에 대한 탐구이다. 헤겔의 역동적 체계 속에서 〈정신현상학〉은 정신에 대한 지속적 변화를 탐구(the study of the successive appearances of the mind to itself)하고 있다. 더욱 포괄적이고 온전한 정신 형성을 향해 각 개체는 사라지고 있음을 고찰하고 있기 때문이다."

((The Preface to the Phenomenology, all by itself, is considered one of Hegel's major works and a major text in the history of philosophy, because in it he sets out the core of his philosophical method and what distinguishes it from that of any previous philosophy, especially that of his German Idealist predecessors (Kant, Fichte, and Schelling).

Hegel's approach, referred to as the Hegelian method, consists of actually examining consciousness' experience of both itself and of its objects and eliciting the contradictions and dynamic movement that come to light in looking at this experience. Hegel uses the phrase "pure looking at" (reines Zusehen) to describe this method. If consciousness just pays attention to what is actually present in itself and its relation to its objects, it will see that what looks like stable and fixed forms dissolve into a dialectical movement. Thus philosophy, according to Hegel, cannot just set out arguments based on a flow of deductive reasoning. Rather, <u>it must look at actual consciousness, as it really exists</u>.

Hegel also argues strongly against the epistemological emphasis of modern philosophy from Descartes through Kant, which he describes as having to first establish the nature and criteria of knowledge prior to actually knowing anything, because this would imply an infinite regress, a foundationalism that Hegel maintains is self-contradictory and impossible. Rather, he maintains, we must examine actual knowing as it occurs in real knowledge processes. This is why Hegel uses the term "phenomenology". "Phenomenology" comes from the Greek word for "to appear", and the phenomenology of mind is thus the study of how consciousness or mind appears to itself. In Hegel's dynamic system, it is the study of the successive appearances of the mind to itself, because on examination each one dissolves into a later, more comprehensive and integrated form or structure of mind.))

〈'정신 현상학' '헤겔'4)〉

_____✈

* 위의 해설자의 말 중에 '현실 의식(actual consciousness)'이라는 말에 관심을 집중해야 한다. 앞서 살폈듯이 칸트의 '순수이성' 모든 사람들의 '일상적 의식'이므로 물론 '현실 의식(actual consciousness)'이다. 그런데 헤겔은 그

---

4) Wikipedia, 'Hegel The Phenomenology of Spirit'

칸트를 비판(부정)하고 그 '현실 의식'을 다시 거론하고 있으니, 상세히 짚어
져야 한다는 것이다.

* 거듭 요약하지만, 칸트는 '이성' 논의는 인류 공통의 '평등'과 '평화' 속에서
  일상적 논의이다. 이에 대해 **헤겔은 칸트의 '이성'을 '절대정신(신)'에서 유래한
  것, 신 자체로 보고, 그 '신(이성)'이 현존하는 것이고, 그것은 더욱 구체적으로
  '게르만 신국(공동체)'를 위한 '희생'으로 발동되어야 한다는 주장이 바로 헤겔의
  '현실 의식(actual consciousness)'이다.** (참조, ⑥-10. '현실적인 것'이 '이성적
  인 것'이다. ⑧-03. '게르만 왕국', '신국(神國)', '이성적인 세계' ⑥-13. 현재는
  '장미'이며 '십자가'이다.)

* 헤겔의 경우 현실적으로 '살아 역사하는 하나님(세계정신)'의 문제가, '프러
  시아 군주(프리드리히 대왕과 나폴레옹, 빌헬름 3세)'로 바뀌었던 점은 '헤겔
  철학' 파악에 가장 요긴한 사항이다. (참조, ⑦-09. 개신교의 영웅, 프리드리히
  대왕 ⑪-06. 말을 탄 '세계정신'(1806). ⑥-11. 국가(國家)는, 인륜(人倫)의 우주
  (宇宙)다.)

   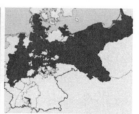

〈'프리드리히 2세(1740~86)'5), '나폴레옹(1769~1821)'6) '프리드리히 빌헬름 3세(1797~1840)'7),
'독일 제국을 이끌었던 전성기의 프러시아 지도'8)〉

---

5) Wikipedia 'Frederick the Great(1712~1786)'
6) Wikipedia 'Napoleon(1769~1821)'
7) Wikipedia 'Frederick William III(1770~1840)'
8) Wikipedia 'Prussia' – 'Prussia (blue), at its peak, the leading state of the German
   Empire'

③-05 '싹' '꽃' '열매'의 변증법

"이렇게 볼 때 하나의 철학 작품이 동일한 대상을 다루고 있는 다른 저작과 어떤 관계에 있는가를 따진다는 것 역시 철학 외적인 관심에 휘말리는 것이 되어 정작 긴요한 진리의 인식은 오히려 흐려버릴 염려가 있다. '참다운 것'과 '그릇된 것'은 서로 대립한다는 생각이 굳어지면 굳어질수록 사람들은 기존철학체계를 놓고 찬반 어느 한쪽으로만 치우침으로써 철학 체계의 설명도 다만 참과 그릇됨 가운데 어느 한쪽을 가려내는 데 그치고 만다.

그런 생각을 가진 사람은 결국 철학체계의 차이를 '진리의 점진적인 발전 (progressive evolution of truth)'으로 보지 않고 차이를 빚는 것이면 단지 서로가 모순된 것이라고만 생각한다. 이는 싹(Bud)이 떨어져서 꽃(Blossom)이 피어나는 것을 보고 싹이 꽃에 의해서 부정되었다는 얘기하는 것과 마찬가지인데, 어쨌든 열매(Fruit)가 맺어지면 꽃은 식물의 거짓된 존재가 되어 식물의 진리는 꽃에서 열매로 옮겨간다는 것이다. 이 각각의 형식은 서로 다를 뿐 아니라 또한 결코 양립할 수 없는 상호배척의 관계에 있다는 것이다.

그러나 사실은 이 모두가 유동적 성질을 띰으로써 이상 세 개의 형식 모두가 유기적 통일을 이루는 구성요소가 되는 까닭에 이들은 서로 배치되기는 커녕 오히려 모두가 하나같이 필연적인 관계 속에서 비로소 전체의 생명(the life of the whole)을 이루게 되는 것이다. 그런데 철학체계가 서로 모순되는 경우, 해당 철학자들조차도 모순을 전체의 틀 속에 파악하려 하지 않는 것이 통례가 되어 있다. 그뿐 아니라 또한 이 모순을 제3자의 입장에서 올바르게 파악하려는 사람들도 대개는 모순되는 양자 가운데 어느 한쪽만을 참이라고 우기면서 서로 어긋나는 쌍방 간의 자유로운 소통을 이루어내지 못할뿐더러, 더 나아가서는 대립과 갈등을 빚고 있는 양자 모두가 필연적인 구성요소라는 점을 인식하지 못한다."

In the same way too, by determining the relation which a philosophical work professes to have to other treatises on the same subject, an extraneous interest is introduced, and obscurity is thrown over the point at issue in the knowledge of the truth. The more the ordinary mind takes the opposition between true and false to be fixed, the more is it accustomed to expect either agreement or contradiction with a given philosophical system, and only to see reason for the one or the other in any explanatory statement concerning such a system. It does not conceive the diversity of philosophical systems as the progressive evolution of truth; rather, it sees only contradiction in that variety. The bud disappears when the blossom breaks through, and we might say that the former is refuted by the latter; in the same way when the fruit comes, the blossom may be explained to be a false form of the plant's existence, for the fruit appears as its true nature in place of the blossom. These stages are not merely differentiated; they supplant one another as being incompatible with one another. But the ceaseless activity of their own inherent nature makes them at the same time moments of an organic unity, where they not merely do not contradict one another, but where one is as necessary as the other; and this equal necessity of all moments constitutes alone and thereby the life of the whole. But contradiction as between philosophical systems is not wont to be conceived in this way; on the other hand, the mind perceiving the contradiction does not commonly know how to relieve it or keep it free from its onesidedness, and to recognize in what seems conflicting and inherently antagonistic the presence of mutually necessary moments.

〈'머리말'9)〉

━━━→

* 헤겔의 '가짜 논리학(a logic of illusion)' '변증법(Dialectic)'은, 오직 '절대정신(하나님)'을 말할 때는 칸트의 표현을 빌리면 '오성(悟性, Understanding)의 범주'에 없는 '순수이성(Pure Reason)', 더욱 구체적으로 '직관(표상)'을 (일관되게) 전제할 수 없는 '순수이성' 주장이기에 전혀 근거가 없는(신뢰할 수 없는) 단순한 '동어반복(同語反覆, Tautology)'일 뿐이다. (참조, ②-37. '변증법'은, '오류(誤謬)의 논리학'이다.-I. 칸트, ②-38. '변증법'은 가짜 논리학이다.-I. 칸트, ②-39. 스콜라 철학자들의 '동어반복(Tautology)'-I. 칸트)

---

9) G. W. F. Hegel(translated by J. B. Baillie), *The Phenomenology of Mind*, The Macmillan Company, 1949, p.68 ; 헤겔(임석진 역), 〈정신현상학〉, 한길사, 2005, 권1 pp.35~6

* 그런데 헤겔은 위에서 '전체 생명(the life of the whole)'이란 말로 바꾸어['전체 생명'은 하나님이다.] 칸트의 '이성' 논의를 '하나님 이야기'로 '전용(轉用)'하였다. 그러므로 헤겔의 〈정신현상학〉은 칸트의 〈순수이성비판〉을 먼저 읽지 않고는 처음 접근부터 불가능하고, 그것이 다시 '개신교 신학'으로 변용된 것까지 알지 못하면 읽어도 역시 다 알 수 없는 '미로(迷路)의' 문건이다. 왜냐하면 〈정신현상학〉은 '주님의 종(a servant of the Lord)' '예수의 행적'에 심취한 헤겔이 자신(역시 주님의 종)의 '절대 정신(여호와 정신)'에의 지향을 그 '가짜 논리학' '변증법(주관적 논리)'으로 펼쳐 놓은 것이기 때문이다.['주님의 종'으로의 지향이 꼭 '변증법'을 타야할 이유가 없으므로 역시 '가짜 논리학'임]

* 위 헤겔의 말 중에 우선 관심을 두어야 할 사항이 '진리의 점진적인 발전(progressive evolution of truth)', '전체의 생명(the life of the whole)'란 부분이다.[佛敎식으로 말하면 '돈오점수(頓悟漸修)'임]
* 헤겔은 우선 '변증법'을 '싹(Bud)' '꽃(Blossom)' '열매(Fruit)'에 비유하고 그것들은 서로 모순(contradiction) 부정(refute) 양립할 수 없는 관계(being incompatible)에 있지만, 사실 그것이 '전체 생명(the life of the whole)'이라는 것이다. 헤겔이 예로든 최초의 '변증법'이나, 그것은 헤겔의 전 저작 속 수시로 출몰(出沒)하고 있는 구조이다. 이것이 헤겔 '가짜 논리학' '변증법'의 실체이다.
소위 '서로 모순(contradiction) 부정(refute) 양립할 수 없는 관계(being incompatible)'라는 설명에 헤겔의 '인생 부정(Negation of This Life)' '현세 부정(Negation of This World)' '부정의 변증법(Negative Becoming)' 운영이 모두 제시되어 있기 때문이다.['범아일여(梵我一如) - 브라흐만과 아뜨만이 하나임)'의 수행(修行)과정을 도식화 한 것임]

* '헤겔의 변증법'은 모두 삼위일체(Trinity)에서 시작했다.[그 이전에는 브라

140

흐만(Brahman, **생명**)=브라흐마(Brahma － 創造신, **열매**)+비슈누(Vishnu － 養育신, **싹**)+시바(Shiva-Mahesa, － 苦行신, **꽃**)의 3위 일체가 있었음] 그러니 그것으로 회부해야 (신학자 헤겔의 경우로서는)그 바른 장소를 얻은 것이다. 위의 '싹(Bud)' '꽃(Blossom)' '열매(Fruit)'를 그 '가짜 논리학(a logic of illusion)'에 회부(會付)해 보면 열매(성부) 싹(성자) 꽃(성신)의 비유가 된다.

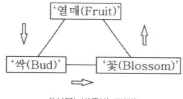

《(식물) 변증법 도(3)》

* 그러므로 헤겔의 '전체(The Whole)'이란 그대로 '절대정신(聖父)'이고 그것을 생각하는 헤겔의 '이성'은 바로 육체를 지닌 '성자(聖子)'에 관련되어 있고, 그것들을 '절대 정신(The Absolute Spirit, 하나님, God)'한 각 개인들의 '이성'은 바로 (교회의) '성신(聖神)'들이다.

그러므로 헤겔의 경우, 천지(天地)에 보이는 것은 그 '하나님'과 무관한 것이 없고, 하나님의 역사(役事)와 무관하게 전개(展開)된 것은 없다. (참조, ②-13. '신'은 '정신(spirit)'이다. ②-14. '하나님(절대신)'이 '아들(만물, 자연물)'을 **창조하셨다.**)

③-06 주요 문제는 '현실 전체(the concrete whole itself)'이다.

"아무튼 체계의 진위(眞僞)를 가려내기 위한 설명이 요구될 경우, 사람들은 쉽사리 그런 요구를 충족시키는 것이야말로 핵심적인 과제라고 여기곤 한다. 그런데 이런 관점에서라면 철학적 저술(a philosophical work)의 핵심은 무엇보다도 그의 목적과 결론에서 드러나게 마련이고, 또 이 목적과 결론은 같은 문제를 다루는 동시대 작품과의 차이 속에서 더욱 분명하게 인식된 다고 해야만 할 것이다.

　그러나 사실은 이러한 행위를 두고 단지 인식의 시초 그 이상의 어떤 것으로, 즉 현실적인 인식이라도 되는 것으로 간주한다면 이는 정작 긴요한 사태 자체는 회피하고 거기에 온 힘을 쏟는 듯한 모양새만 갖춘 채 참으로 기울여야 할 노고를 덜어보려는 잔꾀를 부리는 것과 다름이 없다. 왜냐하면 참으로 문제의 핵심이 되는 것은 목적이 아닌 그의 전개과정 속에 담겨 있으니, 실은 결론이 아니라 이 결론과 그의 생성과정을 합쳐놓은 것이 '현실의 전체(the concrete whole itself)'를 이루는 것이기 때문이다. 목적 그 자체는 뚜렷한 표적이 없는 생명 없는 일반적인 것이고 목적을 향한 충동이라는 것 역시 현실성이 결여된 한낱 의욕에 지나지 않은 것이어서, 이렇듯 거두절미된 벌거숭이 결론이란 거기서는 아무런 충동도 솟아날 수 없는 시체나 다름이 없다."

　　The demand for such explanations, as also the attempts to satisfy this demand, very easily pass for the essential business philosophy has to undertake. Where could the inmost truth of a philosophical work be found better expressed than in its purposes and results? and in what way could these be more definitely known than through their distinction from what is produced during the same period by others working in the same field? If, however, such procedure is to pass for more than the beginning of knowledge, if it is to pass for actually knowing, then we must, in point of fact, look on it as a device for avoiding the real business at issue, an attempt to combine the appearance of being in earnest and taking trouble about the subject with an actual neglect of the subject altogether. For the real subject-matter is not exhausted in its purpose, but in working the matter out; nor is the mere result attained the concrete whole itself, but the result along with the process of arriving at it. The purpose by itself is a lifeless universal, just as the general drift is a mere activity in a certain direction, which is still without its concrete realization; and the naked result is the corpse of the system which has left its guiding tendency behind it.

〈'머리말'10)〉

142

_____→

* 위에서 헤겔은 '철학적 저술(a philosophical work)'이란 말을 했는데, 헤겔의 '철학'이란 우선 '절대정신(神, 이성)의 철학' '개신교 신학(神學)'임을 알아야 모든 혼란을 쉽게 극복할 수 있다. (참조, ⑧-06. '철학사(哲學史)'의 주제는 '절대정신'이다.)

* 칸트는 '전체(우주)'를 그 〈순수이성비판〉에서 언급하고 '세계개념(cosmical conceptions-만유인력 등)'을 전제하였다. 그리고 그 '세계 개념'도 기본적인 '오성의 원칙' '인식과 대상의 일치(the accordance a cognition with its object)'임을 거듭 확실하게 하였고 결국은 '감성(표상)' '오성(판단력 이성)' 정신(Mind, Spirit) 내부의 문제임을 명시하고 그 조건(오성의 조건)을 넘은 것이 '거짓(가짜)'라고 하였다.

* 그런데 이미 '기독교 신학(神學)'에 크게 심취한 헤겔은, '(기존 신학을 부정한) 칸트의 주장'이 싫지만, 그 '하나님'을 '절대 이성(정신)'에 국한시켜 '기존 신학'을 외형적으로(철학적으로) '정신(Spirit, Mind) 내부' 문제로 한정시켜 놓고, '감각(직관, 표상, 대상, 자연)'과 '오성(판단력, 이성)' 모두가 '절대 정신'에 종속된 변용이라는 '일원론[하나님 일원론]'을 폈다. (참조, ⑧-25. 칸트의 불쌍한 '이율배반(Antinomies)')

③-07 '현실적인 진리'는 '체계'이다.

"진리가 현존하는 참다운 형태로는 오직 학문적 체계만이 있을 뿐이다. 철학이 학문의 형식에 가까워지도록 하는 데 기여하는 것, 말하자면 철학의 진의(眞義)라고 할 '지에 대한 사랑(愛知)'이라는 이름을 떨쳐버리고 '현실적

---

10) G. W. F. Hegel(translated by J. B. Baillie), *The Phenomenology of Mind*, The Macmillan Company, 1949, pp.68~9 'Preface' ; 헤겔(임석진 역), 〈정신현상학〉, 한길사, 2005, 권1 pp.36~7 '머리말'

지(actual knowledge)'를 목표로 하여 나아가는 것, 이것이 바로 내가 지향하는 것이다. 지(知)가 학문으로 승화되어야만 할 내적 필연성은 지의 본성 속에 깃들어 있는데, 이에 대한 만족할 만한 설명은 오직 철학 그 자체 서술을 통해서만 이루어질 수 있다."

> The systematic development of truth in scientific form can alone be the true shape in which truth exists. To help to bring philosophy nearer to the form of science—that goal where it can lay aside the name of *love* of knowledge and be actual *knowledge*—that is what I have set before me. The inner necessity that knowledge should be science lies in its very nature; and the adequate and sufficient explanation for this lies simply and solely in the systematic exposition of philosophy itself.

〈'머리말'11)〉

_____✈

* 위에서 헤겔이 '현실적 지(actual knowledge)'를 말했으나, 이에는 설명이 필요하다.

칸트는 〈순수이성비판〉을 썼으나, 그것은 '천상(天上)의 세계' '신'을 말한 것[범아일여(梵我一如 -Brahman=atman)]이 아니라 인간 생활에 떠날 수 '합리적인 세계' '인간 자유의 최고 지점'을 명시하고 '불요불급(不要不急)한 공론(空論 - 변증법)'이 무가치함을 석명(釋名)하였다.

그런데 헤겔은 시작(〈정신현상학〉 '서문')부터, 소크라테스에서 칸트에 이르기까지 그 '현실성(actuality)' 없음을 비판하고 나왔다. 그런데 **그 헤겔의 '현실성(the Actual)'이란, 최우선 문제가 ① 살아 있는 '절대정신(신, 이성)'이고, 둘째가 ② '세계정신(World Spirit, 군국주의 군주, 주인)'이고, 셋째가 ③ '게르만 국가주의(German Nationalism)' 넷째가 ④ '시대의 아들(시민 개인)'이고**

---

11) G. W. F. Hegel(translated by J. B. Baillie), *The Phenomenology of Mind*, The Macmillan Company, 1949, p.70 'Preface' ; 헤겔(임석진 역), 〈정신현상학〉, 한길사, 2005, 권1 p.38 '머리말'

다섯째가 ⑤ '희생정신(자기 파괴)'이다.[이들은 역시 '신(공동체)' 개념 하나로 통일이 된다. 인도(印度)의 '범아일여(梵我一如)'가 기독교의 '전쟁옹호'로 변용된 것임]

그리하여 헤겔은 '전쟁 불가피론'에 '(개인의)희생정신'을 사명으로 알고 주장한 사람이었다. (참조, ⑥-12. 각 개인은 '시대의 아들'들이다. ⑥-26. **'영구평화(永久平和)론' 비판**)

③-08 이 세상은 '껍질(husk)'이다.

"이러한 상실의 고비를 넘기고 난 정신이 마침내 찌꺼기와 같은 현세에 등을 돌리고 그 자신이 사악한 처지에 놓여 있음을 자인하며 이를 저주하는 가운데 바야흐로 철학에 요구하는 것은 현재 속에서 정신을 인식하는 일이 아니라 일찍이 신과 일체화(the compact solidity of substantial existence)되어 있던 알찬 인륜생활이 철학을 통해 재건되어야만 하겠다는 것이다. 이런 마당에 철학이 그러한 요구에 부응하기 위하여 해야만 할 일은 닫혀 있던 신의 세계를 열어젖히고 그 세계에 자각을 불어넣는다거나 혼돈스러운 의식으로 하여금 정연한 체계에 맞추어서 개념적으로 단순화된 사유의 차원으로 되돌아가도록 하는데 있는 것이 아니라 오히려 특수한 사상을 한데 엮어서 개념상의 구별을 제어하고 절대 존재를 향한 감정을 드높이는 일에, 그리하여 통찰의 깊이 더하기 보다는 차라리 신심(信心)을 북돋우는 데에 있다고 여겼던 것이다."

> Turning away from the husks it has to feed on, and confessing that it lies in wickedness and sin, it reviles itself for so doing, and now desires from philosophy not so much to bring it to a knowledge of what it is, as to obtain once again through philosophy the restoration of that sense of solidity and substantiality of existence it has lost. Philosophy is thus expected not so much to meet this want by opening up the compact solidity of substantial existence, and bringing this to the light and level of self-consciousness —is not so much to bring chaotic conscious life back

to the orderly ways of thought, and the simplicity of
the notion, as to run together what thought has divided
asunder, suppress the notion with its distinctions, and
restore the *feeling* of existence.

tiality of existence it has lost. Philosophy is thus
expected not so much to meet this want by opening
up the compact solidity of substantial existence, and
bringing this to the light and level of self-consciousness
—is not so much to bring chaotic conscious life back
to the orderly ways of thought, and the simplicity of
the notion, as to run together what thought has divided
asunder, suppress the notion with its distinctions, and
restore the *feeling* of existence.

〈'머리말'12)〉

_____✈

* 위에서 헤겔이 '일찍이 신(神)과 일체화(the compact solidity of substantial
   existence)되어 있던 알찬 인륜생활이 철학을 통해 재건되어야만 하겠다.'
   주장은, 사실상 아우구스티누스(A, Augustinus, 354~430)의 〈신국(神國,
   426)〉을 거듭 확인한 헤겔의 평생 소신을 명시한 말이다. (참조, ⑥-35. 공동
   체(共同體) 안에 희생(犧牲)-A. 아우구스티누스)

* 헤겔의 생각은 '염세주의(厭世主義)' '허무주의(虛無主義)'의 '현세 부정
   (Negation of This World)'의 '부정의 철학(The Philosophy of Negation)'
   이다.['힌두이즘'과 공통임] 그 이유가 바로 헤겔 자신의 '우울증(憂鬱症,
   Depression, Hyphocondria)'과 '가난[貧窮]'에 비롯했다는 점을 확인하는 일은
   역시 중요한 사항이다.

* 헤겔뿐만 아니라 모든 기독교인들, 아니 모든 종교적 사제(司祭)들의 기본
   전제는 '현세 부정(Negation of This World)' '염세주의(Pessimism)' '허무주

---

12) G. W. F. Hegel(translated by J. B. Baillie), *The Phenomenology of Mind*, The Macmillan
    Company, 1949, p.72 'Preface' ; 헤겔(임석진 역), 〈정신현상학〉, 한길사, 2005, 권1
    p.41 '머리말'

의(Nihilism)'를 바탕으로 그들의 사상을 수립하였다.

그런데 헤겔은 체질적으로 그 기독교에다가 '(신의 대신)황제 중심'에 '노예 도덕(Slave Morality)'을 '절대 자유(The Absolute Freedom)'라 부르며 '게르만 개신교도'로서 '게르만 우월주의(German Chauvinism)'에 긍지와 사명감에 불탔던 사람이다. (참조, ⑦-09. 개신교의 영웅, 프리드리히 대왕 ⑦-10. '보편적 의지'는 '자유(윤리) 의지'이다.)

* 헤겔은 '변증법'을 (예수 식으로) 현재(이 생명, 이 세상)의 지양 극복을 최고 생각 했는데, 그것은 물론 절대자에 대한 (현존)개별 존재들의 무의미(無價値)를 기정사실화 한 것이고, '가상(假像, appearance, everything imperfect and finite)'인 현세를 극복해 가는 과정 설명으로 동원된 것이 '변증법'이다. 그러했으므로 헤겔의 '변증법'은 '전쟁과 분란'을 (神의) 세계운영에 절대불가결의 요소로 전제되었다.[이런 점에서 平和 존중의 '힌두이즘'과는 정반대임]

그러나 헤겔의 그 구체적인 '전쟁긍정' 기본적 동기(動機)는 무엇보다 헤겔 자신의 '우울증(Depression, Hypochondria)'에 깊이 관련이 있다는 사실을 현대 정신 분석학은 명시해 주고 있다. (참조, ②-03. 인생은 '가상(假像)'으로, 그 자체가 고통과 근심이다. ⑪-06. 말을 탄 '세계정신'(1806).)

* 그리고 역시 헤겔의 말에 가장 주목해야 대목은, 〈정신현상학〉 저술 목표가 '신과 일체화(the compact solidity of substantial existence)'라는 점이다. 사실 그것은 헤겔의 인생 목표이다. 그러나 그것은 어디까지나 '목사 헤겔'의 목표일뿐이니 그것은 '헤겔의 취향(趣向)'이나, 그것이 다시 변전하여 '전쟁불가피론' '독재옹호'로 연결이 됨에는 그 책임은 헤겔이 다 질 수도 없는 사항이므로 역시 그것이 문제이다. (참조, ⑥-37. 독일 '국가 사회주의 (나치즘)'-A. 히틀러 ⑥-38. '세계 근대 문명'은, '게르만(아리안) 문명'이다.-A. 히틀러)

③-09 '신(the divine)'과 '벌레(the worms)'와의 대비(對比)

"그런데 아름답고 성스럽고 영원한 것 또는 종교나 사랑이란 미끼로 하여 물고기를 끌어당길 수 있는 먹을거리나 마찬가지이다. 개념이 아니라 '몰아(沒我)'의 경지가, 냉정하게 전진하는 사태의 필연성이 아니라 끓어오르는 영감(靈感)이 곧 신적인 세계의 풍요함을 받들며 이를 지속적으로 확대시켜나가는 힘이 된다는 것이다.

이런 요구에 부응하려는 나머지 감각적이고 비속하며 개별적인 것에 젖어들어 있는 사람들의 상태에서 끌어내어 그들의 눈길이 저 높이 떠 있는 정진(星辰)으로 향하게 하려는 힘겹고도 정성어린 성급함마저 엿보이는 노력을 기울게 되었다. 이렇게 보면 사람들은 신적인 것이라곤 완전히 망각한 채 마치 벌레와도 같이 티끌과 물만으로 흡족해야 하는 존재나 다름없는 처지에 놓이는 셈이다."

> What it wants from philosophy is not so much insight as edification. The beautiful, the holy, the eternal, religion, love—these are the bait required to awaken the desire to bite: not the notion, but ecstasy, not the march of cold necessity in the subject-matter, but ferment and enthusiasm—these are to be the ways by which the wealth of the concrete substance is to be stored and increasingly extended.[1]
> With this demand there goes the strenuous effort, almost perfervidly zealous in its activity, to rescue mankind from being sunken in what is sensuous, vulgar, and of fleeting importance, and to raise men's eyes to the stars; as if men had quite forgotten the divine, and were on the verge of finding satisfaction, like worms, in mud and water.

〈'머리말'13〉〉

---

13) G. W. F. Hegel(translated by J. B. Baillie), *The Phenomenology of Mind*, The Macmillan Company, 1949, pp.72~3 'Preface' ; 헤겔(임석진 역), 〈정신현상학〉, 한길사, 2005, 권1 pp.41~2 '머리말'

148

* 개신교도 헤겔의 표준은 '예수 그리스도 삶'이므로, '육신(실존, Body)'은 '허울(假像, Appearance)'이다.

  헤겔은 '실존(육체)'를 벌레에 비유하여, 경멸하고, '절대신(理性)'은 존중 지향하는 철학을 강조하였다.[허무주의] 그것은 역시 '전통 기독교 사제(司祭)'의 공통 특징이었다.

* 헤겔에 앞서 확인했듯이 볼테르(Voltaire, 1694~1778)는 '창세기(9장 6절)' '노아의 홍수'에 전제한 "그 말은 '선악(善惡)'을 짐승들에게도 전제한다는 말이다.(which manifestly supposes in beasts a knowledge of, and acquaintance with, good and evil.)"14)라고 하여 그 ['구약' 서술자의]'지나친 편견(偏見)'을 탄식하였다.

* 이어 니체(F. Nietzsche, 1844~1900)는 '차라투스트라(프로메테우스)⟺비참한 벌레(a miserable worm)'15) 동시주의(同時主義, Simultaneism)를 명시하였다.

* 헤겔은 자기기만(自己欺瞞 - 實存 무시)의 '노예 철학(The Philosophy of Bondman)'에 심취(深醉)하여 '현재 숨 쉬고 살아 있는' 자기를 속이며, 나아가 게르만을 속이고 세계인을 향해 떠들면서도 진정 무엇이 잘못되었지 반성도 할 줄 몰랐다.[각자 그 '육체'를 그 '교회'로 삼고 있다는 진실도 망각함]

---

14) Voltaire, *The Best Known Works of Voltaire*, The Book League, 1940, pp.424~425 'VI. Beasts'

15) F. Nietzsche(translated by Oscar Levy), *My Sister and I*, A M O K Books, 1990, p.15

③-10 하나님은 살아 역사(役事)하는 실체요 주체이다.

"물론 이것은 체계의 서술을 통해서만 제대로 판단이 내려질 수 있는 문제이긴 하다. 하지만 어쨌든 내가 이해하기로는 모든 철학적 진리의 탐구를 위한 선결문제는 진리를 '실체'로서 뿐만 아니라 '주체'로서도 파악하고 표현해야만 한다는 것이다.

동시에 여기서 지적해 둘 것은 실체성이라는 것이 지(知) 그 자체의 보편적이고 직접적인 양식인 것 못지않게 또한 지의 대상이 되는 존재의 직접적인 양식도 함께 내포한다는 것이다. 신(God)을 유일한 실체로서 파악하려는 생각이 확연히 언명되었을 때, 당대인들이 무척이나 분노해 마지않았던 이유는 그러한 규정이 내려지고 나면 자기의식이 설 땅을 잃고 소멸될 수밖에 없지 않을까 하는 생각을 본능적으로 떠올렸기 때문이다.

그러나 다른 한편으로는 사유를 사유로서 고수하려는 일반론의 경우에도 앞서와 같은 단순함이 곁들어지면서 사유가 무차별적인 부동의 실체가 되어 버리고 말았다. 그리하여 세 번째 입장으로는 사유와 실체의 존재가 통일되어 직접적인 직관이 곧 사유라는 생각이 등장하였다. 이 입장에 관해서도 지금 얘기된 그 직관이라는 것이 나태한 단순함에 빠져들어 감으로써 현실 그 현실 그 자체가 비현실적으로 표현되는지 어떤지 충분한 주의를 기울일 필요가 있다.

<u>생동하는 실체</u>(the living substance)야말로 참으로 주체적인, 다시 말하면 <u>참으로 현실적인 존재</u>(actual subject)이다. 그것은 실체가 자기 자신을 정립하는 운동이며 나아가서는 스스로 자기를 타자(他者)화 하는 가운데 자기와의 매개를 행하기 때문이다. 실체가 곧 주체라고 하는 것은 바로 이로 인하여 단일한 것이 분열됨을 뜻한다. 그러나 이렇듯 분열되는 데서 오는 대립은 이중화(二重化)됨으로써 분열된 양자가 서로 아무런 관계도 없이 차이와 대립을 빚는 그런 상태는 부정된다."

> In my view—a view which the developed exposition of the system itself can alone justify—everything depends on grasping and expressing the ultimate truth not as Substance but as Subject as well. At the same time we must note that concrete substantiality implicates and involves the universal or the immediacy of knowledge itself, as well as that immediacy which is

150

being, or immediacy *qua* object *for* knowledge. If the generation which heard God spoken of as the One Substance[1] was shocked and revolted by such a characterization of his nature, the reason lay partly in the instinctive feeling that in such a conception self-consciousness was simply submerged, and not preserved. But partly, again, the opposite position, which maintains thinking to be merely subjective thinking, abstract universality as such, is exactly the same bare uniformity, is undifferentiated, unmoved substantiality.[2] And even if, in the third place, thought combines with itself the being of substance, and conceives immediacy or intuition (*Anschauung*) as thinking, it is still a question whether this intellectual intuition does not fall back into that inert, abstract simplicity, and exhibit and expound reality itself in an unreal manner.[3]

The living substance, further, is that being which is truly subject, or, what is the same thing, is truly realized and actual (*wirklich*) solely in the process of positing itself, or in mediating with its own self its transitions from one state or position to the opposite. As subject it is pure and simple negativity, and just on that account a process of splitting up what is simple and undifferentiated, a process of duplicating and setting factors in opposition, which [process] in turn is the negation of this indifferent diversity and of the opposition of factors it entails.

〈'머리말'16)〉

———→

* 헤겔이 위에서 거론한 '생동하는 실체(the living substance)' '현실적인 존재
(actual subject)'란, 이미 '(헤겔의)이성'과 '절대정신(God)'의 ['자신의 개념
─ Self Conception'으로] 필연적인 관계를 지칭한 말이다.

16) G. W. F. Hegel(translated by J. B. Baillie), *The Phenomenology of Mind*, The Macmillan Company, 1949, p.80 'Preface' ; 헤겔(임석진 역), 〈정신현상학〉, 한길사, 2005, 권1 pp.51~2 '머리말'

* '감성(Sensibility)'의 철학자 칸트는 소위 '감성'과 '오성(Understanding, 종합력)'을 바탕으로 한 인간의 각자의 '순수이성'을 최고위에 올려 '인간 이성'의 자유로움을 자명한 것으로 명시하였다. 칸트 철학에 '실체(Substance)'는 '물자체(The Things in Themselves)'이고, 주체(Subject)는 각자의 '순수이성(Pure Reason)'일 수밖에 없다. 그래서 '자연 대상'과 '이성의 인간'이라는 이원론(二元論)이 되었다.

* 신학자 헤겔은 칸트의 위의 전제를 '삼위일체'로 이끌어 '절대정신(God)'으로 통합하고 '일원론'이라 하였다.['범아일여(梵我一如 - Brahman=atman)'가 理想임]

* 이 헤겔의 생각에 궁극의 문제점은, '생동하는 실체(the living substance)' '현실적인 존재(actual subject)' '이성적 주체(rational subject)'를 '절대이성' '세계정신'과 동일시하여 '역사 종속주의'와 '노예 철학'을 이루었다는 사실이다. (참조, ⑥-12. 각 개인은 '시대의 아들'들이다. ②-04. '인간'보다는 '신(God)의 영광'을 알려야 한다.)

③-11 진리(하나님)는 '전체' '절대'이고 결과이다.

"본질에게는 형식이 바로 본질 그 자체와 마찬가지로 본질적이므로 본질은 한낱 본질로서, 다시 말하면 직접적인 실체 또는 신의 순수한 자기직관으로서 파악되고 표현된다. 뿐만 아니라 그에 못지않게 형식으로서도, 더욱이 풍부함이 넘치는 발전된 형식으로서도 파악되고 표현되지 않으면 안 된다. 이렇게 되었을 때에야 비로소 본질은 현실적으로 파악되고 표현되는 것이다. 진리는 곧 전체이다. 그러나 전체는 본질이 스스로 전개되어 완성된 것이다. 절대적인 것에 대해서 얘기한다면, 이는 본질상 결과로서 나타나는 것이며 종말에 가서야 비로소 그의 참모습을 드러낸다고 해야만 하겠다. 바로 이 표현 속에는 절대적인 것의 본성은 현실적인 주체로서 그 스스로 생성되

는 것이라는 사실이 명시되어 있다. 절대적인 것은 본질적으로 결과로서 파
악되어야만 한다는 것이 비록 이상하게 들린다 하더라도 조금 더 생각을 기
울여보면 그 헷갈리는 느낌은 곧 해소된다."

> Precisely because the form is as necessary
> to the essence as the essence to itself, absolute reality
> must not be conceived of and expressed as essence
> alone, i.e. as immediate substance, or as pure self-
> intuition of the Divine, but as form also, and with
> the entire wealth of the developed form. Only then is
> it grasped and expressed as really actual.
> The truth is the whole. The whole, however, is merely
> the essential nature reaching its completeness through
> the process of its own development. Of the Absolute
> it must be said that it is essentially a result, that only
> at the end is it what it is in very truth; and just in
> that consists its nature, which is to be actual, subject,
> or self-becoming, self-development. Should it appear
> contradictory to say that the Absolute has to be
> conceived essentially as a result, a little consideration
> will set this appearance of contradiction in its true
> light.

〈'머리말'17〉

_____✦

* 헤겔의 경우, '이성(절대정신, 신)'을 모든 것에 적용하여 그 명칭을 부여할
수 없는 '영원' '전체' '진리' '순수존재' '절대이념' '절대정신'이다.
* 헤겔은 개신교 '목사'로서 '하나님 생각'을 전통 기독교인(가톨릭)과는 달리
소위 그의 모든 '탐구(Study) 영역'에 펼쳤으니, 우선 '철학' '과학' '예술' '종교'
를 다 통합하여 그 '하나님(이성, 절대정신) 소관'임을 밝혔다. 그리고 그것을
헤겔 자기소임(所任)으로 알았다. (참조, ②-02. '하나님'은 출발점이고 종착

---

17) G. W. F. Hegel(translated by J. B. Baillie), *The Phenomenology of Mind*, The Macmillan
Company, 1949, pp.81~2 'Preface' ; 헤겔(임석진 역), 〈정신현상학〉, 한길사, 2005, 권1
pp.55~6 '머리말'

점이다.)

* 그리고 헤겔은 그것(하나님)을 역시 '게르만 군주(세계정신)'와 통합하여 (각 개인의) '희생(애국)정신'을 강조하였다. (참조, ⑥-12. 각 개인은 '시대의 아들'들이다.)

③-12 그동안 '현실적인 신'의 고려가 없었다.

"절대적인 것을 주체(또는 주어)로 상정할 필요가 있음으로 해서 사람들은 '신'을 주어의 위치에 놓고 '신(God)은 영원하다' '신은 도덕적 세계질서 (moral order of world)다' 또는 '신은 사랑이다'라는 명제를 내놓기도 하였다. 그런데 이런 명제 속에서 진리는 주어로 된 단 한마디로 불쑥 제시될 뿐 '자체 내로 복귀하는 운동(the process of reflectively mediating itself with itself)'으로 제시되는 일은 없었으니, 이런 명제의 특징은 바로 '신'이라는 낱말만 따로 떼어놓고 보면 한낱 무의미한 소리의 이름일 뿐이며, 정작 그것이 무엇인가를 말해주고 그 의미를 채워주는 것은 술어의 몫이 된다. 첫머리에 오는 공허한 것이 마지막 술어에 와서야 비로소 현실적인 지(知)가 되는 것이다."

> The need to think of the Absolute as subject, has led men to make use of statements like "God is the eternal", the "moral order of the world", or "love", etc. In such propositions the truth is just barely stated to be Subject, but not set forth as the process of reflectively mediating itself with itself. In a proposition of that kind we begin with the word God. By itself this is a meaningless sound, a mere name; the predicate says afterwards *what* it is, gives it content and meaning: the empty beginning becomes real knowledge only when we thus get to the end of the statement.
>
> 〈'머리말'18)〉

---

18) G. W. F. Hegel(translated by J. B. Baillie), *The Phenomenology of Mind*, The Macmillan Company, 1949, p.84 'Preface' ; 헤겔(임석진 역), 〈정신현상학〉, 한길사, 2005, 권1 p.6 '머리말'

* 주어(subject) 서술어(predicate) 관계를 따지는 것은 '논리학'의 영역이다.
* 헤겔의 평생 관심은 '하나님(신, 이성)=게르만 족(공동체)'과 '희생(아들)'이라는 두 가지가 축(軸)이었는데, 과거 유대인(the Jews)의 '여호와' 문제가, 헤겔 당대에 이르러 '게르만 족'에 맡겨진 것이 (절대이성-하나님의) 세계사 운영(변증법 운영) 결과라는 주장이 그 헤겔 철학의 전부이다.['헤겔의 理性'='神의 理性']
* <u>헤겔은 특히 '전쟁 영웅주의(The Heroism of Wars)'에 열광하여, 나폴레옹의 융성기(1796~1814)에는 나폴레옹을 '세계정신(World-Soul)'이라고 했다가 그가 폐망한 다음은 '로스바흐 전투'를 승리로 이끈 프러시아의 프리드리히 2세(Frederick the Great, 1712~1786)를 '개신교의 영웅'으로 바꾸어 칭송하며 '게르만 우월주의(German Chauvinism)'로 회귀(回歸)하였고, 이에 나아가 그 '정교(政敎) 일치' '신의 통치(Theocracy)'를 주장하였다.</u> (참조, ⑧-03. '게르만 왕국', '신국(神國)', '이성적인 세계' ⑦-09. 개신교의 영웅, 프리드리히 대왕 ⑥-35. 공동체(共同體) 안에 희생(犧牲)-A. 아우구스티누스)

③-13 '진리=현실=실체=주체=정신=성령=하나님'

"오직 체계로서의 진리만이 현실적이라는 것, 또는 실체는 본질적으로 주체라는 것, 이것을 나타내려는 뜻에서 절대자는 정신이며 성령이라는 표명을 하게 되는데, 실로 정신이야말로 근대 또는 근대종교(one which is to modern times and its religion)에 특유한 가장 숭고한 개념이다. 그것은 본래 그 자체로 있는 본질이며, 갖가지 관계를 자아내는 가운데 스스로의 위치도 명확히 드러내는 외타적이면서 동시에 독자적인 존재로서, 결국은 자기를 벗어나 있는 상태에서 자기 본연의 모습을 명확히 하고 자기를 놓치는 일이 없는 절대적이고 완전무결한 존재([Being] self-contained and self-complete in itself and for itself)이다."

That the truth is only realized in the form of system,
that substance is essentially subject, is expressed in
the idea which represents the Absolute as Spirit (*Geist*)
—the grandest conception of all, and one which is due

to modern times and its religion. Spirit is alone Reality.
It is the inner being of the world, that which essentially
is, and is *per se*; it assumes objective, determinate form,
and enters into relations with itself—it is externality
(otherness), and exists for self; yet, in this determina-
tion, and in its otherness, it is still one with itself—it
is self-contained and self-complete, in itself and for
itself at once.

〈'정신현상학—머리말'[19]〉

———✈

* 헤겔은 '기독교'를 '최고급'의 종교('계시종교' '완전종교')로 전제하였는데,
위에서 기독교를 '정신(성령)' 내부 문제로 이해하는 것이 '근대 또는 근대종
교(one which is to modern times and its religion)'의 개념이라고 하였다.
이것이 칸트의 '이성(Reason)'을 바로 헤겔의 그 '절대정신'으로 말하는 헤겔
의 '개신교 신학'을 명시하는 대목이다.

* 헤겔이 주장한 바, '진리=현실=실체=주체=정신=성령=하나님' 하나 제외된
영역(領域)에 정확히 누락된 부분이 '육체(Body, 실존, 무의식)'의 영역이다.
그런데 이 두 가지 영역['정신' '육체']은 태초에부터 (칸트까지) 모든 인류가
알고 운영해 온 '두 가지 행동(감성, 이성) 기준' 중에 하나(감성, 물자체)이다.
* 1764년 볼테르가 처음 작품 '흑과 백(The Black and the White)'[20]에서 '흑인
(욕망)' '백인(이성, 억압)'으로 명시했고, 이어 니체(F. Nietzsche, 1844~

---

19) G. W. F. Hegel(translated by J. B. Baillie), *The Phenomenology of Mind*, The Macmillan
Company, 1949, pp.85~6 'Preface' ; 헤겔(임석진 역), 〈정신현상학〉, 한길사, 2005, 권1
pp.61~2 '머리말'
20) Voltaire, *The Best Known Works of Voltaire*, The Book League, 1940, 'The Black and
the White'

156

1900)는 스스로를 '잠언(箴言) 구(句)의 대가(The first master in the aphorism)'[21]로 자임하여 그 '(양극의)동시주의(Simultaneism)'를 상시(常時) 활용하였고, 1916년 취리히 다다는 '생명 존중 운동' '전쟁 반대 운동'에서 그 '동시주의(同時主義)'를 가장 중요한 방법으로 활용하였다.

* 헤겔의 주장을 그대로 수용할 경우, 헤겔의 '주장'은 단지 '(육체 욕망)억압(無視)의 이성'을 오로지 주장한 것으로, 헤겔은 이후 실존주의(實存主義, Existentialism)자들이 주장한 '생명(무의식)의 영역'은 그대로 무시하고 넘어간, '일방주의' '독재자'의 모습 그대로였다.
* 헤겔의 근본적인 문제점은, 이미 인도의 불교(佛敎) 중국의 성리학(性理學)에서 명시한 바를 헤겔이 반복하고 있으면서도, **헤겔은 '자신의 철학(개신교 논리)'이 세계 유일 최고의 것(하나님의 학)으로 착각(錯覺)하고, 그것을 다시 '제국주의 독재자(전쟁 영웅)'에게 그대로 적용하여 자신의 '독존(獨尊)의 과시(誇示)'에 여념이 없었다는 점이다**. (참조, ⑧-25. 칸트의 불쌍한 '이율배반(Antinomies)')

③-14 '정신'이 '하나님'이고, 학문의 대상이다.

"그러나 완전무결하다는 것은 우선은 그 진상을 다루고 있는 우리에게 그렇게 비쳐질 뿐이고, 일단 그 첫 단계에서는 다만 정신적인 실체(Substance spiritual)로서 있을 뿐이다. 따라서 완전무결한 것이라면 당연히 정신에게도 자각되어야 하는데, 여기에 정신적인 것의 지(知)와 자기가 정신이라는 것을 아는 지가 나타나야만 한다. 다시 말하면 정신적인 것이 정신 자신에게 대상으로 나타나야만 하고, 그것도 더욱이 직접 나타나 보이는 대로의 모습과 반성적으로 내면화한 모습을 함께 지닌 이중의 대상으로 나타나야만 한다. 다시 말하면 정신적인 것이 정신 자신에게 대상으로 나타나야만 하고, 그것

---

21) F. Nietzsche(Translated by D. F. Ferrer), *Twilight of the Idols*, Daniel Fidel Ferrer, 2013, p.73

도 더욱이 직접 나타나 보이는 대로의 모습과 반성적으로 내면화한 모습을 함께 지닌 이중의 대상으로 나타나야만 한다. 그야말로 정신에 의해서 정신적 내용이 산출된다고 할진대, 정신이 이렇듯 자기와 관계하는 모습은 우리만이 알아볼 수 있는 것이다.

마침내 정신이 이런 관계 속에 있는 자기의 실상을 자각하기에 이르면 지금까지 자기가 자기를 산출한다고 하는 순순한 개념이 동시에 대상적 모습을 갖춘 장(場)으로서 정신 앞에 드러나면서 자각적인 현존재로서의 정신은 자체 내로 복귀한 대상이 된다. 이렇게 전개되어가는 자기가 곧 정신이라는 것을 알게 될 때의 이 정신의 모습이 바로 학문이다. 학문이란 정신 그 스스로가 현실성을 띤 가운데 자기의 고유한 터전 위에 쌓아올린 정신의 왕국이다.

절대적인 타자 존재로 있으면서 순수하게 자기를 인식하는 에테르(Aether, 精氣) 그 자체야말로 학문의 근본 바탕이며 지의 보편적인 모습이다."

> This self-containedness, however, is first something known by us, it is implicit in its nature (*an sich*); it is Substance spiritual. It has to become self-contained *for itself*, on its own account; it must be knowledge of spirit, and must be consciousness of itself as spirit. This means, it must be presented to itself as an object, but at the same time straightway annul and transcend this objective form; it must be its own object in which it finds itself reflected. So far as its spiritual content is produced by its own activity, it is only *we* [the thinkers] who know spirit to be for itself, to be objective to itself; but in so far as spirit knows itself to be for itself, then this self-production, the pure notion, is the sphere and element in which its objectification takes effect, and where it gets its existential form. In this way it is in its existence aware of itself as an object in which its own self is reflected. Mind, which, when thus developed, knows itself to be mind, is science. Science is its realization, and the kingdom it sets up for itself in its own native element.
> A self having knowledge purely of itself in the absolute antithesis of itself, this pure ether as such, is the very soil where science flourishes, is knowledge in universal form.

〈'정신현상학—머리말'22)〉

---

22) G. W. F. Hegel(translated by J. B. Baillie), *The Phenomenology of Mind*, The Macmillan Company, 1949, p.86 'Preface' ; 헤겔(임석진 역), 〈정신현상학〉, 한길사, 2005, 권1 pp.62~3 '머리말'

158

_____✦

* 헤겔의 '정신=신(하나님)'의 해석은, 자신이 공언한 바대로 '이성의 세계'라고 인정할 수 있다.

  즉 헤겔이 '살아 역사하는 하나님' 문제는 〈정신현상학〉〈논리학〉에서는 신학자로서 '과학(경험주의)'를 무시하는 것은 오히려 그 개인의 경우로 치부(置附)할 수 있었다.['범아일여(梵我一如 - Brahman=atman)' 境地의 긍정]

* 그러나 그의 〈법철학(1820)〉부터는 '군국주의 군주(君主, the sovereign of militarism)'를 '세계정신(World Soul)' 자체로 올려놓고, 국민(시민, 그의 아들)을 '법(도덕, 윤리)에의 복종'을 '자유'라 가르치고 '영구평화론'은 조롱(嘲弄)했던 것이 '보수주의자 헤겔'의 정면(正面)이었다. (참조, ⑥-12. 각 개인은 '시대의 아들'들이다. ⑥-13. 현재는 '장미'이며 '십자가'이다. ⑥-14. '인륜'은 '현실'이며 '이성'이다.)

  위에서 헤겔이 언급한 '(헤겔)자기=정신=과학=왕국'이란 '게르만 공동체' '게르만 신국' 이론을 〈정신형상학(1807)〉 집필 당시부터 지니고 있었다는 이야기이다.[헤겔의 게르만 신국의 '현실주의' 신학 이론]

③-15 '의식(Consciousness)'과 '대상(Objective things)'의 대립과 통합

"그러나 의식(Consciousness)의 입장에서는 대상적 사물(Objective things)이 자기와 대립하고 자기는 대상적 사물과 대립한다는 것이 지(知)의 전제가 된다. 그러므로 이는 학문과는 별도의 입장, 즉 자기를 고집하는 것이 오히려 정신의 상실을 자초하는 그런 입장과 같은 것(it keeps within itself and never goes beyond itself)이어서, 이럴 경우 '학문의 장'이란 의식으로서는 더 이상 발붙일 수 없는 먼 피안(彼岸)과도 같은 것으로 보인다. 의식과 학문은 서로가 각기 상대방이 진리라고 주장하는 것은 전도(顚倒)된 진리라고 여기게 된다. 자연적 의식이 아무 거리낌 없이 학문을 신뢰하려 하는 소박한

태도는 의식으로서는 분명하게 가늠하기 힘들지만, 아무튼 이는 머리를 땅에
대고 거꾸로 가려는 것과 같은 짓이다."

> If the position taken
> up by consciousness, that of knowing about objective
> things as opposed to itself, and about itself as opposed
> to them, is held by science to be the very opposite of
> what science is: if, when in knowing it keeps within
> itself and never goes beyond itself, science holds this
> state to be rather the loss of mind altogether—on the
> other hand the element in which *science* consists is
> looked at by consciousness as a remote and distant
> region, in which consciousness is no longer in possession
> of itself. Each of these two sides takes the other to be
> the perversion of the truth. For the naïve conscious-
> ness, to give itself up completely and straight away to
> science is to make an attempt, induced by some un-
> known influence, all at once to walk on its head.

〈'머리말'23)〉

_____→

* 위의 부분은 칸트가 〈순수이성비판〉에서, '진리(truth)'란 '인식과 대상의 일
  치(the accordance of the cognition with its object)'라고 명시했던 부분에
  대한 헤겔식의 반론(反論)의 제기이다. (참조, ②-33. **'진리'란 '인식과 그 대상
  이 일치하는 것'이다.-I. 칸트**)

* 어떤 전제나 설명에 '이의(異意)'제기하고 '반대(反對)'함은 영원히 계속될
  것이나, 칸트와 헤겔의 대립은 '계몽주의자(啓蒙主義者, 경험주의 옹호자,
  칸트)'와 '개신교 신학자(헤겔)'란 가장 뚜렷한 차이를 먼저 고려하지 않을
  수 없다.
  헤겔은, 칸트의 주장에 근본적으로 동의(同意)할 수 없었던 점을 명백히

---

23) G. W. F. Hegel(translated by J. B. Baillie), *The Phenomenology of Mind*, The Macmillan
    Company, 1949, p.87 'Preface' ; 헤겔(임석진 역), 〈정신현상학〉, 한길사, 2005, 권1
    pp.64~5 '머리말'

지고 있었으니, 그것은 '인간 이성(理性) 중심의 칸트'와 '삼위일체(三位一體) 론 절대정신(神) 중심의 헤겔'의 생각이 그것이다. (참조, ④-06. 칸트 철학은, 신(神)이 없는 신전(神殿)이다. ④-13. 칸트의 변증법은 궤변(詭辯)이다.)

* 위에서 볼 수 있듯이 헤겔은, 칸트의 '감성(물자체) 불가피론'에 절망적으로 저항하고 있으니 이에는 그 헤겔의 '개신교도 입장'을 살피는 것이 그 처방 (處方)이다.

헤겔은 '개신교 이론가'로서 아우구스티누스의 〈신국(神國, The City of God, 426)〉 이론에 심취(心醉)해 있었다. 그리고 헤겔은 칸트의 '이성 (Reason)'의 문제를 그대로 '절대 이성' '절대정신(God)'으로 몰고 가 그것을 '삼위일체(Trinity)'로 풀어 끝없는 주장을 행했으니, 이것이 헤겔의 전 저작 의 그 요점(要點)이다.

* 그렇지만 칸트는 기본전제로 '감성(Sensibility)'과 '오성(Understanding)'을 경과하지 않은 '순수이성' 논의는 뿌리를 상실(喪失)한 공론(空論)으로 인정 을 하지 않았다. (참조, ②-40. '절대적 전체성'이라는 이념은, '오성 법칙'에 응한 한도 내에서의 문제이다.-I. 칸트)

* 신학자 헤겔이 알고 있는 것은 오직 기독교 '삼위일체' 공식으로, 그것의 시간(역사) 공간(우주) 사회적인 적용으로 펼쳐 놓은바가 그 '변증법'이다. 칸트는 역시 그 '변증법'을 부정(否定)한 것이 〈순수이성비판〉에 주요 논점 이었다.[헤겔은 칸트의 '물자체'에 대한 생각까지 '변증법'으로 오해했음](참 조, ②-37. '변증법'은, '오류(誤謬)의 논리학'이다.-I. 칸트, ②-38. '변증법'은 가짜 논리학이다.-I. 칸트)

* 위에서도 볼 수 있는 소위 (인간) '의식(Consciousness)과 대상적[객관적] 사물(Objective things)'의 대립과 통합이란 엄청난 문제에서도 헤겔은 그 '변증법'으로 태평(太平)이다.

한 마디로 헤겔은 '의식(정신)'과 '자연(피조물, 대상적 사물, Objective things)' 하나이다. 라는 전제 있었으니, 그것은 당초 '하나님의 세상만물을 창조하시고 그 피조물은 하나님의 존재 근거'라는 〈성경〉에 오로지 충실한 경우가 헤겔의 기본 전제이다. 그것은 역시 다음과 같은 '삼위일체 변증법' 속에 있었다.[힌두의 신 브라흐만(Brahman, **생명**)은, 브라흐마(Brahma — 創造神, **열매**)+비슈누(Vishnu — 養育神, **싹**)+시바(Shiva-Mahesa, — 苦行神, **꽃**)의 종합임]

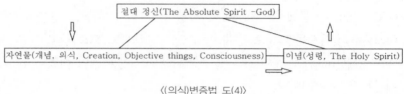

《(의식)변증법 도(4)》

* 헤겔이 위에서 거론한 '<u>의식([Human]Consciousness)'과 '대상([Natural]Object)'의 통합은 '헤겔의 제1 오류(誤謬)'에 해당한다</u>.

헤겔은 일상적 인간 의식에 '변증법'이라는 궤변(詭辯)을 펴서 이를 통합했다고 큰 소리를 쳤지만, 그것은 기존 기독교 신학 '삼위일체'에 의한 개신교식 해석일 뿐이다.['정신' 중심의 논의라는 점에서] 즉 '(헤겔의) 의식(Consciousness)이 없으면 자연 대상(Object)은 없다.'란 주장을 받을 사람은 헤겔 자신도 수용할 수 없는 무단(無端)한 억측일 뿐이다.[**헤겔 5대 거짓말 제1호** — 例를 들어 '수면 시(睡眠 時, 잠들 적)에는 (의식이 없으므로) 그 본인이 없다.'는 논리임]

③-16 '정신의 생명'은 불멸이다.

"이렇게 해서 생겨난 비현실성을 우리는 죽음이라고 부를 수 있는데, 참으로 이 죽음만큼 가공(可恐)할만한 것이 없으니, 죽음을 확고히 거머쥐는 데

162

에는 더할 수 없는 거대한 힘이 요구된다. 힘이 없이 겉으로만 아름다운 것이 지성을 증오하는 이유는 그것으로서는 감당할 수 없는 것을 지성이 요구하기 때문인데, 결코 죽음을 회피하고 황폐함을 모면하려는 생명이 아니라 죽음을 무릅쓰고 그 안에서 자기를 유지해나가는 생명이 바로 정신의 생명이다."

> Death, as we may call that unreality, is the most terrible thing, and to keep and hold fast what is dead demands the greatest force of all. Beauty, powerless and helpless, hates understanding, because the latter exacts from it what it cannot perform.[1] But the life of mind is not one that shuns death, and keeps clear of destruction; it endures death and in death maintains its being.

〈'머리말'24)〉

───✦

* 인간의 보편 정신 속에 '이성'을 비판했던 칸트는, '영혼불멸(靈魂不滅, the permanence of the soul)' 설을 간단히 부정하였다25).

* 그러나 그 '영혼불멸'을 인정하지 않고는 '헤겔의 신학'은 처음부터 성립 불능이었다. (참조, ②-02. '하나님'은 출발점이고 종착점이다. ②-08. 만물은 '신(God)'에서 출발하고 '신'에게로 돌아간다.)

* 그래서 헤겔이 칸트를 존중한 것은 오직 '이념주의'와 '이성' 논의였지만, 칸트 의 '감성(직관, 물자체)론' 즉 '무신론'과는 영원히 화동할 수 없는 '적 칸트(Anti-Kant)'의 실체(신중심주의)를 이루고 있다.

---

24) G. W. F. Hegel(translated by J. B. Baillie), *The Phenomenology of Mind*, The Macmillan Company, 1949, p.93 'Preface' ; 헤겔(임석진 역), 〈정신현상학〉, 한길사, 2005, 권1 p.71 '머리말'

25) I. Kant(translated by J. M. D. Meiklejohn), *The Critique of Pure Reason*, William Benton, 1980, p.125 'Of the Paralogisms of Pure Reason'

③-17 '실체=정신=존재=주체=본질=진리=대상=자기 자신'

"의식 안에 있는 자아와 자아의 대상인 실체(The Substance) 사이에 괴리가 생겨난다면 이 괴리는 실체를 분열시키는 부정적인 것이다. 따라서 괴리가 있다는 것은 대립하는 양극의 결함으로 보일 수도 있지만 사실 그것은 양극을 함께 운동으로 몰아가는 원동력이다. 고대인 가운데 '공허함'을 운동의 원리로 파악한 경우가 있긴 하지만, 그들은 다만 운동 속에서 부정의 힘만 보았을 뿐 여기서 더 나아가 운동을 자기로 파악하는 데까지 이르지는 못했다.

그런데 실제로 부정적인 것이 자아와 대상의 불일치로 나타난다면 이는 실체 그 자체 내에서 생겨난 불일치에 다름 아니다. 실체의 외부에서 야기되어 거기서부터 실체에 작용하듯 보이는 것이 실은 실체 자체의 행위이므로, 이렇게 되면 실체란 본질적으로 주체라는 것이 명백해진다. 이 점이 빈틈없이 밝혀질 때 정신의 존재와 본질은 일치하고 있는 그대로의 정신이 곧 정신의 대상이 됨으로써 불쑥 무언가 제시되면서 지와 진리는 분열될 수밖에 없다는 그런 추상적인 요소는 제거된다. 존재하는 모든 것이 절대적으로 매개되고 실체의 내용이 동시에 그대로 자아의 소유물이 되면서 내용은 곧 자기운동하는 개념이 되는 것이다. 이것이 정신현상학이 다다른 최종 지점이다 (With the attainment of this the Phenomenology of Mind concludes.).

이렇듯 정신이 다져놓은 것이 광활한 지의 영지이다. 이제부터 이러한 바탕 위에서 확장되어나가는 것은 단순한 형식을 지닌 정신의 요소들인데, 이때 정신은 대상이 곧 자기 자신임을 알고 있다. 여기서 더 이상 존재와 지 사이의 대립은 사라지고 단순한 지의 경지만이 있을 뿐이다. 진리는 티 없이 맑은 그의 모습을 드러내고 있으니, 여기에 그 어떤 차이가 있다 하더라도 이는 내용상의 차이에 지나지 않는다. 이 경지에서 전개되는 운동을 전체적으로 마무리지어놓은 것이 곧 '논리학' 또는 '사변철학'이다."

> The dissimilarity which obtains in consciousness between the ego and the substance constituting its object, is their inner distinction, the factor of negativity in general. We may regard it as the defect of both opposites, but it is their very soul, their moving spirit. It was on this account that certain thinkers[1] long ago took the void to be the principle of movement,

when they conceived the moving principle to be the negative element, though they had not as yet thought of it as self. While this negative factor appears in the first instance as a dissimilarity, as an inequality, between ego and object, it is just as much the inequality of the substance with itself. What seems to take place outside it, to be an activity directed against it, is its own doing, its own activity; and substance shows that it is in reality subject. When it has brought out this completely, mind has made its existence adequate to and one with its essential nature. Mind is object to itself just as it *is*, and the abstract element of immediacy, of the separation between knowing and the truth, is overcome. Being is entirely mediated; it is a substantial content, that is likewise directly in the possession of the ego, has the character of self, is notion. With the attainment of this the Phenomenology of Mind concludes. What mind prepares for itself in the course of its phenomenology is the element of true knowledge. In this element the moments of mind are now set out in the form of thought pure and simple, which knows its object to be itself. They no longer involve the opposition between being and knowing; they remain within the undivided simplicity of the knowing function; they are the truth in the form of truth, and their diversity is merely diversity of the content of truth. The process by which they are developed into an organically connected whole is Logic or Speculative Philosophy.

〈'머리말'26)〉

———✦

* 위의 설명은 소위 〈정신현상학〉의 전반을 요약한 것으로 자세한 검토를 요한다.

---

26) G. W. F. Hegel(translated by J. B. Baillie), *The Phenomenology of Mind*, The Macmillan Company, 1949, pp.96~7 'Preface' ; 헤겔(임석진 역), 〈정신현상학〉, 한길사, 2005, 권1 pp.75~6 '머리말'

(a) 헤겔은 위에서 **'자아(自我, ego)와 자아의 대상인 실체(The Substance, 이성, 신) 사이에 괴리(乖離)'**를 언급하였다. 이후 전개된 정신분석의 논리 미루어 보면 여기에서 '자아(ego)'란 자기(육체)를 근거로 한 '본능(本能, instinct)' 과 동일하고(공통점을 지니고), '실체(The Substance)'란 '이성(reason)'으로서 '신(God)', '공동체(community)'와 동일한 용어이다.

(b) 이어 **'그 괴리(乖離)는 양극을 함께 운동으로 몰아가는 원동력'란 지적은 '본능' 과 '이성'의 분쟁**인데, 헤겔의 특징은 그것을 개인 심리적 현상으로 해석했을 뿐만 아니라 모든 사회적 분쟁(전쟁)을 역시 그 '변증법적 통일 과정'으로 해석을 하였다.

(c) 헤겔이 **'실체란 본질적으로 주체'**라고 한 것은, '이성=하나님' 이론을 명시하고 있는 부분이다. 즉 '하나님(이성)'을 '실체(The Substance)'로 긍정할 때 (개인 정신이나 전 세계가)진정한 통일이 이루진다는 의미이다.

(d) 이어 **'정신의 존재와 본질은 일치하고 있는 그대로의 정신이 곧 정신의 대상이 됨'**이란, 정신은 명백히 '헤겔의 정신(이성)'이었으나, 그것이 '대상(하나님, 피조물)'이란 '삼위일체'의 활용이니, '성자(聖子)의 정신'은 그대로 '성신(聖神)'과 동일하고 이 모든 것은 '하나님(聖父)'에 연유했다는 설명이다.

(e) 그런데 헤겔이 말한 **'내용(이성, 신)은 곧 자기 운동하는 개념이 되는 것'**이란 '이성'은 개별 육체에 의존함으로 '이성을 향한 운동'은 지속될 수밖에 없다는 논리이다.

(f) 헤겔은 역시 **'정신은 대상이 곧 자기 자신임을 알고 있다.'**라고 했는데, 그 '대상'이란 '정신(이성)' '하나님' '만물'이 다 되게 되었으니, '절대정신(이성, 하나님)'말고는 더 생각할 것도 탐구할 대상도 없는 경우가 헤겔의 경우이다.

(g) 헤겔은 한 발 더 나가 **'전개되는 (이성)운동을 전체적으로 다시 펼쳐놓은 것이 곧 논리학 또는 사변철학'**이라고 하여, 그 '절대정신'의 개신교 이론이 헤겔의 〈논리학〉〈철학사〉임을 여기(〈정신현상학〉)에 이후 저술을 예언(豫言)하였다.

166

* 헤겔 이전에는 프랑스에 파스칼(Pascal, 1623~1662)은 가톨릭교도로서 그의 〈시골 편지(Provincial Letters)〉에서 '삼위일체'의 '화체설(化體說, transubstantiation – 신이, 인간인 예수로 세상에 왔다는 이론)'을 펼쳤던 맹장(猛將)이었다. 그런데 그것에 대해, **볼테르는 (그의 〈무식한 철학자(*The Ignorant Philosopher*, 1776)〉에서)간단하게 "보편적으로 사용이 불가능한 것, 일반인의 손이 이르지 못 한 것, 우리가 납득(納得)할 수 없는 것은 인류에게 무용(無用)한 것이다.(what cannot be of universal use, what is not within the reach of common men, what is not understood by those who have exercised their faculty of thinking, is not necessary to mankind.)"**27)라고 하였다.

〈'파스칼(Pascal, 1623~1662)' '시골편지(英譯 본)' '볼테르(Voltaore, 1794~1778)' '무식한 철학자'〉

그런데 개신교도 헤겔은, 다시 '삼위일체' '변증법'으로 '(신의 창조물)세상 만물'과 '절대신'을 다시 들고 나와, 먼저 〈정신현상학(1807)〉이란 것을 지었다. 여기에서 우선 (헤겔의) '정신(Spirit)'이 (기독교의) '성신(聖神, Holy Spirit)'이라는 이론을 수긍을 해야 하는데, 우선 그 점부터 쉽게 '납득할 수 없게 된 것'(what is not understood by those who have exercised their faculty of thinking)'이다.

여기에서 헤겔이 그의 〈정신현상학〉과 〈법철학〉에 전제한(기초로 한) 그

---

27) Voltaire, *The Best Known Works of Voltaire*, The Book League, 1940, pp.439~440 'XXV. Absurdities'

'삼위일체'를 도식화 하면 다음과 같다. (참조, ⑥-12. **각 개인은 '시대의 아들'들이다.**)

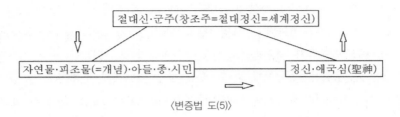

〈변증법 도(5)〉

즉 헤겔은 칸트의 〈순수이성비판〉에 '순수이성(The Pure Reason)'을 바로 '절대자(The Absolute)'로 전용(轉用)하여, '계몽주의자를 가장한 부엉이(시대의 아들) 신학자'였다. (참조, ⑥-15. **미네르바의 부엉이**)

다시 말해 칸트는 그 '순수이성(The Pure Reason)'론은 '감성(Sensibility, 물자체)'을 그 '실체(substance)'로 전제했음에 대해, 헤겔은 '절대정신(절대이성, 신)'을 '실체'로 보고 '이승 부정(The Negation of This World)'의 '허무주의(Nihilism)'에 '역사 종속론' '노예(종)의 철학'을 펼치었다.

* 그러한 측면에서 다다 초현실주의 운동가 S. 달리(S. Dali, 1904~1989)는 1968년 헤겔의 '귀족(신비)주의(Aristocratism)'를 1968년 '미치고, 미치고, 미친 관념적 해설-초현실주의 기억(Mad Mad Mad Minerva-Illustration for Memories of Surrealism)'라는 작품을 제작하여 '헤겔의 관념주의로 전락(顚落)'하는 무리들을 조롱하였다.

〈'미치고, 미치고, 미친 관념적 해설-초현실주의 기억(1968)'[28], '미네르바의 부엉이'〉

S. 달리는 이 작품에서 얼굴은 '비너스 얼굴'의 미남(美男) 남성을 제시하고 그 몸에는 비단 장식의 화려한 치장을 하고, 이마에는 '나비(천사)' 로고를 붙이고, 머리에는 '미네르바의 부엉이를 새긴 황금 관'을 쓰고 있다. 헤겔식 '귀족주의 조롱'에 바탕을 둔 작품이다. (참조, ⑥-15. **미네르바의 부엉이**)

③-18 철학 : '절대자를 수중(手中)에 넣는 도구'

"철학(philosophy)에서 사태 그 자체에, 즉 참으로 존재하는 것의 현실적인 인식에 다가서기 이전에 '절대자를 수중(手中)에 넣을 수 있는 수단(the instrument by which to take possession of the Absolute)'이라고 할 인식작용에 관해서 미리 이해해둘 필요가 있다고 보는 생각은 자연스러운 것이다."

It is natural to suppose that, before philosophy enters upon its subject proper—namely, the actual knowledge of what truly is—it is necessary to come first to an understanding concerning knowledge, which is looked upon as the instrument by which to take possession of the Absolute, or as the means through which to get a sight of it.

〈'서론'29)〉

———→

* '헤겔 철학'이란 간단하게 '게르만 개신교 신학'이다.
* 헤겔 철학에 '난해하다'는 평가를 받는 이유는, 칸트의 '순수이성'을 가져다가 '절대정신'을 말했으나, 칸트의 '인간중심의' '과학(감성) 논의'를 내버리고 '정신, 이성(신)'으로 그대로 '절대(신)주의'로 몰아갔기 때문이다.[헤겔의 '거짓말'이 그 난해의 원인임]

---

28) R. Descharnes & G. Neret, *Salvador Dali*, Taschen, 2006, p.574 'Mad Mad Mad Minerva-Illustration for Memories of Surrealism(1968)'
29) G. W. F. Hegel(translated by J. B. Baillie), *The Phenomenology of Mind*, The Macmillan Company, 1949, p.131 'Introduction' ; 헤겔(임석진 역), 〈정신현상학〉, 한길사, 2005, 권1 p.113 '서론'

* 즉 칸트는 '감성'과 '오성'을 문제를 이탈하면 인간이 알 수 없는 것으로 제외하
였는데, '하나님 주장에 방법을 가리지 않은' 헤겔은 그 '정신'으로 바로 삼위일
체의 '성신(Holy Spirit)'과 연결하여 자기가 바로 '그 칸트 철학을 극복한 사람'
으로 자랑을 늘어놓았다. (참조, ④-06. 칸트 철학은, 신(神)이 없는 신전(神殿)
이다. ⑧-25. 칸트의 불쌍한 '이율배반(Antinomies)')

③-19 감각적 확신은, '순수한 자아(Ego)'의 문제이다.

"감각적 확신의 구체적인 내용을 보면 일단은 감각적 확신이야말로 더없
이 풍부한 인식, 아니 무한히 풍부한 내용을 지닌 인식이 듯이 보인다. 즉
내용이 아무리 밖으로 넓혀져 나가도 공간과 시간에 한계라고는 없으며, 그
충만한 내용에서 일부를 떼어내 아무리 이를 세밀히 분해해 들어가도 한계
에 부딪치는 일은 없을 듯이 보인다. 게다가 이 감각적인 확신은 가장 올바
른 인식인 듯이 보이기도 하는데, 왜냐하면 대상에서 아직 아무것도 떼어내
지 않은 채 대상을 온전한 모습 그대로 눈앞에 보고 있기 때문이다. 그러나
감각적 확신을 두고 진리라 일컫는 것은 더없이 추상적이고 더없이 가없는
노릇이다(the abstractest and the poorest kind of truth).

감각적 확신이 스스로 알고 있는 대상에 관해서 얘기하는 것이란 '그것이
있다'는 것뿐이고 그의 진리에 포함되는 것은 어떤 것, 즉 사상(事象)이나 사
태의 존재일 뿐이다. 의식 쪽에서도 뭔가를 감각적으로 확신하는 한은 단지
순수한 자아로 있을 뿐인데 이러한 자아는 순수한 '이 사람' 그 이상의 것이
아니고 또한 대상도 순수한 '이것' 이상의 것이 아니다. '이 사람'인 자아가
'이것'이 있다는 것을 확신하는 것은 자아가 의식으로서 자기의 전개를 통해
다양한 사유 활동을 하기 때문은 아니며, 또한 내가 확신하는 어떤 것이 갖가
지 성질을 지니고 스스로 풍부한 관계를 형성하여 다른 것과 다양한 관계를
맺기 때문도 아니다."

> The concrete content, which sensuous certainty fur-
> nishes, makes this *prima facie* appear to be the richest
> kind of knowledge, to be even a knowledge of endless
> wealth—a wealth to which we can as little find any
> limit when we traverse its *extent* in space and time,

where that content is presented before us, as when we take a fragment out of the abundance it offers us and by dividing and dividing seek to penetrate its *intent*. Besides that, it seems to be the truest, the most authentic knowledge: for it has not as yet dropped anything from the object; it has the object before itself in its entirety and completeness. This bare fact of *certainty*, however, is really and admittedly the abstractest and the poorest kind of *truth*. It merely says regarding what it knows: it *is*; and its truth contains solely the *being* of the fact it knows. Consciousness, on its part, in the case of this form of certainty, takes the shape merely of pure Ego. In other words, I in such a case am merely *qua* pure This, and the object likewise is merely *qua* pure This. I, *this* particular conscious I, am certain of *this* fact before me, not because I *qua* consciousness have developed myself in connection with it and in manifold ways set thought to work about it: and not, again, because the fact, the thing, of which I am certain, in virtue of its having a multitude of distinct qualities, was replete with possible modes of relation and a variety of connections with other things.

〈'의식'30)〉

———→

* 헤겔의 오류는, '기존 신학자의 공통 맹점(盲點)'은 '육신(실존)부정(The Negation of This Life)' '이승부정(The Negation of This World)' '허무주의'의 반복이다.['힌두이름'과 공통임]

* 헤겔은 위에서 '감각적 확신을 두고 진리라 일컫는 것은 더없이 추상적이고 더없이 불쌍한 노릇이다(the abstractest and the poorest kind of truth).'라고 했던 것은, 가장 중요한 '헤겔 철학' '관념 철학' 특성을 명시하고 있다.

* 헤겔은 자신의 '가짜 논리학(변증법)'으로 한 개인(헤겔)이 그 '사제(司祭)

---

30) G. W. F. Hegel(translated by J. B. Baillie), *The Phenomenology of Mind*, The Macmillan Company, 1949, pp.149~150 'Consciousness' ; 헤겔(임석진 역), 〈정신현상학〉, 한길사, 2005, 권1 pp.133~4 '의식'

정신'으로 나가는 헤겔의 자신의 주관적 서술〈정신현상학〉을 행해놓고, '온 세상을 다 얻은 듯' 황홀경에 있었다.[이것은 헤겔 '우울증(憂鬱症, Hypochondria—Depression)'의 반면(反面)이다.]

그러나 헤겔은 결국 아우구스티누스의〈신국(神國, The City of God, 426)〉 논의에 함몰이 되어, '현대 과학 시대의 도래'를 인정도 상상도 못 하고 있었 다. (참조, ⑥-35. 공동체(共同體) 안에 희생(犧牲)-A. 아우구스티누스)

③-20 '감각(Sensuous Certainty)'에는 '관념' '사유'가 없다.

"그 어느 경우도 감각적 확신의 진리와는 무관할뿐더러 자아도 사물·사 태도 아무런 다양한 매개관계를 이루고 있지 않다. 자아가 갖가지 관념이나 사유에 매달리는 일은 없고 사태가 다양한 성질을 지니는 것도 아니다. 사태 는 있을 뿐이고 있기 때문에 있기 때문에 있는 것일 뿐(the thing, the fact, is ; and it is merely because it is.)이니, 감각적인 지에서 이렇게 '있다'는 것이 본질적인 것이고 순수하게 단순히 직접적으로 있는 것이 그의 진리이 다. 또한 마찬가지로 확신에 따른 대상과의 관계라는 직접적인 순수한 관계 이다. 의식은 자아이며, 순수한 '이 사람'이라는 것 이외에 다른 어떤 것도 아니다. 이러한 개별자가 순수한 '이것' 또는 개별 물을 아는 것이다."

> Neither has anything to do with the truth sensuous certainty contains: neither the I nor the thing has here the meaning of a manifold relation with a variety of other things, of mediation in a variety of ways. The I does not contain or imply a manifold of ideas, the I here does not *think*: nor does the thing mean what has a multiplicity of qualities. Rather, the thing, the fact, *is*; and it *is* merely because it *is*. It *is*—that is the essential point for sense-know-ledge, and that bare fact of *being*, that simple imme-diacy, constitutes its truth. In the same way the cer-tainty *qua relation*, the certainty "of" something, is an immediate pure relation; consciousness is I—nothing more, a pure *this*; the *individual* consciousness knows a pure *this*, or knows what is *individual*.

〈'의식'31)〉

_____✈

* 헤겔 신학은 '반편(半偏)의 칸트 철학'이다. 칸트는 시작부터 '감성(Sensibility)'
과 '오성(Understanding)'을 두 축으로 삼았다. (참조, ④-23. **'정신(심성)'의
주요 기능은, '감성'과 '오성'이다.-I. 칸트**)
   헤겔은 칸트가 이미 '이상(理想)적인 것(The *Ideal*)'으로 젖혀 놓은 "신(神)
적 정신 이념(an idea of the divine mind)"[32] "절대적 필연적인 존재(an
absolute necessary being)"[33]를 긍정한 신학을 들고 나와 그 (자신의)개인
정신 발달 과정(경험)을 통해, '절대정신(理性)'에로의 귀의(歸依)를 설명했
던 것이 바로 〈정신현상학〉이다.['범아일여(梵我一如)'의 종교적 전제에 心
醉한 결과임]

* 칸트의 '인간 이성 중심 론'과 헤겔의 '절대신(God) 중심 론'의 근본적인
차이점은 근본적으로 '현대(Contemporary, Modern)로 나아갈 것인가, 전근
대(Pre-Modern)에 머무를 것인가'의 문제인데 헤겔은 오직 '신(God)' '절대
정신(The Absolute Spirit, 神)'에만 치중하고 그것을 다시 '게르만 국가주의'
로 몰고 갔던 점이다.['신(이성)=게르만 국가주의']

* 위에서 헤겔이 '사물, 상태가 있을 뿐이고, 있기 때문에 있는 것일 뿐(the
thing, the fact, *is* ; and it *is* merely because it *is*.)'이라고 한 것은, 헤겔의
'과학적 존재(Scientific Being)' '과학적 탐구'에 '무시 일변도' '불변의 소신'의
토로(吐露) 그것이었다.
   그리고 헤겔은 이에 한 걸음 더 나아가, 소위 '존재(Being)=무(Nothing)'라는

31) G. W. F. Hegel(translated by J. B. Baillie), *The Phenomenology of Mind*, The Macmillan
Company, 1949, p.150 'Consciousness' ; 헤겔(임석진 역), 〈정신현상학〉, 한길사, 2005,
권1 pp.134~5 '의식'
32) I. Kant(translated by J. M. D. Meiklejohn), *The Critique of Pure Reason*, William
Benton, 1980, p.173 'the Ideal'
33) I. Kant(translated by J. M. D. Meiklejohn), *The Critique of Pure Reason*, William
Benton, 1980, p.179 'the Existence of God'

궤변(詭辯)의 '변증법'을 끝없이 펼쳤으니, 그것이 헤겔 철학의 전모(全貌)이다. (참조, ④-09. '존재'와 '무'는 동일한 것이다.)

③-21 '나(I)'와 '대상(object)'의 구분

"직접적 확신(Immediate certainty)이 진리를 내 것으로 장악하지 못하는 이유는 그의 진리가 보편적인 것인데도 의식은 개별 물로서의 '이것'을 포착하려고 하기 때문이다. 이에 반해 지각(Perception)은 자기에 대해서 존재하는 것을 보편적인 것(a universal)으로 받아들인다. 보편성이 지각의 원리가 되어 있으므로 그 속에 직접 구별되어 나타나는 두 요소인 자아(I)와 대상(object)도 또한 보편적인 것이다.

보편적이라는 원리는 우리(us)에게 의식적으로 발생한 것이므로 지각을 받아들이는 우리의 방식은 감각적 확신에서와 같은 표면상의 수용이 아니라 필연성을 따른 수용방식이다. 이 원리의 발생과 동시에 여기에서 떨어져 나오듯이 보이는 두 개의 요소가 성립되는데, 하나는 뭔가를 제시하고 지적하는 운동이며 다른 하나는 이 동일한 운동을 단일 물로 나타낸 것이다. 전자는 지각이고 후자는 대상이다."

> IMMEDIATE certainty does not make the truth its own, for its truth is something universal, whereas certainty wants to deal with the This. Perception, on the other hand, takes what exists for it to be a universal. Universality being its principle in general, its moments immediately distinguished within it are also universal; *I* is a universal, and the *object* is a universal. That principle has *arisen* and come into being for *us* who are tracing the course of experience; and our process of apprehending what perception is, therefore, is no longer a contingent series of acts of apprehension, as is the case with the apprehension of sense-certainty; it is a logically necessitated process. With the origination of the principle, both the moments, which as they appear merely fall apart as happenings, have at once together come into being: the one, the process of pointing out and indicating, the other the same process, but as a simple fact—the former the process of perceiving, the latter the object perceived.

〈'지각'34)〉

_____ →

* 칸트가 모든 '인간(成人)' 인식체계를 전제로 그의 〈순수이성비판〉을 제작했음에 대해, 헤겔은 '개인(헤겔 – 司祭意識)의 성취 과정'(시간 속에 변전 양상)을 기준으로 삼았다.
* 헤겔은 위에서 볼 수 있듯이 '나' '대상'을 구분하고 '진리' '직접 확신' '지각'이라는 용어를 사용하였다. **칸트의 '진리'는 '인식과 대상의 일치' 문제이고, 헤겔의 '진리'는 '절대정신(하나님)'이다.**

  그러므로 계몽주의자의자들의 '진리'는 '과학적 탐구'를 통해 계속 확장됨에 대해, 신학자 헤겔은 '진리'는 '절대정신(하나님)'이므로 그것을 믿고 그것 속에 '복종(자유)'하면 그것으로 끝이다.

③-22 '지각'이 본질적인 것이고 '대상'은 비본질적인 것이다.

  "대상(object)은 본질적으로 지각하는 운동과 동일한 운동을 하는데, 지각의 운동이 갖가지 요소를 전개하고 구별하는 것이라면 그 요소들이 하나로 집약되어 있는 것이 대상이다. 방관자로서 우리가 보기에는(For us tracing the processs) 원리가 되는 보편적인 것이야말로 지각의 본질이고(the universal is the essence of perception) 이러한 추상적 원리의 대극에 있는 두 요소, 즉 지각하는 것과 지각되는 것은 비본질적인 것이 되겠다. 그러나 실제로는 두 요소 자체가 보편적인 본질을 이루므로 모두가 본질적이라고 해야만 한다.

  그러나 사실에서는 두 요소가 서로 대립하는 것으로 관계하므로, 이 관계 속에서는 한쪽만이 본질적이어서 결국은 둘 사이에 한쪽만이 본질적이고 다른 한쪽은 비본질적이라는 구별이 생겨나게 마련이다. 즉 단일체로 규정되

---

34) G. W. F. Hegel(translated by J. B. Baillie), *The Phenomenology of Mind*, The Macmillan Company, 1949, p.162 'Perception' ; 헤겔(임석진 역), 〈정신현상학〉, 한길사, 2005, 권1 p.149 '지각'

는 대상 쪽이 본질을 이루며, 대상은 지각되고 안 되고에 상관없이 존재한다. 반면에 운동으로서의 지각은 있어도 되고 없어도 되는 부수적이며 비본질적인 존재이다."

> The object is in its essential nature the same as the process; the latter is the unfolding and distinguishing of the elements involved; the object is these same elements taken and held together as a single totality. *For us* (tracing the process) or in itself,[1] the universal, *qua* principle, is the essence of perception; and as against this abstraction, both the moments distinguished—that which perceives and that which is perceived—are what is non-essential. But in point of fact, because both are themselves the universal, or the essence, they are both essential: but since they are related as opposites, only one can in the relation (constituting perception) be the essential moment; and the distinction of essential and non-essential has to be shared between them. The one characterized as the simple fact, the object, is the essence, quite indifferent as to whether it is perceived or not: perceiving, on the other hand, being the process, is the insubstantial, the inconstant factor, which can be as well as not be, is the non-essential moment.

〈'지각'35)〉

————✈

* 헤겔은 계몽주의자 칸트의 '이성(Reason)'을 '하나님 자체' '하나님을 수용하는 정신'으로 전용하고 칸트의 '경험주의(感性論) 수용'을 뱀 보듯이 하였다.

* 즉 헤겔은 위에서 볼 수 있듯이 '지각(知覺, Perception)'과 '대상(對象, Object)'을 구분하고 '지각'은 본질적이고, '대상'은 비본질적인 것이라고 하였다. 이 헤겔의 전제는 칸트가 소위 '코페르니쿠스적 전환'이라는 "대상이 '우리의 인식'에 따라 규정되지 아니하면 안 된다(the objects must conform to our cognition)"36) 전제에 헤겔도 동의(同意)하고 있다는 사실을 명시하고 있다.

35) G. W. F. Hegel(translated by J. B. Baillie), *The Phenomenology of Mind*, The Macmillan Company, 1949, p.162~3 'Perception' ; 헤겔(임석진 역), 〈정신현상학〉, 한길사, 2005, 권1 p.150 '지각'

그러한 측면에서 칸트나 헤겔이나 소위 '관념주의(Idealism)철학자'로 불리고 있다.

그렇지만 <u>칸트와 헤겔의 근본적인 차이점은, 칸트는 인간의 '직관' '오성'을 기본 전제로 삼아 그 '직관(Intuition, 감성, 물자체-the things in themselves))' 를 '실체(Substance)'로 보았음에 대해, 헤겔은 '이성(절대 정신)'이 바로 '하나님'이고, 그것을 역시 '실체(substance)'로 생각하였다.</u> 그러므로 헤겔의 생각으로는 '천지 만물'이 '하나님'이 아닌 것이 없는 자신의 '하나님 광신주의(Fanaticism)'에 있었다. (참조, ②-14. '하나님(절대신)'이 '아들(만물, 자연물)'을 창조하셨다.)

그리고 여기에 거듭 명시해야 할 사항은, 칸트가 '인류 보편의 이성(정신) 긍정'이었음에 대해, 헤겔은 '절대자(신) 중심' '서구중심' '게르만 중심' '헤겔 중심'이라는 '속 좁은 종족주의(種族主義)'에 빠져 있었다는 점이다. (참조, ④-17. 인생 3 단계 : 개체, 부정, 유화(類化) ⑦-08. '배타(排他)적인' 유대 민족 (Jewish))

③-23 의식의 참다운 대상인 '무조건적 보편자'

"감각 체험의 변증법(the dialectic process of sense-experience)에서 듣고 보고 한다는 것이 의식에게 '덧없는 것'이 되었는데(pass away), 그 다음 지각의 경험을 거쳐나가는 와중에 '무조건적 보편자(the unconditioned universal)' 속에 통합된 갖가지 사상이 출현하기에 이르렀다. 이 무조건적 보편자 역시 여기서 또한 독자존재라는 한쪽 극에 자리 잡은 정지해 있는 단순한 본질로 출현할 구밖에 없고 여기에 반대 극을 이루는 비 본질 체가 대립하게 된다. 그런데 이처럼 비 본질과 관계하는 본질이란 그 자체가 비본질적이어서 의식은 지각이 저지르는 착각을 모면할 길이 없다. 이런 가운데

---

36) I. Kant(Translated by J. M. D. Meiklejohn), *The Critique of Pure Reason*, William Benton, 1980, p.7 'Preface to the Second Edition 1787' ; 칸트(윤성범 역), 순수이성비판, 을유문화사, 1969, p.36 '2판 서'

서도 본질은 비본질적인 것에 제약된 독자성을 탈피하여 자체 내로 복귀한다는 데 대해서는 이미 밝혀진 대로다."

CONSCIOUSNESS has found "seeing" and "hearing", etc., pass away in the dialectic process of sense-experience, and has, at the stage of perception, arrived at thoughts which, however, it brings together in the first instance in the unconditioned universal. This unconditioned element, again, if it were taken as inert essence bare and simple, would itself be nothing else than the one-sided extreme of self-existence (*Fürsichseyn*); for the non-essential would then stand over against it. But if thus related to the latter, it would be itself unessential, and consciousness would not have got disentangled from the deceptions of perception; whereas this universal has proved to be one which has passed out of such conditioned separate existence and returned into itself.

〈'힘과 오성'37)〉

———✈

* 위의 헤겔의 진술 속에 우선 주목을 요하는 사항이 '감각 체험의 변증법(the dialectic process of sense-experience)'이라는 용어이다. 이것은 역시 칸트가 〈순수이성비판〉에서 '물자체'를 전제했던 것을 헤겔 자신의 '변증법' 논리로 비판한 말이다.

물론 인간의 '물자체'에 대한 '인식(cognition)의 변전'도 멈출 수 없는 것이지만(예를 들어 '복통(腹痛)을 일으킨 음식'은 다시 먹지 않음 등), 그것은 스스로의 '생활의 불편의 해소(解消)'로 자연스런 인간 모두의 대응일 뿐이다.[꼭 '변증법'일 이유가 없음]

* 그런데 헤겔은 칸트의 '물자체' 이론에 절망[사실 헤겔 자신도 그러한 '사물에의 대응'하지 않고 생존할 수는 없음]하며 '절대 정신(하나님)'에의 귀의(歸

---

37) G. W. F. Hegel(translated by J. B. Baillie), *The Phenomenology of Mind*, The Macmillan Company, 1949, p.180 'Force and Understanding' ; 헤겔(임석진 역), 〈정신현상학〉, 한길사, 2005, 권1 p.169 '힘과 오성'

依)가 최고라고 하고 '세상만사(世上萬事)'를 '절대정신'으로 (편리한 변증법으로)통일해야 한다고 주장하였다.[하나님에로의 '통일' 해가는 과정으로 전제했음]

* 헤겔은 사상은 중세 이전의 '사제(司祭) 의식'인 '정신(Spirit)'을 반복한 것이 〈정신현상학〉이다. 거기에 '게르만 공동체(神國)' 이론에 '희생(자살) 정신' 예찬이 헤겔이 개척한 그 고유의 영역이다.

* 위에서 헤겔이 '무조건적 보편자(the unconditioned universal)'란 지각(知覺, Perception)의 단계에서 '이성(Reason)' 단계로 나가는 중간 단계에서 헤겔이 편의상 제시하고 용어이다. 칸트의 용어로 바꾸면 '표상(Representations)' 정도이다. 그러나 헤겔의 경우 '삼라만상(森羅萬象, 모든 개념)'은 하나님의 창조이므로 '신(神)의 형상'이 아닌 것이 없는 경우이다. (참조, ②-08. **만물은 '신(God)'에서 출발하고 '신'에게로 돌아간다.**)

③-24 '대상의 본질'을 아직 모른다.

"이제 의식의 참다운 대상은 '무조건적 보편자'가 되어 있지만 이것이 의식의 대상이라는 데는 변함이 없고, 의식은 아직 그의 진상을 개념 그 자체로 파악하는 데는 이르지 못하고 있다. 의식과 대상은 본질적으로 구별되어 있으니, 즉 의식이 파악하는 대상은 타자와의 관계를 벗어나 자체 내로 복귀해 있으므로 이 운동을 통하여 이미 개념의 단계에 들어서 있다고 하겠다. 그러나 의식의 경우는 아직도 자기 자신이 개념이라는 것을 자각하지 못하고 있으며, 따라서 자체 내로 복귀해 있는 대상을 앞에 놓고도 거기서 자기를 인지(認知)하지 못 한다.

방관자인 우리에게는 '무조건적 보편자'라는 대상이 생겨난 것은 의식의 운동에 힘입은 것이므로 대상의 생성에는 의식이 개제해 있고(this object arise through the process of consciousness), 의식의 대상에서의 자기복귀는 동일한 운동에 지나지 않는다는 것이 분명히 드러나 보인다. 그러나 이 운동 속에서 의식은 다만 대상적인 본질만을 내용으로 삼을 뿐 그 자신을 내용으

로 하고 있지는 않으므로, 무조건적 보편자가 생겨나게 된 결과도 대상적인
의미로 받아들여지면서 의식의 뒷전으로 밀려난 위치에 있다. 여기서 본질로
간주되는 것은 어디까지나 대상적인 것이어야만 하는 것이다."

> This unconditioned universal, which henceforward
> is the true object of consciousness, is still *object* of
> consciousness; consciousness has not yet grasped its
> principle, or notion, *qua* notion. There is an essential
> distinction between the two which must be drawn. On
> the one hand, consciousness is aware that the object
> has passed from its relation to an other back into itself,
> and thereby become inherently and implicitly (*an sich*)
> notion; but, on the other hand, consciousness is not
> yet the notion explicitly or *for* itself, and consequently
> it does not know itself in that reflected object. *We*
> (who are analysing experience) found this object arise
> through the process of consciousness in such a way
> that consciousness is implicated and involved in the
> development of the object, and the reflection is the
> same on both sides, i.e. there is only one reflection.
> But because in this movement consciousness had as its
> content merely the objective entity, and not conscious-
> ness as such, the result has to be given an objective
> significance *for consciousness*; consciousness, however,
> still withdrawing from what has arisen, so that the
> latter in objective form is the essential reality to
> consciousness.

〈'힘과 오성'38)〉

———✈

* 헤겔은 칸트가 전제한 "대상이 우리의 인식에 따라 규정되지 아니하면 안
  된다(the objects must conform to our cognition)"라는 전제는 환영하면서도
  칸트가 말렸던 '변증법' '신학'은 한 없이 변용해 발휘하며 칸트가 '신학'과
  '변증법'에 행했던 규정 '궤변' '가짜 논리학(통속 논리학)' '이상(理想, The

---

38) G. W. F. Hegel(translated by J. B. Baillie), *The Phenomenology of Mind*, The Macmillan
Company, 1949, pp.180~1 'Force and Understanding' ; 헤겔(임석진 역), 〈정신현상학〉,
한길사, 2005, 권1 pp.169~170 '힘과 오성'

Ideal)'이란 용어를 그 칸트에게 되돌려 주려하였다. (참조, ④-13. **칸트의 변증법은 궤변(詭辯)이다.**)

* 헤겔이 칸트 학습에 확보한 바는, '천지만물'이 '인간의 생각(Idea)에서 나온 것'이라는 전제이다.[이점은 역시 칸트의 功이자 최대 虛點임]

그러나 인식(Cognition) 설명 방법으로 칸트는 인간 '감성(직관, 물자체)'의 중요성을 견지(堅持)했음에 대해, 헤겔은 그 '감성(感性, Sensibility)'을 무시 극복의 대상으로 생각했다. 그리고 헤겔은 그것(감성)에 집착한 '칸트가 잘못 생각했다.'고 반복 비판하였다.['엉터리 헤겔 주장'의 根本(五感무시)임]

그러나 칸트의 '관념주의'는 '인간 보편의 자유'를 명시한 했던 '혁명의 계몽주의'에 나가 있었으나, 개신교 신학자 헤겔은 '절대정신(신)'주의를 바꿀 수 없었다. (참조, ⑥-31. **인간 '최대 자유 보장'론-I. 칸트**)

그러기에 칸트는 이미 그것(헤겔 유의 반발)까지를 내다보고, 마지막 '판별의 의무'를 개인 각자에 되돌려 놓았다. (참조, ④-25. **우리에게는 '시비(是非) 판정의 의무'가 있다.-I. 칸트**)

③-25 칸트와 헤겔의 근본적 차이점

"지금까지 의식이 확신한 바에 따르면 대상이 되는 진리는 의식과는 다른 어떤 것이었다. 그러나 진리를 경험하는 가운데서 이러한 진리의 개념은 사라져간다. 감각적인 확신이 획득하는 직접적인 존재나 지각이 알아내는 그 구체적인 사물 그리고 오성(understanding)이 파악해내는 힘은 대상 그 자체인 것으로 받아들였지만, 사실은 그렇게 있는 것은 아니고 그 자체로, 즉자적으로 있다는 것도 어디까지나 그것을 파악하는 타자, 즉 의식이 있음으로 해서 비로소 그렇게 있는 것이다. 그 자체로서의 대상이라는 개념이 현실의 대상에게는 무의미한 것이 되고, 대상이 경험 속에 본래대로 나타나서 의식이 그것을 확신한다는 그런 파악양식은 더 이상 의식이 경험하는 진실을 담아낼 수 없게 된다."

IN the kinds of certainty hitherto considered, the truth for consciousness is something other than consciousness itself. The conception, however, of this truth vanishes in the course of our experience of it. What the object immediately was *in itself*—whether mere being in sense-certainty, a concrete thing in perception, or force in the case of understanding—it turns out, in truth, not to be this really; but instead, this inherent nature (*Ansich*) proves to be a way in which it is for an other. The abstract conception of the object gives way before the actual concrete object, or the first immediate idea is cancelled in the course of experience. Mere certainty vanished in favour of the truth. There has now arisen, however, what was not established in the case of these previous relationships, viz. a certainty which is on a par with its truth, for the certainty is to itself its own object, and consciousness is to itself the truth.

〈'자기 확신의 진리'39)〉

_____→

* 위의 진술은 헤겔이 칸트의 소위 '감성의 참된 상관 자'라 전제한 '물자체(즉 자적 존재Being in itself)'를 헤겔 방식으로 비판 한 것이니, 가장 쉽게 말하여 칸트가 〈순수이성비판〉에서 전제한 사물의 인식 원리 '감성'과 '오성'을 체계를 근본에서 부정하는 주장이다. (참조, ②-34. **감성의 참된 상관 자는 '물자체(the thing in itself)'이다.-I. 칸트**)

여기에서는 그 경과를 다시 설명하기보다는 우리는 그들(칸트, 헤겔)의 전 저작(全 著作)의 결론으로 먼저 갈 볼 필요가 있다. 즉 '계몽주의자 칸트'와 '목사 헤겔'의 차이가 있을 뿐이다. 거듭 요약해 말하면 칸트의 '실체

39) G. W. F. Hegel(translated by J. B. Baillie), *The Phenomenology of Mind*, The Macmillan Company, 1949, p.218 'The Truth which Conscious Certainty of Self Realizes' ; 헤겔(임석진 역), 〈정신현상학〉, 한길사, 2005, 권1 p.209 '자기 확신의 진리'

(substance)'는 '직관(감성, 물자체)'이고 '진리'란 '인식과 대상의 일치'에 대해, **신학자 헤겔의 경우는 '실체'도 '진리'도 모두 다 '하나님(절대정신, 이성)'으로 그것을 떠나서 (헤겔은) '관심'도 '흥미'도 '저술'도 없었다.**

③-26 대상(Objects)과 개념(Conceptions)의 일치

"이제까지 의식에 확실한 진리란 의식 자체가 아닌 다른 것이었다. 그러나 우리의 체험의 경과 속에 사라지게 된다. 감각적 확신이 직접적인 지각이 알아내는 구체적인 사물 그리고 오성이 파악해 내는 대상 그 자체인 것으로 받아들여졌지만. 사실은 그렇게 있는 것이 아니고 그 자체로, 즉자(卽自)적으로 있다는 것도 어디까지나 그것을 파악하는 타자, 즉 의식이 있음으로 해서 그렇게 있는 것이다. 그 자체로서의 대상이라는 개념이 현실의 대상에게는 무의미한 것이고, 대상이 경험 속에 본래대로 나타나서 의식이 그것을 확신한다는 그런 파악양식은 더 이상 의식이 경험하는 진실을 담아낼 수 없게 된다.

그 대신에 등장하는 것이 지금까지는 성립된 일이 없는, 확신과 진리가 일치하는 사태이다. 확신 그 자체가 바로 이 확신하는 의식의 대상이 되고 의식 그 자체가 의식에게 그대로 진리가 되는 것이다. 물론 의식 속에는 의식 이외의 것도 안겨 있어서 의식은 구별활동을 하지만, 이 구별은 동시에 의식에게 구별이라고는 할 수 없는 그러한 구별이다.

만약에 우리가 지(知)의 운동을 '개념(conception)'이라 하고, 반대로 지를 취급하는 정지(靜止)해 있는 통일체인 자아(Ego)를 '대상(the object)'이라고 한다면 분명히 방관자인 우리에 대해서뿐만 아니라 지(知) 그 자체에게도 대상과 개념은 일치해 있다. 이번에는 또 다른 방식으로 대상이 그 자체대로 있는 것을 '개념(conception)'이라고 하고 대상이 타자에 대해서 있는 것을 '대상(the object)'이라고 한다면 분명히 그 자체로 있는 '즉자존재(what the object is in itself)'와 타자에 대해서 있는 '대타존재(what the object is *for an other*)'는 동일한 것이다. 왜냐하면 이때 '그 자체로 있는 것(the being in itself)'은 의식이며, 마찬가지로 그것에 자체에 맞서 있는 '타자존재(being for the other)'도 역시 의식(consciousness)이기 때문이다.

대상 그 자체로 있는 것과 타자에 대해서 있는 대상이 동일하다는 것이

의식에게 자각되면서, 이제는 자아가 자기의식이 빚어내는 관계의 내용이면서 동시에 관계 그 자체인 것이다. 자아가 자기에게 맞서 있는 타자에 대해서도 자아 그 자체이면서 동시에 바로 그와 맞서 있는 자기에게로 자리바꿈을 하지만, 이때 그 건너편에 있는 자기 역시 자아 그 자체이다."

In the kinds of certainty hitherto considered, the truth for consciousness is something other than consciousness itself. The conception, however, of this truth vanishes in the course of our experience of it. What the object immediately was *in itself*—whether mere being in sense-certainty, a concrete thing in perception, or force in the case of understanding—it turns out, in truth, not to be this really; but instead, this inherent nature (*Ansich*) proves to be a way in which it is for an other. The abstract conception of the object gives way before the actual concrete object, or the first immediate idea is cancelled in the course of experience. Mere certainty vanished in favour of the truth. There has now arisen, however, what was not established in the case of these previous relationships, viz. a certainty which is on a par with its truth, for the certainty is to itself its own object, and consciousness is to itself the truth. Otherness, no doubt, is also found there; consciousness, that is, makes a distinction; but what is distinguished is of such a kind that consciousness, at the same time, holds there is no distinction made. If we call the movement of knowledge conception, and knowledge, *qua* simple unity or Ego, the object, we see that not only for us [tracing the process], but likewise for knowledge itself, the object corresponds to the conception; or, if we put it in the other form and call conception what the object is in itself, while applying the term object to what the object is *qua* object, or *for an other*, it is clear that being "in-itself" and being "for an other" are here the same. For the inherent being (*Ansich*) is consciousness; yet it is still just as much that for which an other (viz. what is "in-itself") is. And it is *for* consciousness that the inherent nature (*Ansich*) of the object, and its "being for an other" *are* one and the same. Ego is the content of the relation, and itself the process of relating. It is Ego itself which is opposed to an other and, at the same time, reaches out beyond this other, which other is all the same taken to be only itself.

〈'자기 확신의 진리'40〉

* 위의 부분은 비교적 길게 인용이 되었으나, 세심한 주목을 요한다.

  즉 헤겔은 자신의 〈정신현상학(1807)〉을 출간할 때까지 아니 그의 평생토록 칸트의 〈순수이성비판(1781)〉에서 진정 무엇을 이야기했는지를 자세히 살피지 않고(또는 故意로 무시하고) 위의 진술을 행했기 때문이다.

* 헤겔은 위에서 칸트의 '물자체(物自體, the things in themselves)'라는 전제를, '즉자(卽自, being in itself)'로 용어를 바꾸었다. 그리고 그것(대상)을 생각하는 의식(意識, consciousness)을 '대자(對自, being for itself)'라는 용어로 대체해 놓고 '즉자(卽自, being in itself)'는 '개념'이므로 '대자(對自, being for itself)' 없이는 그 '개념'도 없으므로 '의식'이 중요하다는 이야기이다.

  <u>여기에서 헤겔은 신중하지 못 했으니, 칸트의 '물자체(the things in themselves)'는 하나의 가정(假定)으로 결코 '개념(conception, 표상)'일 수는 (영원히) 없다.</u> (참조, ②-34. 감성의 참된 상관 자는 '물자체(the thing in itself)'이다.-I. 칸트)

  즉 '모든 개념'은 '현상(표상- Representations)'에 관계하여 칸트의 '물자체(the things in themselves)'와는 (규정상)무관하다. 즉 '물자체'는 '현상(現象, Phenomenon, 표상)의 근거'로서 '가정(假定-전제)'일 뿐이다. 모든 인간의 경험적(과학적) 탐색은 '물자체'로의 근접일 뿐이니, 인간의 언어(개념)들은 '물자체'에 근거를 둔 '표상들(현상)'을 제공하고 있을 뿐이다.['물자체' 일 수 없음] (참조, ②-34. 감성의 참된 상관 자는 '물자체(the thing in itself)'이다.-I. 칸트)

* 여기에서 헤겔이 칸트를 잘못 읽은(故意 無視) 이유는, (그 칸트의 학습 수용보다 급한) '절대자(절대정신, 이성, 神)'에로의 '헤겔의 갈 길'은 이미

---

40) G. W. F. Hegel(translated by J. B. Baillie), *The Phenomenology of Mind*, The Macmillan Company, 1949, pp.218~9 'The Truth which Conscious Certainty of Self Realizes' ; 헤겔(임석진 역), 〈정신현상학〉, 한길사, 2005, 권1 pp.209~210 '자기 확신의 진리'

따로 정해져 있었기 때문이다. 즉 헤겔의 관심은 '삼라만상을 창조하신 하나님(절대정신)'에 이미 가 있고, 사물의 개별 대상(object)은 처음부터 관심이 없고 오히려 경멸(輕蔑)의 대상이었다. (참조, ②-03. 인생은 '가상(假像)'으로, 그 자체가 고통과 근심이다. ③-08. 이 세상은 '껍질(husk)'이다.)

* 그렇다면 헤겔이 당초 책 제목으로 제시했던 '현상(現象, Phenomenon)'이란 단어도 칸트에게서 빌려 온 것이나, 그 '근거(물자체)'를 망실(오해)한 명칭이므로 역시 (그 칸트의 의도 밖에 있는) 헤겔의 주관적(심정적) 진술들일 수밖에 없다.[헤겔의 경우, '정신'만 '현상'이고 '사물(자연)'은 가상(假像, Appearance)임] (참조, ③-42. '현상(現象)'과 '가상(假象)'을 서로 혼동을 해서는 안 된다.-I. 칸트)

③-27 '타자(他者)'는 '자기의식' 속에 소멸(消滅)한다.

"이러한 자기의식(self-consciousness)의 출현과 때를 같이하여 우리는 '진리의 본고장(the native land of truth)'으로 들어선다. 여기서 우선 자기의식이 어떤 형태를 띠고 나타나는가를 살펴봐야만 하겠다. 자기를 안다고 하는지(the knowledge of self)의 새로운 형태와 타자를 안다고 하는 앞서간 형태(the knowledge of an other)를 비교해볼 때 일단 타자라는 것이 소멸되어 있음을 알 수 있는데, 그러면서도 동시에 타자 속에 깃들어 있는 요소는 그대로 보존되어 있으므로 실제로 소멸된 것은 타자(他者, other)가 그 자체로 존재한다는 측면뿐이다.

감각적으로 사념된 '이것'이라는 존재가 지각의 대상인 개별성과 이에 대립되는 보편성 그리고 오성의 대상인 공허한 내면세계는 모두가 더 이상 의식의 본질을 이루는 것이 아니라 자기의식과 추상적으로 구별되는 요소로 존재하는 데 지나지 않으며, 더욱이 그 구별은 도저히 구별이라고는 할 수 없는 소멸되어버릴 무의미한 것으로 의식되어 있다. 그리하여 여기서 참으로 상실된 것이라면 대상이 의식에 대해서 단일하고 자립적인 대상으로 존립한다는, 이전 단계에서 받아들여졌던 이해방식일 뿐이다."

With self-consciousness, then, we have now passed into the native land of truth, into that kingdom where it is at home. We have to see how the form or attitude of self-consciousness in the first instance appears. When we consider this new form and type of knowledge, the knowledge of self, in its relation to that which preceded, namely, the knowledge of an other, we find, indeed, that this latter has vanished, but that its moments have, at the same time, been preserved; and the loss consists in this, that those moments are here present as they are implicitly, as they are in themselves. The being which "meaning" dealt with, particularity and the universality of perception opposed to it, as also the empty, inner region of understanding—these are no longer present as substantial elements (*Wesen*), but as moments of self-consciousness, i.e. as abstractions or differences, which are, at the same time, of no account for consciousness itself, or are not differences at all, and are purely vanishing entities (*Wesen*).

〈'자기 확신의 진리'41〉

———↛

* 헤겔은 '정신(spirit, Mind)' 강조로 '육체의 무시와 극복'을 지고(至高)한 목표로 삼았다. 이것은 그 '불교도(佛敎徒)' 모습과 동일하다.

  그렇지만 여기서도 헤겔의 말을 위해서 유념해야 할 사항은 '헤겔의 관심'이 삼위일체의 '성신(聖神)'과 연대된 '정신(Spirit, Mind)'과 '이성(Reason)' 논의만 있다는 사실이다.

* 그동안 '철학사가(哲學史家)'는 칸트와 헤겔은 함께 묶어 모두 '관념 철학자'라 분류하였으나, 칸트는 '계몽주의자'의 전통을 계승한 (인류 보편의) '자유주의'자이고, 헤겔은 수구 보수 신학자로서 그 '계몽주의'에의 반대를 명백히 했던 사람이다.

---

41) G. W. F. Hegel(translated by J. B. Baillie), *The Phenomenology of Mind*, The Macmillan Company, 1949, pp.219 'The Truth which Conscious Certainty of Self Realizes' ; 헤겔 (임석진 역), 〈정신현상학〉, 한길사, 2005, 권1 pp.210~1 '자기 확신의 진리'

더구나 헤겔이 그 〈법철학(1820)〉에서 구체화 했던 '게르만 국가주의' '희생 정신' 문제는 아우구스티누스(A, Augustinus, 354~430) 〈神國(*The City of God*, 426)〉 이론을 게르만 사회에 적용한 것으로 헤겔의 신학도로서의 면목 을 더욱 확실하게 입증을 해 주고 있다. (참조, ⑥-35. **공동체(共同體) 안에 희생(犧牲)-A. 아우구스티누스**)

* 위의 헤겔 발언에서 '자기의식(self-consciousness)의 출현'에서 소멸된다는 '타자를 앎(the knowledge of an other)'의 그 '타자(他者, other)'에 '스스로의 육체'는 '자기'인지 '타자'인지의 구분도 명시되지 않았다.[헤겔의 전체 주장 으로 미루어 보면 '(헤겔의)육체'는 분명 '헤겔 자기'가 **아니다**.]
  즉 헤겔이 문제 삼고 있는 '정신'의 요소인 '의식'에, 마지막까지 따라다니는 것이 그 '정신(의식)'을 담고 있는 '육체(Body, 실존)'인데, 헤겔이 '자기의식' 에서 소멸한다는 그 '타자' 속에 '자기 육체'가 제외될 경우는 (사실상) 거짓(自己欺瞞)이며, 그것(육체)이 포함될 때는 모두 '거짓(誤謬, 모순) 진술'이 된다. 다시 말하면 '사유(思惟)주체' 논의에서 '육체'의 문제는 그 '의식' 이전에 존재하였고, 의식이 생길 때도 끈임 없이 의식에 개입하고 (질병의 경우에는) 의식을 지배하기 때문이다.[S. 프로이트의 '무의식(無意 識, unconscious)' 문제는 '육체 중심'론임]
* 그래서 헤겔과 거의 동시대인 A. 쇼펜하우어(A. Schopenhauer, 1788~1860) 는, 〈의식과 표상으로서의 세계(*The World as Will and Representation*) (1818)〉에서 "단지 내 앞에 '표상(representation)'으로만 존재하고 있는 세계 의 의미를 탐구하는 일이나 그 '표상'을 젖혀 놓고 그 인식 주체(the knowing subject)의 단순한 표상으로부터 다른 곳으로 옮겨 가는 일은, **실제로 '탐구자 (investigator, 철학자)' 자신이 순수하게 인식만의 주체(the purely knowing subject, 몸은 없이 날개만 가진 천사의 머리)라고 전제한 것으로, 사실상 불가 능한 일이다.**"[42]라고 하여 '실존(육체)'의 중요성을 최초로 명시하였다.[이는 칸트를 비판한 것이 아니라 헤겔〈정신현상학〉에 초점이 맞춰진 것임] (참조,

④-24. 로크(Locke)와 칸트(Kant)의 분기점(分岐點)-I. 칸트)
* 헤겔의 〈정신현상학(1807)〉에 '관념(의식)주의'는, 11년 후 쇼펜하우어에 의해
사실상 사실상 그 허위가 간단하게 입증이 되게 된다.

③-28 '주인'은 하나님이고, '노예'는 인간이다.

"주인(主人)은 자주 자립적인 의식으로서, 단지 개념상으로만 그런 존재라는 데 그치는 것이 아니라 사물의 형태를 띤 자립적인 존재와 한데 묶여 있는 타자의 의식과 매개된 가운데 자립적으로 존재하는 의식이다. 주인은 욕망의 대상인 사물 그 자체와 물성을 본질적으로 여기는 의식이라는 두 개의 요소와 관계한다. 이때 주인으로서의 자기의식은 (a)독자적으로 직접 상대방과 관계하는 측면과 (b)타자를 통하여 비로소 자립적일 수 있는 매개의 측면을 지니는 것과 함께, (a)위의 두 측면과 직접 관계하는 경우와 (b)어느 한쪽을 매개로 하여 타자와 관계하는 경우가 있다.

우선 주인은 사물이라는 자립적인 존재를 매개로 하여 노예와 관계한다. 노예는 바로 사물에 속박되어 있다. 노예는 생사를 건 싸움에서 사물에 의한 속박에서 벗어날 수 없고, 따라서 물성을 띠지 않고는 자립할 수 없는 종속적인 모습을 드러낸 바 있다. 이에 반하여 주인은 싸움을 치르는 가운데 사물의 존재란 소극적인 의미밖에 지나지 않는다는 것을 입증함으로써 사물에 대한 지배력을 확립하였다. 주인의 지배 아래 있는 사물은 주인에 대치하는 노예를 지배하는 힘을 지니는 까닭에 이 지배적인 힘의 사슬 속에서 주인은 노예를 자기에게 종속시키는 것이다.

그런가 하면 또 주인은 노예를 매개로 하여 사물과 관계한다. 노예로서도 자기의식을 갖고 있으므로 사물에 부정적인 힘을 가하여 사물을 없애버리려 한다. 그러나 동시에 사물은 노예에 대하여 자립적인 존재이므로 노예가 부정적인 힘을 가한다고 해도 사물을 아예 폐기해버릴 수는 없고 사물을 가공하는 데 그친다. 이에 반하여 노예를 통하여 사물에 관계하는 주인은 사물을 여지

---

42) A. Schopenhauer(translated by J. F. J. Payne), *The World as Will and Representation*, Dover Publications, 1969, p.99

없이 부정할 수 있으므로 주인은 마음껏 사물을 향유한다.

　이로써 욕망의 의식으로서는 이루지 못했던 것, <u>사물을 마음 내키는 대로</u>
<u>처리하고 소비하는 가운데 만족을 누리는 일</u>을 주인은 해낼 수 있게 된다.
결국 사물의 자립성으로 인하여 욕망의 의식에게 그러한 결과가 성취되지
못하던 참에 주인은 사물과 자기 사이에 노예를 개재시킴으로써 사물의 비
자립성을 미끼로 하여 사물을 고스란히 향유한다. 이 때 사물의 자립성이라
는 측면은 노예에게 위임되고 노예는 이를 가공하는 것이다."

The master is the consciousness that exists *for itself*;
but no longer merely the general notion of existence for
self. Rather, it is a consciousness existing on its own
account which is mediated with itself through an other
consciousness, i.e. through an other whose very nature
implies that it is bound up with an independent being
or with thinghood in general. The master brings himself
into relation to both these moments, to a thing as such,
the object of desire, and to the consciousness whose
essential character is thinghood. And since the master,
is (*a*) *qua* notion of self-consciousness, an immediate
relation of self-existence, but (*b*) is now moreover at
the same time mediation, or a being-for-self which is
for itself only through an other—he [the master] stands
in relation (*a*) immediately to both (*b*) mediately to
each through the other. The master relates himself to
the bondsman mediately through independent existence,
for that is precisely what keeps the bondsman in
thrall; it is his chain, from which he could not in the
struggle get away, and for that reason he proved him-
self to be dependent, to have his independence in the
shape of thinghood. The master, however, is the power
controlling this state of existence, for he has shown in
the struggle that he holds it to be merely something
negative. Since he is the power dominating existence,
while this existence again is the power controlling the
other [the bondsman], the master holds, *par consequence*,
this other in subordination. In the same way the
master relates himself to the thing mediately through
the bondsman. The bondsman being a self-conscious-
ness in the broad sense, also takes up a negative attitude
to things and cancels them; but the thing is, at the
same time, independent for him, and, in consequence,
he cannot, with all his negating, get so far as to annihi-
late it outright and be done with it; that is to say, he

190

merely works on it. To the master, on the other hand, by means of this mediating process, belongs the immediate relation, in the sense of the pure negation of it, in other words he gets the enjoyment. What mere desire did not attain, he now succeeds in attaining, viz. to have done with the thing, and find satisfaction in enjoyment. Desire alone did not get the length of this, because of the independence of the thing. The master, however, who has interposed the bondsman between it and himself, thereby relates himself merely to the dependence of the thing, and enjoys it without qualification and without reserve. The aspect of its independence he leaves to the bondsman, who labours upon it.

〈'이성의 확신과 진리'[43]〉

———✦

* 헤겔의 〈정신현상학〉에서 '주인(Master)' '노예(Bondman)' 문제의 출현은 약간 엉뚱하다. 그러나 헤겔의 주장이 항상 그 자신의 '주관(정신)적 문제'와 '사회(객관)적 문제'가 연동되어 있음을 감안하면 '육체(노예) 무시의 헤겔'에게 ('주인' '노예') 논의는 불가피한 영역이다. (참조, ⑥-12. 각 개인은 '시대의 아들'이다.)

* 위의 '주인(Master)' '노예(Bondman)' 문제는 〈성경〉에 나온 모든 '주인' '노예' 문제를 포괄한 전제로 쉽게 그 개념을 명시할 수 없지만, 헤겔의 관심은 '절대정신(여호와, 세계정신)'과 '그를 받드는 하인(a servant of the Lord)'의 문제로 다른 우회로(迂廻路)를 거쳐야 할 하등의 이유는 없다.

그래서 위의 진술은 역시 '헤겔 신학(神學)'의 전모(全貌)를 담고 있다.

헤겔은 위에서 '하나님=주인(Master)' '인간=종(Bondman)'이란 단순한 기독교식 전제를, 세속적인 인간 '주종(主從)'의 관계로 설명하며, 그것도 '정신(성령,

43) G. W. F. Hegel(translated by J. B. Baillie), *The Phenomenology of Mind*, The Macmillan Company, 1949, pp.234~6 'The Truth which Conscious Certainty of Self Realizes'; 헤겔(임석진 역), 〈정신현상학〉, 한길사, 2005, 권1 pp.228~9 '자기 확신의 진리'

마음) 현상(現象, phenomenon)'으로 논했으니, 그것이 헤겔의 포기할 수 없었던 '절대정신(여호와) 중심'의 헤겔 식 '삼위일체'의 공개에 해당한다. (참조, ②-14. '하나님(절대신)'이 '아들(만물, 자연물)'을 창조하셨다.)

* 칸트는 인간 각자의 '순수이성'을 최고의 위치에 두었는데, 헤겔은 타고난 '하나님(절대정신, 주인)의 종'인 헤겔은 육신을 지닌 인간(예수, 헤겔, 주님의 종)으로서 그 '삼위일체'의 체계를 이탈해서는 생각이 불가능하였다. 헤겔은 기본적으로 '하나님(정신)은 주인'이고 '인간(육체)은 종'이란 헤겔의 전제를 제외하면, 헤겔은 그의 생각을 전개할 다른 방법은 없다.

헤겔의 '주인(Master)' '종(Bondman)' '노동(Labour)' 문제를 그의 '가짜 논리학' '변증법(Dialectic)'으로 제시하면 다음과 같다.

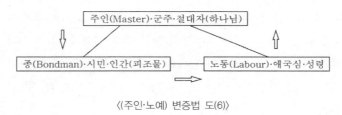

《〈주인·노예〉 변증법 도(6)》

헤겔의 생각은 오직 '절대정신(여호와)'와 '삼위일체(자신의 개념)'뿐인 '주님의 종(a Servant of The Lord)' '노예 철학도(The Philosopher of Bondman)'이다. (참조, ③-43. '주인' '노예' '봉사'-A. 아우구스티누스 ⑥-25. '군주(君主)'는 '총체성' 자체이다.)

③-29 '주인(하나님)'과 '노예(인간)'의 관계

　　"위의 두 관계 속에서 주인은 노예에게 그의 존재를 인정받는다. 두 관계 가운데 어느 경우에도 노예는 비본질적인 존재로서, 한편으로는 사물을 가공해야만 하고 다른 한편으로는 특정한 물건에 종속될 수밖에 없다. 요컨대 노예로서는 그 어느 경우에도 사물을 지배하고 이를 절대적으로 부정할 수 없는 것이다. 따라서 주인 쪽에서 보면 노예라는 타자의 의식이 스스로의 자립성을 포기하고 주인인 자기가 상대방인 노예에게 할 일을 노예 자신이 행한다는 의미에서 인정의 관계가 성립되어 있다. 그런가 하면 또 노예가 행하는 것은 본래는 주인이 행해야 하는 것이므로 노예의 행위는 곧 주인 그 자신의 행위라는 의미에서도 인정관계가 성립되어 있다."

> In these two moments, the master gets his recognition through an other consciousness, for in them the latter affirms itself as unessential, both by working upon the thing, and, on the other hand, by the fact of being dependent on a determinate existence; in neither case can this other get the mastery over existence, and succeed in absolutely negating it. We have thus here this moment of recognition, viz. that the other consciousness cancels itself as self-existent, and, *ipso facto*, itself does what the first does to it. In the same way we have the other moment, that this action on the part of the second is the action proper of the first; for what is done by the bondsman is properly an action on the part of the master. The latter exists only for himself, that is his essential nature; he is the negative power without qualification, a power to which the thing is naught. And he is thus the absolutely essential act in this situation, while the bondsman is not so, he is an unessential activity. But for recognition proper there is needed the moment that what the master does to the other he should also do to himself, and what the bondsman does to himself, he should do to the other also. On that account a form of recognition has arisen that is one-sided and unequal.

〈'이성의 확신과 진리'44)〉

---

44) G. W. F. Hegel(translated by J. B. Baillie), *The Phenomenology of Mind*, The Macmillan Company, 1949, p.236 'The Truth which Conscious Certainty of Self Realizes' ; 헤겔(임석진 역), 〈정신현상학〉, 한길사, 2005, 권1 p.229 '자기 확신의 진리'

_____✈

* 위의 진술에서 역시 주목해야 할 사항은, '주인이 해야 할 일'은 '노예가 해야 할 일'이란 헤겔의 비유이다. **이로써 타고난 '주님의 종(a servant of the Lord)' 헤겔이 그토록 강조한 '자유'가 '신(윤리 도덕)에의 복종'으로 뒤바뀌게 되었는지 그 이유를 다 알 수 있게 된다.** 목사 헤겔은 '신(절대정신)'이 좋아할 일, 신이 행해야 할 일을 대신행하는 최고의 기쁨이고 영광이므로 그것이 바로 '종(예수, 헤겔)의 존재 의미' 자체이기 때문이다. (참조, ⑥-30. '보편적이고 객관적인 의지'가 '자유의지'이다. ⑦-10. '보편 의지'로서의 '자유 (윤리) 의지')

* 이 주장에서도 근본 문제점은, 단지 '종교(기독교)' 상의 '사제(司祭)'에 국한 문제를 '현존하는 하나님(게르만 군주)'로 변용시켜 당연시하고 '현실적(이성적)'으로 '희생(자기파괴)'을 최고의 미덕으로 예찬을 했다는 점이다. (참조, ⑥-35. 공동체(共同體) 안에 희생(犧牲)-A. 아우구스티누스 ⑥-13. 현재는 '장미'이며 '십자가'이다.)

③-30 '노예(인간)'에게 노동이 갖는 의미

　　"이에 반하여 노동의 경우는 욕망을 억제함으로써 사물이 탕진되고 소멸되는 데까지 밀어붙이지 않고 사물의 형성으로 나아간다. 여기서 대상에 대한 부정적인 관계란 대상의 형식을 다듬어가며 그의 존재를 보존하는 쪽으로 나아간다. 왜냐하면 노동하는 노예에게 대상은 어디까지나 자립성을 띤 것이기 때문이다. 사물을 부전하는 가운데 형식을 다듬어가는 행위라는 이 매개적인 중심은 동시에 의식은 개별성 또는 순수한 독자성이 발현되는 장(場)이기도 한데, 결국 의식은 노동하는 가운데 자기 외부에 있는 지속적인 터전으로 나가는 것이다. 이렇게 해서 노동하는 의식은 사물의 자립성을 곧 자기 자신의 자립성으로 직관하기에 이른다.
　　그러나 사물의 형성은 봉사하는 의식의 순수한 독자성이 존재하는 모습을 띤다는 긍정적인 의의를 지닐 뿐만 아니라 공포라고 하는 첫째가는 요소를 불식시키는 부정적 작용도 하게 마련이다. 왜냐하면 봉사하는 의식이 사물을 형성하는 데 따른 그의 자립적인 부정성은 당면해 있는 사물의 형식을 타파하는 과정을 거쳐서 대상화되지만, 이 부정되는 대상이야말로 노예로 하여금 공포에 떨게 했던 그 낯선 외적인 힘이기 때문이다.

이제야 노예는 이 낯선 부정적인 힘을 파괴하여 스스로가 부정의 힘을 지닌 것으로서 지속적인 터전에 자리를 차지하여 독자존재로서의 자각을 지닌다. 주인에게 봉사할 때 독자적인 존재는 타자로서 자기와 맞서 있다. 말하자면 주인에 대한 공포 속에서 스스로 독자적인 존재임이 몸소 깨우쳐지는 것이다. 사물을 형성하는 가운데 스스로가 독자적 존재라는 것을 깨우치면서 마침내 그는 완전무결한 독자존재임을 의식하기에 이른다. 사물의 형식은 외면에 자리 잡기 마련이지만, 그렇다고 이것이 의식과 별개의 것은 아니며, 오직 형식만이 봉사하는 의식의 순수한 독자성을 갖춘 진리의 모습이다. 그리하여 의식은 타율적으로밖에는 느껴지지 않은 노동 속에서 오히려 자력으로 자기를 재발견하는 주체적인 의미를 이끌어 내는 것이다."

. Labour, on the other hand, is desire restrained and checked, evanescence delayed and postponed; in other words, labour shapes and fashions the thing. The negative relation to the object passes into the *form* of the object, into something that is permanent and remains; because it is just for the labourer that the object has independence. This negative mediating agency, this activity giving shape and form, is at the same time the individual existence, the pure self-existence of that consciousness, which now in the work it does is externalized and passes into the condition of permanence. The consciousness that toils and serves accordingly attains by this means the direct apprehension of that independent being as its self.

But again, shaping or forming the object has not only the positive significance that the bondsman becomes thereby aware of himself as factually and objectively self-existent; this type of consciousness has also a negative import, in contrast with its first moment, the element of fear. For in shaping the thing it only becomes aware of its own proper negativity, its existence on its own account, as an object, through the fact that it cancels the actual form confronting it. But this objective negative element is precisely the alien, external reality, before which it trembled. Now, however, it destroys this extraneous alien negative, affirms and sets itself up as a negative in the element of permanence, and thereby becomes for itself a self-existent being. In the master, the bondsman feels self-existence to be something external, an objective fact; in fear self-existence is present within himself; in fashioning the thing, self-existence comes to be felt explicitly as his own proper being, and he attains the consciousness that he himself exists in its own right and on its own account (*an und für sich*). By the fact that the form is objectified, it does not become something other than the consciousness moulding the thing through work; for just that form is his pure self-existence, which therein becomes truly realized. Thus precisely in labour where there seemed to be merely some outsider's mind and ideas involved, the bondsman becomes aware, through this re-discovery of himself by himself, of having and being a "mind of his own".

〈'이성의 확신과 진리'45)〉

————→

* 헤겔의 말은 그의 '전체' 속에 살펴야 그 '주지(主旨)'가 명시됨이 특징인데, 헤겔의 '노동'의 문제는 '주님의 종'으로써 '노력 봉사'의 의미이다. 그러므로 위의 헤겔의 말은, 모든 '인간(노예)의 노동' 의미를 다 설명한 셈이다. 그러므로 여기에서 가장 유념해야 할 사실은 **헤겔의 '주인(하나님) 중심 사고'** **이고 '외적 사물(자연 사물)'을 '형식'으로 접어둔 헤겔의 '사고(思考) 원리'**이다. 헤겔의 생각으로는 '만물은 하나님의 주관(창조물)'이시고, 인간도 '하나님 에게의 봉사'에 그 궁극의 의미가 있다는 (루터처럼)오직 '성경 말씀'에 의해 위와 해설을 행하고 있기 때문이다.

45) G. W. F. Hegel(translated by J. B. Baillie), *The Phenomenology of Mind*, The Macmillan Company, 1949, pp.238~9 'The Truth which Conscious Certainty of Self Realizes'; 헤겔(임석진 역), 〈정신현상학〉, 한길사, 2005, 권1 pp.232~3 '자기 확신의 진리'

이에 A. 히틀러(A. Hitler, 1889~1945) 집권 시(1933.5.27.)에, M. 하이데거
(M. Heidegger, 1889~1976)가 '봉사 정신'을 외쳤던 것은 유념할 만한 사건
이었다. (참조, ⑨-01. 독일 중심의 〈미학〉)

* 그러한 서구(西歐)식 기독교 주의에서, 화가 장 프랑수아 밀레(J. F. Millet,
1814~1875)는 '저녁 종(Angelus)' 그림을 제작하였다.
그런데 초현실주의(Surrealism) 화가 S. 달리(S. Dali, 1904~1989)는, 그 밀레
의 작품에 대해, "(기도하는)풍속의 농부들은, 엄격하고 잔인한 도덕적 압박
속에 어김없는 구속 상태에 길들여져 있는 것이다.(the customs of the
peasants, under the restrictive constraint of morality, reduce them to a
state of veritable captivity.)"[46]라고 비판하고, 밀레의 '저녁 종' 그림을 변용
하여, '밀레 저녁 종의 고고학적 추억(1933~5)'이란 작품을 제작하였다.

〈'저녁 종(1857~9)', '밀레 저녁 종의 고고학적 추억(1933~5)'[47]〉

S. 달리는 우선 그 제목 '고고학적 추억(Archaeological Reminiscence)'에서
부터 주제가 명시되었으니, 마땅히 '폐기 처분 해야 할 유산'이라는 주장이다.
헤겔은 '개신교도'로서 '살아 역사하는 하나님'을 주장을 계속했지만, 볼테르
말처럼 '변화하는 시대와 인간들 속에 일치(一致)란 없다.'[48]

46) D. Ades, *Dali and Surrealism*, Harper & Row, 1982, p.143
47) R. Descharnes, *Salvador Dali; The Work The Man*, Harry N Abrams, 1989, p.191
    'Archaeological Reminiscence of Millet's Angelus(1933~35)'
48) Voltaire, *The Best Known Works of Voltaire*, The Book League, 1940, pp.479~480

③-31 '의식'은 그 자체가 '절대적인 존재'이다.

"의식은 개별 의식 그 자체가 절대적 존재라는 사상을 머금고 자체 내로 복귀한다. 불행한 의식(the unhappy consciousness)으로서는 본원적 즉자적 존재(the objective extreme, its self-existence)는 자기 피안에 있다고 했지만, 의식의 운동 속에서 개별 존재가 완전히 전개, 발양되어 현실 인식인 개별자가 자기 자신을 부정하고 자기 외면으로 나와서 반대의 극에 자리 잡음으로써 기어이 독자적인 존재를 획득하기에 이른 것이다. 이렇게 되면 역시 의식에게도 대상 세계 전체와의 통일이 자각되면서 개별자가 극복되고 보편자와 맞닿게 되었으니, 제3자인 우리가 보기에는 통일은 더 이상 개별 의식의 외면에 있는 것이 아니라 자기를 부정하는 가운데 자기를 유지한다는 의식 그 자체를 그의 본질로 삼게 되는 셈이다.

여기에서 의식의 참모습은 두 개의 극이 절대적 대립자로서 등장하는 추리적 연결 속에 양극(兩極)을 매개하는 중간 항으로 나타난다. 이 매개적인 중심은 '불변의 의식(신)'에 대해서는 개별 의식이 스스로를 방기했다고 언명하고 개별 의식에 대해서는 불변자가 더 이상 반대 극에 있는 것은 아니라 개별자와 화해했다고 언명한다. 이 매개하는 중심이야말로 양극을 직접 알고 이들을 관계시키는 통일체로서, 이러한 통일을 의식에게, 따라서 자기 자신에게도 언명함으로써 불변자와 개별자의 통일이 의식될 때 의식은 일체의 진리가 자기에게 안겨 있음을 확신하는 것이다.

자기의식이 이성으로 고양되는 것과 함께 이제껏 의식이 지녀왔던 타자존재와의 부정적인 관계는 긍정적인 관계로 전화한다. 지금까지 의식은 다만 자기의 자립성과 자유에만 관심을 둔 채 자기의 존재를 부정하는 듯이 보이는 세계와 자기의 신체를 희생해 가면서 자기 자신을 구하려고 애써 왔다. 그러나 자기 자신을 이성으로서 확신하게 된 의식은 이제 세계나 자기 신변에 대해서도 평정을 유지하며 이를 감내할 수 있게 되었다. 왜냐하면 이성적인 의식은 자기 자신이 실재한다는 것을, 다시 말하면 일체의 현실(all concrete actuality)이 이성 이외의 다른 어떤 것도 아니라는 것을 확신하고 있기 때문이다. 이제 자기의 사유가 직접 그대로 현실이 되면서 의식은 곧

'Of the Egyptian Rites' − 'the times and men which have changed ; there never was any agreement.'

198

관념론의 입장에서 현실과 관계하기에 이르는 것이다."

WITH the thought which consciousness has laid hold of, that the individual consciousness is inherently absolute reality, consciousness turns back into itself. In the case of the unhappy consciousness, the inherent and essential reality is a "beyond" remote from itself. But the process of its own activity has in its case brought out the truth that individuality, when completely developed, individuality which is a concrete actual mode of consciousness, is made the negative of itself, i.e. the objective extreme;—in other words, has forced it to make explicit its self-existence, and turned this into an objective fact. In this process it has itself become aware, too, of its unity with the universal, a unity which, seeing that the individual when sublated is the universal, is no longer looked on 'by us as falling outside it, and which, since consciousness maintains itself in this its negative condition, is inherently in it as such its very essence. Its truth is what appears in the process of synthesis— where the extremes were seen to be absolutely held apart—as the middle term, proclaiming to the unchangeable consciousness that the isolated individual has renounced itself, and to the individual consciousness that the unchangeable consciousness is no longer for it an extreme, but is one with it and reconciled to it. This mediating term is the unity directly aware of both, and relating them to one another; and the consciousness of their unity, which it proclaims to consciousness and thereby to itself, is the certainty and assurance of being all truth.

From the fact that self-consciousness is Reason, its hitherto negative attitude towards otherness turns round into a positive attitude. So far it has been concerned merely with its independence and freedom; it has sought to save and keep itself for itself at the expense of the world or its own actuality, both of which appeared to it to involve the denial of its own essential nature. But qua reason, assured of itself, it is at peace so far as they are concerned, and is able to endure them; for it is certain its self is reality, certain that all concrete actuality is nothing else but it. Its thought is itself eo ipso concrete reality; its attitude towards the latter is thus that of Idealism.

〈'이성의 자기 확신과 진리'49)〉

49) G. W. F. Hegel(translated by J. B. Baillie), *The Phenomenology of Mind*, The Macmillan

_____✈

* 위에서 헤겔이 전제한 말－'불행한 의식(the unhappy consciousness)으로
서는 본원적 즉자적 존재(the objective extreme, its self-existence)는 자기
피안(彼岸)에 있다고 했다.'란, 칸트가 〈순수이성비판〉에 '감성(직관, 표상,
물자체)'를 '실체(substance)'로 전제했던 것에 대한 헤겔 식 비판이다. (참조,
②-34. **감성의 참된 상관 자는 '물자체(the thing in itself)'이다.-I. 칸트)**
그러므로 '불행한 의식(the unhappy consciousness)'이란, 헤겔의 '무신론
(無神論)자 칸트'를 조롱한 말이지만, 그것은 '하나님의 종' 의식에 편안을
찾은 헤겔의 '상상'일 뿐이다.
헤겔은 그야말로 '세계인의 개신교도화'와 나아가 '게르만 중심주의' '헤겔
중심주의'에 그 '광신주의'를 발동을 예고하는 현장이다. (참조, ⑧-25. **칸트
의 불쌍한 '이율배반(Antinomies)'**)

* 앞서 이미 밝혔듯이 헤겔의 '절대정신(여호와) 취향(趣向)'은 도(度)를 넘어,
계몽주의 '인간 이성 중심'에 머물고 있는 칸트를 '불행한 의식'이라고 했으
니, 이에 역시 그 '불행하지 않는 헤겔 의식'을 반드시 확인해야 한다.
단도직입(單刀直入)적으로 '육신(자연 대상)'은 세상 '고민'의 원천이므로 '불
행하지 않는 헤겔 의식'이란 '희생(sacrifice) 감수(甘受) 의식', '자기파괴 의
식' '자살 충동의 실현'으로 '빠른 인생의 마감'이 가장 확실한 길이다. (참조,
⑤-13. **'자살(自殺)'의 긍정 ⑥-13. 현재는 '장미'이며 '십자가'이다. ⑨-23. '자기
파괴'가 '영원한 정의(正義)'이고 인간 본성이다.)**

Company, 1949, pp.272~3 'Reason's certainty and reason's truth' ; 헤겔(임석진 역),
〈정신현상학〉, 한길사, 2005, 권1 pp.267~8 '이성의 확신과 진리'

③-32 '이성(理性)'에 의해 창조된 세계

"(절대적 존재가 된 의식으로) 이렇게 자기를 파악하게 될 때, 이성적 의식에게 세계는 이제 바야흐로 생겨나기라도 하는 듯이 여겨진다. 지금까지 의식은 세계를 이해한 것이 아니라 이를 욕망이나 가공의 대상으로 삼은 채 거기에서 빠져나와 자체 내로 복귀하고는 자기 나름으로 세계의 존재를 말살하는 동시에 세계를 본질로 여기는 의식이나 세계를 무의미하다고 보는 그런 의식마저도 말살하였다.

그러나 진리로 섬겨오던 묘가 사라지고 의식이 몸담아온 현실을 말살하려는 시도 자체가 말살되면서 개별 의식 그 자체가 절대적 존재임이 의식되기에 이른 이상, 이제 세계는 의식이 삼투된 새로운 현실 세계로서 재발견되고 이전에는 그의 소멸에만 관심이 쏠렸던 세계가

존속상태에서도 관심의 표적이 된다. 왜냐하면 세계가 존립해 있다는 것이 곧 의식이 그의 진리를 현재 손에 넣고 있다는 것에 다름 아닐뿐더러 의식은 이제 세계 속에 바로 이성으로서의 자기가 경험되고 있음을 확신하고 있는 것이다.

이성이란 곧 '온갖 실재이다'라는 의식의 확신이다."

> To it, looking at itself in this way, it seems as if now, for the first time, the world had come into being. Formerly, it did not understand the world, it desired the world and worked upon it; then withdrew itself from it and retired into itself, abolished the world so far as itself was concerned, and abolished itself *qua* consciousness —both the consciousness of that world as essentially real, as well as the consciousness of its nothingness and unreality. Here, for the first time, after the grave of its truth is lost, after the annihilation of its concrete actuality is itself done away with, and the individuality of consciousness is seen to be in itself absolute reality, it discovers the world as its own new and real world, which in its permanence possesses an interest for it, just as previously the interest lay only in its transitoriness. The subsistence of the world is taken to mean the actual presence of its own truth; it is certain of finding only itself there.
>
> Reason is the conscious certainty of being all reality.

⟨'이성의 확신과 진리'50)⟩

_____✈

* 이 대목은 역시 '이성=하나님(절대신)' 공식을 명시하는 부분으로, 개신교도 헤겔의 '이성(하나님)' 설명에 해당하지만, 역시 헤겔식 '이성' '창조자(하나님)'의 논리이므로 헤겔에게 그 궁극의 책임 소재는 있다.[헤겔의 5대 거짓말 중 3번째, '헤겔의 이성=하나님의 이성'에 해당함]

* 사실 '이성(Reason)만의 세계'는 동양(東洋)의 '부처님의 세계'와 동일(同一)하다. 고려(高麗)에 균여대사(均如大師, 937~973)는 '보현십원가(普賢十願歌)'를 지었는데, 그 서원(誓願)으로 "부처의 바다를 이룬 날"[51]을 세웠는데, 그것은 아우구스티누스의 〈신국(神國)〉보다 더욱 원대하고 보편적인 '이성(佛, God) 중심의 세계관'이었다.

* 헤겔은 이미 '여호와 정신(절대정신)'에 심취하고 있을 뿐만 아니라 칸트의 '이성(理性, Reason)'을 바로 '신(God)'과 동일시하여 그것이 자신의 '최고의 경지'라는 긍지에 있었다.
물론 이러한 '(삼라만상의)무한정의 (하나님 아들과의)동일시'는 당초 '삼위일체(Trinity)' '변증법(Dialectic)' '동어반복(Tautology)'와 연관된 신학자들의 공통 말하기 방법이나, '계몽주의'에 대항하기 위한 헤겔은 더욱 많은 '신조어(新造語－即自, 對自, 即自且對自, 絕對自由 Being in itself, Being for itself, Being in and for itself, The Absolute Freedom 등등)'가 필요했다. 그렇지만 헤겔의 난점(難點, 이성=하나님)은 기존 신학자의 난점(삼위일체) 그대로다.['육체'가 없는 헤겔임] (참조, ②-14. '하나님(절대신)'이 '아들(만물, 자연물)'을 창조하셨다. ②-38. '변증법'은 가짜 논리학이다.-I. 칸트 ②-39. 스콜

50) G. W. F. Hegel(translated by J. B. Baillie), *The Phenomenology of Mind*, The Macmillan Company, 1949, p.273 'Reason's certainty and reason's truth' ; 헤겔(임석진 역), 〈정신현상학〉, 한길사, 2005, 권1 pp.268~9 '이성의 확신과 진리'
51) 광덕, 보현행원품, 해인총림, 1981, p.30 '普皆廻向歌'－'佛體比海等成留焉日'

라 철학자들의 '동어반복(Tautology)'-I. 칸트)

그러므로 헤겔의 말을 '한 사람의 목사님의 말씀' 그 이상의 대할 경우, 그리고 그것을 '현실적인 것(이성적인 것)'으로 수용할 경우는 결국은 그 수용자(收容者)가 각자 알아서 대처해야 할 사항이다.[각 개인의 '是非判定의 義務'] (참조, ⑥-38. '세계 근대 문명'은, '게르만(아리안) 문명'이다.-A. 히틀러)

③-33 이성 자체의 세계가 '정신(Spirit)'이다.

"온갖 실재라는 이성의 확신이 진리로 고양되고 이성이 자기 자신을 세계로, 그리고 세계를 자기 자신으로 의식하기에 이르렀을 때, 이성은 곧 정신이다. 바로 앞에서 본 정신의 생성을 나타내는 운동에서는 의식의 대상인 순수한 범주가 이성의 개념으로 고양되었다. '관찰하는 이성'에서는 자아와 존재, 자기를 자각하는 존재와 그 자체로 있는 존재의 순수한 통일체가 본원적인 자체 존재로 규정되었는데, 여기서 이성의 의식은 자기를 발견한 것이다."

REASON is spirit, when its certainty of being all reality has been raised to the level of truth, and reason is *consciously* aware of itself as its own world, and of the world as itself. The development of spirit was indicated in the immediately preceding movement of mind, where the object of consciousness, the category pure and simple, rose to be the notion of reason. When reason "observes", this pure unity of ego and existence, the unity of subjectivity and objectivity, of for-itself-ness and in-itself-ness—this unity is immanent, has the character of implicitness or of being; and consciousness of reason *finds itself*.

〈'정신'52)〉

---

52) G. W. F. Hegel(translated by J. B. Baillie), *The Phenomenology of Mind*, The Macmillan Company, 1949, p.457 'Spirit' ; 헤겔(임석진 역), 〈정신현상학〉, 한길사, 2005, 권2 pp.17~8 '정신'

———✈

* 헤겔은 다시 '이성'론으로 돌아와 '순수하고 단순한 범주(the category pure and simple)'까지 언급하고 있다. 그렇지만 칸트의 '범주(Categories)'는 '감성(Sensibility, 物自體)'을 전제한 '범주(Table of Categories)'론임[53]에 대해, 헤겔의 '범주'는 '삼위일체(Trinity)' 이외에 다른 것은 있을 수도 없다. (참조, ②-23. **'절대 정신'='전체'='삼위일체(三位一體)'**)
헤겔은 칸트를 무시하면서 그 용어를 (여호와 중심의)자기 방식으로 적용하는 (자기모순의) '칸트 폄훼(貶毀)자'가 되었다. (그러나 칸트의 표현을 빌리면, '헤겔의 이성론'은 '(감성의)뿌리를 상실 이성[神]론'이다.) (참조, ②-40. **'절대적 전체성'이라는 이념은, '오성 법칙'에 응한 한도 내에서의 문제이다.-I. 칸트**)

③-34 '본능'과 '무의식'은 이성이 아니다.

"그러나 관찰을 진행해나가면서 오히려 직접 자기를 발견하려는 본능이나 무의식적으로 있는 범주적인 이성은 진리일 수 없는 것으로 드러난다. 발견된 대로의 사물 속에 직관된 범주가 의식 속으로 들어와서 독자적인 자아로 나타나고 자아는 그 자신을 자기로서 대상적으로 인식한다는 것이다. 하지만 범주가 자체적으로 있는 것은 아니고 자각적인 존재로 있다는 이 규정도 또 마찬가지로 일면적이고 스스로 파기되어야 할 대목이다.
따라서 범주는 즉자와 대자를 포괄하는 보편적 진리의 모습을 한 존재로서 의식 앞에 제시되기에 이른다. 이를 추상적으로 규정한 것이 '사태 자체'라는 것으로서 여기에 비로소 정신적인 존재가 등장하지만, 그의 의식은 아직 여기에 머무른 채 여기에 갖가지 정신적인 내용이 얽혀들어 있다. 의식은 아직도 실체로부터 분리된 개별체로서, 자의적인 법칙을 제정하거나 절대적

---

53) I. Kant(Translated by J. M. D. Meiklejohn), *The Critique of Pure Reason,* William Benton, 1980, p.42 'Table of Categories' ; 칸트(윤성범 역), 순수이성비판, 을유문화사, 1969, p.111 '범주 표'

인 법칙을 알고 있다고 여기는 나머지 스스로 법칙의 평가를 도맡으려고 한다. 이를 실체의 편에서 본다면 완전무결한 정신적 존재인 실체가 여전히 자기 자신을 의식하고 있지 않다는 것이 된다. 그러나 완전한 정신적 존재인 실체가 동시에 현실적인 의식으로 존재하면서 자기 자신을 표상하기에 이를 때면 그것이 바로 정신이다."

But the true nature of "observation" is rather the transcendence of this instinct of *finding* its object lying directly at hand, and passing beyond this unconscious state of its existence. The directly perceived (*angeshcaut*) category, the thing simply "found", enters consciousness as the self-existence of the ego—ego, which now knows itself in the objective reality, and knows itself there as the *self*. But this feature of the category, viz. of being for-itself as opposed to being—immanent—within—itself, is equally one-sided, and a moment that cancels itself. The category therefore gets for consciousness the character which it possesses in its universal truth—it is self-contained essential reality (*an und fürsich-seyendes Wesen*). This character, still abstract, which constitutes the nature of absolute fact, of "fact itself", is the beginnings of "spiritual reality" (*das geistige Wesen*); and its mode of consciousness is here a formal knowledge of that reality, a knowledge which is occupied with the varied and manifold content thereof. This consciousness is still, in point of fact, a particular individual distinct from the general substance, and either prescribes arbitrary laws or thinks it possesses within its own knowledge as such the laws as they absolutely are (*an und für sich*), and takes itself to be the power that passes judgment on them. Or again, looked at from the side of the substance, this is seen to be the self-contained and self-sufficient spiritual reality, which is not yet a consciousness of its own self. The self-contained and self-sufficient reality, however, which is at once aware of being actual in the form of consciousness and presents itself to itself, is Spirit.

〈'정신'54)〉

---

54) G. W. F. Hegel(translated by J. B. Baillie), *The Phenomenology of Mind*, The Macmillan Company, 1949, pp.457~8 'Spirit' ; 헤겔(임석진 역), 〈정신현상학〉, 한길사, 2005, 권2 pp.18~9 '정신'

* 헤겔은 위에서 자신의 '이성(Reason)'의 논의에 '본능(instinct)' '무의식 (unconscious state)'의 문제가 제외되었음을 명시하고 있는데, 이것은 역시 칸트의 '감성(感性, Sensibility)'을 제외시킨 논의이다.

* 그러나 영국의 로크(J. Locke, 1632~1704)와 볼테르(Voltaire, 1694~1778)는 이미 육체(본능, 무의식)와 이성(Reason)이 연동된 '의학적 인생관'을 가지고 있었고, 칸트도 '감성' 문제로 그것을 다시 묶어 중시했고, 쇼펜하우어(A. Schopenhauer, 1788~1860)도 '주체(Subject)'에는 '의지' '표상'이 공존하는 것으로 확인하였다. 이후 니체(F. Nietzsche, 1844~1900) 프로이트(S. Freud, 1856~1939)를 거치면서 그 '실존주의(Existentialism)' 논의는 더욱 활발히 전개가 되었다.

〈'로크' '볼테르' '쇼펜하우어' '니체' '프로이트'〉

* 다다 초현실주의 화가 M. 에른스트(M. Ernst, 1891~1976)는 인간 성품에 '정신과 육체', '선(억압)과 악(욕망)의 공존'을 명시하는 그 '동시주의 (Simultaneism)'를 다음과 같은 그림으로 명시하였다.

〈'신체 신화의 홍적층적-洪積層的 그림(1920)'[55]〉

* '새'는 하늘을 나는 '이성(Reason)'의 비유이고, 사람의 '육체(욕망)'는 몸을 늘여도 다리는 땅(무의식)에 붙어 있다. 이러한 떠날 수 없는 부조리(absurd, '이성과 욕망-육체'의 共存)를 헤겔은 무시하고 '하나님(절대정신, 이성)' 중심의 일원론(Monism, 일방주의)을 폈으니, 그러므로 헤겔은 19세기 신학자일 뿐이다. (참조, ③-36. **자기는 '절대신'의 그림자이다.**)

③-35 '정신'은 '인륜적 현실'이다.

"정신은 정신적 존재(spiritual being)로서는 지금껏 '공동세계'를 떠받치는 '인륜적 실체(the ethical substance)'로 불려왔지만, 그러나 정신은 '인륜적인 현실(concrete ethical actuality)' 그대로이다. 정신은 현실적인 의식의 핵심을 이루거니와, 이렇듯 현실의 세계(an objective actual world)로서 의식의 대상이 되는 정신은 의식과 대립하는 것이긴 하지만 의식의 핵심에 다다라 있다는 점에서는 세계가 결코 자기와 소원한 것이라고 할 수는 없다. 또한 반대로 의식의 핵심도 역시 세계로부터 단절된 채 독립적으로 존재하는 일이란 있을 수 없다.

'보편적이고 자기 동일적인 불변의 실체(Being substance and universal self-identical permanent essence)'로서의 정신(spirit)은 만인의 행위를 받쳐주는 확고부동한 토대이자 출발점이며 동시에 모든 자기의식의 사유 속에 본원적으로 깃들어 있는 목적이자 목표이다. 이러한 실체는 또한 만인의 행위에 의해서 산출된, 만인의 통일과 평등을 나타내는 공동의 작업 결과로서, 요컨대 의식을 반영하고 의식의 핵심을 이루는 행위의 결과물이다. 이러한 실체로서의 정신은 흔들림 없이 자기평정을 유지하는 정의로 나타나지만 그의 실체는 독자적인 의식을 근간으로 하는 것이므로, 이는 끊임없이 해체되고 자기희생을 감수하는 자비로운 존재로서 저마다 자기의 작업을 성취하여 공동적인 것을 유린하면서까지 자기 몫을 차지하려 든다."

55) W. Spies, *Max Ernst Collages, The Invention of the Surrealist Universe*, Harry N. Abrams, 1988, p.165 'Physiomythological Diluvian Picture(1920)'

Its essential spiritual being (*Wesen*) has been above designated as the ethical substance; spirit, however, is concrete ethical actuality (*Wirklichkeit*). Spirit is the *self* of the actual consciousness, to which spirit stands opposed, or rather which appears over against itself, as an objective actual world that has lost, however, all sense of strangeness for the self, just as the self has lost all sense of having a dependent or independent existence by itself, cut off and separated from that world. Being substance and universal self-identical permanent essence (*Wesen*), spirit is the immovable irreducible basis and the starting point for the action of all and every one; it is their purpose and their goal, because the ideally implicit nature (*Ansich*) of all self-consciousnesses. This substance is likewise the universal product, wrought and created by the action of each and all, and constituting their unity and likeness and identity of meaning; for it is self-existence (*Fürsichseyn*), the self, action. *Qua* substance, spirit is unbending righteous self-sameness, self-identity; but *qua* for-itself, self-existent and self-determined (*Fürsichseyn*), its continuity is resolved into discrete elements, it is the self-sacrificing soul of goodness, the benevolent essential nature in which each fulfils his own special work, rends the continuum of the universal substance, and takes his own share of it. This resolution of the essence into individual forms is just the aspect of the separate action and the separate self of all the several individuals; it is the moving soul of the ethical substance, the resultant universal spiritual being. Just because this substance is a being resolved in the self, it is not a lifeless essence, but actual and alive.

〈'정신'56)〉

_____✦

* 위에서 헤겔이 말한 '보편적이고 자기 동일적인 불변의 실체(Being substance and universal self-identical permanent essence)로서의 **정신**

---

56) G. W. F. Hegel(translated by J. B. Baillie), *The Phenomenology of Mind*, The Macmillan Company, 1949, pp.458~9 'Spirit' ; 헤겔(임석진 역), 〈정신현상학〉, 한길사, 2005, 권2 p.19 '정신'

(spirit)은 만인의 행위를 받쳐주는 확고부동한 토대이자 출발점이며 동시에 모든 자기의식의 사유 속에 본원적으로 깃들어 있는 목적이자 목표이다.'란 말은 그의 〈정신현상학〉을 집필하며 헤겔이 참고 견디었던 그 '절대 정신'의 소명(昭明)으로 각별한 의미를 지니고 있다.

* 볼테르와 칸트도 '이성(理性)'을 인류 '통성(通性)'[57]으로 가장 존중을 하였으나, **헤겔의 '이성'은 '하나님'과 동의어(同義語)라는 기독교 식 주장이고, 특히 '게르만 국가주의(神國)'에 기운 '배타주의' '독선주의' '호전주의' '염세주의'라는 특징을 지니고 있다.**

* 즉 헤겔의 가장 큰 주장은 '하나님에의 복종(服從)' '윤리의 궁행(躬行)' '절대 자유'의 향복(享福)을 실천함이다. (참조, ⑥-18. '자유로운 의지'를 의욕(意慾) 하는 자유 의지)

* 여기에서도 이미 아우구스티누스 식 〈신국(神國, 426)〉론, '신권통치(神權統治, Theocracy)'는 명시되어 있으나, 그것이 '게르만 국가주의' '희생(애국) 정신'으로 구체화 한 데는 〈법철학(1820)〉까지 14년이 더 걸렸다. 이것은 '현실적이며 이성적인 우상(偶像)' '나폴레옹(현실적 세계정신)'이 몰락하고 ['하나의 세계정신'이 취소되고], 새로운 '종족주의 영웅(프리드리히 2세, Frederick the Great, 1712~1786)'에로의 정착(定着)까지 걸린 시간의 경과였다. (참조, ⑥-12. 각 개인은 '시대의 아들'들이다. ⑥-35. 공동체(共同體) 안에 희생(犧牲)-A. 아우구스티누스)

---

57) Voltaire, *The Best Known Works of Voltaire*, The Book League, 1940, pp.446~447 'X X XI. Is There any Morality?'

③-36 자기는 '절대신'의 그림자이다.

"개별자의 형식을 띤 절대 신은 현전해 있는 자기로 있으며 자기란 그렇게 있을 수밖에 없는 것이지만, 다만 여기에 있는 개별자로서의 자기는 바로 이 개별자의 그림자와 같은 존재로서, 운명이라는 보편성과는 단절되어 있다. 그림자라는 것은 개별자로서의 존재가 파기되어 보편적인 자기가 되었음을 나타내지만 여기서 부정되었다는 것이 아직 긍정적인 의미를 지니는 데까지 가 있지는 않으므로 개별자로서의 자기가 파기된다 하더라도 여전히 본질을 결한 특수한 그림자의 모습을 벗어나 있지는 않다. 그런가 하면 또 자기를 결한 운명의 경우도 무의식의 암야에 머물러 있어서, 거기에 구별이 생겨나거나 명석한 자기 지에 이르고 있지는 않다.

이러한 허무의 필연성과 지하의 명부에 대한 신앙은 이윽고 천상의 신앙으로 바뀌는데, 이는 유명(幽明)을 달리한 자기가 공동 세계와 일체화되어 그 속에서 자기가 품고 있는 내용을 분해하여 명확히 하지 않으면 안 되기 때문이다. 그러나 이미 보았듯이 이 '신앙의 왕국'은 단지 사유의 터전 위에서 개념 없는 내용을 전개할 뿐이므로 그의 운명의 적대자와도 같은 '계몽의 종교'와의 싸움에서 왕국은 패퇴하고 만다. 계몽사상에서 오성의 초감각적인 피안이 부활하기는 하지만 계몽의 자기의식은 차안에서 만족을 누리는 것이므로, 도무지 알아볼 만한 것도 두려워할 것도 없는 공허한 초감각적 피안은 사태의 핵심도 위력도 아니라는 것을 알고 있다."

Absolute Being is, then, in the latter shape no doubt the self and is present, as there is no other way for the self to *be* except present. But the individual self is this individual ghostly shade, which keeps the universal element, Fate, separated from itself. It is indeed a shade, a ghost, a cancelled and superseded particular, and so a universal self. But that negative meaning has not yet turned round into this latter positive significance, and hence the self, so cancelled and transcended, still directly means at the same time this particular being, this insubstantial reality. Fate, however, without self remains the darkness of night devoid of consciousness, which never comes to draw distinctions within itself, and never attains the clearness of self-knowledge.
This belief in a necessity that produces nothingness,

this belief in the nether world, becomes belief in Heaven, because the self which has departed must be united with its universal nature, must unfold what it contains in terms of this universality, and thus become clear to itself. This kingdom of belief, however, we saw unfold its content merely in the element of reflective thought (*Denken*), without bringing out the true notion (*Begriff*); and we saw it, on that account, perish in its final fate, .viz. in the religion of enlightenment. Here in this type of religion, the supersensible beyond, which we found in "understanding", is reinstated, but in such a way that self-consciousness rests and feels satisfied in the mundane present, not in the "beyond", and knows the supersensible beyond, void and empty, unknowable, and devoid of all terrors, neither as a self nor as power and might.

〈'종교'58)〉

────→

* 개신교 신학자 헤겔의 〈정신현상학〉이 아우구스티누스 〈신국(神國)〉보다 더욱 (이해하기, 알기) 어렵게 된 이유는, 헤겔이 칸트의 〈순수이성비판 (1781)〉을 통째로 끌어 들여 그 〈신국(神國)〉과 삼중(아우구스티누스, 칸트, 헤겔)통합을 시도했다는데 있다.

* 그러나 신학자 헤겔은 그 '칸트' '아우구스티누스'와의 '비판과 통합'이 여기 (〈정신현상학〉)에서 다 끝났다고는 생각하지 않았다.
그러므로 '칸트'의 생각과 '아우구스티누스' 생각의 확인은, 헤겔 생각 파악에 결코 빼놓을 수 없는 두 기둥이다. 이에 요약을 다시 행하면 '칸트' '아우구스티누스'와 유사(동일)했으나, 크게 구분(차별)이 되고 있는 <u>헤겔의 생각은,</u> <u>'(칸트 식)이성의 하나님'과 '(아우구스티누스 식)게르만 신국(The German City</u> <u>of God)주의'에다가 '(헤겔 식)애국(희생) 정신 예찬'에 '자살(正義 實現) 예찬'</u>

---

58) G. W. F. Hegel(translated by J. B. Baillie), *The Phenomenology of Mind*, The Macmillan Company, 1949, p.686 'Religion' ; 헤겔(임석진 역), 〈정신현상학〉, 한길사, 2005, 권2 pp.238~9 '종교'

'전쟁불가피론'의 종합이 그 (헤겔 神學의)전부이다. (참조, ⑥-13. 현재는 '장미' 이며 '십자가'이다. ⑥-14. 프로테스탄티즘 고유 원리 ⑨-23. '자기 파괴'가 '영원 한 정의(正義)'이고 인간 본성이다.)

* R. 마그리트(R. Magritte, 1898~1967)는 '헤겔식 절대주의'에 절망(絶望)하여 '바위덩이'를 공중에 띄운 '절대 지식(1965)'이란 작품을 제작했다.

〈'절대 지식(1965)'59)〉

* '바위덩이'가 공중에 뜰 수 없고, '독수리 같은 용맹'으로 '개신교'를 포교(布 敎)를 한다고 해도, '현실 생명(慾望의 육체)은 부정되었다(돌로 된 독수리).' 는 헤겔의 '절대주의(Absolutism, 神 理性 일방주의)'에 대한 마그리트의 비 판 조롱이다. (참조, ②-09. '신(God)'이 '절대 진리', '절대 가치', '절대 자유'이다.)

③-37 대상 세계와 자기 정신의 통합이 '보편 정신'이다.

"도덕 종교에서 마지막으로 다시 한 번 절대 신이 긍정적인 내용을 지니는 것으로 나타나긴 하지만, 그 내용에는 계몽사상의 부정성이 한데 합쳐져 있 다. 그것은 자기 안으로 되돌려져 거기에 그대로 잠겨 있는 존재로서, 그에 부수되는 갖가지 부분적인 내용은 직접 부정되기도 하고 또 그거대로 정립 되기도 한다. 이 모순된 운동은 마침내 운명 속으로 가라앉아버리지만, 이보

---

59) D. Sylvester, *Rene Magritte*, Manil Foundation, 1994, Fig. 1985 'Absolute Knowledge(1965)'

다 앞서서 나타나는 것은 스스로가 현실의 본질적인 운명을 떠맡고 있음을 의식하는 자기이다.

자기를 알고 있는 정신은 종교에서는 직접 자기와 마주하고 있는 순수한 자기의식이다. 지금까지 고찰되어온 갖가지 정신의 형태, 즉 '참다운 정신' '자기 소외된 정신' 그리고 '자기를 확신하는 정신'은 모두가 세계와 대립해 있는 가운데 세계 속에 자기를 인식할 수 없다는 의식에 사로잡혀 있는 정신이었다. 그런데 '양심(Conscience)'의 단계에 와서 정신은 대상 세계 전반과 자기의 표상이나 특정한 개념을 모두 다 자기에게 종속시킴으로써 마침내 자존 자립하는 자기의식이 되었다. 이 자기의식을 안고 새삼 대상으로 표상된 정신은 온갖 존재와 현실을 자체 내에 포함하는 보편정신(Universal Spirit)이라는 의미를 지닌다."

> In the religion of Morality it is at last reinstated that Absolute Reality is a positive content; but that content is bound up with the negativity characteristic of the enlightenment. The content is an objective being, which is at the same time taken back into the self, and remains there enclosed, and is a content with internal distinctions, while its parts are just as immediately negated as they are posited. The final destiny, however, which absorbs this contradictory process, is the self conscious of itself as the controlling necessity (*Schicksal*) of what is essential and actual.
>
> Spirit knowing its self is in religion primarily and immediately its own pure self-consciousness. Those modes of it above considered—"objective spirit", "spirit estranged from itself" and "spirit certain of its self"—together constitute what it is in its condition of consciousness, the state in which, being objectively opposed to its own world, it does not therein apprehend and consciously possess itself. But in Conscience it brings itself as well as its objective world as a whole into subjection, as also its idea[1] and its various specific conceptions;[2] and is now self-consciousness at home with itself. Here spirit, represented as an object, has the significance for itself of being Universal Spirit, which contains within itself all that is ultimate and essential and all that is concrete and actual; yet is not in the form of freely subsisting actuality, or of the apparent independence of external nature.

〈'종교'60)〉

_____→

* 앞서 지적했듯이 신학자 헤겔의 크게 의존하고 있는 정신은 바로 아우구스티누스(A, Augustinus)의 〈신국(神國)〉이었다. 헤겔이 위에서 '보편정신(Universal Spirit)'은 아우구스티누스의 '세계정신(World Soul)'과 같은 의미이고, '양심(良心, Conscience)'과 '희생(犧牲, Sacrifice)정신'은 그 '보편정신' 속해 있는 개인의식이다. (참조, ⑤-16. '세계정신' '태양' '정신' '달'-A. 아우구스티누스, ⑥-35. 공동체(共同體) 안에 희생(犧牲)-A. 아우구스티누스)

* 헤겔은 '철학' '종교' '자연과학' '정치(사회)' '역사' '미학'에 관해 방대한 저서들을 남겼으나, 그 중심에는 '절대정신(神, 理性)'이 자리를 잡고 있다. 그런데 헤겔의 '절대정신(여호와)'은 그 '변증법'을 '전쟁'으로 실현하는 '전쟁 불가피론의 세계정신'이고 헤겔 고유의 '우울증(憂鬱症) 변용'인 희생(자기파괴) 정신의 성취'라는 사실을 가장 유념을 한다. (참조, ⑤-13. '자살(自殺)'의 긍정 ⑥-36. 헤겔은 '전쟁을 유익한 것'이라고 했다.-B. 러셀 ⑨-30. 몰락(죽음)= 영원한 정의=윤리적 실체=만족)

③-38 '실체(신)'는 자기이다.

"그런데 현실로 보면 지(知)의 실체인 신(the knowing substance − 독어 확인 요망)은 개념적으로 다듬어진 형식을 띠기 이전에 존재해 있다. 왜냐하면 신이라는 것은 제대로 전개·발양되어 있지 않은 본체이며, 단일성에 토대를 둔 개념으로서 아직도 모습을 드러내지 않은 정신의 내면성이며 또한 자기이기 때문이다. 이렇게 신으로서 거기에 있는 것은 아직도 전개되지 않은 단일하고 직접적인 것 또는 표상적인 의식의 대상이다. 인식이라는 것은

---

60) G. W. F. Hegel(translated by J. B. Baillie), *The Phenomenology of Mind*, The Macmillan Company, 1949, pp.686~7 'Religion'; 헤겔(임석진 역), 〈정신현상학〉, 한길사, 2005, 권2 p.239 '종교'

214

아직도 전개되지 않은 단일하고 직접적인 것 또는 표상적인 의식의 대상이다. 인식이라는 것은 정신적인 것이므로 여기서는 본원적 즉자적(卽自的)으로 있는 것이 자기에 대한 존재가 되고 자기를 나타내는 존재나 개념이 될 때 비로소 그런 존재를 문제로 삼을 수도 있는 것이다. 그러므로 이런 이유에서 인식이란 최초에는 빈약한 대상만을 지닐 뿐이며 이에 비해서 신이나 신의 의식 쪽이 더 풍부하다고도 하겠다."

> Now in actual reality the knowing substance exists, is there earlier than its form, earlier than the shape of the notion. For the substance is the undeveloped inherent nature, the ground and notion in its inert simplicity, the state of inwardness or the self of spirit which is not yet there. What is there, what does exist, is in the shape of still unexpressed simplicity, the undeveloped immediate, or the object of imagining (*Vorstellen*) consciousness in general. Because knowledge (*Erkennen*) is a spiritual state of consciousness, which admits as real what essentially is only so far as this is a being for the self and a being *of* the self or a notion— knowledge has on this account merely a barren object to begin with, in contrast to which the substance and the consciousness of this substance are richer in content.

〈'절대지'[61]〉

————✈

* 헤겔이 특히 좋아했던 중심 어구는 ('요한복음'의) '아버지가 내 안에 계신다.'란 예수의 말이었다. 헤겔은 말은 그것을 간증(干證)하기 위해 평생을 살았으니, '기독교 열혈(熱血) 신도'였다.

* 위의 헤겔의 소론 – '실체(신, substance)는 자기(the self)이다.'란 말은 헤겔의 가장 중요한 말이고 그것을 구체적으로 설명한 결과 헤겔의 전 '저작'이다.

---

61) G. W. F. Hegel(translated by J. B. Baillie), *The Phenomenology of Mind*, The Macmillan Company, 1949, p.799 'Absolute Knowledge' ; 헤겔(임석진 역), 〈정신현상학〉, 한길사, 2005, 권2 pp.350~1 '절대지'

그것(신=자기)을 실현하는 데는 우선 '(칸트 식)이성'을 주체로 삼아야 하고, '(아우구스티누스 식) 게르만 공동체(神國)'이 자연스럽게 기정사실이 되어 있는 '육체를 지닌 헤겔'이 '종(a servant)'으로 드릴 수 있는 '최고 최후의 봉사'가 궁극적으로 문제된다. 헤겔은 그 해답을 '십자가에 매달린 예수'에게서 그 해답을 찾았다.[헤겔=예수] (참조, ⑥-13. **현재는 '장미'이며 '십자가'이다.**)

③-39 현재적인 것이 본원적인 것이고, 실체가 주체이다.

"그러나 여기서 정신으로 화한 실체는 그의 본래 모습인 정신으로 되돌아 간다. 자체 내로 복귀해가는 과정을 통하여 비로소 정신은 본래의 참다운 정신이 된다. 정신은 본원적인 인식의 운동으로서, 이런 가운데 본원적·잠 재적인 것이 독자적 현재적인 것으로서, 이런 가운데 본원적·잠재적인 것이 독자적·현재적인 것으로, 실체가 주체로, 의식의 대상이 자기의식의 대상으로, 다시 말하면 대상성을 극복한 개념으로 전화되어간다. 이것은 원환을 그리며 자체 내로 복귀해가는 운동으로서, 이는 시초를 전제해 놓고 최종 지점에서 비로소 거기에 도달한다."

> But this substance, which is spirit, is the development of itself explicitly to what it is inherently and implicitly; and only as this process of reflecting itself into itself is it essentially and in truth spirit. It is inherently the movement which is the process of knowledge—the transforming of that inherent nature into explicitness, of Substance into Subject, of the object of consciousness into the object of self-consciousness, i.e. into an object that is at the same time transcended—in other words, into the notion. This transforming process is a cycle that returns into itself, a cycle that presupposes its beginning, and reaches its beginning only at the end.

〈'절대지'62)〉

---

62) G. W. F. Hegel(translated by J. B. Baillie), *The Phenomenology of Mind*, The Macmillan Company, 1949, p. 801 'Absolute Knowledge'; 헤겔(임석진 역), 〈정신현상학〉, 한길사, 2005, 권2 p. 353 '절대지'

* 거듭 밝히는 바이지만, 헤겔은 '하나님(절대신, 절대 정신)'의 '종'으로서 그 '하나님(실체)'을 증언하는 '실체(칸트 식 감성의 근거)'이다.['칸트 이성론'을 '삼위일체' 식으로 해석한 결과임]

   즉 위의 헤겔의 말도, 그 '아버지(The Father)'를 대신한 헤겔의 발언이다.

* 헤겔의 말은, 신앙에 무관심한 사람들은 '알아들을 수 없는 말'로 남아 있게 마련이지만, '기독교' '개신교'에 들어가 있는 사람의 경우는 '헤겔의 말은 그대로 '서정시이고 내용은 (절대정신)의 서사시'가 될 터이니, 사실 헤겔의 발언은 그대로 '개신교도'를 향한 연설이다.

* 그러나 헤겔은 '신의 현존(現存)'을 확신하고, '게르만 국가주의'에 열광한 나머지 19~20세기 '군국주의' '제국주의' 군주들의 '교과서'되었다. 그래서 이웃 일본은 (사생결단으로) 헤겔의 '군국주의' '제국주의'를 수입 실현한 나라가 되었다. (참조, ⑥-37. 독일 '국가 사회주의(나치즘)'-A. 히틀러 ⑫-01. 스즈키(鈴木權三郞, 1932) 〈歷史哲學〉 ⑫-02. 추축국(樞軸國, Axis Powers) 사상 형성(1936))

③-40 자기의식'이 그 '통각(統覺)'의 주체이다. -I. 칸트

"'나는 생각한다.'는 것은 나의 모든 표상을 동반할 수 있어야 한다. 왜냐하면 만일 그렇지 못 하다면, 전혀 사유될 수 없는 어떤 것이 내게 표상되어질 것이기 때문이다. 이것은 마치 표상으로서는 불가능한 것이거나 혹은 적어도 내게는 아무것도 아니라는 뜻이나 마찬가지이다. 모든 사유 이전에 주어질 수 있는 표상(representation)은 직관(intuition)이라고 불린다. 따라서 직관의 모든 다양은 이 다양이 발견되어지는 동일한 주체(the subject) 안에서, '나는 생각한다.'와 필연적 관계를 맺고 있다. 그러나 이 표상은 자발성의 활동(act of spontaneity)이다. 즉 이 표상은 감성에만 속해 있는 것으로 볼 수 없는 것이다. 나는 이 표상을 순수통각(統覺, pure apperception)

이라고 불러 경험적 통각과 구별한다. 또는 이를 근원적 통각(primitive apperception)이라고도 부른다. 왜냐하면 이 표상은 다른 것으로부터 도출되어질 수 없는 자기의식(self-consciousness)이기 때문이요, 동시에 자기의식은 다른 모든 표상에 동반할 수 있어야 하고 모든 의식에 있어서 동일한 '나는 생각한다.'는 표상을 산출하기 때문이다. 이러한 통각의 통일을 나는 자기의식의 통일이라고 부른다(The unity of this apperception I call the transcendental unity of self-consciousness). 이는 자기의식의 선험적 통일에서 생기는 아프리오리한 인식의 가능성을 표시하기 위한 것이다. 왜냐하면 직관 안에 주어지는 다양한 표상은, 만일 그것들이 모조리 하나의 자기의식에 속하지 않는다면 그것들은 모두가 나의 표상이 되지 못할 것이기 때문이다. 다시 말하면 다양한 표상은 나의 표상으로서 (내가 그것을 나의 표상으로 의식하든지 안하든지) 그것들이 하나의 보편적인 자기의식 속에 공존할 수 있도록 하는 유일한 조건에 반드시 적합한 것이어야 한다. 왜냐하면 그렇지 않다면 다양한 표상은 예외 없이 내 것이 아닐 것이기 때문이다. 이런 근원적인 결합에서부터 다음과 같은 결과가 생긴다.

즉 직관에 주어진 다양한 것의 통각의 이같이 완전한 동일성은 표상의 종합을 포함하고 있으며, 이 종합의 의식을 통해서만 그러한 동일성이 가능하다. 왜냐하면 상이한 표상을 동반하는 경험적 의식은 그 자체로는 산만한 것이요, 주관의 동일성과는 아무 관계도 없는 것이기 때문이다. 따라서 이러한 관계는 내가 각 표상을 의식을 가지고 동반함으로써 생기는 것이 아니라, 하나의 표상을 다른 표상에 첨가하여 그것들의 종합을 의식함으로써 생기는 것이다. 그러므로 주어진 표상들의 다양을 내가 하나의 의식 안에서 결합시킬 수 있음으로써만 이러한 표상 자체에 있어서의 의식의 동일성을 표상할 수 있다. 즉 통각의 분석적 통일은 종합적 통일을 전제하고서만 가능하다."

The "I think" must accompany all my representations, for otherwise something would be represented in me which could not be thought; in other words, the representation would either be impossible, or at least be, in relation to me, nothing. That representation which can be given previously to all thought is called intuition. All the diversity or manifold content of intui-

tion, has, therefore, a necessary relation to the
"I think," in the subject in which this diversity
is found. But this representation, "I think," is
an act of *spontaneity;* that is to say, it cannot
be regarded as belonging to mere sensibility. I
call it pure apperception, in order to distinguish
it from empirical; or primitive apperception,
because it is self-consciousness which, whilst it
gives birth to the representation" I think," must
necessarily be capable of accompanying all our
representations. It is in all acts of consciousness
one and the same, and unaccompanied by it, no
representation can exist *for me.* The unity of
this apperception I call the transcendental unity
of self-consciousness, in order to indicate the
possibility of *a priori* cognition arising from it.
For the manifold representations which are giv-
en in an intuition would not all of them be my
representations, if they did not all belong to one
self-consciousness, that is, as my representa-
tions (even although I am not conscious of
them as such), they must conform to the condi-
tion under which alone they can exist together
in a common self-consciousness, because other-
wise they would not all without exception be-
long to me. From this primitive conjunction
follow many important results.

For example, this universal identity of the
apperception of the manifold given in intuition
contains a synthesis of representations and is
possible only by means of the consciousness of
this synthesis. For the empirical consciousness
which accompanies different representations is
in itself fragmentary and disunited, and with-
out relation to the identity of the subject. This
relation, then, does not exist because I accom-
pany every representation with consciousness,
but because I join one representation to an-

other, and am conscious of the synthesis of them. Consequently, only because I can connect a variety of given representations in one consciousness, is it possible that I can represent to myself the identity of consciousness in these representations; in other words, the analytical unity of apperception is possible only under the presupposition of a synthetical unity.

〈'자기의식의 객관적 통일이라는 것'63)〉

———✈

* 위에서 칸트는 데카르트(R. Descartes, 1596~1620)의 전제, '나는 생각한다.(I think)'라는 전제를 놓고 칸트 자신의 두 가지 원리 '직관(표상)'과 '오성(통각)'을 설명해 보이고 있다.

  칸트가 고려한 '나(I)' '주체(the subject)' '자기의식(self-consciousness)'이란 인간 공유(共有)의 '직관(표상, Intuition, Representation)'과 '오성(통각)의 기능(an operation of understanding itself)'의 설명이다.

* <u>이 칸트의 (다른 의도가 완전 배제된) '표상(representation) 직관(intuition)'과 '통각의 통일(The unity of this apperception)'의 논의는 '인간으로서의 나'이고 '이성(Reason)을 지닌 존재로서의 나'이다.</u>

  이에 대해 신학자 헤겔은 '자신 속에 있는 절대자(이성, 절대이성)'를 상정(想定)해 놓고 그의 '대변자(종)'로서 (절대정신을)말하는 것이니, 헤겔은 모든 말이 그 '하나님 종으로서의 나(헤겔)'임을 반복 강조하였던 셈이다. (참조, ②-04. '인간'보다는 '신(God)의 영광'을 알려야 한다. ③-28. '주인'은 하나님이고, '노예'는 인간이다.)

---

63) I. Kant(Translated by J. M. D. Meiklejohn), *The Critique of Pure Reason*, William Benton, 1980, pp.49~50 'Of the Originally Synthetical Unity of Apperception' ; 칸트(윤성범 역), 순수이성비판, 을유문화사, 1969, pp.125~6 '자기의식의 객관적 통일이라는 것'

③-41 '통각의 통일'이 '인간 인식의 최고 원칙'이다. - I. 칸트

"따라서 '직관 안에 주어진 이러한 표상이 나에게 속해 있다(These representations given in intuition belong all of them to me)'고 생각하는 것은 '내가 그런 표상을 하나의 의식 안에서 통일시키는 것(I unite them in one self-consciousness, or can unite them)'을 뜻하는 것이요, 또는 적어도 그 안에서 그것들이 통일될 수 있다는 것과 마찬가지 뜻이다. 그런데 이렇게 생각하는 것은 그 자체가 아직은 표상의 종합의 의식은 아니나, 조합의 가능성을 전제해야만 그렇게 생각할 수 있는 것이다. 다시 말하면 내가 표상의 다양을 하나의 의식 안에서 포괄할 수 있음으로써만 그러한 표상을 모조리 나의 표상이라고 부를 수 있는 것이다. 왜냐하면 그렇지 않는 경우에는, 내가 의식하는 여러 표상의 수에 정비례하는 각양각색의 가지게 될 것이기 때문이다. 따라서 직관의 다양한 내용의 종합적 통일은 아프리오리하게 선행하는 통각자체의 통일의 근거인 것이다. 그러나 결합은 대상 속에 놓여 있는 것이 아니며, 지각을 통해서 대상으로부터 빌려올 수도 없는 것이며, 또 지각을 통해서야 비로소 오성 안으로 받아들여지는 것이 아니고 다만 <u>오성의 한 작위(an operation of understanding itself)일 뿐이다. 오성 자체는 다만 아프리오리하게 결합시키는 능력에 불과하고, 또 주어진 표상의 다양을 통각의 통일 아래로 이끌어 들이는 능력(the faculty of conjoining a priori and of bringing the variety of given representations under the unity of apperception.) 이외에 아무 것도 아니다. 통각의 통일이라는 이 원칙은 모든 인간 인식의 최고의 원칙이다.(This principle is the highest in all human cognition.)</u>

통각의 필연적 통일이라고 하는 이 원칙은 이제는 정말 자기 동일적이요, 따라서 하나의 분석적 명제이나, 그러면서도 직관 안에 주어진 다양의 종합을 필연적인 것으로 단언하는데, 이러한 종합이 없다면 자기의식의 저 시종 일관한 통일성은 생각할 수 없는 것이다. 왜냐하면 단순한 표상일 뿐인 자아를 통해서는 다양한 내용은 아무것도 주어지지 않기 때문이다. 다만 자아의 표상과는 다른 직관에서만 다양이 주어질 수 있고, 결합을 통하여 하나의 의식 안에서 사유되어 진다. 만일 자기의식을 통해서 모든 다양한 내용이 동시에 오성 안에 주어질 수 있다면 그러한 오성은 직관할 수 있을 것이다. 그러나 우리의 오성은 다만 사유할 수 있을 뿐이어서, 감관 안에서 직관을 추구할 수밖에 없는 것이다. 왜냐하면 그러므로 하나의 직관 안에서 내게 주어진 표상들의 다양한 내용에 관해서 나는 동일한 자기를 의식하고 있는 것이다. 왜냐하면 나는 이런 표상을 통틀어서 나의 표상이라 부르기 때문이고, 나의 표상은 하나의 표상을 형성하기 때문이다. 그런데 이는 내가 표상의 아프리오리한 필연적 종합을 의식하고 있어, 이런 종합은 통각의 근원적 종합적 통일이라 불렸는데, 이 통일 아래는 내게 주어진 모든 표상이 속하여 있고, 또 모든 표상이 하나의 종합을 통하여 그 통일 밑으로 이끌려 들여와야 한다는 것을 뜻하는 말이다."

The thought. "These representations given in intuition belong all of them to me." is accordingly just the same as, "I unite them in one self-consciousness, or can at least so unite them"; and although this thought is not itself the consciousness of the synthesis of representations, it presupposes the possibility of it; that is to say, for the reason alone that I can comprehend the variety of my representations in one consciousness, do I call them my representations, for otherwise I must have as many-coloured and various a self as are the representations of which I am conscious. Synthetical unity of the manifold in intuitions, as given *a priori*, is therefore the foundation of the identity of apperception itself, which antecedes *a priori* all determinate thought. But the conjunction of representations into a conception is not to be found in objects themselves, nor can it be, as it were, borrowed from them and taken up into the understanding by perception, but it is on the contrary an operation of the understanding itself, which is nothing more than the faculty of conjoining *a priori* and of bringing the variety of given representations under the unity of apperception. This principle is the highest in all human cognition.

This fundamental principle of the necessary unity of apperception is indeed an identical, and therefore analytical, proposition; but it nevertheless explains the necessity for a synthesis of the manifold given in an intuition, without which the identity of self-consciousness would be incogitable. For the ego, as a simple representation, presents us with no manifold content; only in intuition, which is quite different from the representation ego, can it be given us, and by means of conjunction it is cogitated in one self-consciousness. An understanding, in which all the manifold should be given by means of consciousness itself, would be intuitive; our understanding can only think and must look for its intuition to sense. I am, therefore, conscious of my identical self, in relation to all the variety of representations given to me in an intuition, because I call all of them my representations. In other words, I am conscious myself of a necessary *a priori* synthesis of my representations, which is called the original synthetical unity of apperception, under which rank all the representations presented to me, but that only by means of a synthesis.

〈'자기의식의 객관적 통일이라는 것'[64]〉

_____→

* 위에서 칸트의 '나(I)'와 '주체(the subject)'는 바로 '자기의식(self-consciousness)' 이고 그 '통각의 통일(the unity of apperception)'이라고 하는, '이 원칙은

---

64) I. Kant(Translated by J. M. D. Meiklejohn), *The Critique of Pure Reason,* William Benton, 1980, p.50 'Of the Originally Synthetical Unity of Apperception' ; 칸트(윤성범 역), 순수이성비판, 을유문화사, 1969, pp.126~7 '자기의식의 객관적 통일이라는 것'

모든 인간 인식의 최고의 원칙이다.(This principle is the highest in all human cognition.)'라고 했던 것은 크게 주목을 해야 할 사항이다.

이로써 칸트는 '계몽주의자'로서, 그리고 '선험철학자'로서 소위 '기계주의 (Mechanism)'를 막고 인간의 존엄성을 확보한 고지(高地)라고 할 수 있다.

* 앞서 확인하였듯이, 헤겔은 모든 것이 '신(神)의 작용(役事)' 아닌 것이 없고, 인간 '정신(이성)'이 바로 '신(God)'으로서, 사실상 인간이 자기 힘으로는 알 수도 없다고 공언(公言)하였다. (참조, ⑧-13. '신'은 '이성'이고 '정신'이다. ⑧-15. 인간 이성은 자력(自力)으로 진리에 도달할 수는 없다.)

이러한 경우도 '잘한 일' '좋은 일'의 경우는 '신(神)의 결정' '신이 시킨 것'이라고 해도 무방(無妨)하다. 그런데 '자살(自殺)'과 '살인 전쟁'도 '신의 결정' '신이 시킨 것' '신을 예찬하는 일'이라 하면 문제는 한없이 고약(怪惡)해진다. (참조, ⑤-13. '자살(自殺)'의 긍정 ⑥-13. 현재는 '장미'이며 '십자가'이다. ⑨-30. 몰락(죽음)=영원한 정의=윤리적 실체=만족)

③-42 '현상(現象)'과 '가상(假象)'을 서로 혼동을 해서는 안 된다.-I. 칸트

"우리는 위에서 변증법 일반을 '가상(겉보기)의 논리학(a logic of appearance)'이라고 불렀다. 이것은 변증법이 확률이라는 뜻이 아니다. 확률은 불충분한 근거를 통해서 인식된 진리이다. 그러므로 이러한 인식은 불완전하지만 기만(欺瞞)적인 것은 아니다. 따라서 이것은 논리학의 분석론적 부분과 떨어질 수 없는 것이다. 더구나 현상(現象, Phenomenon)과 가상(假象, Appearance)을 동일시해서는 안 된다. 왜냐하면 진리냐 가상이냐 하는 것은 대상이 직관되어지는 한(限)에 있어서는 대상에 있는 것이 아니라, 대상이 사유되어지는 한에 있어서 대상에 내려지는 판단에 있기 때문이다. 그러니까 당연히 다음과 같이 말할 수 있다. 즉 감관이 언제나 올바로 판단하기 때문이 아니라, 전혀 판단하지 않기 때문에 감관은 잘못을 저지르지 않는다고 할 수 있다. 그래서 진리는 물론이고 오류도, 즉 오류를 범하도록 유혹하

224

는 가짜도 판단 안에서만, 다시 말해 우리의 오성에 맺는 관계 안에서만 발견 되어진다. 오성법칙에 완전히 합치한 인식에는 오류가 없다.”

WE termed dialectic in general a *logic of appearance*. This does not signify a doctrine of *probability*; for probability is truth, only cognized upon insufficient grounds, and though the information it gives us is imperfect, *it is not* therefore deceitful. Hence it must not be separated from the analytical part of logic. Still less must *phenomenon* and *appearance* be held to be identical. For truth or illusory appearance does not reside in the object, in so far as it is intuited, but in the judgement upon the object, in so far as it is thought. It is, therefore, quite correct to say that the senses do not err, not because they always judge correctly, but because *they do not* judge at all. Hence truth and error, consequently also, illusory appearance as the cause of error, are only to be found in a judgement, that is, in the relation of an object to our understanding. In a cognition which completely harmonizes with the laws of the understanding, no error can exist.

〈'선험적 변증법'65)〉

———→

* 칸트가 〈순수이성비판〉에 고집했던 가장 구체적 명제(命題)는, '신학적 공상(空想) 금지'였다. 이 점에서 칸트는 볼테르와 완전 동일했다.
* 칸트가 부정한 것은 바로 토마스 아퀴나스(T. Aquinas, 1225~1274) 식 '가톨

---

65) I. Kant(translated by J. M. D. Meiklejohn), *The Critique of Pure Reason*, William Benton, 1980, p.108 'Transcendental Dialectic' ; 칸트(윤성범 역), 순수이성비판, 을유문화사, 1969, p.245 '선험적 변증법'

릭 사고'였다. 그러하기에 헤겔도 '예수의 부활' 같은 (황당한)문제는 일체 입에 담지 않았다.

* 그런데 (칸트의) '이성'이 바로 전통 신학의 '삼위일체' '성신(聖神, Holy Spirit)'이라고 평생을 주장했던 사람이 바로 헤겔이었다.

헤겔은 (개신교 식으로 하나님을 찾아) '이성의 하나님'으로 확신하고 다시 그 '삼위일체' 정신으로 되돌아가, '아버지는 내 안에 계신다.'는 **그 신학적 상상을 표준으로 그 '절대자(하나님)를 (헤겔의) 수중에 넣었다.'고 큰 소리를 쳤다.** (참조, ③-18. 철학 : '절대자를 수중(手中)에 넣는 도구')

그런데 이것(삼위일체)은 역시 '기독교 사제(司祭)들의 공통 신념(信念)'이다.['아버지가 내(I) 안에 계신다.']

③-43 '주인' '노예' '봉사' - A. 아우구스티누스

"그렇지만 바울로 사도가 '종이 된 사람들은 그리스도께 복종하듯이 두렵고 떨리는 마음으로 성의를 다하여 자기 주인에게 복종하십시오.'라고 썼듯이, 사람들에게 알맞은 봉사는 보통 다른 그리스어 '둘레이아(복종, 봉사)'라고 했다. 이에 반해 우리를 위하여 하나님 말씀을 보존하는 관례에 따르면, 하나님에게 예배 올리는 봉사는 언제나 거의 대부분 '라트레이아'라고 한다."

> But that service which is due to men, and in reference to which the apostle writes that <u>servants must be subject to their own masters,</u>[2] is usually designated by another word in Greek,[3] whereas the service which is paid to God alone by worship, is always, or almost always, called $\lambda \alpha \tau \rho \epsilon i \alpha$ in the usage of those who wrote from the divine oracles.

〈'신국론, 10권 1장'[66]〉

---

66) St. Augustine(Translated by M. Dods), *The City of God*, The Modern Library, 1950, Book X 1. p.304 ; 아우구스티누스(추인해 역), 신국론, 동서문화사, 2013, 10권 제1장 p.444

_____→

* 헤겔의 이해에 역시 **빼놓을** 수 없는 존재가 바로 아우구스티누스(A, Augustinus, 354~430)이다.
  앞서 언급하였듯이 헤겔은 그 아우구스티누스의 〈신국(神國, *The City of God*, 426)〉 이론에 크게 의존하고 있다.

* 헤겔은 평생 칸트의 '순수이성'을 그 하나님(여호와)의 다른 명칭인 '절대정신'으로 응용하였다. 그러나 헤겔은 이 아우구스티누스의 〈신국(神國)〉 이론을 바로 '게르만 신국(The German City of God)' '게르만 국가주의(The German Nationalism)'로 대입했다는 점이 헤겔 신학의 가장 큰 병통(病痛)이었다.['병사'와 '무기'가 없는 '神國'에서 '軍國主義 게르만 神國'으로 변했다는 점에서] (참조, ⑧-03. **'게르만 왕국', '신국(神國)', '이성적인 세계'**)

〈'아우구스티누스(A, Augustinus, 354~430)' '신국(神國)'[67]〉

* 그러므로 위에서 아우구스티누스가 언급한 '노예' '주인'의 의미도, 헤겔과 완전 동일한 '하나님과 인간' '국왕(아버지)과 시민(아들)'의 논리이니, 이 '노예' '주인' 논리를 벗어나서 다른 말을 첨가하면 (헤겔 말에 대한) 바른 해설이라고 할 수 없다. (참조, ③-28. **'주인'은 하나님이고, '노예'는 인간이다.** **③-29. '주인(하나님)'과 '노예(인간)'의 관계 ③-30. '노예(인간)'에게 노동이 갖**

---

67) Wikipedia, 'St. Augustine, The City of God'

는 의미)

* 헤겔의 생각으로 '현실적인 무력(武力) 부재의 신국(神國)'은 공상(空想)의 나라이다. 그러나 '병력(兵力)을 소유한 게르만 신국(神國)[軍國主義]'은 위험 그 자체이다. (참조, ⑥-10. '현실적인 것'이 '이성적인 것'이다.)

③-44 '실체'이며 '전능'인 '삼위일체' – A. 아우구스티누스

"우리는 아래와 같이 믿고 주장하며 충실히 설교한다. 성부(The father)가 말씀(the Word) 곧 지혜(Wisdom)를 낳으셨고, 이 말씀이 만물을 만드셨다. 이 말씀은 독생자(the only-begotten Son)시며, 성부와 같이 유일한 분이시며, 성부와 같이 영원하시며 성부와 같이 더할 나위 없이 선하시다. 또 성령은 성부의 영이신 동시에 성자의 영이시며, 성부 및 성자와 함께 실체(co-substantial)가 그분들과 같이 영원하시다고 믿는다. 그리고 이 전체(this whole)는 그 위격의 고유함으로 인해 삼위일체(Trinity)시며, 그 불가분의 신성으로 인해 유일한 하나님이시며, 그 불가분의 전능으로 인해 전능자이시다. 그러나 우리가 한 분씩에 대해 물을 때에는 그 한 분 한 분이 하나님이시며 전능자(omnipotence)라고 대답해야 한다. 삼위일체를 말할 때에는 세 하나님이나 세 전능자가 계신 것이 아니라, 전능하신 한 분의 하느님이시라고 한다. 이 세분의 불가분한 단일성은 그만큼 위대하기 때문에 이렇게 설교되기를 바랐다."

> We believe, we maintain, we faithfully preach, that the Father begat the Word, that is, Wisdom, by which all things were made, the only-begotten Son, one as the Father is one, eternal as the Father is eternal, and, equally with the Father, supremely good ; and that the Holy Spirit is the Spirit alike of Father and of Son, and is Himself consubstantial and co-eternal with both ; and that this whole is a Trinity by reason of the individuality [53] of the persons, and one God by reason of the indivisible divine substance, as also one Almighty by reason of the indivisible omnipotence ; yet so that, when we inquire regarding each singly, it is said that each is God and Almighty ; and, when we speak of all together, it is said that there are not three Gods, nor three Almighties, but one God Almighty ; so great is the indivisible unity of these Three, which requires that it be so stated.

('신국론, 10권 6장'[68])

228

_____✈

* 헤겔이 처음부터 결코 이탈할 수 없는 영역은 바로 이 아우구스티누스가
  명시했던 '삼위일체(하나님, 절대정신)'의 영역이다.
  **헤겔은 이것(절대정신)을 '게르만 국가 사회'에 펼친 결과가 헤겔의 〈법철학〉이
  고, 그것(절대정신)을 다시 '세계 역사 운영 전개'에 적용한 결과가 〈역사철학〉
  이고, 예술 작품들의 '내용(content, 절대정신, 도덕)'으로 주장했던 바가 〈미
  학〉이고, 그것(절대정신)을 '세계 사상사'에 적용했던 결과가 〈철학사〉가 되
  었다.**

* 그런데 그 아우구스티누스와 헤겔이 크게 구분되었던 점은 그 아우구스티누
  스는 '종(a servant)'의 신분을 고수했음에 대해, 헤겔은 '예수' '하나님'과 헤
  겔 자신이 수시(隨時)로 '등격(等格)'이 되었고(참조, **③-18. 철학 : '절대자를
  수중에 넣는 도구' ③-38. '실체(신)'는 자기이다.**), 당시 '게르만 사회'를 그
  '신국(神國, The City of God)'으로 명시하며, '전쟁 불가피론'까지 역설을
  했던 바가 그 헤겔 신학의 특징이다.[瞥濫함과 好戰성] (참조, **⑥-12. 각 개인
  은 '시대의 아들'들이다. ⑥-26. '영구평화(永久平和)론' 비판**)

---

68) St. Augustine(Translated by M. Dods), *The City of God*, The Modern Library, 1950,
   Book XI 1. p.368 ; 아우구스티누스(추인해 역), 신국론, 동서문화사, 2013, 11권 제24장
   p.533

제4장 〈논리학〉

헤겔은 '이성(神)'이 '삼라만상(森羅萬象)' 속에 그대로 나타나 있음을 확신하였다. 그러하기에 그 '절대정신(이성, 신)' 자체를 거스르는 인간(중심)의 논리에 헤겔은 참고 견딜 수가 없었다.

'계몽주의'의 볼테르는 '인격신(人格神) 부정'하였고, 칸트는 그동안 전개되었던 '과학 사상'을 그대로 〈순수이성비판(1781)〉의 '감성(感性)'론에 다 담아, '인간 중심'의 '자유'론을 새롭게 펼쳤다.

신학자 헤겔은 무신론의 칸트를 비판하고, 칸트의 '이성'이 바로 '신(神)'이라는 주장을 폈다. 그러한 결과, 헤겔의 '정신(마음, Spirit, Mind)' 논의는 기존 동양의 불교(佛敎)에 '깨달음(心=이치=Reason)' 문제와 동일하게 되었다. [범아일여(梵我一如 ― Brahman=atman)]

그러나 헤겔의 이탈(離脫)할 수 없는 자리는, 배타적인 기독교 '삼위일체' '절대주의' 논리였으니, 그 헤겔이 '절대정신(이념)'의 논리로 '칸트의 무신론'을 거듭 공격했던 결과가 이 〈논리학〉이라는 저술이다.

④-01 헤겔 〈논리학〉의 개관

"〈논리학(*Science of Logic*, Wissenschaft der Logik, 1812)〉은 그의 논리적 견해를 개괄한 것으로, 전통적인 아리스토텔레스의 삼단 논법(syllogism)을 하부 요소로 삼고 있는 일종의 존재론(Ontology)이다. 헤겔의 경우, 칸트에서 시작되어 헤겔 철학에서 정점을 이룬 독일 관념철학의 가장 중요한 성취가 '현실(reality)'은 정신(mind)을 통해 정신에 의해 형성이 되었음을 제대로 이해를 하면, '현실은 바로 정신'이라는 설명이었다. 이처럼 '궁극적으로 관념'과 '현실의 구조', 주체(subject)와 객체(object)는 동일하다. 그러기에 헤겔의 경우, 모든 현실의 기본 구조는 궁극적으로 합리적이고, 논리학은 단순히 추리나 주장이 아니라 현실의 모든 차원, 모든 현실의 합리적 구조의 중핵이다. 이처럼 헤겔의 논리학은, '존재(being)' '무(nothingness)' '생성(becoming)' '실존(existence)' '현실(reality)' '정수(essence)' '사유(reflection)' '개념(concept)' '방법(method)'의 분석을 포괄한다. 나아가 논리학은 헤겔의 변증법 온전한 설명을 포괄하였다. 헤겔은 논리학을 그의 중요 저작 중의 하나로 생각했고, 최후에까지 개정을 계속하였다. 논리학은 더러 〈대논리학(*Greater Logic*)〉이라고 하여 헤겔이 〈철학백과사전(*Encyclopedia of the Philosophical Sciences*)〉의 〈소 논리학(*Lesser Logic*)〉과 구분을 하고 있다."

((Science of Logic (German: Wissenschaft der Logik, first published between 1812 and 1816) is the work in which Georg Wilhelm Friedrich Hegel outlined his vision of logic, which is an ontology that incorporates the traditional Aristotelian syllogism as a sub-component rather than a basis. For Hegel, the most important achievement of German Idealism, starting with Kant and culminating in his own philosophy, was the demonstration that reality is shaped through and through by mind and, when properly understood, is mind. Thus ultimately the structures of thought and reality, subject and object, are identical. And since for Hegel the underlying structure of all of reality is ultimately rational, logic is not merely about reasoning or argument but rather is also the rational, structural core of all of reality and every dimension of it. Thus Hegel's Science of Logic includes among other things analyses of being, nothingness, becoming, existence, reality, essence, reflection, concept, and method. As developed, it included the fullest description of his dialectic. Hegel considered it one of his major works and therefore kept it up to date through revision. Science of Logic is sometimes referred to as the "Greater Logic" to distinguish it from the "Lesser Logic", the

moniker given to the condensed version Hegel presented as
the "Logic" section of his Encyclopedia of the Philosophical
Sciences.))

〈'헤겔 논리학'[1]〉

_____✈

* 위의 해설자는 헤겔의 입지(立地)에서 〈대(大)논리학〉을 요약을 하였다.
그러나 위의 (해설자)진술에서도 볼 수 있듯이, '궁극적으로 관념과 현실의
구조, 주체와 객체는 동일하다.(Thus ultimately the structures of thought
and reality, subject and object, are identical.)'는 구절에 주목(注目)을 하지
않을 수 없다. 왜냐하면 그것은 단순한 '말장난'이 아니라 '헤겔의 신념(信念)'
이 담긴 것이기 때문이다.

* 해설자는 위에서, '칸트에서 시작되어 헤겔 철학에서 정점을 이룬 독일 관념
철학(the most important achievement of German Idealism, starting with
Kant and culminating in Hegel's own philosophy)'이란, **너무 헤겔 편들기에
급급한 해설**이다.
**즉 칸트는 '현실(객체, 感性, 물자체)'와 '관념(주체, 오성 이성)' 양자를 모두
존중한 '이원론(Dualism)'이고 헤겔은 '관념(주체, 이성, 정신)'으로 통일한 '일
원론(Monism)'이라는 사실과 칸트는 '현실(객체, 감성, 물자체)'를 '실체(實體,
Substance)'로 생각한 계몽주의였음에 대해, 헤겔은 '관념(주체, 이성, 하나님)'
을 '실체(實體, Substance)'로 본 '개신교' 신학자라는 사실을 (해설자는) 다 무시
(看過)하였다.**

* 즉 '진정한 헤겔의 이해'는, 오직 앞서 기존 신학(神學)의 시비곡직을 밝혔던
칸트의 (〈순수이성비판〉)독서로 해결이 난다는 점은 아무리 강조를 해도 오

---

1) Wikipedia, 'Hegel Science of Logic'

히려 부족하다. (참조, ④-25. 우리에게는 '시비(是非) 판정의 의무'가 있다.-I. 칸트)

④-02 헤겔 〈논리학〉 소사(小史)

"헤겔의 〈논리학〉은 그가 〈정신현상학〉을 지은 다음, 뉘른베르크의 중학 교에서 일하며 그의 약혼자와 동거하는 동안 저작되었다. 〈논리학〉은 여러 권으로 되어 있는데, 제1권은 '객관적 논리'로 두 개의 영역으로 나뉘어(존재 의 원리와 정수(精髓)), 각 영역은 1812년과 1813년에 각각 간행이 되었다. 제2권 '주관적 논리'는 1816년에 간행이 되었고, 그해에 헤겔은 하이델베르크 의 철학 교수가 되었다. 〈논리학〉은 학부 학생들에게는 너무 수준이 높아 1817년 논리학의 백과사전식 개정판을 제작하였다.

1826년에 그 책은 재고품이 되었는데, 헤겔은 요청에 따라 약간의 수정을 행하였다. 1831년 크게 개정을 하고 확장된 '존재 이론(Doctrine of Being)'으 로 완성을 하였다. 그러나 나머지 부분은 개작할 시간이 없었다. 제2판 머리 말은 1831년 11월 7일에 작성이 되었는데, 1831년 11월 14일 즉 헤겔의 사망 (死亡)일 바로 직전이었다. 그 판본은 1832년에 세상에 나왔고, 다시 1834~5 년에 사후(死後) 출간으로 세상에 나왔다. 그 〈논리학〉 제2판이 영어로 번역 이 되어 있다."

((Hegel wrote Science of Logic after he had completed his Phenomenology of Spirit and while he was in Nuremberg working at a secondary school and courting his fiancée. It was published in a number of volumes. The first, 'The Objective Logic', has two parts (the Doctrines of Being and Essence) and each part was published in 1812 and 1813 respectively. The second volume, 'The Subjective Logic' was published in 1816 the same year he became a professor of philosophy at Heidelberg. Science of Logic is too advanced for undergraduate students so Hegel wrote an Encyclopaedic version of the logic which was published in 1817.

In 1826, the book went out of stock. Instead of reprinting, as requested, Hegel undertook some revisions. By 1831, Hegel completed a greatly revised and expanded version of the 'Doctrine of Being', but had no time to revise the rest of the book. The Preface to the second edition is dated 7 November 1831, just before his death on 14 November 1831. This edition appeared in 1832, and again in 1834-5 in the posthumous Works. Only the second edition of Science of Logic is translated into English.))

〈'헤겔 논리학'2)〉

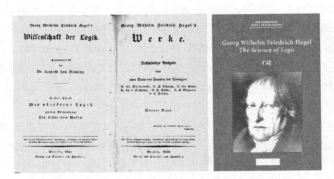

〈'논리학(1834)' '논리학(영역 본)'〉

―――→

* 한국에 헤겔 〈논리학〉은 1955년에 김계숙이 번역을 했고, 1977년에 전원배가 거듭 번역하였다. 1983년에 임석진이 〈대논리학〉을 번역하였다. (참조, ⑫-04. 김계숙 역(1955), 〈헤겔의 논리학〉, ⑫-13. 전원배 역(1978), 〈논리학〉, ⑫-20. 임석진 역(1983), 〈대논리학〉)

④-03 '관념'과 '객체'의 구분은 철학이 아니다.

"헤겔에 의하면 전반적으로 '논리학'이란 '인간 사유 과학(the science of

―――――――

2) Wikipedia, 'Hegel Science of Logic'

thinking)'에서 도출된 형식이다. 헤겔은 '논리학'은 이제까지 사용이 되어왔
고, "더욱 고도의 관점에서" 총체적 근본적 개혁이 요구된다고 생각하였다.
헤겔이 말한 〈논리학〉의 목적은 헤겔이 파악한 모든 다른 이전의 논리학 관
통해 있는 공통적 흐름이라는 것을 극복하는 것이었다. 다시 말해 이전의
논리학은 "인식의 내용(그 존재 상 사상과는 완전 독립되어 있는 객체의 세
계)"과 "인식의 형식(진리가 되는 대상 세계에 순응하고 전적으로 의존적인
그 대상에 관한 생각)"을 완전히 독립적으로 구분해 생각하는 것이었다. 이
성의 과학 속에 발견된 이 연결할 수 없는 간극(間隙)을 헤겔은, 일상생활과
현상적 비철학적 의식의 잔재(殘滓, carryover)라고 헤겔은 생각하였다."

> ((According to Hegel, logic is the form taken by the science
> of thinking in general. He thought that, as it had hitherto been
> practiced, this science demanded a total and radical
> reformulation "from a higher standpoint." His stated goal with
> The Science of Logic was to overcome what he perceived to
> be a common flaw running through all other former systems
> of logic, namely that they all presupposed a complete
> separation between the content of cognition (the world of
> objects, held to be entirely independent of thought for their
> existence), and the form of cognition (the thoughts about these
> objects, which by themselves are pliable, indeterminate and
> entirely dependent upon their conformity to the world of
> objects to be thought of as in any way true). This unbridgeable
> gap found within the science of reason was, in his view, a
> carryover from everyday, phenomenal, unphilosophical
> consciousness.))

〈'헤겔 논리학'3)〉

——→

* 해설자가 구분해 보이고 있는 '인식의 내용(the content of cognition)' '인식
  의 형식(the form of cognition)'의 문제는 칸트가 〈순수이성비판〉에 전제한
  '감성(직관, 표상, 물자체)'를 '내용(Content)'으로 전제하고, '종합력'인 '오

---

3) Wikipedia, 'Hegel Science of Logic'

성, 이성, 판단력'의 작용 방향('형식의 발견')을 '형식(Form)'으로 말했던 것이 있다. (참조, ④-23. '정신(심성)'의 주요 기능은, '감성'과 '오성'이다.-I. 칸트)

* 위의 해설에 역시 주목해야 할 부분은, 헤겔이 '이성의 과학 속에 발견된 이 연결할 수 없는 간극(間隙)을 일상생활과 현상적 비철학적 의식의 잔재 (殘滓, carryover)'라고 규정했다는 부분이다.
* 헤겔은 그의 〈논리학〉 속에서도 '칸트에 대한 비판'을 억제할 수 없었다. 위의 해설자가 편의상 헤겔의 입장에서 '사유 내용'과 '사유 형식'이라는 용어를 통해 칸트를 슬쩍 넘어 헤겔의 통합을 '내용' '형식' 통합으로 변명하고 있다. 그렇지만 근본적인 문제는 '인간 이성'과 '자연(Natural Being, 칸트의 물자 체)'의 두 가지가 남는데, 그것들을 서로 구분해서 설명했던 사람이 칸트이고, 그것을 '절대정신(이성, 神)'으로 통합을 하여 말한 사람이 헤겔이다.[칸트의 '실체'는 '물자체'임에 대해, 헤겔의 '실체'는 '하나님(절대정신)'이다.] (참조, ③-13. '진리=현실=실체=주체=정신=성령=하나님')

④-04 '만물(萬物)은 '절대 신의 외연(外延)'이다.

"(인간의) 의식 속에 그 대립을 해소하는 작업은, 헤겔은 이미 마지막 '절대 지(Absolute Knowing)'의 회득으로 그의 〈정신현상학(Phänomenologie des Geistes, 1807)〉에서 마쳤다고 생각을 하였다 : 절대지는 모든 의식 형태의 진리이다. 왜냐하면... 대상을 그 자체의 명확함에서 구분을 완전히 사라지게 하는 것은 오직 '절대지' 속에서 가능하기 때문이다. 진리란 확실한 것이고, 확실함이 진리이다.' 이처럼 2원론에서 풀려나면 '사유의 과학'은 더 이상 어떤 객체나 사유 밖의 어떤 것을 진리의 시금석으로 작동시키기를 자체 사유의 외연으로 취급하고 모든 가능한 합리적 사고 형식 자체 내부로 결국 포괄하는 발전을 행하게 된다. 헤겔은 말하고 있다. "자연의 창조와 어떤 유한 정신 이전에 신이 그의 영원한 정수(精髓)로 존재하는 것이므로, '절대신'의 외연(外延, the exposition of God)이 그 내용이다." 이 후기 이원론을 드러내는, 헤겔이 사용한 독일어는 '개념(Begriff, 개념)'이란 용어이다."

((The task of extinguishing this opposition within consciousness Hegel believed he had already accomplished in his book Phänomenologie des Geistes (1807) with the final attainment of Absolute Knowing: "<u>Absolute knowing is the truth of every mode of consciousness because ... it is only in absolute knowing that the separation of the object from the certainty of itself is completely eliminated: truth is now equated with certainty and certainty with truth.</u>"[2] Once thus liberated from duality, the science of thinking no longer requires an object or a matter outside of itself to act as a touchstone for its truth, but rather takes the form of its own self-mediated exposition and development which eventually comprises within itself every possible mode of rational thinking. "It can therefore be said," says Hegel, "<u>that this content is the exposition of God as he is in his eternal essence before the creation of nature and a finite mind.</u>"[3] The German word Hegel employed to denote this post-dualist form of consciousness was Begriff (traditionally translated either as Concept or Notion).))

〈'헤겔 논리학'4)〉

——✈

* 위에서 해설자는, 헤겔의 '여호와주의'가 어떻게 작동했는가를 간명하게 알려주고 있다.
  헤겔의 소위 '일원론(Monism)'이란 달리 말해 '여호와(절대정신)의 신학' '여호와에 의한 신학' '여호와를 위한 신학'으로 '개신교도'의 논리이다.

* 헤겔은 〈논리학〉은 칸트의 '이성'을 '이성의 신(God)'으로 설명한 '이성(신)의 존재론'이니 다음 F. 니체(F. Nietzsche, 1844~1900)의 지적에 결코 거짓

---

4) Wikipedia, 'Hegel Science of Logic'

은 없다.

"독일 사람들은 독일 철학이 기독교 피로 더럽혀졌다고 하면 금방 이해를 할 것이다. 개신교 목사가 독일 철학의 할아버지이고, 개신교가 독일 철학의 원죄이다."5)

〈'안티크리스트(영역 본)' 'F. 니체(F. Nietzsche, 1844~1900)'〉

* F. 니체의 위의 비판은, 우선 타키투스(Tacitus, 55~117) 이래 이미 크게 대두된 '게르만 종족주의'6)를 G. 라이프니츠(G. W. Leibniz, 1468~1716), 피히테(Johann Gottlieb Fichte, 1762~1814), 헤겔이 계승을 하였는데 그 중에도 헤겔은 아우구스티누스의 〈신국(神國)〉 이론에 '전쟁불가피론'을 폈던 '극우(極右, the extreme right)파 이론가'였다.

5) F. Nietzsche (translated by T. Common), *The Works of Friedrich Nietzsche, V. Ⅲ, The Antichrist*, T. Fisher Unwin, 1899, p.250 '-Among Germans it is immediately understood when I say that philosophy is spoiled by theological blood. The Protestant clergyman is the grandfather of German philosophy, Protestantism itself is its peccatum originale.'
6) '같은 이유에서 타키투스(Tacitus, 56~117)는, 가울 족(Gauls)을 약탈했고, 가공할 신을 위해 사람을 화형(火刑)한 야만족 게르만 족의 찬양에 온 힘을 쏟았다.' - Voltaire, *The Best Known Works of Voltaire*, The Book League, 1940, pp.388~390 'ⅩⅢ. Of the Scythians and Gomerians'

〈'타키투스(Tacitus, 55~117)' '라이프니츠(G. W. Leibniz, 1468~1716)'
'피히테(Johann Gottlieb Fichte, 1762~1814)'〉

* '게르만 종족주의'는, '유대인의 선민의식(選民意識, Chauvinism Elitism)'과 대
비되는 가장 위험한 '정신 현상'인데, 그것을 최고도로 부풀린 존재가 바로
헤겔이었다. (참조, ⑥-14. 프로테스탄티즘 고유 원리 ⑦-09. 개신교의 영웅,
프리드리히 대왕 ⑧-01. '게르만의 자유(윤리)' 속에 달성된 '개인의 오성(悟性)'론)
그리고 그 '종족주의' '국가주의'를 바탕으로 한 '군국주의(Militarism)' '제국
주의(Imperialism)'의 지향에 어김없이 나타나는 것이 '전쟁의 도발(挑發)'이
고, 그 독일의 '종족주의' '국가주의'가 '제1차, 제2차 세계대전의 주요 원인'이
라는 점은 아무도 부정할 수 없다.[그 실질적 대상국이 '영국'도 동일한 제국
주의였음.]

〈'제1차 대전 전에 미국을 공격하려 계획한 비밀 독일 계획'7) '대전, 전쟁의 의미'8)〉

---

7) Wikipedia, 'the First[Second] World War' — 'The Secret German Scheme To Invade
   America Before The First World War'
8) Wikipedia, 'the First World War' — 'The Great War: a battle for meaning'

〈'2차 대전 묵시록'9) '2천 7백만의 사상자를 낸 러시아(소련)'10)〉

* 무엇이 독일로 하여금 '양차(兩次) 대전'을 주도하게 하였는가? '종족 우월주의'를 강론한 타키투스, 피히테, 헤겔의 강론을 즐겨 수용한 '신국 민(神國民)의 자존심(The Pride of Citizen of God)'이 그 근본 이유이다. (참조, ⑥-37. 독일 '국가 사회주의(나치즘)'-A. 히틀러 ⑥-38. '세계 근대 문명'은, '게르만(아리안) 문명'이다.-A. 히틀러 ⑧-03. '게르만 왕국', '신국(神國)', '이성적인 세계')

④-05 〈논리학〉의 '전반적(全般的) 분야' 개관

"그 통일된 의식이나 개념의 자체 설명은, 본질적으로 논리적 변증법적 진행(logical, dialectical progression) 속에 필수적인 자기 결정의 단계들을 뒤따르게 한다. 그 과정은 객관적인 것에서 주관적인 '측면'(또는 판단이라 헤겔을 불렀음)으로 향한다. 그 존재(its Being)라는 객관적인 측면은 그 자체가 개념(the Notion)으로 바뀌나 물과 같은 무기물(無機物)의 자연 존재 개념도 마찬 가지이다.

제1권의 주제는 '존재의 이론(The Doctrine of Being)'이다. 제3권은 '개념 이론이 개념이나 개념 자체 힘으로 개념의 주체적 측면을 한정한다. 자연 속에 개념은 인간, 동물, 식물 등의 형태를 취한다.' 존재가 개념으로 충분히 알게 되는 그 변전 과정(The process of Being's transition to the Notion)은

---

9) Wikipedia, 'the Second World War'-'APOCALYPSE: THE SECOND WORLD WAR'
10) Wikipedia, 'the Second World War'-'But the Soviet Union lost a staggering 27 millions -about half of all the casualties of the Second World War.'

제2권에 요약되어 있다. 그 정수(精髓)는 논리학의 객관적 구분 속에 포함되어 있다. 〈논리학〉은 다음과 같이 나뉘어 있다.

　제1권 '객관적인 논리학'

　　제1책 '존재의 이론'

　　제2책 '정수(精髓)의 이론'

　제2권 '주체적인 논리학'

　　제3책 '관념의 이론'

　그러나 이 구분은 엄밀히 정돈된 진전을 나타내고 있는 것은 아니다. 책의 끝에서 헤겔은 모든 논리적 진전 과정을 '단일한 절대 이념(a single Absolute Idea)'으로 통합을 한다. 그 다음 헤겔은 그 궁극의 '절대 이념'을 그 책의 첫머리에 소개한 단순한 개념의 존재(the simple concept of Being)와 연결을 하고 있다. 이런 이유로 〈논리학〉은 사실 하나의 원(圓, circle)을 이루어 어디에도 그 출발점은 없어 차라리 총체적이다. 그러나 이 총체성은 그 자체이고, 헤겔이 그의 〈철학 백과사전(Encyclopedia of the Philosophical Sciences, 1817)〉에서는 '전체(a whole)' '순환의 순환(circle of circles)'을 포괄하여 개발한 '자연 과학' 정신과학 '논리학'의 세 개의 과학적 연결 고리를 이루었다."

　　　((The self-exposition of this unified consciousness, or Notion, follows a series of necessary, self-determined stages in an inherently logical, dialectical progression. Its course is from the objective to the subjective "sides" (or judgements as Hegel calls them) of the Notion. The objective side, its Being, is the Notion as it is in itself [an sich], its reflection in nature being found in anything inorganic such as water or a rock. This is the subject of Book One: The Doctrine of Being. Book Three: The Doctrine of the Notion outlines the subjective side of the Notion as Notion, or, the Notion as it is for itself [für sich]; human beings, animals and plants being some of the shapes it takes in nature. The process of Being's transition to the Notion as fully aware of itself is outlined in Book Two: The Doctrine of Essence, which is included in the Objective division of the Logic. The Science of Logic is thus divided like this:

　　　Volume One: The Objective Logic

Book One: The Doctrine of Being
Book Two: The Doctrine of Essence
Volume Two: The Subjective Logic
Book Three: The Doctrine of the Notion
This division, however, does not represent a strictly linear progression. <u>At the end of the book Hegel wraps all of the preceding logical development into a single Absolute Idea.</u> Hegel then links this final absolute idea with the simple concept of Being which he introduced at the start of the book. Hence the Science of Logic is actually a circle and there is no starting point or end, but rather a totality. This totality is itself, however, but a link in the chain of the three sciences of Logic, Nature and Spirit, as developed by Hegel in his Encyclopedia of the Philosophical Sciences (1817), that, when taken as a whole, comprise a "circle of circles."))

〈'헤겔 논리학'11)〉

_____✈

* 헤겔은 '개념(Notion)'으로 '대상(Natural Objects)'을 대체(代替)하였다.['헤겔의 5대 거짓말' 중 제 1회] (참조, ③-26. 대상(Objects)과 개념(Conceptions)의 일치)

* 칸트가 〈순수이성비판(1781)〉에서 플라톤의 '이념'을 제한적으로 수용했음['감성'의 종합 능력으로서의 '이성 개념'으로 사용함]에 대해, 헤겔은 '이성(Reason)=신(God)' 공식 하에 '자연물=개념'으로 전제하고 그것들을 다시 '절대이념(Absolute Idea, God)'에 종속시켜 주장한 결과가 그의 〈논리학〉이다. (참조, ③-32. '이성(理性)'에 의해 창조된 세계)

* 그렇지만 '칸트 철학'과 '헤겔 철학'의 구분은, '인간 중심 철학(칸트)'과 '절대정신(신) 중심의 신학(헤겔)'이란 엄연한 판별이 있다. (참조, ④-25. 우리에게는 '시비(是非) 판정의 의무'가 있다.-I. 칸트)

---

11) Wikipedia, 'Hegel Science of Logic'

④-06 칸트 철학은, 신(神)이 없는 신전(神殿)이다.

 "일찍이 칸트 철학이 내세운 공교적(公敎的)인 학설,─즉 오성은 결코 경험을 넘어서서는 안 되거니와 만약 그렇지 않을 경우엔 인식 능력이 다만 공염불 이외의 그 어떤 것도 잉태할 수 없는 이론이성에 그치고 말리라고 한 그 학설이야말로 학문적인 면에서 사변적(思辨的) 사유의 거부를 정당화하는 것이 되었다. 결국 이렇듯 통속적 이설(理說)에 발맞추어서 최근에는 교육학도 어디까지나 직접적인 필요의 충족을 위한 문제에만 안목을 돌리려는 시대적 요구에 따라서 목청을 돋우기에 이르렀으니, 그것은 마치 인식에 있어서는 경험이 일차적인 것이어야만 하듯이 또한 공사(公私)를 막론한 생활상의 편의를 위해서도 이론적 식견은 유해할 뿐이며 다만 연습이나 실제적인 도야만이 언제나 본질적이며 오직 권장할 만한 입장이다.─이제 이렇듯 학문과 상식이 다 같이 형이상학의 몰락을 초래한 데 합세한 나머지 급기야는─마치 갖가지 장식으로 꾸며져 있긴 하면서도 가장 존귀한 신(神)은 모시지 않고 있는 사원(寺院)의 경우와도 같이─형이상학이 없는 개화된 민족이라고 하는 해괴한 광경이 빚어지는 사태에 다다랐다."

 The exoteric doctrine of Kantian Philosophy that Understanding cannot go beyond Experience, because if so the faculty of cognition would be a merely theoretical intelligence which could by itself produce nothing but idle fancies of the brain—this doctrine has given a scientific justification to the renunciation of Speculative Thought. This popular doctrine was supported by the cry of modern educationalists, voicing the needs of the hard times, which draw men's attention to immediate requirements ; it was clamoured that as for knowledge experience is the starting point, so for ability in public and in private life, theoretical insight is actually injurious, while it is practice and technical education which are above all essential, and alone lead to better things. *Philosophy* and crude *Common Sense* playing thus into each other's hands for the downfall of Metaphysic, there was presented the strange spectacle of a cultured people having no Metaphysic—as it were a temple, in all other respects richly ornamented, but lacking its Holy of Holies.

〈'서문'12)〉

---

12) G. W. F. Hegel(translated by W. H. Johnston & L. G. Struthers), *Science of Logic*, George Allen & Unwin LTD, 1951, V 1 pp.33~34 'Preface to the first edition' ; 헤겔(임석

_____✈

* 이 헤겔의 〈논리학〉 '서문'은 1812년 헤겔 나이 42세에 작성한 것이다. 그 구체적인 연대가 필요한 이유는 '헤겔의 칸트' 비판은 헤겔 사상의 전개와 긴밀한 연관성이 있기 때문이다.

  즉 헤겔은 '기독교 신(God) 중심'의 사고를 떠날 수 없었다. 그리하여 소위 계몽주의 이끈 뉴턴 볼테르 칸트는, 헤겔의 '3대(大) 폄훼(貶毁) 인물'이다. 왜 그러했는가? '기독교 신 중심 논의' 신학도 논의에 '엄밀학(嚴密學, *les sciences exactes*)'은 소용이 없는데, 뉴턴 볼테르 칸트는 그 '과학' 즉 영국의 '경험주의' 긍정적으로 받아들였기 때문이다. (참조 ②-05. **엄밀학(嚴密學, *les sciences exactes*)'은 종교와 대립한다.**)

* 헤겔은 자신의 〈정신현상학〉에서도 칸트를 주요 대목마다 비판을 하였는데, 〈논리학〉에서는 그 '서문'에서부터 공개적으로 비판을 하고 나왔다. 즉 헤겔이 위에서, '오성(悟性)은 결코 경험을 넘어서서는 안 되거니와 만약 그렇지 않을 경우엔 인식 능력이 다만 공염불(Understanding cannot go beyond Experience, because if so the faculty of cognition would be a merely theoretical intelligence which could by itself produce nothing idle fancies of brain)'라고 한 것은 헤겔이 칸트의 〈순수이성비판〉의 기본 전제 ('감성-Sensibility' '오성-Understanding'), 소위 '이원론(Dualism)'을 부정(否定)한 것으로 결국은 헤겔의 자신의 '절대정신(신) 중심'을 옹호하기 위한 것이다. (참조, ②-40. **'절대적 전체성'이라는 이념은, '오성 법칙'에 응한 한도 내에서의 문제이다.-I. 칸트**)

* 그러면 헤겔의 생각은 무엇인가? 헤겔은 '이성(정신, 마음)'은 '절대자(God)'이지만, '인간(예수, 헤겔)'을 통해 세상에 명시되고 있는데, 인간의 여러 속성 중에 특히 '이성(Reason)'으로 '하나님'을 알 수 있고, 그것(理性)이 '개

  진 역), 대논리학, 지학사, 1983, 권1 pp.19~20 '서문'

인(예수, 헤겔 등)의 주인'이 될 때 개인적 사회(국가)적 구원(救援)의 길이 열린다는 '개신교도' 헤겔의 확신이었다.['이성적인 사람'='개신교도'] (참조, ⑥-10. '현실적인 것'이 '이성적인 것'이다. ⑥-14. 프로테스탄티즘 고유 원리)

④-07 존재, 순수 존재(純粹存在)

　　"존재, 순수존재(Being, pure Being) - 이것은 그 이상의 아무런 다른 규정도 지니지 않는 것이다. 존재는 이러한 그의 무(無)규정적인 직접성 속에서는 오직 자기 자신과 동등할뿐더러 또한 타자에 대해서 부등한 것이 아니므로 결국 이것은 자기 내부에 있어서나 또한 외부에 대해서도 아무런 상이성을 지니지 않는 셈이다. 그리하여 존재는 결코 그 어떤 규정이나 존재 자체 내에서 구별되는 내용에 의해서도, 아니면 또 존재를 어떤 다른 존재로부터 구별된 것으로 정립되도록 하는 내용에 의해서도 그 순수성이 지켜질 수는 없다. 여기서 존재는 오직 순수한 무 규정성이며 공허함일 따름이다. - 여기서 만약 직관에 대해서 언급된다 할지라도 결코 이 존재 속에서는 직관될 수 있는 것이란 아무것도 없다고 하겠으니, 다시 말해서 존재는 오직 이와 같이 순수하고도 공허한 직관 그 자체일 뿐이다. 이에 못지않게 또한 존재 속에는 사유할 수 있는 것이라곤 아무것도 없으니, 결국 이것은 오직 공허한 사유임을 나타내는 것뿐이다. 이렇게 볼 때 실로 무 규정적인 직접적인 것으로서의 존재는 무(無)로서 결코 이것은 무(無) 이상도, 그리고 그 이하도 아닌 것이다."

> BEING, pure Being—without any further determination. In its indeterminate immediacy it is similar to itself alone, and also not dissimilar from any other; it has no differentiation either within itself or relatively to anything external; nor would it remain fixed in its purity, were there any determination or content which could be distinguished within it, or whereby it could be posited as distinct from an Other. It is pure indeterminateness and vacuity.—Nothing can be intuited in it, if there is any question of intuition, or again it is merely this pure and empty intuition itself; equally there is in it no object for thought, or again it is just this empty thought. In fact, Being, indeterminate immediacy, is Nothing, neither more nor less.

〈'존재'13)〉

_____✈

* 헤겔의 위에서 '존재, 순수존재(Being, pure Being)'라고 말한 것은 칸트의 〈순수이성비판(The Critique of Pure Reason, 1781)〉에 언급한 '심성(心性, The Mind)'14)과 동일한 것이다.

즉 칸트(I. Kant, 1724~1804)의 불변의 전제는 "감성(感性)이 없이는 아무 대상도 우리에게 주어지지 않을 것이며, 오성(悟性)이 없으면 아무 대상도 사유되지 못 할 것이다. 내용이 없는 사유는 공허하고 개념이 없는 직관(直觀)은 맹목(盲目)이다.(Without the sensuous faculty no object would be given to us, and with understanding no object would be thought. Thoughts without content are void ; intuition without conceptions, blind.)"15)라는 것이다.

한마디로 칸트 철학의 출발점은 '감성(the sensuous faculty)'의 대상으로서, 소위 '물자체(物自體, The Thing In Itself)'16)를 '경험 과학'의 근거로 명시하고, '진리(truth)'는 "인식과 인식 대상이 일치하는 것(the accordance of the cognition with its object)"17)라고 하여 과학적 탐구의 대도(大道)를 명시하였다.

---

13) G. W. F. Hegel(translated by W. H. Johnston & L. G. Struthers), _Science of Logic_, George Allen & Unwin LTD, 1951, V 1 p.94 'Being' ; 헤겔(임석진 역), 대논리학, 지학사, 1983, 권1 p.75 '존재'

14) I. Kant(translated by J. M. D. Meiklejohn), _The Critique of Pure Reason_, William Benton, 1980, p.41

15) I. Kant(translated by J. M. D. Meiklejohn), _The Critique of Pure Reason_, William Benton, 1980, p.34

16) I. Kant(translated by J. M. D. Meiklejohn), _The Critique of Pure Reason_, William Benton, 1980, p.26

17) I. Kant(translated by J. M. D. Meiklejohn), _The Critique of Pure Reason_, William Benton, 1980, p.36

〈'순수이성비판(1781)' '순수이성비판(영역 본)'〉

* 이에 대해 개신교도 헤겔은, '이성(Reason)이 바로 신(God)'으로 **마음(the Mind, 정신, Spirit)의 세계'가 '신(God)의 세계'로서, 그 '절대정신(The Absolute Spirit-God)' '절대이념(The Absolute Idea-God)'가 바로 '절대 존재' '절대 자유' '절대 가치' '절대 진리'라고 강조하였다.** (참조, ②-09. '신(God)'이 '절대 진리', '절대 가치', '절대 자유'이다.)

* 그러면 그 '칸트의 말'과 '헤겔의 주장'의 주장은 무엇이 어떻게 다른가. 칸트의 '오성(이성)'이란 인간의 '감성(외부 사물, 物自體)'를 '종합(통합)하는 능력'으로 규정하였다. 이에 대해 헤겔은 그 '오성(이성)'은 하나님을 알아보는 능력이고, 그것은 실상은 '하나님'을 떠나면 아무 의미가 없다는 주장이다. 왜냐하면 '모든 존재(All Beings)'는 하나님이 창조였고, 하나님의 다른 모습이라는 주장에 있었다. (참조, ②-14. **'하나님(절대신)'이 '아들(만물, 자연물)' 을 창조하셨다. ④-4 '만물(萬物)은 '절대 신의 외연(外延)'이다. ⑧-15. 인간 이성은 자력(自力)으로 진리에 도달할 수는 없다.**)

즉 헤겔은 칸트가 주장한 '감성(표상, 물자체)' '오성(이성, 판단력, 정신)'도 '하나님'과 무관한 사항이 없는데 공연(空然)한 주장을 일삼은 '불쌍한(구원 받을 수 없는) 존재'라는 신학자 특유의 주장을 폈다. (참조, ⑧-25. **칸트의 불쌍한 '이율배반(Antinomies)'**)

* 헤겔의 '존재 순수 존재(Being, pure Being)'란 칸트의 '심성(The Mind, The Spirit)'과 동일한 개념이지만, 칸트는 그것을 '진리' '인식과 인식 대상이 일치함(the accordance of the cognition with its object)'을 이루는 '감성' '인식'의 통일, '자연 일반 현상(現象, Phenomenon) 통일'에 국한했던 것을, 헤겔은 그 '감성(표상, 물자체)'을 '완전 무의미하다.(假像, Appearance)'고 단정하고 '절대존재' '순수존재' '절재정신' '실체(이성, 신)' 논의만 몰두했음이 그의 문제였다. (참조, ③-42. **'현상(現象)'과 '가상(假象)'을 서로 혼동을 해서는 안 된다.-I. 칸트)**

* 헤겔의 '순수존재(Being, pure Being)'를 '가짜 논리학' '변증법'으로 도해를 하면 다음과 같다.

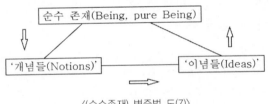

《(순수존재) 변증법 도(7)》

* 헤겔의 '절대정신(하나님, 이성) 사랑'은 그 개인의 취향으로 옹호될 수 있을지 모르지만, (살아 있는, 생명을 유지하는)헤겔의 실제 상황은 전혀 '불가능의 공론(空論)'이다.['육체' 속의 '이성'이라는 측면에서]

즉 헤겔의 '감성(표상, 물자체, 육체)' 무시는, 바로 헤겔의 '염세주의(Pessimism)' '우울증(憂鬱症, Hypochondria Depression)' '허무주의(Nihilism)' '현세부정(Negation of This World)'의 다른 표현이기 때문이다. [힌두이름] 그러함에도 헤겔은 역시 이것들을 거점으로 헤겔의 '배타주의(Exclusionism)' '우월주의(Chauvinism)' '전쟁광(warmonger)'의 속성을 정당화하였다. (참조, ⑤-13. **'자살(自殺)'의 긍정 ⑨-23. '자기 파괴'가 '영원한 정의(正義)'이고 인간 본성이다. ⑨-30. 몰락(죽음)=영원한 정의=윤리적 실체=만족)**

* 개신교도로서 헤겔은 '계몽주의(합리주의, 과학주의)'를 겉으로 다 아는 채하였지만, 사실상 헤겔의 마음은 이미 그 이전에 아우구스티누스(A, Augustinus, 354~430) 〈신국(神國, The City of God, 426)〉 이론에 몰입(沒入)이 되어 '병든 상태[우울증]'에 있었다. (참조, ⑧-03. '게르만 왕국', '신국(神國)', '이성적인 세계')

④-08 무(無, Nothing), 순수 무(純粹無, pure Nothing)

"무(無), 순수 무(純粹無). 이것은 자기 자신과의 단순한 동등성이며 완전한 공허성인가 하면 또 규정과 내용이 전혀 결여된 것으로서 결국 그 자체 내에서의 무 구별성이라고 하겠다. ― 그러므로 이것을 만약 직관이나 사유와 관련시켜 본다고 할지라도 도대체 그것은 어떤 것이 직관되거나 사유되는 것일 수도 있고, 아니면 또 아무것도 직관되거나 사유되지 않는 것일 수도 있는 어떤 구별에 해당될 뿐이다. 이렇게 볼 때 모름지기 여기서는 아무것도 직관하거나 사유하지 않는 것마저도 어떤 의미를 지니는 것이 된다. 즉, 우리의 직관이나 사유 속에는 무(無)가 있다고도 하겠으며, 혹은 또 이 무(無)는 오히려 공허한 직관이나 사유 그 자체이기도 한 것이다. 결국 여기서 무(無)는 순수 존재에 비길 수 있는 공허한 직관이며 사유인 셈이다. ― 이럼으로써 무(無)는 순수 존재와 다를 바 없는 바로 그와 같은 동일한 규정이며 혹은 또 오히려 몰 규정성이라고도 하겠으니, 이제 무는 순수존재와 다를 바 없는 것이 된다."

> Nothing, pure Nothing: it is simple equality with itself, complete emptiness, without determination or content: un-differentiatedness in itself.—In so far as mention can here be made of intuition or thought, it is considered a distinction whether we intuit, or think, something or nothing. In that case, to intuit, or think, nothing, has a meaning: so if intuition or thought of Being and of Nothing are distinguished, then Nothing *is* (or does exist) in our intuition or thought; or rather, it is this empty intuition and thought itself: the same empty intuition or thought, as pure Being.—Nothing, therefore, is the same determination (or rather lack of determination), and thus altogether the same thing, as pure Being.

〈'무(無)'18)〉

_____ ✈

* 헤겔의 '무(無)'는 불교적인 '무(無)'와 동일한 종교적 '허무주의(Nihilism)'를 배경으로 한 것이다. 헤겔은 신학자로서 (신의) '천지 창조'를 믿고 있으나, 신(이성)은 그 [개인이 깨닫기]이전부터 있었다고 전제하고 있다. (참조, ② -26. 세계 창조 이전에 계셨던 신(성부))

  그러므로 '진정한 무(Pure Nothing)'도 신(God)일 수밖에 없다.[범아일여(梵我一如)]

* 헤겔은 고유의 (배타적)개성으로 동양(인도, 중국)을 전적으로 무시하고 있었으나, '존재'와 '무'의 동일시는 동양(불교)의 일반론 '허무주의(Nihilism)'을 수용한 것이다.

* 그러나 앞서 살폈듯이 그 '허무주의(Nihilism)'란 자신의 '우울증'과 연계된 헤겔의 개인적인 '성격'으로도 오히려 치료(治療)가 필요한 사항이고, 그것을 세상의 공론, '인류의 교육지표'로 삼자는 유(類)는 한국에서도 신라(新羅) 고려시대나 유효했던 사항으로, 벌써 조선왕조 건국(1392)부터는 '현세 중심'의 유교(儒敎) 교육이 주류를 이루었다.[抑佛崇儒]

* '허무주의'가 불가피하다는 헤겔 식 결정론(決定論, determinism)은, 사실상 1916년 '다다 혁명 운동'으로 더 이상 지구촌(地球村, The Global Villages) 인간의 '공론(公論)'이 될 수는 없었다. (참조, ②-08. 만물은 '신(God)'에서 출발하고 '신'에게로 돌아간다.)

---

18) G. W. F. Hegel(translated by W. H. Johnston & L. G. Struthers), *Science of Logic*, George Allen & Unwin LTD, 1951, V 1 p.94 'Nothing' ; 헤겔(임석진 역), 대논리학, 지학사, 1983, 권1 pp.75~6 '무(無)'

250

＊ 그래서 S. 달리는 명작 '기억의 고집(The Persistence of Memory)'을 제작하여, '물렁한 시계(soft watch)'로 '시간 무시' '현재 중심' '생명 중심'의 자신의 인생관 세계관을 명시하였다.

〈'기억의 고집(1931)'[19) 'S. 달리와 갈라(1937)'[20)〉

④-09 '존재'와 '무'는 동일한 것이다.

　"순수 존재와 순수 무는 동일한 것이다. 따라서 진리일 수 있는 것은 존재이거나 또는 무가 아니라 무(無) 속에 있는 존재이며 또 존재 속에 있는 무로서 — 이것은 단지 이행하는 것이 아니라 — 오히려 이행된 상태에 있는 것이다. 그러나 또한 이에 못지않게 진리는 이 양자의 무 구별성을 의미하는 것이 아니라 모름지기 이들이 절대적으로 구별되어 있으면서 동시에 서로가 각기 자기 반대 물(反對物) 속에서 소멸되는 데 있다. 이렇게 볼 때 결국 이 양자의 진리는 한쪽이 다른 한쪽 속에서 직접적으로 소멸되는 운동, 즉 생성에 있거니와, 다시 말해서 이것은 양자가 구별되면서도 또한 이들 스스로가 직접적으로 해소되는 그러한 구별의 과정을 거쳐 가는 운동을 뜻한다."

---

19) R. Descharnes, *Salvador Dali; The Work The Man*, Harry N Abrams, 1989, p.163 'The Persistence of Memory(1931)' ; S. 달리가 거부한 '엄격한 결정론적 가정(假定, the assumption that time is rigid or deterministic)'소위 '결정론(決定論, determinism)'란, '예정설'과 동류의 '인간은 죽게 마련'이라는 생각을 기초로, '출생과 사망을 필연성'에 연계하는 헤겔 식 사고들이다.

20) R. Descharnes, *Salvador Dali; The Work The Man*, Ibid, p.156 'Dali and Gala(1937)'

> Pure Being and pure Nothing are, then, the same; the truth
> is, not either Being or Nothing, but that Being—not passes—
> but has passed over into Nothing, and Nothing into Being.
> But equally the truth is not their lack of distinction, but that
> they are not the same, that they are absolutely distinct, and
> yet unseparated and inseparable, each disappearing imme-
> diately in its opposite. Their truth is therefore this movement,
> this immediate disappearance of the one into the other, in
> a word, Becoming; a movement wherein both are distinct,
> but in virtue of a distinction which has equally immediately
> dissolved itself.

〈'존재와 무의 통일'21)〉

――――→

* '절대존재(신, 이성)' '절대정신'에 심취(深醉)한 헤겔은 모든 것이 '하나님의
  뜻' '하나님의 작용' '하나님의 모습'이 아닌 것이 없었다. 그 '절대자'를 거듭
  확인해주고 '절대자 모시기'를 오로지 하게 하기 위해서 제작된 저작이 바로
  이 〈논리학〉이다.
  그러므로 이 '헤겔의 〈논리학〉이 어렵다'라고 말하는 사람은, '헤겔의 하나
  님을 향한 열광(Fanaticism)'을 다 수용하지 못 것에 연유한 것이니, [광신의
  개신교도 아닌 일상의 경우로는 그 '수용이 어려움'은 지극히 자연스런 현상
  이다.

* 이러한 '개신교도 헤겔 식 열정'은, 바로 그 칸트가 우려했던바 그 '동어반복
  (tautology)'의 '삼위일체' '변증법(가짜 논리학)'으로 중세 기독교 (가톨릭)신
  학의 연장에 불과한 것이다.
  한편 개신교 신학자 헤겔은, 구교(舊敎, 가톨릭)에서 (〈성경〉 그대로) 인정하
  고 있는 예수의 '육신의 부활' 등을 우회(迂廻)하여, '이성(Reason)의 하나님'으
  로 직행하였으나, 그것을 다시 '게르만의 신국(神國) 건설' '게르만 제국주의

――――――――――――

21) G. W. F. Hegel(translated by W. H. Johnston & L. G. Struthers), *Science of Logic*,
    George Allen & Unwin LTD, 1951, V 1 p.95 'Unity of Being and Nothing' ; 헤겔(임석진
    역), 대논리학, 지학사, 1983, 권1 pp.76~7 '존재와 무(無)의 통일'

(German Imperialism)' '현실주의'로 적극 활용을 했던 점이 그 '구교'와 서로 차이를 보였던 또 다른 난점(難點)이다. (참조, ②-37. **변증법'은, '오류(誤謬)의 논리학'이다.-I. 칸트, ②-39. 스콜라 철학자들의 '동어반복(Tautology)'-I. 칸트**)

〈'헤겔의 휴일(1958)'22) '헤겔의 휴일(1959)'23)〉

* 초현실주의 화가 R. 마그리트(R. Magritte, 1898~1967)는 '헤겔의 휴일(1958, 1959)'을 그려 '헤겔 변증법(반대의 통합)'을 조롱하였다.

* 마그리트는 '마셔야 할 물(컵 속의 물)' '피해야 할 물(빗물)'의 대립(모순)을 공존시켜, '절대정신(신)' 중심의 '일원론(Monism)'이 '인생 경영(일상생활)' 에 무용(無用)함을 간단히 명시하였다.['물 한 컵'도 '肉身'을 기르는 罪스런 일임 – 헤겔](참조, ②-28. **신(God)이 진리이다.**)

④-10 '존재'와 '무(無)'의 일치는 동양적인 것이다.

"이 순수존재라고 하는 단순한 사상은 파르메니데스(Parmenides)가 처음 으로 절대자이며 유일한 진리라고 언명하였거니와 또한 오늘날까지 전해져 오는 단편록(斷片錄) 속에서 그는 처음으로 사유의 절대적 추상성 속에서 포 착한 사상이라는 데 대한 순수한 감동을 안고 : '오직 존재만이 있을 뿐 무

22) S. Gohr, *Marette : Attempting the Impossible*, d. a. p., 2009, p.262, Rene Magritte (1898~1976) 'Hegel's Holiday(1959)'
23) B. Noel, *Magritte*, Crown Publishers, 1977, p.67 'Hegel's Vacation(1959)'

(無)는 결코 존재하지 않는다.'고 설파하였다. ─ 그런데 심오한 사상가였던 헤라클리트(Heraklit)는 그렇듯 단순하고 일면적인 추상성에 대해서 생성이라고 하는 좀 더 높은 차원의 총체적인 개념을 역설하면서 '무가 없는 것과 마찬가지로 존재도 있을 수 없다.' 혹은 '만물은 유전(流轉)한다.' 즉 '모든 것은 생성일 뿐이다.'라고 하였다. ─ 이를테면 '존재하는 모든 것은 그의 탄생과 함께 이미 그 속에 자기 소멸의 씨앗을 잉태하고 있으며, 또한 반대로 죽음이야말로 오히려 새로운 삶에의 문호(門戶)가 되는 것'이라고 하는 흔히 일컬어지는 유별나게 동양적인 듯한 격언도 근원적으로는 존재와 무(無)의 일치를 나타내 준다."

> The simple idea of pure Being was first enunciated by the Eleatics, as the Absolute and as sole truth; especially by Parmenides, whose surviving fragments, with the pure enthusiasm of thought first comprehending itself in its absolute abstraction, proclaim that "Being alone is, and Nothing is not at all."─It is well known that in oriental systems, and essentially in Buddhism, Nothing, or the Void, is the absolute principle.─Herakleitos was profound enough to emphasize in opposition to this simple and one-sided abstraction the higher total concept of Becoming, saying: "Being is no more than Nothing is," or "All things flow," which means, everything is Becoming.─Popular sayings, chiefly oriental, to the effect that everything which is has in its birth the germs of its decay, while death conversely is entrance to a new life, express at bottom the same union of Being and Nothing.

〈'주석(註釋) 1'24)〉

〈'파르메데스(b.c. 6세기 경)' '헤라클레이토스(b.c. 535~475)'〉

---

24) G. W. F. Hegel(translated by W. H. Johnston & L. G. Struthers), *Science of Logic*, George Allen & Unwin LTD, 1951, V 1 pp.95~6 'Observation 1' ; 헤겔(임석진 역), 대논리학, 지학사, 1983, 권1 p.77 '주석 1'

* 한국에서는 그 '헤겔 식 사고'를 이미 신라(新羅) 시대에 끝을 내었다. 즉 기존 '기독교 신앙'을 헤겔 식 '심성(心性, 절대 정신)'으로 해석했던 것 (〈정신현상학〉 〈논리학〉)은, 사실상 불경(佛經)에 있었던 논리로 헤겔은 그것을 다시 기독교 식 해석해 놓고 (칸트 철학을 스스로 극복한 존재로) 뽐을 낸 것이었다. (참조, ⑧-25. 칸트의 불쌍한 '이율배반(Antinomies)')

* 즉 헤겔의 '심성(心性, Mind Spirit)'론은 신라 의상대사(義湘大師, 625~702) 의 '법성게(法性偈)'의 논리와 동일한 것인데, 헤겔은 그것을 기독교 정신(성령)에 적용해 놓고, 자신의 신학을 '절대정신(하나님) 철학'이라 하였다. (참조, ②-19. 우리(기독교인)는 우리 신과 하나이다. ③-18. 철학 : '절대자를 수중(手中)에 넣는 도구')
헤겔은 의상대사 사망 1105년 뒤에 〈정신현상학(1807)〉을 지어놓고, '세계에서 최고로 우수한 종교(改新敎)', '가장 선진 종족(게르만)'이라는 '배타주의' '국수주의' 망상(chauvinistic illusion)에 빠져 있었다.

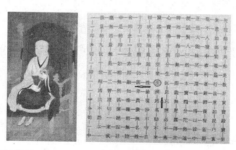

〈'의상대사(義湘大師, 625~702)' '화엄일승법계도(華嚴一乘法界圖)'[25]〉

---

25) 이기영 역, 한국불교사상, 삼성출판사, 1990, p.558 '華嚴一乘法界圖' '일체의 티끌 속에/ 또 역시 그러하네(一微塵中含十方 一切塵中亦如是)'란 〈우파니샤드〉의 '<u>저것(Brahman, Ultimate Reality)도 완전하고, 이것(atman, The Individual Self)도 완전하도다,(That is full; this is full)</u>'의 다른 표현이다. — S. Radhakrishnan, *The Principal Upanisads*, George Allen & Unwin LTD, 1953, p. 566 'Isa Upanisad' ; 이재숙 역, 우파니샤드,

헤겔에 앞서 의상대사(義湘大師)는 그의 '법성게(法性偈)'에서, '하나의 티끌 속에/ 십방세계 들어있고// 일체의 티끌 속에/ 또 역시 그러하네(一微塵中含 十方 一切塵中亦如是)'라고 말하였다. 여기에서 '티끌[塵]'이란 '정신의 지니고 있는 각 개인'을 말하고, '십방(十方)'이 천지만물을 지칭한다. 그리고 역시 의상대사(義湘大師)는, '(法性－마음은) 이름도 없고, 형상도 없어/ 온갖 것이 끊기었다.(無名無相一切絶)'이라 말하였으니, 의상대사(義湘大師)의 '법성(法性)'은 바로 그러한 칸트와 헤겔의 '정신(Mind, Spirit)' 문제이고, 헤겔이 인용한 헤라클레이토스의 '존재(절대정신)란 무(無)일 뿐이다.(Being is no more than Nothing is)'라는 논리도 역시 그러한 논리의 부연(敷衍)이다.

* 거듭 요약을 하면, **칸트의 '순수이성'의 문제나 헤겔의 '절대정신'이 불교의 '심성(心性)'과 공통점을 지니고 있으나, 칸트는 그 속에 '감성(직관, 물자체)'의 중요성을 '실체(Substance)'로 고수(固守)를 하여 '과학(경험)주의'을 수용했음에 대해, 헤겔은 그 '절대정신'의 일원론을 고집하였고 그것을 다시 '현실주의' '군국주의' '제국주의'에 연결하여, 거기에의 '절대 복종(자유)' '희생(Sacrifice)' 예찬(禮讚)을 행하고 '자살'을 최고 미덕(美德)의 실현으로 주장하게 되었다.** (참조, ⑥-12. 각 개인은 '시대의 아들'이다. ⑥-13. 현재는 '장미'이며 '십자가'이다. ⑨-23. '자기 파괴'가 '영원한 정의(正義)'이고 인간 본성이다.)

④-11 '변증법'의 말로(末路)

"이제는 존재가 무(無)이며 또한 무(無) 또한 존재이다. 그러나 앞에서도 이미 단순한 명제의 형식을 통해서 사변적 진리를 표현한다는 것이 불완전 하다는 데 대해서 얘기한 바가 있었지만, 다시 여기서는 존재는 무가 아니려니와 또한 무(無)도 존재는 아니라는 명제가 첨가돼야만 하겠다. 그럼으로써

한길사, 1996, p. 55 '이샤 우파니샤드'

또한 바로 위에서 본 명제들 속에 현존해 있는 구별도 표현된 셈이다. ─ 결국 이러한 명제들이 언술돼야만 할 것을 완전하게 나타나긴 하지만, 그러나 역시 그것은 생성의 단계에서 총괄되는 방향으로 그 전체적인 의미가 요약되어진 것은 아니다."

'The unity whose moments, Being and Nothing, exist as inseparable, is at the same time different from them, and therefore stands to them in the relation of a third : this, in its most characteristic form, is Becoming. Transition is the same thing as Becoming ; only in the former the two, between which, as One and an Other, the transition takes place, are imagined rather as resting apart, transition taking place between them.

〈'주석 3'26)〉

───────→

* 헤겔의 '논리'는 '개신교도의 논리' '이성(하나님)의 논리' '삼위일체의 논리' '변증법의 논리' '(절대주의)통일의 논리'이다. (참조, ②-08. 만물은 '신(God)' 에서 출발하고 '신'에게로 돌아간다.)

* 헤겔의 말은 그 시작도 끝도, '절대정신(Absolute Spirit, 절대이념)이 모두이고 하나이고 진리고 선이다.'이다. 그것(Absolute Spirit, 절대이념)을 펼쳐 놓으면 '주인(하나님)' '노예(예수, 헤겔)' '충성심(도덕 실천 정신)'의 '국가 통치'의 '삼위일체'가 되고, 그것을 역사적으로 펼쳐 놓으면 '범신론(汎神論) 의 희랍' '낭만주의의 로마' '이성 중심의 독일'이 되어 '세계사 속'에 '변증법' '삼위일체'가 되었다.

* 이에 단지 헤겔의 유일 소망은, '주님의 종(a servant of the Lord)'로서 '게르만 신국(The German City of God)' 건설에 그 시민들에게 '희생' 정신을 고취(鼓吹)시키는 임무가 있을 뿐이었다. (참조, ⑥-13. 현재는 '장미'이며 '십자가'이다. ⑥-14. 프로테스탄티즘 고유 원리)

───────────

26) G. W. F. Hegel(translated by W. H. Johnston & L. G. Struthers), *Science of Logic*, George Allen & Unwin LTD, 1951, V 1 p.106 'Observation 3' ; 헤겔(임석진 역), 대논리학, 지학사, 1983, 권1 p.95 '주석 3'

④-12 '존재'와 '무'의 구분을 고수했던 칸트

　"이상 서술된 바에 의해서 결국 생성이나 혹은 시원(始源)과 몰락, 즉 발생과 소멸을 인정하지 않으려는 통속적인 변증법(ordinary dialectic)이 어떤 성질의 것인가 하는 점이 밝혀지기에 이르렀다. - 공간과 시간 속에서의 세계의 유한성과 무한성에 관한 칸트의 이율배반(二律背反)론에 대해서는 뒤에 가서 무한성의 개념을 다루는 기회에 상론하기로 한다. - 요컨대 그렇듯 단순하고 통속적인 변증법은 존재와 무를 고수하는데서 비롯한 것으로서, 결국 여기서는 다음과 같은 양식으로 세계나 혹은 또 어떤 것의 시원이 있을 수 없는 것으로 증명된다."

> What has been said throws light on the quality of the dialectic directed against the beginning of the world, as also against its destruction,—the dialectic which was to establish the eternity of matter and refute Becoming, arising, and passing away in general.—The Kantian antinomy of the spatial and temporal finitude or infinity of the world will be more closely considered below, under the concept of Quantitative Infinity.— This simple, ordinary dialectic is based on the retention of the opposition between Being and Nothing. The impossibility of a beginning of the world, or of anything, is demonstrated in the following manner :--

〈'주석(註釋) 4'27)〉

———→

＊ 위에서 가장 주목해야 부분이 '통속적인 변증법(ordinary dialectic)' '칸트의 이율배반(二律背反)'이란 어구이다.

　이 말은 앞서 확인하였듯이 칸트가 '감성(직관)'의 근거로 '물자체(物自體, the things in themselves)'를 고수했던 점에 대해, 신학자 헤겔의 비판이 다시 발동된 바를 보여준 것이다.['칸트의 변증법'이란 헤겔의 주관적 규정임] (참조, ②-38. '변증법'은 가짜 논리학이다.-I. 칸트)

---

27) G. W. F. Hegel(translated by W. H. Johnston & L. G. Struthers), *Science of Logic*, George Allen & Unwin LTD, 1951, V 1 p.116 'Observation 4' ; 헤겔(임석진 역), 대논리학, 지학사, 1983, 권1 p.97 '주석 4'

* 신학자 헤겔은, 칸트가 '감성(Sensibility, Intuition, Representation, the things in themselves)'을 '실체(實體)'로 전제했던 것을 '절망적'으로 비판하고 나왔으나, 그것은 기본적으로 '모든 인간 일상생활이 그 감성(Sensibility)의 속에 이루어짐'을 설명한 말일 뿐이다.

그러므로 **위의 헤겔의 말은, 그 자신의 '신학적 편견(절대정신, 이성, 신)'에다가 역시 특유의 '우울증(憂鬱症, Depression)' '염세주의' '허무주의'에 고착된 중증(重症) '강박관념(Obsessive Compulsive Neurosis)'의 다른 표현일 뿐이다.** (참조, ⑤-13. '자살(自殺)'의 긍정 ⑨-23. '자기 파괴'가 '영원한 정의(正義)'이고 인간 본성이다. ⑨-30. 몰락(죽음)=영원한 정의=윤리적 실체=만족)

④-13 칸트의 변증법은 궤변(詭辯)이다.

"결국 지금까지 논술된 이치(理致)란 다만 존재와 무와의 절대적 분리에 바탕을 둔 그릇된 전제인 까닭에 마땅히 이것은 변증법(dialectic)이 아니라 궤변(sophistry)이라고 해야만 하겠다. 왜냐하면 궤변이란 무비판적이며 아무런 사려도 없이 타당한 근거 없는 전제에서 비롯된 궁리 이상의 것이 아니기 때문이다. 이에 반해서 변증법은 한층 고도의 이성적인 운동이라고 할 수 있으니, 즉 여기서는 그렇듯 단적으로 분리돼 있는 듯이 보이는 것도 어느덧 자기 자체에 의해서, 또 자기 자체로서 상호이행하게 마련이다. 따라서 존재와 무의 통일, 즉 생성이 바로 이들 양자의 진리임을 드러내주는 것이야말로 바로 그 존재와 무 자체의 변증법의 본성이기도 한 것이다."

> This argument, which wrongly presupposes the absolute separateness of Being and Not-being and there remains stationary, should be called, not dialectic, but sophistry. For sophistry is an argument proceeding from a baseless supposition which is allowed without criticism or reflection; while we term dialectic that higher movement of Reason where terms appearing absolutely distinct pass into one another because they are what they are, where the assumption of their separateness cancels itself. It is the dialectic immanent nature itself of Being and of Nothing that they manifest their unity (which is Becoming) as their truth.

〈'주석(註釋) 4'28)〉

_____✈

* 헤겔이 이 〈대논리학〉을 마무리했을 무렵(1831년 11월 7일 작성, 1831년 11월 14일 사망)은 '사망(死亡)' 일주일 전이다. 헤겔의 최후까지 그 '칸트의 주장'에 마음이 놓이질 못 했다.

* 칸트는 죽을 때까지 마음이 편안했다. 그리고 칸트는 그 '변증법'을 '가짜 논리학'이라고 규정하여 '감성(직관, 표상)'과 '오성(판단력, 이성, 종합능력)'을 확인했을 뿐이다. (참조, ②-34. **감성의 참된 상관 자는 '물자체(the thing in itself)'이다.-I. 칸트** ②-33. **'진리'란 '인식과 그 대상이 일치하는 것'이다.-I. 칸트**)

* 헤겔은 '인간으로 일상생활'을 지속하고 있는 한, '한 순간도 멈출 수 없는 사물의의 응대(인식과 그 대상의 일치)' 문제를 '헤겔 자기'와는 무관한 '칸트의 일' '칸트의 변증법'으로 돌리고 있으니, 헤겔은 이 〈논리학〉으로 그가 얼마나 심각한 '(하나님)강박증'에 있었는지를 그대로 보여주고 있다.['물자체(the things in themselves)' 논의도 끝날 수 없는 과학적 탐구의 영역이기에, 헤겔은 그 과정도 '통속적 변증법'이라고 조롱했던 것이나, 그것의 논의는 '고정 순환 헤겔식 변증법'과는 근본적으로 그 차원이 다른, '인류 공통의 과학적 개발 영역'임]

* 헤겔은 조용히 자기의 개신교적 취향(趣向)에 머무르지도 못 하고, 그것을 다시 '현실적인 주인(게르만 군주)' '이성적인 주인(공동체)' 이론을 펼쳐서 '게르만 국가주의' '희생' 정신 예찬으로 나가 , '프러시아 황제'에의 '절대 복종(자유)'과 '희생정신'이 '프로테스탄트의 고유 원리'라고 주장하게 되었다. 그

---

28) G. W. F. Hegel(translated by W. H. Johnston & L. G. Struthers), _Science of Logic_, George Allen & Unwin LTD, 1951, V 1 p.117 'Observation 4' ; 헤겔(임석진 역), 대논리학, 지학사, 1983, 권1 pp.99~100 '주석 4'

리하여 헤겔은 19세기부터 20세 중반까지(제2차 세계대전 종료까지) 그 '군국주의' '제국주의 철학'의 원조(元祖)가 되었다. (참조, ⑥-14. **프로테스탄티즘 고유 원리 ⑥-38. '세계 근대 문명'은, '게르만(아리안) 문명'이다.-A. 히틀러)**

④-14 '현존재'는 지금 여기 있는 것이다.

"현존재(Determinate Being)는 존재와 무(無)의 단순한 통일체(the simple oneness of Being and Nothing)이다. 현존재는 이러한 단순성으로 인해서 직접적인 것의 형식을 지닌다. 결국 현존재의 매개를 뜻하는 것, 즉 생성(Becoming)은 바로 이 현존재가 이미 뒤로 하고 있는 것이며, 이렇듯 매개가 지양됨으로써 현존재는 그 자신이 출발점을 이루는 최초의 것으로 나타난다.

이러한 현존재는 결코 단적인 존재가 아니라 바로 현존재, 오직 지금 여기에 있는 것이다. 어원상으로 볼 때 이것은 어떤 일정한 장소에 있는 존재이긴 하지만, 그러나 공간 관념이 여기에 속하는 것은 아니다. 현존재를 그 생성의 면에서 볼 때 도대체가 비존재를 수반하는 존재이면서도 어디까지나 이 비존재는 존재와의 단순한 통일 속에 인입(引入)된 것이다. 이런 점에서 현존재는 규정적인 존재 일반이다."

> Determinate Being issues from Becoming: it is the simple oneness of Being and Nothing. From this simplicity it derives its form as of something immediate. Becoming, which mediated it, is left behind; it has transcended itself, and Determinate Being therefore appears as something primary and as something from which a beginning is being made. First, then, it is one-sidedly determined as Being; the other determination which it contains, that of Nothing, will also develop itself in it, in opposition to this other.
>
> It is not mere Being, but Determinate Being (*Dasein*), the etymology of which implies being at a certain place, though the spatial signification does not belong here. According to the manner of its Becoming, Determinate Being in general is Being together with a Not-being, so that this latter is taken up into simple unity with Being. Not-being taken up into Being in this manner, that the concrete whole is in the form of Being, of immediacy, constitutes *determinateness* as such.

〈'현존재 일반'29)〉

_____✈

* 위에서 헤겔은 '현존재(Determinate Being)는 존재(Being)와 무(無, Nothing)의 단순한 통일체(the simple oneness of Being and Nothing)이다.'라고 하였다. '현존재'란 '헤겔(讀者들)의 정신'을 말하고 역시 '삼위일체'의 '성자(Son, 예수 그리스도)의 정신'이다. 그러기에 '헤겔의 정신'은 '존재와 무(無)의 단순한 통일체'이고, '하나님의 현존'으로서 그 뜻에 합당한 임무를 수행하는 것이 '자유'이고 '진리의 실현'이다. (참조, ②-13. '신'은 '정신(spirit)'이다. ②-09. '신(God)'이 '절대 진리', '절대 가치', '절대 자유'이다.)

* 그리고 '생성(生成, Becoming)은 바로 이 현존재가 이미 뒤로 하고 있는 것'이란 '육체 속에 있는 정신'의 인간 태생의 '육체와의 관계를 청산(淸算) 존재(정신)'라는 의미이다.

* 헤겔은 자신의 '(이성, 신)강박증(Obsessive Compulsive Neurosis[of God])'이 얼마나 심각했는지를 알 기회도 없이 별세(別世)를 하였다.
그러나 헤겔의 〈논리학〉을 제대로 이해하기 위해서는, 우선 헤겔의 '(하나님)강박증'을 알아야 하고 그것으로부터 '일정 거리'를 확보해야 비로소 가능하게 된다.

④-15 '절대자'는 비체계적인 변증법이다.

"절대자의 단순하고도 순수한 동일성은 규정되지 않은 상태에 있으니, 즉 이 속에서는 본질과 실존의, 혹은 존재 일반과 반성의 모든 규정성이 해소되어 버린 셈이다. 이렇게 볼 때 절대자에 대한 규정은 부정적인 방향으로 낙찰될 수밖에 없으니, 즉 여기서 절대자 자체는 오직 일체의 술어를 부정하는

---

29) G. W. F. Hegel(translated by W. H. Johnston & L. G. Struthers), *Science of Logic*, George Allen & Unwin LTD, 1951, V 1 pp.121~2 'Determinate Being in General' ; 헤겔(임석진 역), 대논리학, 지학사, 1983, 권1 p.105 '현존재 일반'

것, 즉 한낱 공허한 것으로 나타날 뿐이다. 그러나 또한 이에 못지않게 절대자는 온갖 술어가 망라된 상태에서 정립된 것이라고 할 수밖에 없으므로, 참으로 이것은 가장 두드러진 형식의 모순이라고 할 수밖에 없다. 그런데 이러한 부정이나 정립이 실은 하나같이 외적 반성에 속한 것이어서, 이것은 하나의 형식이며 비체계적 변증법(unsystematic dialectic)이라 하겠다."

THE simple and solid identity of the Absolute is indeterminate; or rather, in it all determinateness of Essence and Existence, or of Being in general as well as of Reflection, has dissolved itself. To this extent the process of determining what the Absolute is becomes negative—the Absolute appears only as the negation of all predicates, and as the void. But equally it must be declared to be the positing of all predicates, and therefore it appears as a contradiction of the most formal nature. In so far as these two—the negating and the positing—belong to external reflection, this is a formal and unsystematic dialectic, which has no difficulty in picking up here and there determinations of many kinds, or in demonstrating with equal ease, on the one hand, their finitude and mere relativity, while, on the other hand, it asserts the immanence of all determinations in it—for it imagines it vaguely as the totality;

〈'절대자'30)〉

———✈

* 헤겔은 타고난 '절대자(The Absolute)' '여호와(절대정신)주의' 전도사로서, 그 이외에는 소용이 없고 천지만물이 그분(절대자, The Absolute)에 종속되지 않은 것이 없다는 논리에 있었다.

* 역시 헤겔이 위에서 '절대자'가 '비체계적 변증법(unsystematic dialectic)'이란 소위 정신의 '존재(Being)와 무(Nothing)를 통합한 존재(절대정신) – 절대정신'을 말하게 되었으므로, 기독교 '삼위일체'가 그 출점이라는 명시이다. (참조, ②-23. '절대 정신'='전체'='삼위일체(三位一體)')

* 그러나 헤겔은 자기 자신을 중심으로 '개신교도'가 높고, '게르만'이 높고,

---

30) G. W. F. Hegel(translated by W. H. Johnston & L. G. Struthers), *Science of Logic*, George Allen & Unwin LTD, 1951, V 2 p.261 'The Absolute' ; 헤겔(임석진 역), 대논리학, 지학사, 1983, 권2 p.256 '절대자'

'서구(西歐)'가 높다고 하였다. 그리하여 그 '게르만'이 아닌 '세상에 잘난 사람(뉴턴, 볼테르)'이란 야만 무식쟁이고, 더구나 서구(西歐)인이 아닐 경우는 입에 담지도 않았다. (참조, ⑧-20. '동양 철학'의 문제점 ⑧-21. 뉴턴은 '이념'을 모르는 '야만인'이다.)

④-16 '이념(Idea)'이 객관적 진리이다.

"이념은 적합한 개념이며 객관적인 진리인가 하면 또한 진리라는 것 바로 그 자체이기도 하다. 그 어떤 것이건 간에 진리를 갖추고 있다면 그것은 오직 이 진리를 스스로의 이념을 통해서 소유할 것인즉, 다시 말하면 그 어떤 것이건 간에 그것은 오직 이념인 한에 있어서만 진리를 소유할 수 있다는 것이다. ― 흔히 대개의 경우 이념이라는 표현은 철학에 있어서나 또는 일상적인 생활에서도 개념에 해당한 것으로서, 심지어 이것은 단적인 표상에 해당된 것으로 사용되는 것이 사실이다."

THE Idea is the adequate Notion : objective truth, or the truth as such. If anything has truth it has it through its Idea ; or something has truth only in so far as it is Idea.—Elsewhere in philosophy and in ordinary life the expression "idea" has often been used for Notion and even for a mere image.

〈'이념'31)〉

_____→

* '개념(Notions, Conceptions)'을 일단 '표상(Representation)'으로 전제한 것은 칸트였다.
* 헤겔은 '대상(Objects)'을 '개념(Notions, Conceptions)'으로 대신하고 '개념들'을 '이념(Ideas)'으로 통합하고 '이념들'은 다시 '절대이념(The Absolute Idea)'으로 통합했으니, 헤겔에게 '절대(Absolute)'라는 수식어는 역시 '최고

---

31) G. W. F. Hegel(translated by W. H. Johnston & L. G. Struthers), *Science of Logic*, George Allen & Unwin LTD, 1951, V 2 p.395 'Idea' ; 헤겔(임석진 역), 대논리학, 지학사, 1983, 권3 p.298 '이념'

신(Jehovah)'과 관련된 용어이다. (참조, ④-21. '절대 이념'이 불멸의 생명이다. ②-19. 우리(기독교인)는 우리 신과 하나이다.)

④-17 인생 3 단계 : 개체, 부정, 유화(類化)

"따라서 생명은 이제 첫째로, 살아 있는 개체(Living Individual)라고 해야만 하겠거니와, 이것은 그 자체로서 주관적인 총체성을 이루는가 하면 다만 무관심한 상태에서 자기에게 대립해 있는 객관성[신]에 대해서는 한낱 무관심한 것으로 전제돼 있는 셈이다.

둘째는 생명 예상을 초월하여 (생명과 무관한) 객관성을 수용하는, 객관성[신] 자체를 객관성의 힘과 부정적 통일로 실현하는 생명 과정(*the Life-Process*)이다. 그래서 생명(Life)은 타자(Other, 객관성)와 자체를 통합한 어떤 보편성을 이룬다. 따라서 생명은 이제

셋째로, 그의 개별화를 초월함으로써 자기의 객관적 현 존재에 대해서 마치 자기 자신에 대해서처럼 관계하는 유(類)의 과정(the Process of *the Kind*)이 된다. 그럼으로써 이러한 과정은 한편으로는 생의 개념으로 복귀이며 또한 단초적인 분열의 반복, 즉 새로운 개체성의 반복, 즉 새로운 개체성의 생성이면서 동시에 최초의 직접적 개체성의 죽음을 뜻하기도 한다. 그런가하면 또 다른 면으로 이 생명의 자체 내로 몰입된 개념은 보편적이며 또한 자유로운 대자적 위치에서 실존하는 가운데 스스로 자기 자신에 관계하는 개념의 생성이기도 한바, 여기서 인식으로의 이행이 이루어지는 것이다."

First therefore Life must be considered as *Living Individual*, which is subjective totality for itself and is presupposed as indifferent to an objectivity which opposes it and is indifferent.

Secondly, it is *the Life-Process*, transcending its presupposition, positing the objectivity (which is indifferent to it) as negative, and realizing itself as the power and negative unity of this objectivity. Thus Life makes itself a universal which is the unity of itself and its Other. Consequently Life is,

thirdly, the Process of *the Kind*, transcending its individualization and relating itself to its objective Determinate Being as to itself. This process is accordingly (1) the return to its Notion and the repetition of the first diremption, the becoming of a new individuality and the death of the first and immediate individuality; (2) the Notion of Life which has passed into itself is the becoming of the self-relating Notion which exists universally and freely for itself—the transition to *Cognition*.

<'생명'32)>

_____→

* 헤겔은 인간 생명 과정을 3 단계로 구분하였다.
  (a) '살아 있는 개체(Living Individual)' '주관적인 총체성' '객관성[신]에 대해서는 한낱 무관심한 것'
  (b) '(생명과 무관한)객관성의 힘과 부정적 통일로의 실현'하는 생명 과정
  (c) '그의 개별화를 초월함으로써 자기의 객관적 현 존재에 대해서 마치 자기 자신에 대해서처럼 관계하는 유(類)의 과정(the Process of *the Kind*)이 됨'

이 '인간 생명 3 단계'는 '헤겔의 평생 주장'을 요약한 것으로 세심하게 살펴야 할 것이니, (a) (b) (c) 3 단계에서, 우선 (a) 항은 '자연인(自然人)' 그대로의 모습이고, (c) 항은 '공동체(神國)' 속의 '시민'이다. 그러므로 그중에서도 가장 상세하게 되어야 할 사항이 (b) 항이다. 헤겔이 전제한 '(생명과 무관한)객관성의 힘과 부정적 통일로의 실현하는 생명 과정'이란 바로 '희생' 정신의 발동 그것인데 이 부분이 역시 헤겔의 '이 생명의 부정(Negation of This Life)' '이 세상의 부정(Negation of This World)' '염세주의(Pessimism)' '우울증(Depression)' '자살충동(Suicidal Impulse)' '자기 파괴 예찬(Ode to Self-Destructiveness)'으로 악명(惡名)이 높은 대목이다. (참조, ⑤-13. **'자살(自殺)'의 긍정 ⑥-13. 현재는 '장미'이며 '십자가'이다. ⑨-23. '자기 파괴'가 '영원한 정의(正義)'이고 인간 본성이다. ⑪-06. 말을 탄 '세계정신'(1806).**)

---

32) G. W. F. Hegel(translated by W. H. Johnston & L. G. Struthers), *Science of Logic*, George Allen & Unwin LTD, 1951, V 2 p.404 'Life' ; 헤겔(임석진 역), 대논리학, 지학사, 1983, 권3 pp.313~4 '생명'

266

* '(b) 항'에 대한 문제는 '헤겔 생각' 역시 가장 중대한 위치를 자지하고 있다. 즉 '그것(자기파괴)'에 대한 인정(수용)과 부인(배척)은 바로 '헤겔 신학'의 존폐가 걸린 사항이다.

* (c) '유(類)의 과정(the Process of *the Kind*)'에서 헤겔은 성인(聖人)의 '사해 동포주의'를 거부하고 유독 '편 가르기'에 종사하여 '게르만 우월주의(The German Chauvinism)'가 헤겔의 대명사가 된 것은 헤겔의 심각한 죄악(罪惡)이다. (참조, ⑧-01. '게르만의 자유(윤리)' 속에 달성된 '개인의 오성(悟性)'론 ⑨-01. 독일 중심의 〈미학〉 ⑦-06. '독일 민족주의(German Nationalism)'가 '이성(Reason)'이다.)

④-18 '자기 자신'에 대한 '개념'은 항상 부정적이다 - '변증법'

　"결국 생의 개념(the Notion of Life)이나 보편적인 생명은 직접적인 이념이며 또한 바로 그 자신의 객관성과 합치되는 개념이기도 하지만, 그러나 이렇듯 객관성이 개념과 일치할 수 있는 것은 모름지기 개념이 이러한 일치성과 관련된 외면성의 부정적인 통일(the negative unity)인 한에 있어서만, 다시 말해서 개념이 객관성을 자기와 일치하는 것으로 정립하는 한에 있어서만 가능하다. 이제 더 나아가서 자기 자신에 대한 개념의 무한 관계는 부정적이란 점(The infinite self-relation of Notion is negativity)에서 또한 그것은 자기규정, 자결 성(自決性)이라고도 하겠으니, 즉 그것은 각기 주관적 개별성(subjective individuality)과 무관심적 보편성(indifferent universality)으로서의 자기 내적 분열(its own diremption)을 의미하는 것이기도 하다. 이런 점에서 그 직접성 속에서 본 생(生)의 이념이란 일단은 다만 창조적인 보편적 혼(魂, the creative universal *Seele*)이라고 하겠다. 이제 이러한 직접성으로 인해서 이념이 자기 자체 내에서 이룩한 최초의 부정적 관계란 곧 개념으로서의 이념의 자기규정인바— 이것은 즉, 처음에는 자기내적 복귀라는 점에서 대자적 존재(Being *for itself*)이던 것이 즉자적 정립(that positing *in itself*)을 의미하는 다름 아닌 창조적 전제 작용을 뜻한다. 이러한 자기규정 행위를 통해서 어느덧 보편적인 생명은 특수자가 되거니와 이럼으로써 또한 이 보편적 생명은 곧바로 추론으로 화하게 될 판단의 양쪽 항으로 양분된다."

> 1. The Notion of Life, or universal Life, is the immediate Idea, the Notion to which its objectivity is adequate; but it is adequate only in so far as the Notion is the negative unity of this externality, or, in other words, posits it as adequate to itself The infinite self-relation of the Notion is negativity and, as such, is self-determination, that is, its own diremption into itself as subjective individuality and itself as indifferent universality. The Idea of Life in its immediacy is, so far, only the creative universal *Seele*. By reason of this immediacy its first negative relation of the Idea in itself is self-determination of the *Seele* as Notion—that positing *in itself* which becomes Being-*for-Self* only as return into itself, or creative presupposing. Through this self-determination universal Life is a particular; it has thus divided into the two extremes of the Judgment, which immediately becomes Syllogism.

〈'살아 있는 개체'33)〉

─────✈

* 앞서 지적했듯이 '헤겔 신학'은 자기 '희생(Sacrifice)'이 최고 미덕인데, 그것을 일반화하기 위해 위의 진술이 행해지고 있다.

* 거듭 명시하거니와 칸트의 〈순수이성비판〉은, '세계 인간의 보편적 생명과 자유'를 각자 개인에게 되돌려 주려 하였던 '계몽주의'의 위대한 업적이다. 이에 대해 '개신교 신학자' 헤겔은 '한 개인(헤겔)이 태어나서 어떻게 육신을 거부하는 절대정신을 수용하고 따르는 사제(司祭) 정신'이 되는 지를 '자기(자연적 존재성의)의 부정' 변증법으로 입증했다는 저서가 〈정신현상학〉이었다.

헤겔은 〈정신현상학(1807)〉을 쓰고도 모자라 다시 죽기 직전(1831.11.7.)까지 고치고 개작한 것이 이 《(대)논리학》이다. 여기에도 지독한 '절대정신(神 -共同體)'을 향한 '희생' '자기 부정' '현세 부정'은 지속되었으니, 헤겔의

---

33) G. W. F. Hegel(translated by W. H. Johnston & L. G. Struthers), *Science of Logic*, George Allen & Unwin LTD, 1951, V 2 pp.404~5 'The Living Individual' ; 헤겔(임석진 역), 대논리학, 지학사, 1983, 권3 p.314 '살아 있는 개체'

관심은 온통 '(최후의)심판－전쟁'에만 관심이 가 있었다. (참조, ⑥-26. **'영구평화(永久平和)론' 비판 ⑦-09. 개신교의 영웅, 프리드리히 대왕)**

그러나 모든 인간, '이성(Reason)을 지닌 인간'은 그 '개체(육체)'와 더불어 '공동체(신) 정신'이 아울러 있음을 다 알고 있다. 즉 공자(孔子, 551~479 b.c.)에서 발원하여 볼테르(Voltaire, 1694~1778)가 수용하고 칸트(I. Kant, 1724~1804)가 이론화한 '자연법(Natural Law, 내가 당하기 싫은 일은 남에게 행하지 말라-己所不欲 勿施於人)'에 '인류 공동체'를 위한 법은 충분히 갖추어져 있다. (참조, **⑥-01. '자연법(Natural law)'을 비판한 헤겔 ⑥-31. 인간 '최대 자유 보장'론-I. 칸트)**

그런데 목사 헤겔은 표준이 '십자가에 매달린 예수'가 표준이었다.[당초 '희생(犧牲)'의 문제는 힌두의 〈야주르베다(*The Yajurveda*)〉에 반복 제시된 '祭祀의식'의 기독교 식 변용이다.] 즉 그러한 삶(죽음)이 진정한 삶 공동체(신)를 위한 삶으로 표준을 세웠고, 그 논리에 바로 '우울증' '자살충동' '희생정신'을 찬양하고 '전쟁 불가피론'을 폈다. (참조, ⑤-13. **'자살(自殺)'의 긍정 ⑥-13. 현재는 '장미'이며 '십자가'이다. ⑨-30. 몰락(죽음)=영원한 정의=윤리적 실체=만족)**

이 헤겔 이론에 반대를 하여, F. 니체(F. Nietzsche, 1844~1900)의 육체 긍정의 '실존주의(Existentialism)'를 제기(提起)하였고[34], 그것은 1916년 취리히 '다다 혁명 운동' '전쟁반대 운동'으로 이어졌다.

④-19 '심혼(Seele)'의 '신체 성(Corporality)'

"이제 내용면으로 볼 때 이러한 객관성은 개념의 총체성이긴 하지만, 그러나 이 총체성은 참다운 중심성을 이루는, 즉 개념의 자유로운 자기통일이라고 할 개념의 주관성, 혹은 부정적 통일성을 자기에게 대립시켜 놓은 것이

34) F. Nietzsche (translated by R. J. Hollingdale), *Thus Spoke Zarathustra: A Book for All and For None*, Penguin Classics, 1961

된다. 이러한 주관이 곧 개별성의 형식을 지닌 이념일뿐더러, 또한 그것은 단순하면서도 부정적인 자기동일성이란 점에서 오직 그것은 살아있는 개체 (Living Individual)인 것이다.

우선 첫째로, 이러한 개체는 심혼(心魂, *Seele*)으로서의 생명, 다시 말하면 자체 내에 있어서 완전히 규정된 자기 자신의 개념으로서 그것은 곧 시원(始源)을 이루는 자기 운동적 원리라고 하겠다. 이때 그의 단순성 속에 깃들여 있는 개념은 규정적인 외면성을 단순한 계기로 하여 자체 내에 포용한 셈이다. ─ 그러나 더 나아가서 이 심혼(心魂)은 그의 직접성 속에 있음으로써 곧바로 외면적이기도 한 까닭에 모름지기 그것은 주어의 술어라는 뜻을 갖는 객관적 존재성을 지닌다.(this *Seele* has an objective in itself) ─ 다시 말해서 이러한 심혼은 목적에 종속되는 실재성이며 직접적인 수단으로서 모름지기 이것은 주어의 술어라는 뜻을 갖는 객관성이면서 또한 그 다음으로는 추론의 매사(媒辭)이기도 한바, 즉 마음이 스며있는 신체성(the corporality of *Seele*)이 곧 마음으로 하여금 자기를 외면적인 객관성과 결합하는 수단이라는 것이다. ─ 결국 생명체는 처음에는 이 신체성(身體性)을 개념과 직접적으로 동일한 실재성으로 지니거니와, 이런 한에 있어서 마음은 도대체가 이 신체성을 자연으로부터 전수한 것이 된다."

According to its content this Objectivity is the totality of the Notion, which, however, is faced by the Subjectivity (or negative unity) of the latter; and this constitutes its true cen-trality, namely, its free self-unity. This subject is the Idea in the form of individuality as simple but negative self-identity— the Living Individual.

This latter is, first, Life as *Seele*, as Notion of itself which is completely determined within itself, or beginning and self-moving principle. The Notion in its simplicity contains enclosed within itself determinate externality as simple moment.—But further this *Seele*, in its immediacy, is immediately external and has an objective being in itself,—it is reality which is subjected to an End, the immediate Means, or, in the first instance, Objectivity as predicate of the subject; but besides the *Seele* is the middle of the Syllogism; the corporality of the *Seele* is that by means of which it joins itself with external objectivity.— Here the Living has corporality as reality which is immediately identical with the Notion; and in so far it has this reality by nature.

〈'살아 있는 개체'35)〉

* 위에서 헤겔이 '심혼(心魂, *Seele*)'이라 지칭한 것은 〈정신현상학〉에 '정신 (Spirit, Mind)' 〈종교철학〉에 '성령(Holy Spirit)'와 동일한 개념이다.

* 위에서 '심혼(*Seele*)'의 '신체 성(Corporality)'은 육체에 깃든 '공동체(신) 정 신'이니, 예수의 설명이며 역시 신학자 헤겔 자신의 설명이다.

* 헤겔은 그의 〈논리학〉 후반에 역시 〈정신현상(1807)〉에 상세하게 짚은 '정신(Spirit, Mind)'의 문제로 돌아갈 수밖에 없었다.['자연의 영역에 관한 지식의 나열'은, 그것도 역시 신의 창조물이라는 헤겔의 '절대정신'의 慈詳한 배려의 발동이다.]

* 헤겔의 '심혼(心魂, *Seele*)'은 독특하여 '자기파괴' '자살'을 '종교적 최고 도덕 성의 실현'이 되었던 점이 가장 유명한 점이다. 이것으로 19세기 '제국주의자 들'은 헤겔의 생각을 앞 다투어 수용 교육하게 되었다. (참조, ⑥-13. **현재는 '장미'이며 '십자가'이다. ⑫-02. 추축국(樞軸國, Axis Powers) 사상 형성(1936)**)

④-20 생명 과정 속에서의 '모순'과 '고뇌(Pain)'

　　"결국 이러한 과정은 욕구와 더불어 시작되는바, 즉 그것은 생명체(the Living Entity)가 첫째로 자기를 규정하고 나서 다시 그 다음으로는 자기를 부정하는 것으로 정립하는가 하면, 또한 이럼으로써 자기와는 외타적인, 무 관심적인 객관성(an indifferent objectivity)에 관계하는 계기와 더불어 시작 되는 것을 뜻한다. – 그러나 둘째로 이 생명체는 또한 그에 못지않게 이러한 자기상실 속에서도 영영 소실됨이 없이 그 속에서 자기를 유지하면서 오직 자기 동등적 개념의 통일성으로 남아 있으려는 욕구이기도 하다. 이런 점에 서 모름지기 생명체는 자기에 대해서 외타적인 세계를 있는 그대로 자기 동 등적인 것으로 정립하는 가운데 이 외타적인 세계를 지양하면서 모름지기

---

35) G. W. F. Hegel(translated by W. H. Johnston & L. G. Struthers), *Science of Logic*, George Allen & Unwin LTD, 1951, V 2 pp.405~6 'The Living Individual' ; 헤겔(임석진 역), 대논리학, 지학사, 1983, 권3 p.316 '살아 있는 개체'

자기를 객관화하려는 그러한 욕구라고 하겠다. 그리하여 이제 생명체의 자기규정은 어느덧 객관적인 외면성의 형식을 지니는가 하면 또한 동시에 생명체는 자기 동일적이기도 하므로 그것은 곧 절대적 모순(absolute contradiction)인 셈이다. 물론 직접적인 형태화는 단순한 개념 속에 깃들인 이념이며 또한 개념과 일치하는 객관성이기도 하므로 이러한 직접적 형태화는 그 본성에 있어서 선한 것이다. 그러나 이념의 부정적 계기는 그 자신을 객관적 특수성으로까지 실재화시키는 까닭에, 다시 말하면 이념의 통일을 이루는 본질적인 두 계기는 저마다 자기를 총체성으로까지 실재화시키는 가운데 모름지기 개념이 자기의 절대적인 자기 부등성(不等性)으로 양분되는가 하면 또한 마찬가지로 개념은 이에 못지않게 그러한 양분 상태에서도 절대적 통일성을 지니는 까닭에 결국 생명체란 그 자체에 있어서 이와 같은 분열이면서 동시에 다름 아닌 고뇌(苦惱, pain)로 얘기될 수밖에 없는 모순의 감정을 지니는 셈이다. 따라서 고뇌야말로 생동하는 자연이 지니는 특권이라고 하겠다. 왜냐하면 생동하는 자연은 실존하는 개념이기도 하므로 그들은 무한의 힘을 지닌 현실성일뿐더러, 무엇보다도 이것은 생동하는 자연이 그 자체 내에 자기의 부정성을 지니면서 또한 이러한 자연의 부정성이 그들 스스로에게 자각적으로 받아들여지는 가운데 모름지기 그 자신을 스스로의 타재성(他在性) 속에서 유지하기 때문이다. — 비록 사람들이 모순이란 생각할 수도 없는 것이라고 하지만, 오히려 그것이 생명체의 고뇌 속에서는 엄연한 하나의 실존상을 띠고 있게 마련이다."

This Process begins with the *need*, that is, with the moment that the Living Entity (*a*) determines itself and thus posits itself as denied, whereby it relates itself to an indifferent objectivity which is Other to it;—and (*b*) is equally not lost in this loss of itself, preserves itself in it, and remains the identity of the self-equal Notion; whereby it is the impulse to posit this other world for itself as equal to itself, to transcend it, and to objectivate itself. Hereby its self-determination has the form of objective externality, and, since at the same time it is self-identical, it is absolute contradiction. The immediate shape is the Idea in its simple Notion, or objectivity which is adequate to the Notion: thus it is *good* by nature. But since its negative moment realizes itself so as to be objective particularity, that is, since the essential moments of its unity are each realized so as to be totality, therefore the Notion is severed into absolute inequality of itself with itself; and, since just as much it is absolute identity in this severance, the Living Entity is for itself

272

this severance and has the feeling of this contradiction, which is *pain*. Pain therefore is the privilege of living natures; they are the existing Notion and therefore they are an actuality of infinite force by which they in themselves are their own negativity, and by which their negativity is *for them* and they preserve themselves in their otherness.—It is said that contradiction cannot even be thought: but in the pain of the Living Entity it is even an actual existence.

〈'생명의 과정'36)〉

———→

* 헤겔은 '생명체(the Living Entity－육체적 본성)'와 그에 대립되는 '무관심적인 객관성(an indifferent objectivity－이성)'을 동시에 제시하고 그것의 '절대적 모순(absolute contradiction)'을 제시하고 그 모순이 바로 '고뇌(苦惱, pain)'라고 규정하였다.[칸트는 '순수이성'의 제시에 '고뇌(苦惱, pain)' 같은 것은 없다.]

* 이 헤겔의 '고뇌'의 제시는, 바로 앞서 논한 그 의상 대사(義湘 大師)의 '법성게(法性偈)'에 "이 망상 못 버리면/ 결단코 못 얻는 것(叵息妄想必不得)"에 명시했던 바, '망상 버리기(叵息妄－肉身 抛棄 運動)' 그것이다.

* 그러나 성현 공자(孔子, 551~479 b.c.)는 '자연법(Natural Law, 내가 당하기 싫은 일은 남에게 행하지 말라.－己所不欲 勿施於人)'을 명시하여 인간 '생명'과 '자유'를 그대로 긍정하였고, 볼테르와 칸트가 그 '공자의 정신' 속에 있다는 것은 그들의 저서(〈관용론(1763)〉〈역사철학(1765)〉〈순수이성비판(1781)〉)로 명시하고 있다.

---

36) G. W. F. Hegel(translated by W. H. Johnston & L. G. Struthers), *Science of Logic*, George Allen & Unwin LTD, 1951, V 2 pp.410~411 'The Life-Process' ; 헤겔(임석진 역), 대논리학, 지학사, 1983, 권3 pp.323~4 '생명의 과정'

〈공자(孔子, Confucius, 551 b.c.~479b.c.)', 서양(西洋)에 소개된 '공자의 인생과 저서(1687)'[37]〉

* 그러했음에도 헤겔은 부질없이 불타(佛陀)의 '설산고행(雪山苦行)'을 말하였으나, 그것은 타고난 헤겔의 '절대정신(신, 이성)'에의 집착일 뿐이다. 그리고 헤겔의 '고뇌(苦惱, pain)'는 한 마디로 자신의 '우울증(憂鬱症, Hypochondria−Depression)'의 일반화일 뿐이다. (참조, ⑪-06. 말을 탄 '세계정신'(1806))

* '칸트냐' '헤겔이냐'는 이 문제에 있어서, 오늘날 오직 유용한 것은 그 구극(究極)의 판정이 결국 각 개인에게 돌려져 있음으로, 각자가 알아서 행할 일이다. (참조, ④-25. 우리에게는 '시비(是非) 판정의 의무'가 있다.-I. 칸트)

④-21 '절대 이념'이 불멸의 생명이다.

"지금까지 논술된 바에 따르면 절대적 이념(The Absolute Idea)은 이론적 이념과 실천적 이념과의 동일성이지만, 다만 이들 두 이념은 아직도 저마다가 일면적일 뿐이어서 이념 자체를 다만 추구해야만 할 피안이며 또 도달될 수 없는 목표로서 자체 내에 간직하고 있을 뿐이다. – 따라서 이들은 저마다 노력의 결합이라고 하겠으니, 즉 그것은 이념 자체 내에 지니기도 하며 또 지니지 않을 수도 있는가 하면 더 나아가서는 어느 한쪽으로부터 다른 한쪽

---

37) Wikipedia, 'Confucius' : Prospero Intorcetta's 〈Life and Works of Confucius(1687)〉

으로 이행은 하되, 이 두 사상을 합일시키지는 못한 채 오히려 이들 양자가 빚은 모순 속에 멈추어 있는 것이라 고 하겠다. 그런데 그의 실재성 속에서 오직 자기 자신과 일체를 이루는 이성적 개념으로서의 절대적 이념(The Absolute Idea)은 그의 객관적 동일성이 지니는 이와 같은 직접성으로 인해서 한편으로는 생명을 향한 복귀이기도 하지만 또 다른 면으로 볼 때 절대적 이념은 그 자신이 지닌 바로 이와 같은 직접성의 형식도 또한 못지않게 지양하는 가운데 자체 내에 가장 첨예한 대립을 잉태하는 것이기도 하다. 이렇듯 개념이란 결코 심혼으로만 그치는 것이 아니며 오히려 그것은 대자적 자각적 위치에 있는 인격성을 지닌 자유로운 주관적 개념이다. ─ 다시 말해서 이것은 실천적이며 즉자 대자적으로 규정된 객관적 개념(the practical and objective Notion determined in and for itself)으로서 이러한 개념은 또한 인격의 경우와 마찬 가지로 투시할 수 없는 원자적 주관성이기도 하다. ─ 그러나 동시에 여기서 이 실천적 개념은 배타적 개별성이 아니라 그 자체에 있어서 보편성이며 인식을 뜻하는 가운데 모름지기 자기의 타자 속에서 자기 자신의 객관적 대상으로 하는 것이기도 하다. 이런 점에서 그밖에 일체의 것은 오류와 혼탁의 속견일 뿐이며 또한 갈구와 자의(恣意)와 무상(無常)함일 뿐이니(Everything else is error and gloom, opinion, striving, caprice, and transitoriness), 이제는 오직 절대적 이념만이 존재와 불멸의 생명(Imperishable Life)과 그리고 자기를 깨우치는 진리이며 끝내는 일체의 진리이기도 하다."

THE Absolute Idea has now turned out to be the identity of the Theoretical and the Practical Idea ; each of these by itself is one-sided and contains the Idea itself only as a sought Beyond and an unattained goal ; each consequently is a synthesis of the tendency, and both contains and does not contain the Idea, and passes from one concept to the other, but, failing to combine the two concepts, does not pass beyond their contradiction. The Absolute Idea, as the reasonable Notion which in its reality coincides only with itself, is the return to Life by reason of this immediacy of its objective identity; but on the other hand it has equally transcended this form of its immediacy, and contains the highest opposition within itself. The Notion is not only *Seele* but also is free and subjective Notion, which is for itself and therefore has personality,—the practical and objective Notion, determined in and for itself, which, as person, is impenetrable and atomic subjectivity; while at the same time it is not exclusive individuality, but is, for itself, universality and cognition, and in its Other has its own objectivity for object. Everything else is error and gloom, opinion, striving, caprice, and transitoriness ; the Absolute Idea alone is Being, imperishable Life, self-knowing truth, and the whole of truth.

〈'절대적 이념'38)〉

_____✈

* 위의 진술은 〈논리학〉의 결론에 해당한다. 그러나 그 결론은 이미 다른 저서에 다 밝혀져 있는 바로서 '절대정신' '신' '전체' '공동체' '게르만 국가주의'에의 각 개인의 '희생정신' '절대자유' '절대선' '절대 진리'의 실현이 있을 뿐이다.

* 헤겔이 위에서 언급한 '절대적 이념(The Absolute Idea)'이란 바로 '절대정신' 하나님(Jehovah)이다.

* 헤겔은 '절대적 이념(The Absolute Idea)'을 <u>**실천적이며 즉자 대자적으로 규정된 객관적 개념(the practical and objective Notion determined in and for itself)으로 설명하고 역시 그것은 '불멸의 생명(Imperishable Life)'으로 규정하였다.**</u> 헤겔은 여러 가지 '새로운 용어'를 만들었으나, '절대정신'과 '인간 각자의 정신(순수이성)'을 경우에 따라 분할하고, 편리하게 다시 그것을 객관화의 필요로 만들어진 것들이다.

그 헤겔의 주장은 의상 대사(義湘大師)의 '법성게(法性偈)'를 벗어난 것이 아니다. 헤겔은 거기(법성게(法性偈))에 '삼위일체' 변증법을 갖다 붙이고, 그것을 다시 '제국주의(Imperialism)' '군주(주인, 하나님)' '신민(아들, 국민)' '희생정신(애국심)'으로 거듭 변용을 시키며 (헤겔)자신의 자랑(희생, 자기 파괴의 긍정 예찬)을 행하다 보니, 자신도 알 수 없는(깨닫지 못한) '아부(阿附)군' '전쟁 불가피론'의 '흉악한 몰골'만 남게 되었다. (참조, ⑥-26. **'영구평화(永久平和)론' 비판 ⑦-09. 개신교의 영웅, 프리드리히 대왕**)

---

38) G. W. F. Hegel(translated by W. H. Johnston & L. G. Struthers), *Science of Logic*, George Allen & Unwin LTD, 1951, V 2 p.466 'The Absolute Idea' ; 헤겔(임석진 역), 대논리학, 지학사, 1983, 권3 pp.409~410 '절대적인 이념'

276

④-22 '변증법'은, '오류(誤謬)의 논리학'이다. ─ l. 칸트

"일반논리학은 오성과 이성의 형식적인 전 활동을 그것의 기본적 요소로 분해하여 이런 요소를 인간 인식의 모든 판정의 원리로 제시한다. 그래서 논리학의 이런 부분은 분석론이라 부를 수 있다. 바로 그런 까닭으로 적어도 진리의 소극적 시금석이다. 왜냐하면 인식(cognition)이 대상(object)에 대하여 적극적 진리를 포함하는지 안하는지 결정하기 위하여 모든 인식을 검토 및 평가해야 하기 때문이다. 그러나 인식의 순전한 형식이 아무리 논리적 법칙에 일치한다고 하더라도, 인식에 질료적(객관적) 진리를 협성(協成)하기 에는 아직도 너무도 불충분하기 때문에 만일 논리학 밖에서 대상에 관하여 확립시키는 일을 징험하지 않는다면, 더 적절히 말해서 그런 지식을 단지 논리적 법칙에만 의해서 검증하지 않는다면 아무도 다만 논리학만 가지고는 대상을 판단하거나 무엇을 좀 주장하는 짓은 감히 할 수 없는 것이다. 그러 나 사람들은 인식 내용에 관하여 아무리 공허하고 빈곤하더라도, 인간의 모든 인식에 오성의 형식을 주려는 그럴 듯한 기술을 소유하고 있다는 것이 무척 매력적인 것이기 때문에 인식을 판정하는 기준에 불과한 일반 논리학 이, 말하자면 객관적 주장을 실제로 산출하는 데에 쓰이는 기관인 것처럼, 적어도 그런 주장을 산출하는 듯이 보이는 환상을 위한 기관인 것처럼 행세 해 왔고, 따라서 오용되었던 것이 사실이다. 이렇게 기관(orgenon)으로 오인 된 논리학을 변증법이라 부르는 것이다."

General logic, then, resolves the whole formal business of understanding and reason into its elements, and exhibits them as principles of all logical judging of our cognitions. This part of logic may, therefore, be called *analytic,* and is at least the negative test of truth, because all cognitions must first of all be estimated and tried according to these laws before we proceed to investigate them in respect of their content, in order to discover whether they contain posi- tive truth in regard to their object. Because, however, the mere form of a cognition, accu- rately as it may accord with logical laws, is in- sufficient to supply us with material (objective) truth, no one, by means of logic alone, can ven- ture to predicate anything of or decide concerning objects, unless he has obtained, independently of logic, well-grounded information about them, in order afterwards to examine, according to logical laws, into the use and connection, in a cohering whole, of that information, or, what is still better, merely to test it by them. Notwithstanding, there lies so seductive a charm in the possession of a specious art like this—an art which gives to all our cognitions the form of the understanding, although with respect to the content thereof we may be sadly deficient—that general logic, which is merely a canon of judgement, has been employed as an organon for the actual production, or rather for the semblance of production, of objective assertions, and has thus been grossly misapplied. Now general logic, in its assumed character of organon, is called *dialectic.*

〈'분석론과 변증법'39)〉

———→

* 칸트는 〈순수이성비판〉에서 '변증법(Dialectic)'을 한 번도 긍정하지 않았다.[그런데 헤겔은 '칸트가 물자체를 향해 변증법을 전제하고 있다.' 가정했던 것은 그 칸트의 임장이 제대로 고려되지 못한 것이다.] (참조, ④-13. **칸트의 변증법은 궤변(詭辯)이다.**)

다시 말해 칸트가 〈순수이성비판〉 끝까지 마음을 놓지 않고 있는 요점은, '감성(대상)'에 기초한 '오성(이성)의 종합－진리' 그것을 바탕으로 일상생활이 진행된다는 의미이다.(일상생활이 바로 '眞理의 행진'임) 그런데 헤겔은 일상생활을 넘어서서 '신의 존재' '영혼불사(불멸)'와 '(死後)미래 예측'에 무한한 '변증법'을 늘어놓았다. (참조, ④-21. **'절대 이념'이 불멸의 생명이다.** ②-24. **'주체의 역사(歷史)' '신의 역사(歷史)'**)

39) I. Kant(translated by J. M. D. Meiklejohn), *The Critique of Pure Reason,* William Benton, 1980, pp.36~7 'Analytic and Dialectic'

* 칸트가 경고(警告)한 '오류의 논리학' '스콜라 철학의 논리' 변증법에 헤겔이 절망적으로 매달린 이유는, **헤겔 자신의 '본래 고유 속성(神學者)'을 헤겔 자신의 증명하고 있는 사항**이다. (참조, ⑪-01. '개신교(改新教)의 토머스 아퀴나스')

④-23 '정신(심성)'의 주요 기능은, '감성'과 '오성'이다. - I. 칸트

"일반 논리학은 이미 여러 번 언급한 바와 같이 인식내용을 모두 사상(捨象)한다. 그리고 어디 다른 데서부터 표상이 주어지기를 기다리는데, 이는 우선 이런 표상(表象, representation)을 개념으로 변화시키기 위한 것이다. 이런 변환은 분석적으로 행해지는 것이다. 반면에 선험적 논리학은 자신 앞에 아프리오리한 감성(*a priori* sensibility)의 다양한 내용을 가지고 있는데, 이 다양한 내용은 선험적 감성론이 순수오성 개념에 소재를 주기 위해 제공한 것이거니와, 이런 소재가 없다면 순수오성 개념(the pure conceptions of understanding)은 아무 내용도 없게 되고 따라서 아주 공허하게 된다. 그런데 시간과 공간은 아프리오리한 순수직관의 다양한 내용을 포함하고 있으나, 이 시공은 그럼에도 불구하고 심성(the mind)의 수용성의 조건에 속한 것이요, 이 조건 아래서만 심성(the mind)은 대상의 표상을 받아들일 수 있고, 따라서 이 조건은 또한 언제나 대상의 개념을 촉발시킨다. 그러나 사유의 자발성은 다양의 개념을 촉발시킨다. 그러나 사유의 자발성은 하나의 인식을 구성해내기 위하여, 다양이 우선 어떤 방식으로 통관되고, 수용되어 결합되기를 요구한다. 나는 이 과정을 종합(synthesis)이라고 부른다."

General logic, as has been repeatedly said, makes abstraction of all content of cognition, and expects to receive representations from some other quarter, in order, by means of analysis, to convert them into conceptions. On the contrary, transcendental logic has lying before it the manifold content of *a priori* sensibility, which transcendental aesthetic presents to it in order to give matter to the pure conceptions of the understanding, without which transcendental logic would have no content, and be therefore utterly void. Now space and time

contain an infinite diversity of determinations
of pure *a priori* intuition, but are nevertheless
the condition of the mind's receptivity, under
which alone it can obtain representations of ob-
jects, and which, consequently, must always af-
fect the conception of these objects. But the
spontaneity of thought requires that this di-
versity be examined after a certain manner, re-
ceived into the mind, and connected, in order
afterwards to form a cognition out of it. This
process I call synthesis.

〈'순수오성개념, 즉 범주에 관하여'40)〉

————→

* 칸트의 승리는 '아프리오리한 감성(感性, *a priori* sensibility)'과 '순수오성
개념(the pure conceptions of understanding)' 두 가지 영역이 인간의 마음
내부, 인간 일상의 '인식(Cognition)' 내에서 이루어진다는 사실로 일단 '큰
승기(勝機)'를 잡았지만, '감성(현상)'으로 '삼라만상(萬象)'을 그 인간의 내부
'마음(정신)' 문제로 돌렸던 점은 '일상적 과학적 사고(思考)'를 우회하여 굳
이 '플라톤의 이념주의'로 되돌리는 '복고주의(復古主義)'였다.[예를 들어 '인
간 최대 자유 보장' 문제에서 칸트는 實定法 속으로서의 자유보장'을 강조했
던 것은 바로 그 '國家주의'에 기초한 것이지만, 自然法은 역시 '실정법'이
없이도 '인류 사회의 공통의 규범(양심 법)'으로서 명시함이 더욱 현실적이
고 본래적인 것이다.]

이에 신학자 헤겔은 칸트에게서 발동된 '선험철학'을 환영했지만, 헤겔이
그가 돌아갈 곳이 '절대정신(신)'으로 이미 지정되어 있었으므로, 칸트와는
그 출발점에서 도착점까지 그 '이원론(二元論, 칸트)'과 '일원론(一元論, 헤

---

40) I. Kant(Translated by J. M. D. Meiklejohn), *The Critique of Pure Reason*, William
Benton, 1980, p.41 'Of the Pure Conception of the Understanding, or Categories'

겔)'이 서로 혼동될 수가 없었다. (참조, ②-13. '신'은 '정신(spirit)'이다. ②-14. '하나님(절대신)'이 '아들(만물, 자연물)'을 창조하셨다.)

④-24 로크(Locke)와 칸트(Kant)의 분기점(分岐點)-I. 칸트

"그렇기는 해도 이런 개념에 관해서는 모든 인식에 관해서와 마찬가지로 우리가 그것의 가능성의 원리를 경험에서 찾아낼 수는 없으나, 그런 개념을 산출하는 기회적인 원인을 경험 안에서 찾을 수 있는 것이다. 이런 경우에 그런 개념에 관해서 전 인식능력을 촉발 개시하고 경험을 성립시키는 최초의 기인이 되는 것은 감관의 인상이다. 경험은 아주 상이한 두 요소를 포함하고 있는데, 그 두 요소란 인식을 위해 감관(感官)으로부터 얻은 질료(質料, matter)와, 이 질료를 정돈하는 어떤 형식(形式, form)을 뜻한다. 이 형식은 순수직관과 순수사유라는 내적 원천으로부터 생긴 것이요, 이 두 형식은 질료가 제공(기인이) 되어서야 비로소 활동하게 되고 개념을 산출하게 된다. 개개의 지각을 일반 개념으로 이끌어 올리기 위한 우리 인식 능력의 최초의 노력을 탐구하는 것은 의심할 나위 없이 아주 유용한 일이다. 그런데 이러한 탐구의 길을 최초로 개척한 이는 로크(Locke)였으므로 우리는 그에게 감사해야 할 것이다. 그러나 아프리오리한 순수 개념의 연역은 그런 길을 통해서는 이루어지지 않는다. 왜냐하면 아프리오리한 순수개념은 앞으로는 경험으로부터 독립해서 사용될 터이므로, 경험에서 출생증서와는 전혀 다른 출생증서를 제시해야 되겠기 때문이다. 로크가 기도했던 심리학적 도출(導出)법은 사실 문제에 관한 것이었으므로 본래는 연역이라고 부를 수 없다. 그러므로 나는 그것을 순수인식의 소유에 관한 설명이라고 부르고자 한다. 따라서 이러한 아프리오리한 개념에 관해서는 확실한 선험적인 연역만이 존재할 수 있고, 경험적 연역은 있을 수 없다. 또 경험적인 연역은 아프리오리한 순수개념에 관해서는 틀림없이 전혀 공허한 시도에 불과하다."

Meanwhile, with respect to these conceptions, as with respect to all our cognition, we certainly may discover in experience, if not the principle of their possibility, yet the occasioning causes of their production. It will be found that the impressions of sense give the first occasion for bringing into action the whole faculty of cognition, and for the production of experience, which contains two very dissimilar elements, namely, a matter for cognition, given by the senses, and a certain form for the arrangement of this matter, arising out of the inner fountain of pure intuition and thought; and these, on occasion given by sensuous impressions, are called into exercise and produce conceptions. Such an investigation into the first efforts of our faculty of cognition to mount from particular perceptions to general conceptions is undoubtedly of great utility; and we have to thank the celebrated Locke for having first opened the way for this inquiry. But a deduction of the pure *a priori* conceptions of course never can be made in this way, seeing that, in regard to their future employment, which must be entirely independent of experience, they must have a far different certificate of birth to show from that of a descent from experience. This attempted physiological derivation, which cannot properly be called deduction, because it relates merely to a *quaestio facti*, I shall entitle an explanation of the *possession* of a pure cognition. It is therefore manifest that there can only be a transcendental deduction of these conceptions and by no means an empirical one; also, that all attempts at an empirical deduction, in regard to pure *a priori* conceptions, are vain, and can only be made by one who does not understand the altogether peculiar nature of these cognitions.

〈'선험적 연역 일반'41)〉

———→

* 위에서 칸트는 '질료(質料, matter, 감성)'와 '형식(形式, form, 오성)'을 대비
  하며 '순수사유' '순수개념'을 말하며 '로크의 방법과는 완전히 다르다.'고

41) I. Kant(Translated by J. M. D. Meiklejohn), *The Critique of Pure Reason*, William Benton, 1980, pp.45~6 'Of the Principles of a Transcendental Deduction in general' ; 칸트(윤성범 역), 순수이성비판, 을유문화사, 1969, pp.118~9 '선험적 연역 일반'

명시하였다. 그러면 여기에서 칸트의 생각이 그 로크의 생각과 어떻게 다른 지를 짚어보지 않을 수 없다.

J. 로크(J. Locke, 1632~1704)는 '인간 오성론'에서 다음과 같이 말하였다.

> "'우리의 영혼이 우리의 육체가 완성되기 전에 존재하고 있는 것인지, 아 니면 완성된 후에 존재하는 것인지에 대한 토의는 나보다 잘 알고 있는 분들 에게 맡기겠다. 그러나 나는 언제나 무엇을 생각하고 있을 수는 없는, 질이 나쁜 영혼의 하나(one of those coarse souls)를 받은 사람이라는 것은 숨기 지 않고 말해 둔다. 그리고 미안하지만 나는 육체(body)가 항상 활동하고 있는 것이 필요한 것 이상으로, 영혼(souls)이 언제나 무엇을 생각하고 있을 필요가 있다고는 생각할 수 없다.'(〈인간 오성 론(*An Essay Concerning Human Understanding*, 1690)〉 2권 1장 10절)"[42]

〈'방법서설(1637)' '방법서설(영역 본)' '인간 오성론(1690)'〉

* 위에서 확인할 수 있듯이, J. 로크는 '인간 육체(肉體) 중심'의 사고(思考)였 다. 즉 로크의 '오성(悟性, Understanding)' 설명은 '육체와 연동된 오성(悟 性)론'으로, 데카르트(R. Descartes, 1596~1620)가 "나는 생각한다. 고로 존 재 한다."는 전제에 대한 반론(反論)으로 제기된 것이다.

이 데카르트(의 '생각, 思考' 중심)와 로크('육체' 중심) 두 가지 전제 속에 칸트는, 그 데카르트 식 '생각 중심(理性 중심)'을 바탕으로 그의 〈순수이성

---

42) Voltaire(Translated by L. Tancock), *Letters on England*, Penguin Books, 1980, pp.62, 63~64 'Letter 13, On Mr. Locke'

비판〉을 썼다.

즉 칸트는 (〈순수이성비판〉에서) 그 로크가 전제한 '육체(감성)의 문제'를 '감성(感性, Sensibility, 物自體)'으로 일단 묶어 놓고, 그것을 종합한 능력은 '오성(Understanding)' '판단력(Judgement)' '이성(Reason)'이라는 이원적 (二元的) 구분을 행한 그것이다.[소위 '(영국의)경험주의' '(대륙의)합리주의' 통합]

* 칸트 생각의 궁극의 거점은 '감성(sensibility)', '질료(質料, matter)'와 그것들을 '형식(形式, form)'으로 통합하는 '오성(understanding)'의 두 가지 영역으로 명시된 것이 〈순수이성비판(1981)〉이다. 그러므로 칸트는 자신의 '순수이성(오성)론'은 근본 근거(전제) 로크의 경험주의와는 다르다고 주장한 대목이 위 칸트 진술의 요지이다.[로크의 '육체' 문제는 '감성' '오성'의 철학적 구분 以前의 生物學(醫學的)적인 견해임]

* 이러한 칸트의 주장에 대해, 후배 철학자 A. 쇼펜하우어(A. Schopenhauer, 1788~1860)는 그의〈의지와 표상으로서의 세계(*The World as Will and Representation*)(1818)〉에서 다음 같이 말하였다.

"단지 내 앞에 '표상(representation)'으로만 존재하고 있는 세계의 의미를 탐구하는 일이나, 그 '표상'을 젖혀 놓고 그 인식 주체(the knowing subject) 의 단순한 표상으로부터 다른 곳으로 옮겨 가는 일은, 실제로 '탐구자 (investigator, 철학자)' 자신이 순수하게 인식만의 주체(the purely knowing subject, 몸은 없이 날개만 가진 천사의 머리)라고 전제한 것으로, 사실상 불가능한 일이다. 그러나 탐구자는 그러한 세계에 뿌리를 내리고 있는, 말하자면 세계 속에 '한 개인(an individual)'으로서 존재하고 있다. 즉, 그의 인식 작용은, 표상으로 본 전 세계의 제한적인 담당자이긴 하지만, 철저하게 육체(a body)에 매개(medium)되어 있으며, 이 육체의 감성적인 움직(the affections of this body)임이 앞서 말한 바와 같이 오성(the understanding)에게 '세계 직관(直觀)의 출발점(its perception of this world)'이 되는 것이다. 이 육체는 순전히 인식만 하는 주관 자체에는 다른 표상과 마찬가지로 하나의 표상이며, 여러 객관들 중의 한 객관이다. 그러한 점에서 볼 때, 육체의 운동이나 행동도 주관에게는 다른 모든 직관적인 객관의 변화들처럼 알려져 있을 뿐이다."

> In fact, the meaning that I am looking for of the world that stands before me simply as my representation, or the transition from it as mere representation of the knowing subject to whatever it may be besides this, could never be found if the investigator himself were nothing more than the purely knowing subject (a winged cherub without a body). But he himself is rooted in that world; and thus he finds himself in it as an *individual*, in other words, his knowledge, which is the conditional supporter of the whole world as representation, is nevertheless given entirely through the medium of a body, and the affections of this body are, as we have shown, the starting-point for the understanding in its perception of this world. For the purely knowing subject as such, this body is a representation like any other, an object among objects. Its movements and actions are so far known to him in just the same way as the changes of all other objects of perception; and they would be equally strange and incomprehensible to him, if their meaning were not unravelled for him in an entirely different way. Otherwise, he would see his conduct follow on presented motives with the constancy of a law of nature,

〈'의지와 표상으로서의 세계'43)〉

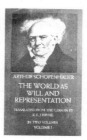

〈'A. 쇼펜하우어(1815)' '학위 논문(英譯 본)' '의지와 표상으로서의 세계(1818)'
'의지와 표상으로서의 세계(英譯본)'〉

---

43) A. Schopenhauer(translated by J. F. J. Payne), *The World as Will and Representation*,
Dover Publications, 1969, p.99 ; 쇼펜하우어(권기철 역), 의지와 표상으로서의 세계,
동서문화사, 1978, p.145

* A. 쇼펜하우어가 위에서 주장한 바를 칸트의 공식으로 환원(還元)을 하면, '나(칸트, 쇼펜하우어)'라는 그 '주체 표상'에는 '질료(물질, 육체)'와 '오성(의지, 이성)'이 분리될 수 없게 하나로 통합이 되어 있어서 '질료(물질, 육체)'와 '오성(의지, 이성)' 구분이 불가능하다는 주장이다.[사실 여기에서도, '대상(육체, 표상)'과 '오성(정신, 의지)'을 따로 서로를 구분하여 논의 할 수는 있음] 그렇지만 A. 쇼펜하우어의 생각을 더욱 구체적으로 짚어볼 필요가 있다. A. 쇼펜하우어는 1813년 '예나 대학(the University of Jena)'에 제출한 박사 학위 논문 〈이성 적합 원리의 네 가지 뿌리에 관하여(*Ueber die Vierfache Wurzel des States von Zureibenden Grande*)〉44)를 제출하였는데, A. 쇼펜하우어는 거기에서 소위 그의 '이성 적합 원리(充足理由律, the principle of sufficient reason)'로, 동일성(同一性, homogeneity)의 법칙과 특이성(特異性, specification)의 법칙을 전제하여 놓고, 그 기존 철학들이 그 '특이성' 확장에 근본 문제가 있음을 지적하였다(기존 이념철학 거부). 그리고 이어 '객체(object, 표상 - representation)'와 '주체(subject, 의지 - will)'를 서로 구분하여 기존 '관념(이념)철학'의 한계(限界)를 혁파(革罷)하였고, 근본적으로 그 '개인의 육체(an individual's body)'가, 바로 '의지(意志 - will)'이며 '표상(表象 - representation)'이라는 그 '주체 객체(subject+object)' '이중 관계(주체-意志이면서 객체-表象)'에 있음을 입증하여, 현대 실존철학의 거점을 거듭 확인해 주었다.['醫學的' 인생관]

이 A. 쇼펜하우어의 '주체(나, 의지)'과 '표상(육체)'의 '불가분리론(不可分離論)'은 원래 볼테르(Voltaire, 1694~1778)의 '사유(thought, 의지)와 식사(nourishment, 육체)' 불가분리론(不可分離論)45)의 연장이다.

쇼펜하우어는 칸트의 '오성(understanding)' '판단력(Judgement)'의 문제를

---

44) A. Shopenhauer(F. C. White - Translated by), *On the Fourfold Root of the Principle of Sufficient Reason (Shopenhauer's Early Four Root)*, Avenbury, 1997, p. vii

45) Voltaire, *The Best Known Works of Voltaire*, The Book League, 1940, p.423 The Ignorant Philosopher 'Ⅲ. How Am I Think?'

286

'주체 의지(Subject, Will)' 문제로 바꾸어 설명한 결과이다.[쇼펜하우어가 '오성'을 '육체'와 연관시킨 로크 이론을 수용한 결과이다.]

A. 쇼펜하우어는 5년 후 출간한 〈의지와 표상으로서의 세계(*The World as Will and Representation*)(1818)〉에서도 역시 다음 같이 **'개인(an Individual)' 과 '의지(Will)', '표상(Representation)', '육체(Body)'가 상호 어떤 관계에 있는 지를 거듭 밝혀, 소위 '실존철학'이 그에게서 발원(發源)하고 있음을 확실히 하고 있다.**['육체=나']

"인식의 주체(the knowing subject)가 '그 육체와의 특별한 관계(this special relation to the one body)'를 젖혀 놓고 고찰을 할 경우, 육체(body) 는 다른 표상(representation)과 동일한 하나의 표상일 뿐이다. 그렇지만 '인 식 주체'는 바로 육체와 특별한 관계에 있기 때문에 한 개인(an individual)이 다. 그러기에 '인식 주체'를 '개인'으로 만드는 그 관계는 바로 인식 주체와 그 주체의 모든 표상 중 '오직 하나인 표상' 사이에만 존재한다. 따라서 인식 주체는 이 유일한 표상을 '오직 하나의 표상'로 의식하고 있을 뿐만 아니라 전혀 다른 방법, 즉 하나의 의지(a will)로 역시 인식하고 있다. 만일 인식 주체가 그러한 특별한 관계, 즉 동일한 육체라는 것을 이중(二重, heterogeneous)으로 인식하고 완전히 다르게 인식한다는 사실을 도외시한다 면, 동일한 것, 즉 육체는 다른 모든 표상과 마찬가지로 단지 하나의 표상일 뿐이다. 이것을 확인하기 위해서 인식 개인(He)은 다음 중 어느 한 가지를 가정하지 않으면 안 된다. 즉 유일한 표상이 다른 표상과 다른 까닭은 개인 의 인식이 유일한 표상에 대하여 이중의 관계에 있다는 사실이다. '이 유일한 직관적 객체(this one object of perception)'를 통찰하는 경우에는 개인에게 동시에 두 개의 길이 열려 있지만, 이것은 육체라는 유일한 객체가 다른 객체 와 다르다고 하면 안 된다. 개인의 인식이 육체라고 하는 객체와는 다른 관 계에 있다고 말해야 한다. 다른 하나는 이 유일한 객체가 본질적으로 다른 객체와 다르며, 모든 객체 중에서 오직 그것만이 의지(意志)이고 동시에 표 상(表象)이고, 다른 객체는 단지 표상, 즉 단순한 환영(幻影, phantoms)이다. 따라서 인식하는 개인(個人)의 육체야말로 세계 안에서 단 하나의 현실적 개 인이며, 주체의 오직 하나뿐인 직접 객체이다. 다른 객체들을 단순한 '표상' 으로 본다면, 인식 주체의 육체와 똑같다. 다시 말해 육체와 마찬가지로 공간에서 작용한다. 이것은 원래 표상에 대해 선험적으로 확실한 그 인과성의 법칙으로 증명할 수 있다는 것이 명확하게 해 준다."

> The knowing subject is an individual precisely by reason of this special relation to the one body which, considered apart from this, is for him only a representation like all other representations. But the relation by virtue of which the knowing subject is an *individual*, subsists for that very reason only between him and one particular representation among all his representations. He is therefore conscious of this particular representation not merely as such, but at the same time in a quite different way, namely as a will. But if he abstracts from that special relation, from that twofold and completely heterogeneous knowledge of one and the same thing, then that one thing, the body, is a representation like all others. Therefore, in order to understand where he is in this matter, the knowing individual must either assume that the distinctive feature of that one representation is to be found merely in the fact that his knowledge stands in this double reference only to that one representation; that only into this one object of perception is an insight in two ways at the same time open to him; and that this is to be explained not by a difference of this object from all others, but only by a difference between the relation of his knowledge to this one object and its relation to all others. Or he must assume that this one object is essentially different from all others; that it alone among all objects is at the same time will and representation, the rest, on the other hand, being mere representation, i.e., mere phantoms. Thus, he must assume that his body is the only real individual in the world, i.e., the only phenomenon of will, and the only immediate object of the subject. That the other objects, considered as mere *representations*, are like his body, in other words, like this body fill space (itself perhaps existing only as representation), and also, like this body, operate in space—this, I say, is demonstrably certain from the law of causality, which is *a priori* certain for representations, and admits of no effect without a cause.

〈'의식과 표상으로서의 세계(*The World as Will and Representation*)(1818)'46)〉

* 즉 A. 쇼펜하우어는 세계의 삼라만상(森羅萬象－세계)을 '표상(表象, Representation)'으로 전제하였으나, 그 중에 개인(탐구자, 철학자, an individual)의 육체(body)는 '객체(表象, Representation)'이면서 동시에 '주체(의지, Will)'인 '이중 관계(twofold heterogeneous)'에 있음을 '이성 적합 원리(理性適合原理, 充足理由律, the principle of sufficient reason)'로 명시 하였다.[A. 쇼펜하우어의 '주체 의지(Subject Will)'에는 물론 (프로이트 식)

---

46) A. Schopenhauer(translated by J. F. J. Payne), *The World as Will and Representation*, Ibid, pp.103~4 ; 쇼펜하우어(권기철 역), 의지와 표상으로서의 세계, Ibid, pp.149~150

'의식(Conscious)'과 '무의식(Unconscious)'의 구분은 아직 논의되지는 못 하였으나 '의지(정신)'와 '육체'가 함께 '주체(나)'를 이루고 있음을 주장함]

A. 쇼펜하우어의 〈의지와 표상으로서의 세계(*The World as Will and Representation*)(1818)〉 간행은, 칸트의 〈순수이성비판(1781)〉보다 37년 후였고, 헤겔의 〈정신현상학(1807)〉보다 11년 뒤의 일이었다.

A. 쇼펜하우어는 바로 J. 로크(J. Locke, 1632~1704)와 볼테르(Voltaire, 1694~1778)의 '의학적(醫學的, 경험적) 사고'를 그대로 계승한 것으로, 이후 F. 니체와 S. 프로이트의 큰 관심이 집중이 되었고, 인간 '자유 의지(Free Will)' 해명에 막강한 개척을 행한 것으로 (니체에 의해) 평가되었다[47].

④-25 우리에게는 '시비(是非) 판정의 의무'가 있다. — I. 칸트

"모든 과제를 다 해결하려 하고 모든 질문에 다 대답하려 하는 것은 철면 피(鐵面皮)한 허풍이고 방자스런 자만이어서, 즉시 모든 신용을 다 잃을 수밖에 없다. 그렇지만 학문 중에는 그 학문의 영역 안에서 생긴 문제는 사람이 알고 있는 것으로부터 단적으로 대답할 수밖에 없는 그러한 성질을 가진 학문이 있다. 왜냐하면 대답과 질문이 동일한 원천에서 생기기 때문이다. 그러한 경우에는 결코 불가피한 무지를 변명하도록 허락되어 있지 않으며 그 해결을 요구할 수 있다. <u>모든 가능적 경우에 있어서 무엇이 옳고 무엇이 그른가는 우리가 규칙에 의하여 알 수 있어야 한다. 왜냐하면 그것이 의무에 관한 것이기 때문인데, 우리는 우리가 알 수 없는 것에 대하여 아무런 의무도 없기 때문이다.</u>(The rule of *right* and *wrong* must help us to the knowledge of what is right or wrong in all possible cases ; otherwise, the idea of

---

47) 니체는 1865(21세)년 11월 쇼펜하우어의 〈의지와 표상으로서의 세계〉를 읽고, "나를 알아야겠다는 욕구와 자신에 관한 의문이 강력하게 일어났다. 당시의 고심과 우울한 일기는, 초점을 잃은 자책과 인간 중핵의 개조와 '신성 추구에 대한 절망감'을 적고 있는데, (쇼펜하우어의 저서는)그 전망 변화의 시금석이다."라고 했다. — R. Safranski(Translated by S. Frisch), *Nietzsche : A Philosophical Biography*, W. W. Norton & Company, 2002, p.356

obligation or duty would be utterly null, for we cannot have any obligation to *which we cannot know.*) 그렇지만 자연의 현상을 설명하는 데 있어서 우리에게는 불확실한 것이 허다하고, 많은 문제가 해결되지 않은 채로 남아 있다. 왜냐하면 우리가 자연에 관하여 알고 있는 것은 우리가 설명해야 할 것에 대하여 모든 경우에 있어서 너무나 부족하기 때문이다. 그런데 문제가 되는 것은, 선험철학에 있어서 이성 앞에 제시된 객관에 관한 어떤 질문을 바로 이 순수이성에 의해서 대답할 수 있을는지, 그리고 우리가 그것을 (우리가 인식할 수 있는 모든 것으로부터 미루어보아) 절대로 불확실한 것으로 여겨, 우리가 문제를 제출할 만큼 상당히 많은 개념을 가지고 있으면서도 그 문제를 대답할 수 있는 수단이나 능력이 우리에게 없다는 따위의 것 중의 하나로 위에 말한 그 질문에 대하여 결정적으로 대답하기를 회피하는 것이 정당한 것일지가 문제이다."

To avow an ability to solve all problems and to answer all questions would be a profession certain to convict any philosopher of extravagant boasting and self-conceit, and at once to destroy the confidence that might otherwise have been reposed in him. There are, however, sciences so constituted that every question arising within their sphere must necessarily be capable of receiving an answer from the knowledge already possessed, for the answer must be received from the same sources whence the question arose. In such sciences it is not allowable to excuse ourselves on the plea of necessary and unavoidable ignorance; a solution is absolutely requisite. The rule of *right* and *wrong* must help us to the knowledge of what is right or wrong in all possible cases; otherwise, the idea of obligation or duty would be utterly null, for we cannot have any obligation to that *which we cannot know.* On the other hand, in our investigations of the phenomena of nature, much must remain uncertain, and many questions continue insoluble; because what we know of nature is far from being sufficient to explain all the phenomena that are presented to our observation. Now the question is: "Whether there is in transcendental phi-

losophy any question, relating to an object pre-
sented to pure reason, which is unanswerable by
this reason; and whether we must regard the
subject of the question as quite uncertain, so far
as our knowledge extends, and must give it a
place among those subjects, of which we have
just so much conception as is sufficient to en-
able us to raise a question—faculty or materials
failing us, however, when we attempt an an-
swer."

〈'순수이성의 선험적 과제'[48]〉

——→

* 칸트의 〈순수이성비판(1781)〉은 무엇보다 전통 '스콜라 철학(신학)'에 대한
  비판과 그것의 극복을 목적으로 삼았다.
* 위에서 칸트는 '기존 교부철학의 한심한 작태'를 한마디로 '모든 과제를 다
  해결하려 하고 질문에 다 대답하려 하는 것은 철면피(鐵面皮)한 허풍이고
  방자스런 자만'이라 꾸짖은 것은 바로 '아버지는 내 안에 계시고 나는 그
  아버지 안에 있다.'고 한 성경의 말을 믿고 세상을 통치하고 있는(통치한다
  고 생각하는) 신부 목사를 비판한 어구이다.
  이에 신학자 헤겔은 '그 칸트'를 자신의 '평생 타도(打倒) 목표'로 삼았다.['육
  신'과 '현세' 부정의 헤겔 신학으로서는 어쩔 수 없었음]

---

48) I. Kant(translated by J. M. D. Meiklejohn), *The Critique of Pure Reason,* William
Benton, 1980, pp.149~150 'Pure Reason of its Transcendental Problems' ; 칸트(윤성범
역), 순수이성비판, 을유문화사, 1969, p.329 '순수이성의 선험적 과제'

제5장 〈자연철학〉

헤겔의 자연관(自然觀)은, "신(이성)이 '자연' 즉 '유한(有限) 정신' 창조 이전부터 계셨던 그것들의 영원한 정수(精髓)이시므로, 자연과 인간은 '절대 신(이성)'의 외연(外延, the exposition of God)이다."[1]라는 것이었다.

헤겔의 〈자연철학(Philosophy of Nature)[2]〉은, 헤겔 당시에까지 밝혀진 몇 가지 과학적 사례를 토대로, '자연(Nature)'이 어떻게 그 '절대정신(신, 이성)'과 연관이 되고 그 '신국(神國, 게르만 공동체)' 건설에 '각 개인들이 어떻게 봉사할 수 있는지'를 설명하고 있다.

그래서 이 〈자연철학〉에서 헤겔이 보여 준 '3대 기본 정신'은, (a) '절대정신(신, 이성) 중심주의', (b) '게르만(공동체) 중심주의', (c) '자연(대상, 개별 육체) 극복(무시) 정신'이다.

그래서 헤겔은 이 〈자연철학〉에서도 그 기본은 '개신교 정신(이성)'의 실천 의지로서, 헤겔의 '최고 선(善)'은 '게르만 공동체(神國)'을 위한 '희생' 정신의 발동으로 '현세 부정의 염세주의(허무주의)'와 '신(게르만 공동체)에의 귀의'를 그 '가짜 논리학' 변증법으로 '자연(육체) 지양(止揚)' 과정을 거듭 주장해 보였으니, 그 결론은 '죄(욕망-原罪) 값'으로의 불가피한 '사망(死亡)'이고 거기에 '자살(自殺) 긍정'도 포함을 시켰다.

---

1) Wikipedia, 'Hegel Science of Logic' ‒ 'that this content is the exposition of God as he is in his eternal essence before the creation of nature and a finite mind.'
2) Wikipedia, 'Hegel The Encyclopedia of the Philosophical Sciences' ; G. W. F. Hegel(Translated by A. V. Miller), *Philosophy of Nature*, Oxford University Press, 2004

⑤-01 '철학 백과사전'의 개요

　"〈철학 백과사전(*The Encyclopedia of the Philosophical Sciences*, Enzyklopädie der philosophischen Wissenschaften im Grundrisse, 1817)〉은 헤겔이 행한 '체계적 저술'이다. 〈철학 백과사전〉은 그의 초기 〈논리학 (*Science of Logic*)〉의 축약에다가, 〈자연철학(*Philosophy of Nature*)〉과 〈정신현상학(*Philosophy of Spirit*)〉을 첨부해 놓은 것이다. 이 저서는 '변증법적 추리(dialectical reasoning)'로 그 자체를 설명하는 '그 관념 유형(the pattern of the Idea)'에 관한 해설이다."

> ((The Encyclopedia of the Philosophical Sciences (German: Enzyklopädie der philosophischen Wissenschaften im Grundrisse, 1817) is a systematic work by Georg Wilhelm Friedrich Hegel in which an abbreviated version of his earlier Science of Logic was followed by the articulation of the Philosophy of Nature and the Philosophy of Spirit (also translated as Philosophy of Mind). The work describes the pattern of the Idea as manifesting itself in dialectical reasoning.))

〈'헤겔 철학백과사전'3)〉

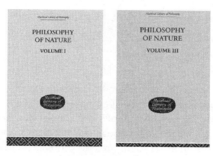

〈'자연철학(페트리 英譯)'〉

---

3) Wikipedia, 'Hegel The Encyclopedia of the Philosophical Sciences'

* 헤겔의 〈자연철학(*The Philosophy of Nature*)〉은 그의 〈철학 백과사전(*The Encyclopedia of the Philosophical Sciences*)〉의 일부이다. 헤겔의 하이델베르크 대학 재직(在職) 시절에 간행된 것이다. (참조, ⑪-09. **하이델베르크 재직 시절(1816~7)〈철학 백과사전〉출간하다.**)

* 한국에서는 2008년 박병기가 번역 간행하였다. (⑫-36. **박병기 역(2008), 〈자연철학〉**)

⑤-02 논리적 범주가 '정신 그 자체(Geist itself)'이다.

   "'자연철학'과 '정신철학'이 '논리학'으로 활용된 것을 일부 사람들은 믿고 있지만, 그것은 잘못된 것이다. '백과사전'의 목적은 설명이니, 즉 인간 지식의 전 영역에 '변증법적 방법(the dialectical method)'의 적용 없이 어떻게 '정신(Geist, Spirit or Mind)'이 성장하는지를 설명하는 것이다. 그러나 '정신'은 씨앗이 성숙해서 나무로 자라듯이 '성장 과정'에 있다. 즉 그것은 '단계들(stages)'을 통과한다. 정신 발달의 첫 단계는 '논리학'으로 설명된다. '논리학'은 그들의 속성대로 '생각의 범주(the categories of thought)'로 표현된다. '범주'는 어떤 것을 생각하는 '최소 조건(the minimal conditions)'이고, 모든 우리의 생각 배후에 행해진 개념들이다. 이들 논리적 범주가 다름 아닌 '정신 그 자체(Geist itself)'임을 알게 된다."

   ((While some believe that the philosophy of nature and mind are applications of the logic, this is a misunderstanding. The purpose of the Encyclopedia is descriptive: to describe how Geist (Spirit or Mind) develops itself and not to apply the dialectical method to all areas of human knowledge, but Spirit is in process of growing, like a seed growing into a mature tree: it passes through stages. The first stage of Spirit's development is described in the Logic. Thus the Logic presents the categories of thought as they are in themselves; they are the minimal conditions for thinking anything at all, the conceptions that run in the background of all our thinking.

These logical categories turn out to be none other than Geist
itself.))

〈'헤겔 철학백과사전'4)〉

———✈

* 헤겔의 '범주(the categories)'는 고정이 되어 있으니, 그것은 '삼위일체
(Trinity) 변증법'로서 시공을 초월에 어느 곳에나 발동되었던 신학자 '헤겔
정신 구조 자체'였다.

* 위에서 헤겔(해설자)은, '정신은 씨앗이 성숙한 나무로 자라듯이 성장 과정
에 있다.'라는 전제를 두고 있다. 이것은 헤겔의 (역사적) '변증법' 적용의
기본 전제이다. (참조, ③-05. '싹' '꽃' '열매'의 변증법)

* 헤겔은 체질적으로 '절대정신(신)' 문제가 아니면 관심이 없었고, 그것(절대
정신, 신)의 다른 명칭인 '공동체' '전체' '게르만 국가주의'로서 역시 그것을
떠나면 할 말이 없었다.
이에 대해 그 '절대정신(신, 공동체)'과 상대(相對)를 이룬 '인간 중심' '개인
중심' '자연 중심'은 자연 헤겔의 비판과 조롱의 대상이었으니, 〈자연 철학〉
에서도 그 원칙을 빼고는 달리 말할 방법이나 흥미가 없는 사항이다.[헤겔은
이미 '자연' '사회' '역사' '철학' '예술'을, '절대정신(신, 이성)'으로 일원화 해놓
고 있었음.]
헤겔의 [계몽주의자의] '인간 중심' '개인 중심' '자연 중심'에 대한 비판은,
그의 신학 체질인 '부정적 인생관 세계관'의 바탕을 이루고 있는데, 이것
은 역시 그의 '염세주의' '허무주의' '우울증(憂鬱症, Hypochondria-
Depression)'과 연동된 사항이다. (참조, ④-20. 생명 과정 속에서의 '모순'과
'고뇌(Pain)' ⑥-14. 프로테스탄티즘 고유 원리)

---

4) Wikipedia, 'Hegel The Encyclopedia of the Philosophical Sciences'

⑤-03 '사물'= '정신'

"사물이 무엇인지를 알기 위해 우리는 '정신'을 생각해야 한다. 관측의 축적이 사물의 정수를 우리가 알게 하는 것이 아니다. 사유와 사물은 동등하다. 그래서 논리학과 형이상학은 역시 동일하다. 모든 것의 기본 요소는 '정신'이다. 생각의 활동은 정신 자체의 명시이다.(이것이 '논리'가 '창조 이전에 신의 정신 사상(the thought of the mind of God before creation)'이라고 헤겔이 말할 수 있었던 이유이다.)"

> ((In order to get at what a thing is, we must think about it. No amount of observing will bring us to the essence of things. Thinking and being are equivalent, and so logic and metaphysics are equivalent as well. The underlying element of it all is Geist; thus the activity of thinking is no less than Geist articulating itself. (This is how Hegel could say that logic is the thought of the mind of God before creation.)))

〈'헤겔 철학백과사전'5)〉

_____ ✈

* 헤겔 생각의 특징은 '절대정신' '전체' '신(여호와)' 중심주의이다. 그래서 '천지만물'은 단지 '개념(Notions, Conceptions)'으로 그것은 '절대정신'의 소속물이라는 것이 '개신교도 헤겔 신학'의 기본 전제였다.

* 사실 헤겔의 비약은 원래 (개인 체험을 배제하고) '순수이성'을 논한 칸트에게 그 원인의 일부를 확인할 수 있지만, '엄밀한 칸트 정신' 경험과학(철학)을 그대 포괄한 논의였다. (참조, ④-24. **로크(Locke)와 칸트(Kant)의 분기점(分岐點)-I. 칸트**)

  그렇지만 헤겔은 '개신교 논리'에 열광하여 (칸트의)'순수이성'(논의)가 바로 그 '절대정신(신)'이라고 '개신교의 토마스 아퀴나스(T. Aquinas, 1225~1274)'가 되었다. (참조, ⑪-01. **'개신교(改新敎)의 토마스 아퀴나스'**)

---

5) Wikipedia, 'Hegel The Encyclopedia of the Philosophical Sciences'

⑤-04 '자연 철학'은 '정신 철학'이다.

"정신 작용이 더욱 온전하게 작동하면, 그것은 단순히 그대로 남아 있을
수 없는 지점에 도달한다. 정신은 불완전하다. 그러기에 그것은 그 자체가
'타자들(others)'이다. 거기에서 '자연철학'이 생겨난다. 자연 철학(the
philosophy of nature)의 발달 단계가 완성이 되면 '정신'은 그 자체로 "되돌
아오고(returns)" 그것이 '정신 철학의 탄생(the emergence of the philosophy
of mind)'이다.

전(全) 3부(部)의 영역(英譯)은, 각 부분을 낱권으로 엮은 옥스퍼드 대학
출판이 있다."

((As Geist works itself out more fully, it reaches the point
where it simply cannot remain as it is; it is incomplete, and
therefore it "others" itself; this is where the philosophy of
nature emerges. When this stage of its development is
completed, Geist "returns" to itself, which is the emergence
of the philosophy of mind.

English translations of all three parts are available from
Oxford University Press, with each part bound as a separate
book.))

〈'헤겔 철학백과사전'6)〉

———✈

* 해설자는 물론 헤겔에 동조자이다. 해설자는 '정신은 불완전하다.(Geist it
is incomplete)'라고 전제하였다.

그러나 칸트가 〈순수이성비판〉에서 논한 '순수이성'은 '불완전한 정신'을
논한 것이 아니고, (헤겔처럼 변화하는 정신)'개인 정신'을 논한 것이 아니라
'인류 공통의 보편 이성원리'를 총체적으로 살펴본 것이다. (참조, ④-25.
우리에게는 '시비(是非) 판정의 의무'가 있다.-I. 칸트)

---

6)   Wikipedia, 'Hegel The Encyclopedia of the Philosophical Sciences'

* 그런데 헤겔은 그 칸트의 '순수이성'의 논의를 자신의 개신교 논리('이성=신')로 몰고 나가 결국은 그것을 아우구스티누스(A, Augustinus, 354~430) 〈신국(The City of God, 426)〉론에 회부(會付)하여 '게르만 공동체(제국주의)'에 '전쟁의 희생(Sacrifice)'론으로 결론을 내었다. (참조, ⑥-13. **현재는 '장미'이며 '십자가'이다.**)

⑤-05 만유인력 1

"인력(Gravitation)은 물질적 물체성의 이념으로 실현된 참되고 규정된 개념이다. 보편적 물체성은 본질적으로는 특수한 물체로 근원적으로 분할되고 운동 속에서 현상하는 존재로서는 개별성 혹은 주체성의 계기로 결합한다. 이때 운동은 이리하여 직접적으로 더 많은 물체들[천체들]의 체계다."

> Gravitation is the true and determinate Notion of material corporeality **realized as the Idea.** **Universal corporeality divides itself** essentially into *particular* bodies, **and links itself together in the moment of** *individuality* **or subjectivity, as determinate being appearing** in *motion*; this, in its immediacy, is thus a **system** of *many bodies.*

〈'절대역학'7)〉

—————→

* 칸트는 〈순수이성비판(1781)〉의 '범주 표' '③ 관계론(Of Relation)' 항8)에서 뉴턴(I. Newton, 1642~1727)의 '만유인력(Universal gravitation)'의 문제를 고려하였다.

---

7) G. W. F. Hegel(translated by M. J. Petry), *Philosophy of Nature*, Humanities Press, 1970, V 1 p.263 'Absolute mechanics' ; 헤겔(박병기 역), 자연철학, 나남, 2008, V 1 p.183 '절대역학'

8) I. Kant(Translated by J. M. D. Meiklejohn), *The Critique of Pure Reason*, William Benton, 1980, p.42 'Table of Categories'

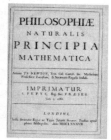

〈'뉴턴(I. Newton, 1642~1727)' '자연철학의 수학적 원리
(Mathematical Principles of Natural Philosophy, 1687)'〉

* 그에 대해 헤겔은 '그런 것(만유인력)쯤은 나도 다 알고 있는 사항이다'라는
입장을 밝힌 대목이다. 그러면 알아서 어떻다는 것인가? 신학자 헤겔의 경우,
'만유인력(Gravitation)'도 그 '절대정신(신, 이성)'을 연유하여 알게 된 것이기
에 '절대이념' '하나님(절대정신, 이성)'을 모르면 '야만인(a barbarian)'일 뿐
이다. (참조, ②-02. '하나님'은 출발점이고 종착점이다. ⑧-21. 뉴턴은 '이념'을
모르는 '야만인'이다.)

⑤-06 만유인력 2

"무게라는 개념이 자유롭게 독자적으로 실현되어 있는 물체 관해 말한다
면, 이러한 물체는 개념의 계기들을 자신의 구별된 본성의 규정으로 삼는다.
이 규정 중 하나는 말하자면 제 자신과의 추상적 관계라는 보편적 중심이다.
이 극단에 대립해 있는 것이 마찬가지로 자립적은 물체성으로 현상해 있지
만 직접적이고 자신 바깥에 존재하는 중심 없는 개별성이다. 그런데 특수한
(개별적) 물체는, 외자존재라는 규정(the determination of self-externality)에
있으면서 동시에 내자 존재(즉자 존재, being-in-self)라는 규정에 있으며 그
것만으로 볼 때는 중심이면서 그 본질적 통일인 최초의 것[보편적 중심, the
universal centre]과 관계되어 있다."

In bodies in which **the full** freedom **of the Notion** of gravity is realized, the determinations of their distinctive nature are contained as the moments of their Notion. Thus, one of the moments is the *universal* centre **of abstract relation to self.** Opposed to this extreme **is immediate** *singularity,* which is self-external and centreless, **and which also appears as an independent corporeality.** The *particular* bodies are however those which simultaneously stand **as much** in the determination of self-externality, as they do in that of being-in-self; they are in themselves centres and find their essential unity through relating themselves to the universal centre.

〈'절대역학'9)〉

───────✈

* 헤겔은 위에서 '행성(行星)' 등을 고려한 말 속에, 자신의 철학적 용어인 '내자 존재(卽自 存在, being-in-self)' '보편적 중심(the universal centre)'을 말하고 있는데, 이것은 '자연과학'의 논의도 헤겔의 '개신교 신학(철학)' 영역 내에 있다는 것을 말하기 위한 것이다.

* 헤겔은, 용어(用語 Terminology)상 칸트의 그것('절대정신 - 순수이성' '즉자 존재(卽自存在, Being in itself) - 물자체(Thing in itself)')에 비슷하게 전제 되어 있지만, 근본 내부는 칸트의 생각(인간 중심, '물자체 중심')과는 완전히 판판인 헤겔 생각('절대정신 - 신'을 '실체'로 세운 '삼위일체' 範疇론)이라는 점도 확실히 될 필요가 있다.

즉 헤겔은 (칸트의) '이성'론을 그대로 '절대정신(신)'에 대입한 '개신교 신학' 으로서, 그 '순수이성'은 바로 (헤겔의) '절대정신(하나님)'이므로 '절대정신' 의 다른 표현(外延)으로 '즉자적 존재들(자연물)'이 있을 뿐이다.('하나님 - 절대정신'에 의해 '만물 - 즉자적 존재들'이 창조되었다.) 이것이 '개신교도' 헤겔 '신학적 고집(固執)'인 〈자연철학〉의 전부이다. (참조, ②-14. **'하나님**

───────────────

9) G. W. F. Hegel(translated by M. J. Petry), *Philosophy of Nature,* Humanities Press, 1970, V 1 p.263 'Absolute mechanics' ; 헤겔(박병기 역), 자연철학, 나남, 2008, V 1 pp.184~5 '절대역학'

(절대신)'이 '아들(만물, 자연물)'을 창조하셨다. ③-32. '이성(理性)'에 의해 창조
된 세계 ④-4 '만물(萬物)은 '절대 신의 외연(外延)'이다.)

* 그러면 여기에서 무엇이 문제란 말인가? 교수 헤겔은 '감성(경험의 대상-
대상)'을 뽑아 '절대정신(God)'에게 모두 맡기고, 모든 (육신을 지닌)인간은
'신의 노예(주님의 종, a servant of the Lord)'가 '최고선(最高善)'이라고 강조
하고 있다. (참조, ③-28. '주인'은 하나님이고, '노예'는 인간이다. ③-29. '주인
(하나님)'과 '노예(인간)'의 관계)

⑤-07 케플러와 뉴턴

"절대적으로 자유로운 운동의 법칙은 잘 알려진 대로 케플러(Kepler)가 발
견했는데, 이는 불멸의 명성을 지닌 발견이다. 케플러가 이 법칙을 증명했다
는 것은 그가 경험적 자료의 보편적 표현을 찾아냈다는 것을 의미한다. 그
후 뉴턴이 앞서 말한 법칙의 증명을 찾아냈다고 하는 말이 상투어가 되어버
렸다. 명성이 최초의 발견자에게서 부당하게 다른 사람으로 넘어간 것은 가
벼운 일이 아니다."

> It is well known that the immortal honour of having dis-
> covered the laws of absolutely free motion belongs to
> *Kepler*. *Kepler proved* them in that he discovered the *univer-
> sal* expression of the empirical data (§ 227). It has subse-
> quently become customary to speak as if *Newton* were the
> first to have discovered the proof of these laws. The credit
> for a discovery has seldom been denied a man with more
> unjustness.

〈'절대역학'10)〉

---

10) G. W. F. Hegel(translated by M. J. Petry), *Philosophy of Nature*, Humanities Press,
    1970, V 1 p.260 ' Absolute mechanics' ; 헤겔(박병기 역), 자연철학, 나남, 2008, V
    1 pp.175, 177 '절대역학'

✈

* 위의 헤겔의 진술에서 '절대적으로 자유로운 운동의 법칙(the laws of absolutely free motion)'이란 용어에 주목할 필요가 있다. 이것이 바로 헤겔의 '자유(freedom)'의 개념이기 때문이다. 행성(行星)들이 태양의 주위를 정확하게 반복해 돌고 있는 '기계적 운동'을 헤겔은 '절대적 자유'라고 거침없이 규정하였다.

이것이 헤겔의 '절대 자유(The Absolute Freedom)'와 연관 되어 있으니, 주목해야 한다. (참조, ⑦-10. '보편 의지'로서의 '자유(윤리) 의지' ⑥-18. '자유로운 의지'를 의욕(意慾)하는 자유 의지)

* 헤겔에게 가장 무서운 병통은 '염세주의(Pessimism)'의 '우울증의 절대정신 (The Absolute Spirit of Depression)'에의 고착(固着, Obsession)이고, 그보다 더욱 고약한 고질(痼疾)은 '자살(자기파괴) 예찬' 사상이다. (참조, ⑨-23. '자기 파괴'가 '영원한 정의(正義)'이고 인간 본성이다. ⑨-30. 몰락(죽음)=영원한 정의=윤리적 실체=만족)

헤겔은 한 마디로 '게르만이 세계(우주)이고, 세계(우주)가 게르만이어야 한다.'고 주장하여, 온 독일 국민을 흥분시켰다. 얼마나 영광스런 문제인가. 전 저작을 통해 그것을 알리기에 평생을 보냈다. 그래서 그의 '강의(설교)'는 유럽에 떠들썩했다.[이에 대해 칸트는 별 인기를 끌지 못했다고 함] (참조, ⑥-11. 국가(國家)는, 인륜(人倫)의 우주(宇宙)다.)

* 볼테르는 '광신은 신속(迅速)하고, 이성(理性)은 더디다.'[11]라고 하였는데, 헤겔의 '전쟁 광신주의'는 역시 속도가 엄청나 마침내 세계로 번져 먼 나라 일본(日本)에까지 번져 '세계 대전의 원흉'이 되었다. (참조, ⑥-38. '세계 근대 문명'은, '게르만(아리안) 문명'이다.-A. 히틀러 ⑫-02. 추축국(樞軸國,

---

11) Voltaire(translated by B. Masters), The Calas Affair *A Treatise on Tolerance*, The Folio Society, 1994, p.141 'Addendum' −

Axis Powers) 사상 형성(1936))

* 소위 케플러(J. Kepler, 1571~1630)의 '행성(行星) 운동의 법칙'에도 '(만유)
인력'의 공식을 끄집어낼 수 있다. 그렇지만 뉴턴의 위대성은 모든 천체(혜성
의 문제까지) 문제뿐만 아니라 지상(地上)의 문제(潮水 干滿의 문제 등)까
지 모두 포괄할 수 있었다는 측면에서 케플러의 '행성 운동의 법칙'과는
비교할 수가 없다. 헤겔은, 칸트가 수용한 그 뉴턴도 (헤겔 자신의 排他정신
구조상) 미운 것이다. (참조, ⑧-21. **뉴턴은 '이념'을 모르는 '야만인'이다.**)

〈'케플러(J. Kepler, 1571~1630)' '신 천문학(1609)'〉

⑤-08 '자기=빛=태양'

"질을 부여받은 최초의 물질은 자신과의 순수한 동일성, 즉 자신 안으로의
반성의 통일로서의 물질이며, 그러므로 자체가 아직은 추상적인 최초의 현시
다. 자연 안에 현존재하는 것으로서 이러한 물질은 총체성의 다른 규정들과
반대로 자립적인 것으로서 자신과의 관계다. 물질의 이러한 실존하는 보편
적 '자기'가 빛이다. — 빛은 개체성으로서는 별이며, 별은 총체성의 계기로서
는 태양이다."

> Matter in its primary **qualified state** is *pure self-identity*,
> **unity of intro-reflection ; as such it is the primary manifesta-
> tion, and is itself still abstract.** As *existent* in nature, it is *inde-
> pendent* self-relation opposed to the other determinations of
> totality. This existing and universal *self* of matter is light,
> **which as individuality is the star, and as moment of totality, the
> sun.**

〈'빛'12)〉

_____✈

* 헤겔의 진술은 간단한 진술 같지만 정말 자세히 살펴야 한다. 즉 헤겔이 위에서 거론한 '물질(matter)'은 칸트의 '물자체(Things in itself)'와 동일한 전제이다. 그런데 신학자 헤겔은 '반성의 통일(The Unity of Reflection)'로서 의 '물질'이라고 몰고 갔다. 즉 '개념(Notion, Conception)'에 국한 시키는 작업이다.['신속한 (自然物)論議 終了'하기] 그것은 헤겔에게 긴박한 문제, '절대 정신에의 봉사(Service for the Lord)'라는 것이 요긴한 문제였기 때문 이다. (참조, ②-04. '인간'보다는 '신(God)의 영광'을 알려야 한다.)

* 앞서 살폈듯이 칸트의 '물자체'는 어디까지나 감성(感性, Sensibility, Intuition, Phenomenon)의 근거로 상정(想定)된 것이다. (참조, ②-34. 감성 의 참된 상관 자는 '물자체(the thing in itself)'이다.-I. 칸트) 그리고 '감성(현 상, 직관, 표상, 현상)의 통일'은 절대적으로 '오성(Understanding)의 기능'으 로 구분하였다.
  그런데 헤겔은 '물자체(즉자적 존재, 물질)도 하나님 소관(外延)이고, 하나님은 어디에나 계시고 우리의 정신(절대정신)은 그 자체가 하나님이다'라는 무한한 동어반복(同語反覆, Tautology)에 몰두해 있었다. (참조, ②-39. 스콜라 철학자 들의 '동어반복(Tautology)'-I. 칸트)

* 그러므로 위에서 헤겔이 제시한 '자기=빛=태양'은 역시 '가짜 논리학' 변증법적 논리로 헤겔 〈자연철학〉의 핵심적 전제이다. 이것은 다시 '빛=정신=성령=절 대자'로 이어지는 헤겔 범주 '삼위일체'의 다른 표현이다. (참조, ③-13. '진리= 현실=실체=주체=정신=성령=하나님')[힌두의 〈야주르베다(The Yajurveda)〉 에도 '불(빛, 태양)'의 찬양으로 넘쳐 있음]

---

12) G. W. F. Hegel(translated by M. J. Petry), *Philosophy of Nature*, Humanities Press, 1970, V 2 p.12 'Light' ; 헤겔(박병기 역), 자연철학, 나남, 2008, V 1 p.247 '빛'

* 헤겔의 〈자연철학〉에 빛(Light, Sun) 물질(Matter) 정신(Spirit)은 다음과 같이 그 '가짜 논리학' 변증법에 기초를 두고 있다.

〈(물질) 변증법 도(8)〉

* 신학자 헤겔의 생각으로는 '빛'은 '신' '이성'이고 그것으로 '자연(물질 대상)'은 확인되나 그것을 아는 것은 '정신' '이성'이고 그러므로 그것은 '절대정신(신)'으로 돌려지게 마련이라는 '삼위일체'론이다. 이 '무한한(妙味) 삼위일체론을 버리고' '불쌍한 칸트'는 헛수고를 했다는 조롱을 행한 것이 '계몽주의'에 대한 헤겔의 탄식이다. 헤겔은 다시 말해 '절대정신(주님)'에게 모두 그냥 맡기면 된다는 자신의 신학을 확신했고, 그러한 정신에서 그 모든 저서를 행하였다. (참조, ②-08. 만물은 '신(God)'에서 출발하고 '신'에게로 돌아간다. ②-09. '신(God)'이 '절대 진리', '절대 가치', '절대 자유'이다.)

⑤-09 '자연'은 '정신의 도구'이고, 사망은 '자연의 운명'이다.

"동물이 구별되는 형상과 등급의 근저에는 개념에 의해 규정된 동물의 보편적 전형이 있다. 한편으로 자연은 이 전형을 가장 단순한 유기조직에 이르기까지 서로 다른 여러 단계에서 드러낸다. 가장 완성된 유기조직[인간]에서 자연은 정신의 도구이다(nature is the instrument of spirit). 다른 한편으로 자연은 이 전형을 원소적 자연(elemental nature)의 서로 다른 여러 상황과 조건 아래에서 드러낸다. 동물의 종은 개별성으로 계속 형성되어감으로써 제 자신에서 그리고 제 자신에 의해 다른 것들로부터 구별되고 다른 것들을 부정함으로써 독자적이 된다. 이와 같이 다른 것들을 유기적인 자연으로 전락시키는 적대적 관계 속에서 강제적 죽음은 개체의 자연적 운명이다(In violent death constitutes the natural fate of individuals)."

The universal *type of the animal* determined by the Notion, lies at the basis of the *various forms* and *orders of animals.* This type is exhibited by nature partly in the various *stages of its development* from the simplest organization to the most perfect, in which nature is the instrument of spirit, and partly in the various *circumstances* and *conditions* of *elemental nature.* **Developed into singularity, the animal species distinguishes itself from others both in itself and by means of itself, and has being-for-self through the negation of that from which it has distinguished itself. In this hostile relation to others, in which they are reduced to inorganic nature, violent death constitutes the natural fate of individuals.**

〈'유(類)와 종(種)'13)〉

_____→

* 헤겔은 위의 진술에서, '이와 같이 다른 것들을 유기적인 자연으로 전락시키는 적대적 관계 속에서 강제적 죽음은 개체의 자연적 운명이다(In violent death constitutes the natural fate of individuals).'라고 했다. 즉 (인간이) 동물과 같은 '적대적 관계(hostile relation)' 속에 사망(死亡)한다는 헤겔의 주장이다.

  헤겔은 동물(인간 포함)의 사망의 원인을 '전체(全體, God)에 대한 무지(無知)'로 간주하고 있다는 점이다. 이것이 역시 헤겔의 그 〈자연철학〉을 써야 했던 그 이유이다.['신'을 알아야 한다는 논리임]

* 헤겔은 타고난 '신비주의 옹호자'로서 항상 '주님의 종(Servant of the Lord)' 으로서 충성심으로 불타고 있었다. 즉 보이는 것은 그대로 '신의 외연(外延, 형상)'이고 '인간 사회의 전쟁 등의 큰 사건'은 다 그 '세계정신(절대정신)'의 발동으로 보였다. (참조, ⑦-09. 개신교의 영웅, 프리드리히 대왕 ⑪-06. 말을 탄 '세계정신'(1806).)

---

13) G. W. F. Hegel(translated by M. J. Petry), *Philosophy of Nature*, Humanities Press, 1970, V 3 p.177 'The genus and species' ; 헤겔(박병기 역), 자연철학, 나남, 2008, V 2 p.337 '유(類)와 종(種)'

* 헤겔은 위에서 아주 평상적으로 수용될 수 있는 '자연'도 '정신의 도구(the instrument of spirit)'라고 했다. 그런데 헤겔의 '정신' 헤겔 '개인의 정신'이면서 역시 '절대정신(The Absolute Spirit)'를 아울러 지칭하고 그것들은 ('삼위일체' 이론으로)수시로 호환(互換)되는 특징을 지니고 있다.

즉 위의 '정신'이란 용어가 헤겔의 '정신(창조주-God)'와 '피조물(자연)'의 전제 속에 행해진 발언인 줄을 모르면 그 이후의 진술(문장)은 읽어도 읽은 것이 아니다. 다시 말해 '원죄(the original sin)를 모르면 결과는 사망'이라는 목사 헤겔의 강론이기 때문이다. (참조, ⑧-26. 칸트는 '원죄(original sin)'도 이성적으로 해명을 하려 한다.)

* 그러면 '사망'에 대한 헤겔의 대안(代案)은 무엇인가. 예수의 삶이 그 표준이었다. (참조, ⑥-13. 현재는 '장미'이며 '십자가'이다. ⑥-14. 프로테스탄티즘 고유 원리) 이리하여 '전쟁 긍정'의 헤겔 철학이 이름을 떨치게 되었고, 마침내 세상에 '불의 심판(제1차 제2차 세계대전)'이 행해졌다. (참조, ⑥-26. '영구평화(永久平和)론' 비판)

⑤-10 '생식(生殖)'은 무한 가상(假象)의 행렬이다.

"[交尾의] 산물은 차별적인 개별성의 부정적 동일성이자, 생성된 부류(a resultant genus)로서는 무성적(無性的) [무의미한] 생명이다. 그러나 이 산물은 자연적 측면에서 보면 단지 즉재[잠재]적으로만 이러한 부류일 뿐, (부류는) '차이가 사라져버린 개별적인 것'과는 상이하다. 그래도 이 산물은 자체가 직접적으로 개별적인 것이다. 이 개별적인 것은 동일한 자연적 개체성으로, 동일한 차이와 무상함으로 발전하는 규정을 가지고 있다. 따라서 이러한 번식과정은 진행은 악[허위]무한으로 끝난다(This process of propagation issues forth into the progress of the spurious infinite). 유(類, the genus)는 개체의 몰락에 의해서만 자신을 유지한다. 개체는 교미과정 속에서 자신의 규정을 수행하며, 더 높은 규정을 갖지 않는 한(no higher determination than this), 그럼으로써 죽음을 향해 간다."

The product is the *negative identity* **of differentiated singu-
larities, and as a** *resultant genus*, an asexual life. In its *natural*
aspect, **it is** merely the *implicitness* of this product which
constitutes this genus however. **This differs from the** singular
beings **whose differentiation** has subsided into it,[2] and is itself
an immediate *singular*, although it has the determination **of
developing itself into the same natural individuality, and into a**
corresponding sexual differentiation and transience. **This
process of propagation issues forth into the progress of the spurious
infinite. The genus preserves itself only through the perishing of
the individuals, which fulfil their determination in the process of
generation, and in so far as they have no higher determination than
this, pass on to death.**[1]

〈'성관계'14)〉

────→

* 헤겔이 위에서 부정하고 있는 '개체'로서의 의미, 그 '번식(繁殖, 개체 수
  늘림)'으로서의 무의미이다.
  위에서도 헤겔은 '이러한 번식과정은 진행은 악[허위]무한으로 끝난다(This
  process of propagation issues forth into the progress of the spurious
  infinite).'고 거듭 자신의 확신을 반복하고 있다.
  신학자 헤겔은 눈 하나 끔적하지 않고, 그에 당당한(?) 대안(代案), '더욱
  높은 규정(the higher determination than this)'을 언급했는데 그것은 바로
  '불멸의 생명(Imperishable Life)' '절대적 이념(The Absolute Idea)' '절대 신
  과 합일'이었다.[범아일여(梵我一如 － Brahman=atman)] (참조, ②-08. 만물
  은 '신(God)'에서 출발하고 '신'에게로 돌아간다. ③-36. 자기는 '절대신'의 그림
  자이다.)
* 사제(司祭) 정신의 헤겔이, 세상 사람들에게 수시로 맹위를 과시하고 있는
  바가 '현세 부정'의 '허무주의'에 '자살 충동' '자기 파괴 충동'의 예찬이었다.
  위에서도 <u>헤겔이 '유(類, the genus)는 개체의 몰락에 의해서만 자신을 유지한</u>

---

14) G. W. F. Hegel(translated by M. J. Petry), *Philosophy of Nature*, Humanities Press,
   1970, V 3 pp.175~6 ' The sex-relationship' ; 헤겔(박병기 역), 자연철학, 나남, 2008,
   V 2 p.370 '성관계'

다.'라고 했는데, 헤겔의 '현실적' '이성적'인 '유(類)'는 '게르만' 밖에는 없다. 그러므로 역시 '게르만을 위한 죽음(삶)'은 헤겔 철학의 핵심이다. (참조, ⑧-03. '게르만 왕국', '신국(神國)', '이성적인 세계')

그런데 이러한 '생명'과 '세상'을 향한 부정적인 생각이 그의 '절대정신(신)'을 믿게 된 경우를 충분히 이해할 수 있지만, 그것이 '배타주의' '독선주의'와 연합하여 '자살충동' '전쟁 긍정'으로 나간 점이 문제이다.

이러한 '이 생의 부정(Negation of This Life)' '이 세상 부정(Negation of This World)'의 '우울증(Hypochondria – Depression)' 문제를 해결할 사람은 오늘날은 '정신과 의사'말고는 없다.

그러함에도 헤겔의 그 '부정의 철학(The Philosophy of Negation)' 과거 세계를 지배하였고, '계몽주의' 이후에도 역시 '군국주의' '제국주의'와 연합하여 날개를 달았는데, 그 '주범(主犯)'이 헤겔이라는 사실을 헤겔의 모든 저서가 명백히 해 주고 있다.

* 초현실주의 화가 R. 마그리트(R. Magritte, 1898~1967)는 '(자연)생명 부정'의 헤겔 철학을 조롱하여 다음과 같은 '철학자의 등불(1936)'을 그렸다.

〈'철학자의 등불(1936)'15) '철학자의 등불(1936)'16)〉

---

15) D. Sylvester, *Rene Magritte*, Manil Foundation, 1994, Fig. 'The Philosopher's Lamp(1936)'
16) D. Sylvester, *Rene Magritte*, Manil Foundation, 1992, p.281 'The Philosopher's Lamp(1936)'

* '실존(몸)'에 해로운 '담배(염세주의, 허무주의, 제국주의 철학)'를, 그 입에서 바로 코로 연결해 놓은 것을 유일한 자랑(큰 코)으로 아는 '헤겔 신학'에 대한 조롱이다.

'촛불(희생, 자기파괴 – Sacrifice)'을 그대로 방치하면 '화재(전쟁)'는 명백한 사실이 된다. (참조, ⑥-13. 현재는 '장미'이며 '십자가'이다. ⑥-38. '세계 근대 문명'은, '게르만(아리안) 문명'이다.-A. 히틀러)

⑤-11 유기체와 비유기적 힘의 대립이 '질병'이다.

"-유기체의 체계나 기관 중 하나가 비유기적 힘(inorganic potency)과의 투쟁 속에서 자극되어 독자적으로 고착(固着)되고, 전체의 활동성에 대항하여 자신의 특수한 활동을 고집함으로써, 전체의 유동성과 모든 계기를 관통하는 과정이 저지되어 있는 한, 개별적 유기체는 질병상태에 있다."

—The organism is in a *diseased* state when one of its systems or organs is *stimulated* into conflict with the inorganic potency of the organism. Through this conflict, the system or organ establishes itself in isolation, and by persisting in its particular activity in opposition to the activity of the whole, obstructs the fluidity of this activity, as well as the process by which it pervades all the moments of the whole.

〈'개체의 질병'17)〉

_____→

* <u>절대신(절대정신)을 남에게 권유했던 사람들의 피할 수 없는 '함정(陷穽)'</u>이, '<u>저는 모릅니다.(I don't know anything about it)</u>' '<u>그것에 관해 저는 모르겠습니다.(I am ignorant about it)</u>'라는 진술을 하지 않거나 할 수 없다는 점이다.

---

17) G. W. F. Hegel(translated by M. J. Petry), *Philosophy of Nature*, Humanities Press, 1970, V 3 p.193 'The disease of the individual' ; 헤겔(박병기 역), 자연철학, 나남, 2008, V 2 pp.371~2 '개체의 질병'

[전지전능(신)의 대변인이므로]

그런데 '개신교의 아퀴나스' 헤겔은 기존 〈성서〉에만 의존해 해석하는 구교(가톨릭)와는 달리 '독자적으로 찾아낸 하나님에의 길'을 말해야 했으므로 그 어려움은 과거 '주교' '신부'가 겪은 이상의 어려움에 있었다. 그래서 헤겔은 의사(Doctor)로서도 (예수와는 달리) '질병(疾病, a diseased state)'에 관해 서로 다 아는 체를 해야 했는데, 위는 목사 헤겔의 '질병'에 대한 개념규정이다.

* '절대정신(Jehovah)'을 최고로 신봉하는 헤겔은, 아직 '바이러스(세균 − 유기체)'의 개념은 아직 없고, '비유기적 힘(inorganic potency, 引力 磁氣力 등)'에 의해 개인의 활동이 저지를 받은 상태가 '질병 상태'라고 하였다.(뉴턴의 '인력' 원리로의 규정)
* 앞서 확인하였듯이(참조, ②-39. 스콜라 철학자들의 '동어반복(Tautology)'-I. 칸트) 헤겔은 진술에 '동일시(同一視, 동어반복)'를 즐겨서 그 진술은 '시적(詩的) 감흥'에 휩쓸리게 한다. 그래서 이미 헤겔은, 그 '개념(Notions, Conceptions)'을 '자연 대상(natural objects)'라 말하였다(물질=대상=개념=자연=(즉자)존재).

사실 헤겔의 '(인간)질병(疾病)'에 대한 설명은, 헤겔이 기본적으로 '신체(肉體) 중심'의 J. 로크(J. Locke, 1632~1704)의 '경험주의'를 무시하고 있었으므로, '엉터리 의사 헤르메스(Hermes, 예수의 비유) 이론'[18] 이상을 기대할 수도 없다.

즉 더욱 근본적인 문제(헤겔 식 '이념 식' 추리에서의 문제)는, 가령 그리스인 로마인[또는 오늘날 '未開人']에게는 '바이러스(세균 − 유기체)의 개념'이 없었으므로(단어가 없음으로) 그 '감기(感氣, cold)'란 '질병'도 있을 수 없다는

---

18) Voltaire(Translated by R. Pearson), *Candide and Other Stories*, Everyman's Library, 1991, p.118 'Zadig' 'Chapter 1, The man with one eye'

논리가 '헤겔 식 개념(Notion)주의' 궁극적 맹점(盲點)이다.[그러나 '절대정신(신)'에게 맡기면 '인간의 모든 苦惱는 끝'이라는 신학도의 주장이 헤겔의 결론임] (참조, ④-20. **생명 과정 속에서의 '모순'과 '고뇌(Pain)'**)

⑤-12 '치료제'란 '유기적 전체로의 복원'을 자극한다.

"치료제는 유기체 전체의 형식적 활동이 고정되어 있는 특수한 자극을 지양(止揚)하고, 특수한 기관과 기관 체계가 지니고 있는 유동성을 유기체 전체 속으로 복원하도록 자극한다. 치료제는 그것이 하나의 자극이지만 동화하기 어려운 것이고 극복하기 어려운 것이며, 그렇기 때문에 유기체가 그것에 대항하여 전력을 다할 수밖에 없는 외적인 것이 유기체에게 제공됨으로써 이러한 효과를 낳는다. 유기체는 외재적인 것을 향함으로써 자신과 동일화되어 있던, 자신이 갇혀 있었던 제한으로부터 벗어난다. 유기체는, 외적인 것이 유기체에게 객체로서 존재하지 않는 한, 이 제한에 반응할 수 없다."

It is by means of the **healing** agent that the organism is excited **into**[1] annulling the particular excitement in which the formal activity of the **whole is fixed, and restoring the fluidity of the particular** organ or system **within the whole.** This is effected by the agent by reason of its being a stimulus **which is however difficult to** assimilate and overcome, **and which therefore presents the organism with an externality against which** it is compelled to exert its force. **By acting in opposition to an externality, the organism breaks out of** the limitation which had become identical with it, by which it was indisposed, **and against which it is unable to react so long as the limitation is not an object for it.**

〈'치료'19)〉

---

19) G. W. F. Hegel(translated by M. J. Petry), *Philosophy of Nature*, Humanities Press, 1970, V 3 p.202 'Healing' ; 헤겔(박병기 역), 자연철학, 나남, 2008, V 2 p.390 '치료'

* '절대정신(신)'을 앞장서서 홍보(弘報)해야 하는 헤겔은, 누구보다 그 '권위' 가 있어야 함으로 '모르는 것'이 있어서는 안 되고, 신(절대 정신)을 앞세울 때 그 '변증법' '동어반복'이 있으니, 꼭 '모를 것'이 있을 수도 없었다.

* 과거 '스콜라 철학자(신부 목사)들'이 이런 일에 깊숙이 관여했음을 감안 하여, 칸트는 〈순수이성비판〉에서 "모든 과제를 다 해결하려 하고 모든 질문에 다 대답하려 하는 것은 철면피(鐵面皮)한 허풍이고 방자스런 자만 (extravagant boasting and self-conceit)"[20]에 신중한 경고(警告)가 이미 있 었다.

그런데 '하나님 강박증(強迫症, the obsessive compulsive neurosis of God)' 에 있었던 헤겔은, 칸트의 경고(警告)도 먹히질 않고 도리어 '마귀야! 물러가 라.'고 외치는 형국이 되었다. (참조, ⑧-26. **칸트는 '원죄(original sin)'도 이성 적으로 해명을 하려 한다.**)

⑤-13 '자살(自殺)'의 긍정

"질병에서 동물은 비유기적인 힘과 얽혀져 있으며, 자신의 생동감의 통일 에 반(反)해 자신의 특수한 체계 혹은 기관 중의 하나에 붙잡혀 있다. 동물 유기체는 일정한 양적 강도의 현존재로서 존재한다. 동물 유기체는 물론 자 신의 분열을 극복할 수 있지만, 마찬가지로 분열에 굴복할 수 있고 분열 속에 자신의 죽음의 방식을 가질 수도 있다. 일반적으로 개별적 부적합성을 극복 한다거나 지나가는 것은 보편적 부적합성을 지양(止揚)하지 못한다. 개체(個 體)는, 그 이념이 직접적 이념이고 동물로서 자연의 내부에 놓여 있으며, 그 주체성은 즉자적 개념(卽自的槪念, implicitness of the Notion)이지만, 대자

20) I. Kant(translated by J. M. D. Meiklejohn), *The Critique of Pure Reason*, William Benton, 1980, p.149 'Pure Reason of its Transcendental Problems'

적 개념(對自的槪念, being-for-self)이 아니라는 점에서 이러한 부적합성을 가지고 있다. 따라서 내적 보편성(the inner universality)은 생명체의 자연적 개별성(the natural singularity of living creature)에 대해 부정적 위력(a negative power)에 머물러 있으며, 개체는 이 위력으로부터 폭력을 당해 몰락한다. 왜냐하면 생명체의 현존재 그것 자체(個體)는 스스로 자신 속에 이러한 보편성을 가지고 있지 않으며, 그럼으로써 보편성에 어울리는 실재성도 아니기 때문이다."

> In its diseased state, the animal is involved with an inorganic potency, and held fast in one of its particular systems or organs in opposition to the unity of its vitality. As a determinate being, its organism has a certain quantitative strength, and is certainly capable of overcoming its division; however, this division is just as likely to master it, and it will then succumb to one of the forms of its death. In the long run, the universal inadequacy of the individual is not removed by the suppression of its singular and transitory inadequacy. The individual is subject to this universal inadequacy because its Idea is only the Idea in its *immediacy*, because as an animal it stands *within nature*, and because its subjectivity merely constitutes the implicitness of the Notion, not its *being-for-self*. Consequently, the inner universality remains opposed to the natural singularity of the living creature as a *negative* power. From this negative power it suffers lethal violence, for its determinate being as such does not contain this universality, and is therefore not a reality which corresponds to it.

〈'치료'21)〉

———→

* 위에서 헤겔은 '죽음(Death)'을 ① '자기 분열에의 굴복(屈服)' ② '내적 보편성(the inner universality)에 폭행당함' 두 가지로 제시하였다.
  소위 '자기 분열에의 굴복'은 자연사(自然死)을 말한 것으로 볼 수 있지만, '내적 보편성에 폭행당함'이란 '자살(自殺, Suicide)'이다.

* 위에서 헤겔은 언급한바, '내적 보편성(the inner universality)'이 '생명체의

---

21) G. W. F. Hegel(translated by M. J. Petry), *Philosophy of Nature*, Humanities Press, 1970, V 3 p.208 'Healing' ; 헤겔(박병기 역), 자연철학, 나남, 2008, V 2 p.401 '치료'

자연적 개별성(the natural singularity of living creature)'에 대해 '부정적 위력(a negative power)'을 갖고 '폭력을 당해 멸망하는 경우(From this negative power it suffers lethal violence)'가 역시 문제이다.

헤겔의 '내적 보편성'이란 '대자적(對自的) 개념(being-for-self)' '정신' '절대이념'에의 지향 '정신'이고, 이에 대응한 '생명체의 자연적 개별성'이란 '즉자적(卽自的) 개념(implicitness of the Notion)' '육체(자연 대상)'의 다른 명칭이다.

그런데 <u>거기(육체, 즉자적 개념)에 '부정적 힘'이란 '육체를 억압하는 이성(理性, reason)'으로 '변증법적 공식'을 적용하는 헤겔의 '염세주의(Pessimism)'를 반영하고 있는 말이다.</u> 그러므로 헤겔은 '죽음'을 '자연사(自然死)' '우연사(사고사)'뿐만 아니라 '자살(自殺)'도 확실히 긍정을 하였다.

* <u>헤겔의 '자살(自殺) 긍정'은 그의 '염세주의' '허무주의' '변증법적 인생관' '부정적 인생관' '(전쟁 긍정의)부정적 세계관'과 연동된 그 '우울증(憂鬱症, depression)'을 구체적으로 입증하고 있는 바다.</u> (참조, ②-03. 인생은 '가상(假像)'으로, 그 자체가 고통과 근심이다. ④-20. 생명 과정 속에서의 '모순'과 '고뇌(Pain)' ⑨-23. '자기 파괴'가 '영원한 정의(正義)'이고 인간 본성이다. ⑨-30. 몰락(죽음)=영원한 정의=윤리적 실체=만족)

⑤-14 '동물의 부적합성'은 '죽음의 싹'이다.

"개별적인 것으로서의 동물(the animal)을 유한한 실존으로 존재하게 하는 보편성(Universality)은, 동물 내부에서 일어나는 자체가 추상적 과정의 종말(終末)에 이르러 추상적 위력으로 동물에 나타난다. 보편성에 대한 동물의 부적합성(inadequacy)은 동물의 근원적 질병이며, 타고난 죽음의 싹이다. 이러한 부적합성은 동물의 근원적 질병(the original disease of the animal)이며, 타고난 죽음의 싹(the inborn germ of death)이다. 이러한 부적합성을 지양하는 것은 자체가 이 운명을 집행하는 것이다. 개체는 자신의 개별성을 보편성 속에 조형함으로써 단지 추상적 객관성을 달성할 뿐이다. 이러한 객관성에서 개체의 활동은 둔해지고 경직화되며, 생명은 과정 없는 습관이 되어 버린다. 그 결과 개체는 제 스스로 죽게 된다."

> Universality, in the face of which the animal as a singularity is a finite existence, shows itself in the animal as the abstract power in the passing out of that which, in its preceding process (§ 356), is itself abstract. The *original disease* of the animal, and the inborn *germ of death*, is its being inadequate to universality. The annulment of this inadequacy is in itself the full maturing of this germ, and it is by imagining the universality of its singularity, that the individual effects this annulment. By this however, and in so far as the universality is abstract and immediate, the individual only achieves an *abstract objectivity*. Within this objectivity, the activity of the individual has blunted and ossified itself, and life has become a habitude devoid of process, the individual having therefore put an end to itself of its own accord.

〈'개체 제 스스로의 죽음'[22]〉

———✈

* 헤겔은 그 '죽음'의 해설에서 완전히 전통 기독교식 해설을 행하였다. 즉 헤겔이 위에서 '보편성(Universality)'이란 헤겔이 이미 '정신' '이념'이라고 지정해 놓은 '절대신(이성)'이고, '동물'이란 인간 육체의 다른 이름이다. 그 '부적합성'이란 '욕망 발동과 집행의 주체'라는 점에서 '기독교식 죄(罪)'를 근본이므로 헤겔은 위에서 그것을 '타고난 죽음의 싹(the inborn germ of death)'이라 규정하였다.

* 인간은 자기의 '지성(知性)'으로 '종말(death)'을 알고 있다. 그러나 평생 '죽음'을 알고 살고 있지만, '그 죽음 자체는 피한 사람은 없다.'는 것도 역시 알고 있다.[세상에 '증거들'이 너무 확실함으로]

---

22) G. W. F. Hegel(translated by M. J. Petry), *Philosophy of Nature*, Humanities Press, 1970, V 3 p.209 ' The death of the individual of its accord' ; 헤겔(박병기 역), 자연철학, 나남, 2008, V 2 p.403 '개체 제 스스로의 죽음'

칸트도 '영혼불멸(靈魂不滅, the permanence of the soul)'을 믿지 않았다[23]. [이것이 칸트 '無神論'의 확실한 근거이다.] 그러나 헤겔은 그것을 포기하면 주장할 것이 없는 신학자이다. (참조, ②-08. 만물은 '신(God)'에서 출발하고 '신'에게로 돌아간다. ②-19. 우리(기독교인)는 우리 신과 하나이다.)
그러므로 이 차이점이 바로 칸트와 헤겔의 근본적 차이점이다.

* 헤겔의 '절대정신(신)' 중심의 일원론(Monism)은 '물자체(物自體, The Things in Themselves)'에 '실체(Substance)'를 둔 칸트의 이원론(Dualism)과는 근본적으로 다르고, 헤겔은 '육체(욕망)'를 극복 대상으로 생각한 '염세주의' '허무주의'에 있었다. (참조, ②-03. 인생은 '가상(假像)'으로, 그 자체가 고통과 근심이다. ③-08. 이 세상은 '껍질(husk)'이다.)
* 헤겔은 '생명 부정' '생명 저주(詛呪)' '자기모순(Self-Contradiction)'을 이 〈자연철학〉에서도 역시 그것을 일반화 하려했으니, 헤겔이 아는 것은 '오직 절대정신(신)'으로, 그것으로 천지만물을 다 해석했다고 생각한 과대망상(誇大妄想, megalomania)의 신학자일 뿐이다.

⑤-15 '신(God)'이 현실적 주체이다.

"그러나 이렇게 도달한 보편적인 것과의 동일성은 형식적 대립을 지양한 것, 즉 개체성이 갖는 직접적인 개별성과 개체성을 갖은 보편성의 대립을 지양하는 것이다. 이것은 '자연적인 것의 죽음'이라는 하나의 측면, 더욱 추상적인 측면에 불과하다. 그러나 주체성(subjectivity)은 생명의 이념(the Idea of life)에서는 개념이다. 이리하여 주체성은 원래 자체적으로 현실적인 절대적 즉자존재(the absolute being-in-self of actuality)이자 구체적 보편성(concrete universality)이다. 주체성은 자신의 실재성의 직접성을 서술한 것

23) I. Kant(translated by J. M. D. Meiklejohn), *The Critique of Pure Reason*, William Benton, 1980, p.125 'Of the Paralogisms of Pure Reason' ; 칸트(윤성범 역), 순수이성비판, 을유문화사, 1969, p.279 '순수 이념의 오류 추리에 관하여'

처럼 지양함으로써, 자기 자신과 일치하였다. 자연의 마지막 외자존재는 지양되었고, 자연 속에서 즉자적으로만 존재하는 개념은 그럼으로써 대자적으로 존재하는 개념이 되었다. ― 그럼으로써 자연은 자신의 진리, 즉 개념의 주체성으로 이행했다. 이러한 주체성의 객관성 자체는 개별성이 지양된 직접성이자 구체적 보편성이다. 그 결과 개념에 상응하는 실재성을 갖는 개념, 다시 말하면 개념을 자신의 현존재로 갖는 개념이 정립되었다. ― 이것이 정신(spirit)이다."

'The identity with the universal which is achieved here is the sublation of the *formal opposition* **between** the individuality in its **immediate singularity and** in its *universality;* it is however the death of natural being, which is only one side, and moreover the abstract side of this sublation. In the Idea of life however, subjectivity is the Notion, and implicitly therefore, it constitutes the absolute *being-in-self* of *actuality,* **as well as concrete universality.** Through this sublation of the *immediacy* **of its reality,** subjectivity has coincided with itself. The last *self-externality* of nature is sublated, **so that the Notion, which in nature merely has implicit being, has become for itself.** ― With this, nature has passed over into its truth, into the subjectivity of the Notion, whose *objectivity* is itself the sublated immediacy of singularity, i.e. *concrete universality.* **Consequently, this Notion is posited as having the reality which corresponds to it, i.e.** the Notion, as its *determinate being.* **This is** *spirit.*

〈'개체의 죽음'24)〉

―――→

* 위에서 헤겔은, '현실적인 (a)절대적 즉자존재(the absolute being-in-self of actuality)이자 (b)구체적 보편성(concrete universality)'이 '주체(subjectivity)'라고 규정했는데, 이것은 그의 〈자연철학〉의 결론일 뿐만 아니라 헤겔의 신앙이고, 그의 전 신학의 결론이다. 그리고 <u>이것이 역시 반(反) 계몽주의 헤겔의 모습이다.</u> 이는 더욱 구체적인 설명이 필요하다.

―――――――――

24) G. W. F. Hegel(translated by M. J. Petry), *Philosophy of Nature,* Humanities Press, 1970, V 3 pp.210~211 ' The death of the individual of its accord' ; 헤겔(박병기 역), 자연철학, 나남, 2008, V 2 p.405 '개체의 죽음'

(a) '절대적 즉자존재(the absolute being-in-self of actuality)'란 개인 각자가 소유하고 있는 '(육체 속의)이성'이다.

(b) '구체적 보편성(concrete universality)'이란 '절대자(절대정신)'이다.

그런데 헤겔의 경우는 이를 일원론으로 통합해 있는 경우이므로, 역시 '(육신을 지녔던)예수'와 동일한 경지이고, 역시 '절대정신(최고신)'과 상통해 있는 경우이다.[헤겔의 '5대 거짓말 중 제3항' '나(헤겔)=이성(신, 절대자)']

* 특히 헤겔의 경우 위에서 강조된 바가 '현실적인 절대적 즉자존재(살아계시는 하나님)'의 심각한 문제가 '독일 군주(나폴레옹)' '프러시아 통치자(프리드리히 대왕)'과 동일시된 점은 크게 주목을 요하는 사항인데, 이점은 '제국주의' '군국주의'를 수용하고 그 속에 '노예 신민(臣民)'을 긍정한 전근대적 발상으로 (오늘날 '국민 주인의 민주사회'에서는) 결코 용납될 수 없는 사항이다. (참조, ⑥-11. 국가(國家)는, 인륜(人倫)의 우주(宇宙)다. ⑥-12. 각 개인은 '시대의 아들'들이다. ⑦-09. 개신교의 영웅, 프리드리히 대왕 ⑥-38. '세계 근대 문명'은, '게르만(아리안) 문명'이다.-A. 히틀러)

⑤-16 '세계정신' '태양' '정신' '달'-A. 아우구스티누스

"플로티노스(Plotinus, 205?~270?)는 플라톤의 사상을 해설하면서, 플라톤 학파가 '세계정신(the soul of world)'이라고 믿은 정신조차도 우리가 복을 이끌어내는 바와는 다른 어떤 근원, 곧 세계정신과 구분되며 그것을 창조한 근원으로부터 복을 이끌어낸다고 거듭 강력하게 주장했다. '세계정신'은 지성적 조명을 받고 스스로도 지성적인 빛을 뿜어낸다는 것이다. 플로티노스는 또한 그러한 영적인 일들을 눈에 잘 보이는 거대한 천체에 비유한다. 곧 신(God)은 태양이고 (인간)정신(the soul)은 달이다. 달은 태양에 반사되어 빛을 낸다고 생각하기 때문이다."

Plotinus, commenting on Plato, repeatedly and strongly asserts that not even the soul which they believe to be the soul of the world, derives its blessedness from any other source than we do, viz. from that Light which is distinct from it and created it, and by whose intelligible illumination it enjoys light in things intelligible. He also compares those spritual things to the vast and conspicuous heavenly bodies, as if God were the sun, and the soul the moon ; for they suppose that the moon derives its light from the sun.

〈'신국론, 10권, 2장'[25]〉

————✈

* 헤겔에 앞서 A. 아우구스티누스는 '빛'의 근원으로 '태양(신)'을 전제 하였는데, 이는 헤겔이 '절대정신(신)'을 전제하면서, 사람(기독교인, 헤겔)은 '신의 그림자'라고 했던 것과 동일하다. (참조, ③-36. 자기는 '절대신'의 그림자이다. ⑤-08. '자기=빛=태양')

* 헤겔이 처음부터 집착했던 사항은, 아우구스티누스(A, Augustinus, 354~430)의 〈신국(神國, The City of God, 426)〉과 그 '삼위일체'의 '희생(Sacrifice)정신'이었다.
그러므로 아무리 '최신 과학정보'를 들고 와 헤겔을 설득하려고 해도 당시 '(種과 類의)게르만 사회(빌헬름 3세 시대)'를 그 '신국(神國)'으로 가르치고 역시 그것을 위해 '제물(희생)'이 되어야 한다는 헤겔의 확신은 바뀔 수 없었는데, '헤겔의 신학'에서는 그것['種族主義']이 바로 가장 큰 골칫거리이다. (참조, ⑧-03. '게르만 왕국', '신국(神國)', '이성적인 세계' ⑥-12. 각 개인은 '시대의 아들'이다. ⑥-13. 현재는 '장미'이며 '십자가'이다. ⑥-37. 독일 '국가사회주의(나치즘)'-A. 히틀러)

25) St. Augustine(Translated by M. Dods), The City of God, The Modern Library, 1950, Book Ⅹ 2. p.305 ; 아우구스티누스(추인해 역), 신국론, 동서문화사, 2013, 10권 제2장 p.446

제6장 〈법철학〉

헤겔의 〈법철학(*Elements of the Philosophy of Right*, 1820)〉은 헤겔 자신이 최장기(最長技)라고 알고 있던 소위 '현실주의(Actualism) 신학(神學)'을 당시 독일 사회(빌헬름 3세 시대)에 적용하여 그 '군주(君主, Sovereign)'를 바로 '신(God)'으로 떠받들게 만들었던 소위 '신권통치(神權統治, Theocracy)' 이론서이다.

무엇보다 헤겔은 이 〈법철학〉을 통해 자신의 ① '신(神, 군주) 중심의 전체주의' ② '개신교 게르만 우월주의' ③ '전쟁 불가피론'을 명시하였으니, 이것이 바로 '주님의 종(a servant of the Lord)' 헤겔 신학의 정면이다.

헤겔이 처음 〈정신현상학(1807)〉을 지을 무렵에는 '도덕으로 중심(中心)을 잡으면 당신이 바로 신(God)이다.'라는 윤리교사였다가, 베를린 대학 철학과 학과장이 된 이후 〈법철학〉에서는, '군주는 살아 있는 신(God)이다. 모두 희생정신으로 받드는 것, 그것이 우리의 절대자유(the absolute freedom)다.'라고 '[種族중심의] 광신(狂信)주의'에 있게 되었다.

⑥-01 '자연법(Natural law)'을 비판한 헤겔

"G. W. F. 헤겔의 〈법철학 개요(*Elements of the Philosophy of Right*, Grundlinien der Philosophie des Rechts)〉는 1820년에 간행되었다. 이 책은 헤겔의 법 도덕 사회 정치 철학의 가장 '원숙한 진술'이고, 1817년(1827년

1830에 다시 출판)에 간행된 〈철학 백과사전(*Encyclopedia of the Philosophical Sciences*)에서 간략하게 다룬 개념들을 확장해 놓은 것이다. 헤겔에게 '법'이란 현대 국가의 주춧돌이다. 헤겔은 할러(Karl Ludwig von Haller, 1768~1864)가 그의 〈국가학의 복원(The Restoration of the Science of the State)〉에서 "가장 강력한 법(right of the most powerful)'인 '자연법(natural law)'으로 충분하므로, 법이란 피상적인 것이다'라고 했던 것을 비판하였다. 헤겔에게 '법의 부재(不在)'란 전제주의자(monarchist)에게나 중우주의자(衆愚主義者, ochlocracist)에게 '폭정(despotism)'이라는 것이다."

((Georg Wilhelm Friedrich Hegel's Elements of the Philosophy of Right (German: Grundlinien der Philosophie des Rechts) was published in 1820, though the book's original title page dates it to 1821. This work is Hegel's most mature statement of his legal, moral, social and political philosophy and is an expansion upon concepts only briefly dealt with in the Encyclopedia of the Philosophical Sciences, published in 1817 (and again in 1827 and 1830). Law provides for Hegel the cornerstone of the modern state. As such, he criticized Karl Ludwig von Haller's The Restoration of the Science of the State, in which the latter claimed that law was superficial, because natural law and the "right of the most powerful" was sufficient (§258). The absence of law characterized for Hegel despotism, whether monarchist or ochlocracist.))

〈'헤겔 법철학'1)〉

〈'법철학(1821)' '법철학(영역본)'〉

---

1) Wikipedia, 'Hegel, Elements of the Philosophy of Right'

_____✈

* K. L. 할러(Karl Ludwig von Haller, 1768~1864)의 소위 '자연법(自然法, Natural Law)'이란 물론 먼저 볼테르(Voltaire, 1694~1778)가 제안한 그 '자연법(Natural Law)'에 동의한 것이다.

그러나 이 해설자는 그 이전에 볼테르의 '자연법' 옹호[2] 칸트의 〈순수이성비판(1781)〉에서 밝힌 '법 제정의 정신'에 대해서는 언급하지 않고 군소(群小) 이론가에 화제의 초점을 돌리고 있다.

〈'볼테르' '칸트' '할러(Karl Ludwig von Haller, 1768~1864)'〉

프랑스의 볼테르(Voltire, 1694~1778)는 그 '자연법'을 다음과 같이 설명하였다.

"자연법이란 자연이 모든 사람에게 가르쳐주는 법이다(Natural Law is that which nature demonstrates clearly to all men). 당신이 자녀를 길렀다면 그 아이는 당신을 아버지로서 존경해야 하며, 길러준 은혜에 대해 감사해야 한다. 당신이 직접 밭을 갈아 농사를 지었다면 당신은 그 땅에서 나는 생산물을 소유할 권리가 있다. 당신이 어떤 약속을 했거나 약속을 받았다면 그 약속은 지켜져야 한다.

---

2) Voltaire(translated by B. Masters), The Calas Affair *A Treatise on Tolerance*, The Folio Society, 1994, pp.37~8 'Chapter 6, On Intolerance as Natural Law' – '네가 타인에게 당하고 싶지 않은 일은 너 역시 타인에게 행하지 말라.[己所不欲 勿施於人] – 너 자신에게 행했던 대로 남에도 행하라(Do unto others as you would have done unto yourself.)'

인간의 법은 반드시 이러한 자연 법을 토대로 만들어져야 한다. 그리고 그 대원칙, 자연의 법에서 그렇듯이 인간의 법에서도 보편적인 원칙은 세상 어디서나 바로 다음과 같은 것이다. '네가 타인에게 당하고 싶지 않은 일은 너 역시 타인에게 행하지 말라.[己所不欲 勿施於人]' 그러니 이러한 원칙에 따른다면 한 사람이 다른 사람에게 '내가 믿는 것을 믿어라. 만약 믿지 못하겠다면 너를 죽이겠다.'라고 어떻게 말할 수 있겠는가. 하지만 이것은 포르투갈(Portugal), 에스파냐(Spain), 고아(Goa)에서 사람들이 외치고 있는 말이다.

오늘날 몇몇 나라에서는 좀 부드럽게, "믿어라, 아니면 너를 증오하겠다. 아니면 온갖 방법으로 너를 괴롭히겠다. 이 짐승 같은 자여, 네가 나와 같은 종교를 갖지 않겠다는 말은 네게 종교가 없다는 말이다. 그러므로 너는 네 이웃과 너의 마음, 너의 고장으로부터 지탄받아 마땅하다"라고 말하는 선 (線)에서 그치기도 한다."

> **NATURAL LAW IS THAT WHICH NATURE**
> DEMONSTRATES CLEARLY TO ALL MEN. YOU HAVE brought up your child, he therefore owes you respect as his father and gratitude as his benefactor. You have the right to harvest the products of land you have cultivated with your own hands. You have both given and received a pledge, and that pledge must be honoured.

A human right can only be founded upon this Natural Law, and the great principle which governs both the one and the other throughout the world is this: *Do unto others as you would have done unto yourself.* Now, following this principle, there is no way a man may say to another, *Believe that which I believe and you cannot believe, or you will die.* Yet that is precisely what they do say in Portugal, in Spain, and in Goa. In some other countries today they limit themselves to saying, *Believe, or I shall hold you in abhorrence; believe, or I shall do you all the injury of which I am capable, monster that you are, if you have not my religion, then you have none; you are obliged to be an object of hatred to your neighbours, to your city, to your province.*

〈관용론 - '제6장, 불관용이 자연법인가.'[3]〉

---

3) Voltaire(translated by B. Masters), The Calas Affair *A Treatise on Tolerance*, The Folio Society, 1994, p.37 'Chapter 6, On Intolerance as Natural Law' ; 볼테르(송기형 임미경 역), 관용론, 한길사, 2001, pp.75~6

* '자연법(Natural Law — 네가 타인에게 당하고 싶지 않은 일은 너 역시 타인에게 행하지 말라.[己所不欲 勿施於人]' 이것은 공자(孔子)의 소위 '사해동포주의(Cosmopolitanism)' '자연법(Natural Law)' 논의의 시작이다. 볼테르는 그 '자연법' 정신 먼저 착안(着眼)하여(1763년 〈관용론〉) '지구촌(地球村, The Golobal Villages)'의 중요성과 '사해동포주의'를 주장하며 평생을 보냈다.

* 칸트는, 역시 이 볼테르가 강조한 인류 보편의 '인간 이성(理性)'[4], 인간의 '순수 이성(Pure Reason)'을 '무상(無上)' 지위에 올려놓고 그 유명한 '인간 최대 자유[5]의 보장'이 법 제정의 원리가 되어야 한다고 강조하였다. (참조, ⑥-31. 인간 '최대 자유 보장'론-I. 칸트)
<u>이것이 소위 영국의 뉴턴, 프랑스의 볼테르, 독일의 칸트를 연합한 서구 '계몽주의(the Enlightenment)' 운동의 위대한 전개였다.</u>

* 그런데 골통 보수(保守, Conservatism) 헤겔은, 그 뉴턴 볼테르 칸트의 (인간 자유 중심)주장을 근본에서 부정(否定)하고 '절대정신(신)에의 복종'을 강조하였고, 1920년에는 〈법철학〉을 지어 '절대정신(신)' '현실적인 하나님(세계 정신)' 독일 황제 중심으로 한 '군주(시대)의 아들' '독일 시민'이라는 이론에 다시 '희생(절대자유)' 이론을 전개했던 바가 헤겔 식 '현실주의' '전체주의 공식(公式)'이다. (참조, ⑥-12. 각 개인은 '시대의 아들'이다.)
이것은 아주 명백한 헤겔의 태도임에도 불구하고(그동안) 잘 소명(昭明)되지 못한 것은 그 '군국주의' '제국주의' 교육 속에 있었기 때문이다.

---

4) Voltaire, *The Best Known Works of Voltaire*, The Book League, 1940, pp.446~447 'X X XI. Is There any Morality?' '그들은 그들의 이성(理性)으로 펼치는 동일한 원리에 동일한 결론을 이끌어 내고 있다.'
5) 칸트에 앞서 볼테르는 무엇보다 '선택의 자유' — Voltaire(Translated by D. Gordon), *Candide*, Beford/St.Martin's, 1999, pp.44~45 'Chapter 2, among the Bulgars' — '인간의 의지는 자유로운 것(human will is free.)'

⑥-02 헤겔의 '자유 의지'

"〈법철학(*The Philosophy of Right*-대체로 그렇게 부름)〉은 그 '자유 의지 (free will)' 개념 논의부터 시작하고 있는데, 자유 의지는 소유권, 관계, 계약, 도덕적 의무, 가족생활, 경제, 법적 체계, 정부 형태 등의 복잡한 사회적 맥락 속에서만 그 자체가 인지될 수 있다고 주장하였다. 다시 말해 한 인간이 이 들 서로 다른 국가 생활의 제 양상에 참여자가 아니라면 그는 진정으로 자유 롭지 않다."

((The Philosophy of Right (as it is usually called) begins with a discussion of the concept of the free will and argues that the free will can only realize itself in the complicated social context of property rights and relations, contracts, moral commitments, family life, the economy, the legal system, and the polity. A person is not truly free, in other words, unless he is a participant in all of these different aspects of the life of the state.))

〈'헤겔 법철학'6)〉

————✈

* 위의 해설자가 요약하고 있는 '국가 사회 속에 상호관계 속의 자유' 문제는 가장 자세히 살펴야 할 '헤겔 자유' 문제이다.
  즉 **인간과 인간 사이, 국가 사회와 한 개인 사이에 '계약' '도덕' '의무'는 그것을 '계약' '도덕' '의무(Duty)'라고 부르면 그만이지 그것을 꼭 '자유(Freedom)'라고 부를 이유는 없을 것이다.**['헤겔 5대 거짓말' 중에 제4항 '윤리(도덕)=자유']

이 헤겔에 앞서 '계몽주의자' 볼테르는 〈캉디드(1759)〉에서 "인간의 의지는 자유로운 것이다.(human will is free.)"7)라고 말했고, 〈대화록(1777)〉에서

---

6) Wikipedia, 'Hegel, Elements of the Philosophy of Right'
7) Voltaire(Translated by D. Gordon), *Candide*, Beford/St.Martin's, 1999, pp.44~45 'Chapter 2, among the Bulgars'

326

는 "자유(自由)란 내가 의도하는 바를 행할 힘이다.(Liberty is nothing but the power of doing what I will.)"[8]라고 말하였다. 그리고 칸트는 〈순수이성 비판(1781)〉에서 '최대자유 보장 론'을 가장 큰 주제로 내세웠다. (참조, ⑥-31. 인간 '최대 자유 보장'론-I. 칸트)

그러므로 소위 '<u>계몽주의(The Enlightenment)</u>'란 '<u>신(神)의 통치(Theocracy)</u>' <u>에서 벗어난 인간(人間)의 '자유 의지' 강조가 그 최고 주장이었음을 명백히 알 수 있다</u>.

이에 수구보수주의(守舊保守主義, Conservatism) 헤겔은, '도덕에의 복종' '법에의 복종' '신에게의 복종' '의무'를, '자유(The Absolute Freedom)'라고 부르고 있음은 유의해야 한다. 여기에서 인간 중심의 '계몽주의'와 신(神) 중심의 '수구보수주의'가 명백히 갈리고 있음을 확인할 수 있다. (참조, ⑥-17. '원죄'론에 근거를 둔 헤겔의 '자유정신' ⑥-18. '자유로운 의지'를 의욕(意慾)하는 자유 의지 ⑦-10. '보편 의지'로서의 '자유(윤리) 의지')

⑥-03 '인간 이성'을 믿은 칸트와 '신'을 믿은 헤겔

"책의 대부분은 '법'의 세 가지 영역 논의에 제공되었는데, 각 영역은 이전 의 논의보다 더욱 방대하게 되었고, 그것들을 포괄하고 있다. 첫 영역은 '추 상 법(abstract right)'이다. 여기에서 헤겔은 다른 사람들을 존중하는 방법으 로 '무간섭의 개념(he idea of 'non-interference')'을 논하고 있다. 헤겔은 이 '무간섭'을 생각하며 제2 영역 '도덕성(morality, Moralität)'으로 옮겨 간다.

도덕성 논의에서, 헤겔은 '인간들이 그들을 높이기 위해서 다른 사람들 소 유의 주체성을 고려한다.'고 주장하고 있다. 제3 영역 '도덕적 생활(ethical life, Sittlichkeit)'은 헤겔 '개인의 주체적 감정'과 '보편적 국법(universal notions of right)'의 통합이다. '도덕적 생활(ethical life, Sittlichkeit)' 논의에 서 헤겔은 '가족' '시민 사회' '국가'에 대해 장황한 말을 하고 있다."

---

8) Voltaire, *The Best Known Works of Voltaire*, The Book League, 1940, p.477 'V. Liberty'

((The bulk of the book is devoted to discussing Hegel's three spheres of versions of 'right,' each one larger than the preceding ones and encompassing them. The first sphere is abstract right (Recht), in which Hegel discusses the idea of 'non-interference' as a way of respecting others. He deems this insufficient and moves onto the second sphere, morality (Moralität). Under this, Hegel proposes that humans reflect their own subjectivity of others in order to respect them. The third sphere, ethical life (Sittlichkeit), is Hegel's integration of individual subjective feelings and universal notions of right. Under ethical life, Hegel then launches into a lengthy discussion about family, civil society, and the state.))

〈'헤겔 법철학'9)〉

_____✈

* 헤겔이 그 '계몽주의자'들에 항변(抗辯)은, '가정'과 '사회도덕' '국법'은 없을 수 없고 그 준수를 통해 국가 사회 속에 개인이 있다는 주장이다.

여기에 바로 헤겔의 특유의 '강박 관념(强迫觀念, obsessive compulsive neurosis)'을 확인할 수 있다. 즉 '가정'과 '사회도덕' '국법' 준수는 모든 이성(理性)을 지닌 성인(成人)은 '당연한 주지(周知) 사항'인데, 헤겔은 유달리 [혼자서만 윤리도덕을 알고 있듯이] '윤리도덕(절대정신)'을 강조하고 그 '절대자유(윤리도덕)'를 강조했음은 칸트 등 그 '계몽주의'자들의 비판에 앞장을 섰기 때문이다.

그런데 **'계몽주의'와 '보수주의'의 근본 차이점은 '계몽주의'자는 인간 이성을 믿음에 대해, 보수주의자는 '하나님의 통치'를 믿음이 근본 차이점이다.** 즉 '법과 도덕을 인간이 이루었다.'는 신념은 '계몽주의자들'의 신념인데, '하나님은 만물을 창조하였고 지금도 세상을 관장하신다.'는 것이 헤겔의 불변의 신념이었다. (참조, ②-02. **'하나님'은 출발점이고 종착점이다.** ②-26. **세계 창조 이전에 계셨던 신(성부)** ②-19. **우리(기독교인)는 우리 신과 하나이다.**)

---

9) Wikipedia, 'Hegel, Elements of the Philosophy of Right'

⑥-04 세계사의 전개는 '더욱 많은 자유가 실현'이다.

"'국가란 고도(高度)의 세계사에 포함이 되어, 그 속에서 개별 국가는 생기고 서로 분쟁하고 결국 멸망한다. <u>역사의 진행은, 명백히 더욱 많은 자유의 실현(the ever-increasing actualization of freedom)</u>이고, 매 번 지속되는 역사적 신기원은 명백한 이전 시대의 명백한 실패들을 교정(矯正)한다.'고 헤겔은 주장하고 있다. 〈역사 철학 강의(Lectures on the Philosophy of History)〉 마지막에서 헤겔은 역사 '국가의 내적 체계'에 연관된 해결해야 할 숙제들이 있다는 가능성을 열어 놓았다."

((Hegel also argues that the state itself is subsumed under the higher totality of world history, in which individual states arise, conflict with each other, and eventually fall. The course of history is apparently toward the ever-increasing actualization of freedom; each successive historical epoch corrects certain failures of the earlier ones. At the end of his Lectures on the Philosophy of History, Hegel leaves open the possibility that history has yet to accomplish certain tasks related to the inner organization of the state.))

〈'헤겔 법철학'10)〉

———→

* 헤겔의 '국가관' '역사관'은 A. 아우구스티누스(A, Augustinus, 354~430)의 '신국(神國, *The City of God*, 426)'과 동일한 '신의 통치(Theocracy)'론이다. 그것을 계몽주의 시대에 맞추어 설명하다보니 말이 길어지고 어렵게 되었으니, 그중 가장 어려운 어휘가 '자유의지(the free will)'라는 것이었다.

앞서 명시했듯이 계몽주의자 볼테르 칸트가 명시했던 '자유(Freedom, Liberty)'는 어디까지나, '인간 이성(Reason) 중심의 자유'였다. 그런데 신학자 헤겔은 '신의 자유 속에 통치되는 인간 사회'로서 그에 대한 봉사와 충성이 최고의 가치[절대자유]라는 주장이다. (참조, ②-09. '신(God)'이 '절대 진

---

10) Wikipedia, 'Hegel, Elements of the Philosophy of Right'

리', '절대 가치', '절대 자유'이다. ⑦-04. '신정론(神正論, theodicy)'에 바탕을
둔 역사(歷史)론)

* 위에서 헤겔이 밝힌 '역사의 진행은, 명백히 더욱 많은 자유의 실현(the
ever-increasing actualization of freedom)'이란 진술은, 자세히 살피지 않으
면 깜박 속기 쉬운 것이다.['인간의 자유(Freedom)'와 '인간 의무(Duty, 犠
牲)'의 혼동 문제]
헤겔의 '자유(법과 윤리에의 복종, Obedience to the law－God)의 증가'란
'법령과 제도의 세밀화(細密化)' 이상의 아니고, 그것을 헤겔 방식으로 더욱
밀고 나가면, '빨리 그 신(God)과 하나 되는 일(犠牲으로 죽는 일)'밖에 다른
개선(改善) 방도는 없다. (참조, ③-08. **이 세상은 '껍질(husk)'이다. ③-36.
자기는 '절대신'의 그림자이다.**)

⑥-05 '국왕'과 '신'의 동일시

"판(版)을 개정하는 동안 많은 문제가 생겼다. 즉 처음에는 '국가는 세상에
신(神)의 행차이시다'라고 했던 것을, '국가의 존재는 지상(地上)에 신이 존재
하심이다.'라고 했던 것 등이다. 이 초판에 대한 비판은 '헤겔이 권위주의자
전체주의자의 정부 형태를 정당화하고 있다.'는 비판이 나왔다. 무솔리니(B.
Mussolini, 1883~1945)에게 강력한 영향을 준 크로체(Benedetto Croce,
1866~1952)는 헤겔의 그 관점을 되살린 것에 기초를 두고 있다. 그러나 카우
프만(Walter Kaufmann, 1921~1980)은 '세계에 국가가 있어야 할 곳에는 신
의 길이 있다.(It is the way of God in the world, that there should be a
state)'고 읽어야 바르게 읽은 것이라고 주장을 하였다. 카우프만의 진술은
'국가란 신적인 존재에 의해서가 아니라 신의 기획의 일부로, 단순한 인간의
노력의 산물이 아니다'를 암시라는 것이다. 카우프만은 헤겔 문장의 원래 의
미는 국가 지배와 잔인성에 대해 '전권 위임(carte blanche)'이 아니고, 역사
진전의 부분으로 국가의 중요성에 대한 언급일 뿐이라는 것이다."

((There were a number of issues that arose during the translation of the text. Most notably the phrase that is contained in the addition to §258, which was initially translated as "The state is the march of God through the world" as well as being translated thus: "The existence of the state is the presence of God upon the earth".

From these early translations came the criticism that Hegel justifies authoritarian or even totalitarian forms of government; Benedetto Croce, whose thought had a strong influence on Mussolini, bases his Hegelian revival on this point. However, Walter Kaufmann argues that the correct translation reads as follows: "It is the way of God in the world, that there should be a state".[1] This suggests that the state, rather than being godly, is part of the divine strategy, not a mere product of human endeavor. Kaufmann claims that Hegel's original meaning of the sentence is not a carte blanche for state dominance and brutality but merely a reference to the state's importance as part of the process of history.))

〈'헤겔 법철학'11)〉

〈'크로체(Benedetto Croce, 1866~1952)' '카우프만(Walter Kaufmann, 1921~1980)'〉

────✈

* 헤겔은 기본적으로 헤겔의 '대학 강의록'을 바탕으로 한 것이기에 여러 개의
  이본(異本)들을 가지고 있으니, 그것들은 모두 '헤겔의 생각'에 바탕을 둔

─────────────

11) Wikipedia, 'Hegel, Elements of the Philosophy of Right'

것으로 헤겔의 본지(本旨)를 파악하기까지는 시간이 걸리게 되어 있다.

그러한 점에서 헤겔의 이해를 위해서는, 선배 '계몽주의' 볼테르 칸트 생각의 확인 필수적인 사항이다. 헤겔은 한 마디로 '인간 중심' '자유 중심'에 대한 항변 반박(反駁)들이기에, '계몽주의'에 대한 대응이 다양하게 되어 있지만, **헤겔 자신 '현실주의' 이론은 근본적으로 아우구스티누스의 '신국(神國, *The City of God*)' 론에 의거하고 있다.**

헤겔은 그 계몽주의자에게 대항하기 위해 '현실적인 것' '합리적인 것'으로 정착(定着)했던 것은 '게르만 국가주의'와 '자유(봉사, 희생) 정신' 두 가지에 집중이 되었고 그것은 기껏해야 19세기 '제국주의(Imperialism)' '군국주의(Militarism)'의 군주(君主)에게 아부(阿附)론 이상이 아니다. (참조, ⑥-35. **공동체(共同體) 안에 희생(犧牲)-아우구스티누스**)

그러했기에 위에서 일부 확인해 주고 있는 바와 같이 헤겔이 **'국가는 세상에 신의 행차이시다(The state is the march of God through the world)'**라고 말했던 것은 헤겔의 그 본심(本心)의 토로(吐露)이다. 이러한 어구를 다른 말로 호도(糊塗)를 해도 그 '헤겔의 본지(本旨)'에서는 더욱 멀어질 뿐이니, 헤겔의 이해에 신중해야 할 사항이다.

가령 카우프만(Walter Kaufmann, 1921~1980) 같이 유식(有識)한 체 '세계에 국가가 있어야 할 곳에는 신에의 길이 있다.(It is the way of God in the world, that there should be a state)'라 변명을 하여, '인간 국가 경영의 모범(당위)로서의 신의 경영 전제'라고 해석할 경우도, 터무니없이 '헤겔의 주지(主旨)'에 어긋나게 되어 있으니, **헤겔의 경우는 '어리석은 국가 경영'뿐만 아니라 전체 '국가의 흥망' '개인의 성패' '전쟁의 승패'에까지 그 신(神)의 뜻이 없는 곳이 없으니, 카우프만 식 헤겔 해석은 '어리석은 친절' '부질없는 변호'일 뿐이다.**[세상의 모든 것은 神(理性)의 형상이고, 그 속에 모든 것을 '지금도 신(理性)이 운영하고 계신다.'는 헤겔의 생각이므로] (참조, ②-19. 우리(기독교인)는 우리 신과 하나이다. ⑦-05. '이성(理性)'이 세계(史)를 지배한다. ⑦-06. '절대자'는 역사(歷史) 속에 역사(役事)한다.)

* 위에서 '무솔리니(B. Mussolini, 1883~1945)에게 강력한 영향을 준 크로체 (B. Croce, 1866~1952)'라는 지적은 유념을 해야 하는데, **헤겔의 '영향'을 받은 자는 역시 '국가주의 전쟁 옹호'가 그들의 얼굴이다.** 그래서 이탈리아에 '무솔리니'를 도운 미래파 마리네티(F. T. Marinetti, 1876~1944)도 "우리는 군국주의, 애국, 자유 제공자들(freedom-bringers)의 파괴적인 동작(the destructive gesture of freedom-bringer)과 위하여 죽을 만한 아름다운 이념, 여성에 대한 경멸 – **세상의 유일한 보건 요법(the world's only hygiene)인 전쟁(戰爭)을 찬양(讚揚) 한다.**"[12]라고 하였다. 크로체 마리네티의 '국가주의' '전쟁옹호'는 '헤겔이 그 원조(元祖)'임을 두 말이 필요가 없는 사항이다. (참조, ⑥-12. 각 개인은 '시대의 아들'들이다. ⑥-13. 현재는 '장미'이며 '십자가'이다. ⑫-02. 추축국(樞軸國, Axis Powers) 사상 형성(1936) ⑥-37. 독일 '국가 사회주의(나치즘)'-A. 히틀러)

〈'크로체(B. Croce, 1866~1952)', '무솔리니(B. Mussolini, 1883~1945)', '마리네티(F. T. Marinetti, 1876~1944)', '3국의 좋은 친구들-히틀러 고노에 무솔리니'-일본의 선전 카드(1938)[13]〉

* '제2차 세계 대전'의 전조(前兆)로, 스페인의 독재자 프랑코(F. Franco, 1892~1975)는 독일의 히틀러(A. Hitler, 1889~1945)와 연대하여 1937년 4월 26(월요)일 독일 콘도르 군단(the Condor Legion)의 하인켈 51(Heinkel 51)

---

12) P. Hulten, *Futurism & Futurisms*, Gruppo Edtoriale, 1986, pp.514~5
13) Wikipedia, 'Axis Powers'-'Good friends in three countries" (1938): Japanese propaganda postcard celebrating the participation of Italy in the Anti-Comintern Pact on November 6, 1937. On top, Hitler, Konoe and Mussolini are each in medallion.'

폭격기로 스페인 북부 도시 '게르니카(Guernica)'에 무차별 폭격을 감행하여[14] 1654명의 사망자와 889명의 부상자가 나는 참극(慘劇)을 연출하였다.

〈'히틀러 프랑코 무솔리니', '동원된 나치 폭격기', '폐허로 변한 현장'[15]〉

이것이 헤겔 식 '군국주의' '독재긍정' '전쟁 옹호'가 빚은 참극(慘劇)임을 모르는 사람에겐 사실상 '독서(讀書)'도 소용이 없다.
그 '광란(狂亂)의 전쟁'에 반대하여, 피카소(P. Picasso, 1881~1973)는 거작(巨作) '게르니카(1937)'를 제작하였다.

〈'게르니카(1937)'[16]〉

---

14) H. B. Chipp, *Picasso's Guernica History Transformations Meanings*, University of California Press, 1988, p.24
15) Ibid, pp.19, 23, 35
16) P. Dagen, *Picasso*, MFA Publications, 1972, pp.318~9 'Guernica(1937)'

⑥-06 '사상'이 '법'보다 우선일 수는 없다.

"결국 이런 맥락 속에서 법의 사상(the thoughts of right)을 인식하고 또 파악하는 일은 좀 더 특수한 욕구로 나타나게 된 것이다. 즉 사상이 본질적인 형식으로 고양됨으로써 모름지기 우리는 이 법을 사상으로 포착하는 노력을 하지 않을 수 없게 되었다는 것이다. 그러나 이때 만약 사상이 법 위에 군림하는 경우가 생긴다면 이는 갖가지 '우연적인 속견(contingent opinions)'에 문호를 개방하는 꼴이 될 것이다. 그러므로 여기서 강조되어야만 할 것은 진정한 사상이란 사실에 대한 어떤 속견, 의견이 아니라 사실 자체의 개념이라는 것이다. 물론 이런 뜻으로 본 '사실의 개념(the conception of the thing)'이란 우리에게 자연적으로 주어지는 것은 아니다. 사람은 누구나 손가락이 있고 붓이나 색채를 가질 수는 있으나 그렇다고 그가 이미 화가가 된 것이 아니듯이 사유의 경우도 이와 마찬가지이다. 이렇듯 법의 사상이란 그 누구나가 단도직입적으로 손에 넣을 수 있는 그런 어떤 것이 아니려니와 오히려 올바른 사유는 사실을 인지하고 인식하는 것이라는 점에서 어디까지나 우린의 인식은 학적이어야만 하는 것이다."

From now on, there is a more special need to recognize and comprehend the thoughts of right. Since thought has set itself up as the essential form, we must attempt to grasp right, too, in terms of thought. If thought is to take precedence over right, this would seem to throw open the door to contingent opinions; but genuine thought is not an opinion about something [*die Sache*], but the concept of the thing [*Sache*] itself. The concept of the thing does not come to us by nature. Everyone has fingers and can take a brush and paint, but that does not make him a painter. It is precisely the same with thinking. The thought of right is not, for example, what everybody knows at first hand; on the contrary, correct thinking is knowing [*das Kennen*] and recognizing the thing, and our cognition should therefore be scientific.

〈'서문'17)〉

---

17) G. W. F. Hegel(translated by H. B. Nisbet), *Elements of Philosophy of Right*, Cambridge University Press, 1991, p.14 'Preface' ; 헤겔(임석진 역), 법철학, 지식산업사, 1989, pp.22~3 '서문'

* 헤겔의 '절대정신, 신(God) 중심주의'의 사고(思考)는, 그대로 '공동체 중심 사고' '게르만 국가 중심 사고'로 연결되었고, 그것을 구체화 한 것이 그의 〈법철학〉이다.

* 헤겔은 자신의 〈법철학〉에서 무엇보다 '현실적인 것(the actual)'이 '이성적인 것(the rational)'이니, '게르만 국가주의'가 최고이고, 그에 대한 각 개인의 '희생(봉사, 자유)정신'이 그 '프로테스탄트의 고유 원리'라고 '주장'을 하였다. (참조, ⑥-14. 프로테스탄티즘 고유 원리)

  그러나 헤겔의 주장은 워낙 구식(舊式, A. 아우구스티누스 '神國' 방식)이어서, 오늘날 '시민(국민) 중심' 사회에서는 정말 믿기도 어려운 '억지 주장'이지만, 제2차 세계대전이 종료(1945. 9. 2)되기 이전(日帝 植民地 統治 下)에서의 한국에서도 역시 그러한 헤겔식의 '군국주의' '제국주의'식 억압이 있었다. (참조, ⑫-02. 추축국(樞軸國, Axis Powers) 사상 형성(1936) ⑫-03. 신궁(神宮)'과 '궁성 요배(宮城 遙拜))

* 위에서 헤겔이 언급한 '법(Law)보다 사상이 우선일 수는 없다.'란 말은, 헤겔의 정신 구조가 어떻게 되어 있는지를 명시하고 그 대목이다.

  무엇보다 그 '사상의 자유'는, 그것이 법으로 명시되기 이전에, 계몽주의자 볼테르는 '인간의 의지는 자유로운 것이다.'(〈캉디드〉, 1759)라고 계속 주장을 했고, 칸트도 '이성의 자유'를 명시(〈순수이성비판〉, 1781)했었다. 그러했음에도 '골통 보수(保守) 헤겔'은 '법보다 사상이 우선일 수는 없다.'라고 못을 박고 나왔다.['생각의 자유' 沒收 現場]

  그런데 이 말은 바로 그 헤겔이 앓고 있는 그 '하나님 강박관념(the obsessive compulsive neurosis of God)'의 실체(實體)로서, 역시 헤겔 자신이 그 '우울증(憂鬱症, Hypochondria, depression)'과 긴밀히 연동되어 있는 '헤겔의 정신 기제(The Mechanism of Hegel's Spirit)' 바로 그것이다.

  헤겔은 우선 자신은 스스로의 '실존(육체)'를 부정 거부하고 '절대정신'을 지향하는 귀족주의 '전통 사제(司祭)의식'을 그 '관념철학(개신교 신학)'으로 실현하려 했던 헤겔 자신의 그 '심리적 거점'이라는 측면에서 ('법-도덕 절대 우선주의'를)자세히 살펴야 한다. (참조, ②-03. 인생은 '가상(假像)'으로, 그 자체가 고통과 근심이다. ②-04. '인간'보다는 '신(God)의 영광'을 알려야 한다.)

* 헤겔은 '자신부터 무엇에 종속(從屬, subordination) 의존시켜 놓아야 마음이 편해졌고', '자유롭다고 생각을 하는 순간 벌써 죄(罪)를 짓고 있다.'는 '불안 망상(不安 妄想, The Delusion of Anxiety)'이 헤겔의 정신을 지배하고 있었다.[헤겔의 '전 자작'에서 확인할 수 있는 사항임] 그리하여 헤겔 자신뿐만 아니라 '다른 모든 인간들의 생각도 그렇게 묶어 놓아야 한다.'는 그 무서운 '강박증(Obsessional Neurosis)'에서 '누구나 자기 생각을 자유롭게 하고 멋대로 행동하게 해서는 아니 된다'는 '터무니없는 독재적 발상'을 (독일 사회에서) 억지로 달성하려 했던 것이 〈법철학〉이다. 그래서 헤겔은 바로 그 '반(자유의)계몽주의'를 자신의 정면(正面)으로 삼게 되었다. (참조, ⑥-18. '자유로운 의지'를 의욕(意慾)하는 자유 의지)

⑥-07 '국가(國家)'가 사유(思惟)의 출발점이다.

"프리스(J. F. Fries, 1773~1843)의 이 말 속에서 우리는 근본적으로 천박(淺薄)한 대목을 발견할 수 있으니, 즉 그는 학을 사상 및 개념의 발전이 아닌 한낱 직접적 지각이나 우연적인 상상으로 뒷받침하였을 뿐 아니라 또한 마찬가지로 국가라고 하는 인륜적 실체 내에서의 풍부한 분절이나 편성, 즉 이 국가의 합리성에 따른 구도(the state, the architectonics of its rationality) 안에서는 공적 생활의 여러 가지 범위와 그 권능의 명확한 구별에 의하여, 그리고 또 각기 기둥 천장 벽 등이 한데 어울린 엄밀한 척도를 통하여 모든 부분이 조화된 전체의 힘이 생겨나야 함에도 불구하고, 바로 이 국가의 틀로 형성된 건축물을 '심정과 우정과 영감'이 죽탕처럼 뒤범벅이 되게 만들었다."

> The chief tendency of this superficial philosophy is to base
> science not on the development of thought and the concept, but on
> immediate perception and contingent imagination; and likewise, to
> reduce the complex inner articulation of the ethical, i.e. the state, the
> architectonics of its rationality – which, through determinate distinc-
> tions between the various spheres of public life and the rights [*Berech-*
> *tigungen*] they are based on, and through the strict proportions in
> which every pillar, arch, and buttress is held together, produces the
> strength of the whole from the harmony of its parts – to reduce this
> refined [*gebildeten*] structure to a mush of 'heart, friendship, and
> enthusiasm'.[12]

〈'서문'18)〉

——✈

* 헤겔은 '전체주의' '국가주의' 주장자로서 그 대표적인 사람인데 위에서 역시
 헤겔은 국가를 '합리성에 따른 구도(the state, the architectonics of its
 rationality)'라고 바로 전제를 하였다. 이처럼 헤겔이 당시 '프러시아 빌헬름
 3세(Frederick William III, 1770~1840) 통치'를 완벽한 것으로 긍정해 버린
 이유는 그가 이미 그 〈신국(神國, *The City of God*)〉를 그 '게르만 사회에의
 실현'을 작심(作心)했다는 점을 반증한 것이다.
 즉 헤겔은 그 '게르만의 군주(君主)'를 그 '세계정신(world soul)' '소지자(所
 持者)'로 정해 놓고 그 군주(君主)에 대한 '아들들의 정신', '봉사 정신'을 게르
 만 전 국민(시민)에 강조하기에 이르렀다. (참조, ⑥-05. '국왕'과 '신'의 동일
 시 ③-28. '주인'은 하나님이고, '노예'는 인간이다. ⑤-16. '세계정신' '태양' '정
 신' '달'-A. 아우구스티누스)

* 헤겔은 위에서 '국가'를 하나의 '건축물(建築物, the architectonics of its
 rationality)'에 비유하였다. 결코 일찍이 없었고, 앞으로도 있어서는 아니
 될 헤겔의 '망상(妄想)' 그것이다. 헤겔은 〈미학〉에서 역시 '신(God)'을 중심

---

18) G. W. F. Hegel(translated by H. B. Nisbet), *Elements of Philosophy of Right*, Cambridge
 University Press, 1991, pp.15~6 'Preface' ; 헤겔(임석진 역), 법철학, 지식산업사, 1989, p.25 '서문

으로 고안된 신전(神殿)의 '건축미(建築美)'를 논했고, 국가 경영을 오케스트라 연주에 비유하기도 한 (軍事)독재 정치의 표본을 이상화하며, '예술'보다는 '종교', '종교'보다는 '현실(철학)'이 중요하다고 역시 그 심경을 털어놓았다. (참조, ⑨-17. 신상(神像)을 중심으로 한 신전(神殿) 건축 론 ⑨-20. '사회적 오케스트라(the social orchestra)' 론 ⑨-23. '자기 파괴'가 '영원한 정의(正義)'이고 인간 본성이다.)

⑥-08 '현실 세계'는, '의무'와 '법칙'의 세계이다.

"법과 윤리, 또는 법과 인륜적인 것이 뒷받침된 현실세계는 사상에 의하여 포착되며 또한 사상에 의하여 합리성의 형식, 즉 <u>보편성과 규칙성을 부여받은 법칙은 틀림없이 그렇듯 마음 내키는 대로 우쭐대는 감정이나 법적인 것을 주관적 신념으로 바꿔치기 함을 최대의 적</u>(the main enemy)으로 삼는다. 그리하여 의무이며 법칙으로서의 법적인 것이 지니는 형식이 이러한 양심에게는 한낱 사멸된 차가운 문자이거나 또는 어떤 속박으로 여겨질 따름이다. 왜냐하면 감정이란 법칙 속에서는 스스로 자유로운 것으로 인식하지도 않기 때문이다."

> That right and ethics, and the actual world of right and the ethical, are grasped by means of *thoughts* and give themselves the form of rationality – namely universality and determinacy – by means of thoughts, is what constitutes *the law*; and it is this which is justifiably regarded as the main enemy by that feeling which reserves the right to do as it pleases, by that conscience which identifies right with subjective conviction. The form of right as a *duty* and a *law* is felt by it to be a *dead, cold letter* and a *shackle*; for it does not recognize itself in the law and thereby recognize its own freedom in it, because the law is the reason of the thing [*Sache*] and reason does not allow feeling to warm itself in the glow of its own particularity [*Partikularität*].

〈'서문'19)〉

---

19) G. W. F. Hegel(translated by H. B. Nisbet), *Elements of Philosophy of Right*, Cambridge University Press, 1991, p.17 'Preface' ; 헤겔(임석진 역), 법철학, 지식산업사, 1989, p.27 '서문'

_____→

* 위의 문장에 제일 먼저 명백히 되어야 사항은 '사상(thoughts)'의 속성이다. 즉 인간의 '사상(thoughts)'은 무한대로 열려질 수 있지만, 위에서 **헤겔이 전제한 '사상(thoughts)'은 지금 프러시아 독일의 '사상(thoughts)'이고, 그중에 도 '국법'을 이루고 있는 '사상(thoughts)'이고, 더욱 일반적으로 말하면 '기독교 (개신교) 정신'이다. 그리고 그것은 역시 헤겔의 주관으로는 '절대정신(신)'이 주관하고 계시는 '절대정신의 구현'이니, 그것은 물론 '인간 개인들의 각자의 생각'을 그 '최대의 적(the main enemy)'으로 삼고 있는 것이다.**

* 그러면 소위 '계몽주의자들'과 헤겔의 차이점은 어디에 있는가? 그것은 계몽 주의자의 '사상'은 소위 '욕망(육체)'과 '이성(정신)' 모두를 긍정하는 소위 '동 시주의(同時主義, Simultaneism)'에 있었는데, 헤겔은 '절대정신(절대 이념, 절대 이성)'의 일방주의에 있으면서 그 '절대정신에의 복종(Obedience)'을 '(절대)자유'라 하였다. (참조, ⑦-10. '보편 의지'로서의 '자유(윤리) 의지')

* 소위 인간 사회에서 그 '법'과 '의무'는 인간 모두가 수용하고 있는 사항이지 만, 그것은 항상 '개인의 자유(육체 긍정의 자유)' 토대 위에 동시에 그 '법(윤 리)'과 '의무'의 긍정이다. (참조, ⑥-31. 인간 '최대 자유 보장'론-I. 칸트 ⑥-32. 개인의 '자유'가 (인간)본래의 자유이다.-J. S. 밀)
  그러함에도 헤겔은 당대(프리드리히 2세, 나폴레옹의) '제국주의(Imperialism)' '군국주의(Militarism)'를 이상(理想)으로 생각하며 자신의 '게르만 신국(神 國)' '노예 사상(the thoughts of bondman)' 일방주의라는 점에 근본 문제점 이 있었다. (참조, ⑦-09. 개신교의 영웅, 프리드리히 대왕 ⑪-06. 말을 탄 '세계정신'(1806))

* 그리고 **헤겔은 결국 자신이 빠져있던 '우울증(憂鬱症, Hypochondria, depression)'에 '자살 충동(Suicidal Impulse)'을 바로 다 살피지 못하고, 그것을**

340

오히려 '자유의지(a Free Will)' '정의(正義) 실행 의지(the Will of Justice)'로 추장(推獎)했던 고약(怪愎)한 정신 상황에 있었다. (참조, ⑨-23. '자기 파괴'가 '영원한 정의(正義)'이고 인간 본성이다. ⑤-13. '자살(自殺)'의 긍정)

⑥-09 '황제, 귀족, 노예'의 평준화(平準化)란 있을 수 없다.

"즉 그들은 한편으로는 철학을 격하시키는 데서 그에게 안겨준 천박성을 통하여 스스로의 권리를 향유하는가 하면 다른 면으로는 그들 자신이 이 철학의 지반 속에 뿌리를 내린 채 있으면서 오히려 망덕(忘德)스럽게도 그것에 대하여 반항한곤 하는 것이다. 왜냐하면 그들은 자칭 철학연구를 내세우면서 진리의 인식을 하나의 아둔한 시도인 듯 바라보면서 마치 전체주의 하에의 로마 황제가 귀족과 노예, 덕과 부덕, 명예와 불명예, 그리고 지(知)와 다같이 동등하게 만들어 버렸듯이 모든 사상과 또한 모든 소재를 평준화시켜 버렸으니, 여기서 진실한 것으로서의 개념이나 인륜적인 것의 법칙은 그 모두가 한낱 속견이나 주관적 확신 이외의 것일 수가 없으며 가장 파행적인 원칙마저도 확신으로 둔갑하여 앞에서 본 인륜적 법칙과 동등한 지위에 노여지게 되었기 때문이다."

The declamations and presumptuous outbursts against philosophy which are so common in our time afford the peculiar spectacle on the one hand of being in the right, by virtue of that superficiality to which philosophical science has been degraded, and on the other of themselves being rooted in the very element against which they so ungratefully turn. For by declaring the cognition of truth to be a futile endeavour, this self-styled philosophizing has reduced all thoughts and all topics *to the same level*, just as the depotism of the Roman emperors *removed all distinctions* between patricians and slaves, virtue and vice, honour and dishonour, and knowledge [*Kenntnis*] and ignorance.[20] As a result, the concepts of truth and the laws of ethics are reduced to mere opinions and subjective convictions, and the most criminal principles – since they, too, are *convictions* – are accorded the same status as those laws; and in the same way, all objects, however barren and particular [*partikular*], and all materials, however arid, are accorded the same status as what constitutes the interest of all thinking people and the bonds of the ethical world.

〈'서문'20)〉

_____✈

* 볼테르 칸트로 이어진 소위 '계몽주의'는 '만인 평등'의 '시민정신'을 기초로 삼고 있다.

볼테르는 그의 〈무식한 철학자(*The Ignorant Philosopher*, 1766)〉'[21]에서 '금욕주의자 카토(Cato, 234 b.c.~149 b.c.)' '노예 상태의 에픽테투스(Epictetus, 95 b.c.~46 b.c.)' '황제 안토니우스(Antonius, 83 b.c.~30 b.c.)' '율리아누스 황제(the emperor Julian, 330~336)'의 구체적인 '도덕성(德性, virtue)'을 논하였다.

그리고 칸트는 〈순수이성비판(1781)〉에서 모든 인간은 '무한 자유'의 순수 이성을 날 때부터 가지고 나왔음을 철학적 기본 명제로 삼았다. (참조, ⑥ -31. 인간 '최대 자유 보장'론-I. 칸트)

* '귀족(貴族, aristocrat)'이란 원래 그 기원이 '제정일치(祭政一致)' 사회에서부터 그 '사제(司祭)' '국왕'을 겸한 존재들이었으니, 그 기원이 타고난 '수구보수주의'에 '게르만 신국'과 '희생' 예찬자 헤겔이, '인간 자유 평등'을 주장한 계몽주의와의 '충돌(衝突)'은 그의 불가피한 사항이었다.

* R. 마그리트(R. Magritte, 1898~1967)는 '상류 사회(1965~6)'란 작품으로 '귀족주의' '국가주의' '사제(司祭)의식'을 풍자하였다.

---

20) G. W. F. Hegel(translated by H. B. Nisbet), *Elements of Philosophy of Right*, Cambridge University Press, 1991, p.19 'Preface' ; 헤겔(임석진 역), 법철학, 지식산업사, 1989, p.30 '서문'
21) Voltaire, *The Best Known Works of Voltaire*, The Book League, 1940, pp.455~456 'X L V. Of the Stoics'

〈'상류 사회(1965~6)'[22] '마그리트 39세(1937)'[23]〉

* 마그리트는 '숲(國家主義)' '하늘(기독교 司祭)' '바다(帝國主義, 해외 植民地
建設)' 로고(Logogram)로 '상류사회(High Society)'라 명명하였다.
사실 그것(귀족주의)으로 '자기 자신을 삼은 사람'은 사람은 바로 헤겔이
(계몽주의 이후에는) 그 두목(頭目)이 되었다. (참조, ⑥-28. 전쟁의 원인
: 외부로 향한 '강한 개성'의 발동)

⑥-10 '현실적인 것'이 '이성적인 것'이다.

"이성적인 것, 그것은 곧 현실적이며(What is rational is actuals;) 또한 현
실적인 것, 그것이 곧 이성적이다.(and what is actual is rational.)
철학이 나타내주는 그 모든 편견 없는 의식은 바로 이와 같은 확신 속에
자리 잡고 있으며 또한 이 확신으로부터 출발하여 철학은 자연적 우주에 대
해서와 마찬가지로 정신적 우주에 대한 고찰도 행하게 되는 것이다."

> What is rational is actual;
> and what is actual is rational.[22]
>
> This conviction is shared by every ingenuous consciousness as well as
> by philosophy, and the latter takes it as its point of departure in
> considering both the *spiritual* and the *natural* universe.

〈'서문'[24]〉

---

22) S. Gohr, *Marette : Attempting the Impossible*, d. a. p., 2009, p.287 'High Society
(1965~6)'
23) J. Meuris, *Rene Magritte*, Taschen, 2004, pp.210~213

＊ 헤겔의 말들 중에서도 위의 발언은 ('啓蒙主義'를 '理想主義'로 몰아세운) 헤겔 자신이 명시한 '이성주의(理性主義, Rationalism)' '현실주의(現實主義, Actualism)'로서 헤겔을 거론한 사람이면 모두 관심을 표명했던 바로 그 '헤겔주의'의 대표 어구로 알려져 있는 말이다.

그러나 그것은 헤겔의 경우 그 **'이성주의' '현실주의'가 '게르만 종족주의'이고, '제국주의 군국주의'이고, 그것에 대한 '무한(無限) 봉사(奉仕)의 주장'이니 역시 그 점이 근본 문제점이다.**

앞서 확인했듯이 헤겔은 아우구스티누스의 '신국(神國, The City of God)' 이론을 그대로 여지없이 적용을 하였고, 역시 아우구스티누스가 주장했던 그 '희생(祭物)' 론을 '시대의 아들'인 전 게르만 국민에게 당연시하였다. (참조, ⑥-35. 공동체(共同體) 안에 희생(犧牲)-아우구스티누스)

그러므로 '수구보수주의(Conservatism) 헤겔의 [잠정적인]승리(군국주의 수용)'도 이 발언으로 행해졌고, 역시 그 멸망(兩次 大戰 속에 독일의 敗亡)도 이 발언 속에 명시(明示)되었다고 할 것이다. (참조, ⑥-37. 독일 '국가 사회주의(나치즘)'-A. 히틀러 ⑥-38. '세계 근대 문명'은, '게르만(아리안) 문명'이다.-A. 히틀러)

간단히 말해 헤겔의 '국왕중심주의' '국가중심주의' '전체주의'는 '하나님의 종(a servant of the Lord)' 헤겔의 '노예철학(the philosophy of bondman)'의 구체화로서, 헤겔 특유의 '현세부정(Negation of This World)' '배타주의(Exclusionism)' '우월주의(Chauvinism)' '전쟁불가피론(Inevitable War Theory)'은 위의 말 속에 다 들어 있다.

---

24) G. W. F. Hegel(translated by H. B. Nisbet), *Elements of Philosophy of Right*, Cambridge University Press, 1991, p.20 'Preface' ; 헤겔(임석진 역), 법철학, 지식산업사, 1989, p.34 '서문'

⑥-11 국가(國家)는, 인류(人倫)의 우주(宇宙)다.

"이 글이 국가학(통치학-political science)을 내용으로 삼는다고 할 때 오
직 이것은 국가를 그 자체로서 이성적인 것으로 파악하고 또 서술하려는 시
도 이외의 다른 것이 아니다. 그리하여 철학서로서의 이 글은 추호도 국가가
어떻게 존재해야만 하는가라는 쪽으로 문제를 봐나가려는 것은 아니므로 결
국 이 책이 담고 있는 교훈이란 결코 국가가 어떻게 있어야만 하는가를 국가
로 하여금 깨우치도록 하는데 있는 것이 아니라 이 국가라고 하는 인륜적
우주(the ethical universe)가 어떻게 인식되어야 하는가를 가르치는데 있다."

> This treatise, therefore, in so far as it deals with political science,
> shall be nothing other than an attempt *to comprehend and portray the*
> *state as an inherently rational entity.* As a philosophical composition, it
> must distance itself as far as possible from the obligation to construct
> a *state as it ought to be*; such instruction as it may contain cannot be
> aimed at instructing the state on how it ought to be, but rather at
> showing how the state, as the ethical universe, should be recognized.

〈'서문'25)〉

───────→

* 헤겔은 '인간이 가지고 있는 제도(制度)는 다 하늘이 주신 제도'라고 생각하
  고 '이성=하나님'의 공식을 당시 프러시아 '빌헬름 3세(Frederick William
  III, 1770~1840)' 시대에 그대로 적용하였다. 이러한 전반적 헤겔의 생각은
  소위 '개혁(개혁)'에 대한 '기본적 반감(反感)'을 지닌 수구 보수주의
  (conservatism)자이다.

---

25) G. W. F. Hegel(translated by H. B. Nisbet), *Elements of Philosophy of Right*, Cambridge
University Press, 1991, p.21 'Preface' ; 헤겔(임석진 역), 법철학, 지식산업사, 1989,
pp.33~4 '서문'

〈'빌헬름 3세(Frederick William III, 1770~1840)'〉

* 헤겔은 기본적으로 인간의 '감각(감성, Sensibility)'을 중시하는 '예술'보다는 '신을 믿는 종교'를 우월한 것으로 보았고, 그 (교회 속에) '신을 믿는 종교'보다 '현실(희생) 중심의 철학'을 더 우선적으로 생각했다. (참조, ⑨-23. **'자기 파괴'가 '영원한 정의(正義)'이고 인간 본성이다.**)

그런데 헤겔의 현실은 '군국주의 독일'이 그 '현실' '이성'이었으므로 그것을 향한 '무한 희생'이 '최고의 덕목'이자 '정의(justice) 실현' '천국(天國)행의 달성'으로 해석해 놓은 것이 〈법철학〉이다. (참조, ⑨-30. **몰락(죽음)=영 원한 정의=윤리적 실체=만족**)

* 1916년의 '다다 혁명 운동'의 대표적인 화가 에른스트(M. Ernst, 1891~1976)는 다음과 같은 '숲(forest, 국가주의)' '새(bird, 생명)' 연작(連作)을 발표하여 그 '국가 종족주의(폐쇄주의)'의 병폐를 지적하고 '생명 자유 존중', '전쟁 반대' 의사를 명백히 하였다.

〈'숲(1926)'26), '어두운 숲과 새(1926)'27), '숲, 새들, 태양(1926)'28)〉

⑥-12 각 개인은 '시대의 아들'이다.

"여기가 로도스다.

여기서 뛰어라

존재하는 것, 바로 그것을 인식하는 일이야말로 철학의 과제이다. 왜냐하면 존재하는 그것은 곧 이성이기 때문이다. 따라서 개인에 관해서 보더라도 모든 개인은 두말 할 필요도 없이 자기 시대의 아들(child of his time)인 까닭에 결국 철학도 역시 사상(思想)으로 포착(파악)된 그의 시대일 수밖에 없는 것이다. 이런 점에서 또한 그 어떤 철학이건 간에 마치 그것이 현존하는 세계를 뛰어넘어서 존재할 수 있다는 듯이 생각한다면 이는 곧 개인이 자기 시대를 뛰어넘은 바로 로도스섬을 뛰어넘겠다는 것이나 다름없는 아둔한 생각이다. 그런데도 실제로 어떤 개인의 이론이 그의 시대를 뛰어넘어서 당위적으로 있어야만 할 하나의 세계를 건설하려고 한다면 물론 이때 그러한 세계가 존재할 수는 있겠지만 역시 어디까지나 이것은 그 개인의 사사로운 생각 속에만 있는, ＿즉 그 어떤 것이건 간에 임의로 상상해 낸 취약한 기반 속에 있는 그런 존재에 지나지 않는다."

Ἰδοὺ ʽΡόδος, ἰδοὺ καὶ τὸ πήδημα.
Hic Rhodus, *hic* saltus.[24]

To comprehend *what is* is the task of philosophy, for *what is* is reason. As far as the individual is concerned, each individual is in any case a *child of his time*; thus philosophy, too, is *its own time comprehended in thoughts*. It is just as foolish to imagine that any philosophy can transcend its contemporary world as that an individual can overleap his own time or leap over Rhodes.[25] If his theory does indeed transcend his own time, if it builds itself a world *as it ought to be*, then it certainly has an existence, but only within his opinions – a pliant medium in which the imagination can construct anything it pleases.

〈'서문'29)〉

---

26) W. Spies & S. Rewald, *Max Ernst : A Retrospective*, The Metropolitan Museum of Art, 2005, p.168 'Forest(1926)'
27) P. Gimferrer, *Max Ernst*, Rizzoli, 1983, ILLUSTRATIONS 62 'Dark Forest and Bird(1926)'
28) Ibid, ILLUSTRATIONS 63 'Forest, Bird, Sun(1926)'
29) G. W. F. Hegel(translated by H. B. Nisbet), *Elements of Philosophy of Right*, Cambridge University Press, 1991, pp.21~2 'Preface'. ; 헤겔(임석진 역), 법철학, 지식산업사, 1989,

✈

* 헤겔의 '게르만 국가주의(German Chauvinism)'는 모든 '사상' 모든 '종교' 모든 이 세상의 모든 것으로 초월한 위치에 두었다.

19세기 제국주의자들(황제와 귀족들)은 이 헤겔의 사상에 넘어가지 않은 사람이 없었으니, 그들의 한결같은 목적은 '부국강병(富國强兵)'이었기 때문이다. 그렇지만 이것은 '반성해야 할 19세기 사고(思考)'였으니, 이것의 결과는 인간이 '함께 망(亡)하는 방법' 그것이기 때문이다. 그런데 헤겔은 그것을 이미 알고 '(자기를 포함한)멸망'을 예찬했으니, 기가 막힐 노릇이었다. (참조, ⑨-30. 몰락(죽음)=영원한 정의=윤리적 실체=만족)

그러나 일찍이 4대 성현(聖賢)이 명시했던 바는 결코 그 '칼(무력)'이 전부가 아니었고, 더구나 '과학주의'가 우선인 볼테르 칸트 등 계몽주의자들은 다 공자(孔子)의 '자연법'과 '인명(人命) 존중'에 철저하여 일찌감치 '전쟁반대' '이성 회복'을 강조하여 그 '계몽주의 운동'에 전념을 해 온 터였다.

그러나 '병(病)든 헤겔'은 막을 수 없는 '과학시대' '인명 존중'의 시대적 대세(大勢)를 거슬러 '게르만족 우월주의(German Chauvinism)'에 '희생(Sacrifice) 찬양' '살상전쟁 불가피론'을 폈으니, 이점은 헤겔을 읽고도 그것을 모르면 사실상 그에게는 어떠한 독서(讀書)도 의미가 없는 사람이다.

위에서 헤겔이 말한 그의 '시대 아들(Child of his time)'론을 그 '가짜 논리학 (a logic of illusion)'으로 도식화 해 보면 다음과 같다.

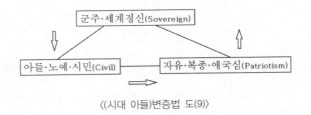

《(시대 아들)변증법 도(9)》

p.34 '서문'

* 한마디로 헤겔의 아우구스티누스(A, Augustinus, 354~430)에 대한 믿음은 지극정성으로 그 '삼위일체'와 '희생'론은 사실상의 헤겔의 '게르만 국가주의'에 원본(原本)을 이루고 있다. (참조, ③-43. '주인' '노예' '봉사'-아우구스티누스 ③-44. '실체'이며 '전능'인 '삼위일체'-A. 아우구스티누스 ⑥-35. 공동체(共同體) 안에 희생(犧牲)-A. 아우구스티누스)

⑥-13 현재는 '장미'이며 '십자가'이다.

"좀 표현을 바구어 보면 이것은 다음과 같은 뜻이 될 수도 있다.
<u>여기에 장미가 있다. 여기기서 춤추어라.</u>
그러므로 결국 자각적 정신으로서의 이성과 현존하는 상태 속의 현실성을 뜻하는 이성과의 사이에 존재하는 것, 다시 말해서 첫 번째 이성을 두 번째 이성과 분리시킴으로써 그것이 이 이 두 번째에 해당하는 현존하는 현실성으로서의 이성 속에서 충족될 수 없도록 한다는 것, 이것은 오직 개념으로까지의 해방, 승화되지 못한 채 한낱 추상에 얽매여 있음을 나타내는 것일 뿐이다. 이성을 현재라는 십자가에 드리워진 장미로 인식하는 가운데 이 현재 속에서 즐거워한다는 것(To recognize reason as the rose in the cross of the present and thereby to delight in the present), 바로 이러한 이성적 통찰이야말로 현실과의 유화(宥和), 화해를 뜻하거니와 결국 철학은 개념적으로 파악하면서도 또한 실체적인 것 속에서 주관적 자유를 유지하는 가운데 결코 특수적이거나 우연적인 것이 아닌 즉자대자적인 것 속에서 그의 주관적 자유를 간직하고자 하는 내적인 요구를 어떻게든 싹터 오르게 하려는 사람으로 하여금 그렇듯 현실성과 유화, 화해하도록 해주는 것이다."

With little alteration, the saying just quoted would read:

Here is the rose, dance *here*.[26]

What lies between reason as self-conscious spirit and reason as present actuality, what separates the former from the latter and prevents it from finding satisfaction in it, is the fetter of some abstraction or other which has not been liberated into [the form of] the concept. To recognize reason as the rose in the cross of the present[27] and thereby to delight in the present – this rational insight is the *reconciliation* with actuality which philosophy grants to those who have received the inner call *to comprehend*, to preserve their subjective freedom in the realm of the substantial, and at the same time to stand with their subjective freedom not in a particular and contingent situation, but in what has being in and for itself.

〈'서문'30)〉

_____✦

* 이미 '가짜 논리학' 변증법적 통합(동어반복, tautology)에 이골이 난 헤겔에게, '장미(천국)=십자가(고행)'의 통합은 아무 일(문제)도 아니다.

 문제는 '종교와 무관한 일반 시민'의 경우, '그 육체에 중요성을 숙지(熟知)고 있는 시민들'에게 헤겔 식 '자살충동(Suicidal Impulse)'이 변조된 '정의 실현 의지(Free Will)'로 그 '복종 의무'를 씌운 것이 궁극의 문제점이었다. (참조, ⑨-23. '자기 파괴'가 '영원한 정의(正義)'이고 인간 본성이다. ⑨-30. 몰락(죽음)=영원한 정의=윤리적 실체=만족 ⑤-13. '자살(自殺)'의 긍정)

* 그런데 그러한 헤겔 식 '장미(천국)=십자가(고행)'의 통합의 '전쟁 정신'은, 제2차 세계대전 당시 일본의 '신풍(神風, 自殺)특공대'로 활용이 되었다. 즉 그런데 1944년 10월부터 일본이 운영한 '가미가제(Kamikaze) 특공대'나, 2001년 9월 미국 뉴욕 무역 센터를 공격과 2015년 11월 파리공격을 감행한 이슬람 테러 집단도 '국가주의적 적(敵)을 향한 자기희생을 각오한 결행'이 모두 그 헤겔이 강조한 이 '장미(천국)=십자가(고행)' 행동 방식이라는 점을 결코 망각(忘却)해서는 아니 될 사항이다. (참조, ⑫-03. 신궁(神宮)과 '궁성요배(宮城 遙拜))

---

30) G. W. F. Hegel(translated by H. B. Nisbet), *Elements of Philosophy of Right*, Cambridge University Press, 1991, pp. 21~2 'Preface' ; 헤겔(임석진 역), 법철학, 지식산업사, 1989, p. 34 '서문'

〈'2차 세계 대전 당시 가미가제 자살 특공대원들'[31] '1945년 5월 11일 특공대 임무를 맡고 비행기로 돌진했던 엔사인 교쉬 오가와'[32] '기-43 하야부사에서 가미가제 특공대가 출발함에 벚꽃가지를 흔들며 전송하는 기란 여고생들'[33]〉

〈'1945년 5월 11일 특공대 공격으로 2600명 승무원 중 389명 사망 264명이 부상을 당했다.'[34] '미 해군 티콘더로거 호 가까이 충돌하는 자살특공대 비행기'[35]〉

〈'2001 뉴욕 무역 센터 공격'[36] '2015 파리 공격'[37]〉

---

31) Wikipedia, Kmikaze 'Kamikaze was a group of suicide pilot squad during World War II'

32) Wikipedia, Kmikaze 'Ensign Kiyoshi Ogawa, who flew his aircraft into the USS Bunker Hill during a kamikaze mission on 11 May 1945'

33) Wikipedia, Kmikaze 'Chiran high school girls wave farewell with cherry blossom branches to departing kamikaze pilot in a Ki-43-IIIa Hayabusa'

34) Wikipedia, Kmikaze 'USS Bunker Hill was hit by kamikazes piloted by Ensign Kiyoshi Ogawa (photo above) and Lieutenant Junior Grade Seizō Yasunori on 11 May 1945. 389 personnel were killed or missing and 264 wounded from a crew of 2,600.'

35) Wikipedia, Kmikaze 'Kamikaze crashes near USS Ticonderoga (CV-14) 1944.jpg'

36) Wikipedia, September 11 attacks

‘우울증(Hyphocondria)’ 강박증(Obsessional compulsive neurosis)에 사로잡힌 헤겔은, 그 특유의 ‘부정적 인생관(Negation of this life)’ ‘부정적 세계관(Negation of this world)’ ‘변증법(Dialectic)’을 전제로 ‘국가 사회 운영’과 ‘세계 역사 전개’에 ‘전쟁’을 필수불가결한 것으로 정당화하였는데, 이것이 ‘반 계몽주의자’ 헤겔의 흉악한 논리에 정점을 이루고 있는 사항이다. (참조, ②-03. 인생은 ‘가상(假像)’으로, 그 자체가 고통과 근심이다. ⑪-06. 말을 탄 ‘세계정신’(1806).)

⑥-14 프로테스탄티즘 고유 원리

"이것이야말로 앞에서는 다만 추상적으로 형식과 내용의 통일로 불렸던 것이 한층 더 구체적인 의미를 띠고 나타난 것이라고 하겠으니, 왜냐하면 형식이란 그 가장 구체적인 의미에서 개념적으로 파악하는 인식작용으로서의 이성이며 또한 내용이란 인륜적 내지 자연적 현실의 실체적 본질로서의 이성이기 때문이다. 그리하여 이 양자 간의 의식적 동일성이 다름 아닌 철학적 이념인 것이다. ─ 그야말로 사상을 통하여 정당화되지 않은 것은 그 어떤 것일지라도 결코 심정적으로 받아들이지 않는다는 것, 이것은 하나의 위대한 아집(我執)이며 더욱이 인간을 영예롭게 하는 아집으로서 ─ 바로 이러한 아집이야말로 근대적 특징을 이루는 프로테스탄티즘에 고유한 원리이기도 하다."

> This is also what constitutes the more concrete sense of what was described above in more abstract terms as the *unity of form and content*. For *form* in its most concrete significance is reason as conceptual cognition, and *content* is reason as the substantial essence of both ethical and natural actuality; the conscious identity of the two is the philosophical Idea. ─ It is a great obstinacy, the kind of obstinacy which does honour to human beings, that they are unwilling to acknowledge in their attitudes [*Gesinnung*] anything which has not been justified by thought ─ and this obstinacy is the characteristic

---

37) Wikipedia, November 2015 Paris attacks ‘Victims of a shooting attack lay on the pavement outside La Belle Equipe restaurant in Paris Friday, Nov.13, 2015.’

property of the modern age, as well as being the distinctive principle
of Protestantism.

〈'서문'38)〉

——✈

* 헤겔의 '자살 긍정(the affirmation of suicide)'론은 기독교의 '희생(제물,
sacrifice)정신' '정의 실현'으로 둔갑(遁甲)하였는데, 헤겔은 그것을 '프로테
스탄트 고유 원리'라고 하여 그 '죽을 수 있는 자유'를 '독일 고유의 특권(프로
테스탄트 고유 원리)'로 자랑을 하였다. 이것은 그대로 '이 세상 불평 자'가
택한 마지막 세상 사람들을 향한 '반항'이자 '불평'이니, 평상인(平常人)이
취할 수 없는 자세이다. 이것이 그 '프로테스탄트 정신'을 통째로 '군국주의'
'제국주의' 군주(君主)에게 가져다 바친 '참담(慘憺)한 헤겔'의 모습이었다.
아니 그러한 '비상 상태'에서 국가를 이끌어야 한다는 헤겔의 생각을 누가
어떻게 이해할 수가 있는가.

* 헤겔은 역시 다음과 같은 그의 '가짜 논리학' '내용 형식 변증법' 운영하였음
을 알 수 있다.

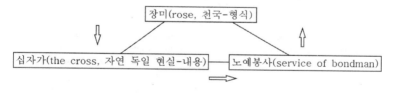

《〈노예 봉사〉 변증법 도(10)》

* 헤겔의 타고난 '노예근성(a servant of the Lord)'은 결국은 '전 독일인'을
그것으로 묶어 놓고 그 '신국(神國)'이루었다고 상상을 했고, 거기에 '희생(죽

---

38) G. W. F. Hegel(translated by H. B. Nisbet), *Elements of Philosophy of Right*, Cambridge
University Press, 1991, p.22 'Preface' ; 헤겔(임석진 역), 법철학, 지식산업사, 1989,
p.35 '서문'

음)'을 '절대자유'라고 주장한 것이니, 속말로 헤겔의 사고는 '불량배의 막가파 사고(思考)' 그 이상일 수 없다. (참조, ②-12. '철학'은, '우주론' 속에 '종교'를 정착시킨다.)

⑥-15 미네르바의 부엉이

"이제 이 세계는 어떻게 있어야만 하는가라는 데 대한 가르침과 관련하여 한마디 한다면, 그러한 교훈을 받아들이기 위한 철학의 발걸음은 언제나 느리다고 하는 것이다. 세계의 사상(思想)으로서의 철학은 현실이 그의 형성과정을 완성하여 스스로를 마무리하고 난 다음에라야 비로소 시간 속에 형상화 된다. 바로 이와 같은 개념이 가르쳐 주는 이것을 역사도 또한 필연적으로 가르쳐 주고 있으니, 즉 그것은 현실이 무르익었을 때에 비로소 관념적인 것은 실재적인 것에 맞서서 나타날 뿐만 아니라 또한 전자는 후자의 실재적인 세계를 그의 실체 속에서 파악하는 가운데 이를 하나의 지적인 왕국의 형태로서 구축하게 된다는 것이다. 그리하여 철학이 자기의 회색빛을 또 다시 회색으로 칠해 버릴 때면 이미 생의 모습은 늙어버리고 난 뒤일 뿐이니 결국 이렇듯 회색을 가지고 다시 회색 칠을 한다 할지라도 이때 생의 모습은 젊어지는 것이 아니며 다만 인식되는 것일 뿐이다. 미네르바의 부엉이는 황혼이 깃들 무렵에야 날기 시작한다."

> A further word on the subject of *issuing instructions* on how the world ought to be: philosophy, at any rate, always comes too late to perform this function. As the *thought* of the world, it appears only at a time when actuality has gone through its formative process and attained its completed state. This lesson of the concept is necessarily also apparent from history, namely that it is only when actuality has reached maturity that the ideal appears opposite the real and reconstructs this real world, which it has grasped in its substance, in the shape of an intellectual realm.[30] When philosophy paints its grey in grey, a shape of life has grown old, and it cannot be rejuvenated, but only recognized, by the grey in grey of philosophy; the owl of Minerva begins its flight only with the onset of dusk.[31]

〈'서문'39〉

_____✈

* 위의 헤겔의 말은, 역사가 타키투스(P. C. Tacitus, 55?~117?)가 '게르만 종족주의'를 언급한 이래 루터(M. Luther, 1483~1546)의 '개신교 선언'과 라이프니츠(G. Leibniz, 1646~1716)의 '신정론'을 이어 피히테(J. G. Fichte, 1762~1814)의 '게르만 민족주의'를 이은 헤겔이 다시 아우구스티누스의 〈신국〉론에 자신의 '우울증적 희생'론을 추가 통합해서 주장한 '게르만주의' 선언으로 그 자체가 극도로 위험스런 주장이다. 왜냐하면 그러한 '극우파(Ultra-Nationalist)'가 주도하는 국가 체계에 앞에서 주변 국가는 어쩔 수 없이 '전쟁이냐 노예냐' 갈림길에 설 수밖에 없기 때문이다.

* 헤겔은 모처럼 생성된 칸트의 '계몽주의' '사해동포주의' '생명 존중' '자유정신'을 깨끗이 부정하고 도리어 칸트의 인간 '이성'론을 '절대정신(신)'이라 변조하고 거기에 자신의 '우울증(depression)' '강박증(obsessive compulsive neurosis)' '자살충동(suicidal impulse)'을 '정의 실현 의지(the Will of Justice)' '자유(복종)의지' '희생정신'으로 그 '국가주의'에의 '무한 봉사'를 독려하고 나선 것이 〈법철학(1820)〉이었다.
그리고 이것은 헤겔의 '이승 부정(negation of this world)' '현생 부정(negation of this life)'과 연대되어 있었으니, 그 '윤리의지' '정의 실현 의지(the Will of Justice)'와 절대적으로 연관된 것이 기독교의 '봉사정신(service spirit)' '희생정신(the spirit of sacrifice)'이고, 그것은 역시 '전쟁긍정(affirmation of war)' '살상예찬(admiration of killing)'으로 나갔다.
이것이 이 〈법철학〉의 결론이다. (참조, ②-03. 인생은 '가상(假像)'으로, 그 자체가 고통과 근심이다. ⑤-13. '자살(自殺)'의 긍정 ⑪-06. 말을 탄 '세계정신'(1806).)

---

39) G. W. F. Hegel(translated by H. B. Nisbet), *Elements of Philosophy of Right*, Cambridge University Press, 1991, p.23 'Preface'; 헤겔(임석진 역), 법철학, 지식산업사, 1989, pp.35~6 '서문'

* 다시 말해 헤겔의 '미네르바 부엉이 철학(the philosophy of Minerva's owl)'
의 탄생은, '세계대전'을 예고한 극우파의 '귀곡성(鬼哭聲)'이다. 이후 주변국
은 그 소용돌이 속에 헤어날 수 없었으니, 그것을 헤겔은 바로 '정의(正義)의
실현' '변증법적 발전' '신의 뜻'으로 찬양하였다. (참조, ⑦-04. '**신정론(神正**
論, theodicy)'에 바탕을 둔 역사(歷史)론 ⑨-23. **'자기 파괴'가 '영원한 정의(正**
義)'이고 인간 본성이다. ⑥-38. **'세계 근대 문명'은, '게르만(아리안) 문명'이**
다.-A. 히틀러)

〈'미네르바 신상' '미네르바 부엉이'[40]〉

⑥-16 '노예'는 로마법으로 사람이 아니었다.

"여러 학문의 형식적이며 비철학적인 방법에 따르면 여기서는 우선 적어
도 외면적인 학적 형식을 위하여 무엇보다 먼저 정의(定義)가 구해지며 또
요구된다. 그러나 실증법학에서는 이와 같이 외면적인 학의 형식에 대해서
는 별로 중요하게 다루어지지 않는다. 왜냐하면 주로 이 실증법학은 무엇이
법에 합당한 것인가, 다시 말해서 "로마 시민법에서는 모든 정의(定義)는 위
험하다."라는 경고를 발하듯이 다만 특수한 법률상의 제 규정이 어떤 것인가
를 지시하는 데만 힘을 기울일 뿐이기 때문이다. 그런데 실제로 법률의 제
규정이 서로의 연관성을 갖지 못한 상호 모순된 것일수록 그만치 더 법의
갖가지 정의는 불가능해 진다. 왜냐하면 이러한 정의들은 오히려 보편적인

40) Wikipedia, 'Minerva's owl'

제 규정을 포함해야 함에도 불구하고 이 경우에는 다만 직접적으로 '모순되는 것(contradictory)', 즉 불법적인 것을 적나라하게 드러내 보일 뿐이기 때문이다. 그리하여 예컨대 로마법에서는 '인간'에 대한 여하한 정의(定義)도 불가능할 것이다. 왜냐하면 거기서는 노예가 인간의 테두리에 포함되지 않을뿐더러 노예의 신분에 맞추어 본다면 오히려 인간의 개념이 손상될 뿐이기 때문이다."

> According to the formal, non-philosophical method of the sciences, the first thing which is sought and required, at least for the sake of external scientific form, is the *definition*. The positive science of right cannot be much concerned with this, however, since its chief aim is to state *what* is right and legal [*Rechtens*], i.e. what the particular legal determinations are. This is the reason for the warning: 'omnis definitio in iure civili periculosa.'[a3] And in fact, the more incoherent and internally contradictory the determinations of a [system of] right are, the less possible it will be to make definitions within it; for definitions should contain universal determinations, but in the present context, these would immediately make the contradictory element – in this case, what is unjust [*das Unrechtliche*] – visible in all its nakedness. Thus, in Roman law [*das römische Recht*], for example, no definition of a *human being* would be possible, for the slave could not be subsumed under it; indeed, the status [*Stand*] of the slave does violence to that concept.

〈'서론'41)〉

———→

* 위에서 헤겔은 '(實定)법(法)의 상호 모순 성' 인정하고 있다. 즉 '로마법'으로는 '노예가 인간의 테두리에 포함되지 않는다.'를 예를 들어 '모순되는 것(contradictory)'을 지적하였다.

---

41) G. W. F. Hegel(translated by H. B. Nisbet), *Elements of Philosophy of Right*, Cambridge University Press, 1991, pp.26~27 'Introduction' ; 헤겔(임석진 역), 법철학, 지식산업사, 1989, p.41 '서론'

대체로 '기존한 법(法)의 모순'을 발견해내고 시정(是正)할 수 있는 것은 '인간의 사고력(Cognition)'과 '타고난 이성(Reason[自然法 운영 능력])'이 있기 때문이다. 그런데 왜 헤겔은 '⑥-06. '사상'이 '법'보다 우선일 수는 없다.'라는 엉터리 주장을 하였던가?

여기에서 일부 확인할 수 있듯이 헤겔은 평생토록 '절대정신(The Absolute Spirit-God)' 하나만 걸어두고 거기에 모든 것을 통합해 놓고 혼자 제일인척 글쓰기를 계속했으니, 헤겔처럼 '신(절대정신)'의 이름으로 못 할 짓(말)이 없는 경우는 '고대 원시(原始) 유대인'[42] 말고는 그 유례(類例)가 없다.['구약'의 서술자들]

* 특히 앞서 확인 하였듯이, '자기파괴 긍정' '살상 전쟁 긍정'에 그것을 다시 '자유의지' '정의실현' '프로테스탄트 공유 원리' 말하는 세상의 '흉한(兇漢)'이 누구이며, 소위 '정의(正義, Justice)'가 무엇인지를 알 수 없게끔 뒤죽박죽으로 만들어 놓고 결국은 '하나님이 정의다.'라고 말하는 사람이 헤겔이었다. (참조, ②-09. '신(God)'이 '절대 진리', '절대 가치', '절대 자유'이다.)
그리고 '하나님(理性)이 어디에 계신가?'라고 물으면 '어디에나 계시고 어디에도 없다.'는 뻔뻔한 논리로 세상을 우롱한 사기꾼이 헤겔이다. (참조, ④-09. '존재'와 '무'는 동일한 것이다.)

* 헤겔이 생전에 '무시한 사람들(정신)'은 첫째가 '계몽주의자들'이었고, 그 다음은 '전통 신학자(예수의 身體的 부활을 믿은 가톨릭교도)'였으므로 헤겔의 신학은 '이성 신(이성=신)'로 재무장한 '기독교 변종(變種)' 개신교 신학(神學)이다. 그리고 그 헤겔은 개신교 신학에 A. 아우구스티누스의 〈신국(The City of God)〉으로 '게르만 신국'에 '자살=절대 자유'의 '우울증 희생' 예찬을 첨가했으니, 헤겔은 '눈 띄어 놓고 인간 육체 가루 만들기'의 '절대자유(The

---

42) Voltaire, *The Best Known Works of Voltaire*, The Book League, 1940, pp.414~416 'ⅩⅩⅤ. Of the Jew from Moses to Saul'

Absolute Freedom)론' 자였으니, 그 '강도질(전쟁)'과 '정의(正義) 실현'도 구분을 못 하는 '얼뜨기(an ignorant)'[43]였다.

⑥-17 '원죄'론에 근거를 둔 헤겔의 '자유정신'

"여러 충동들을 평가하는 데서 변증법은 내재(보편)적이며 따라서 긍정적이라는 점에서 직접적인 의지가 갖는 제 규정은 선(善)하다는 현상을 자아낸다. 이런 뜻에서 인간은 천성적으로 선한 것이 된다. 그러나 또한 이 직접적 의지의 규정은 자연적 규정이며 그럼으로써 또 자유정신(freedom and concept of the spirit)에 배치되는 부정적인 것이므로 결국 이들은 근절되어야만 하는 것이다. 이런 점에서 인간은 천성적으로 악하다고 얘기된다. 결국 이런 입장에서 보면 그중 어떤 한 가지 주장만으로 결정하도록 하는 것은 모두가 하나같이 주관적인 자의에 지나지 않는다."

> With regard to the *judgement* of drives the appearance of the dialectic is such that, as *immanent* and hence also *positive*, the determinations of the immediate will are *good*; thus *man* is said to be *by nature good*. But in so far as they are *determinations of nature*, opposed to freedom and to the concept of the spirit in general and therefore *negative*, they must be *eradicated*; thus *man* is said to be *by nature evil*. In this situation, the decision in favour of one assertion or the other likewise depends on subjective arbitrariness.[1]

〈'서론'44)〉

---

43) Voltaire(Translated by D. Gordon), *Candide*, Beford/St.Martin's, 1999, p.45 'Chapter 2, among the Bulgars' – 볼테르는 '神正論'의 라이프니츠를 '세상 물정을 모르는 완전한 얼뜨기 형이상학자(a young metaphysician utterly ignorant about the things of this world)'라고 조롱하였는데, 헤겔은 라이프니츠보다 더욱 '인간 세상' 문제에 부정적인 '厭世主義者'였다.

44) G. W. F. Hegel(translated by H. B. Nisbet), *Elements of Philosophy of Right*, Cambridge University Press, 1991, pp.50~51 'Introduction' ; 헤겔(임석진 역), 법철학, 지식산업사, 1989, pp.75~6 '서론'

* 헤겔은 '변증법'을 보편적이고 선(善)한 것으로 규정하였으니, 그것이 당초 '삼위일체' '절대정신(절대신)'에 기초했기 때문이다.
* 그러나 헤겔의 경우, '신=이성'은 선(善)이고, '자연(육체, 욕망)'은 악(惡)이라는 양분(兩分)론에서 '자연(육체, 욕망)' 극복의 '신=이성'에의 일방적 복귀를 평생 주장했으니, 전통 윤리를 통합한 사람으로 해석되었다.

   그러나 이미 살폈듯이, 헤겔의 '신'은 배타적 '절대정신(절대신)'으로 거기에 '게르만 국가주의'와 '자기 파괴의 자유(희생)'을 예찬한 '전쟁광(warmonger)'의 논리라는 것이 문제이다. (참조, ⑦-10. **'보편 의지'로서의 '자유(윤리) 의지', ⑥-13. 현재는 '장미'이며 '십자가'이다. ⑨-23. '자기 파괴'가 '영원한 정의(正義)'이고 인간 본성이다.**)

* 헤겔은 기독교 특유의 '현생의 부정(Negation of this life)' '현세의 부정(Negation of this world)'[그 이전의 힌두이름]와 필연적으로 연동이 되었기에 어쩔 수 없이 남은 것은 '성악설(性惡說)'밖에 없었다. 그렇게 헤겔은 '하나님은 최상의 세계 경영자이시다 - 신정론(Theodicy, Theocracy)'라는 입장에 있었으므로 사실상 '복수(復讐)'의 논리(the logic of vengeance)' 속에 비뚤어진 세계관이다.
* 헤겔은 기독교 논리, '속죄(贖罪)'의 논리(the Vicarious, Atonement theory)'를 부정할 수가 없었으니, 헤겔은 위에도 주장하기를, '원죄(原罪) 론을 빼면 기독교는 자유의 종교일 수 없다.(This is the meaning of the doctrine of original sin, without which Christianity would not be the religion of freedom.)'라고 했던 바가 그것이다.

   이것이 '헤겔 자유(복종)론'의 뿌리이다. (참조, ⑧-26. **칸트는 '원죄(original sin)'도 이성적으로 해명을 하려 한다.**)

⑥-18 '자유로운 의지'를 의욕(意慾)하는 자유 의지

"자유로운 정신의 절대적 규정(the absolute determination of the free spirit), 달리 말하면 그의 절대적 충동이란 그의 자유가 곧 자기에게 대상이 되는─ 이때의 자유는 정신 그 자체의 이성적 체계로만이 아니라 또한 이 체계가 곧 직접적 현실이라는 의미에서도 역시 객관적이지만─ 즉자적인 의지를 뜻하는 이념으로 존재하면서 또한 대자적으로 존재하는 것이기도 하다. 그리하여 결국 의지의 이념이 지닌 추상적 개념에서 볼 때 이것은 자유로운 의지를 의욕하는 자유의지이다(the free will which wills the free will)."

> The absolute determination or, if one prefers, the absolute drive, of the free spirit (see § 21) is to make its freedom into its object [*Gegenstand*] – to make it objective both in the sense that it becomes the rational system of the spirit itself, and in the sense that this system becomes immediate actuality (see § 26). This enables the spirit to be for itself, as Idea, what the will is in itself. The abstract concept of the Idea of the will is in general *the free will which wills the free will.*[1]

〈'서론'45)〉

─────✈

* 헤겔의 말은 위에서 약간 어렵게 진술 되었지만, 헤겔의 '자유 의지'란 '욕망을 억압하는 억제 의지' '이성(신)을 따르는 의지'이다. 그래서 헤겔에게 '자유 의지'는 '육체 파괴' '자기 파괴 의지'와 동일한 것이다. (참조, ⑥-17. '원죄'론에 근거를 둔 헤겔의 '자유정신' ⑨-23. '자기 파괴'가 '영원한 정의(正義)'이고 인간 본성이다.)

* 헤겔이 위에서 '즉자대자(卽自對自)적 자유의지(the free will being in and for itself)'를 말하였다. 쉽게 말하여 '욕망을 따르는 의지(卽自, 육체로서의 존재)'와 '그것을 부정하는 의지(對自)'를 동시에 통합한 '절대자유(The Absolute Freedom)'론이다. (참조, ⑦-10. '보편 의지'로서의 '자유(윤리) 의지')

---

45) G. W. F. Hegel(translated by H. B. Nisbet), *Elements of Philosophy of Right*, Cambridge University Press, 1991, p.57 'Introduction' ; 헤겔(임석진 역), 법철학, 지식산업사, 1989, p.85

* 인간(생명)은 누구나 '욕망(생명)의 추구'와 '욕망(생명)의 억압'을 동시에 관리하고 있고, 그것을 통해 생명이 지속된다. 이 양자(兩者)를 모두 긍정한 '자유의지' 옹호자가 볼테르이고 칸트였다.

이에 대해 신학자 헤겔은 '원죄(原罪)론' '변증법적 지양' 논리로 그 '욕망 체계(육체)' 부정을 최고의 정의(正義) 실현으로 생각하였다. (참조, ②-09. **'신(God)'이 '절대 진리', '절대 가치', '절대 자유'이다.**)

즉 이 〈법철학〉에서 헤겔은, 그 A. 아우구스티누스가 〈신국(神國, The City of God)〉에서 언급한 '공동체(that we may be united to God in holly fellowship)' 문제를 '게르만 국가주의'로 활용하고, 헤겔 특유의 '우울증(憂鬱症, Depression, Hypochondria)'에 '자살충동(Suicidal Impulse)' '자유의지(the free will)'를 아우구스티누스의 '희생(Sacrifice)' 문제와 연결하여 '신권 통치(Theocracy)'론을 반복하였다. (참조, ⑥-13. **현재는 '장미'이며 '십자가'이다. ⑨-30. 몰락(죽음)=영원한 정의=윤리적 실체=만족**)

* 위에서 헤겔이 '자유로운 정신의 절대적 규정(the absolute determination of the free spirit)' '자유로운 의지를 의욕 하는 자유의지이다(the free will which wills the free will)'이란 그대로 모두 '주님의 종(a servant of the Lord)'로서의 헤겔이 (극히 주관적으로) '자신의 봉사 정신'을 '자신의 자유 의지[절대자유]'라고 고백하고 있는 대목이다. (참조, ②-04. **'인간'보다는 '신(God)의 영광'을 알려야 한다.**)

⑥-19 '세계정신의 법'만이 절대적인 법이다.

"자유의 이념이 발전하는 여러 단계는 저마다의 독자적인 법을 지닌다. 왜냐하면 그러한 단계는 곧 자유가 저마다의 고유한 규정 속에 담겨져 있는 바로 그의 상태를 나타내는 것이기 때문이다. 따라서 법에 대하여 도덕이나 인륜이 대립될 경우에는 이러한 법은 다만 추상적 인격에 대한 단초(端初)적

362

이며 형식적인 법으로 이해될 수 있을 뿐이다. 결국 도덕, 인륜 및 국가 이익 (morality, ethics and the interest of the state) 등은 저마다가 하나의 독자적인 법이나 권리를 형성한다. 왜냐하면 이들 형태는 저마다 자유의 규정과 함께 또한 그의 현존재성을 나타내기 것이기 때문이다. 그런데 이들이 다 같이 법이라고 하는 동등한 선상(線上)에 놓여 있는 한 그것은 서로가 알력을 빚을 수 있다. 그러나 만약 정신의 도덕적 입장이 결코 법이 아니라고 한다면, 즉 여러 가지 자유 가운데서 어떤 한 가지 자유의 형식을 띤 것이 아니라고 한다면 그러한 도덕적 자유는 결코 인격의 법이나 그밖에 어떤 다른 법과도 알력을 빚지는 않을 것이다. 왜냐하면 그러한 법은, 정신의 최고 규정인 자유개념을 자체 내에 포함(every right embodies the conception of freedom, the highest determination of spirit)할 뿐 아니라 이 자유개념에 대립하는 다른 것은 비실체적일 수밖에 없기 때문이다. 그러나 이때의 알력, 충돌이란 동시에 이것이 스스로 제한을 받으며 그럼으로써 또 한쪽은 다른 한쪽에 종속된다고 하는 또 다른 계기를 내포하는바, 이런 점에서 결국 세계 정신의 법만(the right of the world spirit)이 무제한적으로 절대적인 법이다."

> Each stage in the development of the Idea of freedom has its distinctive right, because it is the existence of freedom in one of its own determinations. When we speak of the opposition between morality or ethics and *right*, the right in question is merely the initial and formal right of abstract personality. Morality, ethics, and the interest of the state – each of these is a distinct variety of right, because each of them gives determinate shape and existence to *freedom*. They can come into *collision* only in so far as they are all in equal measure rights; if the moral point of view of the spirit were not also a right – i.e. freedom in one of its forms – it could not possibly come into collision with the right of personality or with any other right, because every right embodies the concept of freedom, the highest determination of spirit, in relation to which everything else is without substance. But a collision also contains this further moment: it imposes a limitation whereby one right is subordinated to another; only the right of the world spirit is absolute in an unlimited sense.

〈'서론'46)〉

---

46) G. W. F. Hegel(translated by H. B. Nisbet), *Elements of Philosophy of Right*, Cambridge

* 위의 헤겔의 말을 이해하기 위해서는 역시 칸트의 〈순수이성비판(1781)〉과 아우구스티누스의 〈신국(426)〉을 아울러 참조해야 한다.

헤겔의 전제한 '저마다의 규정으로서의 자유'는 칸트가 '순수이성'의 '자유' '만인(萬人)의 자유(욕망을 기초로 한 자유)'를 전제한 것이고, 그것을 (변증법적으로) '통합한 자유'가 '세계정신의 자유(법)' '신의 법' '신(神)의 자유'란 역시 아우구스티누스의 '세계정신' 속에서의 그 '(절대 신의)자유'이다. (참조, ⑤-16. **'세계정신' '태양' '정신' '달'-A. 아우구스티누스**)

* 기존한 칸트의 〈법이론(*The Science of Right* 1797)〉이 있음에도 헤겔이 다시 〈법철학〉을 다시 쓴 근본 이유는 칸트의 '인간 중심 론'에 대한 '절대 신 중심'의 불가피한 반발(反撥)이었고, 그것은 헤겔이 평소 생각했던 '게르만 신국(The German City of God)' 론을 이 〈법철학〉으로 서술하였다. '헤겔 신국(神國)'의 특징은, '게르만 군주(빌헬름 3세)'를 '현실적 절대정신 (세계정신)'으로 상정(想定)하고, 헤겔 자신을 비롯한 모든 '시민(게르만)'의 고뇌의 상태(십자가)'가 '천국(장미)'라고 가르쳐 그 '희생정신(봉사정신)'으로 무장시켜 '세계 통합(전쟁) 정신'에 동참하게 하는 '헤겔의 공상(空想)'을 담은 바가 바로 〈법철학〉이다. 그러기에 칸트가 주장한 〈영구평화론 (*Perpetual Peace* 1795)〉 같은 것은 거론 자체가 필요 없는 헤겔의 정신 구조였다. (참조, ⑥-26. **'영구평화(永久平和)론' 비판**)

⑥-20 인간의 '취득 권(取得權)'

"인격은 어떤 물건 속에도 스스로의 의지를 담아 넣음으로써 바로 물건이

University Press, 1991, p.59 'Introduction' ; 헤겔(임석진 역), 법철학, 지식산업사, 1989, pp.87~8 '서론'

나의 것이 되는 권리를 스스로의 실체적인 목적으로 삼는다. 왜냐하면 물건은 이러한 실체적 목적을 자기 자체 내에 갖고 있는 것이 아니라 어디까지나 그의 규정과 혼이 마련되면서 나의 의지를 받아들이는 것이기 때문이다. 이것이 곧 모든 물건에 대한 인간의 절대적 취득(처분)권이다."

A person has the right to place his will in any thing [*Sache*]. The thing thereby becomes *mine* and acquires my will as its substantial end (since it has no such end within itself), its determination, and its soul – the absolute *right of appropriation* which human beings have over all things [*Sachen*].

〈'점유취득'[47]〉

_____→

* 헤겔의 '취득 권(the right of appropriation)'의 문제는 사실상 '절대정신 중심'의 헤겔 신학에 '이율배반(contradiction)'이다.

왜냐하면 헤겔이 전제한 '희생(십자가) 정신의 모범'인 예수 이래 모든 사제(司祭)는 '물질(돈) 거부(拒否)'로 자신들의 정체성(正體性)을 명시하였다. 헤겔도 역시 그 길로 나갈 수밖에 없었다.

그러나 헤겔이 〈법철학〉을 쓰면서는 이미 나와 있는 '게르만 현실 이성주의'에 역시 어쩔 수 없이 인정해야 하는 부분이 '육체'와 '욕망' '소유'의 문제였다. 그리하여 헤겔은 그 모순(contradiction)의 극복 공식이 소위 '십자가=천국'의 '애국정신'으로 변형(變形) 강조된 것이다. (참조, ⑥-13. **현재는 '장미'이며 '십자가'이다. ⑥-14. 프로테스탄티즘 고유 원리**)

그렇지만 이러한 헤겔의 주장을 그대로 수용할 경우, '19세기 게르만'은 그대로 과거 '고대 유대인'의 '여호와주의 망상(妄想)'을 재연(再演)하게 된다는 점이다. (참조, ⑦-08. **'배타(排他)적인' 유대 민족(Jewish)**)

---

47) G. W. F. Hegel(translated by H. B. Nisbet), *Elements of Philosophy of Right*, Cambridge University Press, 1991, p.75 'Taking Possession' ; 헤겔(임석진 역), 법철학, 지식산업사, 1989, pp.108~9 '점유취득'

⑥-21 '점유(占有, possession)'의 문제

"물건은 우연히 시간적으로 그것을 최초로 점유취득한 사람에게 속한다는 것은 더 이상 따질 필요도 없이 자명한 규정이다. 왜냐하면 이미 어떤 사람의 소유인 것을 또 다른 두 번째 사람이 점유 취득할 수는 없는 노릇이기 때문이다."

> That a thing [*Sache*] belongs to the person who *happens to be the first* to take possession of it[1] is an immediately self-evident and superfluous determination, because a second party cannot take possession of what is already the property of someone else.

〈'점유취득'48)〉

_____→

* 헤겔이 절대적으로 신봉한 '절대정신(신)'을 신용했던 사람들은 천지 만물을 하나님이 창조했으므로 그 '신(절대정신)' 앞에 인간의 '소유' '점유'란 전혀 의미가 없는 사항이다. (참조, ②-14. **'하나님(절대신)'이 '아들(만물, 자연물)'을 창조하셨다.**)

  그러므로 헤겔이 자기의 '(개신교)신학'으로 '독일의 제국주의' '군국주의'에 적극적으로 편을 들고 나왔던 것은, '인간의 강도(强盜) 행위'를 감히 그 '신(절대정신)'의 이름으로 옹호한, 있을 수 없는 억지 '신권통치'일 뿐이다.

* 헤겔의 '최초의 점유 취득 론'은 일이(一理)가 있는 논의이나, 그 '점유취득'이 어떻게 이루어져야 '점유취득'이 '합법적(합리적)'으로 볼 것이며 그것을 누가 보장할 것인가의 문제로 들어가면 그 '헤겔의 점유 규정'이야말로 '공허(空虛)한 규정'이다.[헤겔의 신학은 그것을 필요로 하는 '육체' 자체를 거부하는 신학임]

---

48) G. W. F. Hegel(translated by H. B. Nisbet), *Elements of Philosophy of Right*, Cambridge University Press, 1991, p.81 'Taking Possession' ; 헤겔(임석진 역), 법철학, 지식산업사, 1989, p.117 '점유취득'

366

즉 가장 근본적인 '토지(土地)의 문제'에서도, 무엇을 가지고 어떻게 그 '점유 취득'을 증명할 것인가는 그 어려움을 '세계 역사(歷史)'가 입증을 해주고 있다. 그런데 헤겔은 더 이상의 그것을 상론(詳論)할 정신적 여유도 없었다. 왜냐하면 그것을 규정한 '황제의 칙령'에 따르면 될 것이고, 그 황제의 칙령 에의 '복종'이 바로 '현실적 자유' '절대 자유'이기 때문이다.

헤겔의 〈법철학〉은 이제 아우구스티누스 〈신국〉을 넘어 '여호와 중심'의 유대인의 〈구약〉 시대로 진입을 긍정해야 할 '모순(하나님의 뜻=물질적 지 배욕)'을 긍정해야 하는 그 위험에 완전히 노출이 되어 있다. (참조, ⑦-08. '배타(排他)적인' 유대 민족(Jewish))

* 헤겔의 개신교 신학에서 볼 때, <u>'모든 소유는 근본이 하나님의 소유'였으니, 역시 자연스럽게 그 '기독교도의 소유'이다</u>. 그런데 기독교인은 모두 '하나님 의 아들'이므로 세상에 '비기독교도의 소유'는 물론 그 '하나님의 소유'라는 논리에 있었다.[모든 약탈 전쟁의 정당화] (참조, ②-14. '하나님(절대신)'이 '아들 (만물, 자연물)'을 창조하셨다. ②-19. 우리(기독교인)는 우리 신과 하나이다.)

⑥-22 사회는 '인간의 욕망'을 기초로 성립한다.

"시민사회는 다음과 같은 세 가지 계기를 포함한다.

A. 개인의 노동을 통하여, 그리고 동시에 다른 모든 사람들의 노동과 욕 망의 충족을 통하여 욕망을 조정(調整)하고 개별자를 만족시키는 것이 니, 이것이 욕망의 체계이다.

B. 이 체계 속에 포함된 자유라고 하는 보편적인 것을 현실화시키는 것, 이 것은 사법(司法)에 의하여 소유(所有, property)를 보호하는 것이 된다.

C. 이들 체계 속에 상존(尙存)하는 우연성에 대하여 미리 배려하는 가운 데 경찰행정 및 직업단체를 통하여 '특수적 이익(the particular interest)'을 곧 '공동이익(common interest)'으로 하여 관리하는 것이다."

Civil society contains the following three moments:

A. The mediation of *need* and the satisfaction of the *individual* [*des Einzelnen*] through his work and through the work and satisfaction of the needs of *all the others* – the system of *needs*.
B. The actuality of the universal of *freedom* contained therein, the protection of property through the *administration of justice*.
C. Provisions against the contingency which remains present in the above systems, and care for the particular interest as a *common* interest, by means of the *police* and the *corporation*.

〈'시민사회'49)〉

—————→

* 볼테르는 그의 〈역사철학(1765)〉에서 "인도의 종교와 기후는 인도인을 우리가 그들을 길러 필요할 때 도살(屠殺)하는 유순한 가축(家畜)과 완전히 유사하게 만들었다."50)라고 탄식(歎息)하였다.

그런데 헤겔은 역시 '다른 용도(用途, 희생)의 시민 양육'을 위에서 늘어놓고 있으니, 그것은 위에 헤겔이 언급한 '특수적 이익(the particular interest)'을 곧 '공동이익(common interest)'을 위한 것이라는 아우구스티누스의 '공동체(that we may be united to God in holly fellowship)' 이론의 회귀가 그것을 명시하고 있다. 그러므로 거기에 '희생'은 '자발적 정(正義)의 실현' '절대 자유'라는 것이다. (참조, ⑥-35. 공동체(共同體) 안에 희생(犧牲)-아우구스티누스)

* '현실적인 것이 이성적인 것'이라는 헤겔 〈법철학〉의 구체화에 불가결한 '소유'와 '욕망 긍정'은, 체질적인 '여호와의 종(a servant of the Lord)' 헤겔의 성품과 모순이 되어 있는 사항이다. 그러나 그것을 역시 헤겔식으로 (변증법

---

49) G. W. F. Hegel(translated by H. B. Nisbet), *Elements of Philosophy of Right*, Cambridge University Press, 1991, p.226 'Civil Society'; 헤겔(임석진 역), 법철학, 지식산업사, 1989, p.314 '시민사회'

50) Voltaire, *The Best Known Works of Voltaire*, The Book League, 1940, p.394 'ⅩⅥ. Of India'

으로) '통합'한 것이 '프로테스탄트 원리'이다. '전쟁 긍정' '자살 긍정'으로서의 세상과의 화해를 이루고, '절대 정신'과의 화해한다는 논리이다. (참조, ⑥-13. 현재는 '장미'이며 '십자가'이다. ⑥-14. 프로테스탄티즘 고유 원리)

⑥-23 국내법 국제 법 그리고 '세계사'에 관한 공상(空想)

"a) 국가의 이념(The Idea of the state)은 직접적인 현실성을 지니면서 스스로 자기와 관계하는 유기체(a self-related organism), 즉 헌법(constitution) 혹은 국내법으로서의 개별적 국가를 이룬다.

b) 다음으로 국가의 이념은 개별적 국가와 다른 여러 국가들과의 상관관계로 이행하는바, 이것이 곧 국제법(international law)이다.

c) 끝으로 국가의 이념은 유(類, genus)로서의 보편적 이념(the universal Idea)이며 개별적인 국가들에게 대항하는 절대적 권력(an absolute power)으로서, 즉 세계사의 과정(the process of world history) 속에서 스스로의 현실성을 마련하는 정신(the spirit)이다."

The Idea of the state

(a) has *immediate* actuality and is the individual state as a self-related organism – the *constitution* or *constitutional law* [*inneres Staatsrecht*];

(b) passes over into the *relationship* of the individual state to other states – *international law* [*äußeres Staatsrecht*];

(c) is the universal Idea as a *genus* [*Gattung*] and as an absolute power in relation to individual states – the spirit which gives itself its actuality in the process of *world history*.

〈'국가'51)〉

_____✈

* 위에서 헤겔은 각 국가들은 '절대적 권력(an absolute power)' '세계사의 과정(the process of world history) 속에서 스스로의 현실성을 마련한다.'라

---

51) G. W. F. Hegel(translated by H. B. Nisbet), *Elements of Philosophy of Right*, Cambridge University Press, 1991, p.281 'The State' ; 헤겔(임석진 역), 법철학, 지식산업사, 1989, p.393 '국가'

고 하였다.

그런데 헤겔은 '⑥-22. 사회는 '인간의 욕망'을 기초로 성립한다.'라고 하여 '이익추구의 집단'으로서 '(국가)사회'의 속성은 눈을 감고, 위에서는 '세계사의 과정 속에서 스스로의 현실성을 마련한다.'고 넘어간다.['욕망의 헤겔'과 '이성의 헤겔'의 혼동, '변증법'적 통일]

헤겔은 기본적으로 '이 생명' '이 세상'을 무시하는 태도를 견지(堅持)하여 〈법철학〉에서도 그 '프로테스탄트 정신'으로 일관하려 했다. 그러나 이 〈법철학〉에서는 인간의 '취득 권(the right of appropriation)' '점유(占有, possession)' 문제에 '공동이익(common interest)' '욕망(desire)'의 문제까지 언급하지 않을 수 없었다. 이것이 헤겔 자신도 인정하지 않을 수 없는 '이원론(二元論)'에의 불가피한 귀결이 되었다. (참조, ⑥-20. 인간의 '취득 권(取得權)' ⑥-21 '점유(占有, possession)'의 문제 ⑥-22. 사회는 '인간의 욕망'을 기초로 성립한다.)

* 그러나 처음부터 솔직한 계몽주의자 볼테르는, 그의 〈영국편지(1734)〉 "돈이 없으면 공격도 수비도 할 수 없었다.(He had no money, without which cities cannot be taken or defended.)"[52]라고 명시하고 있다.

그런데 헤겔은 '국가 사회'가 욕망을 기초로 구성되었음을 인정하면서 아우구스티누스의 〈신국〉의 '공동체' '희생'에 초점을 둔 〈법철학(1820)〉에서의 헤겔의 생각은 백 년 전 볼테르 생각을 결코 이길 수 없는 모순('욕망 긍정', '욕망 무시')을 드러내고 있다. 한마디로 헤겔의 〈법철학〉은, 개신교도 헤겔의 상상 속에 행해진 '게르만 신국(神國)' 운영의 '공상(空想)문학'일 뿐이다.

---

52) Voltaire(Translated by L. Tancock), *Letters on England*, Penguin Books, 1980, p.51 'Letter 10, On Commerce'

⑥-24 애국심(愛國心)은 정치적 지조(志操, disposition)이다.

"정치적 지조, 즉 도대체 애국심(patriotism)이란 것은 진리를 터득함으로써 얻어지는 확신이며(한낱 주관적인 확신은 진리에 터전을 두지 않는 속견에 지나지 않는다.) 또한 관습으로 바뀐 의욕일뿐더러 오직 이 정치적 지조는 합리성이 그 안에 현실적으로 깃들어 있는 다름 아닌 국가 자체 내에 존립하는 여러 제도에서 생겨난 결과인바, 결국 이 정치적 지조는 그 제도에 합당한 행위에 의하여 스스로가 확증된다. 이러한 지조는 도대체 신뢰(즉 정도의 多少를 막론하고 교양에 힘입은 통찰로 이해할 수 있는 그러한 신뢰)라고 할 수 있으며 또한 그것은 나의 실체적 및 특수적 이익이 타자의(여기서는 국가의) 이익과 목적 안에, 즉 개별자로서의 나에 대한 관계 속에 보존되고 포함되어 있다는 데 대한 의식이다. 그리하여 여기서는 국가가 결코 나에 대한 아무런 타자가 아니려니와 바로 이 의식을 지님으로써 나는 자유로워지는 것이다.

애국심이란 말은 흔히 엄청난 희생이나 행위를 무릅쓴다는 것을 의미하는 어떤 상태로 이해되곤 한다. 그러나 본질적으로 애국심이란 공동체를 일상적 상태나 생활관계상의 실체적 기초 내지는 목적으로서 이해하는 데 익숙해져 있는 심적 태도이다."

The political *disposition*, i.e. *patriotism* in general, is certainty based on *truth* (whereas merely subjective certainty does not originate in *truth*, but is only opinion) and a volition which has become *habitual*. As such, it is merely a consequence of the institutions within the state, a consequence in which rationality is *actually* present, just as rationality receives its practical application through action in conformity with the state's institutions. – This disposition is in general one of *trust* (which may pass over into more or less educated insight), or the consciousness that my substantial and particular interest is preserved and contained in the interest and end of an other (in this case, the state), and in the latter's relation to me as an individual [*als Einzelnem*]. As a result, this other immediately ceases to be an other for me, and in my consciousness of this, I am free.

Patriotism is frequently understood to mean only a willingness to perform *extraordinary* sacrifices and actions.

〈'국가'53)〉

---

53) G. W. F. Hegel(translated by H. B. Nisbet), *Elements of Philosophy of Right*, Cambridge

* '국가주의' '전쟁 옹호'에 불가결한 것이 '애국심(Patriotism)'이다. 혼자서 '전쟁'을 행할 수 없기 때문이다. 그런데 헤겔은 그 종교적 '희생' 정신을 그대로 '게르만 국가주의 희생'론으로 바꾸었다.

* 헤겔의 〈정신현상학(1807)〉에서의 '절대정신(神)'론이 〈법철학〉에서 그 '애국심(Patriotism)'과 연동된 것이 가장 중요한 변모이다.['개인은 시대의 아들' 정신] 그리고 이것이 바로 '현실적인 것이 이성적인 것'이라는 그 실체(국가주의, 공동체, 신)이다.

더욱 헤겔의 더욱 괴기(怪奇)한 모습은, 자신의 '우울증(憂鬱症, Hypochondria Depression)' '인생부정(Negation of this life)' '세계부정(Negation of this world)' '자살충동(a Suicidal Impulse)' '살인충동(a Aggressive Impulse)'을, '절대자유' '전쟁불가피론(Inevitable war theory)'과 연동하여 찬양했던 사실이다. (참조, ⑥-13. 현재는 '장미'이며 '십자가'이다. ⑨-23. '자기 파괴'가 '영원한 정의(正義)'이고 인간 본성이다. ⑨-30. 몰락(죽음)=영원한 정의=윤리적 실체=만족)

⑥-25 '군주(君主)'는 '총체성' 자체이다.

"군주 권은 그 스스로가 총체성의 세 가지 계기를 자체 내에 포함하고 있으니, 즉 헌법 및 법률의 보편성과 다시 특수자의 보편자에 대한 관계로서의 자문, 그리고 마지막으로 다른 모든 것이 그에게로 귀속되며 또 그에게서부터 현실성의 단초가 마련되는 자기규정으로서의 최종적 결정 결단의 계기가 그것이다. 바로 이 절대적 자기규정 자결성이 군주 권 그 자체를 다른 것으로부터 구별되게 하는 원리를 이루거니와 우선 여기서는 이 점에 대해 개진될 차례이다."

University Press, 1991, p.288 'The State' ; 헤겔(임석진 역), 법철학, 지식산업사, 1989, pp.402~3 '국가'

> The power of the sovereign itself contains the three moments of the totality within itself (see § 272), namely the *universality* of the constitution and laws,' consultation as the reference of the *particular* to the universal, and the moment of ultimate *decision* as the *self-determination* to which everything else reverts and from which its actuality originates. This absolute self-determination constitutes the distinguishing principle of the power of the sovereign as such, and will accordingly be dealt with first.
>
> 〈'국가'54)〉

———→

* 헤겔의 절대적 관심은 '전체' '절대정신' '세계정신' '보편정신'이었는데, 이 〈법철학〉에서는 거침없이 '게르만 군주'에게 그 '총체성(universality)'을 올리었다.

* 그리스도교를 열었던 예수는 당시 지배국 '로마 정부'나 '참주(僭主)' 헤롯에 맞서 싸우지는 않았으나, 그에 동조(同調)하는 어떤 행동도 할 수 없는 원칙 속에 있었다.

  개신교 신학자 헤겔은 하나님을 '절대정신'으로 바꾸어 놓고 거기에 다시 '동어반복(Tautology)'의 변증법을 마음대로 행사하며 결국은 이 〈법철학〉에 이르러 '이성적' '현실적' 게르만의 중심은 군주(빌헬름 3세, 등)의 '세계정신'이라고 가르쳐 그에 대한 '무한봉사' '아들의 소임' '종(奴僕)의 소임'을 그 '희생정신'으로 성취해 내는 것[自殺 정신]'이 최고선(最高善)라 가르쳤다. (참조, ⑥-13. **현재는 '장미'이며 '십자가'이다. ⑥-14. 프로테스탄티즘 고유 원리)** 이것이 계몽주의자 볼테르 칸트를 무시한 가장 '현실적'이고 역시 '이성적'이라 자칭한 헤겔 신학의 결론이었다. (참조, ③-43. **'주인' '노예' '봉사'-A. 아우구스티누스, ③-44. '실체'이며 '전능'인 '삼위일체'-A. 아우구스티누스)**

---

54) G. W. F. Hegel(translated by H. B. Nisbet), *Elements of Philosophy of Right*, Cambridge University Press, 1991, p.313 'The State' ; 헤겔(임석진 역), 법철학, 지식산업사, 1989, p.436 '국가'

⑥-26 '영구평화(永久平和)론' 비판

"국가 간에 즉자 대자적으로 적용되어야 할 보편적인 법으로서의 국제법의 원칙은 실정(實定)적 조약의 특수적 내용과는 달리 어디까지나 이 조약이 국가 상호간의 의무에 바탕을 둔다는 점에서 준수되지 않으면 안 된다는 것이다. 그러나 국가 간의 관계는 저마다 주권을 원리로 하는 까닭에 그런 한에서 이들 국가는 서로가 자연 상태를 이루고 대립해있음으로써 결국 이들이 지니는 권리는 초국가적인 위력마저 안겨진 보편적인 의지에 의해서가 아니라 저마다의 특수한 의지에 의하여 현실화된다. 따라서 그 보편적 규정은 '당위'에 그칠 뿐, 실제적 상태는 조약에 합치되는 관계와 바로 이 관계의 파기가 교체되는 현상을 빚게 마련이다.

국가 간에는 대법관이란 있을 수 없으며 기껏해야 중재자나 조정자가 있을 뿐이지만 이들도 또한 한낱 우연적인 방법, 다시 말하면 특수적 의지에 따라서 존재할 뿐이다. 모든 분쟁을 조정하고 저마다 개별별적인 국가에 의하여 인정된 힘을 앞세워서 이체의 갈등을 해결하며 이럼으로써 또 전쟁을 통한 결정을 불가능하게 한다고 하는 국제 연맹에 의한 영구평화에 관한 칸트적 발상은 아예 모든 국가의 합의를 전제로 한 것이다. 그런데 이러한 국가 간의 합의란 그것이 도덕적 종교적 아니면 또 그밖에 어떤 근거나 고려에 바탕을 둔 것이건 간에 언제나 그것은 도대체가 '특수한 주권적 의지'에 바탕을 둔 것이므로 응당 우연성에 매여 있을 수밖에 없다."

The principle of *international law* [*Völkerrecht*], as that *universal* right which ought to have international validity in and for itself (as distinct from the particular content of positive treaties), is that *treaties*, on which the mutual obligations of states depend, *should be observed*. But since the sovereignty of states is the principle governing their mutual relations, they exist to that extent in a state of nature in relation to one another, and their rights are *actualized* not in a universal will with constitutional powers over them, but in their own particular wills. Consequently, the universal determination of international law remains only an *obligation*, and the [normal] condition will be for relations governed by treaties to alternate with the suspension [*Aufhebung*] of such relations.

There is no praetor to adjudicate between states, but at most arbitrators and mediators, and even the presence of these will be contingent, i.e. determined by particular wills. Kant's idea [*Vorstellung*] of a *perpetual peace* guaranteed by a federation of

states which would settle all disputes and which, as a power
recognized by each individual state, would resolve all dis-
agreements so as to make it impossible for these to be settled
by war presupposes an *agreement* between states. But this
agreement, whether based on moral, religious, or other
grounds and considerations, would always be dependent on
particular sovereign wills, and would therefore continue to be
tainted with contingency.

〈'국가'55)〉

———✈

* 위의 진술은 목사 헤겔이, 볼테르가 행한 '전쟁반대' 문제와 I. 칸트가 다시
〈영구평화론(*Perpetual Peace*, 1795)〉과 〈법이론(*The Science of Right*,
1797)〉을 제작해 구체화 한 '평화론'을 비판 무시한 현장이다.

* 헤겔의 '무모(無謀)함'은 이미 칸트가 〈순수이성비판(1781)〉에서도 우려한
'스콜라 철학'의 뻔뻔함을 넘어, '헤겔의 이성 신'을 자칭하며 '국가주의' '종족
주의' '전쟁 옹호'의 독려에 앞장을 섰다.

* 문자 그대로 인류가 운영해 온 '세계 역사' 속에 '전쟁(戰爭, War)'이 없던
시대는 거의 없었고, 인간들은 그 '크고 작은 분쟁들'을 통해 '자기발전'을
독려(督勵)하기도 하였다. 그런데 문자 그대로 **지구촌(地球村)의 인명 살상
(殺傷)과 약탈(掠奪) 전쟁'에 가장 확실하게 반대한 사람은 프랑스의 계몽주의자
볼테르(Voltaire, 1694~1778)가 최초였다.**

* 헤겔이 행한 '칸트의 〈영구평화론〉에 대한 조롱'은, 사실상 그 '헤겔 신학의
자살(自殺)'에 해당한다. 헤겔은 그의 신학을 '욕망 극복' '이성(신)에의 통합'
으로 '일원론'으로 주장하였지만, 인간은 '육체'로 태어나 '이성'을 알게 되지
만, 그 통합이 그 '전쟁'으로 그 '교육'이 행해지지는 않는다는 점이 그것을

55) G. W. F. Hegel(translated by H. B. Nisbet), *Elements of Philosophy of Right*, Cambridge
University Press, 1991, p.368 'The State' ; 헤겔(임석진 역), 법철학, 지식산업사, 1989,
pp.509~510 '국가'

명백히 하고 있다.['욕망'의 전쟁을 '이성(신의 의지) 실현' 전쟁으로 미화한 '바보 헤겔'의 工作일 뿐이다.]

* 그래서 그 '전쟁 반대의 볼테르 정신'을 그대로 계승하여 세계평화에 확실한 교두보를 마련한 사람들이 후고 발(Hugo Ball, 1886~1927) 휠젠벡(R. Huelsenbeck, 1892~1974) 트리스탄 짜라(T. Tzara, 1896~1963) 등의 1916년 취리히 다다 혁명 운동이었다.

〈'볼테르(Voltaire, 1694~1778)' '후고 발(Hugo Ball, 1886~1927)'
'(R. Huelsenbeck, 1892~1974)' '트리스탄 짜라(T. Tzara, 1896~1963)'〉

* 볼테르의 이 계몽주의에 절대적으로 영향을 받은 독일 철학자가 바로 칸트 (I. Kant, 1724~1804)였다. **특히 칸트는, 볼테르의 3대 사상인 '인간 중심의 이성 존중' '자유 존중' '평화 존중'을 그대로 계승 수용한 볼테르의 가장 확실한 후계자였다.**

⑥-27 '영구평화(永久平和)론' – I. 칸트

"앞 조항에서처럼 이곳에서의 문제도 박애(博愛, philanthropy)에 관한 것이 아니라 권리(權利 right)에 관한 것이다. 우호(hospitality, 손님으로서의 대우)란 한 이방인이 낯선 땅에 도착했을 때, 적(敵)으로 간주되지 않을 권리를 뜻한다. 추방으로 인해 그 외국인이 생명을 잃지 않는 한, 그 국가는 그를 자신들의 땅에 발붙이지 못하도록 할 수는 있다. 그러나 그가 평화적으로 처신하는 한, 그를 적대적으로 다루어서는 안 된다. 이방인이 영속적인 방문자이길 요구할 권리는 없다. (이방인에게 일정한 기간 동안 방문 거주자일

376

수 있는 권리를 주기 위해서는 특별한 우호적 동의가 요청된다.) 모든 사람들이 누릴 수 있는 것은 일시적 체류의 권리요, 교제의 권리이다. <u>사람들은 지구 땅덩어리를 공동으로 소유함에 그런 권리를 갖는다. 사람들은 지구 위에서 세세토록 점점이 흩어져 살 수 없는 까닭에 결국 서로의 존재를 인정해야만 한다</u>(we must in the end reconcile ourselves to existence side by side). 본래는 어떤 사람도 지구상의 특정 지역에 대해 남보다 더 우선적인 권리를 갖고 있지 않다. 바다나 사막과도 같이 거주할 수 없는 지역이 있음으로써 사람들이 사는 사회 공동체가 나누어져 있긴 하지만, 배나 낙타를 이용하여 불모지를 통과함으로써 서로 왕래를 하게 되고 그리고 일반적으로 인류에게 공동으로 귀속되는 지구의 표면에 대한 공통의 권리를 행사함으로써 교제를 하게 된다."

We are speaking here, as in the previous articles, not of philanthropy, but of right; and in this sphere hospitality signifies the claim of a stranger entering foreign territory to be treated by its owner without hostility. The latter may send him away again, if this can be done without causing his death; but, so long as he conducts himself peaceably, he must not be treated as an enemy. It is not a right to be treated as a guest to which the stranger can lay claim—a special friendly compact on his behalf would be required to make him for a given time an actual inmate—but he has a right of visitation.

This right * to present themselves to society belongs to all mankind in virtue of our common right of possession on the surface of the earth on which, as it is a globe, we cannot be infinitely scattered, and must in the end reconcile ourselves to existence side by side: at the same time, originally no one individual had more right than another to live in any one particular spot. Uninhabitable portions of the surface, ocean and desert, split up the human community, but in such a way that ships and camels – "the ship of the desert"—make it possible for men to come into touch with one another across these unappropriated regions and to take advantage of our common claim to the face of the earth with a view to a possible intercommunication.

〈'영원한 평화를 위한 제3의 확정 조항'56)〉

* 칸트는 영국의 뉴턴, 프랑스의 볼테르 '계몽주의 정신'을 온전히 받들었던 충실한 후계자였다. 그러나 한 가지 흠(欠)은 전통 '국가주의(이념주의)' 돌아가 헤겔 같은 '전쟁 긍정(戰爭肯定)의 불량한 신학자'에게 (일부)길을 열어 주었다는 점이다.

* 볼테르를 〈캉디드(1759)〉〈철학사전(1764)〉〈역사철학(1765)〉을 확인하고, 칸트 저서를 읽어 보면 칸트가 얼마나 볼테르를 존중하고 볼테르의 '이성 존중' '자유 존중' '평화 존중' 사상을 제대로 받아 들였는지를 알 수 있고, '현대(근대) 철학'이 과연 어떤 것인지를 다 알 수 있다.

우선 여기에서 볼테르와 칸트 그리고 이후 쇼펜하우어(A. Schopenhauer, 1788~1860) 니체(F. Nietzsche, 1844~1900)의 경과를 간략하게 짚어 볼 필요가 있다.

〈'I. 칸트(I. Kant, 1724~1804)' 'A. 쇼펜하우어(A. Schopenhauer, 1788~1860)' 'F. 니체(F. Nietzsche, 1844~1900)'〉

우선 쇼펜하우어는 그의 〈의지와 표상으로서의 세계(1818)〉에서, 칸트가 〈순수이성비판(1781)〉에서 생략하고 넘어간 '육체와 이성의 문제'를 제기했다. 이점은 물론 쇼펜하우어가 J. 로크와 볼테르 경험주의 철학으로 돌아가

---

56) I. Kant(translated by M. Campbell Smith), *Perpetual Peace*, Thoemmes Press, 1992, pp.137~8 'Third Definitive Article of Perpetual Peace' ; 임마누엘 칸트(이한구 역), 영원한 평화를 위하여, 서광사, 1992, pp.36~7 '영원한 평화를 위한 제3의 확정 조항'

확보한 쇼펜하우어의 고유의 승부(勝負) 지점으로 당초 볼테르에 그 기원을
둔 그 '실존주의(육체 중심주의)'의 계승 발전으로 큰 의미를 지니고 있다.
(참조, ④-24. **로크(Locke)와 칸트(Kant)의 분기점(分岐點)-I. 칸트**)

그러나 사실상 칸트의 '자유론(실천 이성)'을 살피면 쇼펜하우어의 '이성 충
족 원리'도 칸트의 '순수이성론'에 결정타를 안길 수는 없었다.[칸트의 '순수
이성'은 '감성(물자체)'을 절대적 근거로 이미 전제한 것이라는 점에서 그렇
다.] (참조, ②-34. **감성의 참된 상관 자는 '물자체(the thing in itself)'이다.-I.
칸트**)

그리고 그 쇼펜하우어를 계승한 니체의 '자연(육체) 긍정'의 실존주의는,
로크 볼테르의 경험주의에 역시 크게 동조한 것이다. F. 니체는 그의 〈차라
투스트라는 이렇게 말했다(1883)〉에서 '국가 관념주의 혁파(革罷)'를 선언하
였다. [니체의 '독일 철학 비판'은 결국 헤겔에 집중된 것이다.] (참조, ④-23.
'정신(심성)'의 주요 기능은, '감성'과 '오성'이다.-I. 칸트)

* 칸트는 위에서 명백히 볼테르의 "세상 사람들은 모두 형제(All men are
brother.)"[57] '지구촌(The Global Villages)' 정신의 바탕에서, '사람들은 지구
위에서 세세토록 점점이 흩어져 살 수 없는 까닭에 결국 서로의 존재를 인정
해야만 한다(we must in the end reconcile ourselves to existence side by
side).'라는 '인도주의(Humanism)' '계몽주의' 정신이 발휘되었던 것이다.
* 그런데 이러한 '계몽주의'에 반대했던 헤겔의 경우 폐쇄적인 '게르만 신국(神
國)주의' '희생' 정신의 강조에 남은 것은, '치러야할 전쟁'밖에 없었다.

---

57) Voltaire(translated by B. Masters), The Calas Affair *A Treatise on Tolerance*, The Folio
  Society, 1994, pp.128~9 'Chapter 23, A Prayer to God'

⑥-28 전쟁의 원인 : 외부로 향한 '강한 개성'의 발동

"이런 점에서 국가 간의 분쟁은 특수의지(particular wills)가 서로의 일치점을 찾지 못하는 한 오직 전쟁에 의해서 해결될 수밖에 없다. 그러나 실로 각 나라가 지닌 그 넓고 포괄적인 영역과 그 국민들에 의한 다방면적인 관계에 비추어서 그토록 수많은 침해가 쉽사리 발생한다는 경우에 과연 어느 것이 명백한 조약의 파기이며 혹은 인정이나 명예의 훼손으로 간주되어야 하는가 하는 것은 결코 그 자체로서는 결정될 수가 없다. 왜냐하면 국가란 그야말로 개별적 요소일지라도 그 하나하나마다에 자기의 무한성과 명예를 담고 있을 수 있으며 또한 하나의 강력한 개체성이 오랜 기간의 내적 평온을 거쳐서 마침내 활동의 소재를 외부에서 구하고 또 창조하려는 쪽으로 이끌리는 충동이 크면 클수록 더욱 쉽사리 그와 같은 침해에 노출되게 마련이기 때문이다."

Consequently, if no agreement can be reached between particular wills, conflicts between states can be settled only by *war*. Since the sphere of the state is extensive and its relations [*Beziehungen*] through its citizens are extremely varied, it may easily suffer injuries [*Verletzungen*] on many occasions. But which of these injuries should be regarded as a specific breach of treaties or as an injury to the recognition and honour of the state remains *inherently* [*an sich*] indeterminable; for a state may associate its infinity and honour with any one of its individual interests, and it will be all the more inclined to take offence if it possesses a strong individuality which is encouraged, as a result of a long period of internal peace, to seek and create an occasion [*Stoff*] for action abroad.

〈'국가'58〉

———✈

* 위의 헤겔의 '전쟁 불가피론'은 다음 항목으로 나누어 살펴 볼 수 있다.
  (a) '국가란 저마다 **무한성과 명예**를 담고 있다.'

---

58) G. W. F. Hegel(translated by H. B. Nisbet), *Elements of Philosophy of Right*, Cambridge University Press, 1991, p.369 'The State' ; 헤겔(임석진 역), 법철학, 지식산업사, 1989, pp.510~511 '국가'

(b) '하나의 강력한 개체성이… **활동의 소재를 외부에서 구하는 쪽으로 이끌리는 충동**이 크면 클수록 더욱 쉽사리 그와 같은 침해에 노출되게 마련이다.'

(c) '과연 어느 것이 명백한 **조약의 파기**이며 혹은 인정이나 명예의 훼손으로 간주되어야 하는가 하는 것은 결코 그 자체로서는 결정될 수가 없다.'

(d) '이런 점에서 국가 간의 분쟁은 특수의지(particular wills)가 서로의 일치점을 찾지 못하는 한 **오직 전쟁**에 의해서 해결될 수밖에 없다.'

헤겔의 '아둔함'은 〈법철학〉에 다 들어나 있고, 그것은 특히 위의 '전쟁 옹호'론에 만개(滿開)하였다. 그 핵심은 '정신(이성, 전체, 사회 국가, 세계)'의 문제와 '물질(자연, 육체, 욕망, 개인)'의 문제 간의 혼돈이 그것이다.

헤겔이 〈정신현상학〉 〈논리학〉에서의 주장은, '정신' 우위, '자연(물질 목적 대상)' 무시로 요약이 될 수 있다. 그런데 1820(50세)년에 저작된 〈법철학〉에서부터는 '게르만주의(개별 종족)'을 공식적으로 들고 나와 그 '개별 종족'의 '명예' '이익'을 주장하기에 이르렀다.

헤겔은 지구상의 여러 나라 중에 '개별 게르만의 이익과 명예'를 위해, 천지 만물을 주관하는 '절대정신'을 동원하는 그 '망나니'가 된 것이다. 이것은 소위 '절대정신(신)'을 '독일인 소유(所有)의 하나님'으로 만든 처사이니, 아이들도 다 웃을 일이다.

* 헤겔의 〈정신현상학(1807)〉에서 '절대정신'을 말할 때는 최소한 '우주(森羅萬象)를 관장하는 신'을 말하였다. (참조, ③-37. **대상 세계와 자기 정신의 통합이 '보편 정신'이다. ②-14. '하나님(절대신)'이 '아들(만물, 자연물)'을 창조하셨다. ②-19. 우리(기독교인)는 우리 신과 하나이다.**)

그러나 〈법철학(1820)〉에서는 '시대의 아들'을 자임(自任)하며 '반편(半偏)이 신학자'로 변했다. (참조, ⑥-12. **각 개인은 '시대의 아들'이다. ⑥-15. 미네르바의 부엉이**)

다시 '비겁한 헤겔'은 위에서 결국 자신이 평생 목숨을 걸어놓고 지향했던 '절대정신'과 그 화신(인격화된 존재) 군주(君主)의 '살인 전쟁 수행 이유'에 대해, '외부에서 활동과 창조의 소재를 구하는 강한 개성(a strong individuality)의 발동'이라는 추상적인 변명으로 얼버무렸다.

목사 헤겔은 '변증법의 명수(名手)' '속임수의 명수(名手)'로서 그 '절대정신'의 '영원'과 '절대자'를 고려할 경우, 개별 '인간 생명들'이란 처음부터 문제도 안 된다는 것이 그 신념의 전부였다.

* 초현실주의 화가 달리(S. Dali, 1904~1989)는 다음과 같은 '전쟁 반대' 그림을 제작하였다.

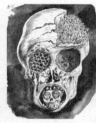

〈'전쟁의 얼굴(1940)'[59], '전쟁의 얼굴(1941)'[60], '카페의 광경(1941)'[61]〉

⑥-29 세계사 전개(展開)의 4단계

"첫째로 직접적 현현(顯現)의 단계에서는 세계정신이 동일성으로서의 실체적 정신의 형태를 원리로 하는바, 이 동일성 속에서는 개별성이 자기의 본질 속에 침잠한 채 그 자체만으로는 제대로의 권능을 지니지 못한 상태에 머물러 있다.

---

59) R. Deschames, *Salvador Dali; The Work The Man*, Harry N Abrams, 1989, p.253, 'Visage of War(1940)'
60) Ibid, p.253, 'Visage of War(1941)'
61) Ibid, p.253, 'Cafe Scene... (1941)'

두 번째 원리는 이 실체적 정신의 깨달음으로써 결국 실체적 정신은 여기에서 적극적인 내용과 충만함에 다다라서 바로 그 정신의 생동하는 형식으로서의 자각적인 대자태가 되는바, 이것이 곧 아름다운 인륜적 개체성이다.

셋째로는 깨달음을 얻은 대자태가 자기에 몰입한 상태에서 추상적 보편성을 띠면서 결국은 정신이 이탈해버린 객관성에 대한 무한한 대립을 빚기에 이른다.

네 번째의 형성원리는 정신의 이러한 대립이 전화(轉化)되어 바로 이 정신이 스스로의 내면성 속에서 그의 진리와 구체적 본질을 받아들이며 동시에 객관성 속에 안주하면서 화해를 이룬다. 그런가 하면 또 최초의 실체성으로 귀환한 이 정신은 마침내 무한한 대립으로부터 복귀한 정신이므로 이러한 자기 진리를 사상으로서, 그리고 법칙적 현실성의 세계로서 창출하고 깨우치기에 이른다.

이상 네 가지 원리에 따른다면 세계사를 꾸며온 왕국으로는 다음 네 가지를 들 수 있다. 1) 동양세계 2) 그리스 세계 3) 로마세계 4) 게르만 세계"

In its *first* and *immediate* revelation, the spirit has as its principle the shape of the *substantial* spirit as the identity in which individuality [*Einzelheit*] is submerged in its essence, and in which it does not yet have legitimacy for itself.

The *second* principle is *knowledge* on the part of this substantial spirit, so that the latter becomes a positive content and fulfilment of spirit and its *being-for itself* as its own living *form* – i.e. *beautiful* ethical individuality [*Individualität*].

The *third* principle is the self-absorption of this knowing being-for-itself to the point of *abstract universality*; it thereby becomes the infinite *opposite* of the objective world which has at the same time likewise been abandoned by the spirit.

The principle of the *fourth* configuration [*Gestaltung*] is the transformation of this spiritual opposition in such a way that the spirit attains its truth and concrete essence in its own inwardness, and becomes at home in and reconciled with the objective world; and since this spirit, having reverted to its original substantiality, is the spirit which has *returned from infinite opposition*, it produces and knows its own truth as thought and as a world of legal actuality.

In accordance with these four principles, the world-historical realms are four in number: 1. the Oriental, 2. the Greek, 3. the Roman, 4. the Germanic.

〈'국가'62)〉

———→

* 헤겔은 우선 '자기기만(自己欺瞞)'에 이력이 붙어 '물질(소유권)'에 집착하는 헤겔'과 '정신(도덕)'을 주장하는 헤겔'을 구분 못 하는 상태에서 다시 거창한 '세계사' 논의로 향할 태세이다. (참조, ⑥-20. 인간의 '취득 권(取得權)' ⑥-21. '점유(占有, possession)'의 문제 ⑥-22. 사회는 '인간의 욕망'을 기초로 성립한다.)

* 목사 헤겔의 모든 관심은 '절대정신(하나님)'이고 세계(우주)의 모든 것은 '그분의 뜻' 아닌 것이 없었다. 헤겔의 모든 저술은 그 '동어반복(Tautology)' 의 '가짜 논리학(a logic of illusion)'으로 되어 있으니, 그것들이 그의 〈법철학〉을 기점(基點)으로 '물질(목적 대상) 우선주의'인 게르만 '제국주의' '군국주의'에 편승하여 '개신교 광신주의(the fanaticism of Protestant)' '전쟁광의 종족주의(warmonger's chauvinism)'로 소위 '게르만 포퓰리즘(German Populism)'에 영합하였다. (참조, ⑦-06. '절대자'는 역사(歷史) 속에 역사(役事)한다. ⑦-07. '세계정신'은 절대정신이다.)

⑥-30 '보편적이고 객관적인 의지'가 '자유의지'이다.

"헤겔의 〈법철학〉은 인간 '정신'의 자기실현으로 인간의 선(good)을 규정한 윤리적 이론에 기초를 두고 있다. 그 '정신' 정수(essence)를 '자유(freedom)'라고 헤겔은 이름을 붙였다. 그러나 헤겔의 '자유'는 대부분 사람들이 생각하는 '자유'의 의미는 아니다. 헤겔에 의하면, 사람들은 '자유'를 행동의 '가능성(possibilities)'으로 생각하나, '자유'는 실제 일종의 행위(action)이고, 전적으로 나의 결정으로 외적인 것이 아니라는 것이다. 자유로운 그 경우에서도 헤겔은 대부분의 사람들이 좋을 대로 하는 것, 또는 특이성과 괴벽을 행하는 제멋대로 함(arbitrariness)과 동등시한다고 생각했다. 헤겔은

---

62) G. W. F. Hegel(translated by H. B. Nisbet), *Elements of Philosophy of Right*, Cambridge University Press, 1991, pp.376~7 'The State' ; 헤겔(임석진 역), 법철학, 지식산업사, 1989, pp.522 '국가'

그 같은 견해를 얕팍하고 설익은 것(shallow and immature)으로 생각했다. 그리고 헤겔은 '우리가 개별성을 초월하여 보편적이고 객관적인 의지의 개념에 따라 행동할 때만이 자유롭다(we free only when we…act universally or objectively, according to the concept of the will)'고 주장을 하였다."

> The *Philosophy of Right* is founded on an ethical theory which identifies the human good with the self-actualization of the human spirit. Hegel's name for the essence of this spirit is *freedom* (PR § 4). But Hegel does not mean by 'freedom' what most people mean by it. Most people, according to Hegel, think that freedom consists in *possibilities* of acting, but freedom is really a kind of *action*, namely one in which I am determined entirely through myself, and not at all by anything external (PR § 23). Even in the case of free action, Hegel thinks that most people identify it with 'arbitrariness' (*Willkür*), with doing whatever we please (PR § 15,R) or with venting our particularity and idiosyncrasy (PR § 15A). Hegel regards this view as shallow and immature; he insists that we are free only when we overcome 'particularity' and act 'universally' or 'objectively', according to the 'concept' of the will (PR § 23).

〈'편집자 서문－자유'63)〉

———✈

* 헤겔이 '우리가 개별성을 초월하여 보편적이고 객관적인 의지의 개념에 따라 행동할 때만이 자유롭다(we free only when we…act universally or objectively, according to the concept of the will)'라고 한 것은 바로 '법과 윤리에의 복종'을 의미한다.
* 이후 사상가(러셀 등)가 헤겔의 '자유'론에 이의를 제기했던 바는 '법과 윤리의 준수(遵守)'에 반론을 편 것이 아니라, 그 '법과 윤리의 준수(遵守)'를 꼭 '자유(Freedom)'로 주장했던 '헤겔의 유별함'에 이의를 나타냈던 것이다. 즉 기본적으로 '자유'란 '선택 의지(Will of Choice)'의 발동인데, 헤겔은 그것을 일방주의 '절대정신(신, 공동체)'에의 복종을 그 '(절대)자유'라고 주장하였다.

---

63) G. W. F. Hegel(translated by H. B. Nisbet), *Elements of Philosophy of Right*, Cambridge University Press, 1991, pp. xi~xii 'Editor's Introduction－Freedom'

* 즉 헤겔의 '보편적, 객관적 개념'이란 말은, '개인(Individuality)'이 없는 '공인 (公人, public figure)'만의 긍정이다. 이것이 바로 헤겔의 '자유'론의 요지이고, 바로 헤겔의 '독재' '일방주의' '강박증(Obsessive compulsive syndrome)'의 현장이다.

이러한 헤겔의 독재적 발상은 '국가'를 역시 '신전 건축'이나 '오케스트라' 연주 비유로 표명이 되었다. 그러나 (현대) 국가에는 '다양한 사람들이 그 고유의 삶'을 누리는 사회이고, 일사불란(一絲不亂)한 군대의 열병식(閱兵式)을 위한 군영(軍營)과는 다르다.

그런데 헤겔은 중세적 '신국(神國, The City of God)' 이론에 자신과 게르만을 상정해 놓고 '이익추의'의 '제국주의'를 편들며 '희생'을 예찬하는 도착(倒着, perversion)에 빠져 있었다. (참조, ⑨-17. **신상(神像)을 중심으로 한 신전 (神殿) 건축 론, ⑨-20. '사회적 오케스트라(the social orchestra)' 론**)

⑥-31 인간 '최대 자유 보장'론-I. 칸트

"각 개인의 자유는, 타인의 자유와 함께 한다는 법칙에 준하여 제정된, 인간 최대 자유(최대의 행복이 아니다. 즉 행복은 이미 스스로 수반되어지는 것이기 때문이다)를 주안으로 하는 헌법은 적어도 하나의 필연적 이념이다. 이 이념은 국가의 헌법을 제정하는 데 있어서 뿐만 아니라, 모든 법률의 근저에 놓여 있어야 하는 것이다."

> A constitution of *the greatest possible human freedom* according to laws, by which *the liberty of every individual can consist with the liberty of every other* (not of the greatest possible happiness, for this follows necessarily from the former), is, to say the least, a necessary idea, which must be placed at the foundation not only of the first plan of the constitution of a state, but of all its laws.

〈'이념 일반에 관하여'[64]〉

386

_____✈

* 칸트의 〈순수이성비판(1781)〉에서 가장 빛나는 이 '인간 자유(human freedom)' 규정은, 칸트 자신의 생각이 아니라 앞서 볼테르가 그의 〈캉디드(1759)〉, 〈관용론(1763)〉, 〈철학사전(1764)〉, 〈역사철학(1765)〉 〈에페메로스 대화록(1777)〉에서 계속 반복 명시(明示) 강조한 그 '자유'를 칸트가 자신의 저서에 그대로 수용한 것일 뿐이다.

그 구체적인 예를 들면, 볼테르는 소위 '자연법(natural law)'을 "내게 행했듯 남에게도 행하라.(Do unto others as you have done unto yourself.)"65)라는 말로 요약을 했는데, 이것인 2천 년 전 중국 공자(孔子)가 명시한 '내가 당하기 싫은 일을 남에게 행하지 말라(己所不欲 勿施於人)'는 것 그것으로, '나의 경우'와 '남의 경우'를 동일하게 놓고 '인류의 기본 행동 표준'이다. 이 공자(孔子)의 말씀에 기초하여, 서구(西歐)에 그 (국가 사회적) '계몽주의'가 전개되었다는 점을 볼테르의 평생 저술이 그것을 명시(明示)하고 있다.

* 그러나 '개신교 우월주의'에 함몰된 헤겔은, '칸트에 대한 비방(誹謗)'에만 열을 올리었다. (참조, ⑥-17. '원죄'론에 근거를 둔 헤겔의 '자유정신' ⑧-25. 칸트의 불쌍한 '이율배반(Antinomies)')

⑥-32 개인의 '자유'가 (인간)본래의 자유이다. ─ J. S. 밀

"그런데 여기에 개인과 구별된 것으로서의 사회가, 다만 간접적인 이해(利害)밖에 가지지 않고 있는 행위의 영역이 있다. 이 영역은 개인의 생활 및 행위 중 그 자신에게만 영향을 주는 모든 부분을 포함하며, 또한 다른 사람들

---

64) I. Kant(translated by J. M. D. Meiklejohn), *The Critique of Pure Reason,* William Benton, 1980, p.114 'Of idea in General' ; 칸트(윤성범 역), 순수이성비판, 을유문화사, 1969, p.257 '이념 일반에 관하여'

65) Voltaire(translated by B. Masters), The Calas Affair *A Treatise on Tolerance*, The Folio Society, 1994, p.37 'Chapter 6, On Intolerance as Natural Law'

제6장 〈법철학〉 387

에게도 영향을 주는 것 중, 그것들의 자유롭고 자발적이고 거짓 없는 동의와 참가를 얻게 되는 것에 한정된 모든 부분을 포함한다.

내가 '그 자신에게만'이라고 할 때 나는 '직접 그리고 주(主)로'를 의미하고 있는 것이다. 왜냐하면 그 자신에게 영향을 미치는 것은, 그것이 무엇이건 간에 그 자신을 통해서 다른 사람들에게도 영향을 미칠 수 있을 것이기 때문이다. 이러한 우발적 영향에 의거하는 반대론에 관해서는 후장(後章)에서 고찰하기로 한다.

<u>결국 이것이 인간 자유의 본래의 영역이라 하겠다.</u> 이 영역은 첫째로 의식의 내면적 영역을 포함한다. 이는 가장 넓은 의미이며 양심의 자유를 요구한다. 사상과 감정의 자유를 요구하며 과학 도덕 혹은 신학상의 실제적 또는 사색적인 모든 문제에 관한 의견과 감상(感想)의 절대적 자유를 요구한다. 의견을 발표하며 출판하는 자유는, 그것이 개인의 행위 중 다른 사람들과 관련되는 부분에 속하고 있기 다른 원리에 따르는 것으로 보일지도 모른다. 그러나 그것은 상상의 자유 그 자체와 거의 같은 정도로 중요할 뿐만 아니라 대부분 같은 이유에 의거하고 있기 때문에 실제상 사상의 자유로부터 분리될 수가 없다.

둘째, 이 원리는 기호(嗜好)와 직업의 자유를 요구한다. 생활을 우리의 성격에 적합하도록 꾸며 가는 자유, 우리 스스로가 좋아하는 바를 행하고 그 결과를 감수(甘受)하며, 비록 동포(同胞)가 우리의 행위를 우둔하고 편벽(偏僻)한 것, 또는 틀린 것이라 생각하더라도 우리가 행하는 바가 그들을 해치지 않는 한, 그들로부터 하등의 방해도 받지 않는다는 자유를 요구한다.

셋째로, 이러한 개인의 자유로부터 역시 위와 같은 한계 내에서의 개인 간의 단결(團結)의 자유가 생긴다. 즉 다른 사람들에게 해를 끼치지 않는 여하한 목적을 위해서도 결합할 수 있는 자유가 생기는 것으로서, 상상하건대 이 경우 단결은 강제되지도 않고 속지도 않는 성년(成年)에 달한 사람들로써 구성될 것이다.

이들 자유가 대체로 존중되지 않고 있는 사회는, 그 통치 형태가 어떤 것이든 자유로운 사회는 아니다. 그리고 이들 자유가 절대적 무조건적으로 존재하지 않고 있는 사회는 완전 자유를 누리는 사회는 아니다. <u>자유란 이름에 바로 들어맞는 유일한 자유는 우리가 다른 사람들로부터 그 행복을 빼앗으려고 하지 않는 한, 또한 행복을 얻으려는 다른 사람의 노력을 저지하려고 하지 않는 한, 각자들 자신의 방법으로 우리들 자신의 행복을 탐구하는 자유</u>

인 것이다. 우리는 육체적 건강이든 정신적 및 심령적(心靈的)인 건강이든 자기 건강의 고유의 보호자이다. 인류는, 각자를 강제해서 다른 인간의 이익이 되도록 생활케 하는 것에 의해서 보다, 각자로 하여금 그들 자신의 이익이 되도록 생활케 하는 것에 의해서 더 많은 것을 얻게 된다.”

But there is a sphere of action in which society, as distinguished from the individual, has, if any, only an indirect interest; comprehending all that portion of a person's life and conduct which affects only himself, or if it also affects others, only with their free, voluntary, and undeceived consent and participation. When I say only himself, I mean directly, and in the first instance: for whatever affects himself, may affect others through himself; and the objection which may be grounded on this contingency will receive consideration in the sequel. This, then, is the appropriate region of human liberty. It comprises, first, the inward domain of consciousness; demanding liberty of conscience, in the most comprehensive sense; liberty of thought and feeling; absolute freedom of opinion and sentiment on all subjects, practical or speculative, scientific, moral, or theological. The liberty of expressing and publishing opinions may seem to fall under a different principle, since it belongs to that part of the conduct of an individual which concerns other people; but, being almost of as much importance as the liberty of thought itself, and resting in great part on the same reasons, is practically inseparable from it. Secondly, the principle requires liberty of tastes and pursuits; of framing the plan of our life to suit our own character; of doing as we like, subject to such consequences as may follow: without impediment from our fellow creatures, so long as what we do does not harm them, even though they should think our conduct foolish, perverse, or wrong. Thirdly, from this liberty of each individual, follows the liberty, within the same limits, of combination among individuals; freedom to unite, for any purpose not involving harm to others: the persons combining being supposed to be of full age, and not forced or deceived.
No society in which these liberties are not, on the whole, respected, is free, whatever may be its form of government; and none is completely free in which they do not exist absolute and unqualified. The only freedom which deserves the name, is that of pursuing our own good in our own way, so long as we do not attempt to deprive others of theirs, or impede their efforts to obtain it. Each is the proper guardian of his own health, whether bodily, or mental and spiritual. Mankind are greater gainers by suffering each other to live as seems good to themselves, than by compelling each to live as seems good to the rest.

〈'자유론'66)〉

_____→

* 칸트 헤겔에 앞서 볼테르는, (1) 'I. 뉴턴(I. Newton) 식 천체 물리학적 세계관', (2) 'J. 로크(J. Lock) 식 경험적 의학적 인생관', (3) '공자(孔子)의 자연법(自然法, Natural Law)적 사회 국가관'을 토대로 본격적인 '계몽주의' 시대를 열었다.

그 '볼테르 정신'을 그대로 계승한 칸트는 역시 〈순수이성비판(1781)〉을 제작, 그 '과학주의' '인간 중심주의' '평등주의' '평화주의'를 거듭 확인하여 역시 세계사상사의 전개에 '불멸의 지위'를 확보하였다.

* 여기에 영국의 J. S. 밀(J. S. Mill, 1806~1873)은 〈자유론(*On Liberty*, 1859)〉을 써서 그 볼테르 칸트의 '인간(개인 시민) 중심주의'를 더욱 구체적으로 거론하여 볼테르 칸트 견해에 거듭 재확인해 주었다.

〈'밀(J. S. Mill, 1806~1873)' '자유론(*On Liberty*, 1859)'〉

* J. S. 밀(J. S. Mill)이 위에서 보여 준 것만으로도, 헤겔의 '절대자유(국가 공권력에의 절대복종)'론과는 실로 천양지차(天壤之差)가 있으니, 그것은 오늘날 (민주 시민 사회인) 위치에 볼 경우, '헤겔의 자유'론이 얼마나 '자기(자신) 망각(忘却)의 헛소리', 아니면 '비참한 정신 상태'인지를 다 볼 수 있게 해 준다. '하나님'을 빙자한 '배타주의자' '전쟁광(warmonger)'이 바로 그 헤겔의 모습이다. (참조, ⑦-08. '배타(排他)적인' 유대 민족(Jewish))

---

66) J. S. Mill, *On Liberty and Other Essays*, Oxford University Press, 1991, pp 16~7 ; J. S. 밀(이상구 역), 자유론, 삼성문화문고, 1972, pp.51~3

⑥-33 '세계시민권' 론-I. 칸트

"지구 위의 모든 민족의 상호 실제적 관계에 들어올 수 있는 모든 민족(국가)의─ 비록 우호적이지는 않지만─ 평화적이고 전면적 공동체라는 이성 이념은 인류애적인(윤리적인) 것이라기보다는 오히려 하나의 법적인 원리이다. 자연은 민족들 모두를 지구(地球)라는 구형(球形)의 형식으로 말미암아 (in virtue of spherical form of their *globus terraqueus*) 제한된 경계 안에 묶어놓았다. 또한 지구 거주자가 살고 있는 토지의 점유는 언제나 단지 '제한된 전체의 한 부분을 점유한 것'으로, 따라서 '근원적으로는 누구나 그것을 향한 권리를 가지고 있는 하나의 점유'로 생각될 수 있다. 그렇기 때문에 모든 민족은 근원적으로는 하나의 토지 공동체 안에, 토지의 점유 및 이용 내지는 재산의 법적 공동체가 아니라 가능한 물리적인 상호작용의 공동체 안에 있는 셈이며, 다시 말해서 일인과 모든 타인 사이의 전면적 관계, [더욱이] 서로에게 교류를 제공하는 관계 안에 있는 셈이다. 또한 모든 민족[국가]은 근원적으로 교류를 시도할 권리를 가지고 있다. 그러한 시도를 한다고 해서 외부인이 그를 적으로 권리를 가지게 되는 것은 아니다. ─ 우리는 그와 같은 권리를, 그것이 모든 민족의 통합과 연관되고 또 이러한 통합이 그들의 가능한 교류에 관한 확실한 보편 법칙을 위한 것인 한에서, '세계시민권 (cosmopolitical right)'이라고 부를 수 있다."

> The rational idea of a universal, *peaceful*, if not yet friendly, union of all the nations upon the earth that may come into active relations with each other, is a *juridical* principle, as distinguished from philanthropic or ethical principles. Nature has enclosed them altogether within definite boundaries, in virtue of the spherical form of their abode as a *globus terraqueus*; and the possession of the soil upon which an inhabitant of the earth may live can only be regarded as possession of a part of a limited whole and, consequently, as a part to which every one has originally a right. Hence all nations *originally* hold a community of the soil, but not a *juridical* community of possession (*communio*), nor consequently of the use or proprietorship of the soil, but only of a possible

physical *intercourse* (*commercium*) by means
of it. In other words, they are placed in such
thoroughgoing relations of each to all the rest
that they may claim to enter into *intercourse*
with one another, and they have a right to make
an attempt in this direction, while a foreign na-
tion would not be entitled to treat them on this
account as enemies. This right, in so far as it
relates to a possible union of all nations, in re-
spect of certain laws universally regulating their
intercourse with each other, may be called
"cosmopolitical right" (*jus cosmopoliticum*).

〈'세계 시민권'67)〉

———✈

* 칸트의 '세계시민권(cosmopolitical right)'과 볼테르의 '지구촌(The Global
Villages) 형제(四海同胞主義)'68)이론은 '온 세상(the whole world)'을 전제했
다는 측면에 동일한 전제이지만, 구체적으로 살펴보면 그들 간에는 굉장한
차이점이 있다.

즉 볼테르의 '지구촌(The Global Village)'이론은 어디까지나, '다양성의 긍
정' '차별성의 인정'이 긍정되어 '박애(博愛) 중심'이지만, 칸트의 '세계시민권
(cosmopolitical right)'론은 강제와 통합을 전제된 것이든 어찌했던 간에 '국
가의 법(Right)'으로 그것이 규정되어야 함을 강조했다는 사실에서 그러하
다.['국가주의' '이념주의' 확대 적용]

이러한 볼테르의 생각과 칸트의 생각은 소위 '인류애' '휴머니즘' '평화주의'
에 입각했다는 점에서 모두 인류(人類)의 '사표(師表)'로 모두 손색이 없는

---

67) I. Kant(Translated by W. Hastie), *The Science of Right*, William Benton, 1980, p.456
'The Universal Right of Mankind' : I. 칸트(이충진 역), 법이론, 이학사, 2013, pp.233~4
'세계시민권'

68) Voltaire(translated by B. Masters), The Calas Affair *A Treatise on Tolerance*, The Folio
Society, 1994, p.129 'Chapter 23, A Prayer to God' ― 'May all men remember they
are brother!'

말들이지만, 볼테르의 경우는 공자(孔子, 儒家)의 '사해일가(四海一家)'의 정신을 그대로 존중한 것이고, 칸트는 그것을 서구(西歐)식(플라톤 '국가주의' '이념주의' 형식)으로 변용(變容)한 것이다.

여하튼 볼테르의 '사해동포주의(cosmopolitanism)'과 칸트의 '세계시민권(cosmopolitical right)'은 오늘날 '지구촌 경영'에 기본 중의 기본이 되어 있는 사상이다.

칸트는 자신의 〈순수이성비판(1781)〉 속에 명시된 '인간 이성 중심' '자유 존중' '평등주의' 론에도 마음이 놓이질 않아, 그 13~5년 후 그의 노년(71, 73세)에 〈영구평화론(*Perpetual Peace,* 1795)〉과 〈법이론(*The Science of Right(Metaphysics of Morals),* 1797)〉[69]을 추가 제작하였다. 이것은 '전쟁 반대의 볼테르' 기본 취지에 칸트가 더욱 구체적으로 동참(同參)하였던 바로서, 인류의 장래를 위해 그 볼테르의 '선견지명(先見之明)'을 거듭 체계적으로 주장했던 바로서 '인간 중심의 칸트 철학'에 기본 중의 기본이다.

⑥-34 '전쟁 종식을 위해 끝없이 노력해야 한다.' — I. 칸트

"그런데 우리 안에 있는 도덕적 실천적 이성이 "어떠한 전쟁도 있어서는 안 된다.(There shall be no war.)"라는 불가능한 거부권[베토]를 표명한다. 자연 상태에 있는 너와 나 사이의 전쟁도 안 되며 또한 우리들 사이의 전쟁, 즉 내적으로는 법칙적 상태에 있으나, 외적으로는 (상호 관계에 있어서) 무법칙 상태에 있는 국가들 사이의 전쟁도 있어선 안 된다. — 왜냐하면 그것은 각자가 자신의 권리를 추구하는 당위적 방식이 아니기 때문이다. 그러므로 '영원한 평화는 사실인가 아니면 허상인가'라는 것은 더 이상 문젯거리가 아니다. '만일 우리가 영원한 평화를 사실이라고 전제할 때 우리는 우리 자신의 이론적 판단에서 스스로를 기만하고 있는 것은 아닌가.'라는 것 또한 더 이상 문젯거리가 아니다. 오히려 우리는 비록 영원한 평화가 아닐지라도 그것이 사실이기라도 한 듯이 그렇게 행동해야 한다. 또한 지금껏 모든 국가가 예외

---

69) I. Kant(Translated by W. Hastie), *The Science of Right*, William Benton, 1980

없이 핵심 목적인 전쟁 수행을 위해 내부적으로 준비해왔지만 우리는 평화를 도입하여 저 구제 불가능한 전쟁 수행에 종지부를 찍기 위해, 평화를 정초하고 평화에 가장 도움이 될 듯해 보이는 체제(모든 국가의 공화적 체제, 전체에서 그리고 각각에서의 공화적 체제)를 만들기 위해서 노력해야 한다. 그리고 비록 후자[전쟁의 종식]가, 그 목표의 도달과 관련해서는, 여전히 하나의 경건한 소망에 머물지라도 우리는 '그것을 위해 끝없이 노력한다.'라는 준칙(the maxim of action that guide us in working incessantly for it)을 받아들여야 한다. 그와 같은 준칙을 받아들인다 해도 그것이 우리의 의무이기 때문에 (for it is a duty to do this,) 우리가 우리 자신을 기만하는 것은 결코 아니다. 그런데 만일 우리 자신 안에 있는 도덕법칙을 기만적인 것으로 받아들이게 되면 그것이야 말로 혐오를 불러일으키는 소망을 만들어 내게 될 것이다. 차라리 모든 이성을 포기하려는 소망 및 자신의 원칙에 따라 자기 자신을 여타 부류의 동물과 함께 자연의 동일한 기제(基劑) 안에 던져져 있는 것으로 간주하려는 소망을 말이다."

Now, as a matter of fact, the morally practical reason utters within us its irrevocable veto: *There shall be no war*. So there ought to be no war, neither between me and you in the condition of nature, nor between us as members of states which, although internally in a condition of law, are still externally in their relation to each other in a condition of lawlessness; for this is not the way by which any one should prosecute his right. Hence the question no longer is as to whether perpetual peace is a real thing or not a real thing, or as to whether we may not be deceiving ourselves when we adopt the former alternative, but we must *act* on the supposition of its being real. We must work for what may perhaps not be realized, and establish that constitution which yet seems best adapted to bring it about (mayhap republicanism in all states, together and separately). And thus we may put an end to the evil of wars, which have been the chief interest of the internal arrangements of all the states without exception. And although the realization of this purpose may

> always remain but a pious wish, yet we do certainly not deceive ourselves in adopting the maxim of action that will guide us in working incessantly for it; for it is a duty to do this. To suppose that the moral law within us is itself deceptive, would be sufficient to excite the horrible wish rather to be deprived of all reason than to live under such deception, and even to see oneself, according to such principles, degraded like the lower animals to the level of the mechanical play of nature.

〈'세계 시민권'70)〉

_____✦

* 무감각의 헤겔은 감히 그 '절대정신(신, 도덕, 평화)'을 들어 '이익(물질, 욕망)추구'의 '독일의 군국주의' '제국주의'에 갖다 바치고도 자신이 '신(이성) 중심'인지 '인간(동시주의) 중심'인지도 구분을 못 했다.[헤겔의 '엉터리 일원론' – '개인 육체 무시' '국가 이익 추구 긍정'의 矛盾]

* 헤겔의 선배 칸트는, 그 볼테르의 '사해동포주의(四海同胞主義, cosmopolitanism)'를 계승하여 이후 근 현대 사상사의 전개에 빼놓을 수 없는 '관문(關門, 필수 학습 코스)'을 이루었다.

* 헤겔의 '불행한 경우'는 그 사상전개에도 그대로 반영이 되어 '우울증' '허무주의' '전쟁불가피론'을 반복하였으니, 그것은 오히려 헤겔 자신도 극복할 수 없는 그의 한계점이라고 해야 할 것이다. (참조, ⑤-13. '자살(自殺)'의 긍정 ⑨-23. '자기 파괴'가 '영원한 정의(正義)'이고 인간 본성이다. ⑨-30. 몰락(죽음)=영원한 정의=윤리적 실체=만족)

---

70) I. Kant(Translated by W. Hastie), *The Science of Right*, William Benton, 1980, p.457 'The Universal Right of Mankind' : I. 칸트(이충진 역), 법이론, 이학사, 2013, pp.236~7 '세계시민권'

⑥-35 공동체(共同體) 안에 희생(犧牲) – A. 아우구스티누스

"참된 제사(희생)는 우리가 거룩한 공동체 안에서 하나님과 하나 되기 위하여 거행하며 그로써만이 우리가 복 받을 수 있는 최고선 및 목적에 모든 일이다."

Thus a true sacrifice is every work which is done that we may be united to God in holy fellowship, and which has a reference to that supreme good and end in which alone we can be truly blessed.[22]

〈'신국론, 10권 6장'[71]〉

────→

* '헤겔의 저서들'을 먼저 읽고, 아우구스티누스(A. Augustinus, 354~430)의 〈신국(*The City of God*, 426)〉을 다시 보면 놀라지 않을 사람이 없을 것이다. 왜냐하면 헤겔(1770~1831)은 그 '후기 계몽주의(the latter part of the Enlightenment)' 시대에 사람으로서, 오히려 중세 초기(初期) '신권통치(神權統治, Theocracy)'를 이상화하였고 그것을 토대로 19세기 '군국주의' '제국주의' 전쟁에 목숨을 바치라는 '희생(충성심)'의 발휘를 강조하였기 때문이다. 즉 헤겔은 19세기 '제국주의(Imperialism)' 전쟁 시대에 '희생(십자가)'이 '천국(天國, 장미)'이라고 주장하며 그 이외는 아무것도 없다(무의미하다)고 하고 그 '희생정신'을 발휘가 '이성적인 것' '현실적인 것'라고 주장을 했기 때문이다. (참조, ⑧-03. '게르만 왕국', '신국(神國)', '이성적인 세계')
* 헤겔의 '아우구스티누스 모방'을 확인하지 못 한 사람들은, 다시 '헤겔 저서'와 〈신국(神國)〉 제대로 재검토하지 않을 수 없을 것이다.

　간단한 위의 인용에서도 확인해 볼 수 있듯이, 아우구스티누스의 '하나님' '공동체(전체)'는 하나이고, '우리 각자 개인'이 할 수 있는 일이란 '희생정신'

---

71) St. Augustine(Translated by M. Dods), *The City of God*, The Modern Library, 1950, Book Ⅹ 6. p.309 ; 아우구스티누스(추인해 역), 신국론, 동서문화사, 2013, 10권 제6장 p.451

'제물정신'이라는 그 기본 이론이 그것이다. 이 아우구스티누스의 '신국(神國)' 운영 논리가 바로 헤겔의 〈법철학〉의 기본 두 기둥인 '게르만 제국(The German Kingdom, 神國)'과 '애국심(Patriotism, 犧牲)'을 이루고 있다.

* 헤겔은 '타고난 떠버리'로 자신에게는 '우울증(憂鬱症 Hyphocondria, Depression)'이 있다고 고백했을 뿐만 아니라(참조, ⑪-06. 말을 탄 '세계정신'(1806).) 그 우울증과 연동된 '염세주의(Pessimism)' '허무주의(Nihilism)'을 반복 주장하였고, (참조, ②-03. 인생은 '가상(假像)'으로, 그 자체가 고통과 근심이다. ③-08. 이 세상은 '껍질(husk)'이다.) 그와 동시에 '자살충동(the suicidal impulse)' '자기파괴 충동(the impulse of self-destructiveness)'을 공인하였고(참조, ⑤-13. '자살(自殺)'의 긍정), 그것이 '자유의지(the free will)' '정의 실현 의지(the will of judgement)'로 모든 사람들의 '윤리(자유)의식(the will of morality)'라고 거듭 예찬(禮讚)하였다. (참조, ⑥-18. '자유로운 의지'를 의욕(意慾)하는 자유 의지 ⑨-23. '자기 파괴'가 '영원한 정의(正義)'이고 인간 본성이다.)

헤겔은 '현실적인 것'이 '이성적인 것'임을 강조한 〈법철학〉에서는 그 '희생정신(제물, Sacrifice)'를 '프로테스탄트 고유 원리' 강조하여, '전 게르만'을 향해 그 '제물(祭物)'이 되는 것이 바로 '십자가'이며 '천국(天國)'이라 강변(强辯)을 늘어놓았다. (참조, ⑥-13. 현재는 '장미'이며 '십자가'이다.)

⑥-36 헤겔은 '전쟁을 유익한 것'이라고 했다. - B. 러셀

"헤겔이 말하고 있는 것은, 한 국민이 어떤 경우에도 전쟁을 피할 수 없다는 말이 아니다. 헤겔은 그 이상의 것을 의미한다. 헤겔은 전쟁이 일어나지 않도록 하기 위한 제도-세계 정부 같은 것-를 만드는데 반대한다. 헤겔은 전쟁이 때때로 일어나는 것은 좋은 일이라고 생각한다(Hegel thinks it a good thing there should be wars from time to time). 헤겔은 말하기를 전쟁은 '우리들이 세속적 선(善)이나 사물의 허무함을 심각하게 느끼게 되는 상태 (the condition in which we take seriously the vanity of temporal goods and things)'라 한다.(이러한 견해는 그 정반대의 학설인 '모든 전쟁은 경제적 원인을 가진다.(all wars have economic causes)'라는 견해와 대조되어 있다.) 헤겔의 전쟁은 적극적인 도덕적 가치를 가진다. '전쟁은 유한한 규정이 안정되는 데 무관심하여진 상태에 있는 사람들의 도덕적 건강이 그것을 통하여 유지될 수 있다는 점에서 일층 더 높은 의미를 가지는 것이다.(War has the higher significance that through it 소듀 moral health of peoples is preserved in their indifference towards the stabilizing of finite determinations)' 평화는 화석 함을 의미하므로, '신성동맹(Holy Alliance)'이라든지 칸트의 '평화를 위한 맹약(League for Peace)'이라는 것은 다 그릇된 것이다. 왜냐 하면 국가들이란 적(敵)들이 있어야 하기 때문이다. 그리고 국가들의 충돌은 전쟁으로 판결이 날 수 있을 것이다. 국가들은 서로서로에 자연의 상태에 있는 것이므로 저들의 관계가 합법적이라든가 도덕적일 수는 없다. 그들의 권리는 그들의 특수한 의지에 있어서만 현실성을 가진다. 그리하여 각 국가의 이익이 그 자신의 최고 율법이 되는 것이다. 도덕과 정치는 결코 대립되는 것이 아니다. 왜냐하면 국가는 보통 도덕법칙에 복종하지는 않기 때문이다.(States are not subjeect to ordinary moral laws)"

> Hegel does not mean cnly that, in some situations, a nation cannot rightly avoid going to war. He means much more than this. He is opposed to the creation of institutions—such as a world government—which would prevent such situations from arising, because he thinks it a good thing that there should be wars from time to time. War, he says, is the condition in which we take seriously the vanity of temporal goods and things. (This view is to be contrasted with the opposite theory, that all wars have economic causes.) War has a positive moral value. 'War has the higher significance that through it the moral health of peoples is preserved in their indifference towards the stabilizing of finite determinations.' Peace is ossification; the Holy Alliance, and Kant's League for Peace, are mistaken, because a family of States needs an enemy. Conflicts of States can only be decided by war; States being towards each other in a state of nature, their relations are not legal or moral. Their rights have their reality in their particular wills, and the interest of each State is its own highest law. There is no contrast of morals and politics, because States are not subject to ordinary moral laws.

〈'서양철학사, 헤겔(Hegel)'72)〉

———✈

* B. 러셀(B. Russell, 1872~1970)은 영국이 낳은 '전쟁 반대'의 다다이스트(Dadaist)이다. 러셀은 헤겔이 역시 '전쟁'을 '우울증(憂鬱症, Depression) 해소 방법'으로 해석했던 대목을 소개하여 흥미롭다.

헤겔은 위(러셀의 지적)에서 확인할 수 있듯이, 전쟁의 조건이 '우리들이 세속적 선(世俗的 善)이나 사물의 허무함을 심각하게 느끼게 되는 상태(the condition in which we take seriously the vanity of temporal goods and things)'에서 '전쟁'이 생긴다고 보았음은 그것은 '국가 간의 전쟁' 이전에 헤겔의 주관으로 먼저 '긍정한 전쟁의 원인'이고, 그것이 역시 '우울증(憂鬱症)' '헤겔의 자살 충동'과 깊이 연동된 점이 그것이다. (참조, ⑤-13. '자살(自殺)'의 긍정 ⑨-30. 몰락(죽음)=영원한 정의=윤리적 실체=만족)

⑥-37 독일 '국가 사회주의(나치즘)' - A. 히틀러

"(a) 위대한 시대는 시작되었습니다. 독일이 잠에서 깨어났습니다. 우리가 독일에서 권력을 잡았습니다. 이제 우리는 독일 국민들을 설득해야 합니다. 나는, 동지여러분들이 갈망하는 하는 바에 변화가 없었을 때 투쟁에 계속 기대며 뜻대로도 못하고 '불가항력의 재해(災害)'에 복종 굴복해야 했음을 알고 있습니다."

"(b) 우리가 수년 간(數年 間) 꿈꾸어 오던 것이 이루어졌습니다. 독일 국민의 '전 계급적 통일'이 새 왕국(나치)의 상징이 되었습니다. 그래서 그것이 바로 독일인의 표준입이다. 여러분이 획득한 세계에서 가장 가치 있는 소유물이 국민 여러분입이다. 그래서 이 국민을 위해서 우리는 싸우고 투쟁을 할 것이고, 흔들림이나 지침, 용기와 신념의 상실 같은 것은 없을 것입니다." [히틀러는 '자신' '나치' '독일 국민'이란 용어를 혼용(통일)한 것이 특징임]

"(c) '새로운 사회(나치)'가 독일에 세워졌으니, 그것은 우리들의 가장 아름

---

72) B. Russell, *History of Western Philosophy*, George Allen & Unwin Ltd, 1971 p.711 ; 러셀(한철하 역), 서양철학사, 1958, 대한교과서주식회사, 1958, p.1019

다운 목표입니다. 자기 코앞에 있는 것을 볼 수 없는 사람들은 그저 불쌍한 사람들일 뿐입니다. 매 초겨울에 생기는 이 '사회주의 국가'에 자신을 위탁하는 사람들을 돕는 것은 행운(幸運)입니다.[제1차 세계대전 패배 후의 독일 비참한 상황]

우리의 사회 복지 체제는 자선(慈善)과는 확실히 다릅니다. 우리는 부자(富者)들에게 '제발 가난한 사람들에게 베풀어 주시기 바랍니다.'고 말하지 않습니다. 대신 우리는 '독일인이여 힘냅시다. 당신이 가졌건 못 가졌건 모두 힘을 내야 합니다!'라고 말할 것입니다. 모든 사람은, 우리 주변에 나보다 훨씬 어려운 처지에 사람이 있다는 사실을 신념으로 가져야만 하고, 나는 그 사람을 동지(同志)로 돕고자 합니다."

"(d) 어떤 사람은, '옳습니다. 그러나 내가 그렇게 많은 희생(sacrifice)을 치러야 합니까?'라고 말을 할 것입니다. (그러나) 그것은 보시(報施)의 영광입니다. <u>당신이 우리 사회를 위해 희생을 하면, 당신은 머리를 높이 들고 걸을 수 있습니다.</u> 독일에서 우리의 신념은 흔들릴 수 없습니다. 그리고 우리의 의지는 압도적입니다! 그리고 그렇게 간절한 의지와 신념이 결합될 때, 하늘도 당신을 거부할 수 없습니다. 그래서 나는 그 개성과 품위를 지닌 모든 독일인이 우리의 대열에 동참하기를 기대하고 있습니다."

"(e) 마르크시즘에 대항한 투쟁 운동은 처음 연합투쟁으로 시작되었습니다. 처음부터 나는 마르크시즘에 대한 '무명(無名)의 전쟁 개시자(開始者)'로 나를 생각하였고, 이 전염병(마르크시즘)이 독일식 생활 방식으로부터 완전 퇴치될 때까지 나는 나의 전쟁을 쉬지 않을 것입니다."

"(f) 우리는 식민지가 없습니다. 우리는 국제 사회 관계 속에 기회도 없었습니다. 국제 사회 관계 속에 있는 그러한 나라들은 식민지를 가지고 있습니다. 우리 왕국은 극소량의 필생 품으로 조심스럽고 사려 깊게 개발되고 경영되었습니다. 계획하지 않으면 성공할 수 없습니다. 당신들을 위해 공격을 주도하는 것은 명예로운 일입니다. 당신들이 다시 자랑스럽게 독일임을 말하는 시대가 올 것입니다. 우리의 역사를 되돌아보면, 오늘날 우리가 살고 있는 것에 나는 수치심을 느낍니다. 우리 국민은 인플레이션으로 극한의 고통을 겪어야 했습니다....수백만의 국민이 그들의 생존을 위한 일자리 모두를 빼앗겼습니다. 만사(萬事)는 그 시작이 있기에 그 결과도 있습니다...모든 책임은 1918년 협정[제1차 세계대전 항복]에 서명을 했던 사람들에게 있습니다."

"(g) 이 거대한 책무를 나에게 감당할 용기를 부여했던 사람들[나치 당원들은 사려 깊지 못했습니다....그러나 나는 용기를 얻었으니, 나는 평생토록 두 가지 사람, 즉 독일 '농부'와 '노동자' 두 부류의 사람들과 마주해 왔기 때문입니다. 당신들 중 약간의 사람들은 혹 나를 용서 못 할 수도 있습니다... 내가 공산당을 근절시켰기 때문입니다. 그러나 동지들이여, 나는 나머지 공산당도 없앨 것입니다."

"(h) 새로운 나라(나치 국가)는 하늘에서 그냥 떨어질 수는 없습니다. 새로운 나라는 국민 속에서 자라났습니다. 왜냐하면 내가 새로운 나라에 대한 충성심과 신념 확신 열광 헌신을 필요로 할 경우에는 지금도 그 가치를 발견할 수 있고, 항상 발견하고 찾을 수 있는 그 국민들 자체 국민 대중들에게로 되돌아가야 하기 때문입니다."

"(i) 여기에 모인 내 독일 청년들 내 젊은 동지들은, 국민의 생명이며 국민의 위안입니다. 사람이 항상 젊을 수는 없습니다. 과거 사람들을 상대방을 이해하려 하지 않았습니다. 각자가 자기만을 생각했습니다. 기껏해야 제 계급 챙기기였습니다. 우리는 그러한 정신 일탈(逸脫)의 끝장을 목격했습니다.[제1차 세계 대전 패배]...젊은 제군(諸君)들은 제군들이 소유하고 있는 위대한 집단의 일부인 '동지적 정신(comradeship)'을 지켜내야 합니다. 제군들이 그것을 지니고 있으면 제군들에게서 그것을 빼앗아갈 힘은 천하(天下)에 없습니다. 제군들은 지금처럼 '서로 단단히 묶인 한 사람'이 될 것입니다. 우리의 유일한 희망인 독일의 젊은이로서 제군들은 우리 국민의 용기이고 확신입니다. 나의 젊은이 제군들이 정말 독일의 생생한 지지자이고 살아 있는 미래입니다. 헛된 관념, 공허한 형식주의, 무미건조한 계획일 수는 없습니다. 그렇습니다. 제군들은 우리들의 피 중의 피이고, 살 중에 살, 정신 중에 정신입니다. 제군들은 우리 국민의 지속입니다. 독일은 제군들 속에 살아서 독일의 미래는 제군들에 의해 찬양이 될 것입니다.

독일 만세!"

"(j) 우리는 거짓말을 하거나 속이지 않습니다. 그러기에 나는 국민 앞에 공허한 말과 약속은 사양해 왔습니다. 여기에 있는 누구도 내가 '독일의 재탄생 문제가 이틀 정도의 문제'라고 했다고 주장할 수 없습니다. 우리들 자신 속에 바로 독일 국민의 운명이 놓여 있습니다. 우리가 만약 독일 국민을 세워 일으킬 수 있다면, 그것은 오직 우리 자신의 노동과 결의와 도전과 인내를 통하여 우리가 다시 설 수 있는 것입니다. 우리의 조상들의 시절에도 꼭 그러하였으니, 독일을 그저 선물로 받았던 것이 아니고 조상들 자신이 창조를

해 내셨던 것입니다!"

"(k) 6년 만에, 우리는 우리의 의지와 중(重)노동과 재능을 통해 놀라운 목표를 달성하였습니다. 독일 노동자는 일자리를 얻었습니다. 당신들은 우리를 박해(迫害)할 수도 있고, 죽일 수도 있을 것이나, 우리는 굴복하지 않습니다!

'국가 사회주의 운동'이여, 영원 하라!

독일이여, 영원 하라!"

(((a) The great time has just begun. German has awoken. We have won power in Germany. Now we have to win over the German people. I know, my comrades, that it must have been difficult at times....when you desired change never came....so again and again the appeal to continue the struggle...you mustn't act yourself, you must obey, you must give in ...you must submit to the overwhelming need to obey.))

(((b) What we dreamed for years...has become a realty. The symbol of the unification of all class of the German people...has become the symbol of the new Reich ...and thus, it has become the standard of the German people. The most precious possession you have in the world ...is your own people. And for this people...and for the sake of this people....we will struggle and fight...and never shaken ....never tire....never lose courage...and never lose faith.))

(((c) A new community is being built in Germany....and it is our most beautiful goal and aim. Those who can't even see past their own nose....deserves our pity more than anything else. It is the luck to help, which rewards those....who commits themselves to this socialist state....and this commitment must happen every new winter.

Our social welfare system is so much more than just charity. Because we do not say to the rich people : Please, give something to the poor. Instead we say : German people, help yourself! Every one must help, whether you are rich or poor! Every one must have the belief that there's always someone in a much....worse situation than I am, and this person I want to help as a comrade.))

(((d) If one should say : Yes, but do I have to sacrifice

a lot? That is the glory of giving! <u>When you sacrifice for your community, then you can walk with your head held up high.</u> Our belief in Germany is unshakeable! And our will is overwhelming! And when will and belief combine so ardently ....then not even the heavens will deny you. And I expect of every German with a sense of character and decency....to march with us on our columns!))

((((e) The struggle against marxism has for the first time....evolved into a united struggle. For the first time, I allow myself as an unknown man to start a war... and not rest until this plague have been removed from the German way of life.))

((((f) We don't have their colonies. We don't have the opportunities of international world connections...which these states and peoples possess. Our Reich, which is so crammed...and which has so few of the necessities for life..needs to be carefully and thoughtfully cultivated and managed. We cannot succeed without planning. It was an honor to lead the attack for you. The time shall come, when you once again can proudly state the you are German. When we look upon our history, we feel ashamed over how we live today. Our people had to suffer immensely due to the inflation...when millions of people were robbed of everything they had worked for their entire lives. Everything was instigated and achieved...and all the responsibility lies on the people who signed the treaty, 1918!))

(((g) It was not intellectuals who gave me the courage to undertake this giant task..but I can tell you this, I found the courage because...I've encountered two sorts of people during my life time, the German farmer and German worker. Perhaps some of you are unable to forgive me...because I eradicated the marxistic party. But my friends, I also eradicated the rest!))

(((h) A new state cannot simply fall down from the sky...instead it has to grow from within the people. Because when I need loyalty...belief... confidence..fanaticism....and commitment...then I must turn to where I can still find these values.....and these values can always be found in the people themselves....in the masses of the people!))

(((i) My German youth...just as we're gathered here ...my young comrades...as part of the life of the people...so must the rest of the people. It was not always so. In the past, people did not want to understand each other. Each thought only of themselves. At best, their class alone. we have been witnesses to the consequences of this aberration of the spirit...In your youth you must safeguard that which you possess....the great feeling of comradeship of being part the group. If hold on to this, then there is no force in the world who can take it from you. You will be one people bound together as tightly as you are now. As German youth, our only hope, the courage and faith of our people. You, my youth, are indeed the living guarantee of the living future of Germany...not an empty idea...not an empty formalism...or an insipid plan. No You are the blood of our blood the flesh of our flesh...and the spirit of our spirit. You are the continuation of our people. May Germany live and may her future which lives in you praised. Germany, heil!))

(((j) We will not lie or deceive! I have therefore ...I have therefore refused to step in front of people with empty words and promises. No one here can claim that I have ever said that... the question of Germany's rebirth is a question of a couple of days. In ourselves lies the destiny of the German people. Only if we raise the German people ...through our own labor...our own determination ...and our own defiance...and our own perseverance only then will we be able to rise again ...just like in the days of our Fathers, too...didn't receive Germany as a gift, created it on their own!))

(((k) In six years we will have accomplished amazing goals....through our will...through our hard work...and through our talent...German workers, get to work! You can persecute us...you can even kill us...but we will never capitulate!

Long live the National Socialist movement!

Long live Germany!))

〈'이것이 나치즘이다.'73)〉

_____✈

* 위의 A. 히틀러(A. Hitler, 1889~1945) 연설문은, 1933년 1월 30일 히틀러가 수상 취임 이후부터 제2차 세계대전이 발발(1939. 9. 1.) 이전까지 히틀러 자신이 행한 연설 중에서 '국가 사회주의(National Socialism)관련 내용'을 발췌(英譯)한 것이다.

여기에서는 편의상 '헤겔에 관련된 사항'을 항목별로 짚어보기로 한다.

(a) 히틀러가 '우리(we)' '동지(comrades)'라는 표현은 '나치(National Socialists, Nationalsozialisten 국가 사회주의자들)'를 지칭하니, 그것은 헤겔의 표현을 빌리면 히틀러는 '점령군(세계정신)'에 그 '사령관(장군)' 격이다. (참조, ⑨ -22. 알렉산더가 '서사시 주인공'으로 부적절한 이유)

(b) 헤겔의 특징은 '통일' '일원론(Monism)'인데, 히틀러는 '나치 정부'의 특징을 '독일 국민의 전 계급적 통일(The symbol of the unification of all class of the German people)'이라 하였다. 헤겔은 표준이 '절대정신(신)' '게르만 공동체'임에 대해, 히틀러도 '게르만 공동체'로 일치되어 있다.[헤겔은 '절대정신' '이성' '헤겔 정신' '신'을 평생 혼동(통일)해 말했는데, 히틀러는 '히틀러 자신' '나치' '독일 국민'을 혼동(통일)해서 말하고 있음]

(c) **헤겔은 '절대정신(신)' 중심의 '사상적(기독교적) 통일'로 주장을 폈는데, 히틀러는 '인간(독일인)' 중심 '경제적 통일'로 관심이 변경되었다.**

(d) 헤겔은 '희생'을 강조하여 '자기파괴'를 이상으로 제시했는데, 히틀러는 '물질적 공유(共有)' 범위 내에서 '희생'을 주장하였다.

(e) 헤겔의 제자가 마르크스(K. Marx, 1818~1883)인데, 마르크스는 제자로서 헤겔의 '정신' 문제 대신에 '물질'로 그것을 대체한 '헤겔의 반동(反動)' 제자(弟子)였다. 그런데 히틀러는 그 마르크스의 '물질' 우선은 택하였지만, 마르크스의 '만국(萬國)의 노동자'[세계 종족 평등 론] 구호를 미워하여 '전염

---

73) Hitler Speech (This is National Socialism.)

병(plague)'으로 규정하고, 헤겔의 '게르만 신국(German Chauvinism)' 이론에 심취하였다.['마르크스는 게르만 신국'을 근본에서 부정했으나 '전체주의' '물질 일원론'으로 그 헤겔을 계승하였음] (참조, ⑧-03. '게르만 왕국', '신국(神國)', '이성적인 세계')

이점(German Chauvinism)이 바로 히틀러와 헤겔의 가장 뚜렷한 공통점이고 그 마르크스와도 차별을 보였던 '나치의 특징'이다.

(f) 헤겔은 '절대정신'에 머물러 '전쟁의 필요'를 말하면서도 그것이 '경제적 문제'임을 무시 외면하고 있었다.['육체 무시'의 신학자 헤겔의 특징임] 그런데 히틀러는 (마르크스 식) '독일 노동자 농민 중심의 정부'를 표방하였다. 그리고 히틀러는 1918년 '제1차 세계대전의 패배'에 따른 '독일의 경우 해외 식민지를 모두 포기하고 알자스와 로렌을 프랑스에 넘겨주고 폴란드 지역을 독립시켜 주고 장기간 전쟁수행으로 인하여 인플레이션과 실직자가 속출하고 베르사유 조약으로 인한 과다한 배상금(賠償金, 1320억 마르크)'이 치명적 '독일 빈궁(貧窮)의 원임'을 히틀러는 위에서 지적하였다. 헤겔은 〈역사철학〉에서 '이성(신)의 역사 경영'을 반복했으나, 히틀러는 여하튼 '제1차 세계대전' 결과에 승복할 수 없었다.[헤겔의 (이성, 신 중심의)생각과 히틀러의 (인간 중심의)생각의 차이점] (참조, ⑦-05. '이성(理性)'이 세계(史)를 지배한다.)

(g) 히틀러는 '공산당 근절'은, '게르만 국가주의'에 기초한 '감정'이니, 그것이 헤겔과 일치하는 점이고 그것을 덮을 어떤 이론(異論)도 설득력을 발휘할 수 없다. 그러므로 '헤겔의 (게르만 神國)정신' 속에 히틀러가 '자랐다.'는 그 태생적 문제가 헤겔 히틀러의 불가분의 관계이다.

(h) 헤겔의 경우 중요한 것은 '세계정신(관념)'이고 '프러시아 황제'였음에 대해, 히틀러의 경우는 중요한 것이 '독일 국민(경제)'으로 바뀌었다. 그러나 헤겔의 경우나 히틀러의 경우 '공통 관심사'는 '독일(프러시아)'이라는 '사회 공동체(God)'가 최고의 의미를 갖고 있다는 사실이다.

(i) 헤겔은 '이성(Reason, 신)의 세계 지배'를 말하며 '현세 부정' '자기 파괴'

406

를 최고의 도덕으로 가르쳤음에 대해, 히틀러는 '독일의 젊은이'에게 '단결 (一體感)'을 강조하였다. 그런데 양자(兩者)가 모두 '참전(參戰) 희생(犧牲)' 을 전제로 했다는 측면에서 역시 공통이다.

(j) 헤겔은 기독교 '삼위일체'를 프러시아 '군주' '시민' '애국정신'으로 풀어 설명했는데, 히틀러는 '새로운 공동체(나치)'가 '국민들의 노력과 정성'으로 될 것임을 역설하여, 군주(히틀러) 시민, 애국정신이 하나임을 강조하였다. ['나치'가 '절대정신'임]

(k) 헤겔은 '절대정신'이 평생 구호였는데, 히틀러는 '국가(민족) 사회주의 (National Socialism)'가 주장이었으나, [기독교 이론으로]'하나님(God)'은 '공동체(국가)'의 다른 이름이니, 히틀러는 헤겔의 '정신' 속에 자랐으나, '신(도덕)' 중심에서 '경제' 중심으로 관심이 온전히 이동해 있는 점이 근본적으로 구분이 되고 있다.

* 헤겔과 히틀러는 모두 세계사적 존재들이나, 공통점은 '목표' '목적'['절대정신' '나치']에 지나치게 편중되어, 모두 '생명 부정(Negation of This World)' '세상 부정(Negation of This World)'의 성향이 크게 부각이 된 공통성이 있다.[사실상 '군권(軍權)'에 관련된 사람은 벗어날 수 없는 약점들이다.] 헤겔의 경우 사실상 '군권(軍權)'이 없는 상태로 인생을 마감했으므로 그 직접의 비판은 일단 피하게 되었으나, 군사력을 발동할 수 있는 히틀러는 경우가 달라 그 '공격 충동(The Aggressive Impulse)'은 '반대파' '다른 종족' '다른 나라' '다른 생각'에 무한정으로 발동이 되어 '세계적인 악(Evil, Devil) 의 대표'가 되었다.

여기에서 거듭 확실히 되어야 할 사항은, **'인간'으로서 '인생의 부정' 그 자체가 벌써 '고장(故障)난 정신의 표징(表徵)'**이라는 점이다.

⑥-38 '세계 근대 문명'은, '게르만(아리안) 문명'이다. − A. 히틀러

〈"어떤 인종 혹은 여러 인종이 인간문화의 최초의 담당자였는가, 따라서 우리들이 '인간성'이라는 말로 포괄하고 있는 것의 실제 창시자였는가 하는 점에 대해 논쟁하는 것은 쓸데없는 짓이다. 현대에 있어서 이 문제를 제기하는 것은 보다 간단하며, 이런 경우에 대답도 용이하게 나오며 또한 명백하기도 하다. 우리가 오늘날 인류 문화로서, 즉 예술, 과학 및 기술의 성과로서 눈앞에 보는 것은 거의 모두 전적으로 아리안(Aryan) 인종의 창조적 소산이다. 바로 이 사실은 아리안 인종만이 시초부터 고도의 인간성의 창시자이며, 그렇기 때문에 우리들이 '인간'이라는 말로 이해하고 있는 것의 원형을 만들어냈다는, 근거가 없다고 할 수 없는 귀납적 추리를 허용하는 것이다. 아리아 인종은 어느 시대에나 그 빛나는 이마에서 항상 천재의 신성한 섬광을 번쩍이고, 또 고요한 신비의 밤에 지식의 불을 밝히고, 인간으로 하여금 이 지상의 다른 생물의 지배자가 되는 길을 오르게 한 그 불이 항상 새롭게 피어오르게 한 인류의 프로메테우스이다. 사람들이 그를 추방한다면 깊은 어둠이 아마도 몇 천 년이 되기 전에 되기 전에 다시 지상에 깔릴 것이다. 그리고 인간의 문화도 소멸하고 세계도 황폐해질 것이 틀림없다."〉

It is a futile enterprise to argue which race or races were the original bearers of human culture and, with it, the actual founders of what we sum up with the word 'mankind.' It is simpler to put this question to oneself with regard to the present, and here the answer follows easily and distinctly. What we see before us of human culture today, the results of art, science, and techniques, is almost exclusively the creative product of the Aryan. But just this fact admits of the not unfounded conclusion that he alone was the founder of higher humanity as a whole, thus the prototype of what we understand by the word 'man.' He is the Prometheus of mankind, out of whose bright forehead springs the divine spark of genius at all times, forever rekindling that fire which in the form of knowledge lightened up the night of silent secrets and thus made man climb the path towards the position of master of the other beings on this earth. Exclude him — and deep darkness will again fall upon the earth, perhaps even, after a few thousand years, human culture would perish and the world would turn into a desert.◄

〈'민족과 인종'74)〉

408

_____✈

* A. 히틀러(A. Hitler, 1889~1945)의 저서 〈나의 투쟁(*Mein Kampf*, 1925,
  1927)〉을 읽어보면, 히틀러와 독일 군민은 명백히 '애국심'에 기초한 '자기들
  의 삶의 되찾기 운동 방식'으로 수용된 것이 '전쟁'이었다. 그러나 인류의
  역사가 말해주는 '전쟁'은, '전쟁'에 패배는 '죽음'이냐 '노예'냐 둘 중에 하나
  였다. 그러므로 그 속에 시비곡직(是非曲直)을 논하기는 '막대기로 죽였느
  냐, 돌로 죽였느냐'의 경중(輕重)을 논하는 격이다.

* 역시 그래서, **'전쟁' 자체를 막아야 하고 '인간 생명' 자체가 표준이 아닌 '인간의
  논리'는 자체 모순이다. 그러한 측면에서 히틀러에 앞서 '생명 부정' '전쟁 긍정'
  을 말한 헤겔 논리는 '전쟁 반대' '영구 평화'를 주장한 볼테르와 칸트를 처음부
  터 이길 수 없는 것이다.**

* A. 히틀러(A. Hitler, 1889~1945)는 헤겔의 정신적 '적자(嫡子)'로서, 헤겔의
  '게르만 제국주의'를 그대로 헤겔 사후 100년 만에 부활(復活)시켰다. 오히려
  그러한 경위는, 히틀러의 저서 〈나의 투쟁(*Mein Kampf*, 1925, 1927)〉에서
  더욱 확실하게 밝혀져 있다. 헤겔과 히틀러 생각의 공통점은 다음과 같이
  요약될 수 있다.
  (a) '게르만(아리안)' 제일주의, (b) '전체(국가) 주의', (c) 타 민족 무시, (d)
  '전쟁불가피론' 자(평화주의자 조롱), (e) ('개신교', '나치')일방주의, (f) 천하
  제일 '재능의 소유자(헤겔, 히틀러)', (g) [자기네들 믿음에의] '광신주의'

* 헤겔과 히틀러의 차이점은 다음과 같다.
  (a) '사상중심'주의 [절대정신(신-헤겔)] 대(對) '경제중심'주의 '나치중심(-히

---

74) A. Hitler, *Mein Kampf*, Houghton Mifflin Company, 1939, pp.397~8 'Nation and Race'
   ; A. 히틀러(서석연 역), 나의 투쟁, 범우사, 1989, p.294 '민족과 이종'

　　　　틀러)'

(b) '자기파괴(희생-헤겔) 정신' 대(對) '재산헌납, 자기파괴(희생-히틀러)'

(c) 빌헬름 3세의 '조언자(헤겔)' 대(對) 군권(軍權)을 쥔 '실권자(히틀러)'

* 기본적으로 '이성(Reason)'의 문제는 '절대정신(하나님)' 문제(헤겔)이나, '사상(思想)' '수학' '과학'을 앞세운 자기네들 '제일주의' '광신주의'가 아니라, 오히려 '각자의 개성'을 존중하는 '자연법'에 기초해야 함은 역시 그 볼테르와 칸트가 상론(詳論)했던 바이고 1916년 취리히 '다다 혁명 운동'이 그것을 '세계화'하였다.

제7장 〈역사철학〉

헤겔은 개신교도로서 '이성(Reason)의 하나님'의 통치를 전제(前提)하여 '세계사'를 '이성(理性)의 세계사'로 생각하였다.

헤겔은 우선 역사서술 방식을 '근원적 역사(根源的, Original History)' '반성적 역사(反省的 Reflective History)' '철학적 역사(哲學的 Philosophical History)'로 분류를 했는데, 헤겔 자신은 물론 '철학적 역사' 입장에 서 있었고, 헤겔의 '철학'이란 '절대정신(God)'의 신학(神學)이므로, 역시 '이성(Reason) 통치의 세계사'란 '신이 통치(Theocracy)하는 세계사'의 다른 이름이다.[그러므로 사실상 헤겔의 경우는 '歷史 無用論'이었음]

즉 헤겔이 1822~30 사이에 베를린 대학에 행한 〈세계 역사철학 강의〉에서의 그는 지구상(地球上)에 '신국(神國, The City of God)'이 바로 '그 독일 왕국(The German Kingdom)'임을 학생들에게 주입(注入)하는 일이 자신에게 맡겨진 그 소임(所任)으로 알고 있었다.

그러한 헤겔의 '강의록'을 뒤에 엮어 놓은 결과가 헤겔의 〈역사철학(세계 역사철학 강의)〉이라는 책이다.

⑦-01 〈세계 역사 철학 강의〉 성립 경위

"〈세계 역사철학 강의(*Lectures on the Philosophy of World History*)〉는 헤겔의 주요(主要) 저서로 원래 1822년, 1828년, 1830년에 베를린 대학에서 강의로 제공되었던 것이다. 〈역사철학 강의〉는 '세계 역사가 이성(理性)을 따르고, 역사의 자연스러운 진전(進展)이 '절대 정신(absolute spirit)'의 실현이라는 헤겔 철학을 보여주고 있다.

이 책은 원래 에두아르트 간스(Eduard Gans, 1797~1839) 편집한 것으로 헤겔의 제자들이 받아쓴 헤겔 자신의 강의 노트를 살려 1837년에 간행되었다. 두 번째 독일어 판은 1840년 헤겔의 아들 카를(Karl, 1813~1901)이 편집한 것이고, 독일어 3판은 1917년 게오르크 라손(Georg Lasson, 1862~1932) 편집으로 간행이 되었다."

((Lectures on the Philosophy of History, also translated as Lectures on the Philosophy of World History (LPH; German: Vorlesungen über die Philosophie der Weltgeschichte),[1] is a major work by Georg Wilhelm Friedrich Hegel (1770-1831), originally given as lectures at the University of Berlin in 1822, 1828, and 1830. It presents world history in terms of the Hegelian philosophy in order to show that history follows the dictates of reason and that the natural progress of history is due to the outworking of absolute spirit.

The text was originally published in 1837 by the editor Eduard Gans, six years after Hegel's death, utilizing Hegel's own lecture notes as well as those found that were written by his students. A second German edition was compiled by Hegel's son, Karl, in 1840. A third German edition, edited by Georg Lasson, was published in 1917.))

〈'헤겔 역사철학 강의'1)〉

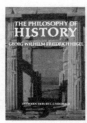

〈'역사철학(영역 본)' '역사철학 서론(영역 본)' '에두아르트 간스(Eduard Gans, 1797~1839)' '카를(Karl von Hegel, 1813~1901)'〉

---

1) Wikipedia, 'Lectures on the Philosophy of World History'

_____✈

* 헤겔은 관심은 오직 '절대정신(The Absolute Spirit)' '절대이성' '절대이념'이
  었는데, 그것은 '이성의 하나님(The Reason, God)'의 다른 표현이며 역시
  인간 각자가 지니고 있는 '이성(Reason)'과 연관 속에 존재이므로 역시 인간
  개인의 '하나님', '헤겔의 하나님'도 됨이 그 특징이다.
* 헤겔의 '절대정신(신)'은 바로 천지 만물을 창조했던 하나님일 뿐만 아니라
  현존하여 그 '역사(役事 – 작용)'를 멈추지 않은 실체(substance)로서 '절대
  진리' '절대 자유' '절대 정의' 바로 그것이다. (참조, ②-14. **'하나님(절대신)'이
  '아들(만물, 자연물)'을 창조하셨다. ②-09. '신(God)'이 '절대 진리', '절대 가치',
  '절대 자유'이다.**)

⑦-02 '역사 서술'의 세 가지 방법

　　"헤겔은 역사를 세 가지로 구분하였는데, '근원적 역사(Original History)'
'반성적 역사(Reflective History)' '철학적 역사(Philosophical History)'가 그것
이다.
　　'근원적 역사(根源的 Original History)'란 헤로도토스(Herodotus)와 투키
디데스(Thucydides)의 그것처럼 그들의 눈앞에 있던 행동 사건 사회 상태에
한정된 동시대적인 저술이다.
　　'반성적 역사(反省的 Reflective History)'란 고려된 사건이나 역사와 시간
적 거리를 두고 제작된 것이다. 그러나 이러한 역사 형식은 그 역사가 생각
한 과거 역사에 대한 그 역사가들의 이념이나 문화적 편견을 부여하는 경향
을 갖는다고 헤겔은 생각하였다.
　　헤겔에게는 '철학적 역사(哲學的 Philosophical History)'가 진정한 방법이
다. '철학적 역사'에서 사가는 자신의 편견을 접어 두고 고려되는 역사의 그
문제로부터 전체적인 의미와 추진을 하는 이념(理念[하나님])을 찾아나서야
한다고 헤겔은 주장하고 있다."

((Hegel begins by distinguishing three methods or modes
of doing history: Original History, Reflective History and
Philosophical History.

Original history is like that of Herodotus and Thucydides,
these are almost contemporaneous writings limited to deeds,
events and states of society which they had before their very
eyes and whose culture they shared.

Reflective history is written at some temporal distance from
the events or history considered. However, for Hegel, this
form of history has a tendency to impose the cultural
prejudices and ideas of the historians' era upon the past history
over which the historian reflects.

Philosophical history for Hegel, is the true way. Hegel
maintains that with philosophical history the historian must
bracket his own preconceptions and go and find the overall
sense and the driving ideas out of the very matter of the history
considered.))

〈'헤겔 역사철학 강의'2)〉

_____✈

* 헤겔의 '철학'은, 개신교 신학으로서 헤겔의 '절대정신' '이성 신(The God
  of Reason)'의 전제에다가 기존 '삼위일체' 식 '변증법(Dialectic)'으로 풀어놓
  은 결과이다.

* 헤겔은 다른 한편으로 당시 '게르만 왕국(The Kingdom of German)'을 중세
  (中世) 아우구스티누스(A. Augustinus, 354~430)의 '신국(神國, The City of
  God)'에 연결하고, '프러시아 군주(빌헬름 3세)'를 '세계정신(태양)' 즉 '이성
  군주(a resonable sovereign, 세계정신)'으로 알게 하고, 전시(戰時)를 상정
  (想定)하여 그 자신의 '자살충동(suicidal impulse)'을 미루어 '자기 파괴' '희생
  (sacrifice)'을 최고의 덕목(德目)으로 가르쳤다. (참조, ⑥-13. 현재는 '장미'이
  며 '십자가'이다. ⑨-23. '자기 파괴'가 '영원한 정의(正義)'이고 인간 본성이다.)

2) Wikipedia, 'Lectures on the Philosophy of World History'

* 계몽주의자 볼테르는 그의 명저 〈캉디드(*Candide*, 1759)〉를 제작하였다. 그리하여 헤겔 이전에 '신정론(神正論, Theodicy, Theocracy)'을 가차(假借) 없이 비판을 하였음[3]에도, 고집불통 도루묵 보수주의(Conservatism)의 헤겔은 거기에 지독한 국가종족주의(nationalism)를 추가하여 '게르만 신국(神國, The German City of God)'론을 〈법철학(1820)〉에 이어 〈역사철학〉에서도 작심(作心) 반복하였다.

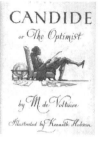

〈'캉디드' 표지화들〉

⑦-03 세계사 전개와 '정신(Spirit)' 문제

　　"헤겔의 〈세계 역사 철학 강의〉는 학생들에게 '헤겔 철학'으로 소개가 되었고, 때로는 강의가 어려운 부분은 생략이 되었는데, 헤겔은 자신의 철학을 해설하기 위해 세계 사건으로 필요한 주제에 대해 강의를 행하였다. 책의 많은 부분이, '정신(Geist or spirit)'을 정의(定義)하고 규정하는 것으로 되어 있다. '정신'은 국민의 정신과 비슷하고, 항상 사회를 바꾸는 것이며, 때로는 동시에 헤겔이 '교활(狡猾)한 이성(cunning of reason)'이라고 했듯이, 변화를 주도하기도 한다."

　　((Hegel's lectures on the philosophy of world history are often used to introduce students to Hegel's philosophy, in part

---

3) Voltaire(Translated by D. Gordon), *Candide*, Beford/St.Martin's, 1999 ; 볼테르 (이봉지 역), 캉디드 혹은 낙관주의, 열린책들, 2009

because Hegel's sometimes difficult style is muted in the
lectures, and he discourses on accessible themes such as world
events in order to explain his philosophy. Much of the work
is spent defining and characterizing Geist or spirit. The Geist
is similar to the culture of people, and is constantly reworking
itself to keep up with the changes of society, while at the
same time working to produce those changes through what
Hegel called the "cunning of reason" (List der Vernunft).))

―――→

* 헤겔의 '정신(精神, Spirit)'은 '신'이시고, 역시 인간의 '정신'이다. 그것은 역
시 '게르만 군주의 정신'이고 '독일 국민의 정신'이다. 그러나 헤겔의 '동일시
(同一視)'는 무한으로 펼쳐져 쉽게 예상하고 이해할 수 없는 특징을 지니고
있으나, 그것이 근본적으로 '삼위일체(Trinity)' 공식(公式) 내(內)에서의 문
제이고, 역시 '인간 이성'과 연결되어 있다는 전제가 '헤겔 개신교 신학'의
전부이다. (참조, ②-21. '성부(聖父)' '성자(聖子)' '성신(聖神)'은 하나이다. ③
-36. 자기는 '절대신'의 그림자이다. ③-38. '실체(신)'는 자기이다.)

⑦-04 '신정론(神正論, theodicy)'에 바탕을 둔 역사(歷史)론

"헤겔은 확실히 '역사상의 악(evils)과 신의 섭리와의 화해' 또는 '신정론
(theodicy)'을 그 〈역사 철학 강의〉에서 보여주고 있다."

((Hegel explicitly presents his lectures on the philosophy
of history as a theodicy, or a reconciliation of divine
providence with the evils of history.))

〈'헤겔 역사철학 강의'4)〉

---

4) Voltaire(translated by H. M. Block), *Candide and Other Writing*, The Modern Library,
1956, p.572 'Notes 34'

─────✈

* 위에서 해설자가 사용한 '신정론(theodicy)'이란 '신권통치(神權統治, Theocracy)'를 [神직의 접 통치자에서 간접 후견자로]부드럽게 만든 용어이다. 당초 아우구스티누스(A. Augustinus)는 "죄를 짓지 않으면, 정의 신(正義 神) 안에 불행한 자는 없다.(No one is wretched under a just God unless he deserves to be so.)"[5])라고 말했던 것을 G. 라이프니츠(G. Leibniz, 1646~1716)도 신봉했다. 그런데 헤겔은 '게르만 신국' 주장과 그것에 대한 '목숨을 바친 희생정신'을 당연한 것으로 일반화하였다. (참조, ⑥-12. **각 개인은 '시대의 아들'들이다. ⑥-13. 현재는 '장미'이며 '십자가'이다.**)

* 헤겔의 〈역사철학〉은 그의 〈법철학(1920)〉과 긴밀하게 연결되어 있는 것으로, 제국주의(Imperialism) 군국주의(Militarism)의 '게르만 군주(The German Sovereigns)'를 신(절대정신, 세계정신, 태양)으로 전제하고, 그에 대한 '노예 복종(a servant of the Lord)' '희생(Sacrifice)정신' '애국정신(Patriotism)'을 '절대 자유(The Absolute Freedom)'로 강조하였다. (참조, ③-28. **'주인'은 하나님이고, '노예'는 인간이다. ⑥-12. 각 개인은 '시대의 아들'들이다. ⑦-10. '보편 의지'로서의 '자유(윤리) 의지')**

⑦-05 '이성(理性)'이 세계(史)를 지배한다.

"나는 우선 세계사에서 철학의 잠정적인 개념 원리에 관하여 다음과 같은 점을 지적해 두고자 한다. 즉 그것은 이미 이야기된 바와 같이 철학은 사상을 동반하여 역사에의 접근을 시도하면서 바로 이 사상에 준거(準據)하여 역사를 고찰한다는 점에서 일차적으로 철학에 대한 비난이 가해지고 있다는 것이다. 그러나 이때 철학이 동반한 유일한 사상이란 이성(理性)이 세계를

---

5) Voltaire(translated by H. M. Block), *Candide and Other Writing*, The Modern Library, 1956, p.572 'Notes 34'

지배한다(reason governs the world)는 것, 따라서 세계사에서도 역사 사태는 이성적으로 진행되어 왔다고 하는 이성에 관한, 이성이 지니는 단순한 사상이다. 이러한 확신이나 통찰은 그야말로 역사 그 자체를 위한 하나의 전제이다. 그러나 철학 그 자체 내에서 이것은 전제되지 않는다. 즉 철학에서는 이성이 ____일단 여기서 우리는 신(神)과의 연관성이나 그에 대한 이성이란 표현을 사용하는 것으로 그치겠지만____실체(實體)이며 또한 무한한 힘일 뿐만 아니라 그 자체가 모든 자연적 내지 정신적 활력을 자아내는 무한의 소재이며 또한 무한의 형식이어서, 여기서는 이성은 바로 이와 같은 무한 형식에 담긴 내용을 활성화시킨다는 것이 사변적 인식을 통해 입증된다. 다시 말하면 이성이란 바로 그 자체를 통하여, 그리고 그 속에서 온갖 현실이 스스로의 존재와 존립을 보장받은 실체이다. 더 나아가서 무한의 힘이기도 한 이 이성은, 단지 이상이나 당위(當爲)에 그침으로써 한낱 현실을 벗어난 채, 아마도 몇몇 사람들의 머릿속에 어떤 특수자(特殊者)로서 현존하는 데 지나지 않을 정도로 무력한 것이 아니다. 결국 일체의 본질성과 진리로서의 이성은 다름 아닌 자기 자체를 스스로의 행위를 통해 가공해야 하는 자기 소재(素材)로서 이는 곧 무한 내용이기도 하다. 이성이란 유한적인 행동과는 달리, 자기 활동의 영양소와 대상을 수용하기 위한 외적인 재료나 주어진 수단과 같은 그 어떤 조건도 필요로 하지 않고 자기 내면으로부터 양분을 섭취하면서 오직 그 자신이 스스로를 가공하는 소재(素材)인 것이다. 이와 같이 이성은 오직 스스로가 그 자신의 전제이고 그의 목적은 바로 절대적인 궁극 목적인 까닭에, 따라서 결국 이성은 그 자체가 우주만이 아닌 세계 속에서의 정신적 우주 내에 깃들어 있는 내면세계로부터 현상화 되는 바로 그 궁극목적이며 성취이다. 이제 그와 같은 이념이 진실 되고 영원하며 또한 비길 데 없이 강한 힘을 지닌다는 것, 그리고 그것은 세계 속에 계시(啓示)될 뿐만 아니라 바로 이러한 이념의 존엄성이나 영예 이외에는 그 어떤 것도 계시될 수 없다는 사실이야 말로 앞에서도 얘기된 바와 같이 철학을 통해서 입증하고 또 여기서도 입증된 것으로 전제되어 있는 바로 그것이다."

The first thing I wish to say concerning our provisional concept of world history is this. As already remarked, the main objection levelled at philosophy is that it imports its own thoughts into history and considers the latter in the light of the former. But the only thought which philosophy brings with it is the simple idea of reason – the idea that reason governs the world, and that world history is therefore a rational process. *From the point of view of history as such, this conviction and insight is a presupposition. Within philosophy itself, however, it is not a presupposition; for it is proved in philosophy by speculative cognition that reason – and we can adopt this expression for the moment without a detailed discussion of its relationship to God – is substance and infinite power; it is itself the infinite material of all natural and spiritual life, and the infinite form which activates this material content. It is substance, i.e. that through which and in which all reality has its being and subsistence; it is infinite power, for reason is sufficiently powerful to be able to create something more than just an ideal, an obligation which supposedly exists in some unknown region beyond reality (or, as is more likely, only as a particular idea in the heads of a few individuals); and it is the infinite content, the essence and truth of everything, itself constituting the material on which it operates through its own activity. Unlike finite actions, it does not require an external material as a condition of its operation, or outside resources from which to derive its sustenance and the objects of its activity; it is self-supporting, and is itself the material of its own operations. On the one hand, it is its own sole precondition, and its end is the absolute and ultimate end of everything; and on the other, it is itself the agent which implements and realises this end, translating it from potentiality into actuality both in the natural universe and in the spiritual world – that is, in world history. That this Idea is true, eternal, and omnipotent, that it reveals itself in the world, and that nothing is revealed except the Idea in all its honour and majesty – this, as I have said, is what philosophy has proved, and we can therefore posit it as demonstrated for our present purposes.*

〈'세계사의 일반 개념'6)〉

———→

* 위에서 가장 주목해야 할 어구는 '**이성(理性)이 세계를 지배한다**(reason
  governs the world)'라는 전제이다. 이것이 역시 헤겔 '개신교 신학'의 요점이
  니, 그 '이성'은 '하나님'이고 그것은 역시 '절대정신(The Absolute Spirit)'
  '절대이념(The Absolute Idea)' '순수존재(The Pure Being)'와 동일한 전제이다.

* 헤겔의 이 '이성(정신, 이념)'은 공간적으로 삼라만상을 통일하고, 시간적으
  로 고금(古今, 태초부터 헤겔 당대)을 통합하고, 계급으로는 '군주(주인)'과
  '국민(시민, 노예)'를 통합하고, 과학적으로 '자연물(대상, 목적)'과 '정신(주
  체)'를 통합했으니, 그 '이성의 활용'을 확인한 다음에야 '헤겔 신학'을 이해하

G. W. F. Hegel, *Lectures on the Philosophy of World History*, Cambridge University Press, 1975, pp.27~28 ; 헤겔(임석진 역), 역사 속의 이성, 지식산업사, 1992, pp.49~50

게 되는데, 그것은 역시 헤겔 한두 개 저서나 몇 페이지 독서로 끝날 문제는 아니다.[총체적인 眼目이 필요한 사항임]

* 이러한 무한 확장의 '이성 지배 론'에다가 가장 납득할 수 없는 모순(矛盾, contradiction)은 '희생(자기파괴)' 찬양을 추가했던 점이다.['5대 거짓말' 중 제5항 '자살=正義 실현']

⑦-06 '독일 민족주의(German Nationalism)'가 '이성(Reason)'이다.

"철학적 고찰은 우연적인 것 이외에 다른 어떤 의도도 갖고 있지 않다. 우연성이란 외적 필연성, 즉 그 자체가 한낱 외적 사정에 지나지 않는 원인에 귀착되는 필연성이다. 우리는 역사 속에서 하나의 보편적 목적, 즉 세계의 궁극목적을 추구해야 하는 것이니, 결코 주관적 정신이나 심정이 지닌 어떤 특수목적을 추구해서는 안 된다. 그러면서도 이때 우리는 그 궁극의 목적을 이성을 통하여, 즉 어떤 특수한 한정된 목적이 아닌 절대적 목적(the absolute end)에만 스스로의 관심을 두고 이성을 통하여 포착해야만 한다. 이 절대적 궁극 목적은 자기 자신에 관한 증거를 제시하면서 동시에 이를 자체 내에 지니고 있을 뿐만 아니라, 또한 인간이 자기의 관심사로 할 수 있는 모든 것이 그 속에서 스스로의 지주(支柱)를 마련하고 있는 그러한 내용이다. 이성적인 것은 절대자즉자(卽自, in itself) 대자적(對自的, for itself) 존재자로서 모든 것은 이것을 통하여 스스로 가치를 지닌다. 이성적인 것에는 여러 가지 형태가 있지만, 그러나 실로 전신 자체가 흔히 국민(민족, nations)이라고 불리는 다양한 형태 속에서 개진되고 나타나는 데서처럼 이성(reason)의 명백한 목적이 드러나는 경우는 없다. 이제 우리는 역사에 대하여 의욕의 세계는 결코 우연에 내맡겨 있지는 않는다는 믿음과 사상을 안겨주어야만 한다. 모든 국민이 겪어나가는 사건 속에는 궁극 목적이 지배적인 것이며, 또한 이성이 세계사 속에 있다는 것 __그러나 어떤 특수한 주관의 이성이 아닌 신적(神的)이며 절대적인 이성(a divine and absolute reason)__이 우리가 전제로 하는 진리이거니와 이 진리를 증명하는 것이 곧 세계사 자체의 논구이며, 다시 이 논구야말로 이성의 상(像)이며 행위인 것이다. 그러나 오히려 이러한 본래적 증명은 바로 이성 그 자체의 인식 속에

420

깃들어 있거니와, 이 이성은 오직 세계사 속에서 입증될 뿐이다. 세계사란 오직 이와 같은 성질의 이성이 현상화한 것이며, 또한 그 속에서 이성이 나타나는 특수한 형상 가운데 하나(a manifestation of this one original reason)일 뿐더러, 더 나가서는 모든 국민이라고 하는 특수한 요소에서 표현되는 원형(archetype)의 모습이다."

The sole aim of philosophical enquiry is to eliminate the contingent. Contingency is the same as external necessity, that is, a necessity which originates in causes which are themselves no more than external circumstances. In history, we must look for a general design, the ultimate end of the world, and not a particular end of the subjective spirit or mind; and we must comprehend it by means of reason, which cannot concern itself with particular and finite ends, but only with the absolute. This absolute end is a content which speaks for itself and in which everything of interest to man has its foundation. The rational is that which has being in and for itself, and from which everything else derives its value. It assumes varying shapes; but in none of them is it more obviously an end than in that whereby the spirit explicates and manifests itself in the endlessly varying forms which we call nations. We must bring to history the belief and conviction that the realm of the will is not at the mercy of contingency. That world history is governed by an ultimate design, that it is a rational process – whose rationality is not that of a particular subject, but a divine and absolute reason – this is a proposition whose truth we must assume; its proof lies in the study of world history itself, which is the image and enactment of reason. The real proof, however, comes from a knowledge of reason itself; for reason appears in world history only in a mediate form. World history is merely a manifestation of this one original reason; it is one of the particular forms in which reason reveals itself, a reflection of the archetype in a particular element in the life of nations.

〈'세계사의 일반 개념'7)〉

_____→

* 헤겔은 위에서 '절대목적(the absolute end)'을 강조했고, '이성 자체에 관한 지식(a knowledge of reason itself)'을 강조했고 세계사는 그것의 '조정(調整)된 형식(a mediate form)'이라고 명시했는데, 여기에서도 '이성=신'이 역

7) G. W. F. Hegel, *Lectures on the Philosophy of World History*, Ibid, p.28 ; 헤겔(임석진 역), 역사 속의 이성, 같은 책, pp.50~51

시 강조되었다. 그리고 그것이 바로 '세계사' 속에 나타나 있다는 주장이 헤겔의 소위 '철학적 역사(哲學的 Philosophical History)'의 요점이다. (참조, ⑦-02. '역사 서술'의 세 가지 방법)

* 헤겔은 역시 '어떤 특수한 한정된 목적이 아닌 절대적 목적(the absolute end)'을 강조하다가 '국민(민족, nations)이라고 불리는 다양한 형태 속에서 개진되고 나타나는 데서처럼 이성(reason)의 목적이 명백하게 드러나는 경우는 없다'라고 하였다.
이 부분이 〈역사철학〉에서 보인 헤겔의 '범죄(犯罪)적 속성'의 명시이니, 이것은 '(헤겔)이성=신(조물주)' '거짓말'에다가 '게르만 우월주의(The German Chauvinism)'합친 '괴물(怪物)의 사고(The thought of Devil)'를 만들어낸 현장이다. 왜냐하면 여타인(餘他人)을 무시한 헤겔의 생각(이성=하나님)에다가 '게르만 민족주의'를 연합시켰고, 거기에 '자기파괴'의 '희생'의 논리까지 첨가했으니, 제1차 제2차 세계대전을 100년을 앞서서 헤겔은 그 '대전'에 가장 정확한 원인제공자라는 위의 진술로 완벽하게 명시했기 때문이다. (참조, ⑥-37. 독일 '국가 사회주의(나치즘)'-A. 히틀러 ⑥-38. '세계 근대 문명'은, '게르만(아리안) 문명'이다.-A. 히틀러)

⑦-07 '세계정신'은 절대정신이다.

"이제 여러분 가운데 아직 철학에 통달하지 못한 이들에게 내가 예기할 수 있는 것은, 이성(理性, reason)에 대한 믿음과 이성에 대한 인식을 갈구하는 마음으로 이 세계사 강의에 임해 달라는 것이다. __그러므로 학문 연구를 향한 주관적 욕구로서 전제되어야 하는 것은 이성적 통찰과 인식에 대한 갈망이지, 한낱 단편적인 지식을 수집을 갈망하는 것은 아니다. 그러나 그렇다고 해서 내가 여기에서 당장 그와 같은 믿음을 지닐 것을 미리부터 요구하는 하는 것은 아니다. 여기서 내가 잠정적으로 이야기하였고 또 앞으로 이야기하려고 하는 것은____지금 여기서 다루어지고 있는 학문에 비추어 볼 때__

그러한 믿음이 한낱 전제로서가 아니라 전체(全體, the whole)의 개관, 또는 앞으로 우리가 문제 삼으려는 고찰의 결과로 받아들여져야만 하겠다는 것이다.＿그러면서 또한 이때 그 결과는 이미 나에게 알려져 있으니, 왜냐하면 이 전체(全體, the whole)가 곧 나에게 알려져 있기 때문이다. <u>그리하여 이제 무엇보다도 세계사 자체의 고찰로부터 비로소 명백해질 수 있는 것은 세계사 속에서는 모든 것이 합리적으로 운행되어 왔고, 또 이 세계사는 역사의 실체를 이루는 세계정신의 이성적이며 필연적인 도정으로서 결국 세계정신은 그 본성이 오직 불변의 일자(一者)이면서 바로 이 세계 안의 현존재(the existence of world) 속에서 이러한 그의 본성을 드러낸다고 하는 사실이다 (세계정신은 절대정신이다—The world spirit is the absolute spirit).</u> 이미 이야기된 바와 같이 이것은 역사 자체의 결과임에 틀림없다. 그리하여 하여간에 우리는 역사를 있는 그대로 받아들여만 한다. 따라서 우리는 역사 기술적 경험적 방법을 취해야만 한다."

> *Some of you gentlemen, may not yet be acquainted with philosophy I could easily appeal to all such persons to approach these lectures on world history with a faith in reason and a thirst for knowledge of it; – and we must surely assume that a desire for rational insight, for knowledge, and not just for a collection of assorted information, is the subjective motive which inspires those who seek to study the learned disciplines. But I need not, in fact, make any such claims upon your faith.* These provisional remarks and the observations I shall subsequently add to them are not, even within our own discipline, to be regarded simply as prior assumptions, but as a preliminary survey of the whole, as the result of the ensuing enquiry; for the result is already known to me, as I have covered the whole field in advance. It has already been shown and will again emerge in the course of this enquiry that the history of the world is a rational process, the rational and necessary evolution of the world spirit. This spirit [is] the substance of history, its nature is always one and the same, and it discloses this nature in the existence of the world. (The world spirit is the absolute spirit)* This, as I have said, must be the result of our study of history. But we must be sure to take history as it is, in other words, we must proceed historically and empirically.*

〈'세계사의 일반 개념'8)〉

---

8) G. W. F. Hegel, *Lectures on the Philosophy of World History*, Ibid, pp.28~29 ; 헤겔(임석진 역), 역사 속의 이성, 같은 책, pp.51~52

* 헤겔은 위에서 강조한 '전체(全體, the whole)', '절대적 목적(the absolute end)', '절대적인 이성(a divine and absolute reason)', '절대적인 것(the absolute)'은 '신(God, Jehovah)' '절대정신'의 동류 어(同類 語 −同語反覆)이다.

* 헤겔은 1822년부터 그의 〈세계 역사철학 강의〉를 시작한 것으로 알려져 있다. 그런데 헤겔은 〈정신형상학(1807)〉을 쓰기 이전부터 A. 아우구스티 누스의 〈신국(神國, *The City of God*, 426)〉을 읽어 숙지(熟知)하고 있었고, 그것을 이미 자신의 신념으로 삼고 있었다. (참조, ⑪-06. **말을 탄 '세계정 신'(1806).**)
그런데 〈법철학(1820)〉 이후의 '강의'에서 그의 '현실주의(Actualism, 독일 국가주의)'는 그 아우구스티누스의 '신국(神國)'을 '현실주의'로 활용하는데 힘을 모으고 있다. (참조, ⑦-06. **'독일 민족주의(German Nationalism)'가 '이 성(Reason)'이다.**)

⑦-08 '배타(排他)적인' 유대 민족(Jewish)

"광범한 민족을 통합하는 페르시아 왕국에 속하는 민족 중에서 해안지방 에 거주하는 다른 또 하나의 민족은 유대 민족(Jewish)이다. 이 민족에도 역 시 하나의 경전 즉 〈구약 성서(Old Testament)〉가 있으며 그 속에는 이 민족 의 관점도 나타나 있는데, 그 원리는 바로 위에서 서술한 바 있는 원리[자연 원리]와는 '정반대(the exact opposite)'이다. 정신적인 면은 페니키아 민족에 있어서는 아직도 자연적인 면에 의해서 제한을 받고 있는데 반하여, 유대인 의 경우는 '순수한 사상(the pure product of Thought)'로 온전히 순화된 형 태로 나와 있다. 의식의 영역에 '자신 개념(Self-conception)'이 등장하여, 그 정신적인 것은 '자연'이나 '자연과의 통합'에 정면으로 대립하는 형태를 취하 고 전개된다. 우리들은 앞에서 순수한 범(梵, Brahm)을 고찰하였는데, 그러 나 그 범(梵, Brahm)은 다만 보편적인 자연존재로서 존재하는 데 지나지 않 았고, 그 위에 그것 자신은 페르시아 인(Persians)에 있어서는 그것이 의식의

424

대상으로는 되지 않았다. 때로는 의식의 대상으로도 되었으나 그것은 감성적인 직관인 빛으로서였다. 그런데 빛(자신 개념)은 유대인의 경우에 '순수한 하나 여호아(Jehovah, the purely One)'로 되었다. 여기에 동양(the East)과 서양(the West)의 분기점이 뚜렷하게 나타난다. 이제야 정신은 자기 안에 잠겨서, 그 정신적인 것의 추상적인 근본 원리를 포착한다. 동양에 있어서 제일의 것이며 기초였던 자연은 이제야 단순한 피조물로 끌어 내려지고, 이제야 정신이 제일의 것으로 된다. 신이 전 인류 및 전 자연의 창조자이고 일반적으로 절대적인 활동 그 자체임을 알게 된다. 그런데 이 위대한 원리는 또 하나의 면으로서 타자를 배척하는 일자(一者)라는 규정을 가지고 있다 (But this great principle, as further conditioned, is exclusive Unity). 따라서 이 종교는 본래 이 한 종족만이 '유일한 신'을 아는 자인 동시에 이 한 민족만이 유일한 신으로부터 시인된 것이라는 '배타적 요소(排他的 要素, the element of exclusiveness)'를 필연적으로 가지지 않을 수 없게 된다. 바꿔 말하면 유대인의 신은 아브람과 그 자손만의 신(神)이다. 이와 같은 신의 관념 안에는 국민적 개별성과 특수한 지방적 신앙이 혼합되어 있다. 따라서 이 신 앞에선 다른 신들은 그 어느 것이나 거짓의 신이다. 그리고 '진(眞)'과 '위(僞)'의 구별은 전연 추상적이다. 왜냐하면 (거기에는 독단적으로) 거짓 신들에게는 신성이 있을 수 없다고 전제되어 있다. 그런데 신은 어떠한 정신적인 활동이든, 그것이 종교라면 어떠한 종교라도 그 안에는 긍정적 요소를 포함하고 있다. 종교는 설영 그것이 틀린 종교일지라도 어떻든지 진리를 간직한다. 바꿔 말하면 어떠한 종교 신의 현재(顯在), 신적 관계가 있으며 거기서 역사철학으로서는 그의 가장 왜곡된 형태 안에서도 정신적인 것의 그의 계기를 발견한다는 것이 필요하다. 물론 종교라고 해서 그것이 그대로 좋다는 법은 없다. 내용이 문제가 아니고 단지 형식이 중요하다는 것과 같은 한가한 생각에 빠져서는 안 된다. 그런데 유대의 종교는 '절대적으로 타자(他者)를 배척'하는 것이기 때문에 '그와 같은 한가한 관용(This latitudinarian tolerance)'을 가지고 있지 않다.

여기서 정신적인 것은 감성적인 것과는 무엇보다 먼저 손을 끊고 자연은 외적인 것, 무신적 존재로 끌어내려진다. 원래 이것이 자연의 참다운 모습이다. 왜냐하면 이념이 이 자연의 외면성에 있어서 나타나서 유화(宥和)에 도달하는 것은 훨씬 뒤에 이르러서의 일이기 때문이다. 즉 이념의 최초의 등장은 자연에 대립하는 것이라고 하는 양상을 취한다. 왜냐하면 이제까지 인정되지 아니 하였던 정신이 여기에 비로소 그 가치를 인정하게 되어 그것과 동시에 자연도 그의 당연한 지위가 주어지게 되는 셈이기 때문이다. 자연은 자기 자신에 대해서 외적인 것(그 존재의 근거를 타자에 갖는 것)이고 지정되어진 것이고, 창조되어진 것이다. 여기서 이 신(神)이 자연의 주(主)이고 창조자(God is the lord and creator of Nature)라고 하는 관념은 전 자연을 신의 장식으로 하여 말하자면 신의 종복으로 한 동시에 신의 지위를 숭고한 것으로 높인다. 이 숭고성에 비하면 인도의 종교(Hindoo religion)는 단지 무 결정(無 決定, indefinitude)의 종교에 지나지 않는다. 그러데 이 정신성을 기본으로 살게 되면 일반적으로 감정적인 것과 비 인륜적인 것과는 그 특권을 빼앗겨 무신론적 존재로 폄하(貶下)된다. 단지 일자, 정신, 비 감성적인 것만이 진리이다. 사상은 사상만으로서 독립적인 것으로 자유롭게 있는 것으로 되어 여기에 비로소 참다운 도덕과 정의가 나타날 수 있다. 왜냐 하면 신은 의를 통해서 숭배되는 것이며 따라서 의로운 행위란 주(主)의 길을 걷는다는 것이기 때문이다. 행복 생명 현재의 번영은 그 보답으로써 그것과 결부하는 것이다. '네가 오래도록 지상에 살기 위해서는'(구약 '申命記' 5의 16, '예베소書' 6의 3)이라고 일컬어지고 있는 까닭이다. 역사적 고찰의 가능성도 역시 여기에 나타나 있다. 왜냐하면 유한 적인 것, 무상한 것을 각각 제자리에 놓고 이것을 유한성의 고유한 자태에 있어서 파악하는 것이야 말로 산문적 오성이며 그 산문적 오성이 여기에 있기 때문이다. 즉 여기에서 인간은 어디까지나 개인으로 간주되고 신의 화신으로 간주되지 않는다. 또 태양은 태양, 산은 산으로서 보이는 것이며 그것들이 정신이라든가 의지라든가를 그들 자신 속에 가지는 것이라고 보는 일은 없다.

이 민족에 있어서는 이상과 같은 순수한 사상에 대한 관계를 나타내는 것으로서 엄격한 종교적 의식이 중시된다. 구체적인 개인 주관은 아직 자유를 가지지 않는다. 왜냐하면 절대자 자신은 아직 구체적인 정신으로서 과학화 정신은 아직 비정신적으로 조정된 것으로서 보이고 있기 때문이다. 물론 맑은 마음으로라든가 참회라든가 신심이라는 내면성은 일컬어지고 있지만 그러나 개개의 구체적 주관이 절대자 안에서 자기를 대상화하고 자기를 문제로 삼는다고 하는 데까지는 가 있지 않다. 그 때문에 주관은 엄격히 의식과 계율에 얽매어 그것을 지키게 된다. 이 경우 이 계율의 밑바닥으로 되어 있는 것은 바로 추상적 자유라고 하는 의미에서의 순수 자유에 불과하다. 유대인은 자기가 자기인 바의 근저를 자기 존재의 본질을 오직 일자 안에만 두는

426

것이며, 그 점에서 개인(주관)은 그 자신으로서는 아무런 자유도 가지지 않는다. 스피노자(Spinoza)는 모세의 율법을, 신이 유대인에게 벌과 훈계를 내려준 것으로 보고 있다. 즉 주관, 개인은 아직 전연 그의 독립성의 의식에 도달해 있지 않다. 또 그 때문에 유대인에 있어서는 영혼불멸이라고 하는 신앙은 보이지 않는다. 그것은 주관이 아직 절대자격으로(절대적으로, 자립적으로) 존재하는 것으로는 되어 있지 않기 때문이다. 그런데 주관은 이와 같이 유대교에 있어서는 무가치한데 반해서 가족은 독립적인 것이다. 왜냐하면 여호와의 신앙은 가족에 결부된 것이며 가족은 실체적인 것이기 때문이다. 그러나 그렇다고 해서 또 국가도 유대의 원리에 일치하지 않는 것이고 모세의 입법의 취지에도 어긋나는 것이다. 유대인의 관념에서 본다면 여호와는 그들 유대인을 이집트로부터 데리고 나와서 그들에게 가나안의 땅을 부여해 준 아브라함, 이삭 야곱의 신이다. 이 가장들에 대한 이야기들은 퍽 흥미롭다. 이 역사 안에 족장적인 유목 상태에서 농업 생활로의 추이가 보이는 것이다. 대체로 유대의 역사는 극히 이색적인 것이다. 그러나 단지 그것의 다른 민족정신의 배척을 신성시하고 있는 점(가나안의 주민 섬멸까지도 신의 명령이라고 하고 있다.) 일반적으로 교양이 결여되어 있다고 하는 점, 그리고 자기 국민만이 높은 가치를 가진다고 하는 '선민(選民)' 관념에 사로잡혀 있는 미신이라는 점에서, 그 역사는 불순한 것으로 되고 불투명한 것으로 되어 있다. 또 기적(奇蹟)도 이 역사를 역사로 보는 것을 방해한다. 왜냐하면 구체적인 의식이 자유로운 것으로 되지 않는 한, 구체적인 관점도 자유로울 수 없기 때문이다. 그래서 자연의 신성을 박탈하기는 하였지만, 자연(自然)의 이해(理解)라는 것은 아직 거기에 없는 것이다.

가족은 가나안의 점령에 의해서 민족으로까지 성장하고 국토를 소유하게 되어 예루살렘에 전 민족을 위한 전당을 설치하였다. 그러나 본래의 국가적 단결은 존재하지 않았다. 국가의 위기에 영웅은 출현하여 전군의 선두에 선 일은 있었지만, 언제든지 이 민족은 항복의 쓰라린 변을 당하였다. 뒤에 국왕이 선출이 되어 이들 왕이 비로소 자립이 이루어진다. 다비드는 원정까지 하였다. 유대인의 입법은 원래 한 가족만을 지표로 한 것이었는데, 그래도 '모세 서(書)' 안에는 벌써 국왕에 대한 희망이 미리 서술되어 있다. 국왕을 선출하는 자를 사제라 한다. 국왕은 외국인일 수 없고 또 불의를 일으킨다든가 너무 많은 처첩을 가져도 안된다. 유대 국가는 잠시 번영한 뒤에 붕괴하여 그 땅은 분할되고 말았다. 그리고 거기에는 겨우 레비(Levi)족과 저 예루

살렘이라는 단지 하나의 전당만이 남았기 때문에 나라의 분열 즉시 우상숭배가 일어난 것도 부득이한 일이었다. 왜냐하면 '유일한 신'이 여기저기 여러 전당에서 모셔질 수는 없고 또 유일한 종교를 가지는 두 나라가 존재한다고 하는 것은 불가능한 일이기 때문이다. 요컨대 객관적인 신이 어떻게 순수하게 정신적인 것으로 생각되어졌다 하더라도, 그 객관적인 신 숭배의 주관적인 면은 아직 대단한 속박을 받고 극히 비정신적인 것이었다. 이 두 개의 나라(정신적인 나라, 현실적인 나라: 이스라엘, 유대)는 의전에 있어서나 내면에 있어서 다 같이 이로움이 없었고, 끝내는 앗시리아인과 바빌로니아 이에게 정복을 당하였다. 그러나 퀴로스 왕 밑에서 이스라엘 사람은 자기 고향으로 돌아가 자신의 법률에 따라 살 수 있도록 허용이 되었다."

The next people belonging to the Persian empire, in that wide circle of nationalities which it comprises, is the *Jewish*. We find here, too, a canonical book—the *Old Testament*; in which the views of this people—whose principle is the exact opposite of the one just described—are exhibited. While among the Phœnician people the Spiritual was still limited by Nature, in the case of the Jews we find it entirely purified;— the pure product of Thought. Self-conception appears in the field of consciousness, and the Spiritual develops itself in sharp contrast to Nature and to union with it. It is true that we observed at an earlier stage the pure conception " Brahm "; but only as the universal being of Nature; and with this limitation, that Brahm is not himself an object of consciousness. Among the Persians we saw this abstract being become an object for consciousness, but it was that of sensuous intuition— as Light. But the idea of Light has at this stage advanced to that of " Jehovah "—the *purely One*. This forms the point of separation between the East and the West; Spirit descends into the depths of its own being, and recognizes the abstract fundamental principle as the Spiritual. Nature—which in the East is the primary and fundamental existence—is now depressed to the condition of a mere creature; and Spirit now occupies the first place. God is known as the creator of all men, as he is of all nature, and as absolute causality generally. But this great principle, as further conditioned, is *exclusive* Unity. This religion must necessarily possess the element of exclusiveness, which consists essentially in this—that only the One People which adopts it, recognizes the One God, and is acknowledged by him. The God of the Jewish People is the God only of Abraham and of his seed: National individuality and a special local worship are involved in such a conception of deity. Before him all other gods are false: moreover the distinction between "true" and "false" is quite abstract; for as regards the false gods, not a ray of the Divine is supposed to shine into them. But every form of spiritual force, and *à fortiori* every religion is of such a nature, that whatever be its peculiar character, an affirmative element is necessarily contained in it. However erroneous a religion may be, it possesses truth, although in a mutilated phase. In every religion there is a divine presence, a divine relation; and a philosophy of History has to seek out the spiritual element even in the most imperfect forms. But it does not follow that because it is a religion, it is therefore *good*. We must not fall into the lax conception, that the content is of no importance, but only the form. This latitudinarian tolerance the Jewish religion does not admit, being absolutely exclusive.

The Spiritual speaks itself here absolutely free of the Sensuous, and Nature is reduced to something merely external and undivine. This is the true and proper estimate of Nature at this stage; for only at a more advanced phase can the Idea attain a reconciliation [recognize itself] in this its alien form. Its first utterances will be in opposition to Nature; for Spirit, which had been hitherto dishonored, now first attains its due dignity, while Nature resumes its proper position. Nature is conceived as having the ground of its existence in another— as something posited, created; and this idea, that God is the lord and creator of Nature, leads men to regard God as the Exalted One, while the whole of Nature is only his robe of glory, and is expended in his service. In contrast with this kind of exaltation, that which the Hindoo religion presents is only that of indefinitude. In virtue of the prevailing spirituality the Sensuous and Immoral are no longer privileged, but disparaged as ungodliness. Only the One—Spirit—the Nonsensuous is the Truth; Thought exists free for itself, and true morality and righteousness can now make their appearance; for God is honored by righteousness, and right-doing is " walking in the way of the Lord." With this is conjoined happiness, life and temporal prosperity as its reward; for it is said: " that thou mayest live long in the land."—Here too also we have the possibility of a *historical* view; for the understanding has become prosaic; putting the limited and circumscribed in its proper place, and comprehending it as the form proper to finite existence: Men are regarded as individuals, not as incarnations of God; Sun as Sun, Mountains as Mountains— not as possessing Spirit and Will.

We observe among this people a severe religious ceremonial, expressing a relation to pure Thought. The individual as concrete does not become free, because the Absolute itself is not comprehended as *concrete* Spirit; since Spirit still appears posited as non-spiritual—destitute of its proper characteristics.

It is true that subjective feeling is manifest—the pure heart, repentance, devotion; but the particular concrete individuality has not become objective to itself in the Absolute. It therefore remains closely bound to the observance of ceremonies and of the Law, the basis of which latter is pure freedom in its abstract form. The Jews possess that which makes them what they are, through the *One*: consequently the individual has no freedom for itself. Spinoza regards the code of Moses as having been given by God to the Jews for a punishment—a rod of correction. The individual never comes to the consciousness of independence; on that account we do not find among the Jews any belief in the immortality of the soul; for individuality does not exist in and for itself. But though in Judaism the *Individual* is not respected, the *Family* has inherent value; for the worship of Jehovah is attached to the Family, and it is consequently viewed as a substantial existence. But the State is an institution not consonant with the Judaistic principle, and it is alien to the legislation of Moses. In the idea of the Jews, Jehovah is the God of Abraham, of Isaac, and Jacob; who commanded them to depart out of Egypt, and gave them the land of Canaan. The accounts of the Patriarchs attract our interest. We seen in this history the transition from the patriarchal nomade condition to agriculture. On the whole the Jewish history exhibits grand features of character; but it is disfigured by an exclusive bearing (sanctioned in its religion), towards the genius of other nations (the destruction of the inhabitants of Canaan being even commanded)—by want of culture generally, and by the superstition arising from the idea of the high value of their peculiar nationality. Miracles, too, form a disturbing feature in this history—*as history;* for as far as concrete consciousness is not free, concrete perception is also not free; Nature is undeified, but not yet understood.

The Family became a great nation; through the conquest of Canaan, it took a whole country into possession; and erected a Temple for the entire people, in Jerusalem. But properly speaking no *political* union existed. In case of national danger heroes arose, who placed themselves at the head of the armies; though the nation during this period was for the most part in subjection. Later on, kings were chosen, and it was they who first rendered the Jews independent. David even made conquests. Originally the legislation is adapted to a family only; yet in the books of Moses the wish for a king is anticipated. The priests are to choose him: he is not to be a foreigner—not to have horsemen in large numbers—and he is to have few wives. After a short period of glory the kingdom suffered internal disruption and was divided. As there was only one tribe of Levites and one Temple—*i.e.* in Jerusalem—idolatry was immediately introduced. The One God could not be honored in different Temples, and there could not be two kingdoms attached to one religion. However spiritual may be the conception of God as objective, the subjective side—the honor rendered to him—is still very limited and unspiritual in character. The two kingdoms, equally infelicitous in foreign and domestic warfare, were at last subjected to the Assyrians and Babylonians; through Cyrus the Israelites obtained permission to return home and live according to their own laws.

〈'유대인'9〉

—————✈

* 헤겔의 〈세계 역사철학 강의〉에 요점(要點)은 바로 이 '유대인' 항에 집중이 되어 있다.

* 앞서 밝혔듯이 헤겔의 〈역사철학〉의 초점이 '신국(神國)' '여호와주의' '삼위 일체' '반(反) 계몽주의' '배타주의' '고대 유대주의'를 그대로 반영한 것이라는 가장 명백한 증거가 바로 헤겔의 〈역사철학〉에서 '유대인' 항목이다.
위에서 헤겔이 언급하고 있는 사항을 다음과 같이 항목 별로 나누어 살펴볼 수 있다.

(a) '유대인의 경우는 '**순수한 사상(the pure product of Thought)**'로 온전히 순화된 형태로 나와 있다. 의식의 영역에 '자신 개념(Self-conception)'이 등 장하여, 그 정신적인 것은 '**자연(Nature)**'이나 '자연과의 통합'에 정면으로 대립(對立)하는 형태를 취하고 전개된다.'[이것은 '범아일여(梵我一如 — Braman=atman)'와 동류 사고임]

: '자신의 개념(Self-conception)'이란 '요한복음'에서, 예수가 말했던 바, '아 버지(Jehovah)는 내 안에 계시고 나는 그 아버지 안에 있다. The father is in me, I am in the father)'라고 했던 것으로 소위 '삼위일체(Trinity)'를 명시하는 부분이다. 그런데 헤겔은 여기에서도 그 '자연'에 집착한 반(反)계 몽주의를 명시하고 있으니, '성자(Son)'은 바로 '자연(물)'이라는 주장이다. ['자연'과 '대립(對立)하는 정신' – 육체(自然)를 빼면 바로 하나님] (참조, ② **-14. '하나님(절대신)'이 '아들(만물, 자연물)'을 창조하셨다. ②-15. '완전 종교' 란 '신에 관한 자신 의식(the self-consciousness of God)'이다.**)

(b) '그런데 **빛(자신 개념)**은 유대인의 경우에 '순수한 하나 **여호와(Jehovah,**

---

9) G. W. F. Hegel(translated by J. Sibree), *The Philosophy of History,* Dover Publications, 1956, pp.195~198 'Judaea' ; 헤겔(김병옥 역), 역사철학, 대양서적, 1975, pp.277~280 '유대인'

the purely One)'로 되었다. 여기에 동양(the East)과 서양(the West)의 분기 (分岐)점이 뚜렷하게 나타난다.'

: 헤겔은 '동양과 서양', '기독교와 여타 종교' '개신교와 가톨릭' '독일과 여타 유럽국' '철학자와 종교인' '철학자 헤겔과 여타 철학자' 구분하여 '세상에서 가장 높은 헤겔'을 자임하였다. (참조, ⑧-25. **칸트의 불쌍한 '이율배반 (Antinomies)'**)

(c) '그런데 이 위대한 원리는 또 하나의 면으로서 타자(他者)를 배척(排斥)하는 일자(一者)라는 규정을 가지고 있다(But this great principle, as further conditioned, is exclusive Unity). 따라서 이 종교는 본래 이 한 종족만이 '유일한 신'을 아는 자인 동시에 이 한 민족만이 유일한 신으로부터 시인된 것이라는 '<u>배타적 요소(排他的 要素, the element of exclusiveness)</u>'를 필연적으로 가지지 않을 수 없게 된다.'

: 위에 '한 종족'이란 '유대인'을 말하지만 헤겔은 '게르만 신국(神國)'을 '현실적이고 이성적인 것'으로 가르쳤으니, 단지 게르만 '가짜 유대인'일 따름이다. (참조, ⑥-12. **각 개인은 '시대의 아들'들이다.** ⑦-06. **'독일 민족주의 (German Nationalism)'가 '이성(Reason)'이다.**)

(d) '그런데 신은 어떠한 정신적인 활동이든, 그것이 종교라면 어떠한 종교라도 그 안에는 긍정적 요소를 포함하고 있다. 종교는 설영 그것이 틀린 종교일지라도 어떻든지 진리를 간직한다. 바꿔 말하면 어떠한 **종교 신의 현재(顯在)**, 신적 관계가 있으며 거기서 역사철학으로서는 그의 가장 왜곡된 형태 안에서도 정신적인 것의 그의 계기를 발견한다는 것이 필요하다.'

: 이것은 '신학자'로서 헤겔의 모습이다. 그러나 그것은 순전히 겉으로만 '칸트 유(類)의 관념주의(Idealism)' 흉내 낸 '가짜 계몽주의자' 헤겔의 모습이니, '계몽주의'를 '인간중심주의' '과학주의'이니, 헤겔은 자신이 그것을 이미 종료하고 '신학'에 가 있음을 말하는 '(희생 전쟁 옹호자)부엉이 신학자'였다.

(참조, ②-09. '신(God)'이 '절대 진리', '절대 가치', '절대 자유'이다. ⑥-15. 미네르바의 부엉이)

(e) '물론 종교라고 해서 그것이 그대로 좋다는 법은 없다. 내용이 문제가 아니고 단지 형식이 중요하다는 것과 같은 한가한 생각에 빠져서는 안 된다. 그런데 유대의 종교는 '절대적으로 타자(他者)를 배척'하는 것이기 때문에 '**그와 같은 한가한 관용(This latitudinarian tolerance)**'을 가지고 있지 않다.'

: '그와 같은 한가한 관용(寬容, This latitudinarian tolerance)'란 계몽주의자 볼테르(Voltaire, 1694~1778)의 명저 〈관용 론(1763)〉을 헤겔이 이미 읽었으나 볼테르는 '광교파(廣敎派, latitudinarian)'라는 '헤겔의 (기독교에의)고집'을 명시하고 있는 부분이다. (참조, ②-05. '**엄밀학(嚴密學, *les sciences exactes*)**'은 종교와 대립한다. ②-19. 우리(기독교인)는 우리 신과 하나이다. ⑧-21. 뉴턴은 '이념'을 모르는 '야만인'이다.)

(f) '여기서 이 **신(神)이, 자연(自然)의 주(主)이고 창조자(God is the lord and creator of Nature)**라고 하는 관념은 전 자연을 신의 장식품으로 하여, 말하자면 신의 종복(從服)으로 한 동시에 신의 지위를 숭고한 것으로 높인다.(his robe of glory, and is expended in his service.)'

: 이것은 헤겔의 '건축 론' '음악 론' '사회론'으로 연결되어 있는 그의 주요 신념이다. (참조, ⑨-17. 신상(神像)을 중심으로 한 신전(神殿) 건축 론, ⑨-20. '**사회적 오케스트라(the social orchestra)**' 론, ⑥-06. '사상'이 '법'보다 우선일 수는 없다.)

(g) '단지 일자(一者), **정신, 비(非) 감성적인 것만이 진리**이다.'
: 이것이 헤겔의 '일원론(Monism)'이다. (참조, ③-13. '진리=현실=실체=주체=정신=성령=하나님')

(h) '역사적 고찰의 가능성도 역시 **여기(신, 도덕, 정의)에 나타나 있다.**'
: '여기'란 '삼위일체' '변증법' '일원론(一元論)' '독일 중심주의(神國)'이다.
(참조, ⑥-35. **공동체(共同體) 안에 희생(犧牲)-A.** 아우구스티누스)

(i) '단지 그것이 다른 민족정신의 **배척(排斥)을 신성시**하고 있는 점(가나안
住民의 殲滅까지도 신의 命令이라고 하고 있다.) 일반적으로 교양이 결여되
어 있다고 하는 점, 그리고 자기 국민만이 높은 가치를 가진다고 하는 '선민
(選民)' 관념에 사로잡혀 있는 미신이라는 점에서, 그 역사는 불순한 것으로
되고 불투명한 것으로 되어 있다.'
: '유대인'과 '게르만'의 헤겔 식 구분은, **현실적으로 '영토와 군사력이 없는
유대인'과, '영토와 군사력의 갖춘 게르만'의 차이였다. 그것(의 持續)이 '게르만
신국이 현실적이고 이성적인 헤겔 철학의 전부'였다.** (참조, ⑦-09. 개신교의
영웅, 프리드리히 대왕)

* 헤겔이 〈역사철학〉에 활용한 그 '가짜 논리학' 변증법을 '도식화'하면 다음과
  같다.

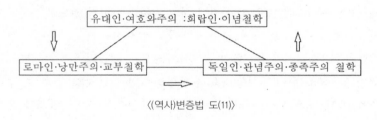

《(역사)변증법 도(11)》

* G. W. F. 헤겔이 〈철학 강의〉에서 전제한 '자신의 개념(Self-Conception)'이
  란 기독교 사제(司祭)가 전제(前提)한 인간의 '주관적 개념'일 뿐이다.[헤겔
  은 역시 '자기 생각=신의 생각' 전제 위에 있었음]

* 헤겔의 '강박증(强迫症, Obsession)'을 드러내고 있는 것이 역시 '동어반복

(Tautology) 현상'이다.

헤겔은 신학대학 학생 시절부터 익었을 '여호와주의' '삼위일체' 체계를 평생 반복하였다.

'과대망상'의 헤겔은 '삼위일체' 공식을 너무 사랑하여, 거기에 역시 자신의 '우울증(Depression)' '강박증(Obsessive compulsive neurosis)'도 분석 반성할 수 없는 상황에서 그것을 치료하기 보다는 아예 '자기 파괴 의지'가 그 '자유(윤리 복종)의지'이고, 그 '정의(正義, Judgement) 실현 의지' 그 '희생(제물) 정신'으로 예찬을 행하였다. 그래서 헤겔은 '이 생명 부정', '이 세상 부정', '염세주의', '허무주의'를 바탕으로 '전쟁 긍정' '배타주의' '게르만 신국론' '희생 이론'을 공론(公論)화하였다. (참조, ⑤-13. '자살(自殺)'의 긍정, ⑥-13. 현재는 '장미'이며 '십자가'이다. ⑨-23. '자기 파괴'가 '영원한 정의(正義)'이고 인간 본성이다. ⑨-30. 몰락(죽음)=영원한 정의=윤리적 실체=만족)

⑦-09 개신교의 영웅, 프리드리히 대왕

"그러나 프로테스탄트 교회는 그 뒤에 자기 교회에 속하는 국가의 하나의 유럽 독립의 한 세력으로 대두함으로써 그 완전한 정치적 보장을 받게 된다. 이 세력은 프로테스탄트 주의와 더불어 새로이 일어날 필연성을 가진 것이었다. 프러시아(30년 전쟁의 결과 독립의 지위를 획득한 브란덴브르크 候 호엔츨레른 家)가 곧 그것이다. 프러시아는 17세기 종반이 되면서 세계사 무대에 등장하는데, 프리드리히 대왕은 프러시아 건설 자는 아닐지언정 그 확립자이며 안정의 기초를 얻은 인물을 얻음으로써 7년 전쟁(1756~63)이라는 이 같은 독립과 안정에 의한 전쟁을 발견하게 되었던 것이다. 프리드리히 2세는 혼자 힘으로 거의 유럽의 전체 세력인 주요 동맹국(특히 오스트리아, 프랑스, 러시아)에 대항해서 그 위력을 세계에 과시했다. 그는 신교(新敎)의 영웅으로서 출현했는데, 그것도 구스타프 아돌프와 같이 단순한 개인으로서가 아니라 한 국가의 국왕으로서였다. 물론 7년 전쟁은 그 자체는 종교 전쟁은 아니었지만 그 결과로 보면 명백히 그러한 성격을 가졌으며 그 병사들의 정신 자세나 각국의 감정 면으로 말하더라도 역시 종교전쟁이었다. 법왕[교황]은 장군 다운(Daun, 1705~1766)의 검(劍)에 무운을 비는 의식을 행해 주었고, 연합군의 첫째 목적은 프로테스탄트 교회의 옹호자인 프러시아 국가의 분쇄에 있었던 것이다. 그러나 프리드리히 대왕은 단순히 프러시아를 프로테스탄트의 한 세력으로 유럽 열강에 올려놓았을 뿐만 아니라 한 편 그는 철학적인 국왕이기도 했다. 이 점은 근세에 있어서 참으로 특이 하며 전례가 없는 현상이었다. 영국의 역대 왕은 절대주의 원리를 위해 싸우는 빈틈없는 (관념적인) 신학자(신학자)였지만, 프리드리히 대왕은 반대로 프로테스탄트의 원리를 세속에서 포착한 것이었다. 그는 종교상의 행정을 꺼려 어느 쪽 견해에 대해서도 찬부(贊否)를 표시하지 않았으나, 정신의 궁극적인 깊이이며 사유의 자각적인 힘인 보편성에 대한 의식은 확고히 지니고 있었다."

The Protestant Church increased and so perfected the stability of its political existence by the fact that one of the states which had adopted the principles of the Reformation raised itself to the position of an independent European power. This power was destined to start into a new life with Protestantism : *Prussia*, viz., which making its appearance at the end of the seventeenth century, was indebted, if not for origination, yet certainly for the consolidation of its strength, to Frederick the Great ; and the Seven Years' War was the struggle by which that consolidation was accomplished. Frederick II demonstrated the independent vigor of his power by resisting that of almost all Europe—the union of its leading states. He appeared as the hero of Protestantism, and that not individually merely, like Gustavus Adolphus, but as the ruler of a state. The Seven Years' War was indeed in itself not a war of religion ; but it was so in view of its ultimate issues, and in the disposition of the soldiers as well as of the potentates under whose banner they fought. The Pope consecrated the sword of Field-Marshal Daun, and the chief object which the Allied Powers proposed to themselves, was the crushing of Prussia as the bulwark of the Protestant Church. But Frederick the Great not only made Prussia one of the great powers of Europe as a Protestant power, but was also a philosophical King—an altogether peculiar and unique phenomenon in modern times.

There had been English Kings who were subtle theologians, contending for the principle of absolutism : Frederick on the contrary took up the Protestant principle in its secular aspect ; and though he was by no means favorable to religious controversies, and did not side with one party or the other, he had the consciousness of Universality, which is the profoundest depth to which Spirit can attain, and is Thought conscious of its own inherent power.

〈역사 철학")〉

436

_____✈

* 1757년(한국 - 영조 33년) 11월 5일, 프러시아 프리드리히 2세(Frederick the Great, 1712~1786)는 '로스바흐 전투(the Battle of Rossbach)'에서 프랑스(러시아, 오스트리아) 연합군을 대패(大敗)시켰다.

〈'프리드리히 2세(Friedrich II, 1712~1786)', '로스바흐 전투(1757. 11. 5.)'〉

〈'로스바흐 전투(the Battle of Rossbach, 1757. 11. 5.)'[11]〉

* 평소 헤겔의 모든 관심은 그 '로스바흐 전투(the Battle of Rossbach)'를 성공적으로 이끌었던 '프리드리히 2세'에 집중되어 있었다. 그것을 항목별로 순차적으로 살펴보면 다음과 같다.

(a) 개신교(改新敎)도 헤겔의 일차적 관심 사항은, 아우구스티누스(A, Augustinus, 354~430)가 쓴 〈신국(神國)〉이었다. (참조, ⑥-35. 공동체(共同

---

10) G. W. F. Hegel(translated by J. Sibree), The Philosophy of History, Dover Publications, 1956, pp.437~438 ; 헤겔(김병옥 역), 역사철학, 대양서적, 1975, pp.547~548
11) Wikipedia, 'the Battle of Rossbach' - 'Contemporary painting of the battle'

體) 안에 희생(犧牲)-A. 아우구스티누스)

(b) 그러나 창세기부터 예수 당년(當年)에 이르기까지 '절대신'을 받드는 가장 확실한 종족은 '유대인'이었으나, 유대인은 영토와 군대가 없어 '타 민족의 노예상태'를 면할 수 없었다. 그러나 헤겔의 '프러시아' 경우는 '전쟁'으로 '절대정신' '절대자유'를 지켜냈다는 헤겔식의 해석이다. (참조, ⑦-08. '**배타(排他)적인' 유대 민족(Jewish)**))

(c) 헤겔은 체질적(주관적)으로 그 '살상(殺傷)의 전쟁'을 '불가피한 신(神)의 뜻'이고 사실상 '정의(Justice)의 실현'으로 이해하고 긍정하고 있었다. (참조, ⑥-26. '**영구평화(永久平和)론' 비판 ⑪-06. 말을 탄 '세계정신'(1806).**)

(d) 헤겔은 체질적인 '전쟁광(warmonger)'로서, 알렉산더(Alexander, b.c. 356~323)나 나폴레옹(Napoleon, 1769~1821)을 '세계정신(The World Soul, 태양)'으로 인정하였다. (참조, ⑨-22. **알렉산더가 '서사시 주인공'으로 부적절한 이유**)

(e) 그런데 헤겔은 〈법철학(1820)〉 이후에는 '게르만 국가주의'와 '게르만의 군주'로 축소(縮小)되면서, '이성적인 것 현실적인 것'으로 자신의 신학을 '게르만 신국'론으로 구체화 하였다. (참조, ⑥-10. '**현실적인 것'이 '이성적인 것'이다.**)

(f) 헤겔은 그 아우구스티누스의 '신국(神國)'을 '프로테스탄트의 독일'로 확신하였기에 최고 도덕의 실현은 '희생(제물)'이 되는 것을 '평생 이상적 삶'이라고 확신하였다. (참조, ⑥-13. **현재는 '장미'이며 '십자가'이다.**)

(g) 이 '희생정신'이 바로 '헤겔 인생의 최고 미덕의 성취'로 예찬을 행했으니,

헤겔의 경우 여타의 모든 분야 '예술' '종교' '철학'의 논의에서도 '가장 높은 정신'은 '자기 파괴의 윤리 성취'라고 규정하였다. (참조, ⑨-23. '자기 파괴'가 '영원한 정의(正義)'이고 인간 본성이다. ⑨-30. 몰락(죽음)=영원한 정의=윤리 적 실체=만족)

(h) 이러한 '호전(好戰)주의' '군국주의' '제국주의'에, 정확히 반기(反旗)를 든 사람이 '계몽주의'의 볼테르이고 칸트였다. (참조, ⑥-27. '영구평화(永久平 和)론' - I. 칸트)

(i) 그러한 볼테르와 칸트의 '전쟁반대'를 계승한 '예술 운동'이 바로 1916년 취리히 '다다혁명운동(Movement Dada)'이었다.

(j) 이러한 '전쟁 이론'은 영국의 토인비(A. J. Toynbee, 1889~1975)에게도 영향을 주어 '전쟁 제일주의' 나갔다. (참조, ⑦-12. '전쟁과 평화는, 경제적 번영 불황과 동반자이다.'-A. J. 토인비)

⑦-10 '보편 의지'로서의 '자유(윤리) 의지'

"이와 같은 형식적인 절대적 원리와 함께 우리는 역사의 최후 단계로, 우리의 세계로, 우리의 시대로 도달하게 된다.

세속성이란 존재 속에 있는 정신의 나라이며 현실존재로 발길을 내디딘 의지의 나라이다. 감각과 감성과 충동도 내면적인 것을 실현하는 수단이지만, 그러나 그것들은 개별적인 것이어서 생멸변화를 벗어날 수 있다. 말하자면 그것들은 의지의 현상적인 내용이기 때문이다. 그런데 정의(正義, just)나 인륜(人倫, moral)은 본질적인 또는 그 자체로서 존재하는 의지에 속하며 그 자체로서 '보편적인 의지(universal Will)'에 속한다. 참으로 옳은 것을 알기 위해서는 우리는 특수적인 것으로서의 습성(inclination)이나 충동(impulse)이나 욕망(desire)을 버려야 한다. 곧 '의지 그 자체(Will is in itself)'를 보지 않으면 안 된다. 왜냐하면 호의니 원조니 협동이니 하는 충동은 어디까지나

충동이지, 그것에 대해선 다른 숱한 충동이 대항하는 것이기 때문이다. '의지 그 자체(Will is in itself)'는 이 같은 특수성과 대립을 초월하는 것이어야 한 다. 그러나 그 모든 것을 초월하는 점에서 의지로서의 의지는 추상적이다. 의지는 다른 것을, 외면적인 것을 자기와 완전히 다른 것을 의지하지 않으며 오직 자기 자신을 의지하는 하는 한에서만 자유이다. 앞의 경우에는 의지는 다른 것에 의존하게 되기 때문이다. 절대적 의지란 이같이 자유이고자 의지 하는 그 자체인 것이다. 그런데 이 자기를 의욕 하는 의지가 바로 일체의 권리와 의무의 근거이며, 따라서 또한 일체의 법률과 의무 명령 및 책임의 근거인 것이다. 의지의 자유(the Freedom of Will) 그것은 이와 같은 것이므 로, 모든 권리의 원리이며 그 실체적 근거이며 또한 그 자체가 절대 진실로 영원한 권리여서 다른 특수적 권리에 비하면 최고의 권리이다. 뿐만 아니라 그것은 인간을 인간답게 하는 것으로 따라서 정신의 근본 원리이다."

This formally absolute principle brings us to *the last stage in History, our world, our own time.*

Secular life is the positive and definite embodiment of the Spiritual Kingdom—the Kingdom of the *Will* manifesting it- self in outward existence. Mere impulses are also forms in which the inner life realizes itself; but these are transient and disconnected; they are the ever-changing applications of voli- tion. But that which is just and moral belongs to the essential, independent, intrinsically universal Will; and if we would know what Right really is, we must abstract from inclination, impulse and desire as the particular; *i.e.,* we must know what the Will is in itself. For benevolent, charitable, social impulses are nothing more than impulses—to which others of a different class are opposed. What the Will is in itself can be known only when these specific and contradictory forms of volition have been eliminated. Then Will appears as Will, in its abstract es- sence. The Will is Free only when it does not will anything alien, extrinsic, foreign to itself (for as long as it does so, it is dependent), but wills itself alone—wills the Will. This is absolute Will—the volition to be free. Will making itself its own object is the basis of all Right and Obligation—conse- quently of all statutory determinations of Right, categorical imperatives, and enjoined obligations. The Freedom of the Will *per se,* is the principle and substantial basis of all Right— is itself absolute, inherently eternal Right, and the Supreme Right in comparison with other specific Rights; nay, it is even that by which Man becomes Man, and is therefore the funda- mental principle of Spirit.

〈역사 철학12)〉

440

_____✈

* 위에서 헤겔이 말한 '자유(Freedom)'론은 헤겔의 논의에 핵심 전제(前提)이다. 자세한 검토를 요하는 바로 그것을 항목별로 살펴보면 다음과 같다.

(a) **'정의(正義, just)나 인륜(人倫, moral)**은 본질적인 또는 그 자체로서 존재하는 의지에 속하며 그 자체로서 **보편적인 의지(The Universal Will)**에 속한다.'
: 신학자 헤겔의 '정의(正義, just)' '인륜(人倫, moral)' '보편적인 의지(universal Will)'는 모두 '신(God, 理性)'으로부터 유래한 것이다. (참조, ②-09. **'신 (God)'이 '절대 진리', '절대 가치', '절대 자유'이다. ③-13. '진리=현실=실체=주 체=정신=성령=하나님'**)

(b) '참으로 옳은 것을 알기 위해서는 우리는 특수적인 것으로서의 습성 (inclination)이나 충동(impulse)이나 욕망(desire)을 버려야 한다. 곧 **의지(意 志) 그 자체(Will is in itself)**를 보지 않으면 안 된다.'
: 인간의 '습성(inclination)' '충동(impulse)' '욕망(desire)' 문제는 '자연적'이고 인간적 개인적인 문제이다. (참조, ②-03. **인생은 '가상(假像)'으로, 그 자체 가 고통과 근심이다. ③-08. 이 세상은 '껍질(husk)'이다. ⑤-14. '동물의 부적합 성'은 '죽음의 싹'이다.**)

(c) '의지(意志) 그 자체(Will is in itself)는 이 같은 특수성과의 대립을 초월하는 것이어야 한다.'
: 헤겔에게 '의지(意志) 그 자체(Will is in itself)'란 '자연(自然) 초월의식' '신(God, Reason)을 향한 의지'이다. (참조, ②-04. **'인간'보다는 '신(God)의 영광'을 알려야 한다. ⑤-16. '세계정신' '태양' '정신' '달'-아우구스티누스**)

---

12) G. W. F. Hegel(translated by J. Sibree), The Philosophy of History, Dover Publications, 1956, pp.442~443 ; 헤겔(김병옥 역), 역사철학, 대양서적, 1975, p.552

(d) '그러나 그 모든 것을 초월하는 점에서 의지로서의 의지는 추상적이다. 의지는 다른 것을, 외면적인 것을 자기와 완전히 다른 것을 의지하지 않으며 **오직 자기 자신을 의지하는 한에서만 자유**이다.'

: 그 '신(God)을 향한 의지'를 신에게만 맡겨둘 경우 추상적이지만, 그것을 자기 것으로 삼아야 '자기 의지'가 된다는 이야기이다. (참조, ⑥-12. **각 개인은 '시대의 아들'이다. ⑥-17. '원죄'론에 근거를 둔 헤겔의 '자유정신' ⑥-18. '자유로운 의지'를 의욕(意慾)하는 자유 의지**)

(e) '절대적 의지란 이같이 **자유이고자 의지하는 그 자체**인 것이다.'

: 그래서 '절대의지(신을 지향하는 의지)'가 '자유의지'일 수밖에 없다는 결론이다. (참조, ③-36. **자기는 '절대신'의 그림자이다. ③-38. '실체(신)'는 자기이다.**)

(f) '그런데 이 자기를 의욕 하는 의지가 바로 일체의 권리와 의무의 근거이며, 따라서 또한 **일체의 법률과 의무 명령 및 책임의 근거**인 것이다.'

: '자기를 의욕 하는 의지'가 바로 '일체의 권리와 의무의 근거'란 '신(윤리, 법, 공동체)을 지향하는 의지'가 '권리와 의무의 근거'란 헤겔의 마땅한 논리였다. (참조, ⑥-35. **공동체(共同體) 안에 희생(犧牲)-A. 아우구스티누스**)

(g) '의지의 자유(the Freedom of Will) 그것은 이와 같은 것이므로, 모든 권리의 원리이며 그 실체적 근거이며 또한 그 자체가 절대 진실로 영원한 권리여서 다른 특수적 권리에 비하면 **최고의 권리**이다.'

: 그러므로 **헤겔에게 '의지의 자유(the Freedom of Will)'란 '신에게의 복종 의무'이고 '희생(Sacrifice) 정신'은 그 구극의 정의(Justice) 실현 의지가 될 수밖에 없다.**['反 自然 意志 실현'='자유' 성취] (참조, ⑨-23. **'자기 파괴'가 '영원한 정의(正義)'이고 인간 본성이다.**)

* 신학자 헤겔의 '현실 철학'은 '게르만 국가주의'인데, 그것은 아우구스티누스의 '신국(神國)'에 그 이상적 전제를 두고, 헤겔의 '자살충동(Suicidal

Impulse)'을 '희생정신' '자유의지' '정의(자기 파괴)실현'과 동일시한 결과이다. (참조, ⑤-13. **'자살(自殺)'의 긍정 ⑨-30. 몰락(죽음)=영원한 정의=윤리적 실체=만족**)

그러므로 헤겔의 '자유'는 근본적으로 (볼테르, 칸트의) '인간 이성 자유'와 상반된 것으로 중세 사제(司祭)의 '복종(服從)의 논리'를 반복한 것이다. (참조, ⑥-31. **'인간 최고자유를 법으로 보장하는 헌법 원리'는 순수이성의 이념이다.-I. 칸트**)

* 그러한 '헤겔철학 성행(盛行) 이후에 독일의 참담(慘憺)한 현실'을, M. 에른스트(M. Ernst, 1891~1976)는 다음과 같이 조롱 비판하였다.

〈'수면 보행 엘리베이터(1920)'13), '사냥꾼(1926)'14), '화목한 쇠막대기 다발(1922)'15),
'종교 재판소: 정의(正義)는 실현 되어야 한다.(1926)'16)〉

---

13) W. Spies & S. Rewald, *Max Ernst : A Retrospective*, The Metropolitan Museum of Art, 2005, p.127 'Sleepwalking Elevator(1920)' : 자나 깨나 '노력 봉사에 동원된 독일인의 고통'의 형상화이다.

14) J. Russel, *Max Ernst Life and Work*, Harry N. Abrms, 1960, p.25 'The Hunter(1926)' : '사냥꾼'은 '침략주의 제국주의자' 대명사이다. 머리가 없는 '괴물'이다.

15) W. Spies, *Max Ernst Collages ; The Invention of the Surrealist Universe*, Harry N. Abrams, 1988, Plates 50 'The Harmonious Faggot(1922)' : '네 마리 날짐승'이 생명 殺傷의 '자동 大砲'를 작동시키고 있다.

16) W. Spies & S. Rewald, *Max Ernst : A Retrospective*, Ibid, p.169 'The Inquisition : Justice Shall be Done(1926)' : 생명이 없는 '막대기'가 빨간 외눈을 달고 왼손에 톱을 들고 바른 손에 장미꽃을 물고 온 비둘기를 안고 가슴에 훈장을 달고서 <u>'정의(正義)는 실현 되어야 한다.'</u>고 말하고 있다. '전쟁 옹호' 헤겔주의자에 대한 嘲弄이다.

⑦-11 세계사는 '통제되지 않은 자연 의지의 훈련'이다.

G. W. F. 헤겔(Georg Wilhelm Friedrich Hegel, 1770~1831)은 〈세계 역사 철학 강의(*Lectures on the Philosophy of History*, 1837)〉에서, **"세계의 역사는 '통제되지 않은 자연(自然)의지의 훈련(the discipline of the uncontrolled natural will)"이다.'**[17]라고 상정(想定)하였다.

_____→

* B. 러셀의 위의 진술에서도 여기에도 헤겔의 '강박증(强迫症, Obsessive Compulsive Neurosis)'은 여기에서도 그대로 명시되어 있다.
  헤겔은 한마디로 '자연(自然) 그대로의 인간' '생겨난 그대로의 인간' '인간의 천성(Human's Nature)'을 긍정하지 못 한 불행한 사람이었다.[헤겔의 '자기(肉體) 부정(自己否定)'의 철학을 명시한 것임]
  그러므로 이것이 헤겔 개인의 태생적 '불안(Anxiety)'의 근거로서, 어디엔가 무엇엔가 [크고 확실한 존재 ─ 권위에] 자신을 '묶어두어야 놓이는 마음', '불안 신경증(Anxious Neurosis)'이 그 근본 원인이다. (참조, ⑪-06. **말을 탄 '세계정신'(1806)**)

⑦-12 '전쟁과 평화는, 경제적 불황 번영과 동반자이다.' ─ A. J. 토인비

"근대 서구에서 '정치적 힘의 균형(political Balance of Power)'은, 더욱 넓은 지역으로 확대되는 경향이 있을 뿐만 아니라 '역사적 순환 리듬'을 보인다는 측면에서 더욱 최근의 동시대의 근대 산업 경제와 유사하다. **전쟁과 평화의 교대는, 경제적 번영 불황의 정치적 동반자이다**.(Alternating phases of war and peace were the political counterparts of alternating phases of economic prosperity and depression)…….

---

17) B. Russell, *History of Western Philosophy*, George Allen & Unwin Ltd, 1971, p.707
'The history of the world is the discipline of the uncontrolled natural will.'

예를 들어 미국은 군사적 정치적 유년기에 영국의 해군력에 프랑스의 해군력에 의해 일시적으로 무력화한 덕분에 1775~1783년에 북아메리카 전쟁에서 독립을 쟁취할 수 있었고, 이어서 나폴레옹이 문서상으로 스페인에 강요하여 프랑스에 할양하게 한 대서양 서쪽 영토를 맡은 것을 가능하게 한 1792~1815년의 전쟁에 있어서, 영국의 해군력이 프랑스 해군력을 압도했기 때문에 루이지에나 구입을 통해 미시시피 유역을 확보함으로써 내륙을 서부로 확대할 수 있었다. 또한 라틴 아메리카의 여러 공화국은, 1823년 12월 2일 몬로 대통령(President Monroe)의 '몬로 독트린 선언'의 배후에 영국의 해군력으로 영국 미국이 연합한 결과로 유럽 대륙의 힘의 불신으로 독립할 수 있었다. 즉 그것은 스페인령 아메리카 제국(帝國)이, 무력과 '신성 동맹의 영향력(the Powers of the Holy Alliance)'으로 스페인 지배에 다시 수립되지 못 하도록 스페인 왕권에 대한 반란을 확실하게 해주는 것이었다. 몬로 독트린은 아메리카 사회가 어떠한 유럽의 힘의 통제 하에 드는 것을 허용하지 않는 독립권의 수호이고 선언이었다. 그리고 당시 서구의 국제 관계 조직 속의 강국은 모두 유럽에 있었기 때문에 몬로주의는 어떠한 강국도 남북 아메리카에서 스페인 제국을 스페인 제국을 분할하여 이익을 올리는 것을 용납하지 않는다고 선언한 것과 같은 것이었다. 미국은 서구 무력 외교의 유럽 투기장(the European cockpit of Western power politics)에서 강국 역할을 할 힘이 아직 없었고, 또 그렇게 할 의사도 없었으므로 열강은 1803년 프랑스로부터 미국의 루이지에나 구입을 묵인했다. 열강은 또 아메리카에 있어서 스페인 지배 붕괴로 만들어진 정치적 진공에 열강의 개입을 1823년 미국이 거부하는 것을 용인하였고, 1846~7년 스페인 제국의 지역적 계승국인 멕시코 침략 전에 승리 후 미국이 텍사스에서 캘리포니아에 이르는 스페인령 북변(北邊)을 미국에 합병하는 것을 묵인하였다.

서구 역사에서 아메리카에 대해서 이렇게 처음 수립된 원칙은, 1792~1815년 대전 직후에 '동방(東方) 문제'가 서구 외교의 낡은 실로 짜여 있을 때 근동(近東)과 중동(中東)에 즉시 적용되었다. 오토만 제국(Ottoman Empire)의 분열은 스페인 제국의 분열과 마찬가지로 열강의 경쟁적인 자기 확대를 노리고, 오토만 먹이에 덤벼든다면 평화 유지에 위험한 정치적 진공을 만들어 낼 수 있었다. 그리고 현존하는 균형 교란의 위험은 전쟁보다도 과격하지 않은 수단으로는 대항할 수 없었기 때문에 그것은 명백히 선언되지 않았다고 해서 효력이 없지는 않았던 몬로주의에 합의된 근동 판을 설치함으로써 신중히 유지 되었다.

이 암묵의 근대 몬로주의 효력의 정도는 한편으로는 1815년 이후와 다른 한 편으로 그 이전에 오토만 제국이 잃은 영역에 적용된다. 1815년과 1918년 의 최종 대패 동안 오토만 제국의 영토 상실은, 1683년 오토만의 역전(逆轉)과 1792~1815년 전쟁에서의 상실보다 훨씬 컸다....."

The Modern Western political Balance of Power resembled its younger contemporary the Modern Western industrial economy not only in tending to expand progressively over an ever wider geographical area, but also in exhibiting a cyclic rhythm in its history. Alternating phases of war and peace were the political counterparts of alternating phases of economic prosperity and depression;

The United States, for example, in her military and political infancy, had been able to win her independence in the war of A.D. 1775–83 in North America thanks to a temporary neutralization of British sea-power by French sea-power, and had then been able to expand westwards across the Continent by securing the reversion of the Mississippi Basin through the Louisiana Purchase thanks to a preponderance of British sea-power over French sea-power in the General War of A.D. 1792–1815 which had made it impossible for Napoleon to take delivery for France of a Transatlantic territory which he had compelled Spain to retrocede to France on paper. The Latin American republics, in their turn, had owed their independence to a mistrust of the Continental European Powers that had moved Great Britain to co-operate with the United States by tacitly putting the sanction of British sea-power behind President Monroe's announcement of his doctrine on the 2nd December, 1823, in order to make sure that the current insurrections in the Spanish American Empire against the Spanish Crown should not end in a re-establishment of Spanish rule there through the arms and under the aegis of the Powers of the Holy Alliance. The Monroe Doctrine had prescribed that American communities which had declared and maintained their independence were not to be allowed to fall again under the control of any European Power; and, since at the time there were no Great Powers in the Western system of international relations that were not located in Europe, the Monroe Doctrine had been tantamount to a declaration that no Great Power was to be allowed to profit by the break-up of the Spanish Empire in the Americas. It was because the United States was not yet either able or willing to play the part of a Great Power in the European cockpit of Western power politics' that the Great Powers of the day acquiesced in her purchase, in A.D. 1803, of Louisiana from France; in her veto, in A.D. 1823, on the entry of any Great Power into the political vacuum created by the collapse of Spanish rule in the Americas; and in her annexation of the northern fringe of the former Spanish dominions in North America, from Texas to California inclusive, after waging a victorious war of aggression against the Spanish Empire's local successor-state, Mexico, in A.D. 1846–7

A principle thus first established in Western history in respect of the Americas was promptly applied in the Near and Middle East when, on the morrow of the General War of A.D. 1792–1815, 'the Eastern Question' became interwoven with the older strands of Western diplomacy. The break-up of the Ottoman Empire, like the break-up of the Spanish Empire, created a political vacuum that would have been dangerous for the preservation of peace if the Great Powers had engaged in a scramble for Ottoman spoils with an eye to a competitive self-aggrandizement; and, just because this risk of a disturbance of the existing balance might have been impossible to counteract by any means less drastic than a resort to war, it was prudently parried by the concerted institution of a Near Eastern equivalent of the Monroe Doctrine which was none the less efficacious for not being explicitly enunciated.

The measure of the efficacity of this tacit Near Eastern Monroe Doc-

446

〈'역사 연구, XI 역사 속에서의 법칙과 자유, c. 문명사 속에 '자연 법칙' 1. 지역 국가 간의 생존 경쟁'18)〉

〈'몬로 대통령(1758~1831)', '오토만 제국(1299~1922)', '토인비(A. J. Toynbee, 1889~1975)'〉

———→

* 헤겔이 그의 〈역사철학〉을 '게르만 국가주의' 아우구스티누스 '신국(神國)'
  이론에 맞추어 '도덕의 실현' '희생정신의 발휘'로 그 '게르만 국가주의'를
  옹호했음에 대해, **A. 토인비(A. J. Toynbee, 1889~1975)의 〈역사 연구(A
  Study of History, 1934~1961)〉는 이미 그 '침략전쟁'의 결과로 세계 제일 '식민
  지'와 '부(富)'를 누리고 있는 '제국주의 영국'을 '앵글로색슨(Anglo-Saxon) 중심
  주의' '사관(史觀)'으로 다시 정리한 '세계 역사'이다.**

* A. 토인비(A. J. Toynbee, 1889~1975)는 그의 〈역사 연구〉에서 '전쟁 긍정'
  '기독교 중심' '강대국 중심'의 세계사를 서술하였다.
  위의 서술은 〈역사 연구〉 '제11장 역사 속에서의 법칙과 자유(XI Law and
  Freedom in History)' '지역 국가 간의 생존 경쟁(Struggles for Existence
  between Parochial States)'이란 A. 토인비의 서술로, 영국 프랑스 '백년 전쟁

---

18) A. J. Toynbee, *A Study of History*, Oxford University Press, 1973, Volume XI, pp. 234,
240~241 ; A. J. 토인비, 역사 연구(11권), 홍은출판사, 1973, pp. 37, 43~45

(1337~1453)' 이후 프랑스 국력이 쇠퇴하고, 영국이 '미국 식민지'를 상실하고, 유럽에서 '나폴레옹 전쟁'을 치르고, 스페인이 아메리카 식민지를 포기해야 했던 경위, 그 후 오토만 제국이 망했던 경과를 약술한 것이다.

그러한 '전쟁(戰爭)의 중심'에 그 '대영제국(大英帝國, The British Empire)'이 있었는데, A. 토인비는 제목을 '지역 국가 간의 생존 경쟁(地域 國家間 生存競爭)'이란 명칭[제목 붙이기]으로, 영국의 호전주의(好戰主義)를 은폐(隱蔽)하고 있다.

이 토인비를 헤겔의 경우와 비교해 볼 때, 토인비는 헤겔의 '명분 위주(절대 자유, 하나님을 향한 자유추구)'로 자신의 〈세계 역사철학 강의〉를 엮었음에 대해, 토인비는 '전쟁'이 '생존경쟁(實利爭奪, 利權 전쟁)'이라 털어놓았다. 즉 헤겔은 **'로스바흐 전투(the Battle of Rossbach)' 등을 '개신교(Protestant)와 구교(Catholic) 전쟁'으로 해석하여 〈세계 역사 철학 강의〉를 서술했음**에 대해, A. 토인비는 '실존을 위한 투쟁(살기 위한 투쟁, 이권 전쟁)'으로 실토(實吐)를 하였다. 그러한 측면에서 **A. 토인비는, 당초 볼테르의 〈역사 철학〉의 기본 전제 "전쟁은 약탈이 목표다."[19]라는 것을 비로소 인정을 한 셈이다.**[헤겔의 '자연(육체) 부정'이, '거짓 모럴'이었음을 거듭 명시한 바였음]

* A. 토인비는, 위에서 볼 수 있듯이, '전쟁과 평화의 교대는, 경제적 번영 불황의 정치적 동반자이다.(Alternating phases of war and peace were the political counterparts of alternating phases of economic prosperity and depression)'라고 전제하였다.

이게 무슨 말인가? 헤겔이 그 '변증법'이라는 도식주의로 감히 그의 '게르만 신국(神國, The German City of God)'론으로 '게르만 족'과 '유럽인' '인류'를 속이려 했음에 대해, A. 토인비는 '전쟁 평화 순환론', '불황 호황 순환론'의

---

19) Voltaire, *The Best Known Works of Voltaire*, The Book League, 1940, pp.363~364
   'X X VII. Of the Romans, Their Empire, Religion and Toleration'

새로운 '도식주의'를 들고 나왔다. 더욱 쉽게 말하여 '영국(강대국)이 불황(不況, Economic Depression)'에 빠지면 '전쟁 가능성'이 자연 높아진다는 이론이다.

볼테르의 말을 빌리면 **'역대 강도(强盜)질 행각'**[20]의 '도식주의(圖式主義)' 역사철학이라고 해야 할 것이다.

* 토인비의 '역사 관'은, '힘의 경쟁의 역사' '경제 이익추구 역사' '강대국 중심 역사' '패권(覇權)주의 역사'이다.

그러함에도 A. 토인비는, '기독교'와 '교회'를 정신적 의지로 명시하는 것으로 〈역사연구〉를 마쳤으니, 역시 헤겔의 '개신교 중심주의' '게르만 중심주의'를 A. 토인비는 '기독교 중심' '세계 교회'로 그 모양새를 바꾸었다.[동일한 '여호와주의' 반복]

* 다음은 R. 마그리트(R. Magritte, 1898~1967)의 '치료사(治療師, The Healer)' '해방 자'라는, 세계적인 '제국주의' 왕초, '대영제국(大英帝國)'을 풍자한 작품들이다.

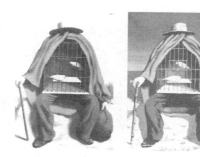

〈'치료사(1936)'[21] '치료사(1941)'[22]〉

---

20) Voltaire, *The Best Known Works of Voltaire*, The Book League, 1940, p.423 'ⅩⅩⅫ. Real Utility, The Notion of justice' – **'자연의 이치를 거스르는 가장 파괴적인 범죄 중에 왕초는, 전쟁(戰爭)이다. 그런데 정의(正義)를 핑계로, 자신의 범죄를 얼버무리고 넘어가지 않은 침략자는 없었다.'**

21) D. Sylvester, *Rene Magritte*, Manil Foundation, 1994, Fig. 'The Healer(1936)'

⟨'치료사(1946)'[23] '해방자(1947)'[24]⟩

⟨'치료사(1956)'[25] '치료사(1962)'[26]⟩

* 작품 '치료사(治療師, Healer, 1936, 1941)'[27]는 '새장'이 모자와 지팡이를 짚고 있다. '새 – 식민지 인'을 구속하고 스스로 '치료사'라 자칭하는 (기독교 신봉의)제국주의자의 상(像)이다.

    작품 '치료사(1946)'는 '파이프' '열쇠' '와인 잔' '비둘기'가 제시되었다. 자신의 건강에도 나쁜 '파이프'는 버리지 못한 것은 그 침략주의 근성이고, '열쇠'

22) D. Sylvester, *Rene Magritte*, Ibid, 1994, Fig. 1162 'The Healer(1941)'
23) S. Barren & M. Draguet, *Magritte and Contemporary Art,* Los Angeles County Museum of Art, 2006, p.82 'The Healer(1946)'
24) S. Barren & M. Draguet, Ibid, p.74 'The Liberator(1947)'
25) D. Sylvester, *Rene Magritte*, Ibid, Fig. 1419 'The Healer(1956)'
26) D. Sylvester, Ibid, Fig. 1512 'The Healer(1962)'
27) '치료사'는 '기독(예수)을 앞세운 제국주의자(침략자)'의 조롱(嘲弄)이다.

는 '물질의 추적'이고 '와인 잔'은 제국주의의 '술 맛'이고, '비둘기'는 '가식의 평화주의'이다. 작품 '해방 자(1947)'는 '치료사(1946)'와 동일한 로고에 '세레자데(영국 여왕 1950)' 로고와 '하늘(기독교)' 로고(logogram)28)를 추가하였다.

---

28) **로고(logogram)**'의 사용은, 다다 초현실주의 화가들의 공통 의사소통과 '동시주의(simultaneism)' 혁명운동의 요긴한 도구였다.

제8장 철학사

신학자 헤겔은, A. 아우구스티누스의 〈신국(神國, *The City of God*)〉에 '세계정신(World soul)' '희생(sacrifice) 정신'을, 자신의 '게르만 국가주의'에 그대로 적용하였다. 그리하여 그 '자유(복종)의지' '자기파괴 의지(the Will of Self-Destructiveness)'가 현실적이고 이성적인 '정의(正義) 실현'이라 주장을 하였으니, 그것은 과거 유대인 독선주의(獨善主義, Chauvinism)를 '게르만 신국(神國)' 주장으로 '깃발 고쳐 달기'였다.

한마디로 '헤겔 철학'은, 반 계몽주의 '개신교 신학(The Protestant Theology)'이다. 헤겔은 '인간 자유[自然法] 중심'의 '계몽주의(Enlightenment)'에 반대하여 반(反) 뉴턴, 반(反) 볼테르, 반(反) 칸트의 인간 '부정의 철학(The Philosophy of Negation)'으로서 '자기파괴주의' '희생[제물]정신'을 예찬하였다.

헤겔은 '절대정신(理性, 신)'을 고정의 위치에 두고, '만물(萬物)은 신의 다른 모습일 뿐(神의 外延, the exposition of God)'이라는 그 '일원론(Monism)'에 있었다. 그러한 헤겔 자신의 '개신교 신관(절대정신)'을 더욱 구체적으로 보여주고 있는 바가 이 〈철학사(*Lectures on the History of Philosophy*)〉이다.

⑧-01 '게르만의 자유(윤리)' 속에 달성된 '개인의 오성(悟性)'론

"〈철학사 강의(*Lectures on the History of Philosophy*)〉는 헤겔이 대학에서 행한 강의들을 취합한 것이다. 헤겔은 〈철학사 강의〉에서, '동방(東方)'의 미

분화된 범신론(汎神論, an undifferentiated pantheism of the East)'에서 벗어나, 게르만 지역의 자유 속에 달성된 그 정점(頂點)에 도달한 '고도의 개인적 오성(悟性, a more individualistic understanding)'에로의 진전된 의식을 보여주고 있다."

> ((Lectures on the History of Philosophy (LHP; German: Vorlesungen über die Geschichte der Philosophie, VGPh, 1825 –6[1]) is a compilation of notes from university lectures on the history of philosophy given by Georg Wilhelm Friedrich Hegel. In it, he outlined his ideas on the major philosophers. He saw consciousness as progressing from an undifferentiated pantheism of the East to a more individualistic understanding culminating in the freedom of the Germanic era.))

〈'헤겔 철학사'1)〉

〈'철학사(영역 본)'〉

———✈

* 해설자가 위에서 언급한 독일에서 달성된 '오성(悟性, Understanding)'이란 헤겔의 '절대정신(The Absolute Spirit)'이 칸트의 '이성(Reason)'론에 근거했음을 말한 것이다.

―――――――――

1) Wikipedia, 'Hegel Lectures on the History of Philosophy'

* 헤겔은 신학교를 나온 목사(牧師)로서, 칸트의 〈순수이성비판(1781)〉에서
의 '순수이성(Pure Reason)'을 자신의 '절대정신(The Absolute Spirit-하나
님)'으로 변용(變容)을 하였다. 즉 칸트의 '순수이성(Pure Reason)'은 '감성
(Sensibility, 物自體)'를 '실체(Substance)'로 잡았음에 대해 헤겔은 삼위일체
의 '신(God)'을 그 '실체(實體)'로 하였다. (참조, ②-34. **감성의 참된 상관
자는 '물자체(the thing in itself)'이다.-I. 칸트, ③-13. '진리=현실=실체=주체=
정신=성령=하나님')**

* 그리고 헤겔은 '삼위일체'에 기초를 둔 '변증법'을 계속 가동했으니, 이 〈철학
사〉에서도 '희랍 철학(Greek Philosophy)' '중세 철학(Philosophy of The
Middle Ages)' '현대 독일 철학(Modern German Philosophy)' 3부로 나누어
설명했다. 즉 이것은 희랍의 '범신론'이 중세의 '교부철학'으로 바뀌고 이후
계몽주의 거쳐 '독일의 관념 철학'으로 통합을 이루었다는 것이 그 대략이다.
헤겔이 〈철학사〉에 적용했던 그 '가짜 논리학' 변증법 도식은 다음과 같다.

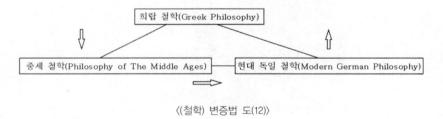

《(철학) 변증법 도(12)》

* 이것이 왜 '가짜 논리학'임을 명시해야 할 이유는, 헤겔은 일찍이 유대인이
행했던 그 '독선주의(獨善主義, Chauvinism, Elitism)'를 다시 '군사대국(軍師
大國)' 독일에 적용하여 '세계적 대 재앙(災殃)'의 진원지(震源地)가 되었기
때문이다. (참조, ⑥-38. **세계 근대 문명'은, '게르만(아리안) 문명'이다.-A. 히
틀러)**

⑧-02 가난하면 '철학'도 불가능하다.

"'궁핍한 시대(The necessities of the time)'에는 속된 일상생활의 자질구레한 일거리가 지나치게 중시되어, 현실에서 마주치는 절실한 이해관계나 이를 둘러싼 투쟁이 정신의 모든 능력이나 힘, 그리고 또 외면적인 수단마저도 모조리 사로잡음으로써 고차적인 내면적 생이나 좀 더 순수한 정신성에 기울여야 할 여력을 제대로 갖추지 못하여 슬기로운 사람들마저도 거기에 사로잡힌 채 일부는 이 싸움판에서 희생되어 버렸다. 왜냐하면 여기서 '세계정신(the spirit of world)'은 너무나도 현실계에 사로잡힌 나머지 내면을 향하여 그 속에 스스로를 가다듬을 겨를이 없었기 때문이다."

> The necessities of the time have accorded to the petty interests of everyday life such overwhelming attention : the deep interests of actuality and the strife respecting these have engrossed all the powers and the forces of the mind—as also the necessary means—to so great an extent, that no place has been left to the higher inward life, the intellectual operations of a purer sort ; and the better natures have thus been stunted in their growth, and in great measure sacrificed. Because the spirit of the world was thus occupied, it could not look within and withdraw into itself.

〈'취임연설'2)〉

———✈

* 위의 인용은 헤겔이 '1816년(46세) 10월 28일 하이델베르크 대학 철학교수 취임연설문(Inaugural Address delivered at Heidelberg on the 28th October 1816)'의 일부이다.

지금까지 살펴 왔듯이 **'헤겔 철학(신학)'의 요지는 '육체(자연) 부정의 이성주의**'이다. 그러나 그것이 얼마나 '자기모순'의 주장인지를 헤겔은 위에서 [무

---

2) G. W. F. Hegel(translated by E. S. Haldane & F. H. Simson), *Lecture on The History of Philosophy*, Routledge and Kegan Paul, 1968, V.1 p. xi 'Introduction' ; 헤겔(임석진 역), 철학사 1, 지식산업사, 1996, pp.11~2 '서론'

심코]솔직하게 털어놓았다.['경제(가난)'문제='육체' 문제]

* 위에서 우선 주목해야 할 대목은, '**세계정신(the spirit of world)은 너무나도 현실계에 사로잡힌 나머지 내면을 향하여 그 속에 스스로를 가다듬을 겨를이 없었기 때문이다.**'라는 헤겔 자신의 체험 토로 구절이다.

　여기에서 '세계정신(the spirit of world)'이란 '절대정신' '보편정신' '절대이념'과 동일한 말인데, '궁핍한 시대(The necessities of the time)'에는 '세속적인 일(육체를 돌보는 일)'에 시간과 정력을 모두 써서 그 '세계정신(the spirit of world)'을 돌아볼 겨를 없었다는 말이다.

　여기에서 놓칠 수 없는 큰 헤겔의 모순(矛盾)은, '**세계정신'이란 바로 '우주를 관장하는 절대자'로서 '한 개인(헤겔)'의 '가난이나 부유(富裕)'와는 사실상 무관한 존재이다. 그런데 헤겔은 '자신의 궁핍'과 '세계정신과 소원(疏遠)'을 깊이 연관을 지었다.**['개인 이성'과 '이성의 하나님' 동일시에서 비롯한 모순]

　이것이 신학자 '헤겔 생각의 결정적 문제점'[절대신(이성)=헤겔 자신(이성)]이다. 즉 '헤겔 개인의 정신' 속에 '세계정신'이 문제이니, 그 헤겔 자신도 무시하고 있는 가장 큰 허점(虛點)이다.['본능(자연)의 헤겔'='이성(억압)의 헤겔'의 모순(참조, ③-17. '실체=정신=존재=주체=본질=진리=대상=자기 자신')

* 그러면 칸트의 '순수이성'은 어떤가. 칸트의 '순수이성'은 모든 사람(成人)의 '보편 의식'으로 가난하거나 부유하거나 거기에 떠나 '삶 자체가 불능'인 '일상생활 자체 속의 이성능력의 발휘'일분이다. (참조, ⑥-31. **인간 '최대 자유 보장'론-I. 칸트**)

　다시 말해 헤겔은 아우구스티누스의 '세계정신'을 자신 내부의 존재로 확인했다는 점에 모순이 생겼다. (참조, ⑤-16. '세계정신' '태양' '정신' '달'-A. 아우구스티누스)

　즉 칸트는 '순수이성'의 논의에도 '감성(Sensibility, 物自體)' '오성(悟性)'관계 속에 한정(限定)을 해 두었다. (참조, ②-40. '절대적 전체성'이라는 이념은,

456

'오성 법칙'에 응한 한도 내에서의 문제이다.-I. 칸트)

그런데 헤겔은 '자신의 개념(Self-Conception)−삼위일체의 정신'으로 그 '세계정신'을 '절대정신' '성신(聖神)' '정신'일 뿐만 아니라 바로 '헤겔 자기 정신'과 동일시하였으니 그것이 헤겔의 근본 문제이다. (참조, ⑦-08. '배타(排他)적인' 유대 민족(Jewish))

* 이것이 '고삐 풀린 망아지' '헤겔의 관념주의'이니, 헤겔은 기독교 '삼위일체'를 독일의 '관념주의(Idealism)'와 자의(自意)적으로 전용(轉用-['감성'의 무시 생략) 결합하여 어떤 때는 '관념주의'로 돌아가 기존 '신학도(가톨릭교도, T. 아퀴나스 등)'를 조롱하고, 어떤 때는 '게르만 국가주의'로 돌아가 그 '절대정신(神)'을 향한 '희생(Sacrifice)정신'을 모른다고 칸트를 공격하기 하여 편리(便利?)한 '부엉이(시대의 아들) 신학자가 바로 최고(最高)'라고 뽐내었다. (참조, ⑧-18. 지옥(地獄)보다 억센 이성(理性), ⑧-26. 칸트는 '원죄(original sin)'도 이성적으로 해명을 하려 한다.)

⑧-03 '게르만 왕국', '신국(神國)', '이성적인 세계'

"그러나 지금까지 현실을 지탱해오던 이러한 물줄기가 끊기면서 이제 독일 민족은 마침내 그 극심한 곤경을 탈피하여 활력에 넘치는 모든 생의 근원이기도 한 자기의 국풍(國風, nationality)을 바로세우기에 이르렀다. 여기서 우리가 바랄 수 있는 것은 지금까지 모든 관심을 끌어오다시피 했던 국가와 더불어, 이제는 교회 또한 고개를 높이 쳐들면서 지금껏 사상의 힘과 노고를 쏟아왔던 '현세의 왕국(the kingdom of the world)'에 대해서와 마찬가지로 다시 '신의 왕국(the Kingdom of the God)'에도 생각을 돌리게 되리라는 점이다. 그리하여 정치적이거나 그 밖에 하찮은 현실에 매어 있던 이해관계만이 아니라 이제는 순수한 학문, 즉 '정신의 자유롭고 이성적인 세계(the free rational world of mind)'도 피어오르리라는 것이다."

But since this stream of actuality is checked, since the German nation has cut its way out of its most material conditions, since its nationality, the basis of all higher life, has been saved, we may hope that, in addition to the State, which has swallowed up all other interests in its own, the Church may now resume her high position—that in addition to the kingdom of the world to which all thoughts and efforts have hitherto been directed, the Kingdom of God may also be considered. In other words, along with the business of politics and the other interests of every-day life, we may trust that Science, the free rational world of mind, may again flourish.

〈'취임연설'3)〉

────→

* 헤겔은 위에서 '게르만(현세의) 왕국', '신(神)의 왕국' '이성적인 세계'를 동일시(同一視)하였으니, 여기에 그 헤겔의 '현실주의 철학'의 실체가 명시된 것이다.

* '절대주의자' 헤겔이 당시 프러시아(독일)에 향해 갖고 있는 기본 전제는 1400년 전(한국의 新羅 시대)에 아우구스티누스(A, Augustinus, 354~430)가 〈신국(神國 The City of God, 426)〉에서 보여준 신권통치(Theocracy)의 주입(注入)이라는 점이다.

* 헤겔은, 당시 계몽주의 철학의 특징인 인간의 '이성(Reason)'과 '자유(Freedom)'의 논의를 모두 '신(神)의 이성' '신(神)의 자유'로 갖다 바친 신학자였다. (참조, ②-09. '신(God)'이 '절대 진리', '절대 가치', '절대 자유'이다. ③-32. '이성(理性)'에 의해 창조된 세계)
그래도 여기까지는 기존 '신학도'들도 행해 왔던 방법으로 (주관적으로) 생

---

3) G. W. F. Hegel(translated by E. S. Haldane & F. H. Simson), Lecture on The History of Philosophy, Routledge and Kegan Paul; 1968, V.1 pp. xi~xii 'Inaugural Address' ; 헤겔(임석진 역), 철학사 1, 지식산업사, 1996, pp.11~2 '서론'

458

각할 수 있는 것으로 문제될 것은 없다.

그런데 헤겔은 그 '신국(神國)'을 '게르만 제국' '국가주의' '제국주의'에 적용하고 모든 독일인에게 '희생'을 '노예정신(a servant of the Lord)'을 일반화하고 그 '우월주의' '귀족주의'에 '배타주의' '살상전쟁' 당연시했다는 점이다. (참조, ⑦-06. '독일 민족주의(German Nationalism)'가 '이성(Reason)'이다. ⑦-08. '배타(排他)적인' 유대 민족(Jewish) ⑦-09. 개신교의 영웅, 프리드리히 대왕)

⑧-04 '이성적 인식'이 최고 보물이다.

"철학사가 우리에게 펼쳐 보이는 것은 연이어 나타나는 고귀한 정신들의 모습이며, 사유하는 이성의 영웅들이 도열해 있는 회랑(回廊)과도 같은 것이다. 이들 영웅은 이성의 힘으로 사물과 자연과 정신의, 더 나아가서는 신(神)의 본질을 추구함으로써 '이성적 인식(reasoned knowledge)'이라고 하는 최고의 보물을 우리에게 마련해주고 있다."

> What the history of Philosophy shows us is a succession of noble minds, a gallery of heroes of thought, who, by the power of Reason, have penetrated into the being of things, of nature and of spirit, into the Being of God, and have won for us by their labours the highest treasure, the treasure of reasoned knowledge.

〈'철학사의 개념'4)〉

————→

* 헤겔은 위에서 '이성적 인식(reasoned knowledge)이 최고의 보물(寶物)'라고 말한 것은, 그 '계몽주의(Enlightenment)'와 비슷하게 '개신교 신학'의 정

---

4) G. W. F. Hegel(translated by E. S. Haldane & F. H. Simson), *Lecture on The History of Philosophy*, Routledge and Kegan Paul, 1968, V.1 p.1 'Introduction' ; 헤겔(임석진 역), 철학사 1, 지식산업사, 1996, p.23 '철학사의 개념'

체를 위장한 부분이다.[헤겔에게 '神學'이 없는 '哲學'은 상상 불능이다-'칸트 비판' 참조]

그러므로 헤겔에게 '이성'이란 바로 '절대정신(神)'임을 먼저 확인할 필요가 있다. (참조, ②-09. '신(God)'이 '절대 진리', '절대 가치', '절대 자유'이다. ③-13. '진리=현실=실체=주체=정신=성령=하나님')

* 신학자 헤겔은 〈법철학(1920)〉에서, '이성적인 것은 현실적인 것'라는 주장을 펴서 '게르만 국가주의(神國)'에 '애국정신' '희생(犧牲, Sacrifice)정신'을 고취하였다. 그런데 사실 <u>그 '희생(犧牲, Sacrifice)정신'은 헤겔 고유의 '자살충동' '자기파괴 충동'을 '자유의지(Free Will)' '정의(Justice) 실현'으로 미화(美化)하였으니, 그것들은 개인 헤겔의 '우울증(憂鬱症, Hypochondria, depression)'과 연동된 것이다.</u> (참조, ⑤-13. '자살(自殺)'의 긍정 ⑥-13. 현재는 '장미'이며 '십자가'이다. ⑨-23. '자기 파괴'가 '영원한 정의(正義)'이고 인간 본성이다. ⑨-30. 몰락(죽음)=영원한 정의=윤리적 실체=만족)

* 그러므로 헤겔의 생각은 '인간 이성 중심' '개인 중심' '감성(Sensibility) 중시'로는 불안하고, 반드시 후견인(後見人, 국왕 황제)이나 후견(後見) 신(여호와)를 대동하고, 그 사람이 그 신(神)의 '적대자(敵對者)'라는 대상을 찾아내어 '절대(絕對)충성'을 올려야 직성(直星)이 풀리는 그러한 성향이었다.[노예철학(The Philosophy of Bondman)]

즉 신학자 헤겔 생각의 문제점은 그 자체가 '강박증(强迫症, Obsessive Compulsive Neurosis)'을 대동한 것으로, 그것(노예정신)을 '태생(胎生)의 최고 미덕(美德)'으로 알고 있었다. (참조, ③-28. '주인'은 하나님이고, '노예'는 인간이다. ⑥-12. 각 개인은 '시대의 아들'들이다.)

⑧-05 '보편 정신'에 정지(停止)란 없다.

"이러한 전통의 내용을 창출해내는 것이 다름 아닌 정신적 세계로서, '보편적 정신(the universal Mind)'은 결코 조용히 멈춰 있는 법이 없다. 그리고 바로 이 '보편적인 정신'이야말로 철학사에서 우리가 다루어야 할 본질적인 문제이다. 개개의 민족을 놓고 보면 그들의 교양 예술 학문 또는 정신적 능력은 전반적으로 정체(停滯)될 수도 있는데, 이를테면 2천년 전만해도 모든 면에서 지금에 비해 월등히 앞서 있었음에 틀림없는 중국(中國)의 경우가 여기에 해당된다."

> The content of this tradition is that which the intellectual world has brought forth, and the universal Mind does not remain stationary. But it is just the universal Mind with which we have to do. It may certainly be the case with a single nation that its culture, art, science—its intellectual activities as a whole—are at a standstill. This appears, perhaps, to be the case with the Chinese, for example, who may have been as far advanced in every respect two thousand years ago as now.

〈'철학사의 개념'5)〉

————→

* 계몽주의자 볼테르는 〈철학적 비평('마침내 설명된 성경', *Philosophic Criticisms-'La Bible enfin expliquee'*, 1776)〉에서, "변화된 시대와 인간을 구분할 줄 아는 일보다 더욱 필요한 것은 없다. 일치란 없는 법이다.(nothing more is requisite to distinguish the time and men which have changed : there nerver was any agreement.)"6)라고 말하였다.

그런데 신학자 헤겔은 '인간 인식'의 문제를 '보편적 정신(the universal Mind, 절대정신)'으로 바꾸어놓고 역시 기존한 '모든 종교'를 초월한 (헤겔 자신의) '절대정신' 논의를 뽐내고 있다. **헤겔은 칸트에게서는 '순수이성'을**

---

5) G. W. F. Hegel(translated by E. S. Haldane & F. H. Simson), *Lecture on The History of Philosophy*, Routledge and Kegan Paul, 1968, V.1 p.3 'Introduction' ; 헤겔(임석진 역), 철학사 1, 지식산업사, 1996, p.25 '철학사의 개념'

6) Voltaire, *The Best Known Works of Voltaire*, The Book League, 1940, pp.479~480 'Of the Egyptian Rites'

차용(借用)하여 '절대정신'으로 말했고, 볼테르의 '무상(無常)의 역사 변전'을 '보편정신'으로 전용(轉用)하고 있다.

그러나 헤겔은 볼테르 칸트의 '인간중심'의 계몽주의를 무시하고 '절대정신(神)' '보편정신'의 강조하고 하기에 여념이 없었다.

* 위에서 헤겔이 거론한 '보편적 정신(the universal Mind)'이란, 헤겔이 그의 〈종교철학〉〈정신현상학〉〈역사철학〉〈미학〉에서 밝힌, '변증법'적 '가짜 논리학' '삼위일체'를 그 바탕으로 하는 것이다. (참조, ②-02. '하나님'은 출발점이고 종착점이다. ③-05. '싹' '꽃' '열매'의 변증법 ⑦-06. '절대자'는 역사(歷史) 속에 역사(役事)한다. ⑨-29. '신적(神的)인 것'의 표현이, 예술의 이상(理想)이다.)

* 즉 '보편적 정신(the universal Mind)'은 바로 '이성'으로 [볼테르, 칸트처럼] 이성(Reason)이 바로 '인류의 통성이다.'라면 넓고도 알기 쉬운 사항이다. 그런데 '귀족주의' 헤겔은, 오직 '하나님(절대정신)', 오직 '게르만', 오직 '삼위일체(변증법)'으로 '배타주의(排他主義, Exclusionism)'를 표준으로 삼고 있으니[特權의식의 발동], 이 헤겔을 긍정한 사람은, '자기가 옳고', '자기만 옳고', '자기가 세상에 가장 높은' 그 '독선주의(獨善主義)'에 대해 아직 변별력이 발동한 적이 없는 사람이거나, '다른 사람 다른 국가를 까닭 없이 무시 조롱함'을 취미로 삼고 있는 '전 근대인'으로서 '헤겔의 독선주의 정체(正體)'를 바로 짚지 못한 사람이다. (참조 *⑨-30. 몰락(죽음)=영원한 정의=윤리적 실체=만족)

* 헤겔 앞서 볼테르는, 분명하고 확실하게 그 '적(敵)을 만들기 중지(中止)7)를 거듭거듭 반복 강조하였으나, 헤겔은 '절대정신' '독선주의' '배타주의'에 '자기

---

7) Voltaire(Translated by T. Besterman), *The Philosophical Dictionary*, Penguin Books, 2004, p.388 'Toleration' - "그리스도교는 모든 인간이 개종(改宗)할 그날까지 어쩔 수 없이 (남은 인간 모두가) 그들의 적(敵)이다.(So they were necessarily the enemies of the whole world until it was converted.)"

파괴' '전쟁 옹호'를 신념으로 가졌으니, 차후 '세계 대전의 원흉(元兇)'이 이에 잠복(潛伏)하고 있었다.

⑧-06 '철학사(哲學史)'의 주제는 '절대정신'이다.

"본질적으로 자기 자신을 대상으로 하는 사유로서의 '이 사상은 즉자 대자 적이고 절대적이며 영원하다.(the Thought which is essentially Thought, is in and for itself and eternal)' 참다운 것은 오직 사상 속에만 내포되어 있으 니, 이는 단지 오늘 내일에 그치는 그런 참다운 것이 아니라 모든 시간을 넘어서 있다. 그리하여 비록 이 참다운 것은 시간 속에 있을지라도 그것은 언제, 어느 때나 변함없는 진리이다. 그렇다면 이 사상의 세계는 어떻게 하 여 하나의 역사를 갖게 되는가? 역사 속에서 기술되는 것은 변화하는 것, 지 나가버린 것, 그리고 과거의 어둠 속에 잠들어버린 채 더 이상 존재하지 않는 것이다. 그러나 참다운 필연적 사상 ─ 바로 이것이 우리가 여기서 다루는 것 이기도 하다 ─ 은 어떤 변화도 겪지 않는 것이다. 이것이 어떤 의미를 지니느 냐하는 데 대한 물음이 우리가 고찰하고자 하는 첫 번째 주제이다."

> If the Thought which is essentially Thought, is in and for itself and eternal, and that which is true is contained in Thought alone, how, then, does this intellectual world come to have a history? In history what appears is transient, has disappeared in the night of the past and is no more. But true, necessary thought—and it is only with such that we have to do—is capable of no change. The question here raised constitutes one of those matters first to be brought under our consideration.

〈'철학사의 개념'8)〉

---

8) G. W. F. Hegel(translated by E. S. Haldane & F. H. Simson), *Lecture on The History of Philosophy*, Routledge and Kegan Paul, 1968, V.1 p.5 'Introduction' ; 헤겔(임석진 역), 철학사 1, 지식산업사, 1996, pp.27~8 '철학사의 개념'

_____→

* 위에서 '절대정신(卽自對自的 思想, the Thought in and for itself)'이란 '삼위 일체'에 '성신(聖神, Holy Spirit)'에 국한 시킨 '신(God, 하나님)'의 다른 이름 이다.

* 앞서 밝혔듯이 칸트의 '순수이성(Pure Reason)'의 헤겔 식 변종(變種)이 '절 대정신'이다. (참조, ②-13. '신'은 '정신(spirit)'이다. ③-14. '정신'이 '하나님'이 고, 학문의 대상이다.)

* 그런데 타고난 '하나님의 종(a servant of the Lord)' 헤겔은 그 '(하나님을 모르는) 칸트의 모자람'을 오히려 탄식하였다. (참조, ④-06. 칸트 철학은, 신(神)이 없는 신전(神殿)이다.)

* 헤겔이 즐겨 쓰고 있는 '즉자 대자 존재(Being in and for itself)'란 '절대 정신' '절대자' '조물주'와 동일한 전제이다. 그러므로 헤겔의 '절대정신' '즉자 대자 존재(Being in and for itself)' '순수 존재'가 바로 '정신(Mind, Spirit)' '성령(Holy Spirit)' '여호와(Jehovah)' 다른 명칭이다.['同語反覆']
그리고 그것은 '헤겔 자신'의 '이성(신)'이기도 하니 (일반인은) 그것을 이해 할 수 있어도 [겸허하게] 모두 '약한 (자연적)피조물'임을 긍정하고 살고 있 다. 그러함에도 헤겔은 '자연(육체)'를 무시하고 '헤겔=이성' 공식에 오직 투철하여, 세상사람[칸트까지]을 비웃고 조롱하였다.['一元論'임]

* 결국 헤겔은 기독교의 '정신(Mind, Spirit)' '성령(Holy Spirit)' 문제를 '현실적 인 것, 이성적인 것'이라는 주장하였고, '신국(神國)' '게르만 왕국' 건설에 '자기를 바치는 것'이 바로 '천국(天國)'에 이르는 길'이라고 가르쳤다. (참조, ⑥-13. 현재는 '장미'이며 '십자가'이다.)

⑧-07 '정신(Mind)' '일원론(Monism)'

"정신의 경우는 이와 다르다. 정신은 의식이며, 여기서는 처음과 끝이 하나로 귀착되는 까닭에 이 테두리 안에서 정신은 자유로울 수밖에 없다. 자연 현상으로서의 씨앗은 다른 것으로 변화되고 난 다음에 다시금 전후 구별이 없는 단일체로 환원되는데, 정신도 이와 마찬 가지로 즉자적인 것이 정신에 의해서 깨우쳐지면서 동시에 이 정신은 스스로가 대자적이며 자각적인 상태로 들어서는 것이다. 그런데 열매나 종자는 그것을 있게 한 최초의 씨앗에 의해서 대상화되는 것이 아니라 오직 이 식물의 성장과정을 눈여겨보는 우리에게 대상화된다. 이와는 달리 정신에게서는 이 둘, 처음과 끝이 다만 본체적, 즉자적으로 동일할 뿐만 아니라, 여기서 처음과 끝은 동시에 서로를 의식하고 대상화하는 대자적이며 자각적인 존재가 되는 것이다. 결국 타자를 대자적 위치에서 자각하는 주체는 바로 이렇게 대상화된 그 타자와 동일자이다. 오직 그럼으로써만 정신은 자기의 타자 속에서도 자기 동일적인 상태를 벗어나지 않는다. 정신의 발전은 본래적인 자기의 상태를 벗어나서 자기를 전개, 개진하면서, 동시에 자기에게로 귀환하는 것이다."

> In Mind it is otherwise : it is consciousness and therefore it is free, uniting in itself the beginning and the end. As with the germ in nature, Mind indeed resolves itself back into unity after constituting itself another. But what is in itself becomes for Mind and thus arrives at being for itself. The fruit and seed newly contained within it on the other hand, do not become for the original germ, but for us alone ; in the case of Mind both factors not only are implicitly the same in character, but there is a being for the other and at the same time a being for self. That for which the "other" is, is the same as that "other ;" and thus alone Mind is at home with itself in its "other." The development of Mind lies in the fact that its going forth and separation constitutes its coming to itself.

〈'발전의 개념'9)〉

---

9) G. W. F. Hegel(translated by E. S. Haldane & F. H. Simson), *Lecture on The History of Philosophy*, Routledge and Kegan Paul, 1968, V.1 pp.22~3 'The Notion of Development' ; 헤겔(임석진 역), 철학사 1, 지식산업사, 1996, pp.47~8 '발전의 개념'

* 헤겔이 위에서 '자연 현상으로서의 씨앗(정신)은 다른 것으로 변화되고 난 다음에 다시금 전후 구별이 없는 단일체로 환원된다.(As with the germ in nature, Mind indeed resolves itself back into unity after constituting itself another.)'라고 한 것은 소위 헤겔의 '변증법'적 '정신 일원론(一元論, monism)'이다. (참조, ③-05. '싹' '꽃' '열매'의 변증법)

* 그러나 이것은 헤겔의 무리(無理)이다. 즉 헤겔은 인간 '정신'으로 삼라만상(自然物)을 포함시키고, 그것(정신, 이성)이 '조물주' 그리고 '자기 자신'이라 주장하였으니, 헤겔은 '과대망상(誇大妄想, megalomania)'에 있었다. (참조, ③-13. '진리=현실=실체=주체=정신=성령=하나님' ③-17. '실체=정신=존재=주체=본질=진리=대상=자기 자신')

* 그래도 여기까지는 '헤겔의 폐해(弊害)'가 심각하다고 할 수 없다. 그것은 어디까지나 한 개인의 공상(空想)으로 치부(置附)할 수 있기 때문이다. 그런데 그 '정신(하나님, 이성)'을 바탕으로, **현실(現實)적인 것, 이성(理性)적인 것**'으로서의 '게르만 신국(神國)론'은 헤겔의 결정적 실수(失手)였다. (참조, ⑦-06. '독일 민족주의(German Nationalism)'가 '이성(Reason)'이다.) 헤겔은 실로 그 무지막지(無知莫知)한 이 논리로 전 국민(시민)의 '노예화' '제물(희생)'을 주장한 것이다. 사실 그러한 주장은 헤겔이 앞장을 섰지만, 헤겔의 (흉악한)주장을 막아내지 못한 그가 처한 당시 '독일(프러시아)의 상황'도 역시 문제였다. (참조, ⑥-12. 각 개인은 '시대의 아들'들이다. ⑥-13. 현재는 '장미'이며 '십자가'이다. ⑨-23. '자기 파괴'가 '영원한 정의(正義)'이고 인간 본성이다.)

⑧-08 '철학적 발전'은 '이념에의 몰입'이다.

"철학적 이념의 발전적 전개는 어떤 타자로의 변화나 이행이 아니라 자기

466

내면으로의 몰입이며, 또한 자기 내면으로의 심화이다. 이러한 전진을 통하여 앞에서는 불명확했던 일반적 이념이 자체 내에서 좀 더 명확하게 떠오른다. 결국 이념의 고차적적인 발전인 발전과 좀 더 명확한 그의 피 규정성은 동일한 문제로 낙착된다. 즉 여기서는 가장 폭넓은 외연을 지닌 것이 곧 가장 내밀화된 것이기도 하다. 따라서 발전으로서의 외연 확장은 산산이 갈라지거나 분산됨을 뜻하는 것이 아니라 더욱 단단하고 내밀하며, 더욱 풍부하고 내실 있는 결집을 의미한다."

> This development goes no further out than into externality, but the going without itself of development also is a going inwards. That is to say, the universal Idea continues to remain at the foundation and still is the all-embracing and unchangeable. While in Philosophy the going out of the Idea in course of its development is not a change, a becoming " another," but really is a going within itself, a self-immersion, the progress forward makes the Idea which was previously general and undetermined, determined within itself. Further development of the Idea or its further determination is the same thing exactly. Depth seems to signify intensiveness, but in this case the most extensive is also the most intensive. The more intensive is the Mind, the more extensive is it, hence the larger is its embrace. Extension as development, is not dispersion or falling asunder, but a uniting bond which is the more powerful and intense as the expanse of that embraced is greater in extent and richer.

〈'구체적인 발전을 인식하는 것으로서의 철학'10)〉

———✦

* 헤겔의 모든 논의는 '절대정신' '절대이념' '절대자유'로 통하고 그것은 바로 '여호와(Jehovah)'의 다른 이름이다. (참조, ②-09. '신(God)'이 '절대 진리', '절대 가치', '절대 자유'이다.)

---

10) G. W. F. Hegel(translated by E. S. Haldane & F. H. Simson), *Lecture on The History of Philosophy*, Routledge and Kegan Paul, 1968, V.1 p.28 'Philosophy as the apprehension of development of the Concrete' ; 헤겔(임석진 역), 철학사 1, 지식산업사, 1996, p.54 '구체적인 발전을 인식하는 것으로서의 철학'

* 그러나 헤겔의 경우 더욱 중요한 문제는, 그 '절대정신' '절대이념' '절대자유' 는 '교수 헤겔' 개인의 '정신' '이념' '자유'일 뿐만 아니라 일찍이 '하나님 아들' 이라 먼저 자임했던 예수의 '자기 개념(Self-Conception)'이고 역대 교황 대주교 주교 목사들의 생각이라는 사실이다. 무엇이 문제인가? '조물주(창조주)'와 인간 '개인(個體 個別人格)'의 동일시가 그것이다. (참조, ⑦-08. '배타(排他)적인' 유대 민족(Jewish))

* 헤겔은 역시 이에 머물지 않고 '게르만 신국(神國) 건설'로 나가서 그것을 '현실적 이성적'라고 우기며 '자기 파괴의 희생정신'을 '정의 실현의 최고 미덕'으로 예찬(禮讚)하였다. (참조, ⑥-13. 현재는 '장미'이며 '십자가'이다. ⑥-14. 프로테스탄티즘 고유 원리 ⑦-06. '독일 민족주의(German Nationalism)'가 '이성(Reason)'이다.)

⑧-09 '신의 세계지배'에 대한 믿음

"결국 이렇게 볼 때 세계의 행정(行程)은 이와 같이 이성적으로 꾸며져 있다고 하는 거창한 가설은 역시 – 물론 이런 생각이 비로소 철학사에 대한 참다운 흥미를 돋우는 것이긴 하지만 – 기독교와는 또 다른 양식의 섭리의 믿음임에는 틀림없다. 이것은 즉, 세계 내에서 최선의 것은 바로 사상이 만들어낸 것이라는 데 대한 믿음이다. 이성은 자연 속에만 있고, 정신 속에는 없다고 생각하는 것만큼 이러한 믿음과 어긋나는 것은 없다. 정신의 영역에서 발생하는 사건 – 이것이 곧 철학이기도 하지만 – 을 우연으로 돌리는 사람에게는 신의 세계지배에 대한 믿음이 진지하게 받아들여지지 않을뿐더러 섭리에의 믿음 또한 말짓거리에 지나지 않는다."

> The great assumption that what has taken place on this side, in the world, has also done so in conformity with reason—which is what first gives the history of Philosophy its true interest—is nothing else than trust in Providence, only in another form. As the best of what is in the world is that which Thought produces, it is unreasonable to believe that

reason only is in Nature, and not in Mind. That man who
believes that what, like the philosophies, belongs to the
region of mind must be merely contingent, is insincere in his
belief in divine rule, and what he says of it is but empty talk.

〈'철학사의 규정'11)〉

_____✈

* 헤겔의 '일원론' '일방주의' '전체주의' '절대정신' '여호와주의'는 간단하고
  편하고 단순하여 좋지만, 그것은 헤겔 생각 이전에 선배 G. 라이프니츠(G.
  Leibniz, 1646~1716) 생각이었고, 아우구스티누스(A, Augustinus, 354~430)
  생각으로, **현대인의 문제를 해결하는 데는 '무의미(無意味)'한 이론들이다.**
  그것을 계몽주의에 볼테르는 명저 〈캉디드(1759)〉에서 명백하게 말을 했
  음에도 헤겔의 눈과 귀는 그 '절대(하나님)주의' '절대정신'에 심취(深醉)해
  있었다.

* 헤겔은 위에서도 '세계의 행정(行程)은 이와 같이 이성적으로 꾸며져 있다
  (what has taken place on this side, in the world, has also done so in
  conformity with reason.)'는 전제를, 헤겔이 가장 선호(選好)하였고, 믿었던
  '절대정신(여호와)'에 대한 굽힘 없는 소신이다. (참조, ②-25. **역사(歷史) 속에**
  '성부' '성자' '성신'의 문제, ⑦-06. '절대자'는 역사(歷史) 속에 역사(役事)한다.)

* 헤겔이 '신국(神國)'으로 희망했던 그 '게르만 왕국'은 제1차 제2차 세계대전
  에 패배하여 헤겔의 사상 자체를 수정하지 않을 수 없었으니, 한국의 속말로
  '점쟁이 제 죽을 날 모르는 격'의 경우가 '헤겔 식 독일 우월주의(German
  Chauvinism)'일 것이다. (참조, ⑥-29. **세계사 전개(展開)의 4단계 ⑥-38. '세계**
  근대 문명'은, '게르만(아리안) 문명'이다.-A. 히틀러)

---

11) G. W. F. Hegel(translated by E. S. Haldane & F. H. Simson), *Lecture on The History
   of Philosophy*, Routledge and Kegan Paul, 1968, V.1 p.35 'The development of the
   various Philosophies' ; 헤겔(임석진 역), 철학사 1, 지식산업사, 1996, p.63 '다양한 철학
   의 시간적 전개'

⑧-10 '모든 것'은 필연적인 것이다.

"그 다음 두 번째 결론은, <u>역사상에 나타난 그 어떤 철학도 필연적인 것이었고, 또 지금도 여전히 필연적인 까닭에 그 가운데 어느 하나도 몰락, 소실됨이 없이 모두가 하나의 전체를 이루는 요소로서 철학 속에 확고히 보존되어 있다는 것이다.</u> 그러나 이때 역사상에 등장하는 각각의 철학들이 지닌 특수한 원리로서의 특수성과, 바로 이 특수한 원리가 전체 관계 속에 스며들어서 스스로를 구현시켜 나간다는 점을 서로 혼동해서는 안 된다. 즉 특수한 원리로 등장했던 모든 철학은 보존됨으로써, 이렇게 선행했던 모든 원리가 집적이 되어 최신의 철학을 이루는 까닭에 그 어떤 철학도 부정되지 않는다."

> What follows secondly from what we have said, is that every philosophy has been and still is necessary. Thus none have passed away, but all are affirmatively contained as elements in a whole. But we must distinguish between the particular principle of these philosophies as particular, and the realization of this principle throughout the whole compass of the world. The principles are retained, the most recent philosophy being the result of all preceding, and hence no philosophy has ever been refuted.

〈'철학사를 다루는데 적용되는 문제'[12]〉

———→

* 위에서 '필연성(inevitability, necessity)'의 강조는 전통 신학(스콜라 철학)의 가장 중요한 특징이다. 헤겔은 그것을 〈(세계)철학사〉에 적용하여 '<u>게르만 우월주의</u>' 강조와 '신의 뜻을 간파한 자신의 탁월한 안목'이라고 과시를 하고 있다. (참조, ⑧-01. '게르만의 자유(윤리)' 속에 달성된 '개인의 오성(悟性)'론)
* 그러나 계몽주의에서는, 그 '필연성'을 앞서 강조했던 라이프니츠(G. Leibniz, 1646~1716) 철학을 볼테르가 〈캉디드(Candide, 1759)〉[13]에서 비판

---

12) G. W. F. Hegel(translated by E. S. Haldane & F. H. Simson), *Lecture on The History of Philosophy*, Routledge and Kegan Paul, 1968, V.1 p.37 'The application of foregoing to the treatment of philosophy' ; 헤겔(임석진 역), 철학사 1, 지식산업사, 1996, p.65 '철학사를 다루는데 적용되는 문제'

과 조롱(嘲弄)을 하였고, 칸트는 〈순수이성비판(1781)〉에서 M. 멘델스존 (Moses Mendelssohn, 1729~1786)의 '영혼불멸(靈魂不滅, the Substantiality or Permanence of the Soul)'14)설을 비판하였다.

* 헤겔의 '필연성(inevitability, necessity)'은 과거의 '결정론(Determinism)' '운 명론(運命論, Fatalism)'으로 그의 전 철학을 지배하고 있는 사상이다.

* 그런데 볼테르의 '계몽주의'를 계승한 모든 진정한 근대정신인 1916년 '다다 혁명 운동(Movement Dada)'은, 헤겔의 '역사 종속주의' '전쟁 옹호'를 정면에 서 거부하는 운동이었다.

'다다 혁명 운동(Movement Dada)'의 중심에 선 트리스탄 짜라(T. Tzara, 1896~1963)는, "**나는 체계에 반대한다**. 가장 바람직한 것은 아무 체계도 갖지 않는다는 원칙에 있는 것이다(the most acceptable system is on principle to have none.),"15)라고 했는데, 서구(西歐)에 존재한 대표적인 체계는 '삼위 일체' '변증법'이고 그 중심(中心)에 역시 헤겔이 있었다.

〈'1918년에 짜라가 편집한 다다 3의 표지-장코 그림'16) '1918년의 아르프, 짜라, 리히터'17)

---

13) Voltaire(Translated by D. Gordon), *Candide*, Beford/St.Martin's, 1999 ; 볼테르 (이봉지 역), 캉디드 혹은 낙관주의, 열린책들, 2009
14) I. Kant(translated by J. M. D. Meiklejohn), *The Critique of Pure Reason,* William Benton, 1980, pp.125 'Of the Paralogisms of Pure Reason' – 'Refutation of the Argument of Mendelssohn for the Substantiality or Permanence of the Soul' ; 칸트(윤성 범 역), 순수이성비판, 을유문화사, 1969, p.282 '순수 이념의 오류 추리에 관하여'
15) R. Motherwell(Edited by), *The Dada Painters and Poets: An Anthology*, The Belknap Press of Harvard University Press, 1981, p.79

⑧-11 '철학자의 말'이 중요하다.

"이런 까닭에 우리는, 오직 철학자 자신이 남긴 말만을 상대로 하여 문제를 살펴나가야 한다. 이러한 말의 뜻을 풀어 간다는 것은 곧 그 말을 한 철학자도 미처 의식하지 못했던 그 이상의 사상규정을 이끌어 내는 것이 된다."

> We must therefore only make use of the words which are actually literal, for to use further thought determinations which do not yet belong to the consciousness of the philosopher in question, is to carry on development.

〈'철학사의 규정'18)〉

_____→

* 헤겔에게 '말(words)'은, 플라톤의 '이념(Idea)'과 〈성경(요한복음)〉의 '말씀(Words)'과 동일한 것이다.

* 헤겔에 앞서 M. 루터(M. Luther, 1483~1546)는, 〈성경(신약)〉의 말씀으로 (가톨릭과는 다르게) '신'을 찾았는데, 헤겔은 역시 그 루터 방식으로 기존한 '모든 철학자의 말'을 중시하였다.

* '말'을 중하게 여겼던 것은, 플라톤과 요한 등(신약 성경 기록자)도 마찬가지이다.[孔子도 그 언행 서술 서를 〈論語(말을 함)〉로 남겼다.]

* 그런데 계몽주의자 볼테르는 플라톤의 '이념 론(국가론)'을 완전 부정하였다19). **볼테르의 이러한 확신은 '과거'나 '미래' 또는 '원리원칙(법)'에의 종속**

---

16) L. Dickerman, *DADA*, The Museum of Modern Art, 2006, p.52
17) L. Dickerman, *DADA*, Ibid, p.39
18) G. W. F. Hegel(translated by E. S. Haldane & F. H. Simson), *Lecture on The History of Philosophy*, Routledge and Kegan Paul, 1968, V.1 p.44 'Further comparison between the History of Philosophy and Philosophy itself' ; 헤겔(임석진 역), 철학사 1, 지식산업사, 1996, p.73 '철학사와 철학 그 자체와의 상세한 비교'
19) Voltaire(Translated by D. M. Frame), *Candide, Zadig and Selected Stories*, The New American Library, 1961, pp.225~227 'Plato's Dream' - '플라톤의 〈국가〉가 뉴턴의 천체 물리학의 등장으로 전혀 가짜임이 드러났음을 풍자했다.'

이전에 '생명 현실'이 항상 먼저라는 '현세주의'에 표준을 두었기 때문이다. 이 볼테르의 '현세주의(Secularism)' '이성주의' '생명 우선주의'를 칸트는 그의 '감성(직관, 표상)'과 '오성(이성 판단력, 종합력)' 두 가지로 묶어 거기에서 다시 '자유' '평등' '평화'를 논하였다. (참조, ④-23. **'정신(심성)'의 주요 기능은, '감성'과 '오성'이다.-I. 칸트** ⑥-31. 인간 **'최대 자유 보장'론-I. 칸트**)

* 이에 거듭 요약을 한다.

'인간의 말'은 '인간의 의사(意思)'를 담은 것으로 '그 인간의 (상태)파악'으로 족한 것이다. 무엇보다 **'인간의 현재의 생명과 자유 상태'**를 최우선하지 않으면 안 된다.[헤겔의 문제는 '그것(자연적 존재)'에 대한 '전면 부정'에 있었다.]

⑧-12 '살아 있는 시대정신'은 이전 철학에 안주할 수 없다.

"결국 이런 이유 때문에 심도 있는 내용이 담긴, '개념이 살아 있는 시대의 정신(the interests belonging to its owen particular time)'을 이전의 철학이 만족시킬 수는 없다. 이 시대의 정신이 철학 속에서 발견하고자 한 것은 이미 이 정신의 내적 규정과 이 규정의 가능 근거를 제공하면서 사유의 대상으로 파악되는 그러한 개념이다. 결국 정신은 자기 자신을 인식하려고 한다. 그러나 이전의 철학 속에는 아직도 이념이 그런 정도의 명확한 규정을 지니고 있지 않다. 그러므로 플라톤이나 아리스토텔레스 철학 등과 같은 모든 철학이 비록 그 원리 면에서는 지금도 생생하게 살아 있지만, 그러나 철학 자체가 플라톤이나 아리스토텔레스 철학이 지녔던 형태의 단계에 그대로 머물러 있을 수는 없다. 즉 우리는 그들과 함께 멈추어 서 있을 수도 없고, 그들을 다시 깨어나게 할 수도 없다."

> Every philosophy is the philosophy of its own day, a link in the whole chain of spiritual development, and thus it can only find satisfaction for the interests belonging to its own particular time.

On this account an earlier philosophy does not give
satisfaction to the mind in which a deeper conception
reigns. What Mind seeks for in Philosophy is this con-
ception which already constitutes its inward determination
and the root of its existence conceived of as object to
thought ; Mind demands a knowledge of itself. But in the
earlier philosophy the Idea is not yet present in this deter-
minate character. Hence the philosophy of Plato and
Aristotle, and indeed all philosophies, ever live and are
present in their principles, but Philosophy no longer has
the particular form and aspect possessed by that of Plato
and of Aristotle. We cannot rest content with them,
and they cannot be revived ;

〈'철학사의 규정'20)〉

———→

* 헤겔에 앞서 볼테르는 "변화된 시대와 인간을 구분할 줄 아는 일보다 더욱
  필요한 것은 없다. 일치란 없는 법이다.(nothing more is requisite than to
  distinguish the times and men which have changed ; there never was
  agreement.)"21)라고 말하였다. 이 말은 칸트도 귀담아 듣지 못 했었다.['도식주
  의(Dogmatism)에의 함몰' 원인] 하물며 어찌 헤겔이 짐작인들 하였겠는가.

* 위의 헤겔 발언, '개념이 살아 있는 시대의 정신(the interests belonging to
  its owen particular time)'이라는 어구는 한 마디로 '역사(歷史) 종속주의
  (Subordinating to the History)'로, 헤겔의 '절대정신' '세계정신' '시대정신'이 통
  합된 그 '절대주의'의 다른 표현이다. (참조, ⑥-12. 각 개인은 '시대의 아들'이다.)

---

20) G. W. F. Hegel(translated by E. S. Haldane & F. H. Simson), *Lecture on The History of
   Philosophy*, Routledge and Kegan Paul, 1968, V.1 pp.45~6 'Further comparison
   between the History of Philosophy and Philosophy itself' ; 헤겔(임석진 역), 철학사
   1, 지식산업사, 1996, p.76 '철학사와 철학 그 자체와의 상세한 비교'
21) Voltaire, *The Best Known Works of Voltaire*, The Book League, 1940, pp.479~480
   'Of the Egyptian Rites'

474

* 위의 헤겔 주장이야 말로 자신의 〈법철학〉으로 보여준 '최악(最惡)의 헤겔'을 입증하는 '전쟁의 제국주의(War-Like-Imperialism)'를 명시하고 있는 대목이다. (참조, ⑥-13. 현재는 '장미'이며 '십자가'이다. ⑥-14. 프로테스탄티즘 고유 원리)

⑧-13 '신'은 '이성'이고 '정신'이다.

"그런데 최고 존재란, 전적으로 즉자 대자적으로 존재하는 이성(reason which is existent in and for itself)이며 보편적으로 구체적인 실체로서, 그의 근본 뿌리는 의식 속에 객관화 되어 있는 정신(the Mimd, Spirit)이다. 따라서 최고 존재란 그 속에 단지 이성적인 요소 일반이 아니라, 또한 보편적이며 무한한 이성의 힘이 담겨 있는 그 최고 존재에 대한 상념이기도 하다."

> This existence is now reason which is existent in and for itself, the universal and concrete substance, the Mind whose first cause is objective to itself in consciousness ; it thus is a representation of this last in which not only reason in general, but the universal infinite reason is. We must, therefore, comprehend Religion, as Philosophy, before everything else, which means to know and apprehend it in reason ; for it is the work of self-revealing reason and is the highest form of reason.

〈'서론'22)〉

———→

* 헤겔은 필요에 따라 '플라톤 철학' '칸트 철학'을 수시(隨時)로 왕래하였으나, 그들과 엄연히 다른 <u>헤겔의 고유 영역은 '게르만 신국(The German City of God)'론에 '군국주의(Militarism)' '전쟁불가피론(Inevitable war theory)' '자기 파괴 – 희생(Sacrifice) 예찬'이다.</u>

---

22) G. W. F. Hegel(translated by E. S. Haldane & F. H. Simson), *Lecture on The History of Philosophy*, Routledge and Kegan Paul, 1968, V.1 p.62 'Introduction' ; 헤겔(임석진 역), 철학사 1, 지식산업사, 1996, p.95 '서론'

* 헤겔이 위에서 언급한 '최고 존재란 전적으로 즉자 대자적(卽自 對自的)으로 존재하는 이성(reason which is existent in and for itself)이며 보편적으로 구체적인 실체로서, 그의 근본 뿌리는 의식 속에 객관화 되어 있는 정신(the Mind, Spirit)이다.'라고 규정했던 것은 칸트가 말한 인간의 '순수이성(理性)'을 헤겔은 (여호와의) '절대정신(絕對精神)'로 바꿔치기를 감행한 현장이다. (참조, ②-40. '절대적 전체성'이라는 이념은, '오성 법칙'에 응한 한도 내에서의 문제이다.-I. 칸트, ⑥-31. 인간 '최대 자유 보장'론-I. 칸트)

⑧-14 인간은 '이성'이 있기에 소중한 존재다.

"자연이나 동물로부터 신의 지혜를 이끌어내려는 이러한 논법(the operations of Nature are divine operations)에는 자연에 거슬리는 인간의 행위는 신적인 것이 아니고, 오히려 자연의 산물이 신적인 작품인 까닭에 여하튼 인간이 산출하는 것은 적어도 자연과 동등한 정도의 가치를 지닌 것이다. 그러나 이렇게 되면 이미 우리는 이성에게 부당하리만큼 그 값어치를 깎아내리는 것이 된다. 만약 동물의 생명이나 행위가 이미 신적이라고 한다면 인간의 행위는 그보다 훨씬 더, 실로 비할 수 없으리만치 고귀한 신적 의미를 지닌다고 해야 할 것이다. 여기에서 인간의 사유가 지니는 특권, 우월성이 인정되어야만 하겠다. 그리스도는 "하늘의 새들을(...)보라...너희는 새들보다 훨씬 값진 존재가 아니겠느냐?"라고 말했다."

It seems to be expressed by such a view that human action as regards Nature is ungodly; that the operations of Nature are divine operations, but what man produces is ungodly. But the productions of human reason might, at least, be esteemed as much as Nature. In so doing, however, we cede less to reason than is permitted to us. If the life and the action of animals be divine, human action must stand much higher, and must be worthy to be called divine in an infinitely higher sense. The pre-eminence of human thought must forthwith be avowed. Christ says on this subject (Matt. vi. 26—30), "Behold the fowls of the air,"

476

(in which we may also include the Ibis and the *Kokilas,*)
" are ye not much better than they ?

〈'철학과 종교의 관계'23)〉

_____✈

* 헤겔은 위에서 이집트 인도에 행해지는 '동물숭배(동물 토템)'에 대해 언급
하고 예수그리스도 말을 인용하며 '인간 이성(Reason)'론으로 들어갔다. 이
러한 헤겔의 말에는 별로 이의(異意)를 제기할 필요가 없을지도 모른다.
그러나 **헤겔은 체질적으로 기독교(개신교) 이외(以外)에 종교는, '야만적(野蠻**
的)이다.'라는 차별 의식(귀족 의식)이 항상 대동(帶同)되어 있다.['배타주의' '독
선주의']

* 볼테르는 그의 〈무식한 철학자(*The Ignorant Philosopher*, 1776)〉에서 다음
과 같이 말했다.

"기하학이나 천문학을 가리키는 용어가 없는 야만적이고 무식하고 미신
(迷信)을 행하는 무리, 살벌하고 사나운 종족도 나는 알고 있다. 그러나 그들
도 별들의 행로를 알고 있었던 현명한 칼데아 사람, 지중해와 대서양이 만나
는 반구(半球) 끝에 식민지를 둔 더욱 유식한 페니키아 사람들(Phoenician)
과 동일한 기본법(基本法)을 가지고 있었다. <u>그들은 모두 부모를 공경해야
한다고 가르치고, 위증(僞證), 중상, 살인을 역겨운 범죄(犯罪)로 규정하고
있다. 그들은 그들의 이성(理性)으로 펼치는 동일한 원리에 동일한 결론을
이끌어 내고 있다.</u>"24)

---

23) G. W. F. Hegel(translated by E. S. Haldane & F. H. Simson), *Lecture on The History
of Philosophy*, Routledge and Kegan Paul, 1968, V.1 p.67 'Relation of Philosophy to
Relation' ; 헤겔(임석진 역), 철학사 1, 지식산업사, 1996, p.100 '철학과 종교의 관계'
24) Voltaire, *The Best Known Works of Voltaire*, The Book League, 1940, pp.446~447
The Ignorant Philosopher 'ⅩⅩⅪ. Is There any Morality?

이러한 인류 통성(通性)인 '이성' 비판에 돌입하여 칸트는 〈순수이성비판 (1781)〉을 써서 '인간 모두의 자유'를 최대한 보장하는 것을 '이념'으로 지정하였다. (참조, ⑥-31. 인간 '최대 자유 보장'론-I. 칸트)

이러했음에도 헤겔은 '차별' '기독교 윤리' '복종' '배타주의' '독선주의(Chauvinism)'에 골몰(汨沒)하였으니, 그 심사(心思)가 독특했다고 할만하다. (참조, ⑦-08. '배타(排他)적인' 유대 민족(Jewish))

⑧-15 인간 이성은 자력(自力)으로 진리에 도달할 수는 없다.

"결국 종교가 차지하는 위치는 바로 이 종교를 통하여 우리에게 다가오는 진리가 외적으로 주어진다는 데 있다. 이러한 진리의 계시는 인간에게 다만 내려지는 것으로 인간은 고개 숙여 받아들이는 겸양의 자세를 취해야만 한다. 즉 인간의 이성은 자력(自力)으로 진리에 이를 수 없기 때문이다. 종교의 진리란 있는 그대로의 것일 뿐, 누구도 그것이 어디서 비롯되었는지는 알지 못하며, 또한 그 내용도 이성을 초월한 피안에 다만 주어져 있을 뿐이다."

> The assertion of Religion is that the manifestation of Truth which is revealed to us through it, is one which is given to man from outside, and on this account it is also asserted that man has humbly to assent to it, because human reason cannot attain to it by itself. The assertion of positive Religion is that its truths exist without having their source known, so that the content as given, is one which is above and beyond reason.

〈'철학과 종교의 관계'25)〉

---

25) G. W. F. Hegel(translated by E. S. Haldane & F. H. Simson), *Lecture on The History of Philosophy*, Routledge and Kegan Paul, 1968, V.1 pp.71 'Relation of Philosophy to Relation' ; 헤겔(임석진 역), 철학사 1, 지식산업사, 1996, p.105 '철학과 종교의 관계'

* 헤겔은 '신(神, 이성) 중심의 사고(思考)'는 그 자체가 '목사 헤겔'의 자랑이며 '절대 긍지'였다. 그러나 문제는 '현대인의 일상생활(contemporary men's everyday life)'에는 헤겔의 그 생각으로는 아무도움도 없다는 사실이다.

* 헤겔이 〈철학사〉를 쓸 때는, 〈정신현상학(1807)〉을 쓸 때와는 완전히 딴판으로 바뀌었다. 헤겔은 〈정신현상학〉 '서론'에서 바로 '절대자를 수중에 넣을 수 있는 수단(the instrument by which to take possession of the Absolute)'을 보이겠노라 선언하였다. (참조, ③-18. **철학 : '절대자를 수중에 넣는 도구'**)

  그런데 헤겔은 위에서 '인간의 이성은 자력(自力)으로 진리에 이를 수 없다.(human reason cannot attain to the Truth by itself)'라고 하였다. 이러한 상반된 헤겔의 말에 우리는 당황할 필요가 전혀 없다.

  <u>**왜냐하면 헤겔이 믿고 있는 것은 '절대정신－하나님'인데, 그 '절대정신' 칸트의 '순수이성(정신)'으로 대체될 때는 '수중에 넣을 수 있는 절대자'되기 때문이다. 그러므로 헤겔의 경우는 그 '절대정신'을 그대로 유지할 경우는 '만물을 창조하신 하나님'이지만, 예수처럼 '자신의 개념(Self-Conception)'을 동원하면 그대로 '헤겔 자신'을 바꾸고 그것을 '현실적 국왕'에 갖다 붙이면, '세계정신' 실천자가 되고 '국민(시민)'에게 갖다 붙이면 '주의 종(a servant of the Lord)'이라는 '노예철학(The Philosophy of Bondman)'이 된다.**</u>

* 그래서 〈법철학(1820)〉 이후의 〈철학사〉에 이르러서는 '게르만 신국(神國)론'과 '희생'론이 주류를 이룰 때이다. 그것은 전적으로 '주님의 종(a servant the Lord)' '노예철학(The Philosophy of Bondman)'이니, 헤겔은 그것을 '현실적인 것' '이성적인 것'으로 강조하였다.

  (참조, ⑥-10. **'현실적인 것'이 '이성적인 것'이다.** ⑥-12. 각 개인은 '시대의 아들'이다. ⑦-06. **'독일 민족주의(German Nationalism)'가 '이성(Reason)'이다.**)

⑧-16 '세계정신'은 '기독교 정신'이다.

"기독교의 경우에도 역시 마찬가지로 처음에 나타난 사유는 자신의 종교
형태에 얽매인 채 그 내부에서 맴돌고 있었다. 다시 말해서 그의 사유는 기
독교를 근저에 두고 그 교의(敎義)를 절대적 전제로 삼아 시작되었다. 그 후
사유의 날개가 튼튼해지면서부터 이른바 신앙과 이성의 대립이 나타났다. ─
이 경우에 어린 독수리가 진리의 태양을 향하여 오직 혼자의 힘으로 하늘
높이 떠오르더라도 여전히 맹수로서의 이 독수리가 등을 돌리고 있는 한 종
교와의 싸움은 계속될 것이다. 마지막 단계에 와서 철학은 사변적 개념을
통하여, 다시 말하면 사상 그 자체를 가지고 종교 내용이 정당한 값어치를
인정받도록 한다. 이를 위해서는 개념이 스스로를 구체적으로 포착하고 또
구체적인 정신성에로 침투되어야만 한다. 이것이 바로 입지점이어야만 한
다. 철학은 기독교 내부에서 발생하여 세계정신(world spirit) 이외의 다른
어떤 내용도 지닐 수가 없다. 세계정신이 마침내 철학 속에 자신을 파악할
때 이 세계정신이은 이전에는 철학에 대해서 적대적이었던 종교의 형태 속
에서도 스스로 개념화될 것이다."

> Similarly do we see in the Christian Religion, thought
> which is not independent first placing itself in conjunction
> with the form belonging to this Religion and acting within
> it—that is to say, taking the Religion as its groundwork,
> and proceeding from the absolute assumption of the
> Christian doctrine. We see later on the opposition between
> so-called faith and so-called reason; when the wings of
> thought have become strengthened, the young eaglet flies
> away for himself to the sun of Truth; but like a bird of
> prey he turns upon Religion and combats it. Latest of all
> Philosophy permits full justice to be done to the content of
> Religion through the speculative Notion, which is through
> Thought itself. For this end the Notion must have grasped
> itself in the concrete and penetrated to concrete spirituality.
> This must be the standpoint of the Philosophy of the present
> time; it has begun within Christianity and can have no
> other content than the world-spirit. When that spirit com-
> prehends itself in Philosophy, it also comprehends itself
> in that form which formerly was inimical to Philosophy.

〈'철학과 종교와의 관계'26)〉

* 위의 헤겔의 말 중에, '마지막 단계에 와서 철학은 사변적 개념을 통하여, 다시 말하면 사상 그 자체를 가지고 종교 내용이 정당한 값어치를 인정받도록 하고 있다.(Latest of all Philosophy permits full justice to be done to the content of Religion)'에 각별한 주목을 요한다.

* 위에서 헤겔이 '철학에 의해 종교(기독교)가 그 자리매김이 된다.'라는 요지는 헤겔 자신의 '관념철학(성령주의)'를 요약한 것으로 헤겔이 '예술(藝術)보다는 종교(宗敎), 종교보다는 철학이라는 신념'을 전제한 것으로 이해될 수 있다. (참조, ⑨-07. '예술' '종교' '철학'의 상호 관계)

    즉 헤겔은 그의 〈정신현상학(1807)〉에서 '정신(The Mind, Spirit)'을 그의 〈종교철학〉에서 확인할 수 있는 바와 같이 기독교의 '성령(the holy spirit)'과 일치를 시켰다. 그리고 그의 〈법철학(1920)〉에서는 헤겔은 거침없이 '프러시아 군주(빌헬름 3세)'에게 그 '세계정신(the world-spirit)'을 적용하였다. (참조, ⑤-16. '세계정신' '태양' '정신' '달'-A. 아우구스티누스, ⑪-06. 말을 탄 '세계정신'(1806). ⑥-35. 공동체(共同體) 안에 희생(犧牲)-A. 아우구스티누스) 그러므로 헤겔의 '현실주의 철학'이란 '게르만 신국(神國)론'이고 '전쟁불가피론'이고 '희생 예찬' '자살예찬'이니, 그것이 궁극의 문제이다. (참조, ⑥-13. 현재는 '장미'이며 '십자가'이다. ⑨-23. '자기 파괴'가 '영원한 정의(正義)'이고 인간 본성이다.)

⑧-17 '합리주의'와 대립되는 철학

"이와는 달리 철학은 근대 신학에서 나타난 이른바 합리주의(Rationalism)와 대립된다. 합리주의는 언제나 이성을 입에 올리곤 하지만, 사실 이 이성이란

---

26) G. W. F. Hegel(translated by E. S. Haldane & F. H. Simson), *Lecture on The History of Philosophy*, Routledge and Kegan Paul, 1968, V.1 pp.78~9 'Relation of Philosophy to Relation' ; 헤겔(임석진 역), 철학사 1, 지식산업사, 1996, p.115 '철학과 종교의 관계'

한낱 메마른 분석적 사유(dry understanding)를 나타내는 것일 뿐이다. 이성이라고는 하지만, 거기서는 다만 스스로 사유한다는 요소가 눈에 띌 뿐, 한낱 추상적 사유에 지나지 않는다. (근대 신학에서의) 합리주의는 내용과 형식 모든 면에서 철학과 대립된다.(Rationalism is opposed to Philosophy.) 즉 그것은 내용을 지녔으면서도 천상(天上)의 세계를 공허하게 만들고, 일체의 것을 유한한 관계로 전락시켜 버렸다. 또한 그것이 형식면에서도 철학에 대립되는 이유는, 그 형식이라고 하는 것이 이치만 따지려 드는 부자유한 논변 일색으로서, 결코 어떤 상상된 위력도 없기 때문이다(a reasoning process which is not free and has no conceiving power). 종교 자체 내에서 보면 초자연주의(supernaturalism)가 합리주의에 대립되긴 하지만, 그러나 참다운 내용 면에서는 이것이 철학에 유사하면서도 형식상으로 차이가 있다. 왜냐하면 초자연주의는 전적으로 정신이 결여된 경직성을 띰으로써 외적인 권위를 자기타당화의 근거로 내세우기 때문이다."

> Philosophy, on the contrary, is opposed to the so-called Rationalism of the new Theology which for ever keeps reason on its lips, but which is dry understanding only ; no reason is recognizable in it as the moment of independent thought which really is abstract thought and that alone. When the understanding which does not comprehend the truths of Religion, calls itself the illuminating reason and plays the lord and master, it goes astray. Rationalism is opposed to Philosophy in content and form, for it has made the content empty as it has made the heavens, and made the content empty as it has made the heavens, and has reduced all that is, to finite relations—in its form it is a reasoning process which is not free and which has no conceiving power. The supernatural in Religion is opposed to rationalism, and if indeed the latter is related in respect of the real content to Philosophy, yet it differs from it in form, for it has become unspiritual and wooden, looking for its justification to mere external authority.

〈'철학과 종교와의 관계'[27]〉

---

27) G. W. F. Hegel(translated by E. S. Haldane & F. H. Simson), *Lecture on The History of Philosophy*, Routledge and Kegan Paul, 1968, V.1 p.80 'Relation of Philosophy to Relation' ; 헤겔(임석진 역), 철학사 1, 지식산업사, 1996, pp.116~7 '철학과 종교의 관계'

_____✈

* 헤겔의 '절대정신(The Absolute Spirit)'은 '자신의 개념 – 삼위일체'에 '성신(Holy Spirit)'이고 그것은 하나님이고 역시 '천지만물'이라는 논리가 헤겔이 자랑하는 일원론(Monism)이다. 헤겔은 그 기독교 논리로 모든 '과학'을 포괄했다고 주장하여 소위 '관념론(Idealism)'이라는 딱지가 붙었다.

* 위에서 헤겔이 '합리주의'라고 말한 뉴턴과 그를 추인한 볼테르 칸트 등의 '계몽주의자들'을 지칭한 것이다.
  헤겔이 위에서 명백히 '합리주의는 철학에 대립된다.(Rationalism is opposed to Philosophy.)'고 말함으로써, 자신이 행하고 있는 '이념주의' '변증법'이 '합리주의' 아님을 명백히 한 셈이다. 최소한 '헤겔 철학'은 '합리주의(과학)'와 무관하고 '신학'에 깊이 관여함을 헤겔 자신의 입으로 밝힌 부분이다. (참조, ②-05. '**엄밀학(嚴密學, *les sciences exactes*)'은 종교와 대립한다.**)

* 위에서 헤겔은 '합리주의'를, '이치만 따지려드는 부자유한 논변일색으로서 결코 어떤 상상된 위력도 없기 때문이다(a reasoning process which is not free and has no conceiving power).'고 비판한 것을 주목을 요한다.
  여기에서 헤겔이 '부자유하다(not free)'란 '윤리 도덕론'이 없다는 지적이고, '상상된 위력이 없다.(no conceiving power)'는 것은 종교적 권위(또는 一方主義, 軍國主義)가 없어진다[無用論'에 빠진다.]는 불평이다.

* 그렇다면 헤겔이 자신의 철학을 통해서 행하려는 궁극의 목적은 '윤리 도덕'을 행하게 하고 '위력'을 발휘하기 위한 것이니, 그것[엄밀학]은 더욱 구체적으로 '게르만 신국(The German City of God)' 건설, 그 '제국주의(Imperialism) 운영'에 소용이 없다는 고백이다.
  그러므로 신학자 헤겔 생각은, 아우구스티누스의 〈신국(神國)〉 논에 의한 '희생(Sacrifice)' '노예봉사(a servant of the Lord)' 철학일 뿐이다. (참조, ⑥-35. **공동체(共同體) 안에 희생(犧牲)-A. 아우구스티누스 ⑦-06. '독일 민족주의(German Nationalism)'가 '이성(Reason)'이다.**)

⑧-18 지옥(地獄)보다 억센 이성(理性)

"결국 종교가 그 추상적인 권위에 매달리는 경직된 입장에서 사유(思惟, thought)를 배척하면서, "너는 베드로라. 내가 이 반석 위에 내 교회를 세우리니, 음부(陰府, 저승)의 권세가 이기지 못하리라"(마태복음 16장18절)라고 주장하더라도 이성의 문은 지옥의 문보다는 더 억세므로 (the gates of reason are stronger than the gates of Hell)-비록 교회를 제압하지는 못한다 하더라도 교회와 화해를 이룰 수는 있다. 종교의 표상 양식에 비하여 교회의 내용을 개념적으로 사유하는 철학이 갖는 이점은 이 둘을 모두 다 이해한다는 것이다. 즉 철학은 종교를 이해할 뿐 아니라 또한 합리주의 초자연주의(신비주의)도 이해하면서 동시에 자기(itself)마저도 이해하는데 반하여 종교의 경우는 그렇지 않다. 표상(비유)의 입장을 취한 종교는 다만 자기와 동등한 입장에 있는 것만을 이해할 뿐, 철학이나 개념 및 보편적인 사유내용을 이해하지 못한다. 흔히 종교에 대립한다는 이유에서 철학이 비난을 받는데, 이는 반드시 부당한 것만은 아니지만, 그러나 그 비난이 종교적 입장에서 행지는 것이라면 이것은 자칫 철학을 불공정하게 다루는 경우가 되겠다."

If
Religion in the inflexibility of its abstract authority as opposed to thought, declares of it that " the gates of Hell shall not triumph over it," the gates of reason are stronger than the gates of Hell, not to overcome the Church but to reconcile itself to the Church. Philosophy, as the conceiving thought of this content, has as regards the idea of Religion, the advantage of comprehending both sides—it comprehends Religion and also comprehends both rationalism and supernaturalism and itself likewise. But this is not the case on the other side. Religion from the standpoint of idea, comprehends only what stands on the same platform as itself, and not Philosophy, the Notion, the universal thought determinations. Often no injustice is done to a Philosophy when its opposition to Religion has been made matter of reproach; but often, too, a wrong has been inflicted where this is done from the religious point of view.

〈'철학과 종교와의 관계'28)〉

---

28) G. W. F. Hegel(translated by E. S. Haldane & F. H. Simson), *Lecture on The History*

484

_____✈

* 헤겔의 생각을 이해함에서 역시 필수불가결한 사항은 '구교(舊敎, 가톨릭)'
가 아닌 '개신교도(Protestant) 헤겔'이라는 점이다.

* 가령 토마스 아퀴나스(T. Aquinas, 1225~1274)의 〈신학대전(*Summa
Theologica*, 1471)〉에서는 〈성경〉에 기록된 그 '천지 창조'의 문제나 '예수에
게 부여된 신권(神權)' 등의 내용들을 사제들과 일반 신도의 반드시 지키고
알아야할 사항들을 명시하고 있다.[29] (참조, ②-12. **'철학'은, '우주론' 속에
'종교'를 정착시킨다. ⑥-14. 프로테스탄티즘 고유 원리 ⑪-01. '개신교(改新敎)
의 토머스 아퀴나스'**)

〈'토마스 아퀴나스(T. Aquinas, 1225~1274)'[30] '신학대전(*Summa Theologica*, 1471)'[31]〉

* 헤겔이 위에서 '이성(理性)의 문은 지옥(地獄)의 문보다는 더 억세다.(the
gates of reason are stronger than the gates of Hell)'고 했던 것은, 헤겔이
루터(Luther, 1483~1546)의 '개신교(Protestant)' 입장에서도 더욱 멀리 (국가
주의로)나가서 이미 '게르만 국가주의(The German Chauvinism)' 깊이 개입

of Philosophy, Routledge and Kegan Paul, 1968, V.1 pp.80~81 'Relation of Philosophy
to Relation' ; 헤겔(임석진 역), 철학사 1, 지식산업사, 1996, p.117 '철학과 종교의 관계'

29) St. Thomas Aquinas(Translated by Fathers of English Dominican Province), *Summa
Theologica*, Christian Classics, 1948 ; 이재룡 등 역, 성 토마스 아퀴나스의 신학대전
요약, 가톨릭대학교출판부, 1993

30) Wikipedia, 'Summa Theologica'

31) Wikipedia, 'St. Thomas Aquinas'

(介入)하여 그 '애국심(Patriotism)' '희생(Sacrifice)정신'의 예찬에 돌입한 〈법철학(1820)〉이후의 주장들이다. (참조, ⑦-06. '독일 민족주의(German Nationalism)'가 '이성(Reason)'이다.)

* 헤겔은 소위 계몽주의를 계승한 칸트 등을 제압하기 위해 '게르만 신국'론을 꺼내 들었으니, 그 '절대정신'론 등은 '삼위일체' 중에 '성신(聖神)'을 '순수이성'과 동일시한 주장으로 〈정신현상학(1807)〉에서는 머물렀으나, 그 〈법철학〉 〈역사철학〉에서는 프러시아 군주 중심의 '국가 종족주의'로 정착하게 되었다. (참조, ⑥-12. 각 개인은 '시대의 아들'이다. ⑦-09. 개신교의 영웅, 프리드리히 대왕)
그리고 헤겔은, 예수와 동일하게 '하나님의 살아계심'을 한 결 같이 증언을 하였으나, 그 예수와는 완전 다르게 '한 개인' '게르만의 군주(君主, 프리드리히 2세, 나폴레옹)'와 그 '세계정신'을 혼동(동일시)하는 착시(錯視)에 빠졌다. (참조, ⑪-06. 말을 탄 '세계정신'(1806).) 헤겔은 이것(게르만 국가 우월주의)으로 죽어서도 다 씻을 수 없는 [1급 戰犯으로서의] '추악한 헤겔' 그 모습을 간직하지 않을 수 없게 되었다. (참조, ⑨-23. '자기 파괴'가 '영원한 정의(正義)'이고 인간 본성이다.)

⑧-19 '절대자'는 종교의 필수 형식이다.

"'즉자 대자적(卽自對自的)으로 존재하는 정신(Mind as it is in and for itself)'에게는 종교라는 형태가 필수적으로 따른다. 종교라고 하는 것은 진실한 것이 모든 인간과 모든 의식(every mode of consciousness)의 존재양식에 대해서 나타나는 형식이다. 인간의 일반적 교양 단계를 보면, 첫째는 감각적 의식이고, 두 번째는 일반적인 것의 형식이 감각적 현상 속에 개입하는 반성 작용이다. 종교적인 표상의식, 즉 신화적인 것, 실정적인 것 및 역사적인 것 (the representing consciousness, the mythical, positive and historical form)은 모두가 반성적 이해력에 속하는 형식인데, 정신의 증언 속에 포함된 절대적 존재는 바로 이와 같은 분석적 사유 형식을 띠고 나타날 때 비로소 의식의 대상으로 화한다. 그런데 우리의 의식은 일반적으로 생과 경험의 과정 속에서 이러한 형식에 친숙해져 있을 수밖에 없다. 이런 맥락에서 종교는 진실한 것, 또는 정신적인 것에 대한 의식을 지녀야만 하며, 따라서 이성의 형식을 지녀야만 한다. 이는 동시에 진실함에 대한 의식이 종교의 형식을 띠어야 한다는 것을 의미하기도 한다. 이것이 종교의 형태에 대한 일반적 정당화 근거이다. 그러나 이론적으로 사유하는 의식은 결코 모든 인간에게 일률적으로 외면적인 일반적 형식을 띠는 것은 아니다."

> The form of Religion is necessary to Mind as it is in and for itself; it is the form of truth as it is for all men, and for every mode of consciousness. This universal mode is first of all for men in the form of sensuous consciousness, and then, secondly, in the intermingling of the form of the universal with sensuous manifestation or reflection—the representing consciousness, the mythical, positive and historical form, is that pertaining to the understanding. What is received in evidence of Mind only becomes object to consciousness when it appears in the form of the understanding, that is to say, consciousness must first be already acquainted with these forms from life and from experience. Now, because thinking consciousness is not the outward universal form for all mankind, the consciousness of the true, the spiritual and the rational, must have the form of Religion, and this is the universal justification of this form.

〈'철학과 종교와의 관계'32)〉

———————→

* 헤겔은 '기독교 신'을 '즉자 대자적으로 존재하는 정신(Mind as it is in and for itself)'이란 기독교 '삼위일체(Trinity)'를 칸트(이성) 식으로 풀어 놓은 것이다. 그러므로 헤겔의 '정신(이성)'은 '즉자(육체 속의 이성, Being in itself)'를

---

32) G. W. F. Hegel(translated by E. S. Haldane & F. H. Simson), *Lecture on The History of Philosophy*, Routledge and Kegan Paul, 1968, V.1 p.81 'Relation of Philosophy to Relation' ; 헤겔(임석진 역), 철학사 1, 지식산업사, 1996, pp.117~8 '철학과 종교의 관계'

지니고 있으며 역시 '절대 정신(신)'을 인지(認知)하는 객체이니, 역시 '성부(聖父, 여호와)'와 '성자(聖子, 예수, 헤겔)'는 일치하며 역시 세상 어디(다른 사람 누구)에도 있을 수 있으므로 '없는 곳이 없는 존재'라는 것이 그 전모(全貌)이다.

* 위에서도 헤겔은 자신이 그 칸트의 〈순수이성비판(1781)〉을 충분히 알고 있다는 점을 보이고 있다. 헤겔이 위에서 '인간의 일반적 교양 단계를 보면, 첫째는 감각적 의식이고, 두 번째는 일반적인 것의 형식이 감각적 현상 속에 개입하는 반성작용이다.'라는 전제가 그것이니, '감각(sensuous consciousness, Sensibility)'과 '형식(form, Understanding)'을 구분 설명해 보인 것이다.

* 그러나 그 칸트와 헤겔의 관심은 완전 반대의 방향으로 나갔으니, **칸트에게서는 절대 배제될 수 없는 것[實體, substance]이 '감각(근본적으로는 物自體)'이었고, 헤겔의 경우는 시작부터 '실체'가 '신(절대정신)'이었으니** 아무리 헤겔이 '그 칸트 생각'을 자기 아래 두고 싶어도 그것은 출점부터 서로 다른 것으로 단지 헤겔의 희망 사항일 뿐이다. (참조, ②-34. 감성의 참된 상관 자는 '물자체(the thing in itself)'이다.-I. 칸트, ②-40. '절대적 전체성'이라는 이념은, '오성 법칙'에 응한 한도 내에서의 문제이다.-I. 칸트)

* 즉 헤겔이 위에서 **즉자 대자적으로 존재하는 정신(Mind as it is in and for itself)**'이란 바로 '헤겔의 이성(理性)'이고 역시 '절대 정신(the Absolute Spirit)' '여호와(Jehovah)'이다.
헤겔의 '절대주의'가 바로 그 '기독교'와 연동된 점을 헤겔 스스로 명시하고 있는 대목이다. 헤겔은 이 〈철학사〉를 통해 자신의 생각(개신교와의 관계)을 모두 밝히고 있는 셈이다.
〈철학사〉 서술에 **헤겔의 궁극의 관심은 '절대정신(하나님)'을 '실체(substance)'**

로 한 '개신교 신학(神學)'이고, 칸트의 〈순수이성비판〉은 '감성(物自體)'을 실체(substance)로 잡은 '계몽주의' '인본주의' '과학주의' '자유주의'의 전개이다. 이들의 판단(取捨選擇)은 역시 칸트와 헤겔을 읽은 독자 각각이 알아서 판단을 해야 할 사항이다. (참조, ④-25. 우리에게는 '시비(是非) 판정의 의무'가 있다.-I. 칸트)

⑧-20 '동양 철학'의 문제점

"동양(인도)에서도 정신이 출현한 것은 사실이지만, 그러나 그렇게 빚어진 상태란 여전히 <u>주체가 인격으로 존재하는 것이 아니라(the subject is not presented as a person) 객관적 실체(substance, 이것은 초감각적이기도 하면서 또한 오히려 물질적인 것으로 상정되기도 한다.)에 휘말려 부정당하거나 몰락해가는 것뿐이다.</u> 개인이 다다를 수 있는 최고의 상태로서의 영원한 축복은 실체에의 몰입, 의식의 소멸, 그리고 마침내는 실체와 개인 사이의 구별의 소멸, 즉 무(無)의 경지로 여겨진다. 이렇듯 종교적 상태의 극치가 무의식 속에 빚어지는 한 이것은 정신이 결여된 공백(空)을 뜻할 뿐이다. 실체와 어긋나는 관계 속에 존재하는 인간은 개인에 지나지 않을뿐더러 - 이제 여기서는 실체가 보편자이고 개인은 개별적이 된다. 인간이 영원의 축복을 누리지 못한 채 실체와 구별되어 있는 한 그는 통일을 상실한 채 아무런 가치도 없는 한낱 우유적(偶有的)이며 힘없는 유한자일 뿐이다. 따라서 인간이 태어나면서부터, 예컨대 그 어떤 카스트에 속하도록 운명 지어져 있다. 이때 인간의 의지는 외적이거나 내적인 우연성에 내맡겨져서 실체적 의지가 아닌 자의일 뿐이다. - 즉 여기서는 실체만이 긍정적인 것이다."

> In the East, Mind indeed begins to dawn, but it is still true of it that the subject is not presented as a person, but appears in the objectively substantial, which is represented as partly supersensuous and partly, and even more, material, as negative and perishing. The highest point attainable by the individual, the everlasting bliss, is made an immersion into substance, a vanishing away of consciousness, and thus of all distinction between substance and indi-

viduality—hence an annihilation. A spiritually dead relation
thus comes into existence, since the highest point there to
be reached is insensibility. So far, however, man has not
attained that bliss, but finds himself to be a single existent
individual, distinguished from the universal substance. He
is thus outside the unity, has no significance, and as being
what is accidental and without rights, is finite only ; he
finds himself limited through Nature—in caste for instance.
The will is not here the substantial will; it is the arbitrary
will given up to what is outwardly and inwardly contin-
gent, for substance alone is the affirmative.

〈'동양 및 동양 철학과의 결별'33)〉

———✈

* 헤겔은 위에서 인도의 '불교(佛敎)'를 기독교의 '삼위일체'로 비판해 보인
부분이다. 헤겔이 설명한 대로 불교가 '부처[佛]' '신도' '사회'를 통합하는
그 '삼위일체'의 성격을 못 갖추었다고 할 지라도 기독교가 지니는 '배타주의
(exclusion)' '독선주의(chauvinism)'는 없다.[佛敎도 '불(佛, 父)=승(僧, 子)=
불국(佛國, 사회, 心)'은 (기독교와 동일한 삼위일체)기본전제임]

* 헤겔의 '게르만 신국(神國)론'은 과거 원시 유대인의 '선민의식(選民意識,
Chauvinism)' '배타주의(排他主義, Exclusionism)'을 그대로 두고 그것을 '게르
만 우월주의'로 둔갑을 시킨 경우이다. (참조, ⑦-06. '독일 민족주의(German
Nationalism)'가 '이성(Reason)'이다. ⑦-08. '배타(排他)적인' 유대 민족(Jewish))
그러므로 헤겔의 '게르만 개신교 입장'에서는 세계 어느 나라의 종교도 '기독
교'를 당할 수 없고, 역시 그 어느 '기독교 이론'도 '그 개신교 논리'를 당할
수 없다는 생각에 있었다. 뿐만 아니라 헤겔은 그 어떤 '개신교도(protestant)'
의 논리'도 자신의 '절대정신' 이론을 넘을 수 없다는 생각에 사로잡혀 있음
을 이 〈철학사〉로 길게 설명을 하였다.

33) G. W. F. Hegel(translated by E. S. Haldane & F. H. Simson), *Lecture on The History
of Philosophy*, Routledge and Kegan Paul, 1968, V.1 pp.97~8 'Separation of the East
and its Philosophy' ; 헤겔(임석진 역), 철학사 1, 지식산업사, 1996, p.138 '동양 및
동양 철학과의 결별'

* 그런데 **이것은 당초 계몽주의자 볼테르가 중국의 공자(孔子) 생각을 존중하여, 그의 〈중국인의 교리 문답(1763)〉 〈역사철학(1765)〉 〈무식한 철학자(1766)〉 등을 통해 '사해동포주의' '인류 평등' '생명 존중' '전쟁반대'를 폈고, 그 볼테르 정신을 이어 칸트가 〈순수이성비판(1781)〉을 썼고 〈영구평화론(1795)〉 〈법이론(1797)〉도 제작하였다. 이에 대한 헤겔의 '졸렬한 대안(對案−히틀러 등 추종자을 냈다는 측면에서)'이 '게르만 신국(神國)론'으로 그 '동양(중국)무시' '계몽주의 무시'로 자신의 '절대주의' '제국주의' '군국주의'를 지상(至上) 명령으로 삼고 있었다.** (참조, ⑥-37. 독일 '국가 사회주의(나치즘)'-A. 히틀러 ⑥-38. '세계 근대 문명'은, '게르만(아리안) 문명'이다.-A. 히틀러)

* C. G. 융(C. G. Jung, 1875~1961)도 헤겔처럼 기독교 신앙에 깊이 개입했으나, '서구(西歐)' 일방주의는 아니었다. 융의 관심은 '만다라(Mandala, 사각형)'였다. 다음은 역시 융이 제시한 '그리스도 사각형' '4 원소(四 元素)'이다.

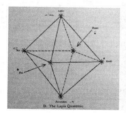 

〈'그리스도 사각형'[34) '4 원소(四 元素)'[35)〉

* 위의 '그리스도 사각형'은, 인자(人子, 그리스도)가 '여호와(Jehovah)'의 자리에 앉아, 천지 만물을 이루는 '지수화풍(地水火風)'을 관장하는 경우이다. 그 '그리스도'가 여호와(Jehovah)이고, '자신의 이성적 개념'인 헤겔, 융이 그것을 대신(代身)하고 있는 경우이다.

---

34) C. G. Jung, *Aion*, Routledge & Kegan Paul, 1974, p.238 'The Lapis Quaternio'
35) C. G. Jung, *Aion*, Ibid, p. (251) 'The Four Elements'

* 그러나 융은 다음과 같은 세계 보편의 '만다라'를 제시하여, 그것이 유독 '유대인(西歐人)의 전유물'이 아님을 분명히 하였다. (참조, ⑦-08. '배타(排他)적인' 유대 민족(Jewish))

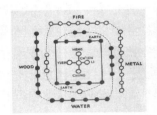 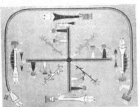

〈'하도(河圖) 만다라'36) '나바호 인디언이 그린 만다라'37)〉

〈'티베트 인의 만다라'38), '인도 연꽃'39)〉

⑧-21 뉴턴은 '이념'을 모르는 '야만인'이다.

"사유(思惟)를 '자연'에 적용시킨 사례로 뉴턴은 그 수학적 발견과 물리학에서의 업적으로 유명하다. 뉴턴은 1642년 캠브리지에서 출생하여 수학을 특별하게 공부를 했고, 캠브리지 대학에 교수가 되었다. 뒤에 뉴턴은 런던에 왕립 학술원장이 되었고, 1727년에 사망하였다.

뉴턴은 영국의 로크 철학, '철학의 영국 식 방법'에 인기를 모으는데 일등 공신이라는 점에는 이론(異論)이 없으며, 특히 전 물리학의 영역에 그 응용

36) C. G. Jung, *Mandala Symbolism*, Princeton University Press, 1972, Figure 2
37) C. G. Jung, *Mandala Symbolism*, Ibid, Figure 45
38) A. Jaffe, *C. G. Jung Word and Image*, Princeton University Press, 1979, p.86 'Tibetan mandala'
39) C. G. Jung, *Mandala Symbolism*, Ibid, Picture 24

에 박차(拍車)를 가하게 하였다. '물리학, 형이상학을 알아야 한다.'가 뉴턴의 처세훈(處世訓, 격언)이었다. 그에게는 과학이 사상을 의미하였으니, 사람들이 그들의 개념에 대한 고찰이나 '사유에 대한 사유'에 들어가 본적이 없었기에, 오늘날까지도 모든 물리학은 뉴턴의 가르침에 따라 성실히 그 계율[수학적 원리]을 고찰하고 있다. 그러나 물리학(物理學)은 사상이 없으면 아무 소용이 없다. 물리학은 사유(思惟)만으로의 물리학의 범주와 법칙들을 가지고 있으나, 사상이 없으면 물리학은 어떤 진전도 이룰 수 없다. 뉴턴은 주로 물리학에 역학(力學)을 소개한 사람이다. 뉴턴은 과학을 반성(反省)의 관점에까지 이끌어 올렸다. 현상의 법칙들의 영역에서 역학(力學)의 법칙을 세웠다. 뉴턴은 물질을 고찰하여 그의 경험으로 그의 결론을 도출해 내었다. 그리고 물리학과 색채(色彩) 이론에서, 뉴턴은 나쁜 관찰을 하였고, 더욱 형편없는 결론을 도출하였다. 뉴턴은 경험으로부터 일반적 관점으로 향했고, 그것들을 근본으로 삼아 그것들을 개별에 적용하였다. 이것이 뉴턴이 이론들을 세운 방법이다. 그 사물의 관찰, 그 안에 내재하는 법칙의 발견, 그들 속에 발견된 보편성이 실재적 관심의 대상이 되었다(The observation of things, the discovery of the law immanent therein, and the universal which is found within them, has become the real point of interest.). 그 방법으로 보아 뉴턴은 그대로 완전한 야만인이니, 뉴턴은 그가 이룩한 어떤 이념도 없으면서 그의 전생(全生)을 통해 서술한 것에 놀라고 배우기를 즐기는 다른 사람들과 자기의 생각을 같이 하였다. 정말 다른 물리학자들처럼 뉴턴은 무식하다. 뉴턴은 그가 물리적 사실을 다룬다고 상상했지만, 개념(Notions)을 다루고 있다는 것을 알지 못했고, 감각적 사물을 개념으로 다루며 순전한 정신력으로 전 현실을 소유하고 예속시킨 뵈메(Boehme, 독일 신비주의자)와는 극한 대립을 나타냈다. 뵈메와는 달리 뉴턴은 개념을 감각적 사물 같이 다루어 사람들이 나무나 돌을 다루듯이 하였다."

The other side is that thought likewise applied itself to nature, and in this connection Isaac Newton is famous by reason of his mathematical discoveries and his work in physics. He was born in 1642 at Cambridge, made a special study of mathematics, and became professor of the same at Cambridge; later on he was made president of the Royal Society in London, and he died in 1727.[1]

Newton was indisputably the chief contributor to the

popularity of the philosophy of Locke, or the English method of treating of Philosophy, and more especially did he promote its application to all the physical sciences. "Physics, beware of metaphysics," was his maxim,[1] which signifies, Science, beware of thought; and all the physical sciences, even to the present day, have, following in his wake, faithfully observed this precept, inasmuch as they have not entered upon an investigation of their conceptions, or thought about thoughts. <u>Physics can, however, effect nothing without thought</u>; it has its categories and laws through thought alone, and without thought it does not effect any progress. Newton was mainly instrumental in introducing to physics the determinations respecting forces, which pertain to reflection; he raised science to the stand-point of reflection, and set the laws of forces in the place of the laws of phenomena. Regarding matters as he did, <u>Newton derived his conclusions from his experiences: and in physics and the theory of colour-vision, he made bad observations and drew worse conclusions. He passed from experiences to general points of view, again made them fundamental, and from them constructed the individual; this is how his theories are constructed.</u> The observation of things, the discovery of the law immanent therein, and the universal which is found within them, has become the real point of interest. In this way, Newton is so complete a barbarian as regards his conceptions that his case is like that of another of his countrymen who was surprised and rejoiced to learn that he had talked prose all his life, not having had any idea that he was so accomplished. This Newton, like all the Physicists, indeed, never learned; he did not know that he thought in, and had to deal with Notions, while he imagined he was dealing with physical facts: and he presented the extremest contrast to Boehme, who handled sensuous things as Notions, and, by sheer force of mind, obtained entire possession of their actuality and subjugated them. Instead of this Newton treated Notions like sensuous things, and dealt with them just as men deal with wood and stone.

〈'뉴턴'40)〉

---

40) G. W. F. Hegel(translated by E. S. Haldane & F. H. Simson), *Lecture on The History of Philosophy*, Routledge and Kegan Paul, 1968, V.3 pp.322~4 'Newton'

⟨'뉴턴(I. Newton, 1643~1727)'[41] '프린키피아'[42]⟩

───────✦

* 위의 뉴턴(I. Newton, 1643~1727)에 대한 헤겔의 비판은, 헤겔의 자신의 신학적 약점[배타주의]을 그대로 자신이 드러낸 부분으로 그의 신학의 이해와 그 '계몽주의' 이해에 **헤겔 〈철학사〉에 역설적으로 가장 요긴한 대목**이다. 즉 소위 '계몽주의(啓蒙主義, Enlightenment)'는 뉴턴의 〈프린키피아(*Principia*, 자연과학의 수학적 원리, 1687)〉를 기점으로 볼테르 칸트 등 천재 대가(大家)가 '세계문명의 현대화 운동'인데, 신학자 헤겔은 그 '뉴턴의 혁명'을 그대로 두고는 헤겔 자신을 정점(頂点)에 둔 '게르만 신국' 주장은 처음부터 불가능했기 때문이다. (참조, ⑧-03. '게르만 왕국', '신국(神國)', '이성적인 세계')

* 헤겔은 위에서 '과학주의(경험주의)' 대상을, '그 사물의 관찰, 그 안에 내재하는 법칙의 발견, 그들 속에 발견된 보편성이 실재적 관심의 대상이 되었다.(The observation of things, the discovery of the law immanent therein, and the universal which is found within them, has become the real point of interest.)'라고 정의(定義)하였는데, 바로 이 방법을 통해서 오늘날 찬란한 '과학 문명'이 성취되었다.

* **어느 나라의 (과)학자 어느 경우도 마찬가지이지만, '진정한 학문(Science)'의**

───────────────

41) Wikipedia, 'Newton'‐'Portrait of Newton in 1689 by Godfrey Kneller'
42) Wikipedia, 'Newton'‐'Newton's own copy of his Principia'

방향은 '인류 모두'을 위한 것이어야 하고, 그렇지 못 할 경우는 그 '지역주의 (regionalism)' '종족주의(tribalism)'에도 결코 도움이 될 수 없다. 그 대표적인 불행의 표본이 '게르만 국수주의자 헤겔'이었다. (참조, ⑥-37. 독일 '국가 사회 주의(나치즘)'-A. 히틀러 ⑥-38. '세계 근대 문명'은, '게르만(아리안) 문명'이 다.-A. 히틀러)

* 헤겔은 그 자신이 가장 권위를 두고 있는 영역인 '철학(도덕과 신학)'의 역사 서술(〈철학사〉)에 (그 '신학'에 비추어 보면) 별 해당 사항이 없는 뉴턴을 문제 삼아, '물리학은 사상에 소용이 없다.' 뉴턴은 '나쁜 관찰 (bad observations)'에 '고약한 결론(worse conclusions)'을 낸 '야만인(a barbarian)'이라고 험구(險口)를 늘어놓았다.

그러나 '절대정신(신)' 중심에 '이승 부정(The Negation of This World)' '허무 주의' '육체 무시'에 '공동체[신]중심' '희생[자기파괴] 예찬' '전쟁 불가피론'의 헤겔이 그 '계몽주의의 원조(元祖, 뉴턴)'에의 공박(攻駁)'은 (국가주의 보수 주의자) 헤겔의 경우로는 오히려 '사명감의 실천'에 해당하는 것이었다.

* 헤겔의 '개신교 우월주의'와 '게르만 우월주의'는 사실상 그 '독일 내부용(內 部用)'으로도 오히려 해로운 것이었다.[狂信主義의 발동이 문제임]

그런데 한국의 이웃 일본(日本)은, 제2차 세계대전 중에 헤겔의 '살아있는 신(황제)' '군국주의' '제국주의' '전쟁불가피론'으로 다른 나라들을 괴롭혔으 니, 한국도 사실상 그 '독한 헤겔'의 피해국이었다. (참조, ⑫-01. 스즈키(鈴木 權三郎, 1932) 〈歷史哲學〉 ⑫-02. 추축국(樞軸國, Axis Powers) 사상 형성 (1936) ⑫-03. '신궁(神宮)'과 '궁성 요배(宮城 遙拜)')

⑧-22 '자연 자체'와 '경험'은, 상호 모순(矛盾)이다.

"예를 들어 우리는 물리학의 시초에서, 관성 가속도 분자 구심력 원심력의 존재를 알고 있었다는 것을 확인할 수 있고, 그것들은 사실 그들 최초의 근거는 궁극적인 반성의 결과라는 것을 알 수 있다. 만약 우리가 존재(there being)의 원인에 대해 의문을 가질 경우에 물리학으로는 진전이 없는데, 그 것은 사람들이 '개념'을 모르기 때문이고, 감성과 오성이 없이 그 결론들로 자기네 정신을 조작하기 때문이다. 그러므로 가령 뉴턴의 광학(Optics)은 오 성이 없는 허위인 뉴턴의 체험에서 도출된 결론으로 그것들은 사람이 실험 에서 도출된 결론으로 자연을 어떻게 배울 수 있는가에 가장 좋은 예가 되고 있고, 그 결론은 어떻게 우리가 실험이나 결론 없이 온전한 무(無, nothing at all)를 배우는 사례가 되고 있다. 이러한 체험에 비참함은 자연은 그 자체 가 자연에 모순된다는 점이니, 왜냐하면 자연은 이런 불쌍한 경험으로 보는 것보다 더욱 탁월한 것이기 때문이다. 즉 자연 자체와 경험은 금방 서로 배 치(背馳)가 되기 때문이다. 그러기에 광학(光學)에서 뉴턴이 모든 찬란한 발 견 속에 빛의 일곱 색채로의 분할을 빼면 남아 있는 것이 없다. 이것은 전체 와 부분(whole and part)의 개념 작용의 결과가 그 일부이고, 냉혹한 무시(無 視)로부터 그 반대편까지가 일부이다. 이 철학의 경험주의적 실험에서 이제 우리는 라이프니츠 논의로 향한다."

In the beginnings of physical science we read of the power of inertia, for instance, of the force of acceleration, of molecules, of centripetal and centrifugal force, as of facts which definitely exist ; what are really the final results of reflection are represented as their first grounds. If we ask for the cause of there being no advance made in such sciences, we find that it is because men do not understand that they should apply themselves to Notions, but make up their minds to adopt these determinations without sense or understanding. Hence

in Newton's Optics, for instance, there are conclusions derived from his experience which are so untrue and devoid of understanding, that while they are set forth as the finest example of how men can learn to know nature by means of experiments and conclusions derived from ex-periments, they may also serve as an example of how we should neither experiment nor draw conclusions, of how nothing at all can be learned. A miserable kind of ex-perience like this itself contradicts itself through nature, for nature is more excellent than it appears in this wretched experience : both nature itself and experience, when carried a little further, contradict it. Hence, of all the splendid

discoveries of Newton in optics, none now remain excepting
one—the division of light into seven colours. This is
partly because the conception of whole and part come into
play, and partly from an obdurate closing of the eyes to
the opposite side. From this empirical method in Philo-
sophy, we shall now pass on to Leibnitz.

〈'뉴턴'43)〉

———→

* 헤겔이 궁극적으로 기대고 있는 것은 '개념(Notions)'으로, 헤겔은 그것을
칸트처럼 '오성(이성)'의 출발 영역으로 생각하였다. 그러나 모든 과학적
탐구는 칸트가 명시했던 그 '감성, 직관, 표상(개념)'의 원인인 '물자체
(Things in themselves)'를 '실체'로 전제하고 있다.

* 헤겔의 필요는 무엇보다 '신(절대정신)'의 권위와 그에 대한 추종 예찬이
문제이므로 '희생정신' '봉사정신'이 문제이다.

* 위에서 헤겔이 거론한 '반성(reflection)' '감성(sense)' '오성(understanding)'
'자연 자체(nature itself)' '개념(Notion)' '존재(being)' '무(nothing)'에 대한
더욱 구체적인 설명이 필요하다. 우선 '감성(sense)' '오성(understanding)'
'자연 자체(nature itself)'라는 용어는 칸트가 그의 〈순수이성비판〉에 사용한
용어인데, 그것은 그 '뉴턴의 만유인력' 이론을 바탕으로 마련한 인간 보편의
'감성(sense)' '오성(understanding)' 이론이므로 '뉴턴 생각'도 그에 예외일
수 없다.[헤겔은 자신의 '절대정신'에의 과도한 열정으로 인해, 칸트의 '감성'
'오성'을 외면(무시)한 것으로, **이것은 역시 신학자 헤겔이 그 칸트가 수용한
'역사를 초월한 인류 공통 정신(理性)론'을 다 파악 하지 못하고 '배타적 여호와
주의'에 빠져 있음을 입증하고 있는 사항임**]
그리고 위에서 헤겔이 '자연은 그 자체가 자연에 모순된다.(itself contradicts

43) G. W. F. Hegel(translated by E. S. Haldane & F. H. Simson), *Lecture on The History
of Philosophy*, Routledge and Kegan Paul, 1968, V.3 p.324 'Newton'

itself through nature)'는 진술은 칸트의 소위 '물자체(the things in themselves)'에 대한 헤겔의 어긋난 견해를 바탕으로 한 것이다.['물자체'에 대한 탐구는 기존 개념의 修正의 연속이나, '순환론' '변증법'은 결단코 될 수 없음]

즉 칸트의 '물자체'론은 "이성과 관련된 단순한 사유 대상(an object of mere thought, 물자체)"의 (二元論的)전제로, "우리가 사물들 속에 그 두 가지 관점을 알고 보면 순수이성 원리와 조화(調和)를 이룰 것(the result is in harmony with the principle of pure reason)"44)라고 칸트는 낙관(樂觀)45)을 하였다.

그러므로 헤겔이 위에서 언급한 '자연은 그 자체가 자연에 모순된다.'란 말은 '절대정신(신)' 일원론(삼위일체론)에 있었던 '헤겔 자신의 견해 표명'에 불과하다. (참조, ⑦-11. **세계사는 '통제되지 않은 자연 의지의 훈련'이다.**)

* 그리고 칸트는 '현상, 표상(phenomenon, representation)'으로 전제한 '개념(conceptions, Notions)'이라는 전제를, 헤겔은 '자연 대상(natural objects)'으로 전용(轉用)하여, 그의 근본적 '실체(Substance)'를 '절대정신(神)'으로 일찌감치 통일을 해놓은 경우로서, 그 '절대정신(神)'을 기준으로 '존재'와 '무'를 논하는 헤겔의 경우로는 '신학자의 불가피한 입장'일지 모르지만, **과학철학자' 칸트가 언급한 '진리의 기준'─인식과 대상의 일치 문제**는, 헤겔이 생각한 개신교(改新敎) 식 '절대정신' '절대이념'과는 근본적으로 구분될 수밖에 없다. (참조, ②-33. **'진리'란 '인식과 그 대상이 일치하는 것'이다.─I. 칸트** ②-09. **'신(God)'이 '절대 진리', '절대 가치', '절대 자유'이다.**)

---

44) I. Kant(Translated by J. M. D. Meiklejohn), *The Critique of Pure Reason*, William Benton, 1980, p.7 'Preface to the Second Edition 1787' ; 칸트(윤성범 역), 순수이성비판, 을유문화사, 1969, p.39 '2판 서(영역 본을 토대로 개역하였음)'

45) 사실 모든 인간은 사물에 대한 '경험적 지식'을 존중하고 살아가지만, 그것을 부정하고는 '하루'도 편하게 살 수 없음 ─그것은 물론 칸트가 전제한 '물자체'에까지 다 달성한 경우는 물론 아니다.

* 헤겔은 뉴턴의 '광학(光學)'을 말하면서도 '전체와 부분' '빛(절대자)과 어둠 (자연 사물)'의 신학적 도덕적 논의로 향할 태세다. 헤겔은 위에서도 사물의 '존재'와 '개념' '모순'을 말하며 자신의 '절대 신학으로의 해명'에만 관심들을 몰아가고 있다. (참조, ⑤-08. '자기＝빛＝태양' ⑤-07. 케플러와 뉴턴)

⑧-23 〈순수이성비판〉을 넘겠다는 헤겔의 허욕(虛慾)

"우리가 더욱 살펴야 할 칸트 철학은 이상(以上)의 철학자와 동시대에 출현하였다. 데카르트는 '사유와 존재의 통일'을 주장했음에 대해, 이제 우리는 주체 속에 사유라는 의식, 즉 우선 대상에 대립되는 확실한 것, 그래서 유한 속에 한정된 것에서의 진전하는 의식을 갖고 있다. 개인적 견해로서 추상적인 사유는 확실한 것이고 그 내용은 체험이다. 그러나 체험에 채용된 방법은, 역시 '형식적[종합적]' 사유이고 주장이다. 칸트는 소크라테스 관점으로 회귀한다. 우리는 스토아학파에 볼 수 있는 주체의 자유를, 칸트에게서 확인할 수 있지만, 그 내용상 자유의 임무는 훨씬 고차원에 두고 있다. 구체적인 것에의 끝없는 추구가 사유에 요구되고, '개념과 실재의 통일'로서의 이념(the Idea as the unity of the Notion and reality)이 내용인 규칙으로 넘쳐 있다. (칸트는) 첫째 야코비(Jacobi)처럼 관념과 실증이 유한과 조건을 넘지 않고, 둘째는 형이상학적 존재가 신(God)일 경우에도 그 실증은 사실 규정적이고 유한하게 조작된 신으로 만든다. 셋째로 직접적이고 확실하게 제한이 없는 것, 신념으로만 존재하여 알 수 없는 주관적 고정관념, 말하자면 불확실하고 규정할 수 없는 것은 결국은 어떤 결과가 없는 것(쓸모없는 것)이다. 반대로 칸트 철학이 서 있는 거점은, 우선 '즉자적인 것(in itself)'을 임시적인 것이 아닌 '절대 궁극적인 것(the absolute ultimate)'으로 추리함에 있다."

The philosophy of Kant, which we have now more par-cularly to consider, made its appearance at the same time as the above. While Descartes asserted certainty to be the unity of thought and Being, we now have the conscious-ness of thought in its subjectivity, *i.e.* in the first place, as determinateness in contrast with objectivity, and then as finitude and progression in finite determinations. Abstract

thought as personal conviction is that which is maintained
as certain; its contents are experience, but the methods
adopted by experience are once more formal thought and
argument.　Kant turns back to the standpoint of Socrates ;
we see in him the freedom of the subject as we saw it with
the Stoics, but the task in respect of content is now placed
on a higher level.　An endless aiming at the concrete is
required for thought, a filling up in accordance with the
rule which completion prescribes, which signifies that the
content is itself the Idea as the unity of the Notion and
reality.　With Jacobi thought, demonstration, does not in
the first place reach beyond the finite and conditioned, and
in the second place, even when God is likewise the meta-
physical object, the demonstration is really the making Him
conditioned and finite ; in the third place the unconditioned,
what is then immediately certain, only exists in faith, a
subjectively fixed point of view but an unknowable one,
that is to say an undetermined, indeterminable, and con-
sequently an unfruitful one.　The standpoint of the philo-
sophy of Kant, on the contrary, is in the first place to be
found in the fact that thought, has through its reasoning
got so far as to grasp itself not as contingent but rather as
in itself the absolute ultimate.

⟨'칸트'46)⟩

_____✦

* 위에서 헤겔은 칸트의 ⟨순수이성비판(1781)⟩에서 말한 주요 내용을 간략하
  게 요약하였다. 즉 데카르트의 '나는 생각한다. 고로 존재한다.'는 전제, '플
  라톤(소크라테스)의 이념', '자유', '인식(개념)과 대상(현실)의 일치(통일)',
  '신'의 문제, '물자체' 문제 등이 그것이다.

46) G. W. F. Hegel(translated by E. S. Haldane & F. H. Simson), *Lecture on The History
of Philosophy*, Routledge and Kegan Paul, 1968, V.3 pp.423~4 'Kant'

〈칸트(1724~1804)'[47] '순수이성비판(1781)'[48]〉

* 헤겔이 누구보다 그 칸트에 동의(同意)할 수 없었던 점은, 칸트가 '절대 궁극 (the absolute ultimate)'을 '즉자존재(Being in itself, 感性, 物自體)'에 두고, '형이상학적 신(God)'도 '대상(사물) 규정' 방식(범주) 내(內)에 두었다는 점 이다. (참조, ②-40. '절대적 전체성'이라는 이념은, '오성 법칙'에 응한 한도 내에서의 문제이다.-I. 칸트)

* 한 마디로 칸트는 기존 (기독교)신학 부정에, '인간 이성 중심' '과학중심'이 었음(〈순수이성비판〉)에 대해, 신학자 헤겔은 칸트의 '(감성 오성을 초월한) 순수이성(절대정신, 신)'에만 관심이 가 있었고, 그것(순수이성)을 기독교의 '정신(聖神, Holy Spirit)'과 동일시하는 그 (가톨릭과 구분된) '개신교 식 작 업'에만 관심을 두었다.

그리하여 헤겔은, '칸트 철학을 넘어서 선 헤겔 신학'이라는 '허명(虛名)', ('감성' '오성' 기본 공식을 거부한 것이라는 측면에서) 그 허욕(虛慾)에만 눈멀어 있었다.['게르만 神國'이 그 '결론'이라는 측면에서의 허욕임] (참조, ⑧-26. 칸트는 '원죄(original sin)'도 이성적으로 해명을 하려 한다.)

---

47) Wikipedia, 'Kant'
48) Wikipedia, 'Critique of Pure Reason(1781)'

⑧-24 칸트의 '경험' 속에 신(God)은 없다.

"유한(有限) 속에서, 유한 것[인간과 관련 속에서, 연결점[정신]으로 작용하는 절대적인 것의 입지가 부각이 되고, 그 절재적인 것이 유한한 것을 묶어 무한[절대정신]으로 이끈다. 관념(Thought)은 판단 속에 절대자로서 모든 것을 그대로 그 자체로서 파악했다. 관념에게는 모든 외적인 것은 권위(authority)가 없지만, 관념을 통해서만 모든 권위가 유용성을 갖게 된다. 그러나 즉자 대자적이고 구체적인 이 관념은 제2의 장소에서 주체(subjectivity)로서 파악이 되고, 이 주체의 양상이 야코비(Jacobi)가 말했던 뚜렷한 그 형식이다. 관념이 구체적이라는 사실을 야코비는 다른 한편 접어두었다. 관념의 절대적인 점과 구체적인 점 두 가지가 철학자들의 주체 문제인데, 관념이 주체이기에 절대자를 아는 능력도 관념에게는 부정이 되고 있다. 칸트에게 경험으로는 신(God)이 확인이 될 수 없다. 신은 외적인 경험으로도 확인될 수 없다. 라랑드(Lalande)가 온 세상을 휩쓸어 봐도 신은 없었듯이, 신은 내부에도 없다. 신비주의자와 열성 자들은 신 즉 무한 속에 많은 체험을 한다는 것은 의심할 것도 없다."

> In the finite, in connection with the finite, an absolute standpoint is raised which acts as a connecting bond ; it binds together the finite and leads up to the infinite. Thought grasped itself as all in all, as absolute in judgment ; for it nothing external is authoritative, since all authority can receive validity only through thought. This thought, determining itself within itself and concrete, is, however, in the second place, grasped as subjective, and this aspect of subjectivity is the form which from Jacobi's point of view is predominant ; the fact that thought is concrete Jacobi has on the other hand for the most part set aside. Both standpoints remain philosophies of subjectivity ; since thought is subjective, the capacity of knowing the absolute is denied to it. To Kant God cannot on the one hand be found in experience ; He can neither be found in outward experience—as Lalande discovered when he swept the whole heavens and found no God—nor can He be discovered within ; though no doubt mystics and enthusiasts can experience many things in themselves, and amongst these God, *i.e.* the Infinite.

⟨「칸트」⁴⁹⟩

*   헤겔은 칸트의 관념론('감성' '오성' '이성' 논의)에 매력을 느꼈다. 그러나 칸트의 논의는 '감성(sensibility, 物自體-the things in themselves)'론을 절대 빼놓을 수 없게 되어 있는데, 거기에 칸트의 생각이 묶여 있다는 점이 헤겔의 구극의 불만이었다.[칸트 철학과 헤겔 신학의 구분 지점]

그래서 '신(God)' '절대정신(the Absolute)' '성령(Holy Spirit)'을 말해야 하는 신학자 헤겔은 그것(절대정신)을 바탕으로 펼치는 '세계정신' '군주 통치' '신권통치'의 '게르만 신국(神國)' 논의는 칸트의 '감성' '오성(이성)' 이원론으로는 시작부터 불능이다. (참조, ⑦-06. **'독일 민족주의(German Nationalism)'가 '이성(Reason)'이다.**)

즉 칸트는 그 '감성(물자체)'론으로 전 우주를 묶고, 역시 그것을 떠난 것은 '진리가 아니다.'라고 주장하였으니, 신학자 헤겔은 그 칸트와는 사실상 '하늘(하나님)'을 같이 받들 수 없었던 것(不俱戴天)'이다. (참조, ②-33. **'진리'란 '인식과 그 대상이 일치하는 것'이다.-I. 칸트, ②-35. '대상과 일치하지 않는 인식'은 거짓이다.-I. 칸트**)

⑧-25 칸트의 불쌍한 '이율배반(Antinomies)'

"이 반대되는 것들(opposites) 중의 하나가 다른 것과 마찬 가지로 필요한 것이긴 하지만, 여기에서는 여담(餘談)이 될 것이다. 그 모순의 필연성은 칸트가 의식했던 흥미로운 사건이다. 그러나 '통속적 형이상학(ordinary metaphysics)'에서는 그들 모순을 한쪽에서는 옳다고 하고 다른 쪽에서는 틀렸다고 생각한다. 하지만 칸트의 주장 속에 포함된 가장 중요한 점은, 칸트로서는 예상을 하지도 못한 점이라는 사실이다. 왜냐하면 칸트는 사실 이 이율배반(antinomies)을 설명하고는 있으나, 외부 사물의 존재를 의심하거나

---

49) G. W. F. Hegel(translated by E. S. Haldane & F. H. Simson), *Lecture on The History of Philosophy*, Routledge and Kegan Paul, 1968, V.3 pp.424~5 'Kant'

부정하지도 않은 선험적 관념론(transcendental idealism)에서의 독특한 감성 (sense)으로 '시간과 공간 속에 인지된 사물들을 인정(allows that things are perceived in space and time)' (그것을 인정하거나 부정하거나 간에)하는 관념론이기 때문이다. 그러나 선험적 관념론은 '그 자체 속에 시간과 공간에 사물들은 전혀 존재하지 않고' 그러기에 '우리의 정신(Mind)에서 분리되어 존재하지는 못 하니', 모든 이 확실한 존재들은 사실 우리 주체 생각 밖에 독자적으로 독립된 실존을 갖는 현상 세계의 사물들에 속할 수는 없다. 만약 확실성이 세계에도 속하고 자유(agent)인 신(God)에게도 속한다면 거기에는 명백한 모순이 있다. 그러나 그 모순은 절대적인 것이 아니라 단지 우리와 관련된 사항이다. 다시 말해서 이 선험적 관념주의는 그 모순이 신의 존재 (Being) 속에 있는 모순이 아니라 우리 생각 속에 근거를 둔 모순이다. 이처럼 그 동일한 이율배반이 우리 정신 속에 있다. 앞서 신(God) 그분이 모든 모순을 감당 하셨듯이 지금은 그것이 자기의식(self-consciousness)이다. 그러나 칸트 철학은 모순이 사물에 있는 것이 아니라 자기의식 자체 (self-consciousness itself)에 있다는 것을 파악하는데 도달하지 못하고 있다. 경험주의는 자아(the ego)가 그 모순들을 이성으로 해소를 못하고 계속 남아 있다고 가르친다. 그래서 우리는 그 모순에 관해 염려할 것이 없으니, 이성은 그것들을 견뎌내기 때문이고 주장한다. 더구나 칸트는 여기에서 사물에게 너무 많은 다정함(tenderness)을 보여주고 있으니, 그것들이 모순되는 것들이라면 칸트 생각은 불쌍한 생각이다. 그러나 훨씬 높은 정신은 전혀 불쌍할 수 없는 모순일 수밖에 없다. 그러기에 그 모순은 결코 칸트에 의해 해결될 수 없는 것이고, 정신이 그 모순을 짊어지는 것이니, 모순은 자기 파괴적이고 정신은 광란(derangement)과 무질서 속에 빠진다. 그 진정한 해소는, 그 자체적으로 진리가 없는 (칸트의) 범주라는 것과 하찮은 무조건적 이성 (the Unconditioned of Reason)에 있는 것이 아니라 구체적이고 독자적인 양자(兩者)의 통일 속에 있다."

> One of these opposites is just as necessary as the other, and it is superfluous to carry this further here. The necessity of these contradictions is the interesting fact which Kant (Kritik der reinen Vernunft, p. 324) has brought to consciousness; in ordinary metaphysics, however, it is imagined that one of these contradictions must hold good, and the other be disproved. The most

important point involved in this assertion of Kant's is, however, unintentional on his part. For he indeed solves these antinomies (Kritik der reinen Vernunft, pp. 385, 386), but only in the particular sense of transcendental idealism, which does not doubt or deny the existence of external things (supra, p. 442), but "allows that things are perceived in space and time" (which is the case, whether it allows it or not): for transcendental idealism, however, "space and time in themselves are not things at all," and therefore "do not exist apart from our mind;" i.e. all these determinations of a beginning in time, and so on, do not really belong to things, to the implicitude of the phenomenal world, which has independent existence outside of our subjective thought. If such determinations belonged to the world, to God, to free agents, there would be an objective contradiction; but this contradiction is not found as absolute, it pertains only to us. Or, in other words, this transcendental idealism lets the contradiction remain, only it is not Being in itself that is thus contradictory, for the contradiction has its source in our thought alone. Thus the same antinomy remains in our mind; and as it was formerly God who had to take upon Himself all contradictions, so now it is self-consciousness. But the Kantian philosophy does not go on to grapple with the fact that it is not things that are contradictory, but self-consciousness itself. Experience teaches that the ego does not melt away by reason of these contradictions, but continues to exist; we need not therefore trouble ourselves about its contradictions, for it can bear them. Nevertheless Kant shows here too much tenderness for things : it would be a pity, he thinks, if they contradicted themselves. But that mind, which is far higher, should be a contradiction—that is not a pity at all. The contradiction is therefore by no means solved by Kant; and since mind takes it upon itself, and contradiction is self-destructive, mind is in itself all derangement and disorder. The true solution would be found in the statement that the categories have no truth in themselves, and the Unconditioned of Reason just as little, but that it lies in the unity of both as concrete, and in that alone.

〈'칸트'50)〉

---

50) G. W. F. Hegel(translated by E. S. Haldane & F. H. Simson), *Lecture on The History*

506

* 헤겔이 위에서 '칸트의 이율배반(antinomies)'이라고 지적한 것은, 칸트가 '감성'을 '관념적인 것' '의식적인 것'으로 전제하면서, 그 '감성'의 근본 '물자체(the things in themselves)' 사실상 외부 자연을 전제하고 있다는 측면에서 이율배반이라는 헤겔의 주장이다.['인식' '외부 자연(물자체)'의 불일치 그러면 헤겔의 주장은 무엇인가? '절대정신'이 '실체(주체)'이고, 외부 자연의 '그(절대정신)의 아들' 즉 '신의 창조물'이니, 그 '아버지(절대정신)'와 '아들(자연 사물)'은 하나라는 입장이다. 이것이 헤겔의 일원론이다. (참조, ②-14. **'하나님(절대신)'이 '아들(만물, 자연물)'을 창조하셨다. ②-21. '성부(聖父)' '성자(聖子)' '성신(聖神)'은 하나이다.**)

* 신학자 헤겔에게는 그가 아무리 길게 설명을 하여도 그가 가지고 있는 것은 '삼위일체'의 동어반복의 변증법이 있을 뿐이다.

  헤겔은 '신학자'로서 특유의 '심판(judgement) 파괴 부정'을 역시 그 '변증법'으로 설명을 하였는데, 위에서 헤겔이 언급한바 '그 모순은 결코 칸트에 의해 해결될 수 없는 것이고, 정신이 그 모순을 짊어지는 것이니, 모순은 자기 파괴적이고 정신은 광란(derangement)과 무질서 속에 빠진다.'라고 하였다.

  하지만, **칸트에게 '진리'인 '인식과 그 대상의 일치'** 문제는 모든 사람들이 그 일상에서 적용을 하며 생활하고 그것을 모두 인정하고 있는 바이고 그 '현상' 속에 모두 평화롭다. (참조, ②-35. **'대상과 일치하지 않는 인식'은 거짓이다.-I. 칸트**)

  그런데 헤겔은 [칸트의 그 '진리' 문제를] 모든 사람들이 당장 해결을 하지 않고는 못 견디는 영원한 숙제 미해결의 전제로 규정하였다.[신학자 헤겔의 오해임] 그리고 헤겔은 칸트의 '감성(물자체)'과 '이성(오성)' 이원론

---

of Philosophy, Routledge and Kegan Paul, 1968, V.3 pp.450~1 'Kant'

(Dualism)에, 헤겔 자신의 '모순의 변증법' '부정의 변증법(The Dialectic of Negation)'을 발동하여 '광란(derangement)과 무질서'를 언급하였다.

여기에 헤겔이 상상한 '가짜 논리학'은 다음과 같은 것이다.

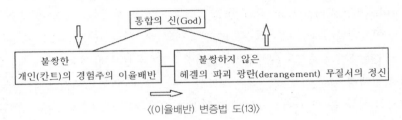

《(이율배반) 변증법 도(13)》

헤겔은 그 특유의 자기 파괴의 '우울증(憂鬱症)'을 외적으로 '전쟁' '자기파괴'론을 폈지만 그것은 '전쟁 옹호'의 헤겔의 생각이고, '과학적(현실적) 진실' 속에 평화로운 칸트의 '순수이성'론과는 무관한 사항이다. 그러므로 위에서 헤겔이 '광란 무질서'를 언급한 것은 '광신교도'의 까닭 없는 위협일 뿐이다. (참조, ⑤-13. '자살(自殺)'의 긍정, ⑥-13. 현재는 '장미'이며 '십자가'이다. ⑨-23. '자기 파괴'가 '영원한 정의(正義)'이고 인간 본성이다. ⑨-30. 몰락(죽음)=영원한 정의=윤리적 실체=만족)

⑧-26 칸트는 '원죄(original sin)'도 이성적으로 해명하려 한다.

"칸트가 체험의 객관적 내용, 즉 자연에 대해서도 '선험'을 적용한 실증철학 형이상학을 언급하지 않을 수 없다. 우리는 자연의 보편적 개념을 주장한 칸트의 자연 철학에 관해서 알고 있다. 그러나 그것은 칸트가 과학적 측면, 선험적인 것이라고 말하지만 매우 빈약하고 어수선하고 만족스럽지 못하다. 왜냐하면 칸트는 물질들의 필연성을 제시하기보다는, 물질이 운동과 인력 반발력을 가지고 있는 것처럼 가정을 하고 있기 때문이다. 그 '자연철학의 원리'는 물론 위대한 봉사로 간주되어 자연 철학 시작부터 물리학은 더 다른 고찰 없이 확실한 생각을 적용하고 있고, 그 확실함이 그 대상의 현실적 기초를 이루는 것에 주의가 모아졌다. 예를 들어, 밀도(Density)는 단지 공간 속

508

에 양자(量子, *quantum*), 어떤 다양한 양(a variable quantity)으로서의 물리학은 생각하고 있다. 이에 대해 칸트는 어떤 공간의 점유도(a certain degree of occupation of space) 다시 말해 작용 '에너지의 강도(intensity) 강도'라고 주장을 하였다. 칸트는 원자설이 아닌, 힘과 활동으로 물질의 구성을 주장하고 있다. 그래서 셸링도 더 나가지 못 하고 그것에 붙들려 있다. <u>칸트의 업적은 물질의 개념을 이루는 생각의 확실함을 보여주는 것에 있다.</u> 칸트는 근본적 개념들과 그 과학적 원리를 명백히 하려하였고, 이른 바 자연의 역동적원리에 일차적 충동을 제공하였다.

칸트는 '순수 이성 속에서의 종교'는 자연에서 그런 것처럼 역시 이성의 양상으로서의 독단론을 펼쳤다. 종교에서 명시하지 않고 넘어간 긍정적 이론, 사람들이 가령 '원죄(original sin)' 같은 종교 이론 같은 곳에서의 도덕적의미를 갖고 있는 것에서도 칸트는 이성 이념의 기억을 환기시켰다. 칸트는 그와 같은 문제를 말함에 있어서 아우스클래룽(Ausklaerung)보다 훨씬 이성적이었다. 이들이 칸트 철학의 주요 이론들이다."

Mention should still be made of the positive philosophy or metaphysics, which Kant sets *a priori* above objective existence, the content of the object of experience, nature; we have here his natural philosophy, which is a demonstration of the universal conceptions of Nature. But this is on the one-hand very scanty and restricted in content, containing as it does sundry general qualities and conceptions of matter and motion, and with regard to the scientific side or the *a priori*, as Kant calls it, it is likewise altogether unsatisfactory. For Kant assumes all such conceptions as that matter has motion and also a power of attraction and repulsion,² instead of demonstrating their necessity. The "Principles of Natural Philosophy" have nevertheless been of great service, inasmuch as at the commencement of a philosophy of nature, attention was called to the fact that physical science employs thought-determinations without further investigation; and these determinations constitute the real foundations of its objects. Density, for instance, is looked on by physical science as a variable quantity, as a mere *quantum* in space : instead of this Kant asserted it to be a certain degree of occupation of space, *i.e.* energy, intensity of action. He demands accordingly (Metaphysische Anfangsgründe der Naturwissenschaft, pp.

65-68) a construction of matter from powers and activities, not from atoms ; and Schelling still holds to this without getting further. <u>Kant's work is an attempt to think, *i.e.* to demonstrate the determinations of thought, whose product consists of such conceptions as matter</u> ; he has attempted to determine the .fundamental Notions and principles of this science, and has given the first impulse to a so-called dynamic theory of Nature.

" Religion within pure Reason " is also a demonstration of dogmas as aspects of Reason, just as in Nature. Thus in the positive dogmas of religion, which the Aufklärung (the clearing-up)—or the Ausklärung (the clearing-out)—made short work of, Kant called to remembrance Ideas of Reason, asking what rational and, first of all, what moral meaning lies in that which men call dogmas of religion, *e.g.* original sin.[1] He is much more reasonable than the *Ausklärung*, which thinks it beneath its dignity to speak of such matters. These are the principal points in respect to the theoretical part of Kant's philosophy.

〈'칸트'51〉

———✈

* 단순한 '감성(물자체)'론으로 공상적 관념적인 문제를 모두 걷어내고 '인간 이성의 최고의 자유'를 말한 칸트는 그대로 '미신타파' '공리공론 거부' '평등주의' '평화주의'로의 무한 대로(大路)를 개척하였다.

그런데 그 향방(向方)에서 정 반대였던 칸트를 놓고 '목사 교수 헤겔'은 하염없는 탄식과 경멸감을 토로하였다.

그러나 '칸트 철학'과 '헤겔 신학'은 명확하게 판별이 되어야 하고, 될 수밖에 없다. 인간 중심의 과학의 시대인가, 신(神) 중심의 중세 사회인가는 오늘날 오히려 쓸데없는 질문이 되고 말았지만, 헤겔은 그 '계몽주의' 시대에 오히려 '신학'에 심취하여 그 정도나 주장이 '평상을 잃은 경우'에 해당하기 때문이다. (참조, ⑥-14. 프로테스탄티즘 고유 원리)

---

51) G. W. F. Hegel(translated by E. S. Haldane & F. H. Simson), *Lecture on The History of Philosophy*, Routledge and Kegan Paul, 1968, V.3 pp.456~7 'Kant'

제9장 〈미학〉

원래 '인간의 인식(認識, Cognition)'을 최고의 위치에 둔 계몽주의자 칸트는, '인식[感性 + 悟性] = 자유'였으므로 '신과 도덕'도 그 '인간 인식' 내부 문제이고 그러므로 칸트의 '미(Beauty)'의 논의는 '직관 대상(현상, 표상—Appearance, Representation)에서 형식(Form)의 파악(Apprehension, Cognition)'[1], 그것으로 완전한 것이었다. (아리스토텔레스 〈시학〉도 그러한 ['推理 — to reason out'] 次元에서 '미(美, 즐거움)'가 전제 되었다.)

이에 대해 '신(도덕) 중심'인 목사 헤겔은, 칸트의 그 '형식(Form)'에 '내용 (Content, 도덕-주제, 신)'을 첨가한 것이 불가피한 문제였다.

헤겔의 〈미학 강의(*Lectures on Aesthetics*, 1828)〉의 요점(要點)은, 그의 ① '신(神) 중심의 절대주의'와 ② '게르만 우월주의(German Chauvinism)' ③ '군국주의(Militarism)' ④ '희생 — 자기파괴(자살)'에 집착이었다.

특히 칸트의 '형식' 미학에 '내용(신, 도덕)' 첨가는 역시 그 '(보편)인간 인식(이성) 중심' '계몽주의'로부터 '신(神, 절대정신) 중심으로 회귀한' 목사 헤겔 〈미학〉의 특징이니 상세히 짚어져야 할 사항이다.

이러한 헤겔 등의 '생명 무시 전쟁광 풍조'에 맞서서, 문자 그대로 '세계사

---

1) I. Kant(Translated by J. C. Meredith), *The Critique of Judgement*, William Benton, 1980, p.471 'the mere apprehension of the form of an object of intuition'

적으로 통쾌한 승리의 새 기원(紀元)'을 마련한 것이 바로 '다다(생명) 혁명 운동(Movement Dada)'이었다.["다다(생명)는 아무것도 의미하지 않는 다.(DADA MEANS NOTHING.)"[2]]

⑨-01 독일 중심의 〈미학〉

"〈미학 강의(*Lectures on Aesthetics*, Vorlesungen über die Ästhetik)〉는 1818년 하이델베르크 대학, 1820년 1821년 1823년 1826년 1828년 1829년 베를린 대학에서 강의 노트 모음집이다. 〈미학 강의〉는 헤겔의 제자 H. G. 호토(Heinrich Gustav Hotho, 1802~1873)가 헤겔 자신의 강의 노트와 학생들의 노트를 이용하여 1835년 엮어낸 것이다. 그러나 H. G. 호토의 묶음은 헤겔이 처음에 제시했던 것보다 더욱 종합적인 헤겔의 사상을 제공하고 있다.

헤겔의 〈미학〉은 아리스토텔레스 이후 최고 미학 이론 중의 하나로 많이 인정을 하고 있다. 헤겔의 "예술의 목적(end of art)"이라는 명제는 아도르노(Theodor W. Adorno, 1903~1969), 하이데거(Martin Heidegger, 1889~1976), 루카치(György Lukács, 1885~1971), 데리다(Derrida, 1930~2004), 단토(Arthur Danto, 1924~2013) 등에 영향을 주었다.

헤겔 자신은 빙켈만(Johann Joachim Winckelmann, 1717~1768) 칸트(Immanuel Kant, 1724~1804) 실러(Friedrich Schiller, 1759~1805) 쉘링(Friedrich Wilhelm Joseph Schelling, 1775~1854)의 영향을 받았다.

하이데거는 헤겔의 〈미학 강의〉가 "서구에 진행되고 있는 예술 정수(精髓)에 대한 가장 포괄적 반영"이라고 말하였다."

((Lectures on Aesthetics (LA; German: Vorlesungen über die Ästhetik) is a compilation of notes from university lectures on aesthetics given by Georg Wilhelm Friedrich Hegel in Heidelberg in 1818 and in Berlin in 1820/21, 1823, 1826 and 1828/29. It was compiled in 1835 by his student Heinrich Gustav Hotho, using Hegel's own hand-written notes and

---

2) R. Motherwell(Edited by), *The Dada Painters and Poets: An Anthology*, The Belknap Press of Harvard University Press, 1981, p.77

512

notes his students took during the lectures, but Hotho's work may render some of Hegel's thought more systematic than Hegel's initial presentation.

Hegel's Aesthetics is regarded by many as one of the greatest aesthetic theories to have been produced since Aristotle.[2] Hegel's thesis of the "end of art" influenced several thinkers like Theodor W. Adorno, Martin Heidegger, György Lukács, Jacques Derrida and Arthur Danto. Hegel was himself influenced by Johann Joachim Winckelmann, Immanuel Kant, Friedrich Schiller and Friedrich Wilhelm Joseph Schelling. Heidegger calls Hegel's Lectures on Aesthetics "the most comprehensive reflection on the essence of art that the West possesses".))

〈'헤겔 미학'3)〉

〈'빙켈만(J. J. Winckelmann, 1717~1768)' '칸트(I. Kant, 1724~1804)'
'실러(F. Schiller, 1759~1805)' '쉘링(F. W. J. Schelling, 1775~1854)'〉

〈'아도르노(T. W. Adorno, 1903~1969)', '하이데거(M. Heidegger, 1889~1976)',
'루카치(G. Lukcs, 1885~1971)', '데리다(Derrida, 1930~2004)', '단토(A. Danto, 1924~2013)'〉

---

3) Wikipedia 'Hegel's Lectures on Aesthetics'

〈'미학(영역 본)' '스탠포드 철학백과'〉

———→

* 목사 헤겔은, '절대정신(神)'이 바로 아름다움이었다. 그러나 문제는 그 '절대 정신(신)'이 '게르만주의 신', '군국주의 신', '전쟁의 신', '희생을 좋아하는 신'이라는데 오류가 있었다.

* 헤겔의 '(절대정신에로의)통합'은, <u>오직 '절대정신(신)'이 그것이 바로 '실체 (Substance)' '목적(End)' '내용(Content)'이라는 주장이 바로 헤겔 〈미학〉의 출 발이고 그 결론이다.</u>
그리고 그 '신(절대정신)'은 '게르만 우월주의' '도덕' '자유' '희생(애국)정신' 으로 바뀌어가고 있는 '종족주의(Tribalism)' 성향을 모르면, 역시 그 헤겔을 다 아는 것이 아니다. 이러한 헤겔의 전반적 성향은, 역시 그의 〈종교철학〉 〈정신현상학〉〈법철학〉〈역사철학〉〈철학사〉에 그대로 명시되었던 바이 다. (참조, ②-04. '인간'보다는 '신(God)의 영광'을 알려야 한다. ⑥-12. 각 개인 은 '시대의 아들'이다. ⑧-09. '신의 세계지배'에 대한 믿음)

* 위에서 해설자가 헤겔 '<u>내용(절대정신) 중심의 미학</u>'이 '<u>하이데거(M. Heidegger, 1889~1976) 등에 영향을 주었다.'는 지적은 역시 유념을 해야 할 사항이다.</u>
M. 하이데거의 소위 '실존주의(實存主義, Existentialism)'를 자칭(自稱)[4]하 면서 '전체주의' '국가주의' '역사(종속)주의' 헤겔을 추종하였고, 독일 나치

514

(Nazi)[5]의 어려운 시국(1931~1945)에 '프라이부르크(Freibrug) 대학 총장 직(職)'을 수락해 놓고, M. 하이데거가 프라이부르크 대학 총장 취임 시(1933년 5월 27일)에 '독일 대학의 자기주장'이라는 연설을 행하여, 자신이 그 헤겔 식 '국가주의' '전체주의' '일방주의' '봉사(도덕)주의'에 있음을 거듭 명시(明示)하였다. (참조, ⑥-37. 독일 '국가 사회주의(나치즘)'-A. 히틀러 ⑥-38. '세계 근대 문명'은, '게르만(아리안) 문명'이다.-A. 히틀러)

  "자기 자신에게 '법칙'을 부여하는 것이 최고의 자유입이다. 그 동안 찬미 되어 온 '학문의 자유'는 대학에서 추방되어야 합니다. 그러한 자유는 부정한 자유일 뿐이며 진정한 자유가 아니었습니다. 그것은 제멋대로 거리낌 없이 생각하고 행하는 것을 의미했습니다. 독일 학생의 자유라는 개념은 이제 그 것의 진정한 의미를 회복해야 합니다. 그러한 자유로부터 독일 학생들의 미 래의 의무와 사명이 비롯됩니다...........
  이 세 가지 의무들은- 정신적인 사명에서 민족을 통한 국가의 역사적인 운명에 대한 의무들- 독일의 본질에 똑같이 근원적입니다. 이로부터 생겨나 는 세 가지 봉사들- 노동 봉사, 국방 봉사, 그리고 지식 봉사- 동일하게 필 수적이며 서로 동등한 지위를 갖습니다."[6]

  M. 하이데거의 '법칙(자유)에의 종속', '(게르만)민족', '봉사' '의무'의 강조는 바로 그 헤겔이 그 철학의 표준으로 정했던 사항들이다. (참조, ⑥-11. 국가

---

4) 하이데거의 '실존주의'는 쇼펜하우어의 '육체(body) 중심주의'가 확인되지 못하여 '허수 아비 실존주의'가 되었다. -J. P. 사르트르와 K. 뢰비트(K. Loewith, 1897~1973)는, M. 하이데거의 저서 〈존재와 시간〉에서, '육체(Body)론 제외되었다.'고 비판을 하였다. - D. O. Dahlstrom, *The Heidegger Dictionary*, Bloomsbury, 2013, p.40 'Bodiliness (Leiblichkeit)'
5) A. 히틀러(A. Hitler, 1889~1945)의 이미 1925년, 1927년에 저서 〈나의 투쟁(Mein Kampf)〉을 제작하여 헤겔식 '게르만 우월주의' '군국주의'를 명시하였으므로, 사실상 M. 하이데거로서 는 역시 헤겔 식 '전체주의' '국가주의' '역사(종속)주의' '봉사(희생)' 떠나 더 아는 바도 없었다.
6) 박찬국, 하이데거는 나치였는가?, 철학과 현실사, 2007, pp.283~285 [번역문에 일부 문장 에 수정하였음.]

(國家)는, 인륜(人倫)의 우주(宇宙)다. ⑥-12. 각 개인은 '시대의 아들'이다. ⑫
-02. 추축국(樞軸國, Axis Powers) 사상 형성(1936))

〈'히틀러(A. Hitler, 1889~1945)', '하이데거(M. Heidegger, 1889~1976)',
'3국의 좋은 친구들-히틀러 고노에 무솔리니'-일본의 선전 카드(1938)7)〉

⑨-02 예술사 전개의 3단계 : '이집트 스핑크스' '희랍 신상' '그리스도 형상'

"〈미학 강의〉는 다음 세 가지 제목 하에 서술되었다.
1. 제1부는 미와 관념의 전반적 개념들
2. 제2부는 3 단계로 그 자체가 인지된 그 관념 고찰－(스핑크스 상으로
   나타난 懷疑적 속성의)이집트 건축, 고대 희랍 신상, (표현 내용으로
   채택된)그리스도에 대한 열정
   : ① 상징 예술 ② 고전 예술 ③ 낭만 예술
3. 제3부는 고양(高揚) 순서에 따라 다섯 가지 주요 예술의 고찰
   ① 건축 ② 조각 ③ 회화 ④ 음악 ⑤ 시문학"

((The lectures are presented under three broad headers.
1. The first part is devoted to the general notions of beauty and
   ideal.
2. The second part examines this ideal as it realizes itself in
   three stages, the "particular forms of art", each respectively
   represented "in full" by Egyptian architecture (which displays

7) Wikipedia, 'Axis Powers'－'Good friends in three countries" (1938): Japanese
   propaganda postcard celebrating the participation of Italy in the Anti-Comintern Pact
   on November 6, 1937. On top, Hitler, Konoe and Mussolini are each in medallion.'

its aporetical nature under the guise of a Sphinx), the
representation of the gods in classical Greek statuary and the
Passion of Christ (taken as the content of representation):
1.symbolic art 2.classical art 3.romantic art
3. The third and final part concerns itself with the examination
of each of the five major art forms in ascending order:
1.architecture 2.sculpture 3.painting 4.music 5.poetry))

〈'헤겔 미학'8)〉

_____✈

* 헤겔의 '역사관(歷史觀)'은 아우구스티누스(A, Augustinus, 354~430) 식의
'신의 통치(Theocracy)' 소관(所管)으로 보는 경우이다. (참조, ⑥-35. 공동체
(共同體) 안에 희생(犧牲)-A. 아우구스티누스)

* 그런데 소위 '계몽주의' 볼테르 칸트 이후 주요 사상가들은 모두 '인간 생명
중심'이다. 즉 볼테르(Voltaire, 1694~1778)의 '자연법(Natural Law – 네가 너
자신에게 행하듯, 남에게도 행하라)'9) 칸트의 '최대 자유론'은 바로 계몽주의
자체를 이루는 '인간 생명 중심주의'이고 쇼펜하우어(A. Schopenhauer,
1788~1860)의 '인식 주체(the knowing subject)와 주체와 육체(body) 표상
의 불가분리론'10)은 역시 헤겔의 '절대정신' 일방주의에 대한 비판이다. (참
조, ⑥-31. 인간 '최대 자유 보장'론-I. 칸트)

* 이 '계몽주의'를 계승한 니체(F. Nietzsche, 1844~1900)는, '이성(신)'과 '육체
(본능)'를 동시(同時)에 긍정한 소위 '동시주의(同時主義, Simultaneism)'를

---

8) Wikipedia 'Hegel's Lectures on Aesthetics'
9) Voltaire(translated by B. Masters), The Calas Affair *A Treatise on Tolerance*, The Folio
   Society, 1994, p.69 'Chapter 10, On False Legends' – 'Do unto others as you would
   have done unto yourself.'
10) A. Schopenhauer(translated by J. F. J. Payne), *The World as Will and Representation*,
    Dover Publications, 1969, pp.103~4

펼쳤고, 그래서 그 니체(차라투스트라) 정신 '동시주의' '모든 가치의 재평가 (Revaluation of All Values)'[11] 운동은, 그대로 전쟁 반대의 1916년 '다다 혁명 운동(Movement Dada)'을 이루었다.

그 주역(主役)들은 후고 발(Hugo Ball, 1886~1927), 휠젠벡(R. Huelsenbeck, 1892~1974), 트리스탄 짜라(T. Tzara, 1896~1963), 에른스트(M. Ernst, 1891~ 1976), 브르통(A. Breton, 1896~1966), 마그리트(R. Magritte, 1898~1967), 달리(S. Dali, 1904~1989) 등이었다.

〈'후고 발(Hugo Ball, 1886~1927)', '휠젠벡(R. Huelsenbeck, 1892~1974)',
'트리스탄 짜라(T. Tzara, 1896~1963)', '에른스트(M. Ernst, 1891~1976)'〉

〈'브르통(A. Breton, 1896~1966)', '마그리트(R. Magritte, 1898~1967)', '달리(S. Dali, 1904~1989)'〉

⑨-03 '인간성의 이해'에 예술은 적절한 수단은 아니다.

"헤겔의 설명은 그 변증법에 충실하여, 어떻게 예술의 다양한 형식들이 '그 부정적인 작용(the work of the negative)' 즉 그 시대에 그 형식들이 파생

11) F. Nietzsche (W. Kaufmann & R. J. Hollingdale-Translated by), *The Will to Power*, Vintage Books, 1968, pp.3~4 [1887년 11월~1888년 3월 기록]

518

시킨 상호 모순을 통하여, 그것들이 용해되어 "고양된" 형식으로 대체되는가를 보여 준다.

헤겔은, '상징적 건축' '고전 조각' '낭만 시'로 예술의 생성을 상세히 기술하고 있다. 그렇게 할 때에 많은 그림들도 주목 대상이 되었다. 헤겔은 '조각 논의'에서 인간의 미(human beauty)에 관해 자신의 생각들을 개괄하였다. 이 헤겔의 강론에서 가장 주목할 만한 것은 헤겔의 해한 "예술의 사망(death of art)"이다.(즉 <u>인간 정수(精髓)인 '인간성(humanity) 이해'에 더 이상 예술은 적절한 수단이 될 수 없다는 견해이다.</u>)"

> ((Hegel's exposition is faithful to his dialectical method, <u>showing how the various forms art has taken are dissolved and give place to "higher" forms through the work of the negative, i.e. the internal contradictions these forms each bear in their time.</u>
>
> Hegel documents the rise of art from symbolic architecture, classical sculpture and romantic poetry. At the time it was noted for the wealth of pictures included with it. In Hegel's discussion of sculpture he outlined his ideas on human beauty. Most notably, these lectures famously included Hegel's pronouncement of the "death of art" (i.e., <u>the notion that art could no longer be a proper vehicle for humanity's comprehension of its own essence</u>).))

〈헤겔의 미학[12]〉

_____→

* 헤겔은 '절대주의' '전체' '삼위일체(변증법)' '부정의 철학(전쟁불가피론)'에서 떠나면 그 자체가 무의한 것으로 생각했던 지독한 '일방주의(一元論)' '(전쟁)광신주의'에 있었다. (참조, ②-02. '하나님'은 출발점이고 종착점이다. ②-09. '신(God)'이 '절대 진리', '절대 가치', '절대 자유'이다. ②-17. '정신'이 전체이고 종교의 목적이다. ②-31. '선량함(Goodness)'이 '절대 이념'의 기준(基準)이다.)

_____

12) Wikipedia 'Hegel's Lectures on Aesthetics'

* 헤겔이 위에서 예로 든 '인간성(humanity) 이해' 등은 헤겔에게 (개인은) 거론할 가치가 없는 하찮은 주제이니, 헤겔의 관심은 '전체' '무궁(無窮)' '무한대(無限大)'인 '신(God)'에 대한 관심이었다. 헤겔 〈미학〉에 영향을 받았다고 거론된 사람들[아도르노(Adorno), 하이데거(Heidegger), 루카치(Lukács), 데리다(Derrida), 단토(Arthur Danto)]도 그 헤겔과 일부 사항이 유사할 뿐 '헤겔 신학(神學)'을 통째로 전수받을 '바보(idiot)'는 없었다.

⑨-04 '예술의 목적'에 초점을 두다.

"헤겔의 미학, 예술 철학은 빙켈만(J. J. Winckelmann)의 〈희랍의 회화 조각의 한계성 (Imitation of the Painting and Sculpture of the Greeks, 1755)〉 레싱(G. E. Lessing)의 〈라오콘(Laocoon, 1766)〉 칸트(Immanuel Kant)의 〈판단력 비판(Critique of the Power of Judgment, 1790)〉 실러(Friedrich Schiller)의 〈미학 교육 서간(Letters on the Aesthetic Education of Man, 1795)〉 니체(Friedrich Nietzsche)의 〈비극의 탄생(Birth of Tragedy, 1872)〉 그리고 20세기의 하이데거Martin Heidegger)의 〈예술의 기원(The Origin of the Work of Art, 1935-6)〉 아도르노(T.W. Adorno)의 〈미학 이론(Aesthetic Theory, 1970)〉에 걸친 방대한 독일 미학 전통의 일부를 이루고 있다. 헤겔은 특히 빙켈만 칸트 실러의 영향을 받았고, 헤겔 자신의 테제 "예술의 목적"(또는 테제로 생각할 수 있는 것)은 하이데거 아르노의 면밀한 관심의 초점이었다. 헤겔의 예술 철학은 광범위에서 행한 예술상의 미를 고찰하였는데, 예술의 역사적 발달과 개인의 건축 조각 회화 음악 시가 그것들이었다. 헤겔의 미학에는 이집트 예술 희랍의 조각 고 근대 비극의 영향과 차별의 분석을 포함하여, 아리스토텔레스 〈시학〉 이래 저작된 최고 미학 이론 중의 하나로 인정되고 있다."

((G.W.F. Hegel's aesthetics, or philosophy of art, forms part of the extraordinarily rich German aesthetic tradition that stretches from J. J. Winckelmann's Thoughts on the Imitation of the Painting and Sculpture of the Greeks (1755) and G. E. Lessing's Laocoon (1766) through Immanuel Kant's Critique of the Power of Judgment (1790) and Friedrich Schiller's Letters on the Aesthetic Education of Man (1795) to Friedrich Nietzsche's Birth of Tragedy (1872) and (in the twentieth century) Martin Heidegger's The Origin of the Work of Art (1935–6) and T.W. Adorno's Aesthetic Theory (1970). Hegel was influenced in particular by Winckelmann, Kant and Schiller, and his own thesis of the "end of art" (or what has been taken to be that thesis) has itself been the focus of close attention by Heidegger and Adorno. Hegel's philosophy of art is a wide ranging account of beauty in art, the historical development of art, and the individual arts of architecture, sculpture, painting, music and poetry. It contains distinctive and influential analyses of Egyptian art, Greek sculpture, and ancient and modern tragedy, and is regarded by many as one of the greatest aesthetic theories to have been produced since Aristotle's Poetics.))

〈'스탠포드 헤겔 미학'13)〉

—————✈

* 스탠포드 대학의 '헤겔 미학'의 요약은, 물론 〈미학〉의 저자(헤겔)의 본래의 뜻을 최대로 존중한 것이라는 점에서 대본(臺本)으로 삼을 만하다. 그러므로 그것은 헤겔의 '방대한 양(量)의 언어'를 '축약'했다는 측면에서 일단 의미가 있다.

* 헤겔의 〈미학〉에서 '목적'은 물론 '도덕 윤리' '기독교 윤리' '신에의 복종' 문제이다. 그러므로 아리스토텔레스 "추지(to reason out)"14)로서의 '미(beauty)'론이나 칸트의 "형식 포착(the mere apprehension of the form of an object of intuition)"15)으로의 '미' 논의는 부족하고 '신(절대정신)' 자체가 '진선미

---

13) *Stanford Encyclopedia of Philosophy*, 'Hegel's Aesthetics', 2009
14) Aristotle Horace Longinus, *Classical Literary Criticism*, Penguin Books, 1974, p.35 'they reason out what each represent'
15) I. Kant(Translated by J. C. Meredith), *The Critique of Judgement,* William Benton, 1980, p.471

(眞善美)'를 모두 갖추고 있다고 헤겔은 생각했으니, 그것을 나타내고 표현하는 것이 헤겔의 경우로서는 그 자체가 '아름다움'이었다. (참조, ②-09. '신(God)'이 '절대 진리', '절대 가치', '절대 자유'이다. ⑨-29. '신적(神的)인 것'의 표현이, 예술의 이상(理想)이다.)

⑨-05 '예술 작품'으로 쓴 '철학사'

"헤겔의 〈정신현상학(1807)〉에는 고대 희랍의 "예술의 종교, religion of art, Kunstreligion)"론, 소포클레스의 '안티고네' '오이디푸스 왕'에 나타난 세계관을 논한 장(章)들이 있다. 그러나 헤겔의 예술 철학은 헤겔 정신 철학의 일부를 이루었다. '현상학'은 헤겔 철학 체계의 서론으로 간주되고 있다. 헤겔의 철학 체계는 세 부분으로 되어 있는데, '논리학' '자연철학' '정신철학'이 그것이고, 그것은 헤겔의 〈철학 백과사전(Encyclopaedia of the philosophical Sciences, 1817, 1827, 1830)〉에 정리되어 있다. 정신철학은 '주체'론 '객체'론 '절대정신'으로 나뉘어 있다. 헤겔의 예술 철학 "미학"은 헤겔의 '절대 정신 철학(philosophy of absolute spirit)'의 '최초 하부 구조(the first sub-section)'를 이루고 있고, 헤겔의 종교 철학과 헤겔의 철학사가 전제되어 있다.

헤겔의 예술 철학은 일종의 '선험적 연원(priori derivation)'-미의 개념-미의 다양한 형식, 다양한 개인적 예술을 제공하고 있다. 그러나 헤겔은 칸트와는 대조적으로 수많은 참조와 개인 작품 분석을 통해 그의 '미의 철학적 탐구(his philosophical study of beauty)'로 엮어서 "다양한 예술 세계사(a veritable world history of art)"[하머마이스터 용어]를 이루었다.

헤겔은 희랍어 라틴어를 하였고(14세부터 라틴어 일기를 썼다.) 영어 불어도 하였다. 헤겔은 원어로 호머 소포클레스 에우리피데스 버질 셰익스피어 몰리에르를 탐구하려 했다. 헤겔은 희랍과 이탈리아를 여행한 적이 없었다. 그러나 헤겔은 몇 번의 베를린(1818년 베를린 대 교수)을 떠난 여행을 감내해야 했다. 드레스덴(1820, 1821, 1824) 저지대(1822, 1827) 비엔나(1824) 파리(1827)로의 여행이었다. 이 여행 중에 헤겔은 라파엘의 '시스틴 성당의 마돈나'와 코레죠(Correggio, 1494~1534)의 그림을 보았고(드레스덴에서), 렘브란트(Rembrandt, 1606~1669)의 '밤의 시계'(암스테르담) 반 에이크(van Eyck, 1366?~1416) 형제의 '양의 경배'(벨기에 북부 겐트에서)-당시 베를린에도 복제판이 있었음-그리고 "동판화로 백번을 보았던 최고의 거장들(라파엘, 코레죠, 다빈치, 티치아노)이 제작한 명품들"(파리에서)을 보았다. 헤겔은 베를린에서나 여행 중에도 극장과 오페라 방문을 좋아했고, 헤겔은 진보적인 가수 하웁트만(Anna Milder-Hauptmann 1814년 베토벤 오페라 첫 작품에 노래하였음), 작곡가 바르톨디(Felix Mendelssohn-Bartholdy, 바르톨디의 바하 작 '성 마테의 열정' 재연 때인 1829년 3월에 헤겔은 참관을 했음)와 알고 지냈다. 헤겔은 개인적으로 역시 가까웠고, 괴테의 드라마 시도 잘 알고 있었다.(실러의 것들도 그러했음)

아도르노(Theodor W. Adorno, 1903~1969)는 "헤겔과 칸트는.... 예술에 대해 아무 것도 모르고 '미학'을 저술하였다"고 불평을 토로하고 있다. 아도르노의 그 말은 칸트의 경우에는 진실일 수도 있고, 거짓일 수도 있다. 그러나 헤겔의 경우는 명백히 거짓말이다. 즉 헤겔은 서구 전통 속에 위대한 예술 작품에 대해 확장된 지식과 훌륭한 이해를 가지고 있었다. 헤겔의 지식과 관심은 서양 예술에 국한된 것이 아니었다. 헤겔은 인도와 페르시아 시작품을 읽었다. 헤겔은 베를린에서 이집트 예술을 원전으로 보았다. 헤겔의 예술 철학은 아도르노에게는 안 된 일이지만, 세계적인 개인적 작품에 대한 지식과 이해를 바탕으로 수용 사유된 '미의 다양한 형식에의 선험적 연원(an a priori derivation of the various forms of beauty)'이다."

> ((Hegel's Phenomenology of Spirit (1807) contains chapters on the ancient Greek "religion of art" (Kunstreligion) and on the world-view presented in Sophocles' Antigone and Oedipus the King. His philosophy of art proper, however, forms part of his philosophy (rather than phenomenology) of spirit. The Phenomenology can be regarded as the introduction to Hegel's philosophical system. The system itself comprises three parts: logic, philosophy of nature, and philosophy of spirit, and is set out (in numbered paragraphs) in Hegel's Encyclopaedia of the philosophical Sciences (1817, 1827, 1830). The philosophy of spirit is in turn divided into three sections: on subjective, objective and absolute spirit. Hegel's philosophy of art or "aesthetics" constitutes the first sub-section of his philosophy of absolute spirit, and is followed by his

philosophy of religion and his account of the history of philosophy.

Hegel's philosophy of art provides an a priori derivation—from the very concept of beauty itself—of various forms of beauty and various individual arts. In marked contrast to Kant, however, Hegel weaves into his philosophical study of beauty numerous references to and analyses of individual works of art—to such an extent, indeed, that his aesthetics constitutes, in Kai Hammermeister's words, "a veritable world history of art" (Hammermeister, 24).

Hegel read both Greek and Latin (indeed, he wrote his diary partly in Latin from the age of fourteen); he also read English and French. He was thus able to study the works of Homer, Aeschylus, Sophocles, Euripides, Virgil, Shakespeare and Molière in the original languages. He never travelled to Greece or Italy, but he did undertake several long journeys from Berlin (where he was appointed Professor in 1818) to Dresden (1820, 1821, 1824), the Low Countries (1822, 1827), Vienna (1824) and Paris (1827). On these journeys he saw Raphael's Sistine Madonna and several paintings by Correggio (in Dresden), Rembrandt's Night Watch (in Amsterdam), the central section of the van Eyck brothers' Adoration of the Lamb (in Ghent)—the wing panels were at that time in Berlin—and "famous items by the noblest masters one has seen a hundred times in copper engravings: Raphael, Correggio, Leonardo da Vinci, Titian" (in Paris) (Hegel: The Letters, 654). He liked to visit the theatre and opera, both on his travels and in Berlin, and he was acquainted with leading singers, such as Anna Milder-Hauptmann (who sang in the first production of Beethoven's Fidelio in 1814), as well as the composer Felix Mendelssohn-Bartholdy (whose revival of J.S. Bach's St Matthew Passion Hegel attended in March 1829). Hegel was also on close personal terms with Goethe and knew his drama and poetry especially well (as he did those of Friedrich Schiller).

Adorno complains that "Hegel and Kant [⋯] were able to write major aesthetics without understanding anything about art" (Adorno, 334). This may or may not be true of Kant, but it is clearly quite untrue of Hegel: he had an

524

extensive knowledge and a good understanding of many of
the great works of art in the Western tradition. Nor was
Hegel's knowledge and interest restricted to Western art: he
read (in translation) works of Indian and Persian poetry, and
he saw at first hand works of Egyptian art in Berlin (Pöggeler
1981, 206-8). Hegel's philosophy of art is thus an a priori
derivation of the various forms of beauty that, pace Adorno,
is informed and mediated by a thorough knowledge and
understanding of individual works of art from around the
world.))

〈'스탠포드 헤겔 미학'16)〉

──────✈

* 위의 해설은 자세히 살펴야 한다. 우선 해설자는 '헤겔의 예술 철학은 헤겔
정신 철학의 일부를 이루었다.(Hegel's philosophy of art or "aesthetics"
constitutes the first sub-section of his philosophy of absolute spirit, and
is followed by his philosophy of religion and his account of the history
of philosophy.)'라고 했던 부분이다.

사실상 '헤겔 철학'이란 '성령 신학(The Theology of Holy Spirit)'이므로 헤겔
의 〈미학〉이란 그의 '신학'의 일부일 뿐이다. (참조, ②-04. '인간'보다는 '신
(God)의 영광'을 알려야 한다.)

* 다음 해설자는 아도르노(Theodor W. Adorno, 1903~1969)가 '헤겔과 칸트
는....예술에 대해 아무 것도 모르고 '미학'을 저술하였다.'는 말에, '아도르노
의 그 말은 칸트의 경우에는 진실일 수도 있고, 거짓일 수도 있다. 그러나
헤겔의 경우는 명백히 거짓말이다.'라고 했다.

그러나 여기에서 명시되어야 할 사항은 칸트가 "직관 대상의 형식(형식)의
포착에 쾌(快)가 결합되어 있다.(pleasure is connected with the mere
apprehension of the form of an object of intuition)"17)를 벗어나서 '아름다

───────────

16) *Stanford Encyclopedia of Philosophy*, 'Hegel's Aesthetics', 2009

움(beauty)'을 논할 것은, 칸트의 경우 '미'란 '인식력(cognition)'의 발동 자체를 '미학'의 발동으로 본 것이기에 크고 치밀한 논의라고 할 수 있다. (참조, ④-23. '정신(심성)'의 주요 기능은, '감성'과 '오성'이다.-I. 칸트)

〈 '판단력 비판(1790)' '판단력 비판(영역 본)' '형식문학론(1982)'[18]〉

그런데 헤겔의 경우는 거기에 '절대정신(신)'을 추가하여 '내용(미)'이라 하였는데, 사실상 그 '절대정신(神)'과 무관한 사람(무관하다고 생각한 사람)이나 모르는 사람도 그 '인식력'은 발휘되고 있으므로 아도르노가 칸트 '미학(=인식론)'에 들어온 것은 없다. 특히 해설자가 칸트보다 ('내용=신'을 첨가한) 헤겔을 두둔한 것은 '인간 이성 중심'의 칸트의 입장에다가 사족(蛇足)으로 첨가된 헤겔의 '신(神, 도덕) 중심의 미학'을 구분하지 못 한 경우이다. (참조, ⑨-29. '신적(神的)인 것'의 표현이, 예술의 이상(理想)이다.)

⑨-06 헤겔은 '현대에 와서는 예술이 종료된 것으로 주장을 했는가?'

"헤겔의 미학에 관한 공간(公刊)된 사상은 1830년 《(철학)백과사전》 556-63에 밝혀져 있다. 헤겔은 1818년 하이델베르크 대학에서 미학 강좌를

---

17) I. Kant(Translated by J. C. Meredith), *The Critique of Judgement,* William Benton, 1980, p.471
18) 정상균, 형식문학론, 한신문화사, 1982

열었고, 베를린 대학에서 1820년 1821년(겨울 학기), 1823년 1926년(여름 학기) 1828년 1829년(겨울 학기) 강좌를 개설하였다. 1820년 1821년 1823년 1826년에 학생들이 녹취한 헤겔의 강의는 간행이 되었다.(英譯본은 아직 볼 수 없음) 1835년(그리고 1842년)에 헤겔의 제자 호토(Heinrich Gustav Hotho)가 헤겔의 원고와 강의 녹취를 바탕으로 '헤겔의 미학 강의'를 출간하였다. 이것이 영역(英譯)된 헤겔 〈미학〉, 녹스(T. M. Knox)역 2권의 〈예술 강좌〉(옥스퍼드 클래런던 출판사 1975)이다. 헤겔 미학에 대한 대부분의 논의는 '호토 판'을 참조하고 있다. 그러나 헤겔 미학의 선두 전문가 시페르트(Annemarie Gethmann-Siefert)는 호토가 헤겔의 생각을 다양한 방법으로 왜곡했다는 것이다. 즉 호토는 헤겔 자신의 강의보다 훨씬 엄격한 체계 구조를 제공했고 호토 자신의 자료를 헤겔의 것으로 첨가했다는 것이다. 그래서 시페르트는 '우리가 헤겔 미학의 이해를 위해서는 호토 판에 의존할 수 없고, 강의 녹취에 기초해야 한다고 주장하고 있다.

호토가 그의 출판에 기초로 삼은 헤겔의 원고는 상실되었고, 호토가 헤겔의 예술에 대한 생각을 어떻게 왜곡하였는지는 더 이상 알 수 없다. 그리고 역시 시페르트 자신의 헤겔 미학 해설도 문제가 제기되고 있다는 것도 주목해야 한다. 그럼에도 불구하고 시페르트는 독일어를 아는 독자들을 간행된 녹취록을 검토하게 했으니, 독자들은 호토 판에서 빠진 자료를 포함한 많은 중요 자료를 확보하였다.(1820년 1821년 강의에서 카스파르 참조 같은) 헤겔의 예술 철학은 1831년 헤겔 사망 이후 많은 논쟁을 불러일으켰다. <u>헤겔은 희랍 예술만이 아름답다고 느꼈는가? 현대에 와서는 예술이 종료된 것으로 주장을 했는가?</u> 그러나 그와 같은 질문에 대답하기에는 주의를 요하니, 왜냐하면 슬프게도 헤겔 예술 철학에 대에 대한 헤겔 자신의 공식 처방이 없이 작업이 종료되었다는 점이다. 헤겔이 쓴 〈백과사전〉에 문구는 그것들이 비록 간단하지만, 헤겔의 '미학 강좌', 헤겔의 제자들의 녹취록(노트들을 엮은 것)과 헤겔 강좌의 "표준", (헤겔 자신의 원고를 사용한)호토가 모은 저작에 보충이 될 수 있다. 그러기에 모든 논쟁을 잠재울 헤겔의 온전한 미학 이론의 결정판은 없는 셈이다."

((Hegel's published thoughts on aesthetics are to be found in pars. 556–63 of the 1830 Encyclopaedia. Hegel also held lectures on aesthetics in Heidelberg in 1818 and in Berlin in 1820/21 (winter semester), 1823 and 1826 (summer semesters), and 1828/29 (winter semester). Transcripts of Hegel's lectures made by his students in 1820/21, 1823 and 1826 have now been published (though no English translations of these transcripts are yet available) (see Bibliography). In 1835 (and then again in 1842) one of Hegel's students, Heinrich Gustav Hotho, published an edition of Hegel's lectures on aesthetics based on a manuscript of Hegel's (now lost) and a series of lecture transcripts. This is available in English as: G.W.F. Hegel, Aesthetics. Lectures on Fine Art, trans. T.M. Knox, 2 vols. (Oxford: Clarendon Press, 1975). Most of the secondary literature on Hegel's aesthetics (in English and German) makes reference to Hotho's edition. Yet according to one of the leading specialists on Hegel's aesthetics, Annemarie Gethmann-Siefert, Hotho distorted Hegel's thought in various ways: he gave Hegel's account of art a much stricter systematic structure than Hegel himself had given it, and he supplemented Hegel's account with material of his own (PKÄ, xiii–xv). Gethmann-Siefert argues, therefore, that we should not rely on Hotho's edition for our understanding of Hegel's aesthetics, but should instead base our interpretation on the available lecture transcripts.

Since Hegel's manuscript, on which Hotho based much of his edition, has been lost, it is no longer possible to determine with certainty to what extent (if at all) Hotho did in fact distort Hegel's account of art. It should also be noted that Gethmann-Siefert's own interpretation of Hegel's aesthetics has been called into question (see Houlgate 1986a). Nevertheless Gethmann-Siefert is right to encourage readers with a knowledge of German to consult the published transcripts, since they contain a wealth of important material, and in some cases material that is missing from the Hotho edition (such as the brief reference to Caspar David Friedrich in the 1820/21 lectures [VÄ, 192]).

Hegel's philosophy of art has provoked considerable debate since his death in 1831. Does he believe that only Greek art is beautiful? Does he hold that art comes to an end in the modern age? The answers one gives to such questions should, however, be offered with a degree of caution, for, sadly, there is no fully worked out philosophy of art by Hegel that was officially endorsed by Hegel himself. The paragraphs in the Encyclopaedia are written by Hegel, but they are very brief and condensed and were intended to be supplemented by his lectures; the transcripts of the lectures are written by students of Hegel (some taken down in class, some compiled afterwards from notes taken in class); and the "standard" edition of Hegel's lectures is a work put together by his student, Hotho (albeit using a manuscript by Hegel himself). There is, therefore, no definitive edition of Hegel's fully developed aesthetic theory that would trump all others and settle all debate.))

〈'스탠포드 헤겔 미학'19)〉

_____✈

* 해설자는 역시 위에서 '헤겔은 희랍 예술만이 아름답다고 느꼈는가? 현대에
와서는 예술이 종료된 것으로 주장을 했는가?'라는 의문을 제기하여 역(逆)
으로 '그렇지 않다.'는 대답을 유도하고 있다.
  그러나 헤겔의 〈미학〉 전반에 넘쳐 있는 일관된 내용은 '형식미', '내용미'
논의인데, 여기에서도 헤겔은 그 (형식주의자)칸트 '미학'에 관심을 포기하
지 못 하고 있다.[헤겔은 '예술'보다는 '종교', '종교'보다는 '(이성, 현실)철학'
을 존중하였다.] (참조, ⑨-07. '예술' '종교' '철학'의 상호 관계 ⑨-23. '자기
파괴'가 '영원한 정의(正義)'이고 인간 본성이다.)

* 헤겔은 다른 모든 영역에서 그 '칸트'와 제일 치열한 대립을 보이고 있으나,
헤겔의 유일한 (우월하다는)거점으로 여겼던 '절대정신(신)'은 '인류 공통의
인식 기준'에 비추어보면 항상 그 '여호와(Jehovah)'에 홀려 있는 헤겔의
정신 구조는 ('평상의 눈'으로는 보면) '치우치고' '강박적(obsessional)'이라
는 것은 결단코 부정할 수가 없다.['자기파괴' 욕구는 그대로 '반(反)사회적

---

19) *Stanford Encyclopedia of Philosophy*, 'Hegel's Aesthetics', 2009

요소'임] (참조, ②-26. 세계 창조 이전에 계셨던 신(성부) ⑥-13. 현재는 '장미'이며 '십자가'이다. ⑥-14. 프로테스탄티즘 고유 원리)

⑨-07 '예술' '종교' '철학'의 상호 관계

"헤겔의 예술 철학은, 헤겔 철학 체계에 일부분을 이루고 있다. 그러기에 헤겔의 예술 철학을 이해하기 위해서는 전체로서 헤겔 철학의 주요 주장을 이해해야만 한다. 헤겔은 그의 사변 논리학에서 '존재(being)'는 '자체 명시 이유'나 "이념(Idea, Idee)"으로 이해가 될 수 있다고 주장하고 있다. 그러나 〈자연 철학(the philosophy of nature)〉에서 그 '논리학'은 이야기의 반(半)만 행했음을 보여주고 있다. 즉 무 형상(無形相)의 로고스는 추상적인 어떤 것(something abstract)이 아니고 합리적으로 유기화한 물질의 형상을 취하고 있다는 것을 말하고 있다. 헤겔에 의하면, 꼭 '순수 이성(pure reason)'만이 아니고 존재하는 것은 합리적 원리에 복종하는 물리적 화학적 생물이라는 주장이다.

생명(인생)은 더욱 명백히 '자체 결정체(self-determining)'이기에 단순히 물리적 물질보다 더욱 합리적이다. 생명(인생)은 의식을 행하고 자기의식을 행할 때에, 말하자면 상상을 할 수 있고, 언어를 사용하고 사색하고 자유를 행사할 수 있기에 합리적이고 '자체 결정체(self-determining)'가 된다는 것이다. 그와 같은 '자기의식의 인생(self-conscious life)'을 헤겔은 "정신(spirit, Geist)"이라고 하였다. 그래서 '이성' 또는 '이념'은 그것이 '자기의식 정신'의 형태를 취할 때에 온전하게 '자체 결정체(self-determining)'와 합리적 존재가 된다. 헤겔의 견해로는 '정신'은 인간 존재의 출현으로 생겼다. 인간 존재는 자연의 돌발적 사건이 아니다. 인간은 이성 자체이고, 자연적으로 타고난 이성이고, 이성이 삶이 되고 그 자체를 의식하게 되었다. 인류를 초월한 어떤 '자기의식의 이성'은 헤겔의 우주 속에는 없다.

'객관 정신의 철학'에서 헤겔은, 정신이 자유로운 자기결정체라면 거기에 요구되는 '규격 구조(the institutional structures)'를 분석을 행하고 있다. 거기에는 빛, 가족, 시민 사회, 국가의 '규격'을 포함시켰다. 그리고 나서 헤겔은 '절대 정신 철학(the philosophy of absolute spirit)'에서 정신 자체의 구극의 "절대" 이해를 그것 속에 명시한 서로 다른 방법들을 분석 하였다. 최고로 가장 잘 발달되고 적절하게 된 정신 이해는 철학으로 획득된 것이다.('헤겔의 세계 이해'에 관한 노골적인 소개이다.) 철학이 '이성' '이념'의 본성에 관한 명백한 합리적 개념적 이해를 제공하고 있다. 철학은 왜 이성이 공간 형식과 시간 물질 인생 자기의식 정신을 다루어야 하는지를 간명하게 설명을 하고 있다.

종교, 무엇보다 기독교에서는, 정신이 철학에서와 동일한 이성의 이해를 제공하고 있다. 그러나 종교에서는 관념이 자기의식 정신이 되는 과정을 이미지와 은유로 나타냈으니, "신"이 인간 속에 거주하는 "성령"이 된다. 더구나 이 과정은 우리의 믿음과 신뢰 속에 있는 것이니 그것은 개념적 이해보다 감정과 믿음의 목적이다.

헤겔의 견해로는 철학과 종교 그의 사변철학과 기독교는 동일한 진리로 이해한다. 그러나 종교는 진리의 묘사 속에 믿음이고, 철학은 완전한 개념의 명쾌성으로 진리를 이해한다. 우리가 철학을 하려면 종교를 갖는 것이 이상하게 보일 수 있다. 철학이 종교를 불필요한 것으로 만들고 있다. 그러나 헤겔의 경우 인간은 개념으로만 살 수 없고 그림과 상상이 필요하고 진리에 대한 신앙도 가지고 있다. 정말 헤겔은 무엇보다 "어떤 국가는 무엇을 진리로 생각하는 가로 정해지니" 그것은 종교 안에 있다고 주장하였다.(《세계 역사 철학 강의》105)》

헤겔은 역시 예술도 그 자체가 정신 이해의 표현이다. 그러나 예술은 철학 종교와는 달리 정신의 자체 이해를 순수 개념으로 신념의 이미지로 하지 않고 인간의 목적으로 특별히 변조된 대상을 사용한다. 돌 나무 색채 소리 언어로 상기시키는 그와 같은 대상들(예술품들)은 관람자들에게 볼 수 있고 들을 수 있는 '정신적 자유(the freedom of spirit)'를 전한다. 헤겔의 생각으로는, 자유정신의 감각적 표현이 '미(beauty)'를 이룬다. 그래서 헤겔에게 예술의 목적은, 그 속에 진정한 자유의 특성이 감각적으로 표현된 '아름다운 대상의 창조(the creation of beautiful objects)'이다.

그러하기에 예술의 원리적 목적은 자연의 모방 주변의 장식 도덕적 정치적 행동으로 참여 독려 우리의 안온(安穩)에 대한 충격일 수 없다. 예술의 목적은 우리가 정신적 자유의 창조된 이미지를 사유하고 즐길 수 있게 하는데, 이미지들은 우리의 자유를 향한 표현이기에 명백히 아름다운 것이다. 달리 말해 예술의 목적은 우리들에게 진리를 일깨우는 것이니, 진정한 우리가 누구인지를 알게 한다. 예술은 절대 예술을 위한 것이 아니라, 미를 위한 것이고, 말하자면 '인간 자체 표현' '자체 이해'의 '빼어난 감각적 형식(a distinctively sensuous form)'을 위한 것이다."

((Hegel's philosophy of art forms part of his overall philosophical system. In order to understand his philosophy of art, therefore, one must understand the main claims of his philosophy as a whole. Hegel argues in his speculative logic that being is to be understood as self-determining reason or "Idea" (Idee). In the philosophy of nature, however, he goes on to show that logic tells only half the story: for such reason is <u>not something abstract—is not a disembodied logos—but takes the form of rationally organized matter. What there is, according to Hegel, is thus not just pure reason but physical, chemical and living matter that obeys rational principles.</u>

Life is more explicitly rational than mere physical matter because it is more explicitly self-determining. Life itself becomes more explicitly rational and self-determining when it becomes conscious and self-conscious—that is, life that can imagine, use language, think and exercise freedom. Such self-conscious life Hegel calls "spirit" (Geist). <u>Reason, or the Idea, comes to be fully self-determining and rational, therefore, when it takes the form of self-conscious spirit.</u> This occurs, in Hegel's view, with the emergence of human existence. Human beings, for Hegel, are thus not just accidents of nature; they are reason itself—the reason inherent in nature—that has come to life and come to consciousness of itself. Beyond human beings (or other finite rational beings that might exist on other planets), there is no self-conscious reason in Hegel's universe.

In his philosophy of objective spirit Hegel analyses the institutional structures that are required if spirit—that is, humanity—is to be properly free and self-determining. These include the institutions of right, the family, civil society and the state. In the philosophy of absolute spirit Hegel then analyses the different ways in which spirit articulates its ultimate, "absolute" understanding of itself. <u>The highest, most developed and most adequate understanding of spirit is attained by philosophy</u> (the bare bones of whose understanding of the world have just been sketched). Philosophy provides an explicitly rational, conceptual understanding of the nature of reason or the Idea. It explains precisely why reason must take the form of space, time, matter, life and self-conscious spirit.

In religion—above all in Christianity—spirit gives expression to the same understanding of reason and of itself as philosophy. In religion, however, the process whereby the Idea becomes self-conscious spirit is represented—in images and metaphors—as the process whereby "God" becomes the "Holy Spirit" dwelling in humanity. Furthermore, this process is one in which we put our faith and trust: it is the object of feeling and belief, rather than conceptual understanding.

In Hegel's view, philosophy and religion—which is to say, Hegel's own speculative philosophy and Christianity—both understand the same truth. Religion, however, believes in a representation of the truth, whereas philosophy understands that truth with complete conceptual clarity. It may seem strange that we would need religion, if we have philosophy: surely the latter makes the former redundant. For Hegel, however, humanity cannot live by concepts alone, but also needs to picture, imagine, and have faith in the truth. Indeed, Hegel claims that it is in religion above all that "a nation defines what it considers to be true" (Lectures on the Philosophy of World History, 105).

Art, for Hegel, also gives expression to spirit's understanding of itself. It differs from philosophy and religion, however, by expressing spirit's self-understanding not in pure concepts, or in the images of faith, but in and through objects that have been specifically made for this purpose by human beings. Such objects—conjured out of stone, wood, color, sound or words—render the freedom of spirit visible or audible to an audience. In Hegel's view, this sensuous expression of free spirit constitutes beauty. The purpose of art, for Hegel, is thus the creation of beautiful objects in which the true character of freedom is given sensuous expression.

The principal aim of art is not, therefore, to imitate nature, to decorate our surroundings, to prompt us to engage in moral or political action, or to shock us out of our complacency.

It is to allow us to contemplate and enjoy created images of
our own spiritual freedom—images that are beautiful precisely
because they give expression to our freedom. Art's purpose,
in other words, is to enable us to bring to mind the truth
about ourselves, and so to become aware of who we truly
are. Art is there not just for art's sake, but for beauty's sake,
that is, for the sake of a distinctively sensuous form of human
self-expression and self-understanding.))

《‘스탠포드 헤겔 미학'20)》

————→

* 위에서 볼 수 있듯이, 헤겔의 '이성(절대정신)' 설명은 칸트와 동일한 '이성'
개념임을 알 수 있다. 그러나 헤겔이 칸트와 차이를 보이고 있는 점은 헤겔
의 '이성'은 이미 '절대정신(여호와)'과 동일시되어 '자연물'도 신의 창조물,
신에의 아들로 간주하고 있다는 점이다.['원리에 복종하는 물리적 화학적
생물']
그리고 <u>인간은 특별하여 그 '이성' 신을 자체(육체) 내에 보유하고 있는 존재로
서('삼위일체') 그 '이성'적으로 행동함이 바로 '자유(윤리)'이고 그것을 감각적으
로 형상화해 놓은 것이 '예술'이라는 입장이다. 그러므로 헤겔에게 '예술'의 경우
'자유(윤리, 법)'의 표현이 '예술'에서 가장 중요한 문제이고, '종교'는 그 '이성
(신)'을 믿고 가르치는 것을 그 내용으로 삼고 있음에 대해, '철학'은 현실적으로
그것(이성)을 집행하는 것을 알고 실천하는 것이라는 주장이 헤겔 철학(신학)의
전부이다.</u>

* 그런데 이렇게 전제된 '헤겔 철학(신학)'은 어디까지나 '개신교 중심' '게르만
중심'이어서, '인류의 이성' '인류의 종교' '인류의 예술'을 긍정하지 못 하고
'게르만 우선주의' '게르만 중심주의'에 치우쳐 그 자체가 옹졸하고 편협하여,
인류를 향한 신학(철학)이 못 되고 '종족주의' '배타주의' 신학(철학)이 되었

---

20) *Stanford Encyclopedia of Philosophy*, 'Hegel's Aesthetics', 2009

다. 그리고 거기에 헤겔은 '자기파괴' '전쟁긍정'의 '악(惡)'까지 추가한, '제국주의' '군국주의' 철학이 되었다. (참조, ⑥-37. 독일 '국가 사회주의(나치즘)'-A. 히틀러 ⑥-38. '세계 근대 문명'은, '게르만(아리안) 문명'이다.-A. 히틀러)

⑨-08 칸트의 '형식' 미(美), 헤겔의 '내용' 미(美)

"헤겔이 '미'와 '자유'를 연합한 것은, 명백한 칸트(Kant)와 실러(Schiller)의 헤겔에 대한 영향을 드러내고 있는 바다. 칸트도 우리의 아름다움의 체험은 일종의 '자유' 체험이라고 주장하였다. 그러나 칸트는 미란 그 자체가 사물의 객관적 속성은 아니라고 주장하였다. 칸트 생각으로는 우리가 자연물이나 예술 작품을 아름답다고 생각할 때는 '어떤 대상에 관한 판단'이라는 것이다. 그러나 우리는 그 대상이 우리에게 영향을 준 것으로 주장을 한다는 점이다.(그리고 대상은 그것을 보는 모든 이에게 동일한 효과를 갖는다.) "아름다운"대상이 산출한 그 효력이 "자유로운 운동" 속에 우리의 이해력과 상상력을 차례로 발동시키고 그 자유로운 운동으로 생긴 '기쁨(the pleasure)'이 우리가 아름다운 대상을 판별하게 이끈다.(칸트, 98, 102-3)

칸트와는 대조적으로 실러는 '미'를 대상 그 자체의 속성으로 이해했다. 미는 인간과 예술 작품이 공히 소유한 것으로 인간이 실제 자유롭지 못 할 때 자유로운 것을 느끼게 한다. 실러가 미를 "칼리아스(Kallias)"란 말 속에 두었듯이 미란 "외모 속의 자유, 외모 속의 자율이다."(실러, 151) 실러는 자유가 "본체의(noumenal)"(칸트의 용어) 어떤 것이기에 결코 감각의 영역에서 자체를 명시할 수 없다. 우리는 시간과 공간의 세계에서 자유의 작용과 형상을 볼 수 없다. 그러기에 미적 대상의 경우, 그것이 자연 산물이든 인간 상상력의 산물이든 "대상이 자유롭게 보일 뿐이고, 실제는 그럴 수 없는 것이 모든 사물들이다."

헤겔은 칸트에 반대하고 실러에 동조하여, '미는 사물의 객관적 속성이다.'에 동조하였다. 그러나 헤겔의 생각은 '미란 자유의 감각적 명시이고, 단순히 자유의 외모나 모방만은 아니다.'라는 것이다. (이념화의 다양한 단계에도 불구하고)미는 실제 소리가 그런 것처럼 자체가 감각적으로 제공되어 자유가 보여 주는 것을 우리에게 제공한다. 진정한 미는 자유정신의 감각적 표현이기에 자유정신에 의해 자유정신으로 창조될 수밖에 없고 단순한 자연의 모방일 수는 없다. 자연은 형식적 미를 이룰 수 있으나, 생명은 "감각적" 미라고 부를 수 있는 것을 이룰 수 있고, 진정한 미는 무엇이 자유인지를 우리 정신에 알게 하는 자유로운 인간에 의해 창조된 예술 작품 속에서 확인될 수 있다.

헤겔의 미는 분명히 형식적 속성들을 지니고 있다. 서로 다른 요소들의 통일과 조화이니, 그 속에서 서로 다른 요소들이 규칙적으로나 대칭적으로만이 아닌 유기적으로 배열된다. 헤겔은 순수한 아름다운 형식 예를 그의 희랍의 조각 논의에서 행했다. 즉 우리가 아름답다고 말한 희랍 조각의 옆모습은 앞이마와 코 사이의 각도가 훨씬 날카롭게 처리된 로마의 그것과는 달리 이마와 코 사이에 흐름이 균일하게 이었다.

그러나 '미'란 꼭 '형식(form)'의 문제만은 아니다. 그것은 역시 '내용(content)'이 문제이다. 이것이 헤겔의 가장 논란이 많은 문제 중의 하나이며 이것이 현대 예술가들과 어느 내용이거나 우리가 좋아 하는 내용을 예술은 포괄할 수 있고, 전적으로 내용을 생략할 수 있다는 이론가들과 헤겔이 불화하는 그 점이다. 우리가 알 수 있듯이 헤겔이 주장하는 불가결의 진짜 미(진짜 예술)의 '내용'이란 정신의 자유와 풍성함이다. 달리 말하면 '내용'은 '관념'이며 '절대 이성' '자기 인지 정신'이다. '관념'은 종교적으로 '신'을 그린 것이므로 진실로 아름다운 내용은 신성한 것이다. 그러나 이미 우리가 살폈듯이 헤겔은 주장하기를 '관념("신")'은 무한 인간 존재를 통해 저절로 의식하게 된다는 것이다. 아름다운 예술의 내용은 인간의 형식 속에 신성한 것이어야 하고, 인간 자체 속에 신성한 것이어야만 한다(동시에 자유로운 것이어야만 한다.).

예술은 동물, 식물, 자연 무생물을 그릴 수 있다는 것을 헤겔은 알고 있으나, 예술의 원리적 임무는 신성을 나타내고 인간의 자유를 나타내는 것으로 알았다. 인간과 여타 사물을 경우에 초점은 인간의 형상에 주어진다. 헤겔의 생각으로는 이것이 이성을 감각적으로 형상화하기에 가장 적절하기 때문이며, 인간의 형상이 정신의 가장 명백한 표현이기 때문이다. 색채와 소리는 그 자체로 어떤 감정을 전달할 수 있으나, 실제적으로 인간의 형상만이 정신과 이성을 구현한다. 희랍 신상이나 예수의의 이미지를 조각하거나 그리거나 시로 읊어 우리에 보여주는 진정으로 아름다운 예술은 인간의 형상으로 보여준 신성함이고 그것이 그 자체가 자유로운 인간 이미지를 우리에게 보여주고 있다."

536

((Hegel's close association of art with beauty and freedom shows his clear indebtedness to Kant and Schiller. Kant also maintained that our experience of beauty is an experience of freedom. He argued, however, that beauty is not itself an objective property of things. When we judge that a natural object or a work of art is beautiful, on Kant's view, we are indeed making a judgment about an object, but we are asserting that the object has a certain effect on us (and that it should have the same effect on all who view it). The effect produced by the "beautiful" object is to set our understanding and imagination in "free play" with one another, and it is the pleasure generated by this free play that leads us to judge the object to be beautiful (Kant, 98, 102-3).

In contrast to Kant, Schiller understands beauty to be a property of the object itself. It is the property, possessed by both living beings and works of art, of appearing to be free when in fact they are not. As Schiller puts it in the "Kallias" letters, beauty is "freedom in appearance, autonomy in appearance" (Schiller, 151). Schiller insists that freedom itself is something "noumenal" (to use Kant's terminology) and so can never actually manifest itself in the realm of the senses. We can never see freedom at work in, or embodied in, the world of space and time. In the case of beautiful objects, therefore—whether they are the products of nature or human imagination—"it is all that matters [···] that the object appears as free, not that it really is so" (Schiller, 151).

Hegel agrees with Schiller (against Kant) that beauty is an objective property of things. In his view, however, beauty is the direct sensuous manifestation of freedom, not merely the appearance or imitation of freedom. It shows us what freedom actually looks like and sounds like when it gives itself sensuous expression (albeit with varying degrees of idealization). Since true beauty is the direct sensuous expression of the freedom of spirit, it must be produced by free spirit for free spirit, and so cannot be a mere product of nature. Nature is capable of a formal beauty, and life is capable of what Hegel calls "sensuous" beauty (PK, 197), but true beauty is found only in works of art that are freely created by human beings to bring before our minds what it is to be free spirit.

Beauty, for Hegel, has certain formal qualities: it is the unity or harmony of different elements in which these elements are not just arranged in a regular, symmetrical pattern but are unified organically. Hegel gives an example of genuinely beautiful form in his discussion of Greek sculpture: the famous Greek profile is beautiful, we are told, because the forehead and the nose flow seamlessly into one another, in contrast to the Roman profile in which there is a much sharper angle between the forehead and nose (Aesthetics, 2: 727–30).

Beauty, however, is not just a matter of form; it is also a matter of content. This is one of Hegel's most controversial ideas, and is one that sets him at odds with those modern artists and art-theorists who insist that art can embrace any content we like and, indeed, can dispense with content altogether. As we have seen, the content that Hegel claims is central and indispensable to genuine beauty (and therefore genuine art) is the freedom and richness of spirit. To put it another way, that content is the Idea, or absolute reason, as self-knowing spirit. Since the Idea is pictured in religion as "God," the content of truly beautiful art is in one respect the divine. Yet, as we have seen above, Hegel argues that the Idea (or "God") comes to consciousness of itself only in and through finite human beings. The content of beautiful art must thus be the divine in human form or the divine within humanity itself (as well as purely human freedom).

Hegel recognizes that art can portray animals, plants and inorganic nature, but he sees it as art's principal task to present divine and human freedom. In both cases, the focus of attention is on the human figure in particular. This is because, in Hegel's view, the most appropriate sensuous incarnation of reason and the clearest visible expression of spirit is the human form. Colors and sounds by themselves can certainly communicate a mood, but only the human form actually embodies spirit and reason. Truly beautiful art thus shows us sculpted, painted or poetic images of Greek gods or of Jesus Christ — that is, the divine in human form — or it shows us images of free human life itself.))

〈'스탠포드 헤겔 미학'21)〉

* 헤겔의 〈미학〉에는 독일의 칸트 말고도 빙켈만(J. J. Winckelmann, 1717~ 1768) 실러(F. Schiller, 1759~1805) 쉘링(F. W. J. Schelling, 1775~1854)을 거론하고 있지만, **칸트의 〈미학〉은 그대로 아리스토텔레스의 〈시학〉을 계승한 것으로 헤겔의 장황한 〈미학〉으로도 감당할 수 없는 '논의 정수(精髓)'를 선점(先占)하였다.**

* 칸트의 '형식 미학'은 그의 〈순수이성비판(1781)〉부터 명시된 바로서, 즉 '감성(感性, 직관, 표상 ─ sensibility, intuition, representation)'과 그것을 통일하는 '오성 이성(悟性, understanding, reason)'의 양대(兩大) 인식 체계 내의 문제이다.

* 칸트의 '미감(快)' 근거인 그 '형식(形式)의 포착(捕捉, the apprehension of form)'이란, '오성'이 그 '감성' 속에 '질서(규칙성)'를 처음 느끼는(발견하는) 순간이다.[처음 認識이 成立한 경우] 그러므로 모든 '인식(認識, Cognition) 과정'을 전제한 것으로 쉽게 말해 우리가 보고 듣는 모든 행위 속에 이미 '미적 즐거움'은 그 속에 충분히 달성이 되고 있는 경우이다.[보고 듣는 것 자체가 '즐거움'이다.]

  그러므로 칸트가 이 '형식'론으로 예술론을 시작한 것은 당초 〈순수이성비판〉 저술 근거와 동일한 그 '인식(認識, cognition, apprehension, to reason out)'의 과정으로 어떤 '미(beauty)'의 논의도 그 범위를 벗어날 수 없다.

* 그런데 헤겔은 기본적으로 칸트의 '감성(직관)' '오성(이성)'의 인식론을 부정(否定)하고[감성' 무시], '순수이성=절대정신(하나님)' 공식에만 전적으로 매달렸다. 그 결과 헤겔의 〈미학〉에서는 엉뚱하게 그 '형식'과 '내용(신 도덕)'을 따로 구분하여 '신학적(주체, 도덕) 미학'을 늘어놓았다.

  다시 말하면 **칸트의 '순수이성'은 모든 인간이 소유하고 있고, 지고지순(至高至**

---

21) *Stanford Encyclopedia of Philosophy*, 'Hegel's Aesthetics', 2009

純)한 주체이며 객체로서 그 자체가 '자유(Freedom)'이다. 여기에 '인간 중심의 칸트 철학의 진수(眞髓)'가 그대로 명시 되어 있다. (참조, ⑥-31. 인간 '최대 자유 보장'론-I. 칸트)

그런데 이미 '절대정신(여호와)'에 홀린(강박된) 헤겔은, 그 '절대정신'이 '진(眞)' '선(善)' '미(美)'이므로 그것을 감각적으로 느낄 수 있게 해 놓은 것이 '최고의 미'라는 주장이다. (참조, ②-09. '신(God)'이 '절대 진리', '절대 가치', '절대 자유'이다. ⑨-29. '신적(神的)인 것'의 표현이, 예술의 이상(理想)이다.)

⑨-09 '진정한 아름다움'은 '자유(도덕)정신'이다.

"헤겔에게 예술은 꼭 '형상화'하는 것이어야 한다. 그것은 자연을 모방을 추구한 것이 아니라, 인간의 형상을 통해 가장 적절히 '자유정신(free spirit)'을 구현 성취하는 것이 예술의 목표이기 때문이다.(여기에 음악과 건축은 예외임-차후 논의) 더욱 구체적으로 예술의 기능은 우리의 일상 행동 중에서 망각하기 쉬운 우리 자신과 자유를 우리에게 보여 주는 일이다. 예술은 일상생활의 우발적인 일들과 관계없이 가장 순수한 정신의 자유를 우리에게 보여주는 기능을 수행한다. 다시 말해 예술은 너무나 익숙한 이상의 의존적이고 힘든 모든 일에 벗어나 자유의 관념을 제공한다. '인간 자유(신성) 관념'은 '진미(true beauty)'를 이루니, 그 고대 희랍의 신과 영웅의 조각에서 알 수 있다고 헤겔은 주장하고 있다.

작품의 관념화가 인생을 떠나 상상 세계로의 탈출을 제공하는 것(현대 사진처럼)이 아니라 우리의 자유를 더욱 극명하게 알게 한다는 것에 주목하라. 그러기에 인간의 진정한 특성(神性)을 더욱 명백하게 폭로하는데 관심을 가지고 관념화는 진행된다. 예술이 인간의 관념화한 이미지를 통해(외부 세계의 오해를 통해 그림 속에서) 진리를 전달한다는 것이 역설이다.

이 단계에서 헤겔의 예술 설명은 기술적이고 규범적인 것을 뜻함을 주목해야 한다. 헤겔은 페이디아스(Phidias, 500?~432? b.c.)나 프락시텔레스(Praxiteles, 350 b.c.)의 조각, 아이스킬로스(Aeschylus, 525~456 b.c.)나 소포클레스(Sophocles, 495?~406? b.c.)의 드라마 같은 서구 전통 속에 예술의 위대한 작품들의 원리적 형상을 기술하며 그 생각을 한 것이다. 동시에 헤겔의 생각은 '진정한 예술(true art)'이 우리에게 말하는 것은 규범적인 것이라는 것이다. 우리가 예술이라고 부르는 것 속에는 동굴 벽화, 아동들의 그림, 희랍의 조각, 셰익스피어의 연극, 청소년의 사랑 시, (20세기에는)칼 앙드레의 벽돌 벽이 있다. 그러나 모든 것이 '예술'이라는 이름에 값할 수는 없으니, 모든 것을 '진정한 예술'이라고 할 수 없기 때문이다. 헤겔은 예술 창조에 대해 엄격한 규정을 정해 놓지 않았으나, 그는 '진정으로 아름다운 예술(truly beautiful art)'이 만나야 할 대강의 기준을 정해 놓고 있고, 그 기준에 도달하지 못 하고 "예술"이라 주장하는 작품에 대해 헤겔은 비판적이었다. 자연 모방보다는 열망을 보이는 후기 종교 개혁적 예술에서 보이는 전개에 대한 헤겔의 비판은, 개인적 기호(嗜好)에 기초를 둔 것이 아니라 진정한 자연과 예술의 목적에 대한 철학적 이해에 기초를 두고 있다."

((Art, for Hegel, is essentially figurative. This is not because it seeks to imitate nature, but because its purpose is to express and embody free spirit and this is achieved most adequately through images of human beings. (We will consider the exceptions to this—architecture and music—below.) More specifically, art's role is to bring to mind truths about ourselves and our freedom that we often lose sight of in our everyday activity. Its role is to show us (or remind us of) the true character of freedom. Art fulfills this role by showing us the freedom of spirit in its purest form without the contingencies of everyday life. That is to say, art at its best presents us not with the all too familiar dependencies and drudgery of daily existence, but with the ideal of freedom (see Aesthetics, 1: 155-6). This ideal of human (and divine) freedom constitutes true beauty and is found above all, Hegel claims, in ancient Greek sculptures of gods and heroes.

Note that the work of idealization is undertaken not (like modern fashion photography) to provide an escape from life into a world of fantasy, but to enable us to see our freedom more clearly. Idealization is undertaken, therefore, in the interests of a clearer revelation of the true character of humanity (and of the divine). The paradox is that art communicates truth through idealized images of human beings (and indeed—in painting—through the illusion of external reality).

It is worth noting at this stage that Hegel's account of art is meant to be both descriptive and normative. Hegel thinks that the account he gives describes the principal features of the greatest works of art in the Western tradition, such as the sculptures of Phidias or Praxiteles or the dramas of Aeschylus or Sophocles. At the same time, his account is normative in so far as it tells us what true art is. There are many things that we call "art": cave paintings, a child's drawing, Greek sculpture, Shakespeare's plays, adolescent love poetry, and (in the twentieth century) Carl André's bricks. Not everything called "art" deserves the name, however, because not everything so called does what true art is meant to do: namely, give sensuous expression to free spirit and thereby create works of beauty. Hegel does not prescribe strict rules for the production of beauty; but he does set out broad criteria that truly beautiful art must meet, and he is critical of work that claims to be "art" but that fails to meet these criteria. Hegel's critique of certain developments in post-Reformation art—such as the aspiration to do no more than imitate nature—is thus based, not on contingent personal preferences, but on his philosophical understanding of the true nature and purpose of art.))

〈'스탠포드 헤겔 미학'22)〉

_____→

* 헤겔의 '거짓 주장'에 유명한 것은 ① '개념(Notion)이 대상(Object)이다.' ② '있는 것(Being)은 없는 것(Nothing)이다.' ③ '정신(Spirit)이 창조자(Creator)다.' ④ '윤리(법)가 자유다.' ⑤ '자기파괴가 정의(正義)다.' 등이 있으나, **위에서는 역시 그 ④항 '도덕(윤리, 법 Moral)이 자유(Freedom)이다.' 란 항목을 설명하고 있는 경우이다.**[헤겔 '강박증'의 표현임] (참조, ⑦-10. '보편 의지'로서의 '자유(윤리) 의지' ⑥-18. '자유로운 의지'를 의욕(意慾)하는 자유 의지 ⑥-30. '자유(Freedom-윤리)'란, '의지(will)에 의한 행동'이다.)

22) *Stanford Encyclopedia of Philosophy*, 'Hegel's Aesthetics', 2009

542

그렇다면 헤겔의 '오류(誤謬)'의 근본 원인은 무엇인가? 기독교 '삼위일체'에 '성신(Holy Spirit)'을 칸트의 '순수이성'과 막무가내로 얽어 놓고 오히려 '칸트 철학'을 '신이 없는 철학(궤변 철학)'이라고 왜곡(歪曲)하는 처지에 있었기 때문이다.[헤겔의 가장 기초적으로 칸트의 '감성(感性, 물자체, 자연 대상)'을 부정한 '신학적 주장'이다.]

* 그러므로 헤겔이 '내용(도덕)'은 물론 칸트의 그 '형식'론(감성 오성론) 속에 다 포함이 되어 있는 사항으로 그 <u>'순수이성'이 없는 인간은 없으므로 굳이 그 '내용(도덕)'이 따로 문제될 수는 없게 되어 있다.</u>[칸트의 '순수이성'이 바로 '도덕'이다.]

그러했음에도 헤겔이 굳이 그 '형식'미에 '내용'미를 추가했던 것은, '신(군주) 중심의 미학'에 헤겔이 심취(心醉)해 있었던 이유이고, 그의 '하나님 철학' '기독교 신학'에 홀려 있는 그 객관적 증거이다.

* 그러므로 헤겔의 '내용(內容, content)'은 바로 '윤리' '도덕' '자유(복종)' 논의를 첨가한 것이니, 인간이 자기(스스로)가 농사지어 밥 먹고 살면서도 '신(神)에의 감사기도'를 첨가하는 것과 유사하여 행해도 되고 안 해도 그만인 것을, 헤겔은 철두철미하게 그것('신이 행했음')을 주장하였다.[모두 '이성'을 지니고 있기에 모두 각자에 일임해도 될 사항임]

즉 '헤겔은 신'은, 우주 만상에 상주상재(常住常在)하고 직접 역사(役事)하는 주체이고, 현재 국가를 다스리고 있는 군주(君主)의 '정신(세계정신)'으로 작용을 하고 있기 때문이다.

뿐만 아니라 헤겔의 경우 <u>고대 이집트에서 기원하여 희랍, 로마를 경유하여 현재 '게르만(프러시아)'에 그 중심이 모아졌다는 것이 '헤겔의 이성적 현실적 확신'이라는 점이 '병든 헤겔의 망상(妄想)'에 정점(頂點)</u>을 이루고 있다. (참조, ⑧-09. '신의 세계지배'에 대한 믿음 ⑪-06. 말을 탄 '세계정신'(1806). ⑥-35. 공동체(共同體) 안에 희생(犧牲)-A. 아우구스티누스 ⑥-12. 각 개인은 '시대의 아들'이다.)

⑨-10 '예술'은 '자유(도덕)의 감각적 형상화'이다.

"헤겔의 예술과 미에 대한 철학적 고려는 세 분야로 되어 있다. 1) 관념적 미, 진짜 미. 2) 역사 속에 미가 취한 서로 다른 형식. 3) 미가 그 속에 마주친 서로 다른 예술들.

헤겔은 예술이 다양한 기능 – 가르치고 고양시키고 도발시키고 장식하는 등 – 을 잘 알고 있다. 그러나 그의 관심은 예술의 진짜 가장 구분되는 기능을 확인하는 일이다. 헤겔은 주장하기를 예술의 기능은, '자유정신에 직관적 감각적 표현을 제공하는 것'이다. 그러기에 예술의 초점은 일상생활의 우발적인 사건들을 모방하고 비추는 "사실주의"가 아니라 신성한 인간의 자유를 우리에게 보여주어야 한다. 정신적 자유의 감각적 표현이 헤겔이 "관념적" 또는 진정한 미라고 부르는 것이다.

감각의 영역은 공간과 시간 속에 개별 사물의 영역이다. 자유가 감각적 표현으로 제공되어야 하기에 예술가의 "자기 취미, 휴식, 행복(bliss, Seligkeit)" 속에 있는 개인 속에 형상화가 되는 법이다. 그와 같은 개인은 추상적이거나 형식적(예를 들어 고대 희랍의 기하학적 스타일에서처럼)이거나 정지(停止)적 경직적(흔히 고대 이집트의 조각에처럼)에서는 아니 되고, 그의 몸과 자세가 이상적 자제력에 속하는 고요와 평정을 희생함이 없으나 시각적으로 자유와 생명으로 생기 있게 되는 것이다. 헤겔은 그와 같은 '이상적 미(ideal beauty)'가 희랍의 4세기 5세기 제우스, 아프로디테 같은 신들의 조각으로 세워졌다고 주장을 하였다.

헤겔이 거의 로마인의 회반죽 복제로 확인한 고대 희랍의 조각을 그가 순수 "절대" 미라 일컬은 것을 나타낸다고 보았다. 그러나 그것은 '관념의 미'를 온전히 보여주는 것은 아니니, 그것이 가장 구체적이고 발달된 형식으로 우리에게 미를 제공하는 것이 아니기 때문이다. 이것은 우리가 고대 희랍 연극 – 특히 비극에서 자유로운 개인들이 갈등으로 이끌려지고 종국에는 분해로 가는 것(어떤 때는 소포클레스의 '안티고네'에서처럼 격렬하게, 때로는 아이스킬로스의 '오레스테스' 3부작에서처럼 평화롭게)을 볼 수 있다. 희랍 조각에 나타난 신상은 그들의 신체적 형상이 그들의 정신적 자유를 온전히 형상하여 신체적 허약성이나 의존적 외모로 훼손되지 않은 아름다움이다. 희랍 비극의 주인공들은 사소한 인간 약점이나 격정보다는 (안티고네의 경우 같이 가족을 돌봄, 크레온의 경우 같은 국가 복지에 대한 걱정 같은)도덕적 관심이나 "비애감"을 그들의 자유로운 행동이 알리고 생기를 불어넣음으로 아름답다. 이들 주인공은 추상적 덕의 우화적 표현이 아니라 상상력과 개성과 자유 의지를 가진 살아 있는 인간 존재들이다. 그러나 그들을 움직이는 것은 <u>신에 의해 지지되고 진행되는 한 양상인 우리의 도덕적 생활을 향한 열정이다.</u>

희랍 조각에서 발견되는 순수 미와 희랍 연극에서 볼 수 있는 더욱 구체적인 미의 구분은 '관념적인 미'가 사실 민감하게 서로 다른 형식을 취하고 있다는 것을 알려 준다. 순수한 조각 미는 그것이 예술 성취의 극점이기는 하지만, 어떤 추상을 지니기에 서로 다른 형식을 취한 것이다. <u>미란 자유의 감각적 표현이기에</u> 예를 들어 이집트 조각에는 없는 구체성 생기 인간성을 보여주어야만 한다. 그러나 희랍 조각에서 볼 수 있는 순수 미는 공간적 신체적 형상 속에 정신적 자유가 잠기었기에 시간 속에 행동의 구체적 역동성 상상력과 언어로 생기 넘치는 행동은 없다. 이것이 순수 미에 어떤 "추상성"(그리고 냉담함)을 허용하는 것이다. 그러나 만약 <u>예술의 기능이 진정한 자유의 감각적 표현</u>이라면 추상을 초월하여 구상성을 나아가야 한다. 이것이 순수미를 넘어 더욱 구체적인 연극의 순수한 인간미로 나아가야 하는 의미이다. 관념적 미의 이 두 가지가 가장 적절한 예술적 대상이 합쳐져 헤겔이 말하는바 예술 자체의 "핵심(centre, Mittelpunkt)"을 형성한다."

((Hegel's philosophical account of art and beauty has three parts: 1) ideal beauty as such, or beauty proper, 2) the different forms that beauty takes in history, and 3) the different arts in which beauty is encountered. We will look first at Hegel's account of ideal beauty as such.

Hegel is well aware that art can perform various functions: it can teach, edify, provoke, adorn, and so on. His concern, however, is to identify art's proper and most distinctive function. This, he claims, is to give intuitive, sensuous expression to the freedom of spirit. <u>The point of art, therefore, is not to be "realistic"—to imitate or mirror the contingencies of everyday life—but to show us what divine and human freedom look like.</u> Such sensuous expression of spiritual freedom is what Hegel calls the "Ideal," or true beauty.

The realm of the sensuous is the realm of individual things in space and time. Freedom is given sensuous expression, therefore, when it is embodied in an individual who stands alone in his or her "self-enjoyment, repose, and bliss [Seligkeit]" (Aesthetics, 1: 179). Such an individual must not be abstract and formal (as, for example, in the early Greek Geometric style), nor should he be static and rigid (as in much ancient Egyptian sculpture), but his body and posture should be visibly animated by freedom and life, without, however, sacrificing the stillness and serenity that belongs to ideal self-containment. Such ideal beauty, Hegel claims, is found above all in fifth – and fourth-century Greek sculptures of the gods, such as the Dresden Zeus (a cast of which Hegel saw in the early 1820s) or Praxiteles' Cnidian Aphrodite (see PKÄ, 143 and Houlgate 2007, 58).

Ancient Greek sculpture, which Hegel would have known almost exclusively from Roman copies or from plaster casts, presents what he calls pure or "absolute" beauty (PKÄ, 124). It does not, however, exhaust the idea of beauty, for it does not give us beauty in its most concrete and developed form. This we find in ancient Greek drama—especially tragedy—in which free individuals proceed to action that leads to conflict and, finally, to resolution (sometimes violently, as in Sophocles' Antigone, sometimes peacefully, as in Aeschylus' Oresteian trilogy). The gods represented in Greek sculpture are beautiful because their physical shape perfectly embodies their spiritual freedom and is not marred by marks of physical frailty or dependence. The principal heroes and heroines of Greek tragedy are beautiful because their free activity is informed and animated by an ethical interest or "pathos" (such as care for the family, as in the case of Antigone, or concern for the welfare of the state, as in the case of Creon), rather than by petty human foibles or passions. These heroes are not allegorical representations of abstract virtues, but are living human beings with imagination, character and free will; but what moves them is <u>a passion for an aspect of our ethical life, an aspect that is supported and promoted by a god</u>.

This distinction between pure beauty, found in Greek sculpture, and the more concrete beauty found in Greek drama means that ideal beauty actually takes two subtly different forms. Beauty takes these different forms because

546

pure sculptural beauty—though it is the pinnacle of art's achievement—has a certain abstractness about it. Beauty is the sensuous expression of freedom and so must exhibit the concreteness, animation and humanity that are missing, for example, in Egyptian sculpture. Yet since pure beauty, as exemplified by Greek sculpture, is spiritual freedom immersed in spatial, bodily shape, it lacks the more concrete dynamism of action in time, action that is animated by imagination and language. This is what lends a certain "abstractness" (and, indeed, coldness) to pure beauty (PKÄ, 57, 125). If art's role is to give sensuous expression to true freedom, however, it must move beyond abstraction towards concreteness. This means that it must move beyond pure beauty to the more concrete and genuinely human beauty of drama. These two kinds of ideal beauty thus constitute the most appropriate objects of art and, taken together, form what Hegel calls the "centre" (Mittelpunkt) of art itself (PKÄ, 126).))

〈'스탠포드 헤겔 미학'23)〉

———→

* 헤겔의 〈미학〉은, '헤겔의 정신 도착(倒錯, Perversion)'을 그대로 보여주고 있다. 그 '도착(倒錯)'의 근본은 헤겔이 평생 지니고 다녔던 '하나님에의 몰입' 과 동일한 것으로 그 '육체'를 지니고 있으면서도 그 '육체'를 무시한 소크라 테스를 크게 닮아 있었던 점이다.

* 헤겔이 '자살'을 긍정하고 '이 세상'을 부정했던 것은 그 〈미학〉이 '도착(倒 錯)'을 보였던 것과 근본 맥락이 동일한 것이다. (참조, ②-03. 인생은 '가상(假 像)'으로, 그 자체가 고통과 근심이다. ③-08. 이 세상은 '껍질(husk)'이다. ⑤ -13. '자살(自殺)'의 긍정)
이러한 헤겔 정신의 특수성을 바탕으로 그의 '절대정신(여호와)'은 수용이

---

23) *Stanford Encyclopedia of Philosophy*, 'Hegel's Aesthetics', 2009

되었으니, '감성'을 바탕으로 성립한 〈미학〉 논의가 '절대신' 중심으로 흐르기는 문자 그대로 '불문가지(不問可知)' 사항이다.

⑨-11 예술의 개별적 형식 : '상징적 예술' '고전적 예술' '낭만적 예술'

"헤겔은 역시 예술이 그와 같은 '관념적 미'에 못 미치거나 초월함을 모두 인정하였다. 예술이 상징적 예술 형식을 취할 때 '관념적 미'에 미치지 못하고 낭만적 예술 형식을 취할 때 '관념 미'의 형식을 초월한다. 그 자체가 '관념적 미'를 특징으로 하고 있는 작품의 예술 형식은 고전적 예술이다. 이들이 헤겔이 바로 예술 자체의 관념으로 필수적인 것으로 믿었던 예술의 세 가지 형식, "이름다운 형식들"이다.

이 세 가지 예술 형식을 생산한 것은 예술 내용(정신으로서의 관념)과 표현 양식 간에 변화하는 관계이다. 이 관계 속에서의 변화는 예술의 내용이 그 속에 그 자체를 잉태하는 방법에 의해 차례로 결정이 된다. 상징적 예술에서 내용은 추상적으로 전제되어 있고, 그것은 감성적 시각적 형식으로 그 자체를 적절하게 명시를 못 한 것이다. 고전 예술에서는 이와 대조적으로 내용이 감성적 시각적 형식으로 완전한 표현 방법 속에 담겨 있다. 낭만 예술에서는 내용이 감성적 시각적 형식 속에 적절한 표현 방법을 알았을 뿐만 아니라 역시 감성적 시각적 영역을 궁극적으로 초월하고 하고 있다.

고전적 예술은 고유한 관념 미(美)의 집이다. 이에 대해 낭만적 예술은 헤겔이 "내재 미(beauty of inwardness, Schönheit der Innigkeit)", "심원한 미(beauty of deep feeling, Knox의 번역)"라 지칭한 것의 집이고, 상징적 예술은 진짜 미에 전적으로 못 미치는 것이다. 상징적 예술이 단순히 나쁘다는 의미는 아니다. 헤겔은 상징적 예술도 고도의 예술가적 기교의 산물이라는 것을 알고 있다. 상징적 예술은 신성과 인간 정신에 대해 충분한 이해를 아직 가지지 않았기 때문에 미에 미치지 못하고 있다. 그것에 깔려 있는 정신 개념(무엇보다 종교 속에 포함된 개념)이 부족하기에 산출된 예술 형식이 부족한 것이다."

((Hegel also acknowledges that art can, indeed must, both
fall short of and go beyond such ideal beauty. It falls short
of ideal beauty when it takes the form of symbolic art, and

it goes beyond such beauty when it takes the form of romantic art. The form of art that is characterized by works of ideal beauty itself is classical art. These are the three forms of art (Kunstformen), or "forms of the beautiful" (PKÄ, 68), that Hegel believes are made necessary by the very idea of art itself. The development of art from one form to another generates what Hegel regards as the distinctive history of art.

What produces these three art-forms is the changing relation between the content of art—the Idea as spirit—and its mode of presentation. The changes in this relation are in turn determined by the way in which the content of art is itself conceived. In symbolic art the content is conceived abstractly, such that it is not able to manifest itself adequately in a sensuous, visible form. In classical art, by contrast, the content is conceived in such a way that it is able to find perfect expression in sensuous, visible form. In romantic art, the content is conceived in such a way that it is able to find adequate expression in sensuous, visible form and yet also ultimately transcends the realm of the sensuous and visible.

Classical art is the home of ideal beauty proper, whereas romantic art is the home of what Hegel calls the "beauty of inwardness" (Schönheit der Innigkeit) or, as Knox translates it, "beauty of deep feeling" (Aesthetics, 1: 531). Symbolic art, by contrast, falls short of genuine beauty altogether. This does not mean that it is simply bad art: Hegel recognizes that symbolic art is often the product of the highest level of artistry. Symbolic art falls short of beauty because it does not yet have a rich enough understanding of the nature of divine and human spirit. The artistic shapes it produces are deficient, therefore, because the conceptions of spirit that underlie it— conceptions that are contained above all in religion—are deficient (PKÄ, 68).))

〈'스탠포드 헤겔 미학'24)〉

---

24) *Stanford Encyclopedia of Philosophy*, 'Hegel's Aesthetics', 2009

* 헤겔의 삼위일체 변증법을 역사적으로 늘어놓으면 정말 변증법이 얼마나 '엉터리'인지를 그대로 드러내고 있다.

  그러나 '후안무치(厚顔無恥)'한 헤겔은, 세상에 무서울 것이 없었다.[헤겔의 '자신의 개념'으로 이미 '절대정신'과 동일시를 행하고 있는 경우이다.] (참조, ⑦-08. '배타(排他)적인' 유대 민족(Jewish))

* 즉 '상징적 예술(Symbolic art)' '고전적 예술(Classical art)' '낭만적 예술(Romantic art)'로의 구분 방법은 헤겔의 머릿속에 소위 '가짜 논리학(a logic of Illusion)' 변증법(Dialectic)이 어떻게 작동하고 있는지를 간명하게 보여준 결과이니, 그것이 역시 '절대자(여호와)'의 '최고의 세계 운영 결과'라는 주장이 더욱 황당한 헤겔의 공상(空想)이다. (참조, ⑦-06. '독일 민족주의(German Nationalism)'가 '이성(Reason)'이다. ⑧-09. '신의 세계지배'에 대한 믿음)

* 헤겔의 '상징적 예술(Symbolic art)' '고전적 예술(Classical art)' '낭만적 예술(Romantic art)'이란 그 '가짜 논리학'으로 도해하면 다음과 같은 것이 될 것이다.

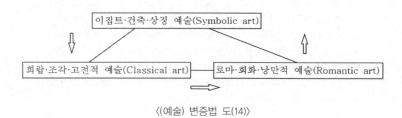

《(예술) 변증법 도(14)》

* 헤겔 〈미학〉은 '내용(Content)' 강조이고, '내용'은 '도덕' '윤리' '신'의 문제로 귀결되고 있으니, 〈종교철학〉 〈정신현상학〉 〈논리학〉 〈자연철학〉 〈법철학〉 〈역사철학〉 〈철학사〉 〈미학〉이 동일한 주제이니, '이성(신)' '절대정신

(신)' '절대복종(절대자유)' '도덕' '윤리' '법'의 제시가 역시 공통된 헤겔의 화제이다.

* 이러한 헤겔의 '주장'이 근본적의 그의 성품, 취향에 비롯한 것이기에 상관이 없을 수도 있으나, 헤겔은 '하나님의 현존'을 다시 '제국주의 게르만 군주'에 돌려 '절대복종'을 '절대자유'라고 우기고 '십자가 현실'을 '장미의 천국'으로 알게 하는 것을 '개신교(프로테스탄트) 정신'이라고 가르치고 있으니, 기가 막힐 노릇이다. (참조, ⑥-35. **공동체(共同體) 안에 희생(犧牲)-A. 아우구스티누스 ⑥-13. 현재는 '장미'이며 '십자가'이다. ⑥-14. 프로테스탄티즘 고유 원리**)

⑨-12 '정신(神)'과 '대상(自然)'의 관계

"헤겔의 상징적 예술론은 많이 서로 다른 문명의 예술을 포괄하고 있고, 헤겔의 비서구권의 예술에 대한 주목할 만한 이해와 평가를 보여 주고 있다. 그러나 헤겔이 논한 상징적 예술의 모든 유형이 온전히 상징적인 것은 아니다. 그러면 무엇이 그들을 서로 연결하고 있는가? 헤겔은 그것을 '원시 예술(pre-art, Vorkunst)'이라는 용어로 엮었다. 헤겔의 경우 '진짜 예술(Art prope)'은 인간을 의도적으로 자유정신의 표현 속에 형상화한 매체(媒體, 금속, 돌, 색채) 속에 자유정신의 감성적 표현 명시이다. '원시 예술'의 영역은 어떤 측면에서 진짜 예술에 못 미치는 예술을 포괄한다.

헤겔이 상징적 예술에서 설명하려 했던 것은 모든 '원시 예술'을 다 언급하려 했던 것은 아니다. 예를 들어 헤겔은 (동굴 벽화 같은)유사 이전의 예술이나 중국 예술, 불교 미술(헤겔은 그의 '종교 철학 강의'에서 중국 종교와 불교를 논했음에도)은 논하지 않았다. 헤겔의 상징적 예술을 논했던 목적은 예술 자체의 개념으로 불가결하게 된 원시 예술에서 진짜 예술로 이전해야 했던 단계들인 다양한 예술을 고찰하는 것이었다.

제1단계는 그 속에서 정신이 자연과 직접 통일이 되는 존재로서의 상상이다. 이 단계는 고대 페르시아 조로아스터주의 종교에서 확인할 수 있다. 헤겔은 주장하기를 조로아스터 교도들은 신성한 힘(신)을 신앙하였으나, 자연 자체 즉 빛과 그 신성을 동일시하였다고 했다. 빛은 '신(God)'이나 '선

(Good)'을 상징하거나 가리키지 않는다. 조로아스터주의(헤겔이 이해 한대로)에서는 차라리 빛이 '선'이고 '신'이다. 그래서 빛은 모든 사물의 실체이고, 모든 식물과 동물에 생명을 제공하는 것이다. 헤겔은 말하기를 그러나 이 빛은 오르무즈(Ormuzd or Ahura Mazda)로 의인화 하였으나, 유대인의 신과는 달리 자유로운 자기의식의 주체는 아니다. 오르무즈는 빛 자체의 형식으로 '선'이고 그래서 태양 별 불과 같이 모든 빛의 원천 속에 모습을 드러낸다.

헤겔은 말하고 있다. 우리가 해야 할 질문은 '예술로 고려된 빛(그와 같은 직관으로 언급된)으로서 선을 알고 있는가?'이다. 헤겔의 생각으로는 두 가지 점에서 아니라는 것이다. 즉 한편으로는 그 속에 자체가 명시된 빛과 구분되는 자유정신이라는 것이 이해되지 못 했고, 다른 한편으로는 선이 그 속에 출현하는 감각적 요소(빛 자체)가 그 자체 표현 목적을 위한 자유정신으로 생긴 것이 아니라 단지 선이 직접적으로 그것과 일치하고 있는 제공된 자연적 양상임을 이해하는 일이다.

빛으로서의 '선(Good)'이란 조로아스터 식 생각에서 우리는 '신의 감각적 현시(顯示, presentation, Darstellung)'와 마주친다. 그러나 이 조로아스터 식 생각은 비록 기도 문 말 속에는 표현을 볼 수 있지만, 예술 작품을 이루지는 못 했다.

원시 미술 발달 제2단계는 정신과 자연 사이에 직접적 차별을 두는 일이다. 헤겔의 생각으로는 그것이 힌두 예술에서 발견된다. 정신적인 것과 자연적인 것의 차별은 정신(신)이 어떤 자연의 양상으로 직접 제공된 것과 단순히 동일하다는 것을 이해할 수 없게 되어 있다(페르시아에서처럼)는 것을 의미한다. 다른 한편 헤겔은 힌두교에서의 신은 즉각 감성적 외적 자연적 것 속에 그것을 통해서만 확실한 형태를 요구하는 것을 추상적이고 간접적인 방법으로 상상하게 되어 있다는 것이다. 신은 감각적이고 자연적인 바로 그 형식 속에 이해가 된다. 헤겔은 1826년 '미학 강의'에서 '자연 존재(인간 동물)는 신으로 존중이 되고 있다.'고 하였다.

힌두 예술은 신이 그 속에 나타난다고 상상한 자연 형태를 확장하고 과장하고 왜곡하여 정신(신)과 단순한 자연적인 것의 구분을 명시하였다. 신이 순수하게 동물이나 인간의 자연적 형식으로 그려지지 못 하여, 동물이나 인간이 자연스럽지 못한 왜곡된 형식으로 그려졌다.(예를 들면 시바 신은 많은 팔을 지녔고, 브라만은 네게의 얼굴을 지녔다.)

헤겔은 그와 같은 제시가 표현 중간으로 '형상화' 작업에 포함됨에 주목하고 있다. 그런 의미에서 힌두 "예술"을 말할 수 있다. 그러나 힌두 예술은 그것이 자유(도덕)정신에 적절한 외모를 제공하지 않고 미의 이미지들을 창조하였기에 예술의 진정한 목적을 수행하지 않는다고 헤겔은 주장하였다. 오히려 힌두 예술은 동물과 인간의 자연 형상을 단순히 왜곡하여 그 점에서 그들은 '추악하고' '괴상하고' '괴기하고' '기이하게' 되어 있다. 신과 정신을 보이기 위한 것이 자연스럽고 감성적인 범위를 벗어나 이해할 수 없게 되었고, '자연스런 감성적 영역(the realm of the natural and sensuous)'과 다르고 거기에 적절한 표현을 볼 수 없다. 힌두교의 신은 자연 형상에서 분리할 수 없으나, 그것이 채용한 자연적 형상의 부자연성에 의해 그것의 차별적 존재를 알리고 있다.

힌두 예술에 대한 헤겔의 판단은 그런데 헤겔이 그와 같은 모든 예술에 장점을 발견 못했다는 의미는 아니다. 헤겔은 힌두 예술의 장려(壯麗)함과 힌두 예술이 보여주고 있는 '애정 어린 감정' '정밀한 감각적 자연스러움의 풍성함'을 언급하고 있다. 그러나 헤겔은 힌두 예술은 정신이 그 자유로움을 보이고 적절한 자연적 시각적 형상을 보이는 예술의 고도에 이르지 못 했다고 헤겔은 주장하고 있다.

'원시 예술' 발달의 제3단계는 외모와 이미지가 어떤 확실하고 구분된 '내면성(interiority, Innerlichkeit)'의 영역에서 신중히 고안되고 창조된 상징적 예술이다. 이것은 고대 이집트 예술의 영역이다. 이집트인은 그 자체가 분리되어 독립된 정신 관념을 최초로 '고정(fix, fixieren)'을 시킨 사람들이라고 헤겔은 주장을 한다. (이 같은 맥락에서 헤겔은 헤로도토스(Herodotus)가 이집트인이 '영혼불사 이론을 제기한 최초의 민족'이라고 했던 것을 주장했던 것을 상기시켰다.) 헤겔이 (그의 철학에서 주체적이며 객체적인 것으로) 이해한 정신은 이미지 말 행동 직관으로 그 자체를 외연(外延)화하고 표현하는 활동이다. 그러기에 '내면성'으로서의 정신 개념을 가지고 이 내적 정신에 외형 즉 정신 자체의 외형을 반드시 제공하게 된다. 예술작품, 형상과 이미지의 창조는 그것을 통해 내면적 영역이 그 자체를 알리는 충동이니, 이집트인이 이해하고 있는 정신 이해 방법에 뿌리를 둔 이집트인의 '본능'이다. 이러한 측면에서 이집트 문명은 힌두의 그것보다 훨씬 심원한 예술 문명이라는 것이 헤겔의 생각이다.

그러나 이집트 예술은 상징적인 예술로 온전히 감각적이 예술이 아니다. 그것은 유럽 예술의 창조된 형상이나 이미지가 직접적이고 적절한 정신의 표현이 아니라 시각으로부터 감춰진 채로 남아있는 '내면성'을 단순히 상징하거나 가리키고 있다. 더구나 '분리되어 독립해 있는 내면성'으로 이집트인들의 이해 속에 고정되어 있는 그 내면 정신은, 온전하게 자유정신으로 이해된 것은 아니다. 정말 이집트인에 의해 이해된 정신 영역은 단순한 자연과 생명 영역의 부정의 단계이다. 다시 말하면 정신 영역은 우선 죽음의 영역으로 이해함이 그것이다.

죽음이란 그 속에서 영혼의 독립이 보존된다는 사실이, 왜 이집트인에게 그처럼 영혼불사의 이론이 중요했는지를 설명하고 있다. 이집트 상징 예술을 대표하는 이미지로 피라미들을 헤겔이 왜 생각했는지를 설명하고 있다. 피라미드는 그 속에 거기에서 분리된 것 즉 시체(a dead body)를 감춘 창조된 형상이다. 피라미드는 이처럼 독립이 되어 있으나 역시 순수 정신의 자유와 생명이 결여되어 자체를 보여주거나 표현하지 못 한 어떤 내면성의 영역을 지향하는 이집트 상징의 온전한 이미지로 봉사를 하고 있다.

희랍의 예술은 상징적 요소(독수리가 제우스 힘을 상징하는 것 등)를 포함하고 있으나, 희랍 예술의 핵심은 상징이 아니라고 헤겔은 생각한다. 이집트 예술은 철저하게 상징적이다. 정말 총체적으로 이집트인의 의식은 필수적으로 상징적이라고 헤겔은 생각한다. 예를 들어 동물들은 상징이나 심원한 것의 모습들로 인정되어서 동물의 얼굴이 (防腐 처리하는 사람들에 의해)가면으로 사용되었다. 상징은 역시 다양하게 적용되었다. 불사조 이미지는 자연적(특히 천상의)사라짐과 부활을 상징하나 그 과정은 그들 자체가 정신적 재탄생 상징으로 여겨졌다고 헤겔은 주장하고 있다.

앞서 살폈듯이 피라미드는 이집트인의 상징 예술을 대표한다. 그러나 그와 같은 예술은 상징적으로 죽음의 영역을 정확하게 지정하고 있지는 않다. 그것은 역시 살아 있는 인간 정신 속에 진정한 내면성을 아는 조짐을 증언하고 있으나, 덜 발달된 인식이다. 그것이 동물로부터 벗어나오기 위한 인간 정신의 투쟁의 제시에 의한 것이라고 헤겔은 주장을 한다. 물론 그 출현을 가장 잘 묘사하고 있는 이미지가 (사자 몸에 인간 거리의)스핑크스라는 것이다. 그러나 그와 같은 이미지들은 온전한 인간 형식 속에 자유정신의 적절한 표현 제공에 실패하기 때문에 완전한 의미에서의 예술을 이룬 것이 아니다. 이집트 예술은 진정한 개성은 시선으로부터 감추어진(이집트인 자신들에게까지도 신비스러운) 내면성을 부분적으로 밝힌 단순한 상징이다.

이집트 예술에서는 인간 형상을 그릴 때까지도 변조가 없어 순수한 자유 생명 정신으로 생명력을 갖지 못 하여서 자유 그 자체 형상이 되지 못 하고 있다. 서쪽 테베에 있는 아멘호테프 3세의 멤논 콜로씨 같은 형상은 헤겔의 생각으로는 '운동의 자유'가 없고, 다른 소상(小像)들도 그들의 팔이 한편으로 짓눌려 있거나 다리들이 바닥에 뻣뻣이 서 있어 '운동에 유연성'을 결여하고 있다. 헤겔은 이집트 조각을 '감탄할만한 가치'가 있는 것으로 평가했다. 헤겔은 프톨레미(305~30 b.c.) 치하(治下)의 이집트 조각은 아주 '정교하다(또는 우아하다.)'고 주장하였다. 그럼에도 이집트 예술은 생명과 자유에 사실적 형상을 제공하지 못하여 예술의 진정한 목적 달성에 실패하고 있다.

원시 예술의 네 번째 단계는 그 속에서 정신이, 정신과 자연이 다 '망가진' 자유와 독립의 단계이다. 그러나 <u>이 자유와 독립은 인간 정신이기보다는 신에게 바쳐진 것이다. 이처럼 신은 세상의 창조자이고 모든 자연과 유한자를 지배하는 '자유로운 정신적 주체'로 상정되어 있다. 그 신과는 대조적으로 자연적이고 유한한 것은 '부정적인' 어떤 것이고, 자신을 위한 것이 아니라 신에의 봉사를 위해 창조된 것으로 여겨지고 있다.</u>

헤겔의 생각으로는, 유대인의 정신은 진정으로 아름다운 작품을 만들 수 없었으니, 유대인의 신은 자연계와 유한자를 초월하고, 세상에 볼 수 있는 형상으로 명시될 수 없기 때문이다. 유대인의 시('詩篇')는 만물의 원천으로서 신의 찬송으로 신의 숭고함에 바쳐진 표현이다. 동시에 시편은 그들 주님(Lord)과 관련된 죄로 인(因)한 고뇌의 '훌륭한' 진술이다.

원시 예술 제4단계 두 번째는 헤겔이 '오리엔트의 범신론'으로 부르고 있는 페르시아 서정시인 하페즈(Hafez) 같은 '아랍 페르시아 터키' 이슬람권의 시를 포괄하고 있다. 범신론에서는 역시 신은 유한한 자연의 영역에서 분리된 숭고함으로 이해되고 있으나, '부정적'이기보다는 '긍정적'인 신이다(be affirmative, rather than negative). 신이 사물들에 그들의 장엄함을 붙여 정신을 채웠고, 그들에게 생명을 주어 사물 속에 편재하고 있다.

그래서 이것이 시인과 대상의 관계를 결정하고 있다. 시인이 사물에서 자유롭고 독립적이고, 사물과 확신의 관계 속에 있다. 말하자면 (이슬람권) 시인은 사물들과 동일성을 느끼고, 그들 속에 반성된 '자신의 근심 없는 자유(his own untroubled freedom)'를 본다. <u>그와 같은 범신론은 '순수 예술(genuine art)'과 긴밀하게 관계되니, 범신론은 '즐겁고 축복된 내면'의 자체 감정의 시적 '형상'으로서 자연대상을 사용하기 때문이다.</u> 그러나 범신론적 정신은 자연적인 대상과의 구분 속에 머물러 있고, 그의 자유(freedom)를 보도록 하는 그 자신의 형상(희랍 신상의 이념화된 神像 같이)을 창조하지 않는다.

원시예술의 제4 단계의 세 번째는 정신과 자연적 감각적 영역 구분을 파괴이다. 이 단계는 (내적으로 볼 수 없는)정신적 측면이 완전히 분리 구분이 되는 형식을 취한다. 정신이 유한하고 한정되어 있다. 즉 인간 존재들에 의해 대접을 받는 개념이나 의미이다. 그 감각적 요소(The sensuous element)는 역시 의미와는 분리되고 구분된 어떤 것이다. 감각은 의미와 관계가 없고, 그 의미에 대해서 '외적인 것(external)'으로 헤겔에 의해 규정이 되었다. 감각적 요소(회화와 시적 이미지)는 시인의 주관적 상상이나 "위트"로 '의미'와는 관련이 없다. 헤겔은 시인의 주관적 상상이 우화, 비유, 풍유, 은유, 직유에 쓰인다고 주장을 하고 있다.

이 세 번째는 개별적 문명과 관련이 없으나, 다양한 작품 속에 발견되는 표현 형식이다. 그러나 헤겔은 풍유나 은유 직유가, '정신의 자유(the very freedom of spirit itself)'를 나타내지 못해서 진정으로 아름다운 예술의 핵심을 이루지는 않지만, 분리되고 자유로운 '어떤 의미(a meaning)'를 지향한다고 주장을 했다. '아킬레스는 한 마리 사자이다.'라는 식의 은유는 희랍 조각이 행하는 것과 같은 영웅 정신을 구현하지는 못하나, 은유는 그 자체와 구분된 어떤 것이라는 것이다.

헤겔의 상징 예술(원시예술)에 대한 고찰은, 하이델베르크 대학 전임 동료 교수인 〈고대인의 상징과 신화(Symbolism and Mythology of Ancient Peoples, especially the Greeks (1810~12))〉의 저자인 크로이저(G. F. Creuzer, 1771~1858)를 폭 넓게 인용하고 있다. 헤겔의 고찰은 엄격하게 역사적인 것이 아니고, 원시 예술의 다양한 양식을 어떤 논리적 상호관계에서 배치한 것이다. 이 관계는 원시 예술의 각 형태 속에서 '정신'과 '자연'이 상호 구분되는 관계로 명시되고 있다.

다시 요약하면 다음과 같다. – 조로아스터주의에서는 '정신'과 '자연'이 (빛으로서)서로 동일하다. 힌두 예술에서는 '정신'고 '자연'이 구분된다. 그러나 정신적인 것이 추상적이고 쉽게 구분할 수 없어서 자연 이미지들을 통해서만이 (부자연스럽게 왜곡이 되어) 정신으로 들어온다. 이집트 예술에서 정신적인 것은 거듭 단순한 자연적 감각적 영역과는 구분이 되고 있다. 그러나 힌두의 무 규정적 신에 대해, 이집트의 정신(신과 인간 정신의 형태로서)은 그 자체가 고정되고 분리되고 확실히 되어 있다. 이집트 예술에서의 이미지는 직접적인 시각에서 감추어진 '어떤 정신의 영역(a realm of spirit)'을 상징적으로 시사한다. 그러나 그 같은 상징적 이미지가 시사(示唆)하는 정신은 순수한 자유와 생명이 결여되어 있고, 자주 사자(死者)의 영역과 동일시되고 있다.

유대인의 시편에서는 '자유로운 정신적 주체'로서 초월적으로 제시되고 있다. 그러나 유한 인간 존재는 그들 자신의 죄로 인해 고통을 겪는 신에게 봉사하고 찬양하도록 창조된 부정적 관계로 제시되어 있다. '오리엔트의 범신론' 시 속에 신은 초월적인 신으로 구현이 되었으나, 유대인과는 달리 신과 유란 존재(자연물)는 상호 확실한 관계로 제시되었다. 즉 사물들이 신의 의한 정신과 생명과 뒤섞여 있다. 그래서 사물과 시인의 관계는 시인 자신의 자유로운 정신이 시인 주변 사물 속에 반영이 되어 통일되어 있다.

원시예술의 마지막 단계에서 정신적인 것과 자연적인 것의 차별은 그 한계점에 이른다. 즉 정신적인 것('의미')과 감각적인 요소('형상'이나 '이미지')는 완전히 상호 구분이 된다. 더구나 각자는 구분되고 한정된다. 이것이 비유와 은유의 영역이다."

((Hegel's account of symbolic art encompasses the art of many different civilizations and shows his considerable understanding of, and appreciation for, non-Western art. Not all of the types of symbolic art Hegel discusses, however, are fully and properly symbolic. So what connects them all? The fact that they all belong to the sphere of what Hegel calls "pre-art" (Vorkunst) (PKÄ, 73). Art proper, for Hegel, is the sensuous expression or manifestation of free spirit in a medium (such as metal, stone or color) that has been deliberately shaped or worked by human beings into the expression of freedom. The sphere of "pre-art" comprises art that falls short of art proper in some way. This is either because it is the product of a spirit that does not yet understand itself to be truly free, or because it is the product of a spirit that does have a sense of its own freedom but does not yet understand such freedom to involve the manifestation of itself in a sensuous medium that has been specifically shaped to that end. In either case, compared to genuine art, "pre-art" rests on a relatively abstract conception of spirit.

Hegel's intention in his account of symbolic art is not to comment exhaustively on every kind of "pre-art" there is. He says nothing, for example, about prehistoric art (such as cave painting), nor does he discuss Chinese art or Buddhist art (even though he discusses both Chinese religion and Buddhism in his lectures on the philosophy of religion). Hegel's aim in his account of symbolic art is to examine the various kinds of art that are made necessary by the very concept of art itself, the stages through which art has to pass on its journey from pre-art to art proper.

The first stage is that in which spirit is conceived as being in an immediate unity with nature. This stage is encountered in the ancient Persian religion of Zoroastrianism. The Zoroastrians, Hegel claims, believe in a divine power—the Good—but they identify this divinity with an aspect of nature itself, namely with light. Light does not symbolize or point to a separate God or Good; rather, in Zoroastrianism (as Hegel understands it) light is the Good, is God (Aesthetics, 1: 325). Light is thus the substance in all things and that which gives life to all plants and animals. This light, Hegel tells us, is personified as Ormuzd (or Ahura Mazda). Unlike the God of the Jews, however, Ormuzd is not a free, self-conscious subject. He (or it) is the Good in the form of light itself, and so is present in all sources of light, such as the sun, stars and fire.

The question we have to ask, Hegel remarks, is whether seeing the Good as light (or giving utterance to such an intuition) counts as art (PKÄ, 76). In Hegel's view, it does not do so for two reasons: on the one hand, the Good is not understood to be free spirit that is distinct from, but manifests itself in, the light; on the other hand, the sensuous element in which the Good is present—the light itself—is understood not to be something shaped or produced by free spirit for the purpose of its self-expression, but simply to be a given feature of nature with which the Good is immediately identical.

In the Zoroastrian vision of the Good as light, we encounter the "sensuous presentation [Darstellung] of the divine" (PKÄ, 76). This vision, however, does not constitute a work of art, even though it finds expression in well-crafted prayers and utterances.

The second stage in the development of pre-art is that in which there is an immediate difference between spirit and nature. This is found, in Hegel's view, in Hindu art. The difference between the spiritual and the natural means that the spiritual—i.e., the divine—cannot be understood (as in Persia) to be simply identical with some immediately given aspect of nature. On the other hand, Hegel claims, the divine in Hinduism is conceived in such an abstract and indeterminate way that it acquires determinate form only in and through something immediately sensuous, external and natural. The divine is thus understood to be present in the very form of something sensuous and natural. As Hegel puts it in his 1826 lectures on aesthetics: "natural objects—the human being, animals—are revered as divine" (PKÄ, 79).

Hindu art marks the difference between the spiritual (or divine) and the merely natural by extending, exaggerating and distorting the natural forms in which the divine is imagined to be present. The divine is portrayed not in the purely natural form of an animal or human being, therefore, but in the unnaturally distorted form of an animal or human being. (Shiva is portrayed with many arms, for example, and Brahma with four faces.)

Hegel notes that such portrayal involves the work of "shaping" or "forming" the medium of expression (PKÄ, 78). In that sense, one can speak of Hindu "art." He claims, however, that Hindu art does not fulfill the true purpose of art because it does not give appropriate and adequate shape to free spirit and thereby create images of beauty. Rather, it simply distorts the natural shape of animals and human beings —to the point at which they become "ugly" (unschön), "monstrous," "grotesque" or "bizarre" (PKÄ, 78, 84)—in order to show that the divine or spiritual, which cannot be understood except in terms of the natural and sensuous, is at the same time different from, and finds no adequate expression in, the realm of the natural and sensuous. Hindu divinity is inseparable from natural forms, but it indicates its distinctive presence by the unnaturalness of the natural forms it adopts.

Hegel's judgment on Hindu art does not mean, by the way, that he finds no merit at all in such art. He remarks on the splendor of Hindu art and on the "most tender feeling" and the "wealth of the finest sensuous naturalness" that such art can display. He insists, however, that Hindu art fails to reach the height of art, in which spirit is shown to be free in itself and is given appropriate natural, visible shape (PKÄ, 84).

The third stage in the development of "pre-art" is that of genuinely symbolic art in which shapes and images are deliberately designed and created to point to a determinate and quite separate sphere of "interiority" (Innerlichkeit) (PKÄ, 86). This is the province of ancient Egyptian art. The Egyptians, Hegel tells us, were the first people to "fix" (fixieren) the idea of spirit as something inward that is separate and independent in itself (PKÄ, 85). (In this context he refers to Herodotus, who maintained that the Egyptians were "the first people to put forward the doctrine of the immortality of the soul" [Herodotus, 145 [2: 123]].) Spirit, as Hegel understands it (in his philosophy of subjective and objective spirit), is the activity of externalizing and expressing itself in images, words, actions and institutions. With the idea of spirit as "interiority," therefore, there necessarily comes the drive to give an external shape to this inner spirit, that is, to produce a shape for spirit from out of spirit itself. The drive to create shapes and images—works of art—through which the inner realm can make itself known is thus an "instinct" in the Egyptians that is deeply rooted in the way they understand spirit. In this sense, in Hegel's view, Egyptian civilization is a more profoundly artistic civilization than that of the Hindus (Aesthetics, 1: 354; PKÄ, 86).

Egyptian art, however, is only symbolic art, not art in its full sense. This is because the created shapes and images of Egyptian art do not give direct, adequate expression to spirit, but merely point to, or symbolize, an interiority that remains hidden from view. Furthermore, the inner spirit, though fixed in the Egyptian understanding as a "separate, independent inwardness" (PKÄ, 86), is not itself understood as fully free spirit. Indeed, the realm of spirit is understood by the Egyptians to a large degree as the simple negation of the realm of nature and life. That is to say, it is understood above all as the realm of the dead.

The fact that death is the principal realm in which the independence of the soul is preserved explains why the doctrine of the immortality of the soul is so important to the Egyptians. It also explains why Hegel sees the pyramid as the image that epitomizes Egyptian symbolic art. The pyramid is a created shape that hides within it something separate from it, namely a dead body. It thus serves as the perfect image of Egyptian symbols which point to, but do not themselves reveal and express, a realm of interiority that is independent but still lacks the freedom and life of genuine spirit (Aesthetics, 1: 356).

For Hegel, Greek art contains symbolic elements (such as the eagle to symbolize the power of Zeus), but the core of Greek art is not the symbol. Egyptian art, by contrast, is symbolic through and through. Indeed, Egyptian consciousness as a whole, in Hegel's view, is essentially symbolic. Animals, for example, are regarded as symbols or masks of something deeper, and so animal faces are often used as masks (by amongst others, embalmers). Symbolism can also be multi-layered: the image of the phoenix, Hegel claims, symbolizes natural (especially, celestial) processes of disappearance and reemergence, but those processes are themselves viewed as symbols of spiritual rebirth (PKÄ, 87).

As noted above, the pyramid epitomizes the symbolic art of the Egyptians. Such art, however, does not just point symbolically to the realm of the dead; it also bears witness to an incipient but still undeveloped awareness that true inwardness is found in the living human spirit. It does so, Hegel maintains, by showing the human spirit struggling to emerge from the animal. The image that best depicts this emergence is, of course, that of the sphinx (which has the body of a lion and the head of a human being). The human form is also mixed with that of animals in images of gods, such as Horus (who has a human body and a falcon's head). Such images, however, do not constitute art in the full sense because they fail to give adequate expression to free spirit in the form of the fully human being. They are mere symbols that partially disclose an interiority whose true character remains hidden from view (and mysterious even to the Egyptians themselves).

Even when the human form is depicted in Egyptian art without adulteration, it is still not animated by a genuinely free and living spirit and so does not become the shape of freedom itself. Figures, such as the Memnon Colossi of Amenhotep III in Western Thebes, display no "freedom of movement" (PKÄ, 89), in Hegel's view, and other smaller figures, which stand with their arms pressed to their sides and their feet firmly planted on the ground, lack "grace [Grazie] of movement." Egyptian sculpture is praised by Hegel as "worthy of admiration"; indeed, he claims that under the Ptolemies (305–30 B.C.) Egyptian sculpture exhibited great "delicacy" (or "elegance") (Zierlichkeit). Nonetheless, for all its merits, Egyptian art does not give shape to real freedom and life and so fails to fulfill the true purpose of art.

The fourth stage of pre-art is that in which spirit gains such a degree of freedom and independence that spirit and nature "fall apart" (PKÄ, 89). This stage is in turn sub-divided into three. The first sub-division comprises sublime art: the poetic art of the Jewish people.

In Judaism, Hegel maintains, spirit is understood to be fully free and independent. This freedom and independence is, however, attributed to the divine rather than the human spirit. God is thus conceived as a "free spiritual subject" (PKÄ, 75), who is the creator of the world and the power over everything natural and finite. That which is natural and finite is, by contrast, regarded as something "negative" in relation to God, that is, as something that does not exist for its own sake but that has been created to serve God (PKÄ, 90).

Judaic spirituality, in Hegel's view, is not capable of producing works of true beauty because the Jewish God transcends the world of nature and finitude and cannot manifest itself in that world and be given visible shape in it. Jewish poetry (the Psalms) gives expression, rather, to the sublimity of God by praising and exalting Him as the source of all things. At the same time, such poetry gives "brilliant" (glänzend) expression to the pain and fear felt by the sinful in relation to their Lord (PKÄ, 91).

The second sub-division of this fourth stage of pre-art comprises what Hegel calls "oriental pantheism" and is found in the poetry of Islamic "Arabs, Persians, and Turks" (PKÄ, 93), such as the Persian lyric poet Hafez (German: Hafis) (c. 1310–1389). In such pantheism, God is also understood to stand sublimely above and apart from the realm of the finite and natural, but his relation to that realm is held to be affirmative, rather than negative. The divine raises things to their own magnificence, fills them with spirit, gives them life and in this sense is actually immanent in things (Aesthetics, 1: 368; PKÄ, 93).

This in turn determines the relation that the poet has to objects. For the poet, too, is free and independent of things, but also has an affirmative relation to them. That is to say, he feels an identity with things and sees his own untroubled freedom reflected in them. Such pantheism thus comes close to genuine art, for it uses natural objects, such as a rose, as poetic "images" (Bilder) of its own feeling of "cheerful, blessed inwardness" (PKÄ, 94). The pantheistic spirit remains, however, free within itself in distinction from and in relation to natural objects; it does not create shapes of its own—such as the idealized figures of the Greek gods—in which its freedom comes directly into view.

The third sub-division of the fourth stage of pre-art is that in which there is the clearest break between spirit and the realm of the natural or sensuous. At this stage, the spiritual aspect—that which is inner and, as it were, invisible—takes the form of something quite separate and distinct. It is also something finite and limited: an idea or meaning entertained by human beings. The sensuous element is in turn something separate and distinct from the meaning. It has no intrinsic connection to the meaning, but is, as Hegel puts it, "external" to that meaning. The sensuous element—the pictorial or poetic image—is thus connected with the meaning by nothing but the subjective "wit" or imagination of the poet (PKÄ, 95). This occurs, Hegel maintains, in fables, parables, allegories, metaphors and similes.

This third sub-division is not associated with any particular civilization, but is a form of expression that is found in many different ones. Hegel contends, however, that allegory, metaphor and simile do not constitute the core of truly beautiful art, because they do not present us with the very freedom of spirit itself, but point to (and so symbolize) a meaning that is separate and independent. A metaphor, such as "Achilles is a lion," does not embody the spirit of the individual hero in the way that a Greek sculpture does, but is a metaphor for something that is distinct from the metaphor itself (see Aesthetics, 1: 402–8; PKÄ, 104).

Hegel's account of symbolic art (or "pre-art") draws widely on the work of other writers, such as his former colleague at Heidelberg, Georg Friedrich Creuzer, the author of Symbolism and Mythology of Ancient Peoples, especially the Greeks (1810–12). Hegel's account is not meant to be strictly historical, but rather to place the various forms of pre-art discussed in a logical relation to one another. This relation is determined by the degree to which, in each form of pre-art, spirit and nature (or the sensuous) are differentiated from one another.

To recapitulate: in Zoroastrianism, spirit and nature are in immediate identity with one another (as the Light). In Hindu art, there is an immediate difference between the spiritual (the divine) and nature, but the spiritual remains abstract and indeterminate in itself and so can be brought to mind only through images of natural things (unnaturally distorted). In Egyptian art, the spiritual is again different from the realm of the merely natural and sensuous. In contrast to the indeterminate divinity of the Hindus, however, Egyptian spirituality (in the form of the gods and of the human soul) is fixed, separate and determinate in itself. The images of Egyptian art thus point symbolically to a realm of spirit that remains hidden from direct view. The spirit to which such symbolic images point, however, lacks genuine freedom and life and is often identified with the realm of the dead.

In the sublime poetry of the Jews, God is represented as transcendent and as a "free spiritual subject." Finite human beings, however, are portrayed in a negative relation to God in that they are created to serve and praise God and are pained by their own sinfulness. In the sublime poetry of "oriental pantheism" God is once again portrayed as transcendent, but, in contrast to Judaism, God and finite things are shown to stand in an affirmative relation to one another: things are infused with spirit and life by God. The poet's relation to things is, accordingly, one in which his own free spirit finds itself reflected in the natural things around him.

In the last stage of pre-art, the difference between the spiritual and the natural (or sensuous) is taken to its limit: the spiritual element (the "meaning") and the sensuous element (the "shape" or "image") are now completely independent of, and external to, one another. Furthermore, each is finite and limited. This is the realm of allegory and metaphor.))

〈'스탠포드 헤겔 미학'25)〉

———✈

* 헤겔은 '절대정신(신)'이라는 하나의 관념에 매달려 못할 일이 없었으니, 그 '절대정신'으로 감행한 서양에 대한 동양 무시, '개신교(프로테스탄트)'에 대한 여타 종교 무시로 이어갔다.['헤겔의 6대 악(惡)'의 전개]

그러나 '헤겔'의 말은 '서양인' '기독교도'도 쉽게 알아들을 수 없게 된 것이 특징('게르만 神國'론)이다. 앞에서도 '헤겔의 주요 억지'를 언급했으나, 헤겔의 '자연(물)'의 미학적 논의에서도 마찬가지이다. (참조, ⑨-09. **'진정한 아름다움'은 '자유(도덕)정신의 형상화'다.**)

헤겔은 '예술미'가 '자연미'보다 우월한 이유는 '자유(윤리)'를 내포하기 때문이라고 하였다. (참조, ⑨-25. **'예술미'가 '자연미'보다 우월하다.**)

그런데 위에서 헤겔은 '힌두 예술은 동물과 인간의 자연 형상을 단순히 왜곡하여 그 점에서 그들은 추악하고 괴상하고 괴기하고 기이하게 되어 있다.'고

25) *Stanford Encyclopedia of Philosophy*, 'Hegel's Aesthetics', 2009

조롱하였다.[힌두 예술의 '다면다수(多面多手, 불교의 觀音상과 같은)'는 사실상 '초월 全能 신(Brahman)'의 형상화임]

그러나 '예술(品)'에 대한 더욱 '포괄적인 정의(定義)'는 개인 각자의 '의사 표현(Expression)' '의사전달(Communication)'이라는 사실이다. 그러므로 '(순수)이성'을 지닌 사람은 스스로 자기 의사를 '표현' '전달'할 수 있는 자유와 능력을 가지고 있듯이 그 개인은 '이성'을 지진만큼 이미 '표현의 지고한 자유'를 스스로 지니고 있다는 것이 역시 칸트도 그 〈순수이성비판〉에 명시한 그 '자유' 의미이다.

* '(평상, 자연에서)비뚤어진 헤겔', '도착(倒錯)된 헤겔'은, '절대정신' 붙들기에 우선 편 가르기[배타주의]에 바빠, 동양에 대한 서양의 우월, 이집트에 대한 희랍의 우월, 그 희랍에 대한 로마의 우월, 그 로마에 대한 독일(프러시아)의 우월, 그 독일(프러시아) 내에서도 칸트에 대한 자신의 우월을 주장하기에 여념이 없었다. 그 결과 헤겔은 마지막까지 그 자신이 기대고 있는 그 '육체를 부정하는 도착(倒錯)'에부터, 나아가 '현세를 부정'하고, 오로지 '절대정신'에 모두 바치는 것을 바로 '절대자유'라고 가르쳤다. 그렇게 자신을 구속하고 나아가 세상 사람들을 편을 갈라 묶어놓은 다음 '살상전쟁'을 (변증법적으로) '불가피한 것(the inevitable)' 전제해 놓았으니, 헤겔의 '우울증(憂鬱症, depression)'은 [죽음 이외에] 끝날 곳이 없었다. (참조, ②-03. 인생은 '가상(假像)'으로, 그 자체가 고통과 근심이다. ⑧-20. '동양 철학'의 문제점 ⑥-14. 프로테스탄티즘 고유 원리 ⑧-25. 칸트의 불쌍한 '이율배반(Antinomies)')

⑨-13 고전 예술 : '정신과 자연의 융합'

"헤겔은 원시 예술의 웅장 우아함을 부정하지는 않고 있다. 그러나 그것은 예술로서의 적절성에서 뒤떨어진다고 주장하고 있다 예술로서의 적절성은 고전 예술 또는 고대 희랍예술에서 발견이 된다.

헤겔은 주장하기를 고전예술이 예술의 개념을 이행하고 있고, 그 속에서 '정신적 자유의 온전한 감각적 표현'이 있다고 주장하고 있다. 그러기에 진정한 미의 발견은 고전 예술 특히 고대 희랍 조각(과 연극)에 있다. 헤겔은 주장하기를 고대 희랍의 신들은 "절대미(絶對美) 자체"를 보여주고 있다. 즉 "고전적인 것보다 더욱 아름다운 것은 없다. 거기에는 이념적인 것이 있다."

그 같은 미는 정신적인 것과 감각적인 것(자연적인 것)의 온전한 융합으로 되어 있다. 진정한 미로 우리 앞에 볼 수 있는 형상은 그 형식을 비자연적 왜곡을 통한 신의 존재를 그저 모방한 것도 아니고, 감추어진 정신이나 신적인 초월로 그 자체를 지나치지도 않고 있다. 오히려 그 형상은 바로 그 윤곽 속에 자유로운 정신이 형상화되어 있다. 미는 자유 자체의 볼 수 있는 구현(具現)로서 그렇게 변용된 감각적인 볼 수 있는 형상이다.

헤겔은 희랍의 예술과 신화가 많은 상징적 요소를 포함하고 있다는 점을 부정하지 않는다. 예를 들어 제우스의 아버지 크로노스가 자신의 애들을 써 먹었다는 이야기는 시간의 파괴력의 상징이다. 그러나 헤겔의 생각으로는 희랍 예술의 정수는, 역사상 최초로 '정의 자유(the freedom of spirit)'가 가시적으로 된 이상적 미의 작품들 속에 있다는 것이다. 그 같이 아름다운 예술이 생산된 데에는 세 가지 조건이 맞았다.

첫째, 신이 (빛과 같은 추상적인 힘이 아니라)자유로운 자기 결정의 정신, 신성한 주체로 이해될 수밖에 없었던 점이다. 둘째, 신이 조각과 연극으로 구현될 수 있는 개인들의 모습으로 납득될 수밖에 없었다. 다시 말해 신은 신비한 초월로가 아니라 다양하게 구현된 정신으로 이해되게 되어야 했다. 이처럼 희랍 예술의 미는 희랍인의 다신교를 전제로 하고 있다. 셋째, 자유 정신의 적절한 모습은 인체(人體)로 인식되어야만 하고 동물의 형상이 아니다. 힌두와 이집트 신들은 자주 인간과 동물의 형상의 결합으로 그려졌다. 헤겔은 제우스가 유혹을 행할 때에 동물의 형상을 취했음에 주목을 한다. 그러나 헤겔은 제우스가 유혹하기 위해 황소로 변한 것은 희랍의 세계에 이집트 신화의 메아리로 이해한다.(헤겔은 다른 이야기에서 헤라에 의해 '하얀 암소'로 변한 이오(Io)와 헤겔이 상상한 그 이야기에서 제우스 사랑의 대상인 에우로파(Europa)를 서로 혼동하고 있다.)

희랍 예술과 미가 희랍의 종교와 신화를 상정(想定)한 것이 아니라, 희랍의 종교도 신들에게 확실한 정체성을 제공하도록 요청하고 있다. 헤겔이 주목하고 있듯이(헤로도토스를 따라) 희랍인에게 신들을 제공하고 희랍 신들의 이해가 무엇보다 조각과 연극으로 발달 표현되게 했던 사람은 (뛰어난 신학적 저술보다는) 호머(Homer)와 헤시오드(Hesiod)였다. 헤겔은 〈정신현상학〉에서 희랍 종교는 "예술적 종교"라고 하였다. 헤겔의 생각으로는 희랍 예술이 미의 최고 단계를 성취한 것은 희랍 종교로 모셔진 정신적 자유의 최고 표현이기 때문이라는 것이다.

비록 희랍 조각과 연극이 미의 능가할 수 없는 높이를 성취했다고 할지라도, 정신의 가장 깊은 자유를 표현한 것은 아니다. 이것이 신과 인간 자유에 관한 희랍인의 생각 속에 있는 결점이다. 희랍 종교는 신들이 전적으로 그들의 육체와 감각적 생활을 한 자유로운 개인으로 상상이 되었기에 미적 표현에 잘 맞았다. 달리 말해 희랍의 신들은 아직 자연 속에 잠긴 자유로운 정신들이다. 그러나 헤겔의 생각으로는 심원(深遠)한 자유란 자연을 벗어나서 그 자체로 들어가 '순수 자기인지의 내면체(pure self-knowing interiority)'가 되는 것이다. 헤겔에 의하면 그와 같은 정신의 이해는 기독교 정신 속에 있다는 것이다. 기독교 신은 자기를 아는 순수정신이고, 기독교 신은 피조물인 인간이 역시 순수정신이 되어 사랑하는 것을 사랑한다. 기독교의 출현과 더불어 새로운 예술 형식인 '낭만적 예술'이 온다. 헤겔이 사용한 "낭만적"이란 용어는 18세기말 19세기 초의 독일 낭만주의자들(헤겔은 개인적으로 많은 그들을 알고 있었음)를 가리킨 것이 아니고, 서구 기독교 국가들 속에 나타난 모든 예술 전통을 가리키고 있다."

((Hegel does not deny the magnificence or elegance of pre-art, but he maintains that it falls short of art proper. The latter is found in classical art, or the art of the ancient Greeks.

Classical art, Hegel contends, fulfills the concept of art in that it is the perfect sensuous expression of the freedom of spirit. It is in classical art, therefore—above all in ancient Greek sculpture (and drama)—that true beauty is to be found. Indeed, Hegel maintains, the gods of ancient Greece exhibit "absolute beauty as such": "there can be nothing more beautiful than the classical; there is the ideal" (PKÄ, 124, 135; see also Aesthetics, 1: 427).

Such beauty consists in the perfect fusion of the spiritual and the sensuous (or natural). In true beauty the visible shape before us does not merely intimate the presence of the divine through the unnatural distortion of its form, nor does it point beyond itself to a hidden spirituality or to divine transcendence. Rather, the shape manifests and embodies free spirituality in its very contours. In true beauty, therefore, the visible shape is not a symbol of, or metaphor for, a meaning that lies beyond the shape, but is the expression of spirit's freedom that brings that freedom directly into view. Beauty is sensuous, visible shape so transformed that it stands as the visible embodiment of freedom itself.

Hegel does not deny that Greek art and mythology contain many symbolic elements: the story, for example, that Cronus, the father of Zeus, consumed his own children symbolizes the destructive power of time (Aesthetics, 1: 492; PKÄ, 120). In Hegel's view, however, the distinctive core of Greek art consists in works of ideal beauty in which the freedom of spirit is made visible for the first time in history. Three conditions had to be met for such beautiful art to be produced.

First, the divine had to be understood to be freely self-determining spirit, to be divine subjectivity (not just an abstract power such as the Light). Second, the divine had to be understood to take the form of individuals who could be portrayed in sculpture and drama. The divine had to be conceived, in other words, not as sublimely transcendent, but as spirituality that is embodied in many different ways. The beauty of Greek art thus presupposed Greek polytheism. Third, the proper shape of free spirit had to be recognized to be the human body, not that of an animal. Hindu and Egyptian gods were often portrayed as a fusion of human and animal forms; by contrast, the principal Greek gods were depicted in ideal human form. Hegel notes that Zeus would sometimes take on animal form, for example when he was engaged in seduction; but he sees Zeus' transformation of himself into a bull for the purpose of seduction as a lingering echo of Egyptian mythology in the Greek world (see PKÄ, 119–20, in which Hegel confuses Io, who was herself changed into a white cow by Hera in another story, with Europa, who was the object of Zeus' love in the story Hegel has in mind).

Not only do Greek art and beauty presuppose Greek religion and mythology, but Greek religion itself requires art in order to give a determinate identity to the gods. As Hegel notes (following Herodotus), it was the poets Homer and Hesiod who gave the Greeks their gods, and Greek understanding of the gods was developed and expressed above all in their sculpture and drama (rather than in distinctively theological writings) (PKÄ, 123-4). Greek religion thus took the form of what Hegel in the Phenomenology called a "religion of art." Moreover, Greek art achieved the highest degree of beauty, in Hegel's view, precisely because it was the highest expression of the freedom of spirit enshrined in Greek religion.

Although Greek sculpture and drama achieved unsurpassed heights of beauty, such art did not give expression to the deepest freedom of the spirit. This is because of a deficiency in the Greek conception of divine and human freedom. Greek religion was so well suited to aesthetic expression because the gods were conceived as free individuals who were wholly at one with their bodies and their sensuous life. In other words, they were free spirits still immersed in nature (PKÄ, 132-3). In Hegel's view, however, a deeper freedom is attained when the spirit withdraws into itself out of nature and becomes pure self-knowing interiority. Such an understanding of spirit is expressed, according to Hegel, in Christianity. The Christian God is thus pure self-knowing spirit and love who created human beings so that they, too, may become such pure spirit and love. With the emergence of Christianity comes a new form of art: romantic art. Hegel uses the term "romantic" to refer not to the art of the late 18th-and early 19th-century German Romantics (many of whom he knew personally), but to the whole tradition of art that emerged in Western Christendom.))

_____→

* 헤겔은 '예술(품)'을 '정신적 자유의 온전한 감각적 표현', '정신적인 것과 감각적인 것(자연적인 것)의 온전한 융합'이라 정의하였는데, 이 정의는 칸트가 〈순수이성비판〉에 전제한 '감성(직관, 표상)' '오성(판단, 이성)'의 전제와 유사하게 되었다.

그러나 이것은 칸트와는 그 전제(前提)상 서로 유사하게 되었을 뿐이니, 헤겔의 경우 '감각(적인 것)'은 '표현 수단(색채, 질료, 언어 등)'을 지칭하고, 오로지 중요한 것은 '절대정신' '정신적 자유(신에의 복종, 도덕)'이었다. **그러므로 이 〈미학〉에서도 헤겔은 그 '칸트의 미학'은 오직 비판하기 위해 끌어온 것일 뿐, 헤겔 자신의 그 '내용의 미(신에의 봉사, 봉사 정신)'란 칸트의 인간 중심의 '순수이성'과 그 '자유' 논의를, 신(神)의 다른 이름인 '절대정신'을 그대로 두고 역시 그 '신에 대한 복종과 충성심(내용-도덕)'을 반복 주장한 결과가 헤겔의 〈미학〉이 되었다.** [헤겔의 경우 '절대정신(신)'을 제외하면, 어떤 논의도 소용이 없는 경우였음]

한 마디로 '헤겔의 〈미학〉'은 헤겔의 '절대정신에의 봉사 정신', 다시 말해 자신의 '노예철학(the philosophy of bondman)'을 정당화를 반복한 것으로서 앞서 플라톤(Plato, 427~347 b.c.)이 그의 〈국가(國家, *The Republic*)〉에서 '시인(예술가)'은 '철학자 대변인'으로 삼으려 하였던 것[26]과 동일하게, 시인 예술가를 '절대주의' 철학의 수단으로 묶어 놓으려는 헤겔의 의도를 확실하게 한 대목이다.

⑨-14 '그리스도'는 '기꺼이 죽고자 하는 생명 이야기'이다.

"낭만적 예술은 고전 예술처럼 정신적 자유의 감각적 표현이다. 그래서 그것은 순수미를 실현한다. 그러나 낭만적 예술이 명시하는 자유는 예술 자체로서가 아니라 종교적 신념과 철학으로의 최고의 표현을 찾은 심원한 내적 자유이다. 그래서 고전 예술과는 달리 낭만적 예술은 예술을 초월한 곳에 그의 집을 세운 정신 자유를 표현하고 있다. 고전 예술을 정신과 생명이 통째로 퍼진 인체에 비유한다면, 낭만적 예술은 그 속에 영혼과 인격을 드러낸 인간 얼굴에 비유할 수 있다. 그래서 현실적으로 낭만적 예술은 단순히 암시

---

26) Plato, *The Republic*, Penguin Books, 1974, p.157 '우리로서는 우리의 선을 위하여 즐겁기보다는 엄숙한 시인을 고용할 것이다.(For ourselves, we shall for our own good employ story-teller and poets who are severe rather than amusing.)'

하기보다는 내면의 정신을 드러내어, 낭만적 예술은 그것과 유사한 다른 상징 예술과는 다르다.

헤겔의 경우 낭만적 예술은 세 가지 기본적 형식을 갖는다. 첫째 명백히 종교적 예술이 그것이다. 헤겔은 주장하기를 정신의 진정한 본성이 폭로된 것은 기독교라는 것이다. 예수의 생활과 죽음 부활의 이야기 속에 표현된 것은, 자유와 사랑의 진정한 신의 생활이고 동시에 우리들이 기꺼이 "죽고자 하는" 인간 생명이며, 우리에게 가장 가치 있는 것을 놓아 보내는 그 이념이 다. 그러기에 많은 종교적 낭만적 예술이 고통 받다가 죽은 예수의 죽음에 초점을 두고 있다.

헤겔은 그리스도를 희랍의 신이나 영웅의 이상화된 육체로 그리스도를 그려낸 것은 낭만적 예술로 적절한 것이 아니라고 한다. 왜냐하면 그리스도의 중심적인 것은 더 이상 줄일 수 없는 인간 육체(irreducible humanity and mortality)이기 때문이다. 그러기에 낭만적 예술은 고전적 미의 이상을 깨뜨리고 그리스도의 (역시 종교적 순교자)이미지에다가 사실적인 인간의 약함 고뇌와 고통을 구현하고 있다. 정말 그러한 예술은 고통을 그려내는 데에서는 "추악한(ugly)" 지점에까지 갈 수 있다.

그러나 만약 낭만적인 예술이 미적 형식으로 예술의 목적을 달성하고 정신의 진정한 자유를 나타내는 것이라면, 그것은 마땅히 감정의 심원한 내면과 진정한 화해의 의미를 고취하는 고통 받는 예수와 순교자를 보여주어야만 한다. 왜냐하면 헤겔의 생각으로는 그와 같은 화해의 내면적 의미가 최고의 심원한 자유이기 때문이다. 내적 화해 의미의 감각적 표현이 헤겔이 말한 "내면적 아름다움(beauty of inwardness)"이나 "정신적 아름다움(spiritual beauty)"이라는 것을 이룬다. 정확하게 말해 그와 같은 정신적 아름다움은 고전미로서는 완벽한 아름다움이 아니니, 고전미에서는 정신과 육체가 완전히 하나로 혼합되어 있다. 그러나 정신적 미는 고전미에서 보다 (낭만적 예술에서) 더욱 심원한 정신의 내적 자유를 보여주는 것이고, 상대적으로 희랍신의 차가운 동상보다는 손쉽게 우리에게 개입하고 감동을 준다.

헤겔의 생각으로 시각적 예술로 가장 심원한 정신적 미는 '성 모자(the Madonna and Child)'의 회화에서 발견된다는 것이다. 왜냐하면 그 속에 표현된 바는 무한한 사랑의 감정이기 때문이다. 헤겔은 그가 1827년 (벨기에 서북부의) 겐트와 부뤼헤를 방문했을 적에 보았던 플라망 원시인의 그림 에이크(Jan van Eyck, 1395~1441)와 한스 헴링(Hans Memling, 1430~1494)의 작품에 각별한 관심을 가졌다. 그러나 헤겔은 역시 라파엘을 고평했는데, 1820년 독일 드레스덴에서 본 라파엘의 '시스틴 마돈나'에 "경건하고 겸손한 모성애"의 표현에 크게 감동이 되었다. 희랍 조각가들은 그녀의 아이들을 잃고 단지 "고통에 질린" 니오베(Niobe)를 그려냈다. 대조적으로 반에이크와 라파엘은 희랍의 조각가들이 상대할 수 없는 "영원한 사랑"과 "감동"을 '동정녀 마리아' 상에 주입하였다.

헤겔이 확인한 낭만적 예술의 두 번째 기본 형식은 헤겔이 자유정신의 세속적 "도덕"이라 부른 것이다. 그들은 가족이나 국가 같은 필수의 자유 제도 (the necessary institutions of freedom, such as the family or the state)에 헌신함이 아니다. 차라리 그들은 낭만적 영웅의 형식적 선행(善行)이다. 말하자면 그들은 개인의 일시적 선택이나 욕망에 의해 한정된 목적이나 인물에 대해 자유로운 개인에 의한 헌신이다.

그와 같은 선행(善行)은 (어떤 독특한 대표에 집중된) 낭만적 사랑, (이점에 따라 바뀔 수 있는)어떤 개인을 향한 충성심, (조난을 당한 처녀를 구해내는 개인적 추구나, 聖杯 추구 같은 거짓 종교적 목적 추구로 연출된)용기 같은 것을 포함하고 있다.

그와 같은 선행(善行)은 중세 기사(騎士) 세계(헤겔은 세르반테스의 돈키호테도 지적하고 있음)에 주로 발견되고 있다. 그러나 그들은 근대적인 작품 속에 돌연히 나타날 수 있는 것이고, 명백히 헤겔은 아는 것이 없는 이른바 서부 미국인 예술 속에 연출된 선행들이다.

낭만적 예술의 세 번째 기본 형식은 형식적 자유와 등장인물의 독립을 그려내고 있는 것이다. 그 같은 자유는 어떠한 윤리적 원칙도 없고 앞서 언급한 선행도 없이 단지 성격의 "견고함"으로 된 것이다. 이것은 근대 세속적인 예술 형태 속의 자유이다. 그것은 셰익스피어의 연극 '리처드 3세' '오셀로' '맥베스' 같은 인물로 가장 장대하게 펼쳐졌다고 헤겔은 믿고 있다. 그와 같은 개인들이 우리의 관심을 끄는 것은 그들이 지니고 있는 도덕적 목적이 아니라 단지 그들이 보여주고 있는 힘과 결단력(무자비함)이라는 점에 주목해야 한다. 그 같은 등장인물은 (상상력과 언어를 통해 명시된) 내적 풍부함을 지니게 마련이고, 일차원적인 인물이 아니지만, 그들의 주요 매력은 생명까지 건 그들 행동 과정으로 보여준 그들의 외형적 자유이다. 이 등장인물들은 도덕적 정치적 이상을 이루지 않고, 그들은 그들의 임무가 극히 세속적 무도덕의 형식으로까지 자유를 그려내는 현대 낭만 예술에 적절한 대상들이다.

헤겔은 역시 셰익스피어의 줄리엣 같은 내적으로 민감한 등장인물의 낭만적인 미로 주목하고 있다. 로미오를 만난 다음 줄리엣이 어린아이 같이 천진난만함으로 장미봉오리 같은 사랑이 갑자기 열림을 헤겔은 언급하고 있다. 줄리엣의 미가 사랑의 구현 속에 세워져 있다. 헤겔의 생각으로는 햄릿은 그럴듯한 등장인물이니, 그는 (괴테가 생각했던 것같이) 단순히 허약한 존재와는 관계가 먼 심원한 귀족 정신의 내면적 아름다움을 연출하고 있다는 것이다."

((Romantic art, like classical art, is the sensuous expression or manifestation of the freedom of spirit. It is thus capable of genuine beauty. The freedom it manifests, however, is a profoundly inward freedom that finds its highest expression and articulation not in art itself but in religious faith and philosophy. Unlike classical art, therefore, romantic art gives expression to a freedom of the spirit whose true home lies beyond art. If classical art can be compared to the human body which is thoroughly suffused with spirit and life, romantic art can be compared to the human face which discloses the spirit and personality within. Since romantic art actually discloses the inner spirit, however, rather than merely pointing to it, it differs from symbolic art which it otherwise resembles.

Romantic art, for Hegel, takes three basic forms. The first is that of explicitly religious art. It is in Christianity, Hegel contends, that the true nature of spirit is revealed. What is represented in the story of Christ's life, death and resurrection is the idea that a truly divine life of freedom and love is at the same time a fully human life in which we are willing to "die" to ourselves and let go of what is most precious to us. Much religious romantic art, therefore, focuses on the suffering and death of Christ.

Hegel notes that it is not appropriate in romantic art to depict Christ with the idealized body of a Greek god or hero, because what is central to Christ is his irreducible humanity and mortality. Romantic art, therefore, breaks with the classical ideal of beauty and incorporates real human frailty, pain and suffering into its images of Christ (and also of religious martyrs). Indeed, such art can even go to the point of being "ugly" (unschön) in its depiction of suffering (PKÄ, 136).

If, however, romantic art is to fulfill the purpose of art and present true freedom of spirit in the form of beauty, it must show the suffering Christ or suffering martyrs to be imbued with a profound inwardness (Innigkeit) of feeling and a genuine sense of reconciliation (Versöhnung) (PKÄ, 136–7): for such an inward sense of reconciliation, in Hegel's view, is the deepest spiritual freedom. The sensuous expression (in color or words) of this inner sense of reconciliation constitutes what Hegel calls the "beauty of inwardness" or "spiritual beauty" (geistige Schönheit) (PKÄ, 137). Strictly speaking, such spiritual beauty is not as consummately beautiful as classical beauty, in which the spirit and the body are perfectly fused with one another. Spiritual beauty, however, is the product of, and reveals, a much more profound inner freedom of spirit than classical beauty and so moves and engages us much more readily than do the relatively cold statues of Greek gods.

The most profound spiritual beauty in the visual arts is found, in Hegel's view, in painted images of the Madonna and Child, for in these what is expressed is the feeling of boundless love. Hegel had a special affection for the paintings of the Flemish Primitives, Jan van Eyck and Hans Memling, whose work he saw on his visits to Ghent and Bruges in 1827 (Hegel: The Letters, 661–2), but he also held Raphael in high regard and was particularly moved by the expression of "pious, modest mother-love" in Raphael's Sistine Madonna which he saw in Dresden in 1820 (PKÄ, 39; Pöggeler et al 1981, 142). Greek sculptors portrayed Niobe as simply "petrified in her pain" at the loss of her children. By contrast, the painted images of the Virgin Mary are imbued by van Eyck and Raphael with an "eternal love" and a "soulfulness" that Greek statues can never match (PKÄ, 142, 184).

The second fundamental form of romantic art identified by Hegel depicts what he calls the secular "virtues" of the free spirit (Aesthetics, 1: 553; PKÄ, 135). These are not the ethical virtues displayed by the heroes and heroines of Greek tragedy: they do not involve a commitment to the necessary institutions of freedom, such as the family or the state. Rather, they are the formal virtues of the romantic hero: that is to say, they involve a commitment by the free individual to an object or person determined by the individual's contingent choice or passion.

Such virtues include that of romantic love (which concentrates on a particular, contingent person), loyalty towards an individual (that can change if it is to one's advantage), and courage (which is often displayed in the pursuit of personal ends, such as rescuing a damsel in distress, but can also be displayed in the pursuit of quasi-religious ends, such as the hunt for the Holy Grail) (PKÄ, 143-4).

Such virtues are found primarily in the world of mediaeval chivalry (and are subjected to ridicule, Hegel points out, in Cervantes' Don Quixote) (Aesthetics, 1: 591-2; PKÄ, 150). They can, however, also crop up in more modern works and, indeed, are precisely the virtues displayed in an art-form of which Hegel could know nothing, namely the American Western.

The third fundamental form of romantic art depicts the formal freedom and independence of character. Such freedom is not associated with any ethical principles or, indeed, with any of the formal virtues just mentioned, but consists simply in the "firmness" (Festigkeit) of character (Aesthetics, 1: 577; PKÄ, 145-6). This is freedom in its modern, secular form. It is displayed most magnificently, Hegel believes, by characters, such as Richard III, Othello and Macbeth, in the plays of Shakespeare. Note that what interests us about such individuals is not any moral purpose that they may have, but simply the energy and self-determination (and often ruthlessness) that they exhibit. Such characters must have an internal richness (revealed through imagination and language) and not just be one-dimensional, but their main appeal is their formal freedom to commit themselves to a course of action, even at the cost of their own lives. These characters do not constitute moral or political ideals, but they are the appropriate objects of modern, romantic art whose task is to depict freedom even in its most secular and amoral forms.

Hegel also sees romantic beauty in more inwardly sensitive

characters, such as Shakespeare's Juliet. After meeting Romeo, Hegel remarks, Juliet suddenly opens up with love like a rosebud, full of childlike naivety. Her beauty thus lies in being the embodiment of love. Hamlet is a somewhat similar character: far from being simply weak (as Goethe thought), Hamlet, in Hegel's view, displays the inner beauty of a profoundly noble soul (Aesthetics, 1: 583; PKÄ, 147-8).))

〈'스탠포드 헤겔 미학'27〉

_____→

* 헤겔은 '낭만적 예술' 항에 세 가지 형식적 구분을 두었으나, 그의 관심은 단연 '기독교'와 관련된 예수의 일생을 대상으로 삼은 예술이니, **'예수의 생활과 죽음 부활의 이야기 속에 표현된 것은, 자유와 사랑의 진정한 신의 생활이고 동시에 우리들이 기꺼이 "죽고자 하는" 인간 생명이며, 우리에게 가장 가치 있는 것을 놓아 보내는 그 이념이다.**'라고 하였다.

헤겔은 기본적으로 그 삼위일체를 만능으로 써서, '천지 만물은 바로 성자(聖子)'라고 하였고, 역시 그 '자신의 개념(Self-Conception)'으로 것을 활용하여, '예수'와 '헤겔 자신'을 마음 속 깊이 동일시하고 있었다. (참조, ⑤-13. **'자살(自殺)'의 긍정 ⑥-13. 현재는 '장미'이며 '십자가'이다. ⑨-23. '자기 파괴'가 '영원한 정의(正義)'이고 인간 본성이다.**)

그러므로 헤겔의 경우는 모든 문학예술이, 그 '자신의 개념'을 명시한 주인공 예수의 〈신약〉 성경을 넘을 수 없고, 그 '예수'를 능가할 피조물은 어디에도 없다는 전제에 있었다. 그러므로 헤겔은 〈역사철학〉에 '역사무용(無用)론' 〈미학〉에 '예술 무용(無用)론'에 이른 것은 그 '절대주의(절대정신주의, 여호와주의)'에 당연한 전제이다. (참조, ②-14. **'하나님(절대신)'이 '아들(만물, 자연물)'을 창조하셨다. ②-32. '하나'가 전체이고, '한 번'이 영원하다.**)

---

27) *Stanford Encyclopedia of Philosophy*, 'Hegel's Aesthetics', 2009

* 헤겔은 '계몽주의 시대에 다시 출현 예수'라고 스스로 알고 있었다. 그래도 여기까지는 우리는 그 '헤겔의 생각(철학)'을 그의 '자유'에 붙여 인정할 수도 있다.

그러나 그 **'헤겔의 생각'에서 절대 그냥 지나갈 수 없고 지나쳐서는 아니 되는 '약점' '고질병통'은, 그 '배타주의' '자살 예찬' '전쟁불가피론 (변증법, 부정의 철학)'이다.** 즉 편을 갈라 상대편을 까닭 없이 '무시' '조롱' '폄하'를 계속하다 보면 결국은 무엇이 남고 무엇이 오겠는가. 그 헤겔이 가르친 '게르만 우월주의' '전쟁 불가피론'으로 가르친 결과가 '살인의 제1차 제2차 세계대전'으로 그것에 가장 큰 '사상(思想)의 책임'이 그 '헤겔 철학'에 있다는 사실을 모르거나 덮으려 한 사람은, '온전한 독서가 없었던 사람'이거나, '독서가 소용이 없는 사람'이다. (참조, ⑥-26. **'영구평화(永久平和)론' 비판 ⑦-09. 개신교의 영웅, 프리드리히 대왕 ⑨-30. 몰락(죽음)=영원한 정의=윤리적 실체=만족 ⑥ -37. 독일 '국가 사회주의(나치즘)'-A. 히틀러)**

⑨-15 예술의 목적 : '영원의 생명(神)'을 일깨워 주는 일

"헤겔이 서술한 바와 같이 낭만적 예술의 발달은 점증(漸增)된 예술의 세속화 인간화를 포함한다는 것에 주목을 해야 한다. 중세와 르네상스(고대 희랍에서처럼) 예술은 종교와 긴밀한 연관 관계에 있었다. 즉 예술의 기능은 대체로 볼 수 있는 신의 제작이었다. 그러나 종교개혁과 더불어 종교는 내면으로 향하여 신은 신념으로만 추구되고 아이콘이나 예술 이미지 속에 있는 것이 아니었다. 그 결과 종교개혁 이후에 사는 우리에게 "예술 작품 숭배란 더 이상 없다"고 헤겔은 지적하고 있다. 더구나 예술은 종교와의 긴밀한 연대를 해이시키고, 완전한 세속화를 부추겼다. 헤겔은 말하기를 "<u>유독 개신교에서만이, 중요한 것은 그 인생의 산문[신약 성경]에다가 확고한 지반을 을 구축한다는 것, 그리고 종교적 연대와 무관하게 그것을 절대 가치로 창조내고, 무제한의 자유 속에 그것을 펼쳐나가게 하고 있다는 점이다.</u>"

이와 같은 이유에서 헤겔의 생각으로는 현대에 있어서 예술은 더 이상 우리의 최고의 필요가 아니고 예술이 이전의 문화와 문명에 제공했던 만족감을 우리에게는 제공할 수 없다는 것이다. 예술이 우리 종교 생활의 어떤 필수적 부분을 이루고 우리에게 신의 본성을 보일 때(그리고 희랍에서처럼 근본적인 윤리적 의무의 진정한 속성일 때) 우리의 최고의 필요를 만족시켰다. 그러나 종교 개혁 이후 근대 세계에서는 예술이 종교에의 복종이 방만해졌다(또는 해방되었다). 그런 결과 "예술의 최고 소명(召命)에서 생각하면 예술은 우리에게 과거의 것으로 남아 있다."

이것은 지금 예술이 아무 기능도 못하고 전혀 만족을 제공하지 못한다는 것을 의미하는 것은 아니다. 예술은 더 이상 진리의 표현으로 최고의 적절한 방법이 아니라는 것이다(헤겔의 주장에 따르면, 5세기 아테네 사람들에게서처럼). 근대인들은 절대자 절대 진리를 예술에서보다는 종교 신앙이나 철학에서 찾는다. (헤겔의 생각으로는 우리가 철학으로 떠 맡겨진 팔목할 만한 중요성이 이변이니, 근대에 예술 자체의 철학적 탐구의 현저함이 그것이다.) 그러나 근대에 예술은 우리의 독특한 인간 자유와 모든 우리 유한한 인간에 우리 자신을 알게 하는 시각적 청각적 표현 기능을 계속 이행하고 있다.

그래서 헤겔은 예술이 근대에 와서 종말 "사망"이르렀다고 하지는 않고 있다. 헤겔의 생각은 고대 희랍이나 중세에서 보다는 행하는(또는 최소한 행해야 할) 예술의 기능이 제한이 되었다는 것이다. 하지만 헤겔은 근대 예술은 어떤 점에서 종말에 이르렀다는 생각을 한다. 헤겔이 그렇게 생각한 이유를 이해하려면, 우리는 헤겔의 주장─근대 예술이 한편으로는 일상적 우발 사건 탐사로 전락하고 다른 한편으로는 재치와 "익살의" 주체를 기린다.─는 점을 고려해 봐야 한다.

헤겔이 보기에는 종교개혁 이후의 많은 회화와 시는 종교적 사랑의 친밀함이나 비극적 영웅들의 장대한 결의나 힘에 대해서보다는 일상생활의 평범한 세세함에 초점을 두고 있다는 것이다. 그러한 예술 작품들은 신이나 인간의 자유(의무)의 표현이 목표가 아니고 "자연 모방"에 불과한 것을 목표로 하여, 엄격한 철학적 의미에서 그것들을 "예술 작품"으로 생각해야 할지를 헤겔에게 부축인 것이다. 예를 들어 20세기에 잭슨 폴록(Jackson Pollock, 1912~56)이나 칼 앙드레(Carl André, 1935~)의 추상적 창조물은 "예술이란 무엇인가?"라는 질문이 생각나게 한다. 그러나 헤겔의 마음속에는 그것이 자연적 "표현적"이라는 것들에 이 의문이 생겼을 것이다. 헤겔의 생각은 단순히 자연 모방 이상의 것을 행할 때만이 순수한 예술 작품으로 쳤던 것이다. 헤겔은 주장하기를 자연적 일상적 작품에 대한 최상의 기준은 16세기 17세기 네덜란드 화가의 그림들이라고 주장을 하고 있다.

그와 같은 작품 속에서 화가는 우리들에게 우리가 이미 일상적으로 알고 있는 포도 꽃 나무들을 보이는 대로 우리에게 제공하는 것이 아니라고 헤겔은 주장한다. 화가는 오히려-자주 도망쳐버리는-사물의 "생명"을 포착하는 것을 목표로 한다. 즉 "금속의 광택, 포도송이가 촛불로 어른거림, 달과 태양의 사라지는 빛, 순간에 명멸하는 감정의 표현"이 그것이다. 정말 화가는 자주 금 은 비단 벨벳 모발 색채의 생기 넘치는 활용으로 우리를 즐겁게 하려 한다. 그와 같은 작품에 대해서 헤겔은 사물들을 그린 것이 아니고 "말하자면 색채에 호소한 객체의 음악"과 마주하게 한다는 지적을 하고 있다.

진짜 예술 작품은 신과 인간의 자유(의무) 생명의 감각적 표현이다. 일상적인 대상이나 인간 행동을 평범하고 자연적으로 그린 그림들은 그래서 진짜 예술에는 부족하게 보이기 마련이다. 네덜란드 화가들은 "생명의 충만"을 대상에 주입함으로써 그와 같은 그림들을 진짜 예술 자품으로 전환하고 있다. 헤겔은 주장하기를, 그렇게 함으로써 그들 자신의 자유(도덕) 개념인 "편안"과 "만족감" 그리고 그들 자신의 활기찬 주관적 기술을 표현하고 있다고 했다. 이러한 예술가들의 그림은 희랍 예술의 고전적 미를 결여할지 몰라도, 근대 일상생활의 기묘한 미와 즐거움은 대대적으로 표현을 해하고 있다.

헤겔이 찾아낸 더욱 공공연한 주체의 표현은 근대 해학 작품 속에서다. 그와 같은 재치 있고 역설적이고 우스꽝스런 주체-우리는 그것을 지금은 "무정부적인 것(anarchic)"이라고 한다.-는 대상을 가지고 놀며 대상을 "어지럽히고" 소재를 "비틀고" "두서없이 방치하고" "주체적 표현과 관점 태도의 십자 운동으로 저자 자신과 그의 주제를 아울러 희생시킴"으로써 그 자체를 명시하고 있다. 헤겔은 로렌스 스턴(Laurence Sterne, 1713~1768)의 '트리스트럼 샌디(1759)'는 "우발적인 것에서 생겨난 실체적인 것"을 만들어낸데 것에 성공한 작품이 "진정한 해학(true humour)" 작품이라 주장을 하였다. 그들의 "세말(世末)은 명백히 최고 깊이의 이념제공하고 있다." 대조적인 그 밖의 작품들, 헤겔 당대의 리히터(Jean Paul Richter, 1847~1937) 등의 우리가 마주치는 모든 것은 "객체적으로 서로 더욱 멀리 덜어진 사물의 바로크 식집합"이고 "그의 주관적 상상 속에서만 관련된 화제의 혼미한 아수라장"이다. 그 같은 작품에서는 그 자체를 개관적 표현으로 제공하는 인간의 자유(도덕)을 찾을 수 없고, "현실 속에 향자적 어떤 고정적 모습으로 객체 자체를 제공하는 만물을 파괴 해제(解體)하는" 주체를 목격하게 된다.

헤겔의 생각으로는, 해학 작품이 진정한 자기 결정의 자유와 생명에 대한 실체를 제공하지 못 하고, 단순히 자의적 주관적 기지로 기존 질서를 뒤집는 한에서는 더 이상 진짜 예술 작품으로 생각할 수 없다는 것이다. 결론적으로 "주체가 이렇게 나가면 거기에 예술은 끝장이 난다." 이러한 관점에서 헤겔은 결국 예술이 근대에서 끝장이 난다고 주장한 것이다. 예술이 종교적 기능을 수행하지 않고 예술의 최고 소명을 이행하지 안해서가 아니라, 더 이상 인간의 자유(도덕)와 생명을 표현하지 않아서 진짜 예술이 없어진 근대 "예술 작품"이 되었기 때문이라는 것이다.

그러기에 근대 예술의 초점은 다른 것보다 인간 자유의 개별적 개념을 두지 말아야 한다. 예술 속에 새로운 "성령 중에 성령"은 인간 자체(Humanus) 즉 "기쁨과 슬픔 분투 행동 운명 속에 인간, 인간 심장의 깊이 높이"이다. 헤겔의 생각으로는 현대 예술은 다양한 방법으로 "인간 심장에 친밀성"을 개발하는 전례에 없는 자유를 즐기는 것이다. 이 같은 이유에서 헤겔은 미래에 예술이 취할 길, 예술가들이 결단해야 할 길에 대해 거의 할 말이 없어진 것이다.

헤겔은 1831년에 사망 하였기에, 예술의 역사로 확신된 헤겔의 판단에서 현대 예술가들은 그들이 즐기는 어떤 유형이건 적용에서 아주 자유롭다. 그러나 헤겔 이후의 예술에서 다양한 발달을 헤겔이 정말 환영하지 않았는지에 대해서는 의심할 여지가 있다. 헤겔이 비록 근대 예술을 다스릴 규칙을 세우지 않았을망정 근대 예술이 진짜 예술이 될 수 있는 확실한 조건은 헤겔이 확인했다는 것은 사실이기 때문이다. 예를 들어 헤겔은 그러한 예술은 "단순히 아름답고 예술가의 기능으로 존재의 근본 법칙을 거슬려서는 아니 된다"고 지적하고 있다. 헤겔은 주장하기를 근대 예술가들은 자신의 인간 정신으로부터 그 내용을 도출해내야만 하고, "그 정신과 무관한 인간 가슴에 살아 있는 것은 없다."고 했다. 헤겔은 역시 말하기를 근대 예술은 "만물을 인간 존재가 집안 속에 거주한 존재"로 나타낼 수 있다고 했다. 이 말은 완전히 악의 없는 조건으로 보일 수 있으나, 그 말은 헤겔 이후의 예술 작품들이 진짜 예술 작품으로서의 헤겔 안목은 고려하지 않을 것이라는 것을 암시한 것이다. 그 말들은 상상력의 발동이 없는 것을 "아름답다"라고 할 수 없다는 것이거나(쿠닝이나 베이컨의 그림 같은 유) "편안하게" 느낄 수 없는 작품(카프카의 저작 유)을 포괄한 것일 수 있다. 헤겔의 다른 예술(조각과 회화)에 대한 고찰은 역시 구상에서 추상으로 가는 것을 적절한 것으로 생각하지 않앉다는 것을 암시하고 있다. 즉 네덜란드 식 화가들은 색채들을 이용하여 "객관적 음악"의 창조에 탁월하다. 그러나 그들은 추상이 아닌 구체적인 알 수 있는 대상의 제시에서는 그렇질 못하고 있다.(핍핀은 이점에서 다른 견해를 보였다. 핍핀 2007 참조)

20세기 또는 21세기 관점에서 볼 때 헤겔의 자세는 보수적으로 보일 수 있다. 그러나 헤겔의 관점에서 헤겔은 진짜 근대, 예술의 진짜 작품이 될 예술 작품을 위해 마주쳐야 할 상황을 이해하려고 애를 쓰고 있었다. 헤겔이 인지한 조건은 이른바 인간의 풍성한 자유(도덕)와 생명을 나타내야만 하고, 그려내는데 우리를 편안하게 해야 한다는 조건은 많은 현대 예술가들(예를 들어 모네 시슬리 피사로 같은 인상파들)은 마주치는데 어려움이 없다. 그밖에 사람들의 경우, 이들 조건은 간단히 말해 너무 제약적이다. 이처럼 그들은, 헤겔의 통찰력에서의 진실한 의미로서의 예술을 포기한 방향에서 현대 예술을 선택하였다."

((One should note that the development of romantic art, as Hegel describes it, involves the increasing secularization and humanization of art. In the Middle Ages and the Renaissance (as in ancient Greece) art was closely tied to religion: art's function was to a large degree to make the divine visible. With the Reformation, however, religion turned inward and found God to be present in faith alone, not in the icons and images of art. As a result, Hegel points out, we who live after the Reformation "no longer venerate works of art" (VPK, 6). Furthermore, art itself was released from its close ties to religion and allowed to become fully secular. "To Protestantism alone," Hegel states, "the important thing is to get a sure footing in the prose of life, to make it absolutely valid in itself independently of religious associations, and to let it develop in unrestricted freedom" (Aesthetics, 1: 598).

It is for this reason, in Hegel's view, that art in the modern age no longer meets our highest needs and no longer affords us the satisfaction that it gave to earlier cultures and civilizations. Art satisfied our highest needs when it formed an integral part of our religious life and revealed to us the nature of the divine (and, as in Greece, the true character of our fundamental ethical obligations). In the modern, post-Reformation world, however, art has been released (or has emancipated itself) from subservience to religion. As a result, "art, considered in its highest vocation, is and remains for us a thing of the past" (Aesthetics, 1: 11).

This does not mean that art now has no role to play and that it provides no satisfaction at all. Art is no longer the highest and most adequate way of expressing the truth (as it was, according to Hegel, in fifth-century Athens); we moderns now seek ultimate or "absolute" truth in religious faith or in philosophy, rather than in art. (Indeed, the considerable importance we assign to philosophy is evident, in Hegel's view, in the prominence of the philosophical study of art itself in modernity [Aesthetics, 1: 11; VPK, 6].) Yet art in modernity continues to perform the significant function of giving visible and audible expression to our distinctively human freedom and to our understanding of ourselves in all our finite humanity.

Hegel does not claim, therefore, that art as a whole simply comes to an end or "dies" in the modern age. His view is, rather, that art plays (or at least should play) a more limited role now than it did in ancient Greece or in the Middle Ages. Yet Hegel does think that art in modernity comes to an end in a certain respect. To understand why he thinks this, we need to consider his claim that art in modernity "falls apart" (zerfällt) into the exploration of everyday contingencies, on the one hand, and the celebration of witty, "humorous" subjectivity, on the other (PKÄ, 151).

In Hegel's view, much painting and poetry after the Reformation focuses its attention on the prosaic details of ordinary daily life, rather than on the intimacy of religious love or the magnificent resolve and energy of tragic heroes. To the extent that such works of art no longer aim to give expression to divine or human freedom but seek (apparently at least) to do no more than "imitate nature," they prompt Hegel to consider whether they still count as "art works" in the strictly philosophical (as opposed to the more generally accepted) sense of the term. In the twentieth century it is the abstract creations of, for example, Jackson Pollock or Carl André that usually provoke the question: "is this art?". In

Hegel's mind, however, it is works that appear to be purely naturalistic and "representational" that raise this question. His view is that such works count as genuine works of art only when they do more than merely imitate nature. The naturalistic and prosaic works that best meet this criterion, he maintains, are the paintings of the sixteenth – and seventeenth-century Dutch masters.

In such works, Hegel claims, the painter does not aim simply to show us what grapes, flowers or trees look like: we know that already from nature. The painter aims, rather, to capture the—often fleeting—"life" (Lebendigkeit) of things: "the lustre of metal, the shimmer of a bunch of grapes by candlelight, a vanishing glimpse of the moon or the sun, a smile, the expression of a swiftly passing emotion" (Aesthetics, 1: 599). Often, indeed, the painter seeks to delight us specifically with the animated play of the colors of gold, silver, velvet or fur. In such works, Hegel notes, we encounter not just the depiction of things, but "as it were, an objective music, a peal in colour [ein Tönen in Farben]" (Aesthetics, 1: 598–600).

A genuine work of art is the sensuous expression of divine or human freedom and life. Paintings that are no more than prosaic, naturalistic depictions of everyday objects or human activity would thus appear to fall short of genuine art. Dutch artists, however, turn such depictions into true works of art precisely by imbuing objects with "the fullness of life." In so doing, Hegel claims, they give expression to their own sense of freedom, "comfort" and "contentment" and their own exuberant subjective skill (Aesthetics, 1: 599; PKÄ, 152). The paintings of such artists may lack the classical beauty of Greek art, but they exhibit magnificently the subtle beauties and delights of everyday modern life.

A much more overt expression of subjectivity is found by Hegel in works of modern humor. Such witty, ironic, humorous subjectivity—one we might now describe as "anarchic"—manifests itself in playing or "sporting" with objects, "deranging" and "perverting" material and "rambling to and fro," and in the "criss-cross movement of subjective expressions, views, and attitudes whereby the author sacrifices himself and his topics alike" (Aesthetics, 1: 601). Hegel claims that works of "true humour," such as Laurence Sterne's *Tristram Shandy* (1759), succeed in making "what is substantial emerge out of contingency." Their "triviality [thus] affords precisely the supreme idea of depth" (Aesthetics, 1: 602). In other works, by contrast—such as those of Hegel's contemporary, Jean Paul Richter—all we encounter is the "baroque mustering of things objectively furthest removed from one another" and "the most confused disorderly jumbling of topics related only in his own subjective imagination" (Aesthetics, 1: 601). In such works, we do not see human freedom giving itself objective expression, but rather witness subjectivity "destroying and dissolving everything that proposes to make itself objective and win a firm shape for itself in reality" (Aesthetics, 1: 601).

To the extent that works of humor do not give body to true self-determining freedom and life—or afford "the supreme idea of depth"—but merely manifest the power of arbitrary, subjective wit to subvert the settled order, such works, in Hegel's view, no longer count as genuine works of art. Consequently, "when the subject lets itself go in this way, art thereby comes to an end [so hört damit die Kunst auf]" (PKÄ, 153). In this respect, Hegel does after all proclaim that art comes to an end in modernity. This is not because art no longer performs a religious function and so no longer fulfills the highest vocation of art; it is because there emerge in modernity certain "art works" that are no longer the expressions of true human freedom and life and so no longer genuine art works at all.

As was noted above, however, this does not mean that art as a whole comes to an end in the early nineteenth century. Art, in Hegel's view, still has a future: "we may well hope," he says, "that art will always rise higher and come to perfection" (Aesthetics, 1: 103). For Hegel, the distinctive character of genuine art in contemporary (and future) modernity—and thus of genuinely modern art—is twofold. On the one hand, it remains bound to give expression to concrete human life and freedom; on the other hand, it is no longer restricted to any of the three art-forms. That is to say, it does not have to observe the proprieties of classical art or explore the intense emotional inwardness or heroic freedom or comfortable ordinariness that we find in romantic art. Modern art, for Hegel, can draw on features of any of the art-forms (including symbolic art) in its presentation of human life. Indeed, it can also present human life and freedom indirectly through the depiction of nature.

The focus of modern art, therefore, does not have to be on one particular conception of human freedom rather than another. The new "holy of holies" in art is humanity itself— "Humanus"—that is, "the depths and heights of the human heart as such, mankind in its joys and sorrows, its strivings, deeds, and fates" (Aesthetics, 1: 607). Modern art, in Hegel's view, thus enjoys an unprecedented freedom to explore "the infinity of the human heart" in manifold ways (VÄ, 181). For this reason, there is little that Hegel can say about the path that art should take in the future; that is for artists to decide.

Hegel's judgment that modern artists are—and are quite rightly—free to adopt whatever style they please has surely been confirmed by the history of art since Hegel's death in 1831. There is reason to suspect, however, that Hegel might not have welcomed many of the developments in post-Hegelian art. This is due to the fact that, although he does not lay down any rules that are to govern modern art, he does identify certain conditions that should be met if modern art is to be genuine art. Hegel notes, for example, that such art should "not contradict the formal law of being simply beautiful and capable of artistic treatment" (Aesthetics, 1: 605; VPK, 204). He insists that modern artists should draw their content from their own human spirit and that "nothing that can be living [lebendig] in the human breast is alien to that spirit." He also remarks that modern art may represent "everything in which the human being as such is capable of being at home [heimisch]" (Aesthetics, 1: 607). These may appear to be fairly innocuous conditions, but they suggest that certain post-Hegelian art works would not count in Hegel's eyes as genuine works of art. These might include works that by no stretch of the imagination can be called "beautiful" (such as some of the paintings of Willem De Kooning or Francis

Bacon), or works in which it is evidently hard to feel very much "at home" (such as the writings of Franz Kafka). Hegel's account of the different arts (such as sculpture and painting) also suggests that he would not have regarded the move from figurative to abstract visual art as appropriate: Netherlandish and Dutch painters excelled in the creating of "objective music" through the play of colors, yet they did so not in the abstract but in the very depiction of concrete, identifiable objects. (Robert Pippin takes a different view on this last point; see Pippin 2007.)

From a twentieth — or twenty-first-century point of view, Hegel's stance may well look conservative. From his point of view, however, he was trying to understand what conditions would have to be met for works of art to be genuine works of art and genuinely modern. The conditions that Hegel identified—namely that art should present the richness of human freedom and life and should allow us to feel at home in its depictions—are ones that many modern artists (for example, Impressionists such as Monet, Sisley and Pissarro) have felt no trouble in meeting. For others, these conditions are simply too restrictive. They have thus taken modern art in a direction in which, from a Hegelian perspective, it has ceased to be art in the true sense any longer.))

〈'스탠포드 헤겔 미학'28)〉

————✈

* 위의 진술은 헤겔이 말한 '예술의 목적론(The "End" of Art)'이다. 헤겔은 '예술의 목적'뿐만 아니라 '인생의 목적' '국가 사회의 목적' '우주만물의 존재 목적'은 그 '절대정신' '절대이념' 하나에 집중이 되어 있고, 모든 것은 그로부터 연유했고, 결국은 거기로 돌아간다는 편안한 생각에 머물렀다. (참조, ②-02. '하나님'은 출발점이고 종착점이다.)

---

28) *Stanford Encyclopedia of Philosophy*, 'Hegel's Aesthetics', 2009

* 헤겔이 위에서 '유독 개신교에서만이, 중요한 것은 그 인생의 산문[신약 성경]에다가 확고한 지반을 을 구축한다는 것, 그리고 종교적 연대와 무관하게 그것을 절대 가치로 창조내고, 무제한의 자유 속에 그것을 펼쳐나가게 하고 있다는 점이다.'라는 부분은 더욱 주의를 해 살펴야 한다.

헤겔은 그의 〈법철학〉 이후는 '독일 군주(神의 절대적 존재)' '독일 왕국'을 인 '신국(神國, The City of God)'로 전제하여 그 '신(절대정신)의 가호(divine protection)', '절대정신' 속에 있음을 〈역사철학〉을 통해서 일반화하였다. 그러므로 이 **〈미학〉에서 독일(獨逸)에 관한 '언급'은, 그 '변증법'에 마지막 '종합(최고 先進 의식의 실현)'을 의미한다**. 헤겔이 위에 언급한 '무제한의 자유(unrestricted freedom)'란 루터가 원래 라틴어로만 되어 있는 것을 처음 '독일어'로 번역한 것(1519)을 두고 말한 것이다.

헤겔은 루터의 '독어 성경' 본을 두고 '절대정신(신)'을 향한 무제한의 자유가 열렸다고 했으니, 한국에서는 신라 설총(설총)에 처음 한문(漢文)으로 된 유교의 경전(九經)을 신문왕(神文王681~691)대에 신라어(新羅語, 鄕札)로 바꾸었으니, 그 때 '공자(孔子)를 향한 무한의 자유'가 열렸다고 말을 한 격이다.

헤겔이 이 〈미학〉을 강의할 때에는 '절대정신(신)'과 '게르만 우월주의'가 한데 혼합되어 '하나님의 신국(神國)이 바로 프러시아 중심의 독일'이라는 의식 속에 있었다. 그래서 결론은 그 군주 그 국가에 대한 '절대 복종'이 바로 '절대 자유'라고 머릿속에 확실히 되어 있는 바를 학생들에게 전하는 형국이다. (참조, ⑥-35. 공동체(共同體) 안에 희생(犧牲)-A. 아우구스티누스 ⑥-14. 프로테스탄티즘 고유 원리)

* 그리고 이어 헤겔이 종교 개혁 이후 '예술의 최고 소명(召命)에서 생각하면 예술은 우리에게 과거의 것으로 남아 있다.'라는 발언은 명백히 이미 '예술' 따위는 이미 '과거(兒童시절)의 행태고 (소용이 없고)' 헤겔 당대에는 그 '절대정신(신)'을 '신앙' '철학'을 통해 직접 접하여 실행을 하면 된다는 의미

588

이다.

그리고 또 다른 측면으로, '현실적인 신(독일 군주)'은 엄존하시므로 그분을 향한 '절대봉사'가 곧 최고 인생의 실현이라는 논리였으니, (참조, ⑥-13. 현재는 '장미'이며 '십자가'이다.) 이를 더욱 구체적으로 말하면, 즉시 군(軍)에 입대(入隊)해서 싸우다 죽으면 그것이 십자가이고 바로 천국이라는 헤겔의 생각이 하나로 일관된 그 '현생 부정' '현세 부정' '자살 긍정' '노예철학' '전쟁불가 피론' 등이다.

그러기에 처음도 그렇고 마직도 마찬가지인 헤겔의 주장은, **진짜 예술 작품은 신이나 인간의 자유 생명의 감각적 표현이다.(A genuine work of art is the sensuous expression of divine or human freedom and life.)'라는 것이다. 헤겔의 '생명' '자유' 문제는 '절대신'을 지칭하고 있다.** 다시 말해 헤겔의 '생명'은 '절대정신(신)'이고 '인간의 자유'는 '법(도덕)에의 복종'임을 망각해서는 안 된다. (참조, ②-09. '신(God)'이 '절대 진리', '절대 가치', '절대 자유'이다. ④-21. '절대 이념'이 불멸의 생명이다.)

* 헤겔은 '귀족 중심의 전쟁 긍정 자'이고 칸트는 '시민 중심의 평화주의 자'인데 '현대 미술의 창시자' 피카소(P. Picasso, 1881~1973)는 그 '전쟁'과 '평화'를 다음과 같이 대비(對比)하였다.

⟨'전쟁(1952)'[29]⟩

〈'평화(1952)'³⁰⁾〉

* 피카소는, '전쟁(戰爭)'은 창 칼 도끼를 휘두르며 피 묻은 칼을 집고 마차를 타고 상대방에게로 달려간다. 상대도 비둘기가 그려진 방패를 손에 들고 그것이 대응할 수밖에 없다. 즉 한쪽이 싸움을 한사코 시작할 때는 다른 쪽의 경우도 어쩔 수 없이 그 싸움에 말려들게 마련인 일반적 전쟁논리가 그것이다.

특히 검은 마차에 올라 있는 존재는 한 손에 피가 묻은 칼을 잡고 다른 손에는 흉악한 벌레가 우글거리는 접시를 들고 있다. 그 수레 밑에는 사람의 손이 들려 있는 것을 볼 수 있는데, 그가 전차(戰車)를 몰아가는 상황에서 살 수 있는 목숨이 아니다. 하늘에는 먹구름이 드리워 예측할 수도 없는 기상(氣象)이다.

이에 대해 그 '평화(平和)' 그림에는, '말[馬]'도 오히려 날개가 달려 있고, 여인들은 춤추고 아이들은 젖을 먹고 놀고 피리 불고 어른은 독서하고 있다. 과일 나무에는 열매가 그득하고 하늘에는 아름다운 오색 태양이 빛나고 있다.

과거 '전쟁의 논리'는 주로 '통치자의 의중(意中)'에 달려 있고, 그 일개 군주가 일단 적개심이 발동할 경우는 전 국민을 동원되었다. 과거 시인(詩人)들

29) P. Dagen, *Picasso*, MFA Publications, 1972, p.372 'War(1952)'
30) Ibid, p.373 'Peace(1952)'

은 국왕의 분노를 '의로운 용기'로 찬양하였고, '전쟁 반대자들'은 '적(敵)들보다 더욱 나쁘다'는 무서운 논리로 그 사회에서 추방시켰다. 그런데 그들(主戰者들)을 P. 피카소는 '전쟁' 그림에서 '전차를 모는 칼잡이'로 형상화하였다.

그러나 1916년 취리히 다다가 명시한 세계는 기본 전제가 헤겔 식 '국가주의' '종족주의' 반대이고, '국익을 전제한 전쟁'이라는 전쟁 동기까지 앞서 명하여 '정의(正義)'로 위장한 전쟁 논리를 그 근본에서 와해(瓦解)시켰다.

그렇다면 그 '지속적인 평화'를 유지하려 할 때 반드시 먼저 확보해야 할 것이 '국제적인 평화 이행에 대한 약속'이고 그것이 지켜지지 않을 경우 그것에 대한 국제적 제재(制裁)를 사전(事前)에 명시하는 일이었다.

* 그러므로 헤겔이 '전쟁 옹호자가 아니다'라는 사람은, 아직 독서가 덜된 사람이거나 독서가 소용이 없는 사람이다. (참조, ⑥-26. **'영구평화(永久平和)론'** **비판 ⑥-34. '전쟁 종식을 위해 끝없이 노력해야 한다.'-I. 칸트 ⑥-37. 독일** **'국가 사회주의(나치즘)'-A. 히틀러 ⑥-38. '세계 근대 문명'은, '게르만(아리안)** **문명'이다.-A. 히틀러)**

⑨-16 개별 예술의 체계 : 건축 조각 회화 음악 시문학

"헤겔의 생각으로, 예술은 역사적 진전을 겪을 뿐만 아니라('상징 예술'부터 '고전 예술'을 지나 '낭만적 예술' 그리고 '근대 예술'에 이르기까지) 차별적 예술로 그 자체를 분화하였다. 각 예술은 구별되는 특성을 지니고 예술의 형태상 하나나 그 이상의 어떤 확실한 친화성을 보여주고 있다. 헤겔은 고려된 모든 예술에 대해 철저한 탐구를 보여주지는 않고 있다.(헤겔은 舞踊-dance에 대해서는 거의 언급이 없고, 영화-cinema에 대해서는 명백히 언급이 없다.) 그러나 그가 생각한 다섯 가지 예술은 예술 개념 자체로 유용하게 되었다."

〈'스탠포드 헤겔 미학'31)〉

———→

* 헤겔에 앞서 플라톤은 그의 책 〈국가〉에서 '서정시' '서사시' '극시'에 대한
  장르 구분을 해보였고32), 아리스토텔레스도 〈시학〉에서 역시 '서정시' '서사
  시' '극시'로 그 예술에 대한 갈래 구분을 해보였다33).

* 헤겔은 이에 시문학뿐만 아니라 '건축' '조각' '회화' '음악'의 영역까지 넓혀
  논의했으니, 이점은 헤겔의 공(功)이 있었다고 할 수 있다. 그러나 해설
  방법은 역시 '절대정신(신)' 중심주의, '내용(복종 도덕) 중심주의' '게르만
  우월주의'가 주류를 이루고 있음이 그 '고질(痼疾)'이다.

⑨-17 신상(神像)을 중심으로 한 신전(神殿) 건축 론

"우리는 예술이 '신과 인간 자유의 감각적 표현'이란 것을 알고 있다. 만약
예술이 정신이 정말로 자유롭다는 것을 시위하는 것이라면 부자유, 무 정신,
무 생명 – 다시 말하면 3차원, 무기 물질, 중력과 관련하여 정신이 자유로움

---

31) *Stanford Encyclopedia of Philosophy*, 'Hegel's Aesthetics', 2009
32) Plato, *The Republic*, Penguin Books, 1974, p.152
33) Aristotle Horace Longinus, *Classical Literary Criticism*, Penguin Books, 1974 p.34

을 보여줘야만 한다. 그러기에 예술은 짐승의 초월이어야만 하고 무거운 물질을 정신적 자유의 표현이나 헤겔이 "무기적 형성(the forming of the inorganic)"라 한 것이어야만 한다. 무거운 물체에다가 정신적 자유의 명쾌한 형식을 제공하는 예술, 그리고 돌과 금속을 인간이나 신의 형상으로 바꾸는 것은 조각이다. 대조적으로 <u>건축은 물질에다가 인간 오성으로 창조된 어떤 추상적 무기적(無機的) 형식을 제공한다.</u> 건축은 조각 방식으로 생기를 불어 넣은 물체는 아니지만, 엄격한 규칙과 대칭과 조화를 제공한다. 그렇게 함으로써 건축은 물질을 바로 정신적 자유의 감각적 표현으로는 바꾸지 않고, 조각으로 직접 '정신적 자유'가 표현된 것을 위해서, 인공적으로 예술적으로 형상화된 '주변'을 형성한다. 그러기에 건축 예술은 신상(神像)들의 집인 고전적 사원을 지을 때에 그 목적을 달성한다.

그러나 헤겔은 고대 희랍에서 고전 건축의 출현 이전에 건축은 "독립적" "상징적" 건축의 더욱 원시적 형식을 취했다. 그 건설은 고전적 희랍 사원과 같이 개별 조각을 감싸는 집은 아니지만 그것들은 일부만 조각이고 일부만 건축이다. 그것들은 건축적 조각이거나 조각적 건축이다. 그러한 건설은 그것들이 그들 자체를 위해 세워져 다른 것을 덮거나 감싸지 않는 한에서는 조각이다. 그러나 그것들이 명백히 무겁고 거대하고 조각의 생기를 결여할 경우는 건축 작품이다. 그것들은 구별된 개성이 없이 때로 줄로 배열되어 있다.

독립된 건축의 이들 작품들은 규칙적 무기적 기하학적 형상을 지녔다.(헤로도토스가 묘사한 벨 寺院처럼) 어떤 것은 명백히 "자연 속에 생명력"의 유기적 형상화이다.(남자의 성기 같은) 그리고 어떤 것은 비록 추상적이고 거대한 것(아멘호테프 3세의 이집트 멤논 같은 것)일망정 인간의 형상을 하고 있다. 그러나 헤겔의 생각으로는 모든 그와 같은 건설은 그것을 세운 사람들에게 상징적 의미를 갖는다. 그것들은 단순히 사람들에게 (가옥이나 성곽처럼) 은신과 안전을 제공하기 위한 것이 아니라, 상징적 예술 작품이다.

이 "독립된" 건설들은 자체적으로 의미가 있다. 예를 들어 그들의 의미는 그들의 형상이나 그들 부분의 수에 있다. 반대로 이집트 피라미드는 건설 자체와는 다른 "의미"를 지니고 있다. 물론 그 "의미"란 사망한 파라오의 육신이다. 사람들은 다른 것보다는 자기 자신 속에 거주함으로, 헤겔의 생각으로 피라미드는 말하자면 제대로 된 건축으로 향하는 과정이다. 그러나 피라미드는 제대로 된 고전 건축에는 미치지 못하고 있는데, 피라미드 그들 자체 속에 감춘 것은 살아 있는 신의 구현이 아니라 시체이기 때문이다, 즉 피라미드는 헤겔의 표현을 빌리면 "떠나버린 정신을 그들 속에 간직한 결정체"이다. 더구나 피라미드가 지니고 있는 "의미"는 모든 사람이 볼 수 없게 완전히 감춰져 있다. 이처럼 피라미드는 그 속에 묻힌 감춰진 의미를 가리키는 상징적 예술 작품으로 남아 있다.

상징적 예술의 전형은 상징적 건축이다(특히 피라미드가 그것이다). 그러나 건축은 고전 예술의 출현과 함께 시작된다. 왜냐하면 고전기에 이르러서야 건축이 자유정신의 구현인 조각에 주변을 제공하여 종(하인)이 되게 하였기 때문이다.

헤겔은 '그와 같은 주변의 적절한 형식'에 관해 언급한 바가 많다. 그 요점은 이것이다. 자유정신은 신의 조각 속에 구현되어 있고, 신의 가옥 신전은 그것이 둘러싸서 복종하고 있는 조각과는 완전히 구분이 되고 있다. 신전의 형식은 조각과는 완전히 다르다. 그러기에 신전은 인체의 유연한 윤곽을 모방할 수 없고, 규칙성 대칭성 조화의 추상적 원리에 의해 다스려져야만 한다.

헤겔은 역시 신전의 형식은, 봉사(奉事)하는 목적에 의해 결정되어야 한다고 주장하고 있다. 즉 신의 울타리 보호막이 돼야만 한다는 것이다. 이것은 신전의 기본 형식이, 그 목적을 성취하는데 소용이 되는 그 특징들만을 보유해한다는 뜻이다. 더구나 그것은 헤겔의 생각으로는 신전의 각 부분은 전신전의 경제 속에서 특별한 기능을 수행해야만 하고 서로 다른 기능들은 상호 혼란에 빠지지 않도록 해야 한다는 것이다. 후자의 요건은 기둥들에 적용되고 있다. 헤겔에게는 어떤 주어진 공간 내에 신상을 보호하는 기능과 지붕을 지탱하는 임무 간에는 서로 차이가 있다는 것이다. 신상을 보호하는 임무는 벽으로 수행이 되고 있다. 그러기에 지붕을 지탱하는 신상을 보호하는 기능이 차이가 난다면 벽이 아닌 신전의 분리된 특징으로 수행해야만 한다. 헤겔에 의하면 고전적 사원(寺院)에서는 기둥이 필수인데, 벽이 없어도 지붕을 지탱하는 구별되는 임무를 그것들이 수행하기 때문이다. 고전적 사원은 이처럼 가장 통달의 건물이니, 서로 다른 기능들이 서로 다른 건축적 특성으로 수행이 되고 있고 서로 조화를 이루고 있기 때문이다. 정말 여기에 사원의 미(beauty)가 있다.

고전적 건축과는 대조적으로 낭만적 "고딕" 건축은 기독교의 내향성이 그 속에서 외부세계로부터 도피처로 찾아낸 폐쇄된 가옥의 개념에 기초를 두고 있다. 고딕 성당에 기둥들은 밖으로 드러나기보다는 보호된 공간 내부에 자

594

리를 잡고 그것들의 명백한 기능은 단순히 무게를 지탱하는 것이 아니라 정신을 하늘까지 끌어 올리는 것이다. 결론적으로 기둥들은 (고전 건축에 잔존하는) 한정된 목적에 있지 않고 아치형이나 아치형 지붕을 형성하기까지 계속된다. 이런 방법으로 고딕 성당은 종교 사회 정신의 쉼터이자 그 구조 속에 '정신의 상승 운동(the upward movement of that spirit)'을 상징하고 있다.

　헤겔은 상대적으로 소형 건물도 고찰하였다. 헤겔은 민간 건물에 대해서는 거의 언급이 없다. 그러나 마음속에 간직해야 할 것은 헤겔은 우리의 일상생활 속에 보호와 안전을 제공하는 건물이 아니라 예술로서의 건축에 관심을 지녔다는 점이다. 그러나 헤겔이 설명한 건축은 헤겔이 정의한 대로의 진짜 예술에는 미치지 못한 것은 주목을 요하는데, 건축은 자유 정신 자체의 감각적 직접적 표현은 아니기 때문이다(건축 방법상으로). 이것이 건축의 근본적 한계점이다. 즉 "독립 건축"의 구조는, 다소 무 규정적 의미를 상지아고 있는데, 피라미드는 죽음이라는 은폐된 의미의 현존(現存)을 지시하고 있다. 집짓기가 정신으로부터 분리되어 그 구조를 이루는 한에는, 고전적 낭만적 형식의 건축에까지도 "상징적인" 예술은 남아있기 마련이다. 어떤 경우에도 건축에는 자유로운 정신 자체의 구현 또는 표현은 없다. 그러나 이것이 건축을 우리의 미적 종교적 생활의 일부로서 덜 필요하게 만드는 것은 아니다. 역시 그것은 (일상적 필요와 사업상의 건축에 반대되는)헤겔의 고전과 낭만 시대에 건축 예술을 구분 이해 추구에 방해가 되는 것도 아니다."

((Art, we recall, is the sensuous expression of divine and human freedom. If it is to demonstrate that spirit is indeed free, it must show that spirit is free in relation to that which is itself unfree, spiritless and lifeless—that is, three-dimensional, inorganic matter, weighed down by gravity. Art must, therefore, be the transformation of such brute, heavy matter into the expression of spiritual freedom, or what Hegel calls "the forming of the inorganic" (VPK, 209). The art that gives heavy matter the explicit form of spiritual freedom—and so works stone and metal into the shape of a human being or a god—is sculpture. Architecture, by contrast, gives matter an abstract, inorganic form created by human understanding. It does not animate matter in the manner of sculpture but invests matter with strict regularity, symmetry and harmony (PKÄ, 155, 166). In so doing architecture turns matter not into the direct sensuous expression of spiritual freedom, but into an artificially and artfully shaped surrounding for the direct expression of spiritual freedom in sculpture. The art of architecture fulfills its purpose, therefore, when it creates classical temples to house statues of the gods (VPK, 221).

Hegel points out, however, that prior to the emergence of classical architecture in ancient Greece, architecture took the more primitive form of "independent" (selbständig) or "symbolic" architecture (Aesthetics, 2: 635; PKÄ, 159). The constructions that fall into this category do not house or surround individual sculptures, like classical Greek temples, but are themselves partly sculptural and partly architectural. They are works of architectural sculpture or sculptural architecture. Such constructions are sculptural in so far as they are built for their own sake and do not serve to shelter or enclose something else. They are works of architecture, however, in so far as they are overtly heavy and massive and lack the animation of sculpture. They are also sometimes arranged in raws, like columns, with no distinctive individuality.

Some of these works of independent architecture have regular inorganic, geometrical shapes (such as the temple of Bel described by Herodotus) (see Herodotus, 79–80 [1: 181]); some are clearly embodiments of the organic "force of life in nature" (such as the phallus and the lingam) (Aesthetics, 2: 641); and some even have a human form, albeit one that is abstract and colossal (such as the Egyptian Memnons of Amenhotep III). In Hegel's view, however, all such constructions have a symbolic significance for those who built them. They were not built simply to provide shelter or security for people (like a house or a castle), but are works of symbolic art.

These "independent" constructions are meaningful in themselves: their meaning lies, for example, in their shape or in the number of their parts. By contrast, the Egyptian pyramids contain a "meaning" that is separate from the construction itself. That "meaning," of course, is the body of the dead pharaoh. Since they house within themselves something other than themselves, pyramids, in Hegel's view, are, as it were, on the way to being properly architectural.

They fall short of proper classical architecture, however, because what they shelter within themselves is death, not the embodiment of the living god: they are, as Hegel puts it, "crystals that shelter within them a departed spirit" (VPK, 218). Furthermore, the "meaning" that they contain is completely hidden within them, invisible to all. Pyramids thus remain works of symbolic art that point to a hidden meaning buried within them. Indeed, as was noted above, Hegel claims that the pyramid is the image or symbol of symbolic art itself (Aesthetics, 1: 356).

The epitome of symbolic art is symbolic architecture (specifically, the pyramids). Architecture itself, however, comes into its own only with the emergence of classical art: for it is only in the classical period that architecture provides the surrounding for, and so becomes the servant of, a sculpture that is itself the embodiment of free spirit.

Hegel has much to say about the proper form of such a surrounding. The main point is this: spiritual freedom is embodied in the sculpture of the god; the house of the god— the temple—is something quite distinct from, and subordinate to, the sculpture it surrounds; the form of that temple should thus also be quite distinct from that of the sculpture. The temple, therefore, should not mimic the flowing contours of the human body, but should be governed by the abstract principles of regularity, symmetry and harmony.

Hegel also insists that the form of the temple should be determined by the purpose it serves: namely to provide an enclosure and protection for the god (VPK, 221). This means that the basic shape of the temple should contain only those features that are needed to fulfill its purpose. Furthermore, it means (in Hegel's view) that each part of the temple should perform a specific function within the economy of the whole building and that different functions should not be confused with one another. It is this latter requirement that makes columns necessary. There is a difference, for Hegel, between the task of bearing the roof and that of enclosing the statue within a given space. The second task—that of enclosure—is performed by a wall. If the first task is to be clearly distinguished from the second, therefore, it must be performed not by a wall but by a separate feature of the temple. Columns are necessary in a classical temple, according to Hegel, because they perform the distinct task of bearing the roof without forming a wall. The classical temple is thus the most intelligible of buildings because different functions are carried out in this way by different architectural features and yet are harmonized with one another. Herein, indeed, lies the beauty of such a temple (VPK, 221, 224).

In contrast to classical architecture, romantic or "Gothic" architecture is based on the idea of a closed house in which Christian inwardness can find refuge from the outside world. In the Gothic cathedral columns are located within, rather than around the outside of, the enclosed space, and their overt function is no longer merely to bear weight but to draw the soul up into the heavens. Consequently, the columns or pillars do not come to a definite end (in a capital on which rests the architrave of the classical temple), but continue up until they meet to form a pointed arch or a vaulted roof. In this way, the Gothic cathedral not only shelters the spirit of the religious community, but also symbolizes the upward movement of that spirit in its very structure (PKÄ, 170–1).

Hegel considers a relatively small range of buildings: he says almost nothing, for example, about secular buildings. One should bear in mind, however, that he is interested in architecture only in so far as it is an art, not in so far as it provides us with protection and security in our everyday lives. Yet it should also be noted that architecture, as Hegel describes it, falls short of genuine art, as he defines it, since it is never the direct sensuous expression of spiritual freedom itself (in the manner of sculpture) (see Aesthetics, 2: 888). This is a fundamental limitation of architecture: the structures of "independent architecture" symbolize meanings that are more or less indeterminate; the pyramids indicate the presence of a hidden meaning, namely death; and even in its classical and romantic forms architecture remains a "symbolic" art, in so far as the structures it creates remain separate from the spirit they house (Aesthetics, 2: 888). In no case is architecture the explicit manifestation or embodiment of free spirituality itself. This does not, however, make architecture any less

necessary as a part of our aesthetic and religious life. Nor
does it prevent Hegel from seeking to understand what
distinguishes the "art" of architecture (as opposed to the more
everyday practice or business of architecture) in both the
classical and romantic eras.))

〈'스탠포드 헤겔 미학'34)〉

───────✈

* 앞서 밝혔듯이, **헤겔의 절대 관심 사항은 '신(God)'이고 역시 그 '사제(司祭)'였**
던 '군주(왕)'에 대한 이야기로 헤겔의 〈미학〉 논의도 그 범위를 넘지 않는다.
* 헤겔의 건축 조각의 논의는 그 '왕(신)' 중심으로 세워졌던 이집트 피라미드
논의부터 시작하고 있다. 그 '왕(신)' 거주한 '영원한 궁궐(무덤)'에 대한 논의
가 그것이다.

헤겔은 '개별 대상(작품)' 설명에서도 주인(신, 왕)과 종(노예, 보호막)의 관
계 원리를 포기함이 없었으니, 가령 '고전(고대 희랍) 시기에 이르러서야
건축이 자유(복종)정신의 구현인 조각에 주변을 제공하여 종(하인)이 되게
하였기 때문이다.'라는 진술이 그것이다.

즉 '신상(제우스 神像)'을 중심으로 돌기둥 천장 바닥 벽의 장식이 되었음을
헤겔은 바로 '군주 중심의 국가 형태'와 동일시를 행하였다. 이것이 '절대정
신(신)' 중심의 헤겔 〈미학〉에 가장 확실한 원리였다. (참조, ⑥-10. **'현실적**
인 것'이 '이성적인 것'이다. ⑥-24. 애국심(愛國心)은 정치적 지조(志操,
disposition)이다.)

---

34) *Stanford Encyclopedia of Philosophy*, 'Hegel's Aesthetics', 2009

⑨-18 희랍인의 조각이 '표준'이다.

"건축과는 대조적으로 조각은 무거운 물질에다가 인간의 형상을 제공하여 '자유정신의 구체적 표현'을 행한다. 조각의 정점은 헤겔의 생각으로 고전 희랍에서 달성되었다고 보았다. 이집트 조각에서의 인간 형상은 자주 다른 것 앞에 꼿꼿이 다리를 모아 서 있고, 팔들은 몸 곁에 꼭 붙여두어 경직된 생기 없는 모습이다. 이와는 대조적으로 페이디아스(Phidias, 500?~432? b.c.)나 플락시텔레스(Praxiteles, 370?~330? b.c.)같은 희랍 조각가에 의해 창조된 이상화된 신상(神像)은 명백히 생동감이 넘치고 부동(不動)의 신들을 그릴 때까지도 그렇다. 이 생동감은 인물의 입상(立像)에도 명백하고, 인체의 미묘한 윤곽이나 사람의 의류(衣類)에서도 나타난다. 헤겔은 그가 베를린에서 보았던 미켈란젤로의 '피에타'에도 크게 감동을 받았다. 그러나 헤겔의 생각으로는 "이상적" 조각 미에 기준을 마련한 사람은 희랍이라는 것이다. 헤겔에 의하면 희랍의 조각은 예술로 이룰 수 있는 가장 순수한 미의 형상화라는 것이다.(더욱 상세한 헤겔의 조각 고찰은 '울가트(Houlgate, 2007)'를 참조할 것)"

((In contrast to architecture, sculpture works heavy matter into the concrete expression of spiritual freedom by giving it the shape of the human being. The high point of sculpture, for Hegel, was achieved in classical Greece. In Egyptian sculpture the figures often stand firm with one foot placed before the other and the arms held tightly by the side of the body, giving the figures a rather rigid, lifeless appearance. By contrast, the idealized statues of the gods created by Greek sculptors, such as Phidias and Praxiteles, are clearly alive and animated, even when the gods are depicted at rest. This animation is apparent in the posture of the figure, in the nuanced contours of the body and also in the free fall of the figure's garments. Hegel greatly admired the sculpture of Michelangelo—a cast of whose Pietà he saw in Berlin (Aesthetics, 2: 790)—but it was the Greeks, in his view, who set the standard for "ideal" sculptural beauty. Indeed, Greek sculpture, according to Hegel, embodies the purest beauty of which art itself is capable. (For a more detailed study of Hegel's account of sculpture, see Houlgate 2007, 56-89).

〈'스탠포드 헤겔 미학'[35]〉

* 헤겔이 독일인으로서 '칸트 철학'을 따랐던 유일한 점은 칸트의 '순수이성 (Pure Reason)'론 '관념(개념, Notion, Idea)론'의 수용이다. 그런데 헤겔의 칸트의 인간 중심의 '순수이성'을 절대 신의 대명사인 '절대정신'으로 바꾸고 (代用하고), 칸트가 하나의 '표상(Representation)'으로 전제한 '개념'을 바로 '자연 대상(Natural Object)'로 비약하여 '스콜라(가톨릭) 철학'을 변용한 '성령 중심의 루터 신학(개신교 신학)'을 열었다. (참조, ⑧-18. **지옥(地獄)보다 억센 이성(理性)** ⑪-01. **'절대주의' : '일원론(一元論)'으로 통일을 하다.**)

* 헤겔이 '희랍 신상'이 '생동감'이 있다고 칭송한 것은 '인격신' '자신의 개념(자신 개념－Self Conception) 속의 인간' '예수와 헤겔'을 전제로 한 설명이라는 점을 확실히 알 필요가 있다.

   헤겔은 수시로 '군주(君主)'에게도 그 '자신의 개념'으로 '세계정신'을 일컫기도 하고, 금방 그를 향한 '노예 정신(a servant pf the Lord)'을 발동하기도 했기 때문이다. (참조, ⑪-06. **말을 탄 '세계정신'(1806).** ⑥-12. **각 개인은 '시대의 아들'이다.** ③-28. **'주인'은 하나님이고, '노예'는 인간이다.**)

⑨-19 '회화'는 '정신의 얼굴'이다.

   "헤겔은 희랍의 조각상이 자주 야하게 그려졌던 것을 잘 알고 있었다. 그러나 헤겔은 조각이란, 거기에 색채를 적용하기보다는 3차원적 형상으로 '정신적 자유와 생명력'을 표현다고 주장하였다. 그에 비해 회화(繪畵)에서는 무엇보다 표현의 매체(媒體)는 색채이다. 헤겔은 회화의 요점은 자유정신을 온전히 형상화하여 우리에게 보여주는 것이 아니라고 하였다. 회화는 자유정신이 어떻게 생겼는지를 우리에게 보여줄 뿐이고, 자유정신이 그 자체를 어떻게 눈에 명시되는지를 우리에게 보여준다. 그처럼 회화 이미지는 조각의 3차원에 미치지 못 하나 세세한 것을 색채로 더하고 개별화를 행한다.

---

35) *Stanford Encyclopedia of Philosophy*, 'Hegel's Aesthetics', 2009

헤겔은 회화가 희랍 시대에 완벽한 단계에 도달했다는 인정하고 있다. 그러나 헤겔은 회화가 낭만적인 표현, 기독교 정신(그리고 후기 종교 개혁 근대의 세속적 자유)에 가장 잘 맞는다고 주장을 하고 있다. 그것은 육체적 확실성이 없어지고 색채의 존재가 더욱 기독교 세계의 내면적 정신성이 그 자체를 명시하게 하였기 때문이다. 조각이 물질적 정신의 표현이라면 회화는 그 속에 내면의 혼으로서 영혼 자체가 명시된 '정신의 얼굴'을 보여주는 것이다.

그러나 회화는 조각과는 달리 외적 환경과 관련된 신과 인간 정신을 안착시킬 수가 있다. 즉 회화는 그리스도와 마리아 성자들과 속중(屬衆)이 둘러싸인 자연 경치와 건축을 그림 속에 포함할 수 있다. 정말 헤겔은 조각과는 대조적으로 그 속에 독립적이고 자립의 개인들을 표현하는데 탁월하여 인간의 환경, 인간의 상호관계를 표현하는데 전적으로 더욱 적절하였다고 주장하고 있다. 즉 예를 들어 마리아와 아기 예수 간의 사랑을 묘사 그림은 탁월하다는 것이 그것이라는 주장이다.

회화에 대한 헤겔의 고찰은 풍부하고 광범위하다. 헤겔은 라파엘(Raphael, 1488~1520) 티치아노(Titian, 1488~1576)와 네덜란드 화가를 특히 칭송하였고, 헤겔은 그가 "목적 음악"이라고 부른 화가들이 색채들을 조합하는 방법에 특별한 관심을 보이고 있다. 그러나 헤겔은 자유로운 인간들을 그려낸 완전한 부분을 보고 회화가 (20세기에 행했듯이) 순수하게 추상적 "음악적"으로 돼야 한다고 암시하지 않은 것에 유념을 해야 한다."

> ((Hegel was well aware that Greek statues were often painted in quite a gaudy manner. He claims, however, that sculpture expresses spiritual freedom and vitality in the three-dimensional shape of the figure, rather than in the color that has been applied to it. In painting, by contrast, it is color above all that is the medium of expression. The point of painting, for Hegel, is not to show us what it is for free spirit to be fully embodied. It is to show us only what free spirit looks like, how it manifests itself to the eye. The images of painting thus lack the three-dimensionality of sculpture, but they add the detail and specificity provided by color.
>
> Hegel acknowledges that painting reached a degree of perfection in the classical world, but he maintains that it is best suited to the expression of romantic, Christian spirituality

(and the secular freedom of post-Reformation modernity) (PKÄ, 181). This is because the absence of bodily solidity and the presence of color allow the more inward spirituality of the Christian world to manifest itself as such. If sculpture is the material embodiment of spirit, painting gives us, as it were, the face of spirit in which the soul within manifests itself as the soul within (PKÄ, 183).

Painting, however, is also able—unlike sculpture—to set divine and human spirit in relation to its external environment: it is able to include within the painted image itself the natural landscape and the architecture by which Christ, the Virgin Mary, the saints or secular figures are surrounded (Aesthetics, 2: 854). Indeed, Hegel argues that painting—in contrast to sculpture, which excels in presenting independent, free-standing individuals—is altogether more suited to showing human beings in their relations both to their environment and to one another: hence the prominence in painting of, for example, depictions of the love between the Virgin Mary and the Christ child.

Hegel's account of painting is extraordinarily rich and wide-ranging. He has particular praise for Raphael, Titian and the Dutch masters and, as noted earlier, is especially interested in the ways in which painters can combine colors to create what he calls "objective music" (Aesthetics, 1: 599–600). It should be noted, however, that Hegel sees the abstract play of colors as an integral part of the depiction of free human beings and does not suggest that painting should ever become purely abstract and "musical" (as it did in the twentieth century).))

〈'스탠포드 헤겔 미학'36)〉

———✈

* 대표적인 계몽주의자 볼테르는 그의 〈무식한 철학자(*The Ignorant Philosopher*, 1776)〉에서 버질(Virgil, b.c. 70~b.c. 19)과 루칸(Lucan, 39~ 65)의 시를 인

---

36) *Stanford Encyclopedia of Philosophy*, 'Hegel's Aesthetics', 2009

용하여 "(인간과 짐승들이, 그 목숨들을 얻었으니,(- 버질) 어디를 가든지, 보이는 것은 주피터라. (- 루칸)"[37]라고 인간 '영혼(my soul)'을 설명하였다.

* **헤겔이 위에서 '회화(painting)'가 '정신의 얼굴(the face of spirit)'이라고 규정한 것은 '신의 얼굴' '신을 받드는 정신'을 총칭하고 있다는 점이다.** 헤겔의 예술 논의에서 '개인의 논의' '자신의 표현' '예술가 자신의 창의적 표현'을 말하면 그것은 '논자 자신의 망상'으로 '헤겔의 (절대)정신'을 훼손한 것이 되니, 그러한 작업은 헤겔을 위해서나 '헤겔 해설자 자신'에 쓸모가 없는 도로(徒勞)일 뿐이다.

* 헤겔의 관심은 '이성' '절대정신' '신' '법' '자유' '자유'는 같은 의미이니[同語反覆], 예술 작품도 역시 그 '표현(신의 얼굴)'일 수밖에 없다는 헤겔의 주장이다. (참조, ②-09. '신(God)'이 '절대 진리', '절대 가치', '절대 자유'이다. ③-13. '진리=현실=실체=주체=정신=성령=하나님' ③-17. '실체=정신=존재=주체=본질=진리=대상=자기 자신')

⑨-20 '사회적 오케스트라(the social orchestra)' 론

"그 다음 헤겔이 "개별 예술의 체계"에서 다룬 것은 음악이다. 음악도 역시 낭만적인 예술 기간에 그 진가를 발휘하게 된다. 음악은 건축과는 다르지만, 조각 회화 같이 자유로운 주체의 직접적 표현이다. 그러나 음악은 공간적 차원을 전적으로 버림으로써 더욱 주체적 내면의 직접적 표현에 나아간다. 음악은 주체에게 지속적으로 시각적 표현은 하지 않으며 소멸하는 소리의 유기적 연속으로 주체를 표현한다. 헤겔에게 음악은 감정의 직접적인 토로에 기원한 것으로 "감탄사" - "심장의 감탄사"이다. 그러나 음악은 울부짖음

---

37) Voltaire, *The Best Known Works of Voltaire*, The Book League, 1940, 'The Ignorant Philosopher' p.431 'X Ⅶ. Incomprehensibility'

이나 탄식 이상의 것이다. 음악은 어떤 유기적이고 발전적이고 "율동적인" 감탄사다. 이처럼 음악은 그 자체적으로 소리의 연속일 뿐만 아니라 내적 주체의 구조화한 음성적 표현이다. 리듬과 하모니 멜로디를 통하여, 영혼이 그 내적 운동을 듣게 하게 영혼이 들은 것으로 감동되게 한다. 음악은 "울려 퍼지는 영혼이고 들어서 만족을 느끼는 정신"이다.

음악은 시간 속에 차이와 불화를 지나 통일로 되돌아가는 영혼의 운동을 표현하여 우리가 듣고 즐기게 한다. 음악은 역시 사랑 그리움 기쁨 같은 다양한 감정을 표현하여 감동을 준다. 그러나 헤겔의 생각으로 음악의 목적은 (모든 순수 예술에서처럼) 우리의 감정을 일깨울 뿐만 아니라 우리가 마주치고 있는 것 속에서 화해와 만족의 감각을 즐길 수 있게 하는 것이다. 헤겔은 주장하기를 이것이 팔레스트리나 글루크 하이든 모차르트 음악, 진정한 "이상적" 음악의 비밀이라고 한다. 최고의 슬픔 속에서까지 "영혼의 평정을 잃지 않고,... 슬픔이 표현된 그곳에도 역시 동시에 달램이 있고,...만물이 억압 속에 모두 굳건히 유지되어, 양양함은 역겨운 혼란으로 비화되지 않고 애통까지도 높은 행복의 평정을 우리에게 제공한다."

헤겔은 음악이 시적 가사와 연합될 때 특별한 선명함으로 감정을 표현할 수 있음에 주목을 하고 있다. 헤겔은 특별히 교회 음악과 오페라를 좋아하였다. 그러나 헤겔은 흥미롭게도 그러한 경우 음악에 봉사하고 있는 것이 반대로 텍스트라고 하고 그 이유는 음악은 사실 무엇보다 영혼의 심원한 운동을 나타내기 때문이라 주장하였다. 음악이 텍스트를 동반해야 할 이유는 없으니, 음악은 "독립적인" 기악일 수도 있다. 그처럼 음악은 영혼의 운동을 표현하고, 영혼의 운동을 "음악과의 공감"으로 되돌려 역시 예술의 목적을 달성한다. 그러나 이 표현에 덧붙여 독립 음악은 그 자체적으로 순전히 주제와 조화의 순수한 전개를 추구한다. 헤겔의 생각으로는 이것이 음악이 행해야 할 아주 적절하고 정말 필수적인 일이다. 그러나 헤겔이 본 위험성은, 그 같은 형식적 발달이 내적 감정과 주체의 음악적 표현에서 완전 분리된 결과, 음악이 순수 예술이기를 포기하고 단순한 기교로 바뀌는 것이다. 말하자면 음악은 그 영혼을 잃으면 "주워 모은 기술과 기술"일 뿐이다. 이 지경에 이르면 음악은 우리가 감동으로 어떤 것을 느끼게 할 수 없고, 단순히 우리의 추상적 오성을 고용할 뿐이다. 그렇게 함으로써 음악은 "감정가(鑑定家, connoisseur)"의 영역으로 변하고, 음악은 "음악에서 감정과 이념의 지적 표현을 좋아하는" 비전문가를 버려두고 떠나간다.

헤겔은 그가 논술한 다른 예술의 영역에서와 마찬 가지로 음악에 능하지 못 함을 인정하고 있다. 그러나 헤겔은 깊은 감식력을 소지하였으니, 바흐 한델 모차르트 음악과 그의 리듬 하모니 멜로디 분석은 고도의 빛을 발하고 있다. 헤겔은 비판적이긴 했으나, 동시대의 베버(Carl Maria von Weber)음악과 친숙 하였고 로시니(Rossini, 1792~1868)에 대해 특별한 애정을 가지고 있었다."

((The next art in Hegel's "system of the individual arts" is music itself. It, too, comes into its own in the period of romantic art. Like sculpture and painting, but unlike architecture, music gives direct expression to free subjectivity. Yet music goes even further in the direction of expressing the inwardness of subjectivity by dropping the dimensions of space altogether. It thus gives no enduring visual expression to such subjectivity, but expresses the latter in the organized succession of vanishing sounds. Music, for Hegel, originates in the immediate uttering of feeling or what he calls "interjection"—"the Ah and Oh of the heart" (Aesthetics, 2: 903). Yet music is more than just a cry of pain or a sigh; it is an organized, developed, "cadenced" interjection. Music is thus not just a sequence of sounds for its own sake, but is the structured expression in sounds of inner subjectivity. Through rhythm, harmony and melody music allows the soul to hear its own inner movement and to be moved in turn by what it hears. It is "spirit, soul which resounds immediately for itself and feels satisfied in hearing itself [in ihrem Sichvernehmen]" (Aesthetics, 2: 939, translation altered).

Music expresses, and allows us to hear and enjoy, the movement of the soul in time through difference and dissonance back into its unity with itself. It also expresses, and moves us to, various different feelings, such as love, longing and joy (Aesthetics, 2: 940). In Hegel's view, however, the purpose of music is not only to arouse feelings in us, but— as in all genuine art —to enable us to enjoy a sense of reconciliation and satisfaction in what we encounter. This, Hegel contends, is the secret of truly "ideal" music, the music of Palestrina, Gluck, Haydn and Mozart: even in the deepest grief "tranquillity of soul is never missing […]; grief is expressed there, too, but it is assuaged at once; […] everything is kept firmly together in a restrained form so that jubilation does not degenerate into a repulsive uproar, and even a lament gives us the most blissful tranquillity" (Aesthetics, 2: 939).

Hegel notes that music is able to express feelings with especial clarity when it is accompanied by a poetic text, and he had a particular love of both church music and opera. Interestingly, however, he argues that in such cases it is really the text that serves the music, rather than the other way around, for it is the music above all that expresses the profound movements of the soul (Aesthetics, 2: 934). Yet music does not have to be accompanied by a text; it can also be "independent" instrumental music. Such music also fulfills the aim of art by expressing the movements of the soul and moving the soul in turn to "emotions in sympathy with it" (Aesthetics, 2: 894). Over and above this expression, however, independent music pursues the purely formal development of themes and harmonies for its own sake. This, in Hegel's view, is a perfectly appropriate, indeed necessary, thing for music to do. The danger he sees, however, is that such formal development can become completely detached from the musical expression of inward feeling and subjectivity, and that, as a result, music can cease being a genuine art and become mere artistry. Music, as it were, loses its soul and becomes nothing but "skill and virtuosity in compilation" (Aesthetics, 2: 906). At this point, music no longer moves us to feel anything, but simply engages our abstract understanding. It thereby becomes the province of the "connoisseur" and leaves the layman—who "likes most in music [⋯] the intelligible expression of feelings and ideas" (Aesthetics, 2: 953)—behind.

Hegel admits that he is not as well versed in music as he is in the other arts he discusses. He has a deep appreciation, however, for the music of J.S. Bach, Handel and Mozart and his analyses of musical rhythm, harmony and melody are highly illuminating. He was familiar with, though critical of, the music of his contemporary Carl Maria von Weber, and he had a particular affection for Rossini (Aesthetics, 1: 159, 2: 949). Surprisingly, he never makes any mention of Beethoven.))

〈'스탠포드 헤겔 미학'38)〉

_____✈

* 헤겔은 위에서 음악을 '울려 퍼지는 영혼(soul which resounds immediately for itself)'라고 정의하여 '정신의 목소리' '신의 목소리'로 해석을 하였다.

* 그런데 헤겔은 다음과 같은 **'사회적 오케스트라(the social orchestra)'** 론도 편 적이 있었다.

> "각자는 인지된 도덕적 책임이라는 인식 속에 복합적 정서 생활을 관리하는 윤리적 거장(巨匠, an ethical virtuoso)이다. 그러나 그 자기 실현의 승리는, 그것의 성취에 꼭 필요한 발전된 사회 체계 내에서만 가능하다. 거대한 기악 연주자들(instrumentalists)에 의해 그렇게 할 수 있듯이, 각자의 기량의 완성(the consummation of our skills)은, 그 '사회적 오케스트라' 속에서만 성취할 수 있다. 그러면 우리는 진정으로 자유로운 것이다."

> 8. Bradley, *Ethical Studies*, p. 173. This is captured beautifully by Knowles: 'Each person is an ethical virtuoso, managing a complex emotional life in the light of recognized moral responsibilities. But this triumph of self-realization is only possible within a social framework which has developed as necessary for its accomplishment. Magnificent instrumentalists though we may be, we can only achieve the consummation of our skills alongside others in the social orchestra. *Then we are truly free*'. Knowles, *Hegel and the Philosophy of Right*, p. 56.

〈'헤겔과 법철학'39)〉

이것이 헤겔의 '국가주의' '전체주의' '절대자유' '음악'에 대한 헤겔 식 '집착(執着, obsession)' '고집' '강박관념(Obsessional Neurosis)'의 증거들이다. (참조, ⑥-11. 국가(國家)는, 인륜(人倫)의 우주(宇宙)다. ⑥-12. 각 개인은 '시대의 아들'들이다.)
'오케스트라의 연주'는 '몇 분(分)간' 길어야 '수십 분' 연주(緊張의 瞬間)임에

38) *Stanford Encyclopedia of Philosophy*, 'Hegel's Aesthetics'
39) D. Knoweles, *Hegel and The Philosophy of Right*, Routledge Philosophy GuideBooks, 19oo, p. 56

대해, 엉터리 헤겔은 '영원한 국가 사회 경영의 이상(理想)'으로 주장하고, 그것을 오히려 '진정한 자유'라고 주장하였다. 이것이 그 '전체에 묶어두어야 비로소 그 직성이 풀리고' '큰 묶임 속에서만 자신이 안정이 되는' '강박증(obsessive compulsive neurosis)' 그 '우울증자(a melancholiac)' 헤겔의 정체(正體)이다. (참조, ⑪-06. 말을 탄 '세계정신'(1806).)

⑨-21 시(Poetry)는 '가장 완벽한 예술'이다.

"헤겔이 고찰한 마지막 예술은 역시 소리 예술이고, 개념의 기호서 이해되는 소리 그리고 내면의 표현인 – 말로서의 소리이다. 이것이 넓은 의미에서의 '시문학(poetry, Poesie)'이다. 헤겔은 시를 가장 완벽한 예술로 생각했다. 왜냐하면 (예술의 고전적 형식으로 조각이 우리에게 가장 순수한 이념적 미를 제공하는 것과는 대조적으로) 시는 가장 풍부하고도 구체적인 정신 자유의 표현이기 때문이다. 시는 응집된 내면(inwardness)과 공간 시간 속에서의 행동으로서 모두 '정신적 자유(spiritual freedom)'를 보여줄 수 있다. 시는 상징적 예술, 고전적 예술, 낭만적인 예술과 공존했으니, 그러한 측면에서 "가장 무제약적 예술"이다.

헤겔의 경우 시는 단순히 개념의 구조화한 제시가 아니고 언어 진술된(써진 것이 아니라) 언어 속에 개념의 표현이다. 시 예술에 중요한 양상, 산문과 다른 점은 단어의 음악적 배치, "운율 맞추기(versification)"이다. 고전적 예술과 낭만적인 예술 사이에 중요한 차이가 있다고 헤겔은 주장을 한다. 즉 고전 시인은 그들의 시에서 율적(律的) 구조(rhythmic structure)를 중시했음에 대해 기독교계(특히 프랑스와 이탈리아)는 큰 비중을 각운(脚韻, rhyme)에 두었다.

헤겔에 의해 확인된 시의 세 가지 기본 형식은 서사시 서정시 극시이다."

((The last art that Hegel considers is also an art of sound, but sound understood as the sign of ideas and inner representations—sound as speech. This is the art of poetry (Poesie) in the broad sense of the term. Hegel regards poetry as the "most perfect art" (PKÄ, 197), because it provides the richest and most concrete expression of spiritual freedom (in contrast to sculpture which, in its classical form, gives us the

purest ideal beauty). Poetry is capable of showing spiritual
freedom both as concentrated inwardness and as action in
space and time. It is equally at home in symbolic, classical
and romantic art and, in this sense, is the "most unrestricted
of the arts" (Aesthetics, 2: 626).

Poetry, for Hegel, is not simply the structured presentation
of ideas, but the articulation of ideas in language, indeed in
spoken (rather than just written) language. An important
aspect of the art of poetry—and what clearly marks it off from
prose—is thus the musical ordering of words themselves or
"versification." In this respect, Hegel claims, there are
important differences between classical and romantic art: the
ancients place more emphasis on rhythmic structure in their
verse, whereas in Christendom (especially in France and Italy)
greater use is made of rhyme (PKÄ, 201-4).

The three basic forms of poetry identified by Hegel are epic,
lyric and dramatic poetry.))

〈'스탠포드 헤겔 미학'40)〉

———→

* 앞서 확인하였듯이 헤겔의 〈정신현상학〉 〈논리학〉에서 볼 수 있는바, 헤겔
에게 '개념(notions, conceptions)'은 바로 '자연 대상(natural objects)'과 동일
하고 그 '말을 하는 존재는 절대정신(신 창조자)'와 연결이 되고 있으니,
헤겔의 경우 '말(씀)'보다 중한 것이 없고 '화자(speaker)'보다 중한 것이 없다.
(참조, ③-26. 대상(Objects)과 개념(Conceptions)의 일치한다. ③-32. '이성(理
性)'에 의해 창조된 세계)
헤겔은 오직 '절대정신' 문제에 모든 것을 바치고 걸고 있는 입장이고, '자신
의 개념'으로 그 '절대정신'의 '종(奴僕, a servant of the Lord)'으로 알게
된 것도 '요한복음'에 그 '말씀'이기에 그 '말이 전부' 즉 '관념이 전부'인 헤겔
〈미학〉에서 제일 중요한 것은 '시(문학)'가 중요함은 두 말이 필요 없는 사항

---

40) *Stanford Encyclopedia of Philosophy*, 'Hegel's Aesthetics', 2009

이다.[플라톤 철학과 동일]

* '말'은 '문학(서정시, 서사시, 극시)' 자체인데, 헤겔의 그것(말)에 역시 '자연' '대상' '나' '이성' '신' 모두를 포괄하고 있다. 헤겔은 (칸트처럼) '자연 대상' '물자체(Things in themselves)'에 '실체(Substance)'를 둠은 거부(拒否)하고, 오직 '신(이성, 정신)' 일원론(Monism)에 매달렸기에 더욱 '언어(개념, 이념)'가 자연스럽게 그 '절대적인 위치'를 차지하게 되었다. (참조, ③-26. **대상 (Objects)과 개념(Conceptions)의 일치 ④-16. '이념(Idea)'이 객관적 진리이다.**)

* 그러나 헤겔 이후 실존주의자(F. 니체, S. 프로이트)는 정확히 '(과학적)현실'로 돌아와 새로운 '실존주의(육체 중심주의)'를 펼쳤다.

⑨-22 알렉산더가 '서사시 주인공'으로 부적절한 이유

"서사시(Epic poetry)는, 환경과 사건의 세속적 맥락 속에서 자유로운 정신, 즉 자유로운 인간을 제시하고 있다. 헤겔은 말하기를 "서사시 속에, 개인들은 행동하고 느낀다. 그러나 그들의 행동들은 독립적인 것이 아니고, 사건들은 (역시) 그들의 권리를 가지고 있다."고 한다. 그러므로 서사시 속에 기술된 것은 "행동과 사건 간에 어떤 역할"이다. 서사적 개인들은 개인들 속에 자리 잡고, 더 큰 대규모 사업에 붙잡혀 있다(호머 〈일리아드〉에 트로이 전쟁에처럼). 이처럼 그들이 행하고 있는 것은 그 상황 속에서 자신들의 의지로 자신들을 찾아낸 상황만큼이나 제한 적이고, 그 행동 결과는 대체로 환경 앞에 속수무책이다. 서사시는 이처럼 세속적 인물을 우리에게 보여주고 인간 자유의 안내원 같은 제한성을 보여 준다. (이러한 측면에서 헤겔은 알렉산더 대왕은 서사시에 훌륭한 주체가 될 수 없으니, "그의 세계는 그의 군대"이기에 그의 창조는 그의 통제 하에 있으므로 그의 의지에 독립해 있는 것이 아니기 때문이다.)〉

〈헤겔이 거론한 위대한 서사시 작품 가운데는 호머의 '오디세이' 단테의 '신곡' 중세 스페인의 '엘시드'가 있다. 그러나 헤겔이 서사시에서 행한 대부분의 논의는 헤겔의 일리아드 독서에 기초를 두고 있다. 헤겔은 근대에 와서 서사시는 소설에 길을 제공하였다고 주장을 하고 있다.〉

〈서사시 주인공과는 달리, 서정시의 주체는 세계 속에 임무 여행 모험을 수행하지 않고, 단지 표현을 제공하여 찬송가 송시 가요의 형식으로 자신의 이념이나 내적 감정을 표현한다. 그것은 직접적으로 행할 수도 있고, 장미나 와인이나 다른 사람 같은 것의 시적 기술에 의할 수도 있다. 언제나처럼 서정시에 대한 헤겔의 언급은 박식과 비평적 감각으로의 증언이다. 헤겔은 괴테의 '동서(東西)시집(West-Eastern Divan, 1819)'에 지나친 칭송을 하고 있다. 그러나 클롭스톡(F. G. Klopstock, 1724~1803)은 새로운 "시적 신화" 창조를 원하고 있다고 비판을 하였다."

((Epic poetry presents spiritual freedom—that is, free human beings—in the context of a world of circumstances and events. "In the epic," Hegel states, "individuals act and feel; but their actions are not independent, events [also] have their right." What is described in such poetry, therefore, is "a play between actions and events" (PKÄ, 208). Epic individuals are situated individuals, caught up in a larger enterprise (such as the Trojan War in Homer's Iliad). What they do is thus determined as much by the situation in which they find themselves as by their own will, and the consequences of their actions are to a large degree at the mercy of circumstances. Epic poetry thus shows us the worldly character—and attendant limitations—of human freedom. (In this respect, Hegel notes, Alexander the Great would not have made a good subject for epic poetry, because "his world was his army"— his creation under his control—and so was not truly independent of his will [PKÄ, 213].)

Among the great epic poems Hegel discusses are Homer's Odyssey, Dante's Divine Comedy and the mediaeval Spanish poem El Cid. Much of what he has to say about the epic, however, is based on his reading of Homer's Iliad. In the modern period, Hegel maintains, the epic gives way to the novel (PKÄ, 207, 217).

In contrast to the epic hero, the subject of lyric poetry does not undertake tasks, journeys or adventures in the world but simply gives expression—in hymns, odes or songs—to the self's ideas and inner feelings. This can be done directly or via the poetic description of something else, such as a rose,

wine, or another person. As always, Hegel's remarks about
lyric poetry bear witness to his extraordinary erudition and
to his critical acumen. He lavishes particular praise on
Goethe's West-Eastern Divan (1819) but criticizes the
eighteenth-century poet Friedrich Gottlieb Klopstock for
wanting to create a new "poetic mythology" (Aesthetics, 2:
1154-7; PKÄ, 218).))

〈'스탠포드 헤겔 미학'41〉

──── →

* 헤겔의 정신 철학은 우선 아우구스티누스의 〈신국(神國, The City of God)〉
  에 '신의 통치(統治, Theocracy)' 원리이고, 그와 동시에 '현실적 이성적인
  것'으로 강조된 것이 '게르만 제국주의 군국주의 통치'였다.
  그것은 처음 〈정신현상학(1807)〉에는 나폴레옹에게 '세계정신(신의 통치
  권)' 소유자로 느꼈다가 그가 몰락한 다음에는 '프리드리히 2세'로 깃발을
  고쳐 달았다. (참조, ⑪-06. 말을 탄 '세계정신'(1806). ⑦-09. 개신교의 영웅,
  프리드리히 대왕)

* 이러한 '전쟁광(warmonger)' 헤겔의 정신은, 〈미학〉에서도 역시 취소될 수
  없어 '알렉산더의 서사문학 주인공 불가론'으로 표현되고 있다.
  여기에는 우선 예비 설명이 필요하다. 예를 들어 호메로스(Homer,
  800?~750 b.c.)의 〈일리아드〉 속(전쟁 속)에서 '각 개인(아킬레스 등)이 처한
  상황'은 〈법철학〉에 '개별 국민의 규정'과 동일한 경우로서 '오케스트라에
  한 악기 담당자'나 '신전 건물에 하나의 기둥이나 벽'일 수밖에 없음에 대해,
  (알렉산더는) 그 '신' '세계정신' '군주' 자체임으로, '불사불멸(신)'의 '엄연한
  대신(代身)'이다. 그러므로 〈일리아드〉 속의 영웅 '아킬레스'처럼 죽을 수는
  없는 '절대적인 존재(의 代身)'이다. 그러므로 성공한 서사문학에 주인공으

41) *Stanford Encyclopedia of Philosophy*, 'Hegel's Aesthetics', 2009

로는 부적절하다는 헤겔의 〈신국〉론, '(전쟁 긍정의)군국주의'가 다시 그
모습을 드러낸 것이 정복자 '알렉산더 서사 주인공 부적절 론'이다.[사실상
이는 헤겔이 '나폴레옹'에게 올렸던 '세계정신' 취소의 변명임] (참조, ⑪-06.
말을 탄 '세계정신'(1806))

* 위의 진술 중에 헤겔이, 알렉산더 대왕(Alexander the Great)은 서사시에
  훌륭한 주체가 될 수 없으니, "**그의 세계는 그의 군대(his world was his
  army)**"라고 했던 대목에 유의해야 한다. 왜냐하면 알렉산더는 바로 그 자체
  가 '세계정신(World Soul)'라는 시각에 그 헤겔이 있었기 때문이다.[**정복자
  중심의 '군국주의'를 그 理想으로 잡았던 헤겔의 입장**]
  이 문제를 〈법철학〉에 '시대의 아들'이론에 연결해 보면 다음과 같은 '가짜
  논리학' '알렉산더 변증법'이 성립한다.

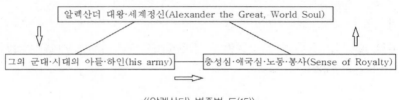

《〈알렉산더〉 변증법 도(15)》

* 이것이 당초 기독교 '절대주의'가 헤겔 식 '종족주의'와 '철권(鐵拳)정치' '독
  재정치' '노예시민' '절대복종(절대자유)'를 강조한 헤겔 정신 상태의 공개이
  다. (⑥-35. **공동체(共同體) 안에 희생(犧牲)-아우구스티누스** ⑥-12. **각 개인은**
  '시대의 아들'이다. ⑦-09. 개신교의 영웅, 프리드리히 대왕)
  헤겔이 당초에 '세계정신'의 호칭을 의심 없이 바쳤던 그 '나폴레옹의 몰락'
  은 헤겔의 '현실적 절대주의'에 큰 타격을 안겼을 것이다.[그 '세계정신' 소유
  자도 한 개인에 불과함이 입증이 되었으므로]

⑨-23 '자기 파괴'가 '영원한 정의(正義)'이고 인간 본성이다.

"극시는 서사시와 서정시의 원리를 결합한 것이다. 극시는 세속(어떤 주어진 상황)에 행동하는 인물을 보여주고 있으나, 그들의 행동은 그들 자신의 내적 의지로부터 직접 나온다(고용인의 통제를 초월한 사건들에 의해 공동으로 한정되기 보다는). 극시는 이처럼, 대부분의 경우 인간의 자기 파괴적인 자유로운 행동 자체의 결론이다.

헤겔의 생각으로는 드라마는 최고의 구체적인 예술, 인간 존재 자체가 미적 매체인 예술이다.(헤겔의 생각으로는 극시를 체험하기 위해 자기 자신이 듣거나 크게 읽은 것과는 대조적인 배우들에 의해 수행된 연출을 보는) 정말 극시는 (사실상) 그 속에 그밖에 모든 예술을 포괄하는 예술이다. 즉 "인간은 살아 있는 조각상이고, 건축은 표현되고 있는 그 자리가 건축이다." – 특히 희랍 연극에는 "음악 무용 팬터마임"이 있다. 이런 점에서 헤겔의 경우 바그너(Richard Wagner)의 표현 – 연극은 "예술의 총합"이라고 할 수 있다. 그러나 헤겔이 바그너의 기획에 공감했는지는 의심스럽다. 헤겔은 드라마가 오페라에서의 어떤 "총합" 형태를 취했다고 말하고 있는데, 오페라는 연극보다는 음악의 영역에 속해 있다.(헤겔은 특히 글루크 모차르트 오페라를 생각한 것이다.) 대조적으로 연극 자체 내에서 언어가 주도적이고, 음악은 보조적이고 작시 형태로만 나타날 수도 있다. 헤겔의 견해로 보면, 막상 오페라도 단순한 연극도 아닌 바그너 식 "음악 연극"이란 두 구분된 예술을 혼동하는 것으로 보였을 것이다.

헤겔에게 연극은, 서사 세계의 풍부함을 그려내지 않고, 서정시적 내적 감정을 탐색하지 않고 있다. 연극은, 등장인물들이 그들의 의지와 이익을 추구하고 그래서 다른 개인과 분란에 빠진 것을 보여주고 있다.(약간 처음 주저한 다음에 햄릿의 경우까지도) 헤겔은 비극과 희극을 구분하고 있고, 고전적인 형태와 낭만적인 형태를 서로 구분하고 있다. (헤겔은 연극에서 비극이 위협하나 신뢰와 용서로 반전되는 괴테의 '이피게니와 타우리스'같은 연극에도 관심을 보이고 있다.)

고전 희랍 비극에서 개인들은 가족이나 국가에 대한 관심 같은 어떤 윤리적 관심사나 "연민(憐憫)을 자아내는 힘(pathos)"으로 행동을 한다. 소포클레스의 '안티고네'에서 안티고네와 크레온 사이에 갈등이 그런 종류이고 아이스킬로스의 '오레스테이아'에서 연출된 갈등도 그렇다. 소포클레스의 '오이디

푸스 왕'에서 갈등은 단도직입으로 윤리적인 것은 아니다. 그러나 그렇더라
도 두 가지의 "정의(正義)"간의 분쟁이니, 행해진 것을 아는 것에 관한 책임
을 수용하는 '의식의 정의(正義)'와, 존중이 합의된 것이나 우리가 알 수 없는
"무의식적인" 정의(正義)의 갈등이 그것이다. 오이디푸스의 비극은 오이디푸
스가 자신이 살인에 책임이 있을 것이라는 생각이 없이, (父王)라이우스 살
해에 관해 진실을 밝히려는 오이디푸스의 정의(正義) 추구의 비극, 또는 오
이디푸스가 자신에 관해 모르는 어떤 것이 있을 수도 있다는 비극이다.

희랍 비극의 남주인공과 여주인공은 그들이 알고 있는 윤리적 관심으로
행동한다. 그러나 그 관심의 추구에 자유롭게 행동한다. 비극은 어떻게 그와
같은 자유로운 행동이 분란으로 가고 그 다음 그 분란의 격렬한(또는 평화로
운) 해결에 이르는가를 보여주고 있다. 헤겔은 주장하기를, 드라마의 끝에서
(최소한 해결이 격할 경우에는)우리는 등장인물의 운명으로 부서지게 된다.
우리는 역시 결과에 만족한다. 왜냐하면 우리는 정의(正義)가 행해진 것
(justice has been done)을 목격하기 때문이다. 개인들, 가족과 국가 같은 그
의 관심들은 서로 조화를 이루어야 하고, 서로 다른 사람과 그 관심들은 대립
속에 있다. 그러나 그렇게 함으로써 그들은 자신을 파괴하고 그렇게 함으로
써 그들이 세운 그 대립을 푼다. 그와 같은 "일방적인" 윤리적 등장인물들의
자기 파괴에서 우리 관중(觀衆)은 "영원한 정의"의 작품을 본다고 헤겔은 믿
었다. 이것이 등장인물의 운명으로 우리를 화해시키고, "예술이 결여할 수
없는 화해의 의미"를 제공하는 것이다.

근대 비극(헤겔은 세익스피어 비극을 의미함)에서 등장인물은 윤리적 관
심으로 행동하지 않고 주체의 욕망 야심 질투로 행동한다. 그러나 이들 등장
인물들은 역시 자유롭게 행동하고 자유로운 욕망 추구를 통하여 자신들을
파괴한다. 그러기에 비극적 개인들은 고대나 근대나 운명에 굴하지 않고 궁
극적으로 자기 자신의 종말에 책임을 진다. 헤겔은 "결백한 고통은 고도한
예술의 목적이 아니다."라고 주장하고 있다. 사람들이 일차적으로 환경과 억
압의 희생(게오르크 뷔히너의 '보이체크(1836)' 같은)을 보는 연극은, 헤겔의
생각으로는 비극성이 없는 연극이다.

희극 속에 개인들도 역시 어떤 방식으로 자신의 노고를 손상하고 있다.
그러나 그들을 생기 있게 하는 목적은 본래 사소한 것들이거나 부적절한 방
법으로 웃으며 추구하는 위대한 사람들이다. 비극의 등장인물들과는 대조적
으로 진정한 희극적 배우들은 그들이 웃는 목적이나 수단과 자기 자신들을

616

엄격하게 구분하고 있다. 이처럼 희극 배우들은 그들 목적의 좌절 속에 생존하고 비극 배우들이 할 수 없는 방법으로 자신들을 보고 웃게 만든다. 이러한 측면에서 헤겔은 몰리에르(Molière, 1662~1673)같은 근대 희극 속 등장인물들이 터무니없다고 하고, 진짜 웃기는 것은 아니라고 했다. 즉 우리는 몰리에르의 수전노나 셰익스피어의 말볼리오(점잔빼는 집사)를 보고 웃으나, 그들은 자신의 약점으로 웃게 하는 것은 아니다. 헤겔에 의하면 진정한 희극 배우는 고대 희랍 극작가 아리스토파네스의 희극 속에 있다는 것이다. 헤겔은 주장하기를 그러한 작품 속에서 우리가 마주치는 것은 "그 자신의 내적 갈등과 그 속에 비참함이 전혀 없는 초월한 사람이 느끼는 무한한 속편함과 자신감이니, 이것은 그 자신을 믿는 가운데 목표의 좌절과 성취를 견디는 인간의 지복(至福)이고 편리함이다."라고 하였다. 아리스토파네스 식 속편함에 등가적 작품은 베르디의 '허풍쟁이(1893)'와 호머 심슨(Homer Simpson)에게서 찾을 수 있으나, 그들은 헤겔 사망 이후 인물들이다.

헤겔의 생각으로 희극은 "예술의 해체"를 말한다. 그러나 희극의 예술 해체는 방법에서 근대 반어적 유머가 행한 것과는 그 방법에서 다르다. 반어적 유머 — 최소한 리히터(Jean Paul Richter, 1847~1937)의 작품에서 볼 수 있는 "주체적 개념의 힘, 사상의 섬광" "그 자체를 객체화를 전제한 만물을 파괴 해체"의 표현이다. 반어적 유머는 재치 있는 무적의 주인(主人)의 표현이다. 헤겔은 진짜 자유(genuine freedom)로서 그와 같은 자의적 주인(arbitrary mastery)을 고려하지 않고 있기에, 헤겔은 반어적 유머의 작품 속에서 제시된 이 주인(의식)이 진실한 예술의 작품성으로 고려되지 못 했다고 주장하고 있다. 반대로 진정한 희극은 전체와 자신감, 건강 — 주체적 자유와 생명 의미의 표현이니, 생명에 대한 지배력 통솔력의 상실 속에 살아남아 있다. 그와 같은 자유를 표현한 연극은 진정한 예술 작품으로 고려가 된다. 그러나 그것들은 명백히 우리가 그 작품 속에서 주재하는 자유로서가 아니라, 주체성 자체 내에서 행복하게 웃음을 목적으로 좌절을 감당하는 주체 내부의 자유를 보여주는 작품들이다.

헤겔에 의하면, 진정한 자유는, 포기가 준비된 "극기"의 내적 정신에서 찾을 수 있는 이념으로, 이기적인 자의(恣意)적 개념은 종교 특히 기독교의 바닥에 있다. 그러기에 진정한 코미디는 암묵적으로 예술을 초월하여 종교를 가리킨다. 이렇게 희극은 예술이기를 포기하지 않고 예술을 "해체한다."

희극은 예술의 한계점까지 몰고 간다. 희극을 초월하면 자유의 미학적 명시는 없고, 종교(철학)가 있을 뿐이다. 헤겔의 생각으로는 종교는 불필요한 미학적 자유 표현은 하지 않고 최고로 위대한 예술의 원천을 이룬다는 것이다. 철학이 종교보다도 더욱 더 선명하고 심원한 자유 오성을 제공하듯이 종교는 예술보다는 더욱 심오한 자유에의 오성을 제공하고 있다."

((Dramatic poetry combines the principles of epic and lyric poetry. It shows characters acting in the world—in a given situation—but their actions issue directly from their own inner will (rather than being co-determined by events beyond the agent's control). Drama thus presents the—all too often self-destructive—consequences of free human action itself.

Drama, for Hegel, is the "highest" and most concrete art (PKÄ, 205)—the art in which human beings themselves are the medium of aesthetic expression. (Seeing a play performed by actors, as opposed to hearing it read aloud or reading it for oneself, is thus central, in Hegel's view, to the experience of drama [Aesthetics, 2: 1182–5; PKÄ, 223–4].) Drama, indeed, is the art in which all the other arts are contained (virtually or actually): "the human being is the living statue, architecture is represented by painting or there is real architecture," and—in particular in Greek drama—there is "music, dance and pantomime" (PKÄ, 223). At this point, it is tempting to say that, for Hegel, drama—to use Richard Wagner's expression—is the "total work of art" (Gesamtkunstwerk). It is doubtful, however, whether Hegel would have been sympathetic to Wagner's project. Hegel remarks that drama takes the explicit form of a "totality" in opera, which belongs more to the sphere of music than to drama proper (PKÄ, 223). (He has in mind in particular the operas of Gluck and Mozart.) In drama as such, by contrast, language is what predominates and music plays a subordinate role and may even be present only in the virtual form of versification. The Wagnerian idea of a "music drama" that is neither a straightforward opera nor a simple drama would thus appear, from Hegel's point of view, to confuse two distinct arts.

Drama, for Hegel, does not depict the richness of the epic world or explore the inner world of lyric feeling. It shows characters acting in pursuit of their own will and interest and

618

thereby coming into conflict with other individuals (even if, as in the case of Hamlet, after some initial hesitation). Hegel distinguishes between tragic and comic drama and between classical and romantic versions of each. (He also notes that in some plays, such as Goethe's Iphigenie auf Tauris, tragedy threatens but is averted by acts of trust or forgiveness [Aesthetics, 2: 1204].)

In classical Greek tragedy individuals are moved to act by an ethical interest or "pathos," such as concern for the family or for the state. The conflict between Antigone and Creon in Sophocles' Antigone is of this kind, as is the conflict acted out in Aeschylus' Oresteia. In Sophocles' Oedipus the King the conflict is not a straightforwardly ethical one, but it is nonetheless a conflict between two "rights": the right of consciousness to accept responsibility only for what it knows it has done, and the right of the "unconscious"—of what we do not know—to be accorded respect. The tragedy of Oedipus is that he pursues his right to uncover the truth about the murder of Laius without ever considering that he himself might be responsible for the murder or, indeed, that there might be anything about him of which he is unaware (Aesthetics, 2: 1213–14).

Greek tragic heroes and heroines are moved to act by the ethical (or otherwise justified) interest with which they identify, but they act freely in pursuit of that interest. Tragedy shows how such free action leads to conflict and then to the violent (or sometimes peaceful) resolution of that conflict. At the close of the drama, Hegel maintains, we are shattered by the fate of the characters (at least when the resolution is violent). We are also satisfied by the outcome, because we see that justice has been done. Individuals, whose interests—such as the family and the state—should be in harmony with one another, set those interests in opposition to one another; in so doing, however, they destroy themselves and thereby undo the very opposition they set up. In the self-destruction of such "one-sidedly" ethical characters, Hegel believes, we, the audience, see the work of "eternal justice" (Aesthetics, 2: 1198, 1215). This reconciles us to the fate of the characters and so provides the sense of "reconciliation which art should never lack" (Aesthetics, 2: 1173).

In modern tragedy—by which Hegel means above all Shakespearean tragedy—characters are moved not by an ethical interest, but by a subjective passion, such as ambition or jealousy. These characters, however, still act freely and destroy themselves through the free pursuit of their passion. Tragic individuals, therefore—whether ancient or modern—are not brought down by fate but are ultimately responsible for their own demise. Indeed, Hegel maintains, "innocent suffering is not the object of high art" (PKÄ, 231-2). Drama that sees people primarily as victims of circumstance or oppression (such as Georg Büchner's Woyzeck [1836]) is thus, from a Hegelian point of view, drama without genuine tragedy.

In comedy individuals also undermine their own endeavors in some way, but the purposes that animate them are either inherently trivial ones or grand ones which they pursue in a laughably inappropriate way. In contrast to tragic characters, truly comic figures do not identify themselves seriously with their laughable ends or means. They can thus survive the frustration of their purposes, and often come to laugh at themselves, in a way that tragic figures cannot. In this respect, Hegel claims, characters in many modern comedies, such as those by Molière, are frequently ridiculous, but not genuinely comic, characters: we laugh at Molière's miser or Shakespeare's Malvolio, but they do not laugh with us at their own foibles. Truly comic figures are found by Hegel in the plays of the ancient Greek dramatist Aristophanes. What we encounter in such plays, Hegel maintains, is "an infinite light-heartedness and confidence felt by someone raised altogether above his own inner contradiction and not bitter or miserable in it at all: this is the bliss and ease of a man who, being sure of himself, can bear the frustration of his aims and achievements" (Aesthetics, 2: 1200). Modern equivalents of such Aristophanic light-heartedness may be found in Verdi's Falstaff (1893) and in the unrivalled comic genius of Homer Simpson, both of which, of course, were unknown to Hegel.

Comedy, in Hegel's view, marks the "dissolution of art" (Aesthetics, 2: 1236). Yet the way in which comedy "dissolves"

620

art differs from the way in which modern ironic humor does so. Ironic humor—at least of the kind found in the work of Jean Paul Richter—is the expression of the "power of subjective notions, flashes of thought" to "destroy and dissolve everything that proposes to make itself objective" (Aesthetics, 1: 601). It is the expression of the unchallenged mastery of wit. Since Hegel does not regard such arbitrary mastery as genuine freedom, he argues that works of ironic humor in which this mastery is exhibited no longer count as genuine works of art. True comedy, by contrast, is the expression of a sense of wholeness, self-confidence and well-being—of subjective freedom and life —that survives the loss of mastery and control over one's life. Plays that express such freedom count as genuine works of art. Yet they are works that show freedom to reside precisely not in the works we undertake but within subjectivity itself, within subjectivity that happily endures the frustration of its laughable aims.

According to Hegel, the idea that true freedom is to be found in inner spirituality that is prepared to let go of, or to "die to," its own selfish purposes lies at the heart of religion, specifically of Christianity. True comedy, therefore, implicitly points beyond art to religion. It is in this way—and not by ceasing to be art—that comedy "dissolves" art.

Comedy thus takes art to its limit: beyond comedy there is no further aesthetic manifestation of freedom, there is only religion (and philosophy). Religion, in Hegel's view, does not make the aesthetic expression of freedom redundant; indeed, it is often the source of the greatest art. Yet religion provides a more profound understanding of freedom than art, just as philosophy provides a clearer and more profound understanding of freedom than religion.))

〈'스탠포드 헤겔 미학'42)〉

---

42) *Stanford Encyclopedia of Philosophy*, 'Hegel's Aesthetics', 2009

* 헤겔은 여기에서 자신의 소중한 '자유(Freedom)론' '정의(正義, Justice)론'의 비밀을 모두 밝혔으니 헤겔이 '비극(悲劇, Tragedy)'을 '인간의 자기 파괴적인 자유로운 행동 자체의 결론(self-destructive—consequences of free human action itself)'이라고 했고, 그것을 '영원한 정의(eternal justice)'라고 주장하였던 점이다.

  <u>이것은 헤겔 내부에 엄존한 '자살 충동(Suicidal Impulse)'에 대한 '미화(美化)' '예찬'이고, 나아가 그 '살상(殺傷) 충동' '전쟁 긍정' '전쟁 불가피론'의 헤겔 내적 확신의 표현이기 때문이다.</u> (참조, ④-20. 생명 과정 속에서의 '모순'과 '고뇌(Pain)' ⑥-35. 공동체(共同體) 안에 희생(犧牲)-A. 아우구스티누스 ⑧-09. '신의 세계지배'에 대한 믿음 ⑤-13. '자살(自殺)'의 긍정 ⑥-13. 현재는 '장미'이며 '십자가'이다. ⑨-14. '그리스도'는 '기꺼이 죽고자 하는 생명 이야기'이다. ⑨-30. 몰락(죽음)=영원한 정의=윤리적 실체=만족)

* 이러한 헤겔의 '비극'에 대한 설명은 이후 F. 니체(F. Nietzsche, 1844~1900)가 희랍 비극을 "디오니소스의 고통(the sufferings of Dionysus)"[43] "무한 생명을 즐거워하는 삶의 의지(the will to life rejoicing at its own infinite vitality)"[44]으로 해석한 것, 그리고 S. 프로이트(S. Freud, 1856~1939)가 "거세(去勢, Castration)와 '자기도취'의 포기(The Giving-up of Narcissism)"[45]로 해석한 것과 크게 다르다.

---

43) F. Nietzsche (translated by WM. A. Haussmann), *The Birth of Tragedy*, The Macmillan Company, 1909, p.81

44) F. Nietzsche (translated by A. M. Ludovici), *ECCE HOMO-Nietzsche's Autobiography*, The Macmillan Company, 1911, p.72

45) S. Freud, *Totem and Taboo*, W. W. Norton & Company Inc. 1956, pp.155~6

〈'F. 니체(F. Nietzsche, 1844~1900)' '이 사람을 보라(1908)'46)〉

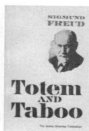

〈'S. 프로이트(S. Freud, 1856~1939)' '토템과 타부'47)〉

* 대체로 학문의 진전(進展) 상(上)에 후배들이 항상 '더욱 많은 정보'를 갖게 마련이므로 더욱 세밀히 관찰할 수 있는 유리한 점들을 지니고 있으나, 헤겔은 선배 아리스토텔레스가 말한 '카타르시스(Catharsis-정서의 세척)'론보다 더욱 ['생명부정'이라는 측면에서] 참혹(慘酷)하다. 그 이유는 무엇인가? 세계적 명성이 있는 사람들도 기본적으로 '자기 자신의 성격(the character of himself)'을 통해 대상을 보게 마련인데, **헤겔의 경우 자신의 '자살 충동(suicidal impulse)'을 '최고 정의(正義) 실현 충동' '도덕의 실현' '자유 의지'로 '예찬'을 했고, 그것을 다시 밀고 나아가 '전쟁 불가피론'까지 주장을 했다.** 정말 '있어서는 안 될 주장' '행해서는 아니 될 그 억지'가 헤겔에게 작동하고 있다는 점을 그의 '비극론'을 통해 거듭 확인할 수 있다. (참조, ⑥-37. 독일 '국가

---

46) Leipzig Insel-Verlag(1908)

47) S. Freud, *Totem and Taboo*, W. W. Norton & Company Inc. 1956

사회주의(나치즘)'-A. 히틀러 ⑥-38. '세계 근대 문명'은, '게르만(아리안) 문명' 이다.-A. 히틀러)

* 헤겔은 그의 통상적인 공식인 '예술(비극)'보다는 '종교(기독교)'가 더욱 심오(深奧)하고, 종교보다 '철학(〈법철학〉)'이 '이성적' '현실적다'는 주장은 무엇인가? 다시 말해 '희랍의 비극'은 '과거 허구(虛構) 속의 이야기'이므로, '십자가 못 박힌 예수 (역사)이야기' 그보다 덜 심각하고, 예수의 십자가 문제도 과거의 역사일 뿐이나, 현재 '게르만 군주'를 위해 목숨을 바치는 '자기희생(파괴)'가 더욱 선명한 '자유(윤리 도덕, 正義)의 실현'이라는 헤겔의 일관된 주장이다. (참조, ⑥-13. 현재는 '장미'이며 '십자가'이다. ⑥-14. 프로테스탄티즘 고유 원리)

⑨-24 '형식(Form)'에 '내용(Content)'을 첨가했던 이유

"헤겔의 미학은 그의 사후(死後)에 하이데거 아도르노(Adorno) 가다머 (Gadamer) 같은 철학자의 극렬한 비판과 관심을 받아 왔다. 관심의 대부분은 헤겔이 전제한 예술의 "목적"론에 주어졌다. 아마 헤겔의 가장 중요한 유산은 예술의 임무가 미의 제시이고 미는 내용과 형식의 문제라는 주장에 있을 것이다. 헤겔의 경우 미는 형식적 조화나 우아(elegance)의 문제만은 아니다. 미는 정신적 자유와 생명의 감각적 명시(明示)를 돌 색채 언어에다 행하는 것이다. 그와 같은 미는 고전기와 낭만(浪漫)기, 그리고 개별 예술 간에 미묘한 서로 다른 형태를 취한다. 그러나 한 형식과 다른 것은 근대에까지 예술의 목적(the purpose of art)을 담고 있다.

이 같은 헤겔의 주장은 기술적인 것이 아니라 규범적이고, 근대에 진짜 예술로 고려될 수 있는 어떤 제약을 두고 있다. 헤겔은 예술적 기술로 예술이 장식적이고, 도덕적 정치적 목적(moral and political goals)을 권장하고, 인간 소외의 깊이를 탐색하거나 또는 평범한 일상적 사소한 일을 단순히 기록도 한다는 것을 잘 알고 있다. 그러나 헤겔의 관심은 우리에게 미를 제공하지 못한 예술은 우리에게 미적 자유 체험을 공급하는데 실패한다는 것이다. 그러면 예술은 진정한 인간 생명의 중심 차원을 우리에게서 **빼앗는다**는 것이다."

624

((Hegel's aesthetics has been the focus of—often highly critical—attention since his death from philosophers such as Heidegger, Adorno and Gadamer. Much of this attention has been devoted to his supposed theory of the "end" of art. Perhaps Hegel's most important legacy, however, lies in the claims that art's task is the presentation of beauty and that beauty is a matter of content as well as form. Beauty, for Hegel, is not just a matter of formal harmony or elegance; it is the sensuous manifestation in stone, color, sound or words of spiritual freedom and life. Such beauty takes a subtly different form in the classical and romantic periods and also in the different individual arts. In one form or another, however, it remains the purpose of art, even in modernity.

These claims by Hegel are normative, not just descriptive, and impose certain restrictions on what can count as genuine art in the modern age. They are not, however, claims made out of simple conservatism. Hegel is well aware that art can be decorative, can promote moral and political goals, can explore the depths of human alienation or simply record the prosaic details of everyday life, and that it can do so with considerable artistry. His concern, however, is that art that does these things without giving us beauty fails to afford us the aesthetic experience of freedom. In so doing, it deprives us of a central dimension of a truly human life.))

〈'스탠포드 헤겔 미학'48)〉

_____✦

* 헤겔의 '내용' 첨가는, 헤겔의 '절대정신'으로부터 가장 멀리 떨어져 있는 영역을 '예술(절대정신의 感覺(感性)化)'로 전제했던 그의 철학(생각) 체계에 비롯한 결과이다.['예술' '교회' '국가'의 체계]
* 헤겔이 처음부터 마지막까지 중시한 그 '절대정신(신)', '지금 살아 역사(役事)하시는 신(이성)'으로 '(게르만)군주'는 사실상 '절대정신(세계정신)'의 실

48) *Stanford Encyclopedia of Philosophy*, 'Hegel's Aesthetics', 2009

행자라고 생각하였다. 이것이 헤겔의 '게르만 신국(神國)' 이론이다.

* 그런데 헤겔의 '종교(개신교)'는 그것(절대정신)을 '종교적 의례(儀禮)'를 통해 수련(단련)하는 것임에 대해, 예술을 그 '절대정신'을 그 '내용(content)'으로 함축한 것이라는 신념에 있었다.

  그러므로 헤겔의 예술론은 역시 그 '절대정신' 논의를 구체적인 작품을 통해서 설명하다보니, '현존하는 신(이성)' '역사(役事)하는 신(이성)'이 절대 우선이니, 그 '예술 작품 논의'는 한없이 지루하고 비능률적이라는 헤겔의 불만(不滿)이었다.

* <u>'헤겔의 신학'은 궁지는 '현실' '이성'을 중시하는 '제국주의(Imperialism) 신학'이다. (참조, ⑥-10. '현실적인 것'이 '이성적인 것'이다.) 그리고 헤겔의 지고한 관심은, '절대정신(God)'론, '전쟁(자기 파괴주의-Self Destructiveness)'론이었다.</u>

* 그런데 '살상 전쟁'을 평생 비판한 볼테르는 그의 〈캉디드(1759)〉, 〈관용론('칼라스 사건', 1763)〉, 〈철학사전(1764)〉, 〈역사 철학(1765)〉, 〈철학적 비평(1776)〉이 그 '계몽주의'를 이루었고, 그 볼테르 전 저작(著作)을 통째로 수용한 것이 바로 칸트의 〈순수이성비판(1781)〉 〈영구평화론(1795)〉 〈법이론(1797)〉이었다.

  이에 헤겔은 칸트를 '이상주의자' '무신론자'라고 몰아세우며 '군국주의' '제국주의' '전쟁불가피론'을 펼치는 일을 자신의 소임(所任)으로 알았다. 이 헤겔 오류(誤謬)는 결국 망나니 A. 히틀러의 '게르만 제일주의'로 그 '광기(Fanaticism)'를 현실적으로 입증하기에 이르렀다. (참조, ⑥-37. 독일 '국가사회주의(나치즘)'-A. 히틀러 ⑥-38. '세계 근대 문명'은, '게르만(아리안) 문명'이다.-A. 히틀러)

⑨-25 '예술미'가 '자연미'보다 우월하다.

"우리는 일상생활에서 아름다운 색깔들, 아름다운 하늘, 아름다운 강, 아름다운 꽃들, 아름다운 동물들, 더 나아가서는 아름다운 사람들에 대해 말하는 데 익숙해 있다. 그러나 우리는 그러한 여러 대상들이 얼마나 아름다운지, 그 각각의 대상에 정말로 미라는 성질을 부여할 수 있는지, 좀 더 자세히 말하면 도대체 자연적인 미와 예술적인 미를 똑같은 가치를 두고 바라보아야 하는지에 대한 논쟁을 할 필요가 없이, 우선적으로 예술미가 자연미보다 우월하다고 주장할 수 있다. 그 까닭은, 예술미라는 것은 다름 아닌 정신으로부터 탄생한 미, 즉 정신에서 태어난 미이기 때문이다. 정신과 정신의 산물이 자연 형상들보다 우월하듯이 예술미도 자연보다 우월한 것이다."

In ordinary life we are of course accustomed to speak of a beautiful colour, a beautiful sky, a beautiful river; likewise of beautiful flowers, beautiful animals, and even more of beautiful people. We will not here enter upon the controversy about how far the attribute of beauty is justifiably ascribed to these and the like, and how far, in general, natural beauty may be put alongside the beauty of art. But we may assert against this view, even at this stage, that the beauty of art is *higher* than nature.

〈'서장'49)〉

──────→

* 헤겔은 '윤리(절대정신)에의 복종(服從)이 자유'이고, '절대정신(신)'을 위해 '목숨을 바치는 것[자기파괴]'을 최고의 '정의(正義) 실현'으로 생각하였다. (참조, ⑥-02. 헤겔의 '자유 의지' ⑨-04. '예술의 목적'에 초점을 두다. ⑥-18. '자유로운 의지'를 의욕(意慾)하는 자유 의지 ⑥-13. 현재는 '장미'이며 '십자가' 이다.)

* 그러므로 '예술'은 그 '절대정신'을 표현하고, 고취시키고, 그것을 위해 사는 (죽는) 정신을 가르쳐야 함으로 그것과 거의 무관한, '윤리도덕(자유) 정신'

---

49) G. W. F. Hegel(translated by T. M. Knox), *Aesthetics(Lecture on Fine Art)*, Clarendon Press, 1975 V 1 pp.1~2 'Introduction' ; 헤겔(두행숙 역), 미학, 나남출판, 1996, 1권 pp.27~8 '서장'

과 멀리 있기에 '자연적인 대상'은 '예술작품'보다 열등(劣等)하다는 헤겔의
주장이다.
* 그러나 이러한 헤겔의 설명은 하나의 임시방편으로 행한 것이니, 헤겔은
다른 곳에서 '자연'은 신의 창조물이고, 신의 아들이라고 명시하였다. (참조,
②-14. '하나님(절대신)'이 '아들(만물, 자연물)'을 창조하셨다.)
그리고 헤겔은 자연 현상 속에서 신(절대정신, 빛)을 인간의 관계를 느끼기
도 했다. (참조, ⑤-08. '자기=빛=태양')
헤겔은 임기응변으로 '절대정신'을 위해 못할 말이 없는데, 그러한 자체 모순
을 헤겔은 '가짜 논리학' '동어반복'의 변증법으로 둘러대었다.
* 결국 결론을 말하면 '자연물'보다 '예술작품'이란 '현실'보다는 '윤리 도덕'이
중요하다는 헤겔의 신념의 반영이나, 그것은 결국 '염세주의' '허무주의' '자
기 부정(Negation of Himself)'에 기초한 것이니, 그것이 문제이다.

⑨-26 예술은 '정신의 산물'로, '정신을 변화'시킨다.

"예술과 예술작품은 정신의 소산이며 그 정신을 포현할 때 감각성이 지닌
가상(假象)을 받아들이며, 또 예술 속에서 정신이 감각화되어도 예술과 예술
작품 자체는 정신적 성격을 띠게 된다. 이런 점을 고려할 때, 단지 외면성만
띠고 있을 뿐 정신이 깃들여 있지 않은 자연에 비해서 예술은 정신과 정신적
인 사유에 더 근접해 있다. 정신은 예술작품 속에서 오직 자기적인 것에만 관
여한다. 그리고 예술작품은 사상이나 개념 자체가 아니라, 개념이 스스로에게
서부터 발전하여 감각적인 존재로 소외(疏外)되어 나아가는 것이다. 그럼에도
불구하고 사유하는 정신은 이를 테면 원래 자기 자신의 형식 속에서도 자신을
파악하며 또한 스스로 감정이나 감정으로 외화(外化)된 속에서도 자기를 재인
식할 뿐만 아니라, 자기의 타자 속에서 자기를 파악하고 소외된 것을 사상으로
변화시켜 스스로에게 복귀시킨다는 점에서 바로 위력을 지니고 있다."

In the products of art, the
spirit has to do solely with its own. And even if works of art are not

thought or the Concept, but a development of the Concept out of itself, a shift of the Concept from its own ground to that of sense, still the power of the thinking spirit lies in being able not only to grasp itself in its proper form as thinking, but to know itself again just as much when it has surrendered its proper form to feeling and sense, to comprehend itself in its opposite, because it changes into thoughts what has been estranged and so reverts to itself. And in this preoccupation with its opposite the thinking spirit is not false to itself at all as if it were forgetting and abandoning itself thereby, nor is it so powerless as to be unable to grasp what is different from itself; on the contrary, it comprehends both itself and its opposite. For the Concept is the universal which maintains itself in its particularizations, overreaches itself and its opposite, and so it is also the power and activity of cancelling again the estrangement in which it gets involved.

〈'서장'50)〉

——✈

* 헤겔의 '예술론'은 '내용주의' '목적주의' '실용주의'에 쏠렸다. 그러면 그 이외에 예술론은 무엇이 있는가? (참조, ⑨-04. '예술의 목적'에 초점을 두다.) 우선 가장 일반적 예술론으로는, '의사전달' '자기표현'으로서의 예술론이 막강(莫强)하다. 헤겔의 예술론도 이에 벗어날 수 없는데, 헤겔은 '절대정신' '현실주의'에 너무 나가 결국은 '예술'의 영역을 경시(輕視), 무시할 수밖에 없었다.

* '전쟁 긍정'의 일방주의, '인간 생명의 종말(자살)'에 무엇이 다시 문제가 될 것인가. (참조, ⑤-13. '자살(自殺)'의 긍정)

* 그러기에 **예술은 '생명 긍정' '생의 찬양' '전쟁 반대'는 그 예술 자체의 존재 의미이다. 그런데 그의 반대편에 선 헤겔이 그의 〈미학〉에서 말했던 것은 헤겔 자신이 안고 있는 그 '도착(倒錯, perversion)의 객관화' 그 이상(以上)일 수가 없다.**

50) G. W. F. Hegel(translated by T. M. Knox), *Aesthetics(Lecture on Fine Art)*, Clarendon Press, 1975 V 1 pp.12~3 'Introduction' ; 헤겔(두행숙 역), 미학, 나남출판, 1996, 1권 pp.42~3 '서장'

⑨-27 예술은 '절대 이념'을 표현해야 한다.

"그러나 우리는 절대이념 자체에서 산출되는 예술에 대해 이미 얘기한 바 있고, 또 사실 절대적인 것 자체를 감성적으로 표현하는 것이 그 목적이라 밝혔으므로, 여기서 우리는 예술미라는 개념 일반에서 과연 어떻게 절대자 (the Absolute itself)를 표현함으로써 거기에서 특수한 부분들이 근원이 되는 것을 취할 수 있는지 최소한 고찰할 수 있어야 할 것이다. 그러므로 우리는 일반적으로 그 개념의 이념을 일깨움에 노력을 해야 한다."

But since we have spoken of art as itself proceed-
ing from the absolute Idea, and have even pronounced its end to
be the sensuous presentation of the Absolute itself, we must pro-
ceed, even in this conspectus, by showing, at least in general, how
the particular parts of the subject emerge from the conception of
artistic beauty as the presentation of the Absolute. Therefore we
must attempt, in the most general way, to awaken an idea of this
conception.

〈'서장'51)〉

————✈

* 헤겔의 예술 목적은 '절대자의 감각적 표현(the sensuous presentation of the Absolute itself)'이다. 이것은 물론 '신' '절대정신' '이념' '도덕 윤리'를 최고로 생각했던 헤겔의 〈미학〉이기 때문이다.

* 헤겔은 '절대정신'의 옹호까지는 그 '종교적 자유'로 긍정할 수 있으나, 그것이 다시 '제국주의 군주'에게로 옮겨가 '살인 전쟁' '자살테러'까지 '프로테스탄트 윤리'로 강요한 것은 명백한 '정신 질환'으로 치료를 받아야 대상이다. (참조, ⑥-12. 각 개인은 '시대의 아들'이다. ⑥-13. 현재는 '장미'이며 '십자가'이다. ⑨-14. '그리스도'는 '기꺼이 죽고자 하는 생명 이야기'이다. ⑨-23. '자기 파괴'가 '영원한 정의(正義)'이고 인간 본성이다.)

---

51) G. W. F. Hegel(translated by T. M. Knox), *Aesthetics(Lecture on Fine Art)*, Clarendon Press, 1975, V. 1 p.70 'Introduction' ; 헤겔(두행숙 역), 미학, 나남출판, 1996, 1권 p.121 '서장'

⑨-28 '이념'은 현실적인 것이다.

"그러므로 현재 존재하는 모든 것은 그들이 이념 속에서 현존할 때만 진리가 된다. 그 까닭은 이념이야 말로 유일한 현실(the Idea is alone the genuinely actual.)이기 때문이다. 다시 말해서 현상(Appearance)은 그것이 내적인 존재이거나 외적인 존재이거나 참이 아니고, 실재 개념과 일치함으로써 참된 것이 된다. 그때 비로소 현 존재는 현실성과 참을 지닌다.(Only in that event has existence actuality and truth.) 그 진리는 어떤 현 존재가 나의 이념과 일치하는 주체적 의미에서가 아니라, 자아나 외적 대상 행동 사건 상태 등이 현실성 속에 개념의 실현(a realization of the Conception)이라는 의미에서 진리이다. 만일 이 정체성(identity)이 실현되지 못 하면 현 존재는 단지 현상일 뿐이다. 그 안에서는 전체적인 개념(the total Concept) 대신에 추상적인 한 면만 나타난다. 그때의 현상은 독자적으로만 되어 만약 총체성과 통일성(the totality and unity)에 맞서게 되면 참된 개념에 대립되어 그 모습이 위축되고 만다. 그러므로 진정으로 개념에 합당하게 현실로 드러나는 것만이 참된 현실성이 되며, 그 현실성 속에서 이념은 현존성을 띠므로 비로소 참된 것이 된다."

> Everything existent, therefore, has truth only in so far as it is an existence of the Idea. For the Idea is alone the genuinely actual. Appearance, in other words, is not true simply because it has an inner or outer existence, or because it is reality as such, but only because this reality corresponds with the Concept. Only in that event has existence actuality and truth. And truth not at all in the *subjective* sense that there is an accordance between some existent and *my* ideas, but in the *objective* meaning that the *ego* or an external object, an action, an event, a situation in its reality is itself a realization of the Concept. If this identity is not established, then the existent is only an appearance in which, not the total Concept, but only one abstract side of it is objectified; and that side, if it establishes itself in itself independently against the totality and unity, may fade away into opposition to the true Concept. Thus it is only the reality which is adequate to the Concept which is a true reality, true indeed because in it the Idea itself brings itself into existence.

〈'미의 일반적 개념에 대하여'[52]〉

---

52) G. W. F. Hegel(translated by T. M. Knox), *Aesthetics(Lecture on Fine Art)*, Clarendon

* 헤겔의 '이념(Idea)'은 '이성의 개념(The Concept of Reason)'이고 역시 '신 (理性)의 생각'이다.

* 헤겔의 논리는 모든 속에 '절대정신(이성, 신)'으로 일관되고 있으니, 그 '절 대정신' '절대이념' '절대자유(복종)'는 다시 '게르만 국가주의' '절대자유(윤 리에의 복종)' '자살 예찬'으로 비약되었다.

* '수구(守舊) 보수주의'에 헤겔은, 마지막 '게르만 국가주의'에 마지막 목숨을 걸었다. 그리고 헤겔은 그러한 자신의 성향 자체를 '자신의 개념 (Self-Conception)'으로 정당화했으니, 실로 문자 그대로 [개신교 게르만 사 회에서는] '천하무적(天下無敵)'이었다. (참조, ⑦-08. '배타(排他)적인' 유대 민족(Jewish) ⑥-37. 독일 '국가 사회주의(나치즘)'-A. 히틀러 ⑥-38. '세계 근대 문명'은, '게르만(아리안) 문명'이다.-A. 히틀러)

⑨-29 '신적(神的)인 것'의 표현이, 예술의 이상(理想)이다.

"앞서 우리는 예술은 무엇보다 신(the Divine)을 중점적으로 표현해야 한 다는 점을 살펴보았다. 그러나 신은 통일성이자 보편성(unity and universality)이라고 확정지을 수 있는 것이므로 이는 본래 사유(思惟)로 존재 할 뿐, 그 자체는 형상이 없으며 따라서 상상력으로 구상화할 수 있는 것이 아니다. 이는 마치 유대교나 마호메트교에서 신의 형상을 감각적으로 보이 도록 만드는 일을 금하고 있는 것과 같다. 그러므로 구체적인 형상이 지닌 생명감을 필요로 하는 조형예술은 여기에 해당되지 않는다. 여기에 맞는 것 은 오로지 서정시로서 그것만이 신을 향해 고양되는 가운데 신의 위력과 위 대함을 찬양하는 조율을 맞출 수 있다."

Press, 1975, V. 1 pp.110~111 'Concept of the beautiful as such' ; 헤겔(두행숙 역), 미학, 나남출판, 1996, 1권 p.169 '미의 일반적 개념에 대하여'

We have seen already [in the Introduction, 8(iii)] that art has above all to make the Divine the centre of its representations. But the Divine, explicitly regarded as unity and universality, is essentially only present to thinking and, as in itself imageless, is not susceptible of being imaged and shaped by imagination; for which reason, after all, the Jews and Mahometans are forbidden to sketch a picture of God in order to bring him nearer to the vision which looks around in the sensuous field. For visual art, which always requires the most concrete vitality of form, there is therefore no room here, and the lyric alone, in rising towards God, can strike the note of praise of his power and his glory.

〈'이상의 규정에 대하여'[53]〉

_____✦

* 헤겔의 '절대정신' '절대이념' '절대자유(윤리 도덕에의 복종)'의 자신의 지고 (至高)한 신념이고 한 때는 그것이 한 나라, 한 시대를 좌우하던 '불행한 시대'가 있었다.

헤겔 이후 천재(天才)들이 줄을 이어 그 볼테르 칸트의 계몽주의를 계승하였으니, A. 쇼펜하우어 F. 니체 S. 프로이트가 그들이었다.

더구나 1916년 취리히의 '다다 혁명 운동(Movement Dada)'는 간단하게 '반 (反) 헤겔 운동(Anti-Hegelian Movement)'이었다. '개인 생명 부정(否定)'의 '군국주의(軍國主義)' '제국주의(帝國主義)'는 '정당한 세계경영'이 못 된다는 확신들에 의거한 것이다.

⑨-30 몰락(죽음)=영원한 정의=윤리적 실체=만족

"고대 그리스 비극에서는 영원한 정의가 절대적인 운명의 위력이 되어 독자적이면서 충돌하는 특수한 위력들에 대항하는 윤리적 실체로 하여금 그

---

53) G. W. F. Hegel(translated by T. M. Knox), *Aesthetics(Lecture on Fine Art)*, Clarendon Press, 1975. V. 1 p.175 'The Determinacy of the Ideal' ; 헤겔(두행숙 역), 미학, 나남출판, 1996, 1권 pp.250~1 '이상의 규정에 대하여'

조화를 되찾도록 돕고 보존해 주며, 그 위력의 내적인 이성이 여전히 지배함을 개인들의 몰락을 통해 보여주며, 이로써 우리를 만족시킨다."

> In Greek tragedy it is eternal justice which, as the absolute power of fate, saves and maintains the harmony of the substance of the ethical order against the particular powers which were becoming independent and therefore colliding, and because of the inner rationality of its sway we are satisfied when we see individuals coming to ruin.

〈'극시와 그 종류들의 구체적인 발전'54)〉

_____✈

* 헤겔은 그의 〈미학〉 마지막에 그 독특한('비극' 속의) '죽음의 미학'을 두었던 것은 역시 주목(注目)해야 한다.

헤겔은 '몰락(ruin)' 자체를 '영원한 정의(eternal justice)' '윤리적 실체(the substance of ethical order)'라 찬양하였다. 그리고 그것(沒落)이 헤겔에게 '만족(satisfaction)'을 준다고 고백하였다.

* **이것은 그대로 헤겔의 '부정의 철학(The Philosophy of Negation)' '우울증(憂鬱症, Hypochondria－Depression)' '자살 긍정' '전쟁 옹호'와 관련이 된 사항이다. (참조, ⑤-13. '자살(自殺)'의 긍정 ⑥-13. 현재는 '장미'이며 '십자가'이다. ⑨-23. '자기 파괴'가 '영원한 정의(正義)'이고 인간 본성이다.)**

* 헤겔의 선배 볼테르(Voltaire, 1694~1778)는, 셰익스피어(W. Shakespeare, 1564~1616)의 비극에 대해 다음과 같이 말하였다.

"프랑스가 아직 야외무대밖에 없을 적에, 영국과 스페인은 극장을 가지고 있었다. 영국인의 코르네이유(P. Corneille, 1606~1684)라고 소문이 난 셰익

_____

54) G. W. F. Hegel(translated by T. M. Knox), *Aesthetics(Lecture on Fine Art)*, Clarendon Press, 1975, V. 2 p.1230 'The Concrete Development of Dramatic Poetry and its Genres' ; 헤겔(두행숙 역), 미학, 나남출판, 1996, 3권 pp.719~710 '극시와 그 종류들의 구체적인 발전'

스피어는, 대략 로페 데 베이커 (Lope de Vega, 1562~1635)시대에 전성(全盛)하였다. 셰익스피어는 연극을 창조하였다. 그는 천성적으로 충분한 역량과 충분한 창작력을 가지고 있었으며, 또한 자유 활달함과 숭고함에 넘쳐 있었으나, 좋은 취미라고는 조금도 없었으며 극장상의 규칙도 모르고 있었다.........

　당신도 아는 바와 같이 정말로 눈물이 나오게 하는 작품인 〈베니스의 무어인(오셀로)〉에서 남편은 아내를 무대 위에서 목을 졸려 죽이며, 그리고 그 가엾은 아내가 목졸려 죽을 때 이렇게 자기가 죽은 것은 정말로 부당하다고 절규를 하는 대목이다. 〈햄릿〉 속에서는 무덤을 파는 인부가 묘혈을 파며, 술을 마시고 유행가를 부르며 파낸 해골을 보고 그야말로 그런 직업을 가진 인간만이 말할 듯한 농담을 당신도 알고 있을 것이다."

> The English already had a theatre, as did the Spanish, when the French still had nothing but portable stages. Shakespeare, who was considered the English Corneille, flourished at about the time of Lope de Vega. He had a strong and fertile genius, full of naturalness and sublimity, without the slightest spark of good taste or the least knowledge of the rules.
>
> You know that in the tragedy of the *Moor of Venice*, a most touching play, a husband strangles his wife on the stage, and while the poor woman is being strangled, she shrieks that she is dying most undeservedly. You are not unaware that in *Hamlet* gravediggers dig a grave, swallowing drinks and singing popular songs, cracking jokes typical of men of their calling about the skulls they come across.

〈영국 편지 - '제18신, 비극에 대하여'[55]〉

* 볼테르는 쉽게, '작품 속의 주인공'과 작가 자신을 항상 동일하게 묶어 해설을 하고 있다. 그러기에 볼테르는 작품에서는 '기존 역사'를 배경으로 삼은 경우 이외에는, '살인 장면'이 제시되었다가도 그 사람이 역시 어딘가는 살아 남아 있는 그런 방법을 사용하였다. (작품 속에서도 '불살(不殺)의 그 기준'을 둠)

---

55) 볼테르 (정순철 역), 철학서한, 한국출판사, 1982, pp.155~156 ; Voltaire(Translated by L. Tancock), *Letters on England*, Penguin Books, 1980, p.59 'Letter 18, On Tragedy'

그런데 셰익스피어가 오직 '관객의 인기(人氣, 好奇心)'만을 의식하여, '인명을 경시(輕視)'하고, '시체를 모독'하는 장면들을 삽입하였다.

이에 대해 볼테르는 자신의 '생존 존중' 대경대법(大經大法)으로 '위대하다는 셰익스피어'를 '좋은 취미(생명 존중의 趣向)가 없다.'고 가차(假借)없이 비판하였다.

* 이 볼테르의 '생명 존중' 정신은 그대로 다다이스트 제임스 조이스(James Joyce, 1882~1941)의 '셰익스피어 비판'으로 계속이 되었다.

"사치스럽고 썩어있는 도살(屠殺)의 과장(誇張) (Sumptuous and stagnant exaggeration of murder),

로버트 그린(Robert Greene, 1558~1592)은 셰익스피어를 영혼의 살인자라고 불렀습니다. 셰익스피어가 썰매 같은 도끼를 휘두르며 침을 뱉은 백정(白丁)의 자식임엔 틀림없는 사실입니다. 아홉 개의 생명이 그(햄릿)의 아버지 단 하나의 생명 때문에 박살을 당합니다. 연옥(煉獄)에 있는 우리들의 아버지 말이요. 카키(Khaki) 복의 햄릿 같은 자들이 [사람 잡는]총 쏘기를 지금도 주저하지 않습니다.[〈햄릿〉]제5막의 피비린내 나는 도살장(The bloodboltered shambles in act five)은 스윈번 씨가 노래한 [보어전쟁]강제수용소의 예고편(a forecast of the concentration camp)이었습니다."56)

〈'보어인 소총 소대' '영국군의 돌격' '전투 후 사망자들'〉

---

56) H. W. Gabler(edited by), *James Joyce Ulysses*, Vintage Books, 1986, p.154 ; 김종건 역, 새로 읽는 율리시스, 생각의나무, 2007, p.369 : D. Gifford, *Ulysses Annotated*, University of California Press, 1988, pp.201, 202

〈보어 전쟁 이후 보어인[네덜란드계 백인들]의 수용소, 1900년 12월 26370명의 사망자를 기록한 악명 높은 곳이다. 조이스는 이러한 '帝國主義' 앞세운 색슨 족의 '호전성'은 바로 셰익스피어의 '햄릿' 호전(好戰)성과 상통한다는 주장이다.〉

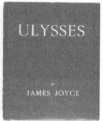

〈'제임스 조이스(James Joyce, 1882~1941)', '율리시스(Ulysses, 1922)'〉

제10장 결론

개신교도 헤겔의 두 가지 최고(最高) 주장은, '게르만 신국(神國, The German City of God)'론과 '희생(Sacrifice) 정신'이다.

헤겔은 자신의 '살아 역사(役事)하는 하나님' 신념에서 아우구스티누스 '신국(神國)' 이론을 당시 '게르만 사회'에 그대로 적용하여, '시대의 아들' '주님의 종'이 될 것을 주장하는 그 '신권통치(神權統治)'론에다가 다시 '전쟁 불가피론'을 첨가하여 그것이 '현실적인 것'이고 '이성적인 것'이라고 주장하였다.

헤겔은 자신의 '우울증'에 '자기 파괴 충동' 그 자체를 '자유의지' '윤리의지' '정의(正義)'의 실현(justice has been done)'으로 오해(誤解)를 했던 '강박증 (obsessive compulsive neurosis)' 환자(患者)였다.

헤겔은 뉴턴 볼테르 칸트를 중심으로 펼쳐진 소위 '계몽주의' '과학주의'를 공개적으로 조롱을 하였고, 그 '절대정신(신)'에 '자신의 이념'을 주입하여 '창조주(The Creator)'와 자신을 동일시하는 '과대망상(誇大妄想)'을 연출하였다.

이러한 헤겔의 전체적인 면모는 그의 〈미학 강의(*Lectures on Aesthetics*, 1828)〉에 다 요약이 되었다.

⑧-03. '게르만 왕국', '신국(神國)', '이성적인 세계'
⑧-09. '신의 세계지배'에 대한 믿음
⑧-13. '신'은 '이성'이고 '정신'이다.
⑤-15. '신(God)'이 현실적 주체이다.
⑥-05. '국왕'과 '신'의 동일시

③-10. 하나님은 살아 역사(役事)하는 실체요 주체이다.
⑥-35. 공동체(共同體) 안에 희생(犧牲)-아우구스티누스
②-19. 우리(기독교인)는 우리 신과 하나이다.
⑥-12. 각 개인은 '시대의 아들'이다.
⑥-13. 현재는 '장미'이며 '십자가'이다.
⑥-14. 프로테스탄티즘 고유 원리
③-39. 현재적인 것이 본원적인 것이고, 실체가 주체이다.
⑪-06. 말을 탄 '세계정신'(1806).
⑨-23. '자기 파괴'가 '영원한 정의(正義)'이고 인간 본성이다.
⑨-30. 몰락(죽음)=영원한 정의=윤리적 실체=만족
③-31. '의식'은 그 자체가 '절대적인 존재'이다.
③-43. '주인' '노예' '봉사'-아우구스티누스
③-44. '실체'이며 '전능'인 '삼위일체'-아우구스티누스
④-18. '자기 자신'에 대한 '개념'은 항상 부정적이다.-'변증법'
⑤-13. '자살(自殺)'의 긍정

〈Ⅰ〉 헤겔의 '절대주의(The Absolutism)'

계몽주의자 칸트는 '진리(眞理)'란 '인식(認識, cognition)과 대상(object)의 일치'라고 전제하고 그 '대상'을 '감성'에 종속시키고 '인식'을 종합력 '오성(판단력, 이성)' 규정하여 그 필수불가결한 현장을 제시하고, 그 '감성'의 근거가 되는 '물자체(物自體)'를, '실체(實體, substance)'로 전제하였다.

이에 대해 개신교도 헤겔은 '하나님(절대정신, 이성)'을 처음부터 '실체(實體, substance)'로 전제하고 칸트의 '순수이성'은 바로 '하나님'에 관한 논의로 파악하여 '절대정신(The Absolute Spirit)'이라 확정하고 그 '절대정신'이 바로 '실체'이고 '자유' '선' '진리'라고 하였다.

헤겔은 그 하나님을 '절대정신' '절대 이념' '즉자대자존재(Being in and for Itself)' '세계정신' '주인정신'으로 부르고 그 하나님에의 '영원한 지향'과 '완전한 일치'를 이상으로 한 아우구스티누스의 '신국(神國)'이론을 그대로 '게르만

사회'에 적용하여 〈법철학〉을 제작했고, '세계사의 전개'에도 활용하여 〈(세계)역사철학〉을 이루었다.

헤겔의 '절대주의'는 그대로 '여호와주의'인데, 그것은 역시 '전체주의' '국가주의' '게르만 종족주의' '일원론(一元論)'의 '다른 이름[異名]들'이다.

②-33. '진리'란 '인식과 그 대상이 일치하는 것'이다.-I. 칸트

②-34. 감성의 참된 상관 자는 '물자체(the thing in itself)'이다.-I. 칸트

②-35. '대상과 일치하지 않는 인식'은 거짓이다.-I. 칸트

②-36. '논리학'에서도 '대상과 일치'는 불가결한 문제이다.-I. 칸트

②-40. '절대적 전체성'이라는 이념은, '오성 법칙'에 응한 한도 내에서의 문제이다.-I. 칸트

②-04. '인간'보다는 '신(God)의 영광'을 알려야 한다.

②-06. '인식(cognition)'은 '신의 본성(the nature of God)'이다.

②-07. '유한 정신(finite spirit-예수)'이 '신의 절대 의식(absolute consciousness for God-여호와 권능)'을 갖고 세상에 나오다.

②-08. 만물은 '신(God)'에서 출발하고 '신'에게로 돌아간다.

②-09. '신(God)'이 '절대 진리', '절대 가치', '절대 자유'이다.

②-19. 우리(기독교인)는 우리 신과 하나이다.

②-27. 감각적 합리적 영역은 '신'이 계신 곳이 아니다.

②-28. 신(God)이 진리이다.

②-29. 신(God)을 생각하는 '현실적 주체'

③-18. 철학 : '절대자를 수중(手中)에 넣는 도구'

③-27. '타자(他者)'는 '자기의식' 속에 소멸(消滅)한다.

④-04. '만물(萬物)은 '절대 신의 외연(外延)'이다.

④-07. 존재, 순수 존재(純粹存在)

④-08. 무(無, Nothing), 순수 무(純粹無, pure Nothing)

④-09. '존재'와 '무'는 동일한 것이다.

④-14. '현존재'는 지금 여기 있는 것이다.

④-16. '이념(Idea)'이 객관적 진리이다.

④-21. '절대 이념'이 불멸의 생명이다.

〈Ⅱ〉 헤겔의 '변증법(Dialectic)'

칸트는 역시 기본적으로 '감성(感性, Sensibility)' '오성(悟性, Understanding)'론을 벗어난 모든 주장을 허위, 궤변(詭辯)이라고 단정하고 특히 '변증법'은 '가짜 논리학' '동어반복(同語反覆, tautology)'으로 폐기처분하였다.

그러했음에도 '삼위일체'를 유일한 원리로 삼고 있는 보수주의 신학자 헤겔은, 앞서 그 아우구스티누스가 '삼위일체' 설명에 활용한 그 변증법을 평생토록 써 먹었으니, 그의 전(全) 저작에 변증법 적용이 없는 것이 없을 정도여서 변증법은 헤겔의 대명사(代名詞)가 되었다.

그러므로 역시 '변증법'은 헤겔 신학(神學)에서 피할 수 없는 전제였을 모르나, 헤겔은 그 '변증법'을 다시 그 아우구스티누스 경우에도 없었던 '게르만 종족주의'에 전용(轉用)을 행하여 '게르만 신국(神國)'론에 그 '노예철학' '자살 윤리' '자기 파괴의 자유'론 '제물(희생)에의 찬양'과 '전쟁불가피론'을 그 '현실적인 것(the Actual)'이고 '이성적인 것(the Rational)'이라고 주장하였다.

④-15. '절대자'는 비체계적인 변증법이다.

④-13. 칸트의 변증법은 궤변(詭辯)이다.

④-17. 인생 3 단계 : 개체, 부정, 유화(類化)

④-18. '자기 자신'에 대한 '개념'은 항상 부정적이다.-'변증법'

③-05. '싹' '꽃' '열매'의 변증법

②-13. '신'은 '정신(spirit)'이다.

②-14. '하나님(절대신)'이 '아들(만물, 자연물)'을 창조하셨다.

②-15. '완전 종교'란 '신에 관한 자신 의식(the self-consciousness of God)'이다.

②-19. 우리(기독교인)는 우리 신과 하나이다.

②-27. 감각적 합리적 영역은 '신'이 계신 곳이 아니다.

②-28. 신(God)이 진리이다.

②-29. 신(God)을 생각하는 '현실'

③-13. '진리=현실=실체=주체=정신=성령=하나님'

③-15. '의식(Consciousness)'과 '대상(Objective things)'의 대립과 통합

③-17. '실체=정신=존재=주체=본질=진리=대상=자기 자신'

③-28. '주인'은 하나님이고, '노예'는 인간이다.

④-07. 존재, 순수 존재(純粹存在)

⑤-08. '자기=빛=태양'

⑥-12. 각 개인은 '시대의 아들'이다.

⑥-14. 프로테스탄티즘 고유 원리

⑥-29. 세계사 전개(展開)의 4단계

⑦-02. '역사 서술'의 세 가지 방법

〈Ⅲ〉 헤겔의 3대 폄훼(貶毁) 인물

신학자 헤겔은, 당초에 아우구스티누스가 한편으로는 플라톤 철학을 칭송하면서도 플라톤이 '인간으로 오만함'을 꾸짖었던 경우와 꼭 같은 방법으로, 칸트의 '무신론'을 비판하며 칸트의 '순수이성'을 '절대정신'으로 바꾸어 헤겔 '자신의 생각'이 칸트의 그것보다 우수함을 주장하였다.

그러나 칸트의 〈순수이성비판〉은 뉴턴의 '천체물리학'과 그것을 토대로 한 '인간 보편 이성' '자유론'을 펼친 바로서 이전의 볼테르의 '자연법(自然法)' 사상을 온전히 수용한 것으로 '계몽주의' '과학주의'를 대대적인 전개를 다 수용한 '세계사적인 명저(名著)'이다.

이러한 연유에서 보수 신학자 헤겔은, 그 뉴턴과 볼테르 칸트와는 정 반대편에 자리를 잡아 그들을 욕(辱)하는 것을 오히려 자신의 사명감으로 알고 있었다.

1. 영국의 뉴턴(Newton, 1643~1727)

②-05. '엄밀학(嚴密學, *les sciences exactes*)'은 종교와 대립한다.

⑤-07. 케플러와 뉴턴

⑧-21. 뉴턴은 '이념'을 모르는 '야만인'이다.

⑧-22. '자연 자체'와 '경험'은, 상호 모순(矛盾)이다.

2. 프랑스의 볼테르(Voltaire, 1694~1778)

⑥-01. '자연법(Natural law)'을 비판한 헤겔

⑦-08. '배타(排他)적인' 유대 민족(Jewish)

⑥-02. 헤겔의 '자유 의지'

⑥-09. '황제, 귀족, 노예'의 평준화(平準化)란 있을 수 없다.

⑧-05. '보편 정신'에 정지(停止)란 없다.

3. 독일의 칸트(Kant, 1724~1804)

②-27. 감각적 합리적 영역은 '신'이 계신 곳이 아니다.

②-28. 신(God)이 진리이다.

③-16. '정신의 생명'은 불멸이다.

③-19. 감각적 확신은, '순수한 자아(Ego)'의 문제이다.

③-24. '대상의 본질'을 아직 모른다.

③-25. 칸트와 헤겔의 근본적 차이점

③-26. 대상(Objects)과 개념(Conceptions)의 일치

③-31. '의식'은 그 자체가 '절대적인 존재'이다.

④-06. 칸트 철학은, 신(神)이 없는 신전(神殿)이다.

④-12. '존재'와 '무'의 구분을 고수했던 칸트

④-13. 칸트의 변증법은 궤변(詭辯)이다.

⑥-03. '인간 이성'을 믿은 칸트와 '신'을 믿은 헤겔

⑥-26. '영구평화(永久平和)론' 비판

⑧-24. 칸트의 '경험' 속에 신(God)은 없다.

⑧-25. 칸트의 불쌍한 '이율배반(Antinomies)'

⑧-26. 칸트는 '원죄(original sin)'도 이성적으로 해명을 하려 한다.

⑨-08. 칸트의 '형식' 미(美), 헤겔의 '내용' 미(美)

〈Ⅳ〉 헤겔의 반(反)계몽주의 12가지

평생 헤겔의 행적(行蹟)은 '인간 중심의 계몽주의에 반대'이고, '개신교 중심의 국가주의 옹호'였다. 그것을 구체적으로 제시하면, 1. '인간(人間) 중심주의'에 '신(神) 중심주의' 2. '현세주의'에 대한 '내세주의' 3. '시민 중심주의'에 대한 '군주 중심주의' 4. '과학 중심주의'에 대한 '신학(神學) 중심주의' 5. '방임(放任)주의'에 대한 '예속(隷屬)주의' 6. '평등주의'에 대한 '귀족주의' 7. 이원론(二元論, 육체 정신)에 대한 일원론(一元論, 정신) 8. '개혁주의(Reformism)'에 대한 '보수주의(Conservatism)' 9. '평화주의'에 대한 '전쟁불가피론' 10. 호혜(互惠)주의에 대한 '폐쇄주의' 11. '다양성 긍정'에 대한 '(神) 일방주의' 12. '사해동포주의'에 대한 '지역주의(Regionalism)' '민족주의' 등이 그것이다.

1. ('인간(人間) 중심주의'에 대한) '신(神) 중심주의'

②-04. '인간'보다는 '신(God)의 영광'을 알려야 한다.

②-27. 감각적 합리적 영역은 '신'이 계신 곳이 아니다.

②-28. 신(God)이 진리이다.

②-29. 신(God)을 생각하는 '현실적 주체'

⑥-17. '원죄'론에 근거를 둔 헤겔의 '자유정신'

②-06. '인식(cognition)'은 '신의 본성(the nature of God)'이다.

②-09. '신(God)'이 '절대 진리', '절대 가치', '절대 자유'이다.

②-10. 세상일에 바쁜 사람은 '영원(永遠)'을 모른다.

②-19. 우리(기독교인)는 우리 신과 하나이다.

③-14. '정신'이 '하나님'이고, 학문의 대상이다.

③-23. 의식의 참다운 대상인 '무조건적 보편자'

③-31. '의식'은 그 자체가 '절대적인 존재'이다.

⑤-10. '생식(生殖)'은 무한 가상(假象)의 행렬이다.

⑤-14. '동물의 부적합성'은 '죽음의 싹'이다.

⑤-16. '세계정신' '태양' '정신' '달'-아우구스티누스

⑥-03. '인간 이성'을 믿은 칸트와 '신'을 믿은 헤겔
⑧-15. 인간 이성은 자력(自力)으로 진리에 도달할 수는 없다.

2. ('현세주의'에 대한) '내세주의'

②-03. 인생은 '가상(假像)'으로, 그 자체가 고통과 근심이다.
②-08. 만물은 '신(God)'에서 출발하고 '신'에게로 돌아간다.
③-08. 이 세상은 '껍질(husk)'이다.
③-09. '신(the divine)'과 '벌레(the worms)'와의 대비(對比)
③-22. '지각'이 본질적인 것이고 '대상'은 비본질적인 것이다.
③-34. '본능'과 '무의식'은 이성이 아니다.
④-10. '존재'와 '무(無)'의 일치는 동양적인 것이다.
④-18. '자기 자신'에 대한 '개념'은 항상 부정적이다.-'변증법'
④-19. '심혼(Seele)'의 '신체 성(Corporality)'
④-20. 생명 과정 속에서의 '모순'과 '고뇌(Pain)'

3. ('시민 중심주의'에 대한) '군주 중심주의'

⑥-25. '군주(君主)'는 '총체성' 자체이다.
⑥-07. '국가(國家)'가 사유(思惟)의 출발점이다.
②-17. '정신'이 전체이고 종교의 대상이다.
⑨-22. 알렉산더가 '서사시 주인공'으로 부적절한 이유
⑨-20. '사회적 오케스트라(the social orchestra)' 론
⑨-17. 신상(神像)을 중심으로 한 신전(神殿) 건축 론
⑥-19. '세계정신의 법'만이 절대적인 법이다.
⑥-23. 국내법 국제 법 그리고 세계사의 공상(空想)
⑪-06. 말을 탄 '세계정신'(1806).

4. ('과학 중심주의'에 대한) '신학(神學) 중심주의'

②-05. '엄밀학(嚴密學, *les sciences exactes*)'은 종교와 대립한다.
②-27. 감각적 합리적 영역은 '신'이 계신 곳이 아니다.
②-28. 신(God)이 진리이다.

③-26. 대상(Objects)과 개념(Conceptions)의 일치한다.

③-27. '타자(他者)'는 '자기의식' 속에 소멸(消滅)한다.

③-31. '의식'은 그 자체가 '절대적인 존재'이다.

④-11. '변증법'의 말로(末路)

⑧-17. '합리주의'와 대립되는 철학

⑪-01. '개신교(改新敎)의 토머스 아퀴나스'

5. ('방임(放任)주의'에 대한) '예속(隸屬)주의'

⑥-08. '현실 세계'는, '의무'와 '법칙'의 세계이다.

⑥-01. '자연법(Natural law)'을 비판한 헤겔

③-28. '주인'은 하나님이고, '노예'는 인간이다.

③-29. '주인(하나님)'과 '노예(인간)'의 관계

③-30. '노예(인간)'에게 노동이 갖는 의미

③-35. '정신'은 '인륜적 현실'이다.

③-36. 자기는 '절대신'의 그림자이다.

⑥-02. 헤겔의 '자유 의지'

⑥-04. 세계사의 전개는 '더욱 많은 자유가 실현'이다.

⑥-17. 성선(性善) 성악(性惡) 규정 속에 '자유정신' 문제

⑥-18. '자유로운 의지'를 의욕(意慾)하는 자유 의지

⑥-30. '자유(Freedom-윤리)'란, '의지(will)'에 의한 행동'이다.

⑦-10. '보편 의지'로서의 '자유(윤리) 의지'

⑨-09. '진정한 아름다움'은 '자유(도덕)정신'이다.

⑨-10. '예술'은 '자유(도덕)의 감각적 형상화'이다.

6. ('평등주의'에 대한) '귀족주의'

⑥-16. '노예'는 로마법으로 사람이 아니었다.

⑥-08. '현실 세계'는, '의무'와 '법칙'의 세계이다.

⑥-05. '국왕'과 '신'의 동일시

⑥-07. '국가(國家)'가 사유(思惟)의 출발점이다.

③-11. 진리(하나님)는 '전체' '절대'이고 결과이다.

⑥-09. '황제, 귀족, 노예'의 평준화(平準化)란 있을 수 없다.

③-37. 대상 세계와 자기 정신의 통합이 '보편 정신'이다.

③-38. '실체(신)'는 자기이다.

⑥-22. 사회는 '인간의 욕망'을 기초로 성립한다.

⑧-02. 가난하면 '철학'도 불가능하다.

7. (이원론(二元論, 육체와 정신)에 대한) 일원론(一元論, 정신)

②-19. 우리(기독교인)는 우리 신과 하나이다.

②-27. 감각적 합리적 영역은 '신'이 계신 곳이 아니다.

②-28. 신(God)이 진리이다.

③-15. '의식(Consciousness)'과 '대상(Objective things)'의 대립과 통합

③-19. 감각적 확신은, '순수한 자아(Ego)'의 문제이다.

③-20. '감각(Sensuous Certainty)'에는 '관념' '사유'가 없다.

③-21. '나(I)'와 '대상(object)'의 구분

③-26. 대상(Objects)과 개념(Conceptions)의 일치

③-31. '의식'은 그 자체가 '절대적인 존재'이다.

③-32. '이성(理性)'에 의해 창조된 세계

③-33. 이성 자체의 세계가 '정신(Spirit)'이다.

③-34. '본능'과 '무의식'은 이성이 아니다.

④-03. '서론' : '관념'과 '객체'의 구분은 비 철학적 의식의 잔재이다.

④-12. '존재'와 '무'의 구분을 고수했던 칸트

⑤-02. 논리적 범주가 '정신 그 자체(Geist itself)'이다.

⑤-03. '사물'= '정신'

⑤-04. '자연 철학'은 '정신 철학'이다.

⑤-09. '자연'은 '정신의 도구'이고, 사망은 '자연의 운명'이다.

8. ('개혁주의(Reformism)'에 대한) '보수주의(Conservatism)'

⑥-06. '사상'이 '법'보다 우선일 수는 없다.

⑥-08. '현실 세계'는, '의무'와 '법칙'의 세계이다.

⑥-07. '국가(國家)'가 사유(思惟)의 출발점이다.

⑥-11. 국가(國家)는, 인륜(人倫)의 우주(宇宙)다.

9. (평화주의에 대한) '전쟁불가피론'

⑤-13. '자살(自殺)'의 긍정

⑥-10. '현실적인 것'이 '이성적인 것'이다.

⑥-13. 현재는 '장미'이며 '십자가'이다.

⑦-11. 세계사는 '통제되지 않은 자연 의지의 훈련'이다.

⑦-12. '전쟁과 평화는, 경제적 번영 불황과 동반자이다.' - A. J. 토인비

⑨-14. '그리스도'는 '기꺼이 죽고자 하는 생명 이야기'이다.

⑨-23. '자기 파괴'가 '영원한 정의(正義)'이고 인간 본성이다.

⑨-30. 몰락(죽음)=영원한 정의=윤리적 실체=만족

⑪-06. 말을 탄 '세계정신'(1806).

10. (호혜(互惠)주의에 대한) '폐쇄주의'

⑥-11. 국가(國家)는, 인륜(人倫)의 우주(宇宙)다.

⑥-23. 국내법 국제 법 그리고 세계사의 공상(空想)

⑥-24. 애국심(愛國心)은 정치적 지조(志操, disposition)이다.

11. ('다양성 긍정'에 대한) '(神)일방주의'

②-19. 우리(기독교인)는 우리 신과 하나이다.

②-20. '신성(神性)'과 '인성(人性)'의 통합이 '절대 정신(Absolute Spirit)'이다.

②-21. '성부(聖父)' '성자(聖子)' '성신(聖神)'은 하나이다.

②-28. 신(God)이 진리이다.

②-29. '이념의 주체' - '생각하는 사람' - '현실적 주체'

②-30. '성자(the Son)'는 현실 속에 '그분(He)'이다.

②-31. '선량함(Goodness)'이 '절대 이념'의 기준(基準)이다.

②-32. '하나'가 전체이고, '한 번'이 영원이다.

④-17. '생명'은 살아 있는 개체이고 과정이고 유화(類化)이다.

⑨-03. '인간성의 이해'에 예술은 적절한 수단은 아니다.

⑨-04. '예술의 목적'에 초점을 두다.

⑨-05. '예술 작품'으로 쓴 '철학사'

⑨-06. 헤겔은 '현대에 와서는 예술이 종료된 것으로 주장을 했는가?'

⑨-07. '예술' '종교' '철학'의 상호 관계

⑨-24. '형식(Form)'에 '내용(Content)'을 첨가했던 이유

⑨-25. '예술미'가 '자연미'보다 우월하다.

⑨-26. 예술은 '정신의 산물'로, '정신을 변화'시킨다.

⑨-27. 예술은 '절대 이념'을 표현해야 한다.

⑨-28. '이념'은 현실적인 것이다.

⑨-29. '신적(神的)인 것'의 표현이, 예술의 이상(理想)이다.

12. ('사해동포주의'에 대한) '지역주의(Regionalism)' '민족주의'

④-17. 인생 3 단계 : 개체, 부정, 유화(類化)

⑥-24. 애국심(愛國心)은 정치적 지조(志操, disposition)이다.

⑥-11. 국가(國家)는, 인류(人倫)의 우주(宇宙)다.

③-06. 주요 문제는 '현실 전체(the concrete whole itself)'이다.

③-07. 그동안 '현실적인 진리'는 '체계'이다.

⑧-18. 지옥(地獄)보다 억센 이성(理性)

〈Ⅴ〉 헤겔의 5대 거짓말

인간은 누구나 완벽한 존재가 아니므로 모든 것을 다 알 수가 없고, '진술(말)'에도 오류가 섞일 수 있다. 그러나 헤겔은 '인간의 상식(일반적 이성)'을 무시한 다음과 같을 거짓을 말하며 오히려 가기가 (다른 모든 사람보다)더 잘 알고 있다고 주장하였다.

1. '개념(Notions)'이 '자연적 대상(The Natural Objects)'이다.

③-15. '의식(Consciousness)'과 '대상(Objective things)'의 대립과 통합

③-26. 대상(Objects)과 개념(Conceptions)의 일치

③-27. '타자(他者)'는 '자기의식' 속에 소멸(消滅)한다.

④-04. '만물(萬物)'은 '절대 신의 외연(外延)'이다.

⑤-03. '사물'= '정신'

⑤-09. '자연'은 '정신의 도구'이고, 사망은 '자연의 운명'이다.

650

2. '있는 것(Being)'이 '없는 것(Nothing)'이다.

④-07. 존재, 순수 존재(純粹存在)

④-08. 무(無, Nothing), 순수 무(純粹無, pure Nothing)

④-09. '존재'와 '무'는 동일한 것이다.

④-10. '존재'와 '무(無)'의 일치는 동양적인 것이다.

3. '내(헤겔)'가 '이성(절대정신, 신)'이다.

②-13. '신'은 '정신(spirit)'이다.

②-19. 우리(기독교인)는 우리 신과 하나이다.

③-18. 철학 : '절대자를 수중(手中)에 넣는 도구'

③-32. '이성(理性)'에 의해 창조된 세계

③-36. 자기는 '절대신'의 그림자이다.

③-38. '실체(신)'는 자기이다.

⑤-15. '신(God)'이 현실적 주체이다.

4. '자유'는 '법(윤리)'이다.

②-11. '존재(存在)로서의 자유'와 '당위(當爲)로서의 자유'

③-35. '정신'은 '인륜적 현실'이다.

⑥-02. 헤겔의 '자유 의지'

⑥-04. 세계사의 전개는 '더욱 많은 자유가 실현'이다.

⑥-17. '원죄'론에 근거를 둔 헤겔의 '자유정신'

⑥-18. '자유로운 의지'를 의욕(意慾)하는 자유 의지

⑥-30. '보편적이고 객관적인 의지'가 '자유의지'이다.

⑦-10. '보편 의지'로서의 '자유(윤리) 의지'

⑨-10. '예술'은 '자유(도덕)의 감각적 형상화'이다.

5. '자기파괴'가 '정의(正義 Justice)'이다.

⑤-13. '자살(自殺)'의 긍정

⑥-13. 현재는 '장미'이며 '십자가'이다.

⑥-14. 프로테스탄티즘 고유 원리

⑨-14. '그리스도'는 '기꺼이 죽고자 하는 생명 이야기'이다.

⑨-23. '자기 파괴'가 '영원한 정의(正義)'이고 인간 본성이다.

⑨-30. 몰락(죽음)=영원한 정의=윤리적 실체=만족

〈Ⅵ〉 헤겔의 6대악(大惡)

헤겔의 말하기 방식은 '신(God)의 대변인' 전제 속에 있었으니, 그러한 그의 모습은 항상 '주임의 종(a servant of the Lord)'으로서 그 '자기희생'에 앞장을 서는 입장('자기 파괴'를 당연시하는 입장)에서 주장했다는 점에서 우선 듣는 사람의 기(氣)를 꺾는 형국(形局)이었다.

그러나 그것은 항상 '적(敵, ─ 非기독교도, 非 개신교도)들'을 가정(假定)한 화법이라는 측면에서, '인류애(人類愛)'를 말한 기존 대성현(大 聖賢, 석가, 공자, 예수)의 가르침과는 상반(相反)되는 행악(行惡)의 현장을 긍정하는 결과를 초래하게 되었다.

1. 서구(西歐) 우월주의

⑧-20. '동양 철학'의 문제점

⑦-08. '배타(排他)적인' 유대 민족(Jewish)

2. 기독교(개신교) 우월주의

②-01. 〈종교철학 강의〉의 성립(成立)과 개요(槪要)

②-02. '하나님'은 출발점이고 종착점이다.

②-07. '유한 정신(finite spirit-예수)'이 '신의 절대 의식(absolute conscious-ness for God-여호와 권능)'을 갖고 세상에 나오다.

②-12. '철학'은, '우주론' 속에 '종교'를 정착시킨다.

②-14. '하나님(절대신)'이 '아들(만물, 자연물)'을 창조하셨다.

②-15. '완전 종교'란 '신에 관한 자신 의식(the self-consciousness of God)'이다.

②-16. '완전 종교(기독교)'는 '절대 의식'이다.

⑧-16. '세계정신'은 '기독교 정신'이다.

⑧-18. 지옥(地獄)보다 억센 이성(理性)

⑨-14. 낭만적 예술 : 그리스도 이야기

3. 게르만 우월주의

⑤-07. 케플러와 뉴턴

⑥-14. 프로테스탄티즘 고유 원리

⑦-06. '독일 민족주의(German Nationalism)'가 '이성(Reason)'이다.

⑦-09. 개신교의 영웅, 프리드리히 대왕

⑧-01. '게르만의 자유(윤리)' 속에 달성된 '개인의 오성(悟性)'론

⑧-18. 지옥(地獄)보다 억센 이성(理性)

⑨-01. 독일 중심의 〈미학〉

4. 독재자 중심주의(철권통치주의)

③-12. 그 동안 '현실적인 신'의 고려가 없었다.

⑥-05. '국왕'과 '신'의 동일시

⑥-06. '사상'이 '법'보다 우선일 수는 없다.

⑥-08. '현실 세계'는, '의무'와 '법칙'의 세계이다.

⑥-25. '군주(君主)'는 '총체성' 자체이다.

⑦-09. 개신교의 영웅, 프리드리히 대왕

⑨-22. 알렉산더가 '서사시 주인공'으로 부적절한 이유

⑨-20. '사회적 오케스트라(the social orchestra)' 론

⑨-17. 신상(神像)을 중심으로 한 신전(神殿) 건축 론

5. 전쟁불가피론(자기파괴 윤리주의)

⑤-13. '자살(自殺)'의 긍정

⑥-13. 현재는 '장미'이며 '십자가'이다.

⑥-24. 애국심(愛國心)은 정치적 지조(志操, disposition)이다.

⑥-26. '영구평화(永久平和)론' 비판

⑥-27. '영구평화(永久平和)론'－I. 칸트

⑥-28. 전쟁의 원인 : 외부로 향한 '강한 개성'의 발동

⑦-09. 개신교의 영웅, 프리드리히 대왕

⑨-14. '그리스도'는 '기꺼이 죽고자 하는 생명 이야기'이다.

⑨-23. '자기 파괴'가 '영원한 정의(正義)'이고 인간 본성이다.

⑨-30. 몰락(죽음)=영원한 정의=윤리적 실체=만족

⑪-06. 말을 탄 '세계정신'(1806).

6. 역사 종속주의(신권통치론)

⑥-08. '현실 세계'는, '의무'와 '법칙'의 세계이다.

⑥-12. 각 개인은 '시대의 아들'이다.

⑥-15. 미네르바의 부엉이

⑥-24. 애국심(愛國心)은 정치적 지조(志操, disposition)이다.

〈Ⅷ〉 요약

헤겔은, 뉴턴 볼테르 칸트의 '인간 중심주의' '계몽주의'에 반대하고, '게르만 국가 우월주의(German Chauvinism)'와 '희생(제물) 의지(Will to Sacrifice)'를 '자유 의지(Free Will)' '정의(Justice) 실천'으로 가르쳤던 '살인 전쟁 불가피론 자'였다.

이 헤겔의 '수구 보수주의' 허구(虛構)에 맞서, '생명존중' '과학존중' '평등 주의' '평화주의' '사해동포주의'의 깃발을 높이 든 것이 1916년 취리히 '다다 혁명 운동'이었다.

제11장 연보

계몽주의자 뉴턴 볼테르 칸트에 반발한 수구보수주의자 헤겔은, 그 '여호와주의'를 '절대정신' '절대이념'으로 바꿔 놓고 그것을 다시 '게르만 신국(神國)'론과 '주님의 종'이란 '노예철학'에 '자기 파괴의 자유' '제물(희생) 예찬'을 평생 소신으로 주장을 폈다.

그것이 소위 '시대의 아들' '미네르바 부엉이'를 자처(自處)한 헤겔의 전모(全貌)이니, 이러한 측면에서 그 '현실주의' '이성주의' '역사 종속주의'에 비추어 보아도 '헤겔의 전기(傳記)'는 다른 어떤 누구보다도 헤겔 자신의 사상(思想) 고찰에 중요한 위치를 점하게 되어 있다.

⑪-01 '개신교(改新教)의 토머스 아퀴나스'

"G. W. F. 헤겔(1770. 8. 27.~1831. 11. 14.)은 후기(後期) 계몽주의 독일 철학자이다. 헤겔은 유럽(대륙)의 전통 철학자로 널리 알려졌고, 영어권 세계에도 점점 영향을 미치게 되었다. 헤겔은 분열(分裂)을 초래했던 인물이지만, 대체적으로 서양 철학사에서의 헤겔은 고전적(古典的) 위상(位相)을 차지하는 것으로 알려져 있다.

헤겔의 주요 업적은 '절대 이념주의(absolute idealism)'로 명시되고 있는데, 그 속에 '정신'과 '자연' '주체'와 '객체'의 이원론(二元論 – dualism)이 극복된다는 그의 '관념론의 개발'이다. 헤겔의 정신 철학은, 심리학 국가 역사 예술 종교 철학을 통합하고 있다. 헤겔의 '주인-노예 변증법'은 20세기 프랑스에서 크게 영향력을 펼치었다. 논리 개념의 역사적 명시와, 모순되고 반대된 인자들-예를 들어 자연(nature)과 자유(freedom), 내재(내재, immanence)와 초월(超越, transcendence)'-의 '지양(止揚, sublation, Aufhebung: integration without elimination or reduction)으로서의 '정신 (spirit, 마음)'이라는 개념은 헤겔에게 무엇보다 중요하다.

헤겔은 영역이 다양한 많은 사상가와 작가들에게 영향을 미쳤다. 칼 바르트(K. Barth, 1886~1988)는 헤겔을 '개신교의 토머스 아퀴나스(T. Aquinas, 1225~1274)'라고 불렀다. 메를로퐁티(M. Merleau-Ponty, 1908~1901)는 '지난 세기의 모든 위대한 철학 사상-마르크스와 니체 독일의 실존주의 철학과 정신분석의 기원은 헤겔에게 시작 되었다.'라고 말했다."

((Georg Wilhelm Friedrich Hegel (/'heɪɡəl/;[2] German: ['geɔʁk 'vɪlhɛlm 'fʁiːdʁɪç 'heːɡəl]; August 27, 1770 – November 14, 1831) was a German philosopher of the late Enlightenment. He achieved wide renown in his day and, while primarily influential within the Continental tradition of philosophy, has become increasingly influential in the English-speaking world as well. Although he remains a divisive figure, his canonical stature within Western philosophy is universally recognized.

Hegel's principal achievement is his development of a distinctive articulation of idealism sometimes termed "absolute idealism," in which the dualism of, for instance, mind and nature and subject and object are overcome. His philosophy of spirit conceptually integrates psychology, the state, history, art, religion, and philosophy. His account of the master-slave dialectic has been highly influential, especially in 20th-century France. Of special importance is his concept of spirit (Geist: sometimes also translated as "mind") as the historical manifestation of the logical concept and the "sublation" (Aufhebung: integration without elimination or reduction) of seemingly contradictory or opposing factors; examples include the apparent opposition between nature and freedom and between immanence and transcendence.

Hegel has influenced many thinkers and writers whose own positions vary widely. Karl Barth described Hegel as a "Protestant Aquinas", while Maurice Merleau-Ponty wrote that "All the great philosophical ideas of the past century – the

656

philosophies of Marx and Nietzsche, phenomenology, German existentialism, and psychoanalysis - had their beginnings in Hegel".))

—————✈

* 해설자는 헤겔의 철학을 '계몽주의 후기에 출현한 관념철학'으로 소개하였다.

헤겔은 '개신교 사제(司祭)' 학교 출신이다. 세계에 모든 '문화'가 '종교 사상'과 관련을 지니고 있다고 볼테르는 그의 〈역사철학(*The Philosophy of History*, 1765)〉에서 지적(指摘)을 하였는데, 헤겔 사상의 뿌리는 '개신교도(Protestant) 정신'이라는 사실을 명심해야 한다.

그래서 위의 해설에서, <u>**칼 바르트(Karl Barth, 1886~1988)는 헤겔을 '개신교의 토머스 아퀴나스(T. Aquinas, 1225~1274)'라고 불렀다.**</u>**(Karl Barth described Hegel as a "Protestant Aquinas")'**는 주장은 가장 유념해야 할 사항이다. (참조, ②-12. **'철학'은, '우주론' 속에 '종교'를 정착시킨다. ⑥-14. 프로테스탄티즘 고유 원리 ⑧-18. 지옥(地獄)보다 억센 이성(理性))**

〈'아퀴나스'¹⁾, '성인과 천사와 아퀴나스'²⁾〉

—————————————

1) Wikipedia 'T. Aquinas' – 'Saint Thomas Aquinas, An altarpiece in Ascoli Piceno, Italy, by Carlo Crivelli (15th century)'

* 한 마디로 헤겔은, '개신교 논리'에다가 A. 아우구스티누스 〈신국(神國)〉 이론을 첨부하여 '게르만 신국(The German City of God)'을 주장했던 것이, 헤겔의 '현실주의' '이성주의' 결론이었다. (참조, ⑧-03. '**게르만 왕국**', '**신국 (神國)**', '**이성적인 세계**' ⑧-09. '**신의 세계지배**'에 대한 **믿음**)

⑪-02 '슈투트가르트 김나지움'(1770~1788) 시절

"헤겔은 남부 독일 뷔르템베르크 주 슈투트가르트에서 1770년 8월 27일에 태어났다. 기독교인 헤겔은 빌헬름 가(家)와 가까운 것으로 알려져 있다. 아버지 게오르크 루트비히(Georg Ludwig)은 뷔르템베르크 공작(公爵) 카를 오이겐 법정에 있는 세무서 서기(Rentkammersekretär)로 알려졌다. 헤겔의 어머니는 마리아 막달레나 루이자(Maria Magdalena Louisa)로 뷔르템베르크 고등법원에 변호사의 딸이었다. 그녀는 헤겔이 13세 때 구토열병 (Gallenfieber)으로 사망하였다. 헤겔의 아버지도 그 병에 걸렸으나 겨우 살아남았다. 헤겔은 누이(Christiane Luise, 1773-1832)와 아우(Georg Ludwig, 1776-1812)가 있었다. 아우는 1812년 나폴레옹의 러시아 원정에 장교로 종군(從軍)했다가 횡사하였다.

헤겔이 3세에 '독일어 학교'에 갔었다. 5세에 '라틴어 학교'에 입학했을 때 헤겔은 어머니에게 배워 라틴어 어형변화를 알고 있었다.

1776년에 헤겔은 슈투트가르트 김나지움에 입학하였다. 소년기에 헤겔은 마음껏 독서를 하고 그의 일기에는 긴 인용문을 적었다. 헤겔이 읽은 책 중에는 클롭스톡(Klopstock, 1724~1803)과 가르베(Christian Garve, 1742~1798), 레싱(Gotthold Ephraim Lessing, 1729~1781)과 같은 계몽주의와 관련된 작가들이 포함되어 있다. 김나지움에서 헤겔의 공부는 그의 졸업 연설(graduation speech)-'터키에서의 예술과 학술의 파산 상태'로 그 마감을 하였다."

---

2) Wikipedia 'T. Aquinas' - 'Triumph of St. Thomas Aquinas, "Doctor Angelicus", with saints and angels, Andrea di Bonaiuto, 1366.'

((Hegel was born on August 27, 1770 in Stuttgart, in the Duchy of Württemberg in southwestern Germany. Christened Georg Wilhelm Friedrich, he was known as Wilhelm to his close family. His father, Georg Ludwig, was Rentkammersekretär (secretary to the revenue office) at the court of Karl Eugen, Duke of Württemberg. Hegel's mother, Maria Magdalena Louisa (née Fromm), was the daughter of a lawyer at the High Court of Justice at the Württemberg court. She died of a "bilious fever" (Gallenfieber) when Hegel was thirteen. Hegel and his father also caught the disease but narrowly survived. Hegel had a sister, Christiane Luise (1773–1832), and a brother, Georg Ludwig (1776–1812), who was to perish as an officer in Napoleon's Russian campaign of 1812.

At the age of three Hegel went to the "German School". When he entered the "Latin School" two years later, he already knew the first declension, having been taught it by his mother.

In 1776 Hegel entered Stuttgart's Gymnasium Illustre. During his adolescence Hegel read voraciously, copying lengthy extracts in his diary. Authors he read include the poet Klopstock and writers associated with the Enlightenment, such as Christian Garve and Gotthold Ephraim Lessing. Hegel's studies at the Gymnasium were concluded with his Abiturrede ("graduation speech") entitled "The abortive state of art and scholarship in Turkey."))

〈'슈투트가르트의 헤겔 출생지 헤겔 박물관'3)〉

---

3) Wikipedia 'G. W. F. Hegel' – 'The birthplace of Hegel in Stuttgart, which now houses The Hegel Museum'

_____✈

* 헤겔이 탄생한 1770년은, 뉴턴(I. Newton, 1642~1727) 사망 43년이 된 해이
  고, 볼테르(Voltaire, 1694~1778)가 76세, 칸트(I. Kant, 1724~1804)가 46세
  되었던 해이다. 그리고 나폴레옹(Napoleon, 1769~1821)은 그 전년(前年,
  1769)도에 탄생하였고, 한국의 영조(英祖)46년인 해였다.
* 1781(헤겔 11세)년에는 칸트의 〈순수이성비판〉이 간행되었다.

〈'뉴턴(I. Newton, 1642~1727)', '볼테르(Voltaire, 1694~1778)', 칸트(I. Kant, 1724~1804),
'나폴레옹(Napoleon, 1769~1821)'〉

⑪-03 튀빙겐 신학교(Tübingen, 1788-93)

"헤겔은 19세에 튀빙겐 신학교(개신교 신학대학)에 입학하였다. 그런데
거기에서 두 사람의 동료 학생 시인 횔덜린(Friedrich Hölderlin, 1770~1843)
철학자 셸링(Friedrich Wilhelm Joseph Schelling, 1775~1854)과 가까워졌다.
그들은 대학의 엄격한 분위기를 성토하며 3인은 친구가 되었고, 각각의 생각
을 가지고 서로에게 영향을 주었다. 세 사람은 모두 고대 희랍 문명에 감탄
하였고, 헤겔은 그 시절에 추가로 루소(Rousseau, 1712~1778) 레싱(Lessing,
1729~1781)에 몰두하였다. 세 사람은 '프랑스 혁명의 전개'에 공통으로 열광
하여 주목하였다. 횔덜린과 셸링은 칸트 철학에 관해 이론적 논쟁에 빠졌다.
헤겔은 그에 대해 냉담하였다. 이 시절 헤겔은 철학자들의 난해한 이념을
더욱 넓은 대중에게 보급하는 '문인(文人, man of letters)'이 되기로 결심하
였다. 헤겔은 1800까지는 칸트 식 주요 개념에 비판적으로 개입할 생각은
없었다."

((At the age of eighteen Hegel entered the Tübinger Stift (a Protestant seminary attached to the University of Tübingen), where two fellow students were to become vital to his development—poet Friedrich Hölderlin, and philosopher-to-be Friedrich Wilhelm Joseph Schelling. Sharing a dislike for what they regarded as the restrictive environment of the Seminary, the three became close friends and mutually influenced each other's ideas. All greatly admired Hellenic civilization, and Hegel additionally steeped himself in Rousseau and Lessing during this time. They watched the unfolding of the French Revolution with shared enthusiasm. Schelling and Hölderlin immersed themselves in theoretical debates on Kantian philosophy, from which Hegel remained aloof. Hegel at this time envisaged his future as that of a Popularphilosoph, i.e., a "man of letters" who serves to make the abstruse ideas of philosophers accessible to a wider public; his own felt need to engage critically with the central ideas of Kantianism did not come until 1800.))

〈'튀빙겐 신학교'4) '휠덜린(Friedrich H lderlin, 1770~1843)'5)
'셸링(Friedrich Wilhelm Joseph Schelling, 1775~1854)'6)〉

------✈

* 헤겔 연보 작성자는 루소(Rousseau, 1712~1778)를 언급하고 있으나, 헤겔에
  게 더욱 심대(深大)한 (逆)영향을 준 철학자는 볼테르(Voltaire, 1694~1778)7)

---

4) 'The Tübinger Stift'
5) Wikipedia 'Hölderlin'—'Friedrich Hölderlin'
6) Wikipedia 'Schelling'—'Schelling by Joseph Karl Stieler, 1835'

였다.

헤겔에게 볼테르처럼 크게 영향을 주었던 선배는 없었으니, 헤겔의 모든 저서에 '계몽주의(엄밀학)'나 '자연법'의 비판 정면에는 항상 볼테르가 전제되어 있다. 즉 '과학지상주의자'인 볼테르와 '신학자' '신권통치(Theocracy)' 이론가 헤겔의 대립이 그것이다. (참조, ②-05. '엄밀학(嚴密學, *les sciences exactes*)'은 종교와 대립한다.)

즉 헤겔이 튀빙겐 신학교(1788~1893) 시절에 프랑스 혁명(1789)이 났고, 그 이듬해(1790) 피에르 보마르셰(P. Beaumarchais, 1732~1799)에 의해 독일의 켈(Kehl)시에서 〈볼테르 전집(70권)〉이 완간되었는데 **이 볼테르 저서(사상)를 통해, 이후 칸트 헤겔 쇼펜하우어 마르크스 니체 철학이 전개되었다.**

〈'루소와 볼테르의 논쟁'8), '독일의 켈(Kehl)시', '피에르 보마르셰(P. Beaumarchais, 1732~1799)'〉

"볼테르 사망 직후에, 피에르 보마르셰(P. Beaumarchais, 1732~1799)는 프랑스에서는 반대가 있었던 '볼테르 전집(Voltaire's complete works)' 출간에 착수를 했다. 1779년 2월 출판업자 C. J. 팬코우크(Panckouck)로부터 볼테르 문서 대부분의 출판권을 구매하였다. 보마르셰는 프랑스 정부의 감시를 피하기 위해, 독일의 켈(Kehl)에서 출판을 개시하였다. 보마르셰는 유명한 영국인 타입의 디자이너 J. 바스케르빌(John Baskerville, 1706~1775)의

---

7) 헤겔이 그의 〈세계 역사 철학 강의〉에서 최고 '세계정신'의 모델로 삼은 '프리드리히 대왕(Frederick the Great, 1712~1786)'과 볼테르는 그 '(迎合과 離反에서)막강한 관계'로서, 헤겔에게는 공개적으로 거론한 자체가 <u>'금기(禁忌) 사항'</u>이었다.

8) E. Wright(edited by), *History of The World*, Bonanza Books, 1984, p.168

미망인으로부터 온전한 주물(鑄物)공장을 구입하였고, 세 개의 제지(製紙)공장도 구입하였다. 볼테르 전집 70권은, 1783년부터 1790년 사이에 출간이 되었다. 보마르셰는 사업상으로는 실패를 하였으나, 자칫 망실(亡失)될 뻔했던 볼테르의 많은 후기 저작을 보존하는데 막대한 역할을 하였다."9)

* 1788년(헤겔 28세)에는 칸트의 〈실천이성비판〉이 간행되다.
* 1790년(헤겔 30세)에는 칸트의 〈판단력 비판〉이 간행되다.

⑪-04 베른, 프랑크푸르트 시절(1793-1801)

  "튀빙겐 신학교로부터 신학 학사(神學 學士)가 된 다음 헤겔은 베른(Bern)의 귀족 집에서 가정교사 노릇을 하였다. 이 기간(1793~96) 동안에 헤겔은 '그리스도교의 절대성(The Positivity of the Christian Religion)'이라는 제목으로 예수의 일생을 책이 될 분량으로 작성하였다. 헤겔은 고용주와 자신의 관계에 압박을 느끼고 있던 참에 마침 횔덜린이 소개한 프랑크푸르트 와인 상인의 가정교사 제안을 받아 들여 1797년 프랑크푸르트로 이사를 하였다. 여기에서 횔덜린은 헤겔의 사상에 중대한 영향을 제공하였다. 헤겔은 프랑크푸르트에서 '종교와 사랑에 대한 단상(Fragments on Religion and Love)'을 썼다. 1799년에 헤겔은 '기독교 정신과 운명(The Spirit of Christianity and Its Fate)'을 썼으나 헤겔의 생전에는 출간되지 않았다.
  역시 1797년에 '최고로 낡은 독일 관념주의'를 썼으나 간행도 서명도 하질 않았다. 그 글은 헤겔이 썼으나 사상은 헤겔 셸링 횔덜린 3인 공통의 생각이었다."

> ((Having received his theological certificate (Konsistorialexamen) from the Tübingen Seminary, Hegel became Hofmeister (house tutor) to an aristocratic family in Bern (1793-96). During this period he composed the text which has become known as the "Life of Jesus" and a book-length manuscript titled "The Positivity of the Christian Religion". His relations

---

9) Wikipedia, 'Pierre Beaumarchais'

with his employers becoming strained, Hegel accepted an offer mediated by Hölderlin to take up a similar position with a wine merchant's family in Frankfurt, where he moved in 1797. Here Hölderlin exerted an important influence on Hegel's thought. While in Frankfurt Hegel composed the essay "Fragments on Religion and Love". In 1799 he wrote another essay entitled "The Spirit of Christianity and Its Fate", unpublished during his lifetime.

Also in 1797, the unpublished and unsigned manuscript of "The Oldest Systematic Program of German Idealism" was written. It was written in Hegel's hand but thought to have been authored by Hegel, Schelling, Hölderlin, or by all three.))

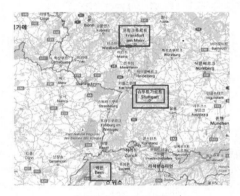

〈'베른' '프랑크푸르트'〉

_____✈

* 1795년(한국 정조19년, 헤겔 25세) 칸트의 〈영구평화론(*Perpetual Peace*)〉이 제작되다. (참조, ⑥-26. 칸트의 '영구평화(永久平和)론')
* 1796(헤겔 26세)년 3월 나폴레옹은 이탈리아 원정(遠征) 사령관이 되다.
* 1797(한국 정조21년, 헤겔 27세)년에 칸트의 〈법이론(*The Science of Right*)〉이 완성되다.[칸트의 〈법이론〉은 24년 후 헤겔 〈법철학(1821)〉에서의 비판 대상이 되었다.] (참조, ⑥-31. 칸트의 '세계시민권' 론 ⑥-32. '전쟁 종식을 위해 끝없이 노력해야 한다.' – 칸트)

* 1798(헤겔 28세)년 나폴레옹 이집트 원정(遠征) 성공하다.
* 1780(헤겔 30세)년 5월 나폴레옹 이탈리아 전투를 시작하다.

⑪-05 '예나' 시절(1801-1816)

"1801년 헤겔은 옛 친구 셸링의 격려로 예나(Jena)로 오게 되었는데, 셸링은 예나 대학에서 객원교수 직을 가지고 있었다. 헤겔은 예나 대학에 '위성의 궤도에 관한 논문'을 제출한 다음 '무보수 강사' 자리를 얻었다. 같은 해 후반에 헤겔의 처음 저서 '피히테(Fichte, 1762~1814)와 셸링(Schelling) 철학 체계의 차이'가 완성 되었다. 헤겔은 '논리학과 형이상학'을 강의하였다. 그리고 셸링과 연합하여 '진정한 철학의 이념과 한계에 관한 서설(Introduction to the Idea and Limits of True Philosophy)'을 강의했고 '철학적 논쟁 모임(Philosophical Disputorium)'을 가졌다. 1802년 셸링과 헤겔은 '철학적 비평 저널(the Kritische Journal der Philosophie)'을 창립하고 서로 연대할 때까지는 단상(斷想)을 기고하기로 했는데, 1803년에 셸링이 뷔르츠부르크(Würzburg)로 떠나면서 끝이 났다.

1805년 헤겔은, 예나 대학이 헤겔에 앞서 그의 철학의 적(敵)인 야코프 프리스(Jakob Friedrich Fries, 1773~1843)를 객원교수로 천거함에 반대하여 당시 문화부 장관 괴테(Goethe, 1749~1832)에게 편지를 쓰고 나서 자신이 객원 교수가 되었다. 헤겔은 시인이자 번역가인 포쓰(Johann Heinrich Voβ)에게 새롭게 부상한 하이델베르크 대학에 자리를 부탁했으나 실패하였다. 분하게도 그 이듬해 야코프 프리스는 하이델베르크 대학에 (무보수) 평교수가 되었다."

((In 1801 Hegel came to Jena with the encouragement of his old friend Schelling, who held the position of Extraordinary Professor at the University there. Hegel secured a position at the University as a Privatdozent (unsalaried lecturer) after submitting a Habilitationsschrift (dissertation) on the orbits of the planets. Later in the year Hegel's first book, The Difference Between Fichte's and Schelling's Systems of Philosophy, was completed. He lectured on "Logic and Metaphysics" and gave joint lectures with Schelling on an "Introduction to the Idea and Limits of True Philosophy" and held a "Philosophical Disputorium". In 1802 Schelling and Hegel founded a journal, the Kritische Journal der Philosophie ("Critical Journal of Philosophy"), to which they each contributed pieces until the collaboration was ended when Schelling left for Würzburg in 1803.

In 1805 the University promoted Hegel to the position of Extraordinary Professor (unsalaried), after Hegel wrote a letter to the poet and minister of culture Johann Wolfgang von Goethe protesting at the promotion of his philosophical adversary Jakob Friedrich Fries ahead of him. Hegel attempted to enlist the help of the poet and translator Johann Heinrich Voβ to obtain a post at the newly renascent University of Heidelberg, but failed; to his chagrin, Fries was later in the same year made Ordinary Professor (salaried) there.))

〈'예나' '하이델베르크'〉

〈'괴테(Goethe, 1749~1832)' '피히테(Fichte, 1762~1814)'〉

* 1802(헤겔 32세)년 1월에 나폴레옹은 이탈리아 통령(統領)이 되고, 2월에 칸트는 사망하였고, 나폴레옹은 8월 '종신집정(終身執政)'이 되다.
* 1804(헤겔 34세)년 3월 21일에 나폴레옹은 '민법전(民法典)'을 완성 공포하고, 12월에 황제가 되었다.
* 1805(헤겔 35세)년 10월 나폴레옹은 울름 전투(Ulm, 10.5.~10.19)와 트라팔가르 해전(Battle of Trafalgar, 10. 21)을 치르다.

⑪-06 말을 탄 '세계정신'(1806)

"헤겔의 형편이 급속히 고갈했기 때문에, 헤겔은 헤겔의 철학 체계에 대한 영원한 다짐을 전할 서문을 적기에도 압박감을 느꼈다. 헤겔은 나폴레옹이 1806년 10월 14일 예나 교외 고원에서 '예나 전투(the Battle of Jena)'를 치르고 프러시아 군을 생포할 적에 '정신현상학(the Phenomenology of Spirit)'에 마지막 손질을 하고 있었다. 전투를 행하기 바로 그 전날 나폴레옹은 예나시에 입성하였다. 헤겔은 친구 니트하머(Friedrich Immanuel Niethammer, 1766~1848)에게 자기의 인상을 다음과 같이 술회하였다.

'나는 그 황제 '세계의 정신'이 도시 외곽에서 순찰하는 것을 보았네. 여기 단순한 하나의 지점에서, 말을 타고 세계를 정복하여 주인이 되려는 한 개인을 본다는 것은 정말 장관(壯觀)이었네. 이 비상한 개인을 보고 감탄하지 않을 수 없었네.'

나폴레옹은 그가 다른 대학을 그렇게 했던 것처럼 예나 대학을 폐쇄하지는 않았으나 도시는 황폐화되었고, 학생들은 무더기로 대학를 떠났고, 헤겔은 재정은 더욱 나빠졌다. 이듬해 2월 헤겔의 주인아주머니 크리스티아나 부르크하르트(남편에게 버림받은 여인)는 헤겔의 아들 루트비히 피쉬에르 (G. Ludwig F. Fischer, 1807~1831)를 출산했다."

((His finances drying up quickly, Hegel was now under great pressure to deliver his book, the long-promised introduction to his System. Hegel was putting the finishing touches to this book, the Phenomenology of Spirit, as

Napoleon engaged Prussian troops on October 14, 1806, in the Battle of Jena on a plateau outside the city. On the day before the battle, Napoleon entered the city of Jena. Hegel recounted his impressions in a letter to his friend Friedrich Immanuel Niethammer:

I saw the Emperor – this world-soul – riding out of the city on reconnaissance. It is indeed a wonderful sensation to see such an individual, who, concentrated here at a single point, astride a horse, reaches out over the world and masters it … this extraordinary man, whom it is impossible not to admire.

Although Napoleon chose not to Jena as he had other universities, the city was devastated and students deserted the university in droves, making Hegel's financial prospects even worse. The following February Hegel's landlady Christiana Burkhardt (who had been abandoned by her husband) gave birth to their son Georg Ludwig Friedrich Fischer (1807~1831).))

〈'예나 시', '말을 탄 나폴레옹 보고 헤겔은 세계정신이라고 했다.(1806)'[10], '정신현상학(1807)'[11]〉

————✈

* 1806년 8월 '신성로마제국(Holy Roman Empire, 962~1806)' 멸망되고, 10월에 나폴레옹은 예나 전투에 승리하고 베를린에 입성(入城)하였다. 11월에 나폴레옹은 영국을 고립시키기 위해 유럽 대륙과 영국의 무역을 금지하는 '대륙봉쇄'를 명령하였다.

10) Wikipedia 'G. W. F. Hegel' – 'Hegel sees the "world spirit on horseback", Napoleon.'
11) Wikipedia – 'The Phenomenology of Spirit'

〈'1806년의 신성로마제국(Holy Roman Empire, 962~1806)'〉

* 이 예나(Jena) 거주시기(1806~7)의 헤겔의 정신 상태는, 그야말로 '우울증(憂鬱症, Hypochondria－Depression－현실극복 불능 상태)'이 구체적으로 발동되었던 기간이었으니, T. 핀카드(T. Pinkard, 1950~)는 다음과 같이 적고 있다.

"헤겔이 예나에서 처한 절박하고 불안정한 상황은 친구인 니트하머에게 보낸 편지들에는, 니트하머의 도움으로 얻고자 하는 다양한 직책들이 끊임없이 언급되어 있을 뿐만 아니라, 니트하머로부터 빌린 돈에 대한 언급도 들어 있고, 결국에는 돈 빌려달라고 직설적으로 애원하는 내용까지 들어 있다. 경제난에 허덕이는 헤겔은 살던 집을 떠나 뢰더그라벤에 있는 더 작고 싼 집으로 이사를 해야 했다(새집은 친구인 횔덜린이 수년 전에 살던 곳이거나 그 근처이고, 또한 피히테가 살던 곳과 가까웠다). 1806년에 카롤리네는 셸링에게 보낸 편지에서 예나 사람들의 경제 사정이 나빠지고 있다는 소식을 전하면서 '헤겔이 도대체 어떻게 버텨 내고 있는지 아무도 모를 지경'이라고 말했다.......

수년 후(1810) 한 친구(가톨릭교도이며 의사이자 신비주의자인 카를 요제프 빈디슈만)에게 보낸 편지에서, 헤겔은 자신의 생애의 암울했던 시기와 그때 느낀 '영혼의 아니 오히려 이성의 기분'을 언급했다. 그때 헤겔은 자신이 어디로 가고 있는지 알 수 없었다. 헤겔은 '바닥까지 끌어내려진' 당시의 상황을 '우울증(Hypochondria)'이라고 하면서도, 그럼에도 불구하고 그 시절이 자신감을 키워준 '생의 전환점(turning point in his life)'이 되었다고 말한다..........

나폴레옹은 결전 하루 전인 10월 13일에 예나 중심가에 들어왔다. 늘 혁명을 존경해 온 헤겔은 니트하머에게 보낸 편지에서 다음과 같은 유명한 말을 남겼다. '나는 황제가- 그 세계영혼이-도시 외곽에서 말을 타고 정찰하는 모습을 보았네. 그런 개인, 여기 한 지점에서 말 위에 걸터앉아 세계 전체에 손을 뻗으려 하고 세계를 지배하는...이 존경하지 않을 수 없는 비범한 인물을 보는 것은 정말로 엄청나게 감동적이었네.'..........

예나전투가 벌어지기 전날 저녁에 헤겔은 책의 마지막 부분의 원고를 대부분을 10월 18일에 출판인에게 도착하도록 특별히 고용한 전령을 통해 보냈다. 헤겔은 원고 유실될 것을 우려하여, 전령에게 원고를 주머니에 넣어 몸에 지닐 것을 요구했다. 전투와 그 여파가 지난 직후 헤겔은- 불과 며칠 전만 해도 창밖으로 나폴레옹을 보며 경의를 표했던 그가- 니트하머에게 보낸 편지에서 이렇게 말했다. '우리가 목격한 전쟁은 지금까지 그 누구도 상상할 수 없었을 만큼 끔찍했네.'.............

이제 거의 빈털터리가 된 헤겔이 저술에 붙이는 서문을 쓰고 두 주가 지난 1807년 2월 5일, 그의 가정부이자 집주인인 크리스티아나 샤를로테 요하나 부르크하르트가 헤겔의 사생아(私生兒) 아들 루드비히를 낳은 것이다. 돈도 없고, 돈을 벌 직업도 없는 상태에서, 얼마 전에 남편으로부터 버림받은 유부녀에게서 아이까지 얻은 헤겔의 처지는 말 그대로 참담했다."

The untenability and precariousness of Hegel's overall situation in Jena comes out clearly in his letters to his friend Immanuel Niethammer. The letters written to Niethammer during this period make continual references not only to various jobs that Hegel hopes Niethammer might assist him in procuring but also to the money he has borrowed from Niethammer, and finally resort to outright pleading for money. For lack of funds, Hegel was forced to leave his old apartment and move to a smaller, cheaper place on Löbdergraben (at or very near the place that his friend Hölderlin had occupied some years earlier and next-door to where Fichte had earlier lived). By 1806, Caroline Schelling was writing to Friedrich Schelling about how bad things were getting in Jena and how people were reduced to having very little, noting, "One cannot say how Hegel managed to bring himself through it all."[5]

Writing to a friend (the Catholic physician and mystic Karl Joseph Windischmann) several years later (1810), Hegel spoke of a dark period in his life, a "mood of the soul, or rather of reason" during which he had no clear idea of where he was heading, which he characterized both as a "hypochondria" – a depression – from which he suffered "to the point of exhaustion," and as nonetheless a "turning point in his life" during which his self-confidence grew.[7]

On October 13, one day before the climactic battle, Napoleon entered the town of Jena, and Hegel, ever the admirer of the Revolution, noted famously in a letter to Niethammer that "I saw the Emperor – this world-soul – riding out of the city on reconnaissance. It is indeed a wonderful sensation to see such an individual, who, concentrated here at a single point, astride a horse, reaches out over the world and masters it . . . this extraordinary man, whom it is impossible not to admire."[11]

On the eve of the battle of Jena itself, Hegel sent most of the last pages of his book by special courier to the publisher; on October 18, he claimed to be carrying the last sheets with him in his pocket, fearful that they might get lost. Shortly after the battle and its aftermath, Hegel, who only a few days before had admired Napoleon from his window, remarked in one of his letters to Immanuel Niethammer, "nobody has imagined war as we have seen it."[15]

On February 5, 1807, two weeks after Hegel, now virtually penniless, had finished a new Preface for the book, the housekeeper and landlady of the house where Hegel was living, Christiana Charlotte Johanna Burkhardt, gave birth to his illegitimate son, Ludwig. With no money, no real paying job, and a child by a woman who was married to someone who had recently abandoned her, Hegel's situation now became completely and totally desperate.

〈'예나에서 밤베르크로'[12]〉

* 여기에서 우리는 헤겔의 '우울증(憂鬱症, Hypochondria – Depression – 현실극복 불능 상태)'[13] '자살충동(suicidal impulse)' '살상충동(killing impulse)'과 연동된 그 '세계정신(전쟁정신)'의 발동 현장이다.

이를 헤겔의 '변증법'(가짜 논리학)으로 도식화하면 다음과 같다.

---

12) T. Pinkard, *Hegel : A Biography*, Cambridge University Press, 2000, pp.223~4, 225, 228, 229~230 'From Jena to Bamberg' ; 전대호 태경섭 역, 헤겔 영원한 철학의 거장, 이제이북스, 2006, pp.295, 297, 301, 303 '예나에서 밤베르크로'

13) T. 핀카드는 "1826년 친구 카를 다우프에게 보낸 편지에서 '나는 우울증을, 자기 자신을 단념하는 무능력의 질병이라고 규정하네.(I define hypochondria as the illness that consists in the inability to come out of oneself.)'라고 했다."는 주석을 첨가하였다. – T. Pinkard, Ibid, p.701 ; 전대호, 같은 책, p.906

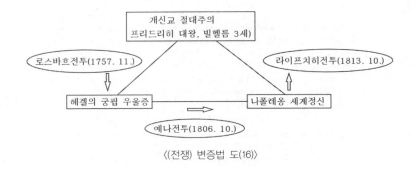

《(전쟁) 변증법 도(16)》

* <u>위의 '전쟁 변증법'은, 헤겔의 정신 속에 평생 가동되는바 그 '우울증(憂鬱症) 해소'의 변증법적 도식(圖式)으로 헤겔의 '허무주의' '염세주의(Pessimism)' '희생' 논리 '자기파괴(Self-Destructiveness)' '정의(正義) 실현' '전쟁불가피론 (Inevitable-Wars Theory)'의 헤겔 '정신 구도'로서 주목(注目)을 해야 한다.</u> 헤겔의 '정신' 논의는 무엇보다 헤겔 자신의 '정신(체험)'에 기초한 것인데 [〈정신현상학〉의 기본 전제], 헤겔이 그 '이성(Reason)' 일방주의(일원론)으로 세상에서 가장 높은 '철학(신학)'을 이룬 척하였지만, 헤겔 이전 공자 로크 볼테르 칸트가 이미 긍정을 했고, 이후에도 쇼펜하우어 니체 프로이트가 우선한 '실존(육체)'는 엄연히 존재하여 헤겔의 '육체(實存)'를 이루었다. [만약 그것이 없다면 '헤겔'은 사람이 아니라 幽靈임]

그러면 헤겔은 '육체(대상, 자연)'을 어떻게 생각했는가? 그것은 '지양(止揚) 극복(sublimation) 대상'으로 '정신(부속물, 창조물)'로 무시하고 거기에 그것의 '파괴' '자살'을 '자유 실현' '윤리(정의) 실현'으로 예찬을 행하고 그것은 다시 '신국(神國)' 이론과 통일 되어 '국가 공동체(전체, 신)'와 합치하는 길로 '제국주의' '군국주의' 개신교 신학을 완성하였다. (참조, ④-20. 생명 과정 속에서의 '모순'과 '고뇌(Pain)' ⑤-13. '자살(自殺)'의 긍정 ⑥-12. 각 개인은 '시대의 아들'이다. ⑥-13. 현재는 '장미'이며 '십자가'이다. ⑥-14. 프로테스탄티즘 고유 원리 ⑨-23. '자기 파괴'가 '영원한 정의(正義)'이고 인간 본성이다. ⑨-30. 몰락(죽음)=영원한 정의=윤리적 실체=만족)

* '제국주의자(정복자)'와 '종교적 자유(개신교 용납)' 제공자를 혼동(통합)하는 '헤겔식 은유(隱喩, metaphor) 의식의 발동'이다. 이에 화가 고야(F. Goya, 1746~1828)는 그의 '1808년 5월 3일(1814)' 작품의 통해 '나폴레옹 폭정(暴政)'에 반대를 명시하였고, 대표적인 '다다 초현실주의 운동가' S. 달리(S. Dali, 1904~1989)는 끝없는 '전쟁'으로 인명(人命)을 상상한 나폴레옹을 작품 '원초적 폐허에 우울한 그림자로 방황하는, 임신한 여성으로 변용된 나폴레옹의 코'를 그렸다.

〈고야(F. Goya, 1746~1828)의 '1808년 5월 3일(1814)'14) '원초적 폐허에 우울한 그림자로 방황하는, 임신한 여성으로 변용된 나폴레옹의 코(1945)'15)〉

서양사에서 나폴레옹(Napoleon, 1769~1821)은 알렉산더(Alexandros the Great, 356~323 b.c.), 시저(G. J. Caesar, 110~44 b.c.)를 이은 대(大) 정복자(征服者)로 알려져 있다. **그들은 과거에는 위대한 정복자로 알고 존중되었으나, 1916년 '다다 혁명 운동' 이후에는 '흉악한 살인자'들로 규정될 수밖에 없었다.** (참조, ⑨-22. 알렉산더가 '서사시 주인공'으로 부적절한 이유)

---

14) *30000 Years of Art*, Phaidon Press, 2003, p.857 F. Goya 'Third of May 1808(1814)'-1808년 3월 스페인 마드리드에서 '반 나폴레옹 독재 반대' 폭동이 발생하여 나폴레옹 군대는 이를 진압하고 동년 7월에 나폴레옹의 형 '조제프'가 스페인 왕으로 즉위하였다. F. 고야의 그림은 시민군의 '참살'을 소재로 한 것이다.

15) R. Descharnes, *Salvador Dali; The Work The Man*, Harry N Abrams, 1989, p.301 'Napoleon's Nose, Transformed into a Pregnant Woman, Strolling His Shadow with Melancholia Amongst Oringinal Ruins(1935)'

헤겔의 '절대주의'가 '군사 통수권'을 지닌 '황제'에게 종교적 사명의 수행자 '자신의 개념'을 부여해 놓은 것이 소위 '여호와'를 대신한 '힘을 가진 이성' '현실적 이성'이니, 이것이 바로 '자유(관념, 도덕, 법, 신)' '자연(육체, 인간)'을 통합한 '힘을 지닌 영웅(황제)'이며 '여호와 정신의 실천자'이다.

이리하여 기존한 '종교적 사제(司祭)' 범위 내에 있었던 '로마 교황'의 '자신의 개념'을 목사 철학자 헤겔은 그것을 '현실적 군권(軍權)을 장악한 황제'에 첨가해 줌으로써 '인명 살상의 제국주의 전쟁'을 '신의 뜻을 받은 성전(聖戰)'으로 오해하게 만든 사람이 바로 '여호와주의' '개신교' '목사' 헤겔 이론의 정면(正面)이다. (참조, ⑥-35. **공동체(共同體) 안에 희생(犧牲)-아우구스티누스**)

헤겔의 '전체주의'는 '우주 만상'을 총괄하는 '여호와주의'를 그 궁극의 '통합(synthesis)' 점을 두는 '절대 이성주의' '신권주의(神權主義, Theocracy)'이므로, 우주의 '티끌'에 해당하는 지상(地上)에 많은 생물 중 하나인 인간 '수만 명의 사상자'를 낸 '전쟁' 따위는 문제도 안 되는 입장에 있었다. (참조, ⑥-37. **독일 '국가 사회주의(나치즘)'-A. 히틀러 ⑥-38. '세계 근대 문명'은, '게르만 (아리안) 문명'이다.-A. 히틀러**)

⑪-07 뉘른베르크에서 교장이 되다.(1808~1816)

"1807년 3월 37세인 헤겔은 밤베르크(Bamberg)로 이사를 했다. 거기에 사는 니트하머(Niethammer, 1766~1848)가 실패했던 신문 '밤베르거 자이퉁 (Bamberger Zeitung)' 편집장 자리를 헤겔에게 제공하였는데, 헤겔은 더 마땅한 취직자리도 없어 마지못해 그것을 수락을 하였다. 아들 피쉬에르와 아이 엄마(헤겔은 그녀의 남편이 사망한 다음 청혼을 하였다.)는 예나에 그대로 머물렀다.

1808년 11월 역시 니트하머를 통해 뉘른베르크(Nuremberg)에 있는 한 김나지움의 교장으로 지명되었는데, 헤겔은 1816년까지 그 직을 유지하였다. 헤겔은 뉘른베르크(Nuremberg)에서 그 즈음에 출간한 〈정신현상학〉을 교실에서 활용하도록 조정하였다. 그것을 '학문의 일관성에 대한 서론

(Introduction to Knowledge of the Universal Coherence of the Sciences)'으로 명명했는데, 헤겔은 '철학의 백과사전' 개념을 개발했고, 그것의 세 개 분야(논리학, 자연 철학, 정신 철학)에 몰입했다."

((In March 1807, aged 37, Hegel moved to Bamberg, where Niethammer had declined and passed on to Hegel an offer to become editor of a newspaper, the Bamberger Zeitung. Hegel, unable to find more suitable employment, reluctantly accepted. Ludwig Fischer and his mother (whom Hegel may have offered to marry following the death of her husband) stayed behind in Jena.

He was then, in November 1808, again through Niethammer, appointed headmaster of a Gymnasium in Nuremberg, a post he held until 1816. While in Nuremberg Hegel adapted his recently published Phenomenology of Spirit for use in the classroom. Part of his remit being to teach a class called "Introduction to Knowledge of the Universal Coherence of the Sciences", Hegel developed the idea of an encyclopedia of the philosophical sciences, falling into three parts (logic, philosophy of nature, and philosophy of spirit).))

⟨'누렘베르크', '누렘베르크(1493)'16)⟩

✈

* 1808(헤겔 38세)년 2월 나폴레옹은 로마를 합병(合倂)하고, 5월 스페인 전쟁을 시작하여 12에 마드리드에 입성(入城)하다.

---

16) Wikipedia 'Nuremberg' – 'Nuremberg in 1493'

1809년(헤겔 39세) 5월 나폴레옹은 비엔나에 입성(入城)하다

1810년(헤겔 40세) 7월 나폴레옹은 네덜란드를 합병했으나, 12월에 러시아가 '대륙 봉쇄'를 파기하였다.

* 중국의 철학자 맹자(孟子, 372~289 b.c.)는 "일정한 수입이 없으면 일관된 생각을 할 수 없다.(無恒産 無恒心)"이라고 하였는데, 헤겔의 '뉘른베르크 **(Nuremberg)**의 한 김나지움의 교장' 취임은 그의 '생활 안정'에 중요한 동기가 되었다.

그러한 '경제'와 '인간 생활'은 긴밀히 연결되어 있음을 헤겔의 83년 선배 볼테르(Voltaire, 1694~1778)가 저서를 통해 거듭거듭 확인했던 사항인데[17] '우주'와 '이성(理性)' '여호와'에 몰두한 헤겔에게 그런 경제적인 문제가 처음부터 화제(話題)가 될 수도 없었다.['절대정신' 중심 헤겔 一元論의 자체 모순] (참조, ⑧-02. **가난하면 '철학'도 불가능하다.**)

헤겔은 〈성서〉에 '돈'과 '하늘나라'를 대립시킨 예수의 생각에 전적으로 공감하고 그 '예수의 생각'을 자신의 생각으로 확장시켜 그의 철학 체계를 세운 개신교 목사라는 사실을 명심할 필요가 있다. (참조, ⑪-01. **'개신교(改新敎)의 토머스 아퀴나스'**)

〈'맹자(孟子, 372~289 b.c.)' '볼테르(Voltaire, 1694~1778)'〉

---

17) 볼테르는 그의 〈영국 편지〉와 소설 〈캉디드〉에서 '경제의 중요성'을 거듭거듭 강조하였다.

⑪-08 결혼을 하고(1811), 〈논리학(1812, 1813, 1816)〉을 출간하다.

"1811년 헤겔은 원로 상원의원의 맏딸 투후어(Marie Helena Susanna von Tucher, 1791-1855)와 결혼하였다. 이 기간에 헤겔의 제2 주요저서 〈논리학 (Science of Logic, 1812, 1813, 1816)〉이 출간되었다. 그리고 두 아들 빌헬름 (Karl Friedrich Wilhelm, 1813-1901)과 크리스티안(Immanuel Thomas Christian, 1814-1891)이 태어났다."

((Hegel married Marie Helena Susanna von Tucher (1791-1855), the eldest daughter of a Senator, in 1811. This period saw the publication of his second major work, the Science of Logic (Wissenschaft der Logik; 3 vols., 1812, 1813, 1816), and the birth of his two legitimate sons, Karl Friedrich Wilhelm (1813-1901) and Immanuel Thomas Christian (1814-1891).))

〈'마리 부인(Marie Helena Susanna von Tucher, 1791-1855)'
'논리학(Science of Logic, 1916)'[18]〉

——→

* 1812년(헤겔 42세) 6월 나폴레옹은 러시아 원정에 나서 9월에 모스크바에 입성(入城)했으나 10월에 모스크바에서 퇴각해야 했다.
1813년(헤겔 43세) 3월 독일 해방 전이 개시되어 8월 드레스덴에서 싸우고 10월에 라이프치히에서 (오스트리아 프러시아 러시아 스웨덴) 연합군과 싸

---

18) Wikipedia, 'Science of Logic' - 'Title page of original 1816 publication'

우다가 나폴레옹(프랑스 군)이 패배하다.

1814년(헤겔 44세) 1월 영국과 전쟁이 시작되어 3월 영국군이 파리에 입성(入城)했고, 4월에 나폴레옹이 퇴위 되어 5월에 엘바 섬으로 유배(流配)를 당하다.

1815년(헤겔 45세) 10월 나폴레옹은 세인트헬레나 섬으로 유배를 당하다.

* '뉘른베르크(**Nuremberg**)의 김나지움의 교장(1808~1816)' 자리는, 헤겔의 '철학적 욕망'을 달성하는데 결정적 밑거름이 되었다. 이로써 헤겔은 나래를 달아 자신이 품은 서구 '관념철학 체계'를 구체적으로 보여줄 수 있게 되었다.

⑪-09 하이델베르크 재직 시절(1816~7) 〈철학 백과사전〉출간하다.

"에를랑겐, 베를린, 하이델베르크 대학으로부터 초빙을 받고, 헤겔은 하이델베르크 대학을 선택했고 1816년에 이사를 하였다. 1817년 4월 헤겔의 서자 루트비히 피셔(10세)가 헤겔 권속으로 되었는데, 피셔는 그동안 고아원에서 생활하였다.(루트비히 피셔 엄마는 그동안에 사망을 하였다.)

헤겔은 1817년 '철학 백과사전 대강(大綱)'을 출간하였다. 하이델베르크 대학 학생들에게 강의를 위한 헤겔 철학의 요약본이었다."

((Having received offers of a post from the Universities of Erlangen, Berlin, and Heidelberg, Hegel chose Heidelberg, where he moved in 1816. Soon after, in April 1817, his illegitimate son Ludwig Fischer (now ten years old) joined the Hegel household, having thus far spent his childhood in an orphanage. (Ludwig's mother had died in the meantime.)

Hegel published The Encyclopedia of the Philosophical Sciences in Outline (1817) as a summary of his philosophy for students attending his lectures at Heidelberg.))

〈'구(舊) 하이델베르크 대학(1735)'[19], '철학 백과사전 대강(大綱)'[20]〉

─────✈

* 헤겔의 '하이델베르크 대학 재직 시절'은 베를린대학으로 가는 징검다리 역할을 한 셈이나, '헤겔 철학'은 '개신교 세계 제일 철학'이므로 바야흐로 '게르만 민족(국가)주의'와 그것을 표방한 헤겔이 결합하는 일만 남았다. 즉 헤겔의 가장 중요한 이성 현실 철학의 요점 '게르만 신국(神國)'과 '희생 (犧牲)' 이론은 하이델베르크 대학 취임 시에부터 명시되기 시작했다. (참조, **⑧-03. '게르만 왕국', '신국(神國)', '이성적인 세계' ⑥-13. 현재는 '장미'이며 '십자가'이다.**)

⑪-10 베를린 대학 재직 시절(1818~1831)

"1818년 헤겔은, 1814년 피히테(Johann Gottlieb Fichte, 1762~1814)의 사망 이후에 공석으로 되어 있던 베를린 대학의 '철학과 학과장'으로 초빙을 받아들였다. 1821년에는 '법철학(Philosophy of Right)'을 출간하였다. 헤겔은 무엇보다 강의에 전념하였다. 헤겔의 미학 강의, 종교철학, 역사철학은 사후(死後)에 학생들의 강의 노트로 간행이 되었다. 헤겔의 명성은 전 독일과 국경을 넘어 학생들을 이끌어 들였다.

1830년에 헤겔은 베를린 대학 총장으로 지명되었는데 그의 나이는 60세였다. 헤겔은 그해에 베를린 대학 혁신을 위한 소요에 크게 시달리었다. 1831

19) Wikipedia 'Universities of Heidelberg' – 'The Old University from 1735'
20) Wikipedia 'Encyclopedia of the Philosophical Sciences in Outline'

년 프리드리히 빌헬름 3세는 프러시아 국가에 봉사하도록 헤겔을 북돋우어 주었다. 1831년 8월 콜레라 전념 병이 베를린에 번져 헤겔은 베를린을 떠나 크로이츠베르크(Kreuzberg)에 거주하였다. 건강이 나빠진 상태여서 헤겔은 좀처럼 외출하지 않았다. 10월에 새 학기가 시작되었으므로 헤겔은 그 전념 병이 대체로 진정되었다는 (잘못된)생각으로 베를린으로 돌아왔다. 헤겔은 11월 14일 사망하였다. 의사들은 콜레라로 사망을 선언했으나, 변종의 위장 장애로 죽은 듯하다. 헤겔은 숨을 거두기 전 유언으로 '그런데 그는 나를 이 해하지 못 했다.'라고 전한다. 헤겔은 그의 소망에 따라 도로텐슈타트 (Dorotheenstadt) 묘지에, 피히테와 졸거(Solger, 1780~1819) 다음 자리에 매 장이 되었다."

((In 1818 Hegel accepted the renewed offer of the chair of philosophy at the University of Berlin, which had remained vacant since Johann Gottlieb Fichte's death in 1814. Here he published his Philosophy of Right (1821). Hegel devoted himself primarily to delivering his lectures; his lecture courses on aesthetics, the philosophy of religion, the philosophy of history, and the history of philosophy were published posthumously from lecture notes taken by his students. His fame spread and his lectures attracted students from all over Germany and beyond.

Hegel was appointed Rector of the University in 1830, when he was 60. He was deeply disturbed by the riots for reform in Berlin in that year. In 1831 Frederick William III decorated him for his service to the Prussian state. In August 1831 a cholera epidemic reached Berlin and Hegel left the city, taking up lodgings in Kreuzberg. Now in a weak state of health, Hegel seldom went out. As the new semester began in October, Hegel returned to Berlin, with the (mistaken) impression that the epidemic had largely subsided. By November 14 Hegel was dead. The physicians pronounced the cause of death as cholera, but it is likely he died from a different gastrointestinal disease. He is said to have uttered the last words "And he didn't understand me" before expiring. In accordance with his wishes, Hegel was buried on November 16 in the Dorotheenstadt cemetery next to Fichte and Solger.))

〈'F. 쿠글러(1808~1858) 작, 베를린 대학 학생들과 헤겔'21)〉

〈'베를린 대학'22) '헤겔 묘비'23)〉

————✈

* 1821(헤겔 51세)년에 나폴레옹은 세인트헬레나 섬에서 사망하였다.
* 한편 헤겔 생존 연대(1770~1831)의, 프러시아(Prussia, 1525~1947) 군주(君主)와 통치 기간은 다음과 같다.

〈'프리드리히 2세(1740~86)'24), '프리드리히 빌헬름 2세(1786~1797)'25), '프리드리히 빌헬름 3세(1797~1840)'26)〉

---

21) 'Hegel with his Berlin students Sketch by Franz Kugler'
22) Wikipedia 'University of Berlin'
23) Wikipedia 'Hegel' − 'Hegel's tombstone in Berlin'
24) Wikipedia 'Frederick the Great(1712~1786)'

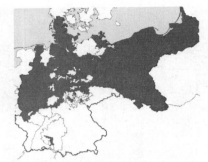

〈'독일 제국을 이끌었던 전성기의 프러시아 지도'[27]〉

* 헤겔 젊은 나이(40세 1810년-나폴레옹의 네덜란드 합병 년까지)에는 '세계 정신(World-Soul)'을 말하다가 그 이후 하이델베르크 대학에 가고(1916년) 베를린 대학에 옮겼을 때(1818)부터는 '민족주의자' '시대의 아들(child of his time)'임을 자임하였다. (참조, ⑥-12. 각 개인은 '시대의 아들'이다.)

  그리고 헤겔은 그의 〈역사철학〉에서는 그 '나폴레옹' 대신에, 프러시아 '7년 전쟁(1756~1763)'[28]을 승리로 이끈 프리드리히 대왕(Frederick the Great(1712~1786))을 '개신교의 영웅'으로 대체(代替)해 내세웠던 것은, '(게르만, 프러시아 역사에)시대의 아들'로 자각한 '개신교 목사 헤겔'의 생각으로 그렇게 조정이 된 것이었다. (참조, ⑦-09. 개신교의 영웅, 프리드리히 대왕)

* 헤겔이 '절대 정신' '절대 이념' '순수존재'를 말할 때는 '개신교 정신(기독교 성령)'을 발동한 것이고, 〈법철학(1920)〉 이후의 저술에서 '게르만 민족주의'에 전념하였으니, '세계정신(이성, 정신)⟷희생정신(애국심)'은 헤겔 저술의

---

25) Wikipedia 'Frederick William II(1744~1897)'
26) Wikipedia 'Frederick William III(1770~1840)'
27) Wikipedia 'Prussia' - 'Prussia (blue), at its peak, the leading state of the German Empire'
28) '슐레지엔(Schlesien)의 영유권'을 놓고 오스트리아와 프러시아 사이의 전쟁으로 오스트리아는 프랑스 러시아와 연합했고, 프러시아는 영국과 연합하였다.

양대(兩大) 축(軸)을 이루고 있다.

* '독일 민족 우월주의(German Chauvinism)'는 바로 '베를린 대학'을 중심으로 전개되었음을 알 수 있으니, 타산지석(他山之石)으로 삼을 만하다. 골통 국수주의자(國粹主義者) 피히테(Fichte, 1762~1814)의 후임으로 헤겔이 취임한 것은 당시 프러시아로서는 '최고의 선택'이었을지 모르지만, 이후 독일의 국수주의는 제1차 제2차 세계대전을 통과하면서 세계의 골칫거리가 되었고 후손(後孫)들은 그것을 '사죄(謝罪)'하기에 바쁘다.

* 세계대전이 터지기 전 독일의 최고 지성 니체(F. W. Nietzsche, 1844~1900)는 다음과 같이 독일의 '국가 민족주의'를 다음과 같이 질타(叱咤)하였다.

> "그러나 여기에서 독일인 내부에 기분 나쁜 진실을 말하지 않을 수 없다. 내가 말하지 않으면 누가 말할 것인가? 나는 독일인의 '역사적 방만(their laxity in matters historical)'을 지적한다.
>
> 독일인은 문화의 과정과 가치를 파악할 수 있는 '거시적 안목(breadth of vision)'을 완전히 상실했을 뿐만 아니라, 독일인은 정치적-종교적 괴뢰들(political-Church puppets)로서 바로 거시적 안목을 사실상 금지해버렸다. 독일인이 우선이고, 먼저이고, 그는(개인은) 그 종족 내에 있어야 한다. 그리고는 모든 가치와 그 역사상 결핍된 가치관을 통과해야 한다. 그래야만 그들 사이에 둘 수 있다....독일인이어야 한다는 것 그 자체가 주장(argument)이고, '독일, 무엇보다 독일(Germany, Germany above all)'이 원칙이 되어 있다. 독일인이 역사상 '세계 도덕 질서(moral order of the universe)'를 대표하고, 독일인이 로마제국에 비교할 만한 자유를 누리고 있고, '지상 명령(Categorical Imperative)'의 소지자들이다..............
>
> 그래서 그것으로 인해 유럽인들이 극심하게 고통을 겪고 있는 소위 '국가 노이로제-국가 민족주의(Nationalism-nevrose nationale)', 문화에 반대되는 이성의 결핍과 그 질병을 독일인들의 정신 속에 지니게 되었다. 독일인들은 그 국가 민족주의로 유럽을 지방 소국의 막다른 골목(cul-de-sac)으로 몰고 갔다. 그 막다른 골목에서 벗어나는 길을 나(F. 니체) 말고 아는 이가 누구인가? 다시 유럽을 묶는 위대한 소망을 나 말고 누가 알고 있는가?"[29]

〈'니체(F. W. Nietzsche, 1844~1900)' '이 사람을 보라(1908)'[30] 표지〉

니체의 '독일 국가 민족주의' '우려'는 1889년 이전에 진술된 것으로, 헤겔 사망(1831) 이후 68년 만이다. 사실 '국가주의' '민족주의'는 인간의 '가족(家族) 사랑'과 같이 자연스런 인간의 본능에 기초를 두고 있는 사항이다.

그런데 **철학자 헤겔은 '우주(자연)'와 '이성(Reason)'과 '자유(Freedom)'를 통합한 '절대주의'에 나가 있으면서도 당당한 '사해동포주의(四海同胞主義)'로 나가지 못 하고, 극히 '원시적(자연적)'인 '게르만 민족주의'에 머무르고, '여호와 배타주의(排他主義, Elitism, exclusionism)'까지 수용하여 그 '전쟁 옹호'의 입장에 있었으니, 그것은 사실상 개인 헤겔이 '책임'을 질 수도 없는 '인류를 향한 범죄(인간들의 약점)' 그것의 대물림에 지나지 않는다. (참조, ⑥-37. 독일 '국가사회주의(나치즘)'-A. 히틀러 ⑥-38. '세계 근대 문명'은, '게르만(아리안) 문명'이다.-A. 히틀러)**

즉 오늘날 '지구촌(The Global Village)'에서 '국가주의' '민족주의' 강조처럼 위험한 것이 없으니, 그것은 바로 '대량 살상(大量殺傷)'의 예고편에 해당한 것이기 때문이다. 그런데 그 '헤겔 철학'은 그 '전쟁주의'에 정상(頂上)에 자리를 잡고 있다.

---

29) F. Nietzsche (translated by A. M. Ludovici), *ECCE HOMO-Nietzsche's Autobiography*, The Macmillan Company, 1911, pp.123~126

30) Leipzig Insel-Verlag(1908)

⑪-11 헤겔의 아들-루트비히 피셔, 칼, 임마누엘

"헤겔의 아들 루트비히 피셔는 바타비아에서 군복무를 하기 직전에 사망을 하였다. 그의 사망 소식은 헤겔에게 전해지지 못 했다. 그 이듬해 초에 헤겔의 누이 크리스티아네는 투신 자살을 하였다. 헤겔의 남은 두 아들 중 칼(Karl)은 역사가(歷史家)가 되었고, 임마누엘(Immanuel)은 신학(神學) 과정을 이수하여 아버지 유산을 이어 헤겔의 저서를 출간하였다."

((Hegel's son Ludwig Fischer had died shortly before while serving with the Dutch army in Batavia; the news of his death never reached his father. Early the following year Hegel's sister Christiane committed suicide by drowning. Hegel's remaining two sons— Karl, who became a historian, and Immanuel, who followed a theological path— lived long and safeguarded their father's Nachlaβ and produced editions of his works.))

〈'빌헬름 헤겔(Karl Friedrich Wilhelm, 1813-1901)'[31)]
'임마누엘 헤겔(Immanuel Thomas Christian, 1814-1891) 묘소'[32)]〉

──────✈

* 헤겔의 세 아들 중에 막내 임마누엘 헤겔(Immanuel Thomas Christian, 1814 -1891)은 아버지의 유저(遺著)를 출간하여 헤겔의 제자 중에 제자로 꼽히고

──────────────

31) Wikipedia 'Karl Friedrich Wilhelm'
32) Wikipedia 'Immanuel Thomas Christian'─'Grab Immanuel Hegels auf dem Alten St.-Matthäus-Kirchhof, Berlin'

있다. 헤겔이 사후(死後) 출간된 〈미학 강의(Lectures on Aesthetics)〉 〈세계 역사 철학 강의(Lectures on the Philosophy of World History, 1837)〉 〈종교 철학 강의(Lectures on the Philosophy of Religion)〉 〈철학사(Lectures on the History of Philosophy)〉는 모두 임마누엘의 주도로 간행된 것이니, 헤겔의 뜻을 존중한 '효자(孝子)'라고 할 수 있다.

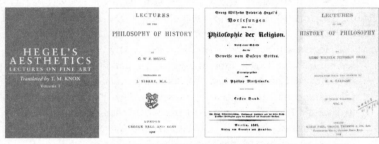

〈'미학(영문 본)' '역사철학(영문 본)' '종교철학(독어 본)' '철학사(영문 본)'〉

특히 임마누엘 헤겔은 아버지 헤겔의 '유저(遺著)'를 출간하면서 '학생들의 강의 노트가 그 대본'이라는 말을 덧붙였는데, 사실 '속기사 수강생'도 그렇게 온전한 '강의 노트'를 작성할 수는 없다.[사실상 독일인 특유의 '헤겔 띄우기'임] 임마누엘 헤겔은 '망극한 아버지 헤겔의 존경심'에서 '헤겔의 유저(遺著)'를 '학생들의 강의 노트'라고 하였으나, 아들이며 제자(학생)인 임마누엘 헤겔 자신도 그 아버지 '헤겔의 유저(遺著)'의 무게('신념의 誤謬'가 明示된 저작들)를 다 감당할 수는 없다.

제12장 한국의 헤겔 수용사

헤겔 철학은 한마디로, 뉴턴 볼테르 칸트 철학으로 명시된 '계몽주의 운동'에 반대한 반(反)과학 반(反)실존 반(反)민주 반(反)평등 반(反)평화의 19세기 보수주의 독재 옹호의 '신권 통치(神權統治, Theocracy)' 이론으로서, '노예 복종'을 '자유(Freedom)'라고 주장하고, 자신의 '자살 충동'을 '정의(正義) 실현의 본능' 종교적 '제물(희생, Sacrifice) 논리'로 미화(美化)하여 '전쟁'을 예찬(禮讚)했던 개신교도 신학(神學)이었다.

한국(朝鮮)은 병자호란(丙子胡亂, 1636년, 인조 14년) 이후 청(淸)나라 속국(屬國)으로 있다가 1910년 일본에게 다시 합병(合倂)이 되어, 소위 서구(西歐) '계몽주의(과학주의)'로부터 완전히 차단을 당하고 그것을 전혀 체험도 못한 채로, 제국주의(군국주의, Imperialism) 일본에 의해 그 '헤겔 식 절대주의(Absolutism) 교육'을 주입(注入)받기에 이르렀다.

그러하였던 결과, 광복(光復) 이후에도 '헤겔의 독성(毒性)'은 쉽게 해소되질 않아, 헤겔의 '가짜 논리학(a logic of illusion)' '변증법(辨證法)'이 무슨 식자(識者)의 명함(名銜)인양 휘두르는 한심한 작태(作態)가 연출되기도 하였다.

그러한 결과 가장 중요한 '과학교육' '경제 교육'은 뒷전으로 밀리고 철지난 '관념주의 사상(思想) 논쟁'만 무성(茂盛)하게 되었다.

이에 본 장(章)에서는, 광복 이후 헤겔의 수용 양상과 그 오류(誤謬)의 현장을 구체적으로 점검하여, 그 '쓸데없는 지력(知力)의 소모(消耗)'를 이제 마감하고자 한다.

⑫-01 스즈키(鈴木權三郞, 1932) 〈歷史哲學〉 岩波書店

1932(昭和7)년에 스즈키(鈴木權三郞)는 〈역사철학〉을 일역(日譯)하였다.

〈스즈키 日譯 '역사철학'1)〉

이에 앞서 '이와나미 서점'(岩波書店)에서는 '헤겔 전집(全集)'을 기획하여, 1938(昭和13)년에는 〈소(小)논리학〉 〈정신현상학(1권)〉 〈대논리학(상, 중권)〉 〈철학사(상권)〉가 간행되었음을, 다음 광고로 알 수 있다.

〈1938(昭和13)년 '헤겔 전집'광고〉

---

1) 헤겔(鈴木權三郞 譯), 歷史哲學, 岩波書店, 1932

⑫-02 '추축국(樞軸國, Axis Powers) 형성(1936)'

'헤겔의 절대주의'는 그대로 '19세기 제국(帝國) 신민(臣民)을 길러내는 정신'이다. 독일 중심의 제1차 세계대전, 제2차 세계대전에서 그 사상적 원흉(元兇)으로 '헤겔의 복종(服從)의 철학〈법철학(1820)〉'이 있었다는 사실은 거듭 확실하게 될 필요가 있다. (참조, ⑥-37. **독일 '국가 사회주의(나치즘)'-A. 히틀러 ⑥-38. '세계 근대 문명'은, '게르만(아리안) 문명'이다.-A. 히틀러**)

1910년부터 1945년까지 한국을 지배했던 일본은, 제1차 세계 대전을 감행할 때는 소위 '연합국(聯合國, Allied-Power)' 측에 가담을 했다가, 1937년 '중일(中日) 전쟁' 승리 후에는 다시 독일과 군사협정을 맺어, 소위 '추축국(樞軸國, Axis-Power)'의 일원(一員)이 되었다.

'세계사의 전개'라는 측면에서 살필 때에, 태초(太初)부터 서구(西歐) 계몽주의(Enlightenment, 1687년 뉴턴의 '프린피키아(Principia)' 간행) 이전의 시대, 더욱 구체적인 정치적 운동으로 말하면 **볼테르(Viltaire, 1694~1778)에 의해 [이론적으로] 선도(先導)된 '미국의 독립선언(1775)'과 '프랑스 혁명(1789)' 이전**의 세계는 모두 그 제국주의(Imperialism) 일색(一色)이었다.

그런데 아우구스티누스(A, Augustinus, 354~430)〈신국(神國)〉 이론에 심취(深醉)한 헤겔(1770~1831)은, 볼테르 사상을 온전히 수용한 칸트가 그의〈순수이성비판(1781)〉에서 밝힌 '인간의 이성' 문제를 그대로 자신의 '절대정신(神)'으로 바꾸어 〈정신현상학(1807)〉을 제작 간행하였다. 그리고 1818년 베를린 대학 '철학과 학과장'으로 부임 이후에는 그 '신국(神國)' 이론을 '게르만 신국(神國 The German City of God)'으로 고쳐 펼친 〈법철학(1920)〉을 통하여, 그 '노예철학(The Philosophy of Bondman)'을 '군국주의(Militarism)'와 '희생(Sacrifice)' 논리로 공론화(公論化)하였다. (참조, ⑥-12. **각 개인은 '시대의 아들'이다. ⑥-13. 현재는 '장미'이며 '십자가'이다.**)

그런데 한국의 이웃 일본은, 그 '지역적 역사적 환경 속'에 그 '헤겔의 신학'
이 그들의 '군국주의' 구미(口味)에 맞았던지, 그 '헤겔(제국주의) 교육'에 전
념한 결과, 우선 단행한 것이 **당대의 현존 군주(君主, sovereign)를 '세계정신'**
'절대신(人神)'으로 알게 하였고, 그(국왕)에 대한 '절대 복종'을 '절대자유'로 알게
했고, '희생(제물)함'을 '지선(至善, 正義 實現)'으로 알게 (교육)하였다.

이 헤겔의 '군국주의'와 '봉사, 희생(제물) 예찬'이 제2차 세계대전 당시 동
시에 독일 이탈리아에서도 나타났는데 그 히틀러(A. Hitler, 1889~1945) 무
솔리니(B. Mussolini, 1883~1945)를 도왔던 소위 사상가란 사람이, 하이데
거(M. Heidegger, 1889~1976) 크로체(B. Croce, 1866~1952) 마리네티(F.
T. Marinetti, 1876~1944) 등이었다. (참조, ⑨-01. **독일 중심의 〈미학〉**, ⑥-05.
'국왕'과 '신'의 동일시)

⑫-03 '신궁(神宮)'과 '궁성 요배(宮城 遙拜)'

일본은 국왕(天皇)을 헤겔식으로 '세계정신(world-soul)' '살아 있는 신(神)'
으로 숭배하고 '절대복종'을 '애국심'이란 명목으로 단행을 하였다. (참조, ⑥
-24. **애국심(愛國心)은 정치적 지조(志操, disposition)이다.**)

〈'메이지천황'[2], '히로히토 천황'[3], '일본군 총사령관 히로히토(1940)'[4]〉

---

2) Wikipedia, 'The History of Japan'－'Emperor Meiji, the emperor of Japan'
3) Wikipedia, 'Emperor Meiji, the emperor of Japan'

'일본군 총사령관 히로히토(1940)' 모습은, 일찍이 1806년 예나를 침공한 '헤겔의 나폴레옹 체험'을 토대로 한 그 형상을 모델로 삼은 것('白馬를 탄 세계정신')이다. (참조, ⑪-06. 말을 탄 '세계정신'(1806))

그 '일본 제국주의 국책(國策) 수행'의 일환으로 강행된 구체적인 물증(物證)이, 서울 남산(南山)에 소위 '조선 신궁(朝鮮 神宮)'이었다.

〈서울 남산에 세워진 '신궁(神宮)'〉

그리고 일제(日帝)는 이른바 '궁성 요배(宮城 遙拜)' 지침(指針)을 내려서 그 '정신(애국심)' 교육에 열을 올렸다. 전 국민의 '전쟁 도구화(道具化)'이니, 역시 헤겔의 용어로는 '절대 의지(the absolute Will)' '의지의 자유(the Freedom of Will)' '절대 자유(the absolute freedom)' 교육 현장이 바로 '궁성 요배'로 이어진 것이다. (참조, ⑥-12. 각 개인은 '시대의 아들'이다. ⑥-18. '자유로운 의지'를 의욕(意慾)하는 자유 의지)

---

4) Wikipedia, 'Emperor Hirohito rides at the imperial palace in 1940 wearing the uniform of commander in chief of Japanese forces. Associated Press'

〈'궁성 요배(宮城 遙拜)'〉

　마침내 '일본의 제국주의(영토 확장 주의)'는 제2차 세계대전 중(1942~5)에 태평양 서부(西部) 연안(沿岸)을 결국 휩쓸었으니, 그 영역은 다음과 같았다.

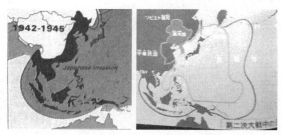

〈'일본의 침략도(1942~5)'[5], '제2차 대전 중 확장된 일본 지도'[6]〉

　독일에서 히틀러(A. Hitler, 1889~1945)의 집권은 1933년(1. 30.)이었음에 대해, 그 독일 히틀러 정권과 동맹 관계에서 제2차 세계대전을 (東洋에서) 주도(主導)한 일본 수상(首相)은 고노에(Fumimaro Konoe, 近衞 文麿, 1891~1945)와 도조(Hideki Tojo, 東條 英機, 1884~1948)였다.

5) *The Harper Atlas of World History*, Harper Collins, 1992, p.273 'Japanese Invasion(1942~5)'
6)　R. Brunet, *Chine Japon Coree*, Belin/Rcclus, 1994, p. ? '第二次 大戰 中の 日本'

〈'일본 수상(1937~1940) 후미라로 고노에(近衞 文麿, 1891~1945)'[7), '도조(東條 英機, 1884~1948)'〉

〈'무솔리니(B. Mussolini, 1883~1945)와 히틀러(A. Hitler, 1889~1945)'[8),
'베를린 주재, 일본 대사관의 일장기와 나치 기(1940. 9)'[9)〉

〈'히데기 도조(중앙)와 대동아(大東亞) 공영권(共榮圈)의 추종자들'[10),
'베를린에서 행해진 獨·日·伊 3국 동맹 서명(1940. 9. 27.)'[11)〉

---

7) Wikipedia, 'Axis Powers' – 'Fumimaro Konoe, Prime Minister of Japan, 1937-1940'
8) Wikipedia, 'Axis Powers' – 'Germany's Führer Adolf Hitler (right) beside Italy's Duce Benito Mussolini (left)'
9) Wikipedia, 'Axis Powers' – 'Flags of Germany, Japan, and Italy draping the facade of the Embassy of Japan on the Tiergartenstraβe (Zoo Street) in Berlin (September 1940)'
10) Wikipedia, 'Axis Powers' – 'Japan's Prime Minister Hideki Tojo (center) with fellow government representatives of the Greater East Asia Co-Prosperity Sphere.'
11) Wikipedia, 'Axis Powers' – 'The signing of the Tripartite Pact by Germany, Japan, and Italy on 27 September 1940 in Berlin.'

〈'3국의 좋은 친구들-히틀러 고노에 무솔리니'-일본의 선전 카드(1938)[12],
'1941년 12월 7일 진주만 공격을 위해 준비 중인 일본 미추비시 전투기'[13]〉

　특히 제2차 대전 말기(1944~1945)에 일제(日帝)가 운영했던 '3860명'의 '자살 특공대(Tokubetsu Kōgekitai-特別攻擊隊)' '가미가제(神風, Kamikaze)'[14]는, 헤겔이 자신의 '자살충동(suicidal impulse)'을 '애국심(patriotism) 윤리'로 위장(僞裝) 이론화한 그의 〈법철학(1820)〉에 그 기원(起源)을 두고 있다. (참조, ⑥ -13. 현재는 '장미'이며 '십자가'이다.)

〈'2차 세계 대전 당시 가미가제 자살 특공대원들'[15] '가미가제 공격 준비를 마친 비행대(1945년 초)'[16]〉

---

12) Wikipedia, 'Axis Powers'-'Good friends in three countries" (1938): Japanese propaganda postcard celebrating the participation of Italy in the Anti-Comintern Pact on November 6, 1937. On top, Hitler, Konoe and Mussolini are each in medallion.'
13) Wikipedia, 'Axis Powers'-'Japanese Mitsubishi A6M Zero fighter aircraft and other aircraft preparing for takeoff on the aircraft carrier Shōkaku on 7 December 1941, for the attack on Pearl Harbor.'
14) Wikipedia, Kmikaze '2차 대전 동안 약 3860명의 가미가제 특공대 비행사가 사망하였고, 그 중 19%가 선박에 적중되었다.(During World War II, about 3,860 kamikaze pilots died, and about 19% of kamikaze attacks managed to hit a ship.)'
15) Wikipedia, Kmikaze 'Kamikaze was a group of suicide pilot squad during World War II'
16) Wikipedia, Kmikaze 'Model 52c Zeros ready to take part in a kamikaze attack (early

〈'가미가제 특공대가 출발함에 벚꽃 가지를 흔들며 전송(餞送)하는 기란 여고생들'[17] '1944년 11월 25일 미국 해군 에섹스 군함을 향해 돌진하는 가미가제. 15명 사망 44명의 부상자를 냈다.'[18]〉

〈'1945년 5월 11일 특공대 공격으로 2600명 승무원 중 389명 사망 264명이 부상을 당했다.'[19] '미 해군 티콘더로거 호 가까이 충돌하는 자살특공대 비행기'[20]〉

〈'홍콩 전투 중에 중국(中國)에서 홍콩으로 진입하는 일본 군(1941)'[21], '타이 수상 파혼요친(앞줄 좌측)과 일본 수상 도조(중앙)'[22]〉

1945)'

17) Wikipedia, Kmikaze 'Chiran high school girls wave farewell with cherry blossom branches to departing kamikaze pilot in a Ki-43-IIIa Hayabusa'

18) Wikipedia, Kmikaze 'Lt Yoshinori Yamaguchi's Yokosuka D4Y3 (Type 33 Suisei) "Judy" in a suicide dive against USS Essex. The attack left 15 killed and 44 wounded.(25 November 1944).'

19) Wikipedia, Kmikaze 'USS Bunker Hill was hit by kamikazes piloted by Ensign Kiyoshi Ogawa (photo above) and Lieutenant Junior Grade Seizō Yasunori on 11 May 1945. 389 personnel were killed or missing and 264 wounded from a crew of 2,600.'

20) Wikipedia, Kmikaze 'Kamikaze crashes near USS Ticonderoga (CV-14) 1944.jpg'

21) Wikipedia, 'Axis Powers' — 'Japanese soldiers crossing the border from China into the British colony of Hong Kong during the Battle of Hong Kong in 1941.'

22) Wikipedia, 'Axis Powers' — 'Thai Prime Minister Phot Phahonyothin (far left) with

〈'1945년 9월 2일, 미주리호에서 항복(降伏) 서명' '맥아더와 소화(昭和)천황'23)〉

* '세계 제2차 대전의 종말(終末)'은 '제국주의 종말', '헤겔 철학의 종말' 그것이었다. 그런데 한국에서는 '목사 헤겔의 망상(妄想)'에 대한 미련(未練)을 떨치지 못 했으니, 그것은 헤겔의 제자 마르크스(K. Marx, 1818~1883)의 생각, '마르크시즘'이 이후 중국(中國)과 한국의 일부(北韓)를 휩쓸었기 때문이다.

어느 누구의 경우나 마찬가지이겠으나, '헤겔 이해'는 역시 헤겔 자신의 말(著書)을 토대로 해야 한다. 그리고 역시 모든 독서가 그러하듯이, **'헤겔의 독서'는 그 헤겔을 위한 독서가 아니라, 우리(한국인) 자신들의 '인생관' '국가관' '세계관'을 바로 세우기 위해서 그 '헤겔에 관한 독서'도 필요한 것이다.**
그런데 헤겔의 사고는 '절대 신 중심' '절대 이념 중심' '전체(국가) 중심' '군국주의 독재자 중심' '지배자(주인)를 위한 생각'이니, **헤겔 생각에서 빠져나간(무시된) 것은 '사유(思惟) 주체로서의 각 개인(주인정신)' 모든 인간 공유의 '순수이성'과 고유의 '실존(육체)'이었고, 강조된 것은 '국가' '신' '전체' '희생(제물)' '봉사(service)' 논리였다.** 그러므로 헤겔 철학에 궁극의 문제는 그 '국가' '신' '전체' 문제와 더불어 역시 제외될 수 없는 '개인' '인간' '부분'은 완전 무시된 '일방주의'였다는 그 점이다.
그 헤겔에 앞서, 뉴턴 볼테르 칸트 등 '계몽주의자'들은 평범한 '인간 중심 사고'로, 그 기초 위에 '국가' '신' '전체'도 이울러 고려하였다.[同時主義 二元論

Japanese Prime Minister Hideki Tōjō (center) in Tokyo, Japan, 1942'
23) Wikipedia, 'The History of Japan' - 'General MacArthur and Emperor Hirohito'

그러했음에도 불구하고 **헤겔은 유독 '절대정신(여호와)' '게르만 종족주의 (German Chauvinism)' '부정의 철학(the philosophy of negation)' '자살(희생) 정신'에 휩쓸려 '세계정신(군국주의 황제)' '전쟁불가피론'을 전개하였으니, 그 [전쟁]광신주의를 오히려 가속화하여 19세기 유럽에 성행한 '군국주의' '제국주 의' '일방주의'에 기본 이론을 제공하고 있었다.** (참조, ⑥-26. '영구평화(永久平 和)론' 비판, ③-28. '주인'은 하나님이고, '노예'는 인간이다.)

⑫-04 김계숙 역(1955), 〈헤겔의 논리학〉 민중서관

김계숙(金桂淑)은 광복 이후 한국에 '헤겔 소개'에 앞장을 섰으니, 헤겔의 저서 중에도 '가장 난해하다'는 그 〈논리학(Lesser Logic)〉을 1955년에 한국 어로 번역 간행한 열정을 보였다.

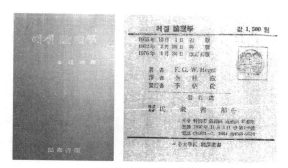

〈김계숙의 '헤겔 논리학'〉

헤겔의 〈논리학〉은 헤겔의 〈철학 백과사전(*Encyclopedia of the Philosophical Sciences*, 1812~7)〉에 포함된 이른바 〈소 논리학(*Lesser Logic*)〉으로 사망 년 (1931) 이듬해에 간행된 〈대논리학(*Greater Logic*, 1832)〉와는 큰 차이를 보 이고 있는데, 김계숙이 1955년에 소개한 〈논리학〉은 〈소 논리학〉이다. (참 조, ④-01. **헤겔 〈논리학〉의 개관**)

헤겔의 〈논리학(1817)〉은 앞서 〈정신현상학(1807)〉에서 선보인 '개념 (Notions)=자연 대상(Natural Objects)'과 '이성(Reason)' '정신(Spirit, Mind)= 성령(Holy Spirit)' 등의 논리(참조, ③-26. **대상(Objects)과 개념(Conceptions) 의 일치한다. ③-32. '이성(理性)'에 의해 창조된 세계**)로 (無神論의) 칸트 〈순수 이성비판(1781)〉을 공격하는 것이 그 목적이었으나, 헤겔의 〈논리학〉은 칸트의 이원론에서 그 '감성론'을 무시(無視)하는 것이 특징으로 한 일원론이다. 헤겔은 사실상 처음부터 그 '칸트 철학'과는 무관한 기독교 '삼위일체'에 기초를 둔 '변증법'에 의거한 개신교 신학이었다. (참조, ②-22. **절대 영원의 이념' '신(God)' '정신(Spirit)' '물리적 자연(physical Nature)'의 상호 관계 ②-23. '절대 정신'='전체'='삼위일체(三位一體)'**)

김계숙은 한국에서 '헤겔 철학의 대부(代父)'라 할만 위치에 있었다. 스스로도 그러한 위치(대학 강단)에 있었고, 헤겔에 대한 열정도 실로 넘쳤다고 할 수 있다.

1955년 〈소 논리학〉을 번역해 놓고 다음과 같이 적었다.

> "번역은 직역을 떠나서 의역(意譯)을 목적으로 하였으나, 마음대로 되지 못하였으며.......문체도 될 수 있는 대로 쉽게 하려했으나, 원래 난삽한 독문 (獨文)인 동시에, 난해의 평이 있는 헤겔의 논리인 만큼 번역도 난삽하게 되었을 뿐만 아니라, 이해하기 어려운 데가 많을 줄 알며, 역자 자신 부끄러운 점도 있은즉.....미안함을 금치 못한다. 독자 여러분! 꾸지람보다 더욱 많은 편달을 하여 주심을 바라나이다.(pp.17~8)"

김계숙은 ['建國 初期'인지라] 우선 <u>'알아야 한다.'</u>는 기본 열정에 있었다.

⑫-05 김계숙 등(1956), 〈세계문화사〉 보문각

1956년 김계숙 등은 〈세계문화사〉를 간행하였다.

〈김계숙 등의 '세계문화사'〉

김계숙은 '서론(緒論)'에서 다음과 같이 말하였다.

"헤겔(1770~1831)은 역사는 자유의 역사라고 강조하였다. 사람은 정도의
차이는 있어도 어떠한 의미로서든지 생활과 그 확충을 위하야 자연적 사회
적 환경에 대하여 싸워 내려왔을 뿐만 아니라 또 영원히 싸울 것이며, 여기에
서 인류는 자유와 그 실현을 위하야 영원히 문화 활동을 계속할 것이다. 그
자취가 인류 문화의 역사다.(pp.4~5)"

당시 교재용으로 제작된 〈세계문화사〉에 김계숙의 '자유의 역사'는 소용이
없는 말이었으니, (칸트의 '자유'가 아닌)헤겔의 '자유'는 '(법 윤리 도덕에의)
복종'의 다른 명칭인데, 그 〈세계문화사〉는 오늘날 중고등학교 내용과 같은
'세계사'일 뿐이다. (참조, ⑥-04. 세계사의 전개는 '더욱 많은 자유가 실현'이다.)
쉽게 말하여 김계숙은 볼테르를 이은 칸트가 "자유는 도덕법의 존재 근거
이고, 도덕법은 자유의 인식 근거이다(freedom is the *ratio essendi* of the
moral law, while the moral law is the *ratio cognoscendi* of the freedom)"[24]
라는 '자유론'은 상상도 못 하고 있었으니[함께 고려하지 못했으니], 이것은
볼테르를 칸트 사상을 제대로 점검할 기회도 없이 단지 개신교도 헤겔의 '노

---

24) I. Kant(translated by T. K. Abbott), *The Critique of Practical Reason*, William Benton,
1980, p.291

예 철학(a servant of the Lord)' 범위 내에서 벗어나지 못한 결과에서다. (참조, ⑥-31. 인간 '최대 자유 보장'론-I. 칸트 ⑦-10. '보편적 의지'는 '자유(윤리) 의지'이다.)

즉 김계숙의 '자유(법, 도덕에의 복종)' 문제는, '제국신민(帝國臣民)으로서의 궁성요배(宮城遙拜)'를 '자유(=법, 윤리, 복종)'로 교육 받은 결과였다. (참조, ②-11. '존재(存在)로서의 자유'와 '당위(當爲)로서의 자유' ⑥-02. 헤겔의 '자유 의지' ⑦-10. '보편 의지'로서의 '자유(윤리) 의지')

⑫-06 홍재일(1960), 〈헤겔 철학과 변증법〉 법문사

홍재일(洪在一)은 1960년에 〈헤겔 철학과 변증법〉 책을 내었다.

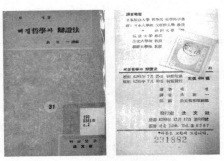

〈홍재일의 '헤겔철학과 변증법'〉

'과학'이 없던 과거(過去)에는 동양(東洋) 서양(西洋)을 불문하고, '공부(학문)'라 하면 '국가 통치 학'이고, 그것은 역시 바로 '법'과 '윤리(도덕)' 문제 '종교'와 관련이 되었고, 그것이 또한 '철학' 자체의 문제이기도 하였다.

한국에서 철학자 헤겔에 관심을 가진 사람들은 한 결 같이 헤겔의 '변증법'과 〈논리학〉에 관심을 표명하였는데, 김계숙과 홍재일 그들이 앞장을 섰다.

그러나 이에 명시해야 할 사항은, 당초에 헤겔의 '변증법'이란 기독교 '삼위일체'론에 근거한 것으로 계몽주의의 칸트는 그의 〈순수이성비판(1781)〉에서부터 그 '변증법'을 '가짜 논리학(a logic of illusion)' '동어반복(tautology)'으로 치지도외(置之度外)하였다. (참조, ②-37. '변증법'은, '오류(誤謬)의 논리학'이다.-I. 칸트, ②-38. '변증법'은 가짜 논리학이다.-I. 칸트, ②-39. 스콜라 철학자들의 '동어반복(Tautology)'-I. 칸트)

그런데 그 '개신교 신학'에 이미 심취(深醉)한 목사 헤겔은, 그 '계몽주의자 칸트 비판'으로 그 평생을 보냈으니, 헤겔은 칸트가 가장 중요한 화제로 제기한 '인간 보편의 순수이성(Pure Reason)'을 '하나님'의 다른 이름인 '절대정신(The Absolute Spirit)'으로 바꾸어 놓고 칸트가 '폐기처분'한 변증법을 다시 들고 나와 그 '절대정신(神)'과 '하나(통일) 되기 과정'[一元論]으로 그 변증법으로 다시 늘어놓기 시작하였다. (참조, ②-21. '성부(聖父)' '성자(聖子)' '성신(聖神)'은 하나이다.)

칸트 생각과 헤겔 생각의 근본적인 차이점은 칸트는 '감성(感性, Sensibility 직관, 물자체)'과 '오성(悟性, Understanding 이성)'의 소위 이원론(二元論, dualism)이었음에 대해, 헤겔은 '절대정신(하나님)' 하나로 통일한 일원론(一元論, monism)이다.[感性, 自然 무시]

요약하면, **변증법을 부정한 '칸트의 이원론(dualism)'은 인간(人間) 중심의 '과학(경험) 철학'이고, '감성'을 무시 부정하고 변증법, '절대정신'으로 나간 '헤겔의 일원론'은 신(神) 중심의 '개신교 신학(Theology)'이다.** (참조, ④-06. 칸트 철학은, 신(神)이 없는 신전(神殿)이다. ⑧-26. 칸트는 '원죄(original sin)'도 이성적으로 해명을 하려 한다. ⑪-01. '개신교(改新敎)의 토머스 아퀴나스')

⑫-07 김종호 역(1962), 〈역사철학〉 이문사

김종호(金淙鎬)는 1962년 헤겔의 〈역사철학〉을 번역 소개하여 한국인이 그 '헤겔의 생각'과 직접 대면(對面)할 수 있는 기회(서적)를 제공하였다.

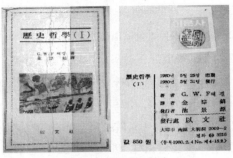

〈김종호 역의 '역사철학'〉

ⓐ 김종호는 '역자 서'에서 다음과 같이 말하였다.

"이 '역사철학'은.......이론의 면만을 취급한 다른 저서와는 달라서, 구체적인 흥미진진한 내용의 전개 속에, 이념의 전개가 생생한 형태에서 표시되어 있기 때문에 사상(事象) 그 자체의 쫓고 있는 가운데, 자연히 이념 그 자체, 원리가 파악된다고 하는 것이며 따라서 이해하기 어려운 이념의 논리가 명확하게 이해된다고 하는 의미이다.(p.4)"

ⓑ 그리고 이어 다음과 같은 헤겔의 말도 인용하였다.

"그러나 타면(他面)에서 보면 이 '역사철학'은 헤겔 철학의 완성이고 당연한 충실임을 알 수 있게 될 것이다. 왜냐하면 헤겔은 다음과 같이 말하고 있기 때문이다.

'세계사는 그의 최고의 형태에 있어서의 정신의 신적인, 절대적인 과정의 표현, 정신이 그것에 의해서 자신의 진리, 자기에 관한 자기의식을 획득하는 단계적 행정(行程)의 표현이다.'

'민족정신의 제 원리는 하나의 필연적인 단계 계열에 있어서 유일한 보편적 계기를 이루는 것이다. 보편적 정신은 역사 안에서 이들 각종의 계기를 통해서 하나의 자기 포착적인 전체성에까지 자신을 고양시켜 완결한다.'

'우리들이 정신을 고찰하는 무대, 즉 세계사 안에서는, 정신은 그 가장 구체적인 현실성에 있어서 존재하고 있다.'(p.5)"

헤겔의 〈역사철학〉에는 유독 헤겔의 '서양 중심', '기독교 중심' '게르만족 중심' '독재자(프리드리히 2세) 중심' '신정론(神正論 - 신의 뜻으로 最上의 인류 역사가 진행되고 있다.)'의 커다란 오류(誤謬)들이 명시되어 있다.

그런데 **김종호는 명백히 동양인(한국인)이고, 대한민국 '민주공화국 국민(주인)'으로서 어떻게 헤겔의 〈역사철학〉을 자세히 읽고 거기에 번역 출간까지 하면서도 그 '헤겔 생각'과 '자신의 생각'의 차이점을 한마디도 언급함이 없었다.**

즉 헤겔 자신의 〈역사철학〉에 그 '신(절대정신, 이성)'이 '게르만이 세계사를 주도한다.'는 점을 가장 확실하게 하였으나, 사실상 '헤겔의 독일'은 제1차 제2차 세계대전에 모두 패하여 (과거 '유대인'의 경우로 고려를 하면) 틀림없이 그 '노예지경(奴隷之境)'에 이르렀다.

그러면 그 헤겔의 '군국주의(Militarism)' '제국주의(Imperialism)' 통치로 그 피해를 입은 한국인 김종호는, 어찌해서 그 헤겔의 〈역사철학〉에 대해 한 마디 할 말이 없었던가. 실로 기가 막힌 '무감각증(無感覺症)'이라고 해야 할 것이다.

⑫-08 최재희(1966), 〈헤겔의 철학 사상〉 정음사

최재희(崔載喜)는 1966년에 〈헤겔의 철학 사상〉을 간행했다. 최재희는 이 책에서 헤겔의 〈법철학〉과 〈역사철학〉에 대한 자신의 의문점을 제시하여 헤겔 철학의 문제점을 짚어 보려 하였다.

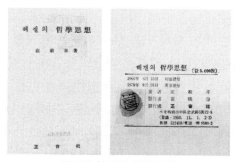

〈최재희 '헤겔의 철학사상'〉

ⓐ 최재희는 다음과 같이 말하였다.

　　"세계사적 영웅에 관한 헤겔의 소론은, 세계사상(史上)의 침략적 인물에
　대한 도덕적 평가를 거부한 것을 의미한다.....
　　헤겔은 도덕적 교훈은 단순한 것이요, 그런 교훈은 성서의 이야기로써 족
　하다고 했거니와, 도덕적 교훈이 과연 그다지도 단순하고도 무력한 것일
　까?(p.45)"

　　최재희는 '헤겔 비판'은 초기 자신의 '헤겔 독서'로 생긴 의문들이나, <u>최재희
자신은 이미 '현대 시민 중심(인간 중심) 사고'에 나와 있기에, '신(군주) 중심의
헤겔의 입장' 아직 다 보지 못한 측면에서의 비판이라는 특성을 지닌 것이다.</u>
한 마디로 헤겔의 〈역사철학〉은 아우구스티누스(A, Augustinus, 354~430)와
라이프니츠(G. Leibniz, 1646~1716) 식 '신정론(神正論, Theodicy)' '신권정치
(Theocracy)'의 수용이고 〈법철학〉은 '게르만 신국(神國, The German City of
God)'론이다. (참조, ⑧-03. **'게르만 왕국', '신국(神國)', '이성적인 세계'**)

　　ⓑ 최재희는 다음과 같이 말하기도 하였다.

　　"헤겔은 단순히 관념철학자가 아니다. 그의 철학에서 중대한 시초적, 또
　궁극적인 이념이라는 것은, 단지 관념인 것도 아니요, 단지 물질인 것도 아니
　며, 오히려 이 양자를 종합한 근원적인 것이다.(p.65)"

　　최재희 말은 틀린 것은 아니지만, 당시 최재희의 '헤겔 이해도'를 반영한
것이다. <u>헤겔은 '물질(자연)'과 '관념'을 하나로 통일하여 '절대정신, 신(神) 중
심의 일원론(一元論)'임이 헤겔의 가장 뚜렷한 특징이다.</u>
　　그런데 이미 〈법철학〉 〈역사철학〉에서는 '게르만 종족주의(German
Chauvinism)'로 크게 선회(旋回)하여 '현실적인 신(君主)' 중심의 '게르만 신
국(The German City of God)' 론을 펼치며, 일반 국민에게는 '윤리 도덕(법)

에의 절대 복종(절대자유)'을 강조하고 있는 상황이었다. (참조, ⑥-12. **각 개인은 '시대의 아들'이다. ⑥-13. 현재는 '장미'이며 '십자가'이다.**)

ⓒ 역시 최재희 말하고 있다.

> "인륜적인 생활에서 헤겔은 국가와 시민 사회를 구별하면서도, 욕망의 체계인 시민사회의 자유주의를 무척 존중하고 있다.(p.65)"

여기서부터 최재희 말은 헤겔의 본래 의도―'절대정신(신, 공동체)'과 '희생'-를 곡해(曲解)했음을 드러내고 있다. 즉 최재희가 '욕망의 체계인 시민사회의 자유주의를 무척 존중'이라는 진술은 헤겔의 〈법철학〉 〈역사철학〉에 '주지(主旨)'를 다 파악하지 못한 최재희의 성급한 속단이다.

최재희는 최소한 1966년까지는 **헤겔의 '자유'가 '윤리(법)에의 절대 복종'이라는 근본적인 문제점**을 짚어지지 못 한 상태에 있었다. (참조, ②-09. **'신(God)'이 '절대 진리', '절대 가치', '절대 자유'이다. ⑥-17. '원죄'론에 근거를 둔 헤겔의 '자유정신'**)

신학자 헤겔의 '자유'와 계몽주의의 볼테르 칸트의 '자유'(현대 민주주의 사회 자유와)의 근본적인 차이점은, '인간 이성 중심'과 '절대 신 중심'이라는 거리(相距)이다.

헤겔은 '철권통치에 무조건 복종(자유)'을 말했음에 대해, 최재희는 ('시민 사회의 자유주의'라는 말에서) 헤겔의 군주 중심 '절대 복종(절대 자유)의 사회'와 광복 후 (칸트가 말한) 한국의 '시민 중심의 자유' '시민(국민) 중심의 사회'를 스스로 혼동(混同)을 하고 있음을 감추지 못하고 있다. (참조, ⑥-31. **인간 '최대 자유 보장'론-I. 칸트 ⑥-32. 개인의 '자유'가 (인간)본래의 자유이다.-J. S. 밀**)

ⓓ 최재희는 〈역사철학〉에 관해 다음과 같이 말하고 있다.

"헤겔의 사관(史觀)이 근대의 역사철학자[랑케, 토인비]들의 선고(宣告)한
의미에서 과연 역사주의적인지는 의심스럽다(p.120)....
헤겔의 세계정신은 너무나 도식(圖式)적이다.(p.121)"

최재희가 그의 〈헤겔의 철학 사상〉에서 말한 헤겔 비판은, (아직 '反 啓蒙
主義 神學者' 헤겔의 眞相을 다 보지 못한) '헤겔 초기 독자로의 의문' '모색'의
단계이다. 이른바 헤겔의 〈역사철학〉은 '신(神)의 최고 역사 경영-신정론
(神正論)-신권통치(Theocracy)'이라는 것, '(환상적)변증법적 역사 진행'
즉 '(狂信主義)전쟁불가피론(inevitable wars theory)' '게르만 우월주의
(German Chauvinism)' '(희생)전쟁 예찬'을 다 보기에는 더욱 시간이 필요한
상황이다.

⑫-09 김계숙(1967), 〈헤겔 철학과 자유의 정신〉 서울대출판부

1967년 김계숙(金桂淑)은 〈헤겔 철학과 자유의 정신〉이라는 책을 내었는
데, 김계숙은 광복 22년이 지난 상황에서 시민(국민) 중심의 '자유주의 대한
민국'과 군주 중심의 '군국주의' '제국주의 식민지 시대'를 구분 못 하는 놀라
운 혼란을 그의 책 '제목'으로 명시하였다.

즉 헤겔은 바로 '군국주의' '제국주의' 철학을 세운 사람으로, 국민(市民)을 '노
예(아들, Bondman Child)'로 전제하고 '절대 복종'을 오히려 '자유'라 하였다.
그런데 김계숙은 그것도 깨닫지 못하고 '헤겔의 복종(절대자유) 철학'을 '자유 대
한(大韓)'의 표준으로 말하는 '시대착오'를 자신도 알지 못한 사람임을 그 '책 제
목'으로 그것을 명시(明示)하고 있다. (참조, ②-09. '신(God)'이 '절대 진리', '절
대 가치', '절대 자유'이다. ③-28. '주인'은 하나님이고, '노예'는 인간이다. ⑦
-10. '보편 의지'로서의 '자유(윤리) 의지')

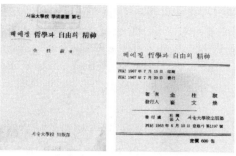

〈김계숙의 '헤에겔 철학과 자유의 정신'〉

ⓐ 김계숙은 '반(反)자유주의' '반(反)계몽주의' '반(反)과학주의' 신학자 목사 헤겔 철학의 '군국주의' '제국주의' 철학에 도리어 '열광(熱狂)'하였으니, 그 구체적인 면모를 확실히 알 필요가 있다.

김계숙이 말한 '헤겔의 자유'란 쉽게 말하여, '법과 윤리에 절대 복종해야 할 의무'이니, 그것이 바로 헤겔이 〈법철학〉에서 규정한 그 '헤겔의 자유'이다. (참조, ⑥-12. 각 개인은 '시대의 아들'이다. ⑥-13. 현재는 '장미'이며 '십자가'이다. ⑥-14. 프로테스탄티즘 고유 원리 ⑦-10. '보편 의지'로서의 '자유(윤리) 의지')

> "더욱이 우리는 헤겔의 〈법철학〉을 통하여 논리학이나 정신철학에 있어서 보다도 더 구체적인 내용에 의하여 자유의 구현을 알 수 있게 되었다. 이런 의미에서 이 〈법철학〉은 또 헤겔에 있어서 이성적인 것과 현실적인 것이 근본적으로 합치된 사상의 최종적 구현이라고도 할 수 있다.(p.207)"

김계숙은 (日帝 統治 시절처럼) 무조건 '헤겔 자체의 수용'을 강조했던 사람이다.['비판정신'의 不在]

ⓑ 다음은 그러한 김계숙의 이해 정도를 구체적으로 보여준 구절이다.

"즉 '법'은 자유의 구현이며, 자유의지의 객관적 존재인 것이다. 따라서 자유가 법의 실체인 동시에 규정이며, 법의 체계는 실현된 자유의 세계이다. 여기서 '법'은 생각하며 자유의 의지를 가진 사람에게 있어서만 문제된다. 이와 같이 헤겔은 '법'의 기반인 자유 즉 '정신적인 것에 있다'고 하는 동시에 그 출발을 '자유 의지'에 있다고 하였다.(p.213)"

쉽게 말하여 김계숙은 칸트가 그의 〈순수이성비판(1781)〉에서 인간 중심의 '최고 자유'론이나, 그것에 기초한 인간 사회의 법과 "도덕의 근거가 되는 자유(freedom is the *ratio essendi* of the moral law)"[25]를 생각해 볼 겨를도 없이, 그것(칸트 철학)을 통째로 부정한 헤겔의 '절대주의' '복종(도덕, 법)의 일방주의' '노예철학(Philosophy of Bondman)' '전쟁논리'를 그대로 믿고 따르는 것을 최고라고 선전(宣傳)했던 '일제(日帝)의 상투(常套)'를 아직 청산하지 못 하고 있다. (참조, ⑥-31. 인간 '최대 자유 보장'론-I. 칸트 ⑥-32. 개인의 '자유'가 (인간)본래의 자유이다.-J. S. 밀)

일본 제국주의자들은 그들의 '침략전술(식민지 확장 지배원리)'에 '헤겔 이론'이 부합했으므로 그것의 선택 교육은 그 '제국주의자들'의 선호(選好) 사항이었겠으나, (그 제국주의 피해 당사국인 한국인) 김계숙이 〈헤겔 철학과 자유의 정신〉이라는 책을 펴냈던 시대(1967)는, 1916년 '볼테르' '칸트' 철학을 표준으로 '자유와 평등이 세계적으로 이미 공인(公認)된 사회' '자유 대한(大韓) 시민 사회'이다.[볼테르와 칸트가 말한 '(판단 선택의)자유'가 보장된 사회]

그런데 '광복(光復)'과 더불어 이미 폐기가 된(되었어야 할) 헤겔의 '군주(君主, Sovereign)의 중심' '제국신민(帝國臣民)의 법(法)'에 열광하고 있는 김계숙은, 과연 누가 파견해 놓은 '구시대 괴물(怪物)'인지를 스스로 해명을 해야 한다.

---

25) I. Kant(translated by T. K. Abbott), *The Critique of Practical Reason,* William Benton, 1980, p.291

ⓒ 김계숙은 '광신주의(Fanaticism)의 개신교 목사 헤겔'의 강론을 무조건 믿고, 계몽주의의 볼테르 칸트의 인간 중심의 '자유' '과학'과 '실존(자기 자신)'을 고려해 봄도 없이, 덮어놓고 (헤겔처럼) '천지(天地)'에 주인(主人)이 다된 것처럼 말을 하며 부끄러운 줄도 모르고 있다.

"정신의 본성은 '자유'이기 때문에, '자유의 정신'만이 정신이며, 정신이 물체와 구별되는 의미는 여기에 있다. 그런데 자유는 개인의지로서의 자의(恣意) 또는 방종(放縱)의 상태와 같은 우연한 것이 아니며, 또는 단순한 자유의 의지만도 아니고 그 발현(發現)이다. 자유의 발현의 논리는 개념에 의한 매개(媒介)인 동시에 객관정신은 주관정신과 달라서 초개인적인 공동정신이기 때문에, 그 주체도 직접적인 개인정신이 아니고 개념에 의한 부정적 매개를 통한 공동체이다. 더욱이 객관정신은 절대정신 따라서 절대적인 자유의 실현인 만큼, 객관정신으로서의 법은 자유의 객관적인 현실체이다. 따라서 그 것은 '자유의 자기의식'에서 한 걸음 더 나아가서 '자유정신의 실현'이다.(p.216)"

김계숙의 위의 말은 한 마디로 '객관적인 헤겔'의 '우울증(憂鬱症, depression)' '강박증(强迫症, obsessional neurosis)' '자살충동(suicidal impulse)' '살인충동(killing impulse)'을 모두 '윤리(moral)실현' '정의(正義, justice) 실현' '자유(freedom) 실현'으로 주장했던 헤겔의 '중병(重病)'은 살필 틈도 없이 '중세철학' '제국주의 철학' 밖에 모르는 김계숙의 무지(無知)를 그대로 보이고 있는 대목이다. (참조, ⑪-06. 말을 탄 '세계정신'(1806). ⑨-23. '자기 파괴'가 '영원한 정의(正義)'이고 인간 본성이다. ⑥-13. 현재는 '장미'이며 '십자가'이다. ⑤-13. '자살(自殺)'의 긍정)

ⓓ 김계숙은 역시 다음과 같이 말하였다.

"또 시민사회에 있어서의 전체성은 전체적인 연쇄 속에 있어서의 시민의 결합이며, 자기 이익을 목적으로 하는 개인의 집합체이다. 모든 목적은 개인을 통하여 이루어진 동시에 다른 개인의 목적은 모두 수단으로 화하며, 그것을 위하여서는 주관적 의지를 한 편에 있어서는 형식적인 보편성으로 고양시키는 동시에 또 한 편에서는 자연성 즉 자연 상태에 있어서의 순박성과 함께 욕구의 만족, 향락 및 안일을 절대적인 목적으로 삼음으로써, 도야(陶冶)도 이와 같은 목적을 위한 수단으로만 생각한다. 그러기 때문에 여기에 있어서는 정신의 본성 따라서 자유의 의지와 이성의 목적은 이해되지 못한다.(p.221)"

김계숙은 그러한 상황에서 겉보기로 '헤겔의 자유 찬양'에 몰입을 하였으니, 김계숙의 헤겔 중독(中毒)도 역시 '중증(重症)'에 해당한다. 즉 **헤겔은 '인생 부정(Negation of This Life)' '현세 부정(Negation of This world)' 윤리를 '정의(Justice) 실현의 자유'라고 가르친 사람으로, '자살의 자유' '살인의 윤리'를 최상선으로 가르친 '정신 도착(Perversion)'의 신학자이다.** (참조, ⑨-23. '자기 파괴'가 '영원한 정의(正義)'이고 인간 본성이다. ⑥-13. 현재는 '장미'이며 '십자가'이다.)

ⓔ 김계숙은 다음과 같이 말하기도 했다.

"자유의 역사는 개개인의 자유의 정신적 자각에서 사회적 현실성에까지 이르러서 비로소 가능하다. 이 문제를 가장 진지하게 광범하게 다룬 철학자 특히 정신현상에서부터 논리적 사고 및 법의 철학, 종교철학, 역사철학, 미학에 이르기까지 정신적 분야의 전역에 걸쳐서 다룬 철학자는 헤겔이라고 할 수 있다. 여기에서 헤겔 철학은 역사적으로 위대한 사상의 유산일 뿐 아니라 철학의 역사에 있어서 오늘날까지, 아니 인간의 자유가 문제되는 한에 있어서는 언제나 문제될 수 있으며, 또 문제되어야 할 보편적 의미를 가지고 있다.(p.3)"

김계숙은 근본 맹점(盲點)은, '헤겔이 싫어했던 칸트' 문제를 구체적으로 짚어 볼 기회가 없었다는 사실이다. 즉 김계숙은 '인간 중심주의' '과학주의' '평화주의'의 칸트와, '절대정신주의' '전체주의' '전쟁 옹호' '배타주의' '종족주의'의 스콜라 철학의 변종(개신교 신학)의 헤겔을 구별하지 못 하고 있었다. (참조, ②-04. '인간'보다는 '신(God)의 영광'을 알려야 한다. ②-09. '신(God)'이 '절대 진리', '절대 가치', '절대 자유'이다.)]

ⓕ 다음도 김계숙의 말이다.

"헤겔은 처음부터 철학을 종교에서 해방시키려고 하는 근대 사상과 칸트 철학을 출발점으로 하는 동시에 새로운 세계 질서에 있어서의 인간 정신의 구현을 절대시하였을 뿐만 아니라 실지로 그것을 현실적 질서 속에서 실현시킴으로써 근대사상과 칸트철학을 완성시키려고 한 위대한 근대 철학자이었다.
헤겔 철학은 주관적 정신과 객관적 현실과의 통일을 최고의 이념으로 한 것인 만큼, 헤겔은 주관과 객관과의 절대적 동일성을 역사적 발전에 있어서 구체적으로 탐구하려고 하였다. 여기에서 헤겔의 변증법적 발전의 원리는 자유의 법칙인 동시에 자유 실현의 원리이다.(p.22)"

김계숙의 무식(無識)은 그 '헤겔의 무식(無識)'을 역시 크게 닮아 있다. 헤겔은 칸트가 그의 〈순수이성비판〉에서 '감성(직관, 물자체, 표상)'과 '오성(종합력, 이성)'을 양분(兩分)하여 소위 '계몽주의' '과학철학'을 확립하고 과감하게 중세 '스콜라 철학(敎父 神學)'의 거부 의사를 명백히 하였다.

그런데 체질적으로 '종교적 삼위일체'에 심취한 헤겔은 칸트의 '감성(직관, 물자체, 표상)'론은 '절대정신(칸트의 理性의 변용, 즉 절대신)' 이름 아래 막무가내(莫無可奈)로 '통합'을 했다는 것이 그의 '일원론(Monism)'이다. 그 '사기(詐欺)'['5대 거짓말 참조]' 행각을 지속적으로 펼친 것이 헤겔의 〈정신현상학〉과 〈논리학〉이다.

그리고 헤겔은 그 '절대정신(세계정신)'을 다시 '게르만 군주(君主, Sovereign)'에 올린 결과 보고서가 그의 〈법철학(1820)〉이다. 이러한 과정에서 '절대 신 중심주의' '절대 복종주의' '희생 예찬자'인 헤겔이 공격을 멈출 수 없었던 것이 그 헤겔의 맞은편에 '인간 중심주의' '평등주의' '평화주의'라는 칸트 철학이다.

그런데 김계숙은 그러한 칸트 헤겔의 근본적인 차이(差異)에는 관심도 없이, '칸트철학을 완성시킨 위대한 근대 철학자 헤겔'이라는, 그 헤겔 자신의 사기(詐欺, 헤겔이 그 〈철학사〉에 명시한 詐欺)를 반복 대변하고 있다. 그러므로 '자유 대한(大韓)이 국익(國益)을 위해 일하라.'라고 김계숙에게 제공했던 '그 동안의 봉록(俸祿)'은 마땅히 추징(追徵) 박탈함이 가(可)하다 할 것이다.[왜냐하면 김계숙은 그 '自由 大韓의 國體(국민)'에 反한 '독재 군국주의'를 時代錯誤的으로 계속 반복 주장하며, 公務員으로서 그 소중한 '國庫'를 축내었기 때문이다.] (참조 ⑥-25. '군주(君主)'는 '총체성' 자체이다. ⑪-06. 말을 탄 '세계정신'(1806))

ⓖ 김계숙은 말하고 있다.

   "따라서 헤겔의 '생'은 다만 생명을 가진 유기체가 아니고 '자유'인 동시에 윤리적인이며, 자기를 발현시키며, 자기를 충실케 하며, 자기부정을 통하여 자기를 발전시키는 원리이다. 헤겔에 있어서는 이와 같은 원리를 가장 완전하게 나타낼 수 있는 것은 '정신'이다. 따라서 '생'은 그 자신과는 반대되는 것, 모순되는 것 가운데서 자기를 인식하는 동시에 진리에 이르는 학적 기반이 될 수 있는 것이다. 여기에 있어서는 진리는 전체이며, 주체적으로 표현되는 체계이며, 따라서 '개념적인 논라'에 의한 인식이다.(p.279)"

   헤겔의 '자유'는 '육체 없는 자유' '정신의 자유' '신의 자유' '윤리' '법' 그 자체이다. 그래서 '육체(의 인간)'는 '신' '세계정신(군주)'에 '노예(노예, Bondman, Servant)'로서 봉사해야 한다는 '제국주의' '군국주의' 이론이다. 김계숙은 일제(日帝)에 배운 '식민지 교육'을 청산하지 못 하고 그대로 다시 '대학 강단'에 섰으니, 그것이 문제였다. (참조, ⑦-10. '보편 의지'로서의 '자유(윤리) 의지' ⑥-17. '원죄'론에 근거를 둔 헤겔의 '자유정신')

   헤겔이 '군국주의' '제국주의' '헤겔 철학'이 제1차 제2차 세계대전을 통해 박살(撲殺)이 나고(제국주의 독일 일본이 망하고), 그 후 또 다시 27년이 지난 상황에서도 김계숙은 역시 그 헤겔의 '노예 철학(The Philosophy of the Bondman)' 진상(眞相) 파악도 못 하고 계속 '헛소리'를 하고 있었으나, 그래도 '한국'이 온전했던 것은 다행히 '과학 한국'의 대세(大勢)에는 그것(김계숙의 주장)이 별 영향이 없었다는 점일 것이다. (참조, ⑥-37. 독일 '국가 사회주의(나치즘)'-A. 히틀러 ⑥-38. '세계 근대 문명'은, '게르만(아리안) 문명'이다.-A. 히틀러)

⑫-10 윤용탁 역(1972), 〈법의 철학〉 휘문출판사

1972년 헤겔 철학에 가장 주목(注目)이 되어 온 〈법의 철학〉이 윤용탁(尹鎔柝)에 의해 처음 한국어로 번역 소개되었다.

〈윤용탁 역의 '법의 철학'〉

윤용탁은 헤겔의 〈법철학〉을 번역만 해 놓고 해설자(田元培)에게 일임했다. 해설자(전원배)는 다음과 같이 말하고 있다.

"자유의지는 첫째 직접적이고 '개별적인 의지'-인격이다. 그리고 인격의 자유와 '현존재'가 법이다. 헤겔에 의하면 법이 설 땅은 정신이며 법의 출발점은 자유의지이다. 그러므로 자유는 법의 '법의 실체와 규정'이 된다. 아니 자유 그 자체가 법이다. 자유란 무엇인가? 헤겔에 의하면 자유는, 의지가 가지기도 하고 안 가지기도 할 수 있는 성질이 아니라 의지 그 자체의 본질이며 의지와 떨어질 수 없는 것이다. 물체의 근본적인 근본규정이 '무게'라면 의지의 근본 규정은 자유이다. 무게가 없는 물체가 없듯이 자유가 없는 의지는 하나의 '빈 말[虛言]'에 지나지 않는다. 의지는 그때그때의 대상(목적)만을 실현하는 것이 아니라 동시에 자기 자신, 따라서 자유를 실현한다. 그러므로 모든 의욕의 궁극적이고 본래적 인 대상은 의지의 그 자체, 바꾸어 말하자면 자유의 현존재다.(p.42)"

우선 해설자는, 헤겔의 〈법(의) 철학〉이란 내용이 무엇인지를 알고 비판하기에 앞서, 우선 그 '정체(正體)성'의 확인하기에 급급한 상황이다. 여기에서도 해설자(전원배)도 헤겔의 '자유=법=정신'을 반복하고 있는 형편이다.[헤겔의 '(정신)일원론'을 그대로 소개한 정도임]

⑫-11 서동익 역(1975), 〈철학 강요〉 을유문화사

1975년 서동익(徐同益)은 '하이델베르크 시절 헤겔'의 〈철학 강요(哲學綱要, *The Encyclopedia of the Philosophical Sciences in Outline* (1817))를 번역 출간하였다.

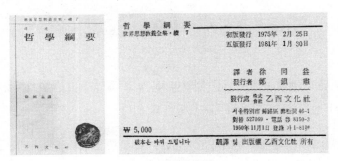

〈서동익의 '철학강요'〉

서동익은 번역을 해놓고 해설을 붙이지 못한 채로 유명(幽明)을 달리하여 최재희(崔載喜)가 '해설'을 첨부하였다.

"'철학 강요'는 논리학, 자연철학, 정신철학의 세 편으로 되어 있고, 정신철학은 다시 주관적 정신, 객관적 정신, 절대적 정신의 세 영 부분으로 나누어져 있다. '철학 강요' 제1편의 논리학을 그 이전의 대논리학과 구분하여 '소논리학'이라고 호칭하고 있다. 정신철학 중의 '객관적 정신' 부분을 더 확대해서 1821년에 출간한 것이 '법철학 강요'이다. 이것은 헤겔 만년의 대표작이요, 제4의 주저라고 할 수 있다. 그리고 헤겔이 직접 저술한 것이 아닌 그의 '역사철학'은 철학체계 중에서 법철학강요의 최후 부분에 귀속할 위치를 차지하는 것이다.(p.2)"

⑫-12 김병옥 역(1975), 〈역사철학〉 대양서적

1975년 김병옥(金秉玉)은, 1962년 김종호(金淙鎬)의 〈역사철학〉에 이어 두 번째로 헤겔의 〈역사철학〉을 번역하였다.

〈김병옥의 '역사철학'〉

김병옥은 〈역사철학〉의 본문을 번역하고 각주는 기존 김종호(1962)의 '각주'를 사용했다고 밝히며 별다른 평설을 가하지 않았음이 그 특징이다.

⑫-13 전원배 역(1978), 〈논리학〉 서문당

1978년 전원배(田元培)는 〈(小)논리학(Lesser Logic)〉을 1955년 김계숙에 이어 거듭 번역하였다.

〈전원배 역 '논리학'〉

전원배는 '역자 서언(譯者 序言)'에서 다음과 같이 말하고 있다.

> "헤겔이 말하는 논리학은 자연적인 것과 정신적인 것을 포괄한 모든 것,
> 즉 '세계에 관한 학문'인 동시에 '이 세계 인식의 총괄이며 귀결'이라고 볼
> 수 있다. 이 점에서 헤겔의 논리학은 사유를 존재와 분리하고 형식을 내용과
> 분리하여 고정불변적인 것으로 보는 '형식논리학'과는 달라서, <u>사유나 존재
> 의 형식이 내용에서 산출되며, 산출된 형식은 다시 새로운 내용을 가짐으로
> 써 한층 더 높은 계단으로 발전한다고 보는 변증법적 논리학이다.</u>(p.2)"

전원배는, 이전의 철학자들(칸트까지)이 '사유(정신적인 것)'와 '존재(자연
적인 것)'를 분리 고정하였으나, 헤겔이 그의 〈논리학〉에 그것들을 '정신(精
神) 내용'으로 변증법적으로 '총괄'했다고 말하였다. **전원배는 1955년에 김계
숙의 〈논리학〉보다 23년이 뒤진 것이지만, 주관적 열광이 아닌 더욱 (헤겔에
대해) '객관적 시각'을 유지하려한 점이 돋보이고 있다.**

716

⑫-14 김형석(1978), 〈헤겔과 그의 철학〉 연세대출판부

1978년 김형석(金亨錫)은 〈헤겔과 그의 철학〉을 간행하였는데, 김형석은 특유의 솜씨로 헤겔을 간략하게 소개하면서도 처음으로 '헤겔에로의 간편(簡便)한 [객관적] 통로(通路)'를 제공했다고 평가할 수 있다.

〈김형석의 '헤겔과 그의 철학'〉

ⓐ 김형석은 '가짜 논리학(a logic of illusion)' 헤겔의 '변증법'을 다음과 같이 말하였다.

> "그러면 본래의 물음으로 돌아가 이러한 변증법은 어떤 것인가. 헤겔은 변증법의 핵심을 설명하고 있는 〈논리학〉 첫 부분에서 '존재(有)'는 규정을 갖지 않는다. 단적으로 있는 것이기 때문에 그것은 사실 '무(無)'이다. 그리고 무(無) 이상의 것도 아니며 이하의 것도 아니다. '그러므로 요컨대 있다는 것은 없다는 것이다.'는 식의 표현을 하고 있다. 분석철학자들이 무의미한 말의 나열이라고 볼만도 하다. 헤겔은 이런 식으로 변증법을 설명해 가고 있다.
>
> 그러나 이런 뜻을 포함한 변증법은 어떤 내용의 것인가. 우리는 이런 생각을 해볼 수 있다. 갓 난 어린 아기는 한 인간으로 존재하고 있다. 그리고 우리가 짐작하기에는 그 어린 아기는 직접적인 존재이다. 자기가 자신을 알지 못한다. 그러므로 유(有)임에는 틀림이 없으나 그 어린 아기는 자신의 유(有)를 모른다. 오히려 무(無)로서 존재한다는 편이 좋을 것이다. 자기가 자신을 모른다는 것은 인식에 있어서 없는 것과 마찬가지이기 때문이다. 그러

나 그 어린 아기가 언젠가는 자신을 알게 된다. 그것은 자기가 자신을 알게 된 것이며 그 때는 무(無)로서의 자아가 비로소 유(有)로서의 자아가 된다. 자신이 인식의 대상이 되었기 때문이다. 이렇게 되면 자아는 두 가지 입장을 갖는다. 자신을 인식하기 이전의 직접적인 입장과 자신을 인식했을 때의 간접적인 입장이다. 인식이 가능해졌다는 것은 자신에의 관계가 맺어졌다는 뜻이며 반성과 사유가 가능해졌다는 사실이다. 이렇게 본다면 무(無)로서의 자아는 참다운 원초적인 유(有)일 수 있다. 그러나 그것이 일단 유(有)의 단계로 인식된 후에는 무(無)는 인식 이전의 무(無)는 인식 이전의 무(無)로서의 유(有)는 될 수 없다. 그 때의 유(有)는 무(無)가 아니라 비유(非有)가 된다. 말하자면 무(無)라는 직접성 즉자성(卽自性, an sich)이 유(有)와 비유(非有)의 대립성을 갖고 나타난 것이다. 그리고 유(有)와 비유(非有)는 서로 모순성을 갖는다. 대자성(對自性)의 성립이 이루어진다.(pp.146~7)"

김형석은 처음으로 〈대논리학(*Greater Logic*)〉에 의해 '변증법'을 말하고 그것이 '관념(인식, 정신)'상의 문제임까지 위의 진술로 설명이 된 셈이다. 그리고 헤겔의 말 ─ '있다는 것은 없다는 것이다.'라는 인용해 놓고 분석철학자의 불평(不評)을 예상하면서 공정한 헤겔 소개에 자신의 입장을 견지하려 했다고 할 수 있다. (참조, ②-37. **'변증법'은, '오류(誤謬)의 논리학'이다.**-I. 칸트, ②-39. **스콜라 철학자들의 '동어반복(Tautology)'**-I. 칸트)

그러나 김형석은 이에 나아가 헤겔의 왜 '있다는 것은 없다는 것이다.'라고 우겼는지, 그리고 그것이 무엇을 목표로 한 것인지는 알아보려 하지 않았고 그 '순수존재(Pure Being)'라는 것이 역시 개신교도 헤겔의 '절대정신(신)'임도 명시하지 않았다. (참조, ④-09. **'존재'와 '무'는 동일한 것이다.**)

헤겔의 전 저작을 통해 볼 때, 헤겔의 궁극적 '존재(Being)'와 '무(Nothing)'는 바로 칸트의 '순수이성(Pure Reason)'을 변용시킨 '절대정신(The Absolute Spirit, 신-聖父)'이다.[칸트의 '이성'을 헤겔은 그것이 바로 '절대정신(신)'이라 주장함]

헤겔은 '천지 만물'을 '신(God)의 창조(그의 아들-聖子)'라고 생각이라 생각하고 그리고 인간의 '정신(Mind, Spirit)'은 그 '절대정신'에 종속된 것으로 전제하였으니, 이것이 헤겔이 펼치는 그 '변증법'의 기본 구도 '삼위일체(Trinity)'이다. (참조, ②-14. '하나님(절대신)'이 '아들(만물, 자연물)'을 창조하셨다. ②-21. '성부(聖父)' '성자(聖子)' '성신(聖神)'은 하나이다.)

이것(삼위일체)이 소위 '일원론(monism)'이라는 헤겔 통일 철학이고 헤겔의 개신교 신학의 실체로서 그것을 '(독일)인간 사회'에 펼쳐놓은 결과가 〈법철학〉이고 '세계사'에 펼쳐놓은 결과가 〈역사철학〉이다.

그러기에 칸트가 〈순수이성비판〉에서 행한 (인류의 일상적인) '감성(물자체)'와 그 종합력 '오성(이성)'을 문제 삼은 '과학철학'과 헤겔의 '개신교 신학' 서로 상관이 없다. (참조, ⑪-01. '개신교(改新教)의 토머스 아퀴나스' ⑧-18. 지옥(地獄)보다 억센 이성(理性))

그러므로 헤겔의 근본이 '개신교 신학자의 주장'이라는 지적까지를 당초에 김형석에게서 기대할 수는 없다. (참조, ②-14. '하나님(절대신)'이 '아들(만물, 자연물)'을 창조하셨다. ④-06. 칸트 철학은, 신(神)이 없는 신전(神殿)이다.)

ⓑ 김형석은 다음과 같이 (헤겔의 〈역사철학〉 비판에서) 이미 '현대적 안목'으로 나와 있음을 보여 주고 있다.

> "[헤겔식으로] 역사적 필연성 때문에 개인의 자유와 노력을 무(無)로 돌린다는 것은 확실히 개체를 거부하는 과오를 범한 처사였다. 자유는 내면적[무의식]이면서도 질(質)에 속하는 것이다.
> 그들을 외면적인 것[윤리적인 것]으로 바꾸었으며 동질적인 양(量)으로 해석한다는 점은 현대인들의 공감을 사기 어려운 입장이다.
> 둘째로 우리가 문제 삼고 싶은 것은 모든 이념의 문제는 현실과 논리의 매개 관계에서 공정히 인출되어야 한다는 사실이다. 헤겔은 이성적 현실, 논리와 실제는 동일한 것이라고 말하면서 사실에 있어서는 현실을 소외시키거나 거부한 이성, 실제를 무시한 이론에서 그대로 인출해 냈다. 변증법도 그에게 있어서는 발전적 이론에 불과 했다.(pp.256~7)"

김형석은 헤겔이 '현실적인 것, 이성적인 것'을 동일시한 〈법철학〉과, '현실을 소외시키거나 거부한 이성'으로 〈역사철학〉에 문제를 제기했다. 그리고 김형석은 위에서 헤겔 철학에서 '개인의 무시' '현실 무시'를 지적한 셈이니, **전체적으로 '헤겔 저서를 모두' 살피면 헤겔 철학의 근본 문제점을 (한국에서) 처음으로 김형석이 지적해 보여 주고 있는 셈이다.**

ⓒ 김형석은 역시 헤겔의 〈역사철학〉에 대해 다음과 같이 언급하기도 하였다.

> "헤겔의 역사에서는 자유의 이념은 논급되고 있으나, 윤리가 머물 곳이 없으며 선의 가치와 이념은 발붙일 곳이 없어지고 말았다.(p.260)"

헤겔의 '자유'란 '신(대신한 군주) 중심의 절대복종'이고, 김형석이 위에서 말한 '선의 가치' '윤리(도덕)'란 칸트 식의 '(인간 중심의)자유=윤리(도덕법)'[26]로서 인간(개인)이 생각한 '선(善)의 가치'라는 차이점이 있다.

헤겔의 경우는 '절대정신(신)'이 바로 '자유'이고 '선'이고 '절대 가치'이고, '신의 아들'로서의 '인간(육체 개인)'은 오직 복종과 희생(祭物)이 '절대 자유'라는 입장이다.['이성=신'이란 헤겔의 전제] (참조, **②-09. '신(God)'이 '절대 진리', '절대 가치', '절대 자유'이다. ⑥-12. 각 개인은 '시대의 아들'이다. ⑦-10. '보편 의지'로서의 '자유(윤리) 의지')**

ⓓ 김형석은 현대철학 대표인 '실존주의(Existentialism)' 철학의 대두에 대해 다음과 같이 언급하였다.

> "그러나 1860년대에 접어들면서는 반(反) 헤겔적인 비합리주의 철학이 사

---

26) I. Kant(translated by T. K. Abbott), *The Critique of Practical Reason*, William Benton, 1980, p.291

회적 인정을 받게 된다. 베를린에 왔던 셸링도 그 영향으로 전환했으며 쇼펜
하우어의 뒤를 계승한 니체에 이르러서는 로고스에 대한 파토스와 디오니소
스의 정신이 거의 사회적 공인을 받게 된다. 그 결과로 탄생한 것이 '삶의
철학'이었다. 이렇게 본다면 비합리주의 철학의 발단은 강렬하게 반(反) 헤겔
적 철학으로 탄생했으며 그 영향은 대단히 큰 것이었다.(pp.223~4)"

한마디로 '일본제국주의 식민지 철학'에서 시작된 한국 사회에서 헤겔의 광풍(狂風)은, 광복 후 33년이 지나서야 김형석(金亨錫)이 겨우 그 '객관적 시각을 확보'하였다. 무엇보다 김형석의 소개가 그의 소신(所信)을 입증하고 있으니, 헤겔은
칸트가 애써 마련한 '감성(Sensibility, Intuition)론'을 완전히 파기(破棄)하고 '하
나님(절대정신)'을 실체(Substance)로 밀고 나갔다. 이에 김형석은 헤겔의 '현실
부정(the negation of this world)'의 모습과 '가짜의 논리학'의 실상('존재=무')
어느 정도 간파(看破)하고 있었고 헤겔의 경우 '개인이 없는 전체'라는 指摘은
김형석의 소신(所信) 속에 나온 헤겔 거부(拒否)의 바른 말이었다.

⑫-15 권기철 역(1978), 〈역사철학 강의〉 동서문화사

1978년 권기철(權奇哲)은, 김종호(金淙鎬 1962) 김병옥(金秉玉, 1975)에 이
어 세 번째로 헤겔의 〈역사철학 강의〉를 번역하였다.

〈권기철 역 '역사철학 강의'〉

권기철은 '머리글'에서 다음과 같이 말하였다.

"우리는 먼저 역사의 격동기에 한 사람의 인간으로서 '어떻게 살고 어떻게 생각했는지'를 알아보려고 한다. 그리고 그의 사상을 단순히 완성된 사상 체계나 이론이 아닌, 그의 성장 과정을 통하여 이해해 보려고 한다. 그는 오늘까지 혁신적이라거나 혹은 보수 반동적이라거나 하는 매우 대립된 평가를 받아왔다. 이제 그의 사상 안에 그의 시대나 인생 체계가 어떻게 결합되어 있는지 그 점 또한 짚어볼 것이다.(p.437)"

권기철의 이 '머리글'은, '온순한 헤겔 학도'로서의 모습을 견지하였다. 헤겔의 일생을 정리하고 그에 맞춰 헤겔을 존중하는 태도, 한 마디로 나무랄 데가 없는 자세이다.

그러나 그 〈역사철학〉에 **노골적으로 드러낸 '신권통치(신권통치, theocracy −신의 뜻으로 最上의 인류 역사가 진행되고 있다.-)'**에 대해 '현대 한국인'은 과연 무엇을 배울 것이며, 권기철은 그 학생들에게 '인생부정(Negation of This Life)' '세계부정(Negation of This World)' '전쟁 불가피론(Inevitable Wars Theory)'도 잘된 논리라고 가르칠 것인가에 대해서는 반드시 대답을 가져야 할 것이다. (참조, ⑦-05. **'이성(理性)'이 세계(史)를 지배한다.**)

권기철은 한국의 철학도로서 '(인간 중심의)칸트를 비판한 (신 중심의)헤겔'이 과연 어떤 점에서 비판을 행하였고, 누가 과연 옳은지를 반드시 알아야 할 의무가 있다. 그래서 칸트는 〈순수이성비판〉에서 '우리에게는 시비(是非)를 분간해야 할 의무가 있다'고 가르치고 있다. (참조, ④-25. **우리에게는 '시비(是非) 판정의 의무'가 있다.-I. 칸트**)

⑫-16 임석진(1979), 〈시대와 변증법〉 청사

1979년 임석진(林錫珍)은 〈시대와 변증법〉이라는 책을 출간하였다.

722

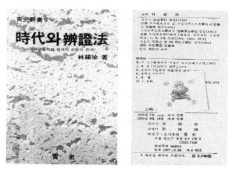

〈임석진의 '시대와 변증법'〉

임석진은 '정신의 운동으로 본 헤겔 철학의 제 문제'라는 항목에서 다음과
같이 말하였다.

> "헤겔 철학의 문제는 그의 중심사상을 이루는 '정신'과 '자유'의 문제로 집
> 약된다. 이 정신의 자유는 필연적으로 자기자체의 완성이고 충족을 의미하
> 는 '절대정신'의 최고단계로까지 발전해 나가는, 다름 아닌 '개념'의 운동과
> 정에서 구체적 자기실현을 성취한다. 그러므로 헤겔의 '정신'의 철학을 근본
> 적으로 파악하는 문제는 바로 우리 스스로의 줄기찬 노력에 의한 '정신과
> 개념의 자기파악'의 운동과 진행과정 그 자체를 통해서만 가능한 것이
> 다.(p.31)"

임석진은 우선 '헤겔의 말'을 시종일관 존중(尊重)하는 입장이다. 즉 헤겔
의 뜻을 되도록 성실하게 전달하는 기본 태도로 삼고 그것을 참고로, 또는
적극적으로 활용하도록 도와주는 가교(架橋) 역할을 자임 하는 경우이다.

그것은 사실상 모든 학문의 영역(領域)에 필요한 사항이다. 그러나 모든
학문이 결코 한 사람의 학설, 이론으로만 되는 것은 결코 아니니, 누구보다
(배타적 독선적인) 헤겔의 전체적인 조망과 비판은 역시 빼놓아서는 아니 될
사안(事案)이다.

⑫-17 최재희(1980), 〈헤겔의 생애와 철학〉 이문사

최재희(崔載熹)는 1980년 〈헤겔의 생애와 철학〉을 주로 헤겔의 전기(傳記)에 붙여 헤겔 철학을 해설을 하였다.

그런데 최재희의 특징은, (최재희)자신이 이미 '칸트 합리적 시민 사회 정신'에 크게 동조하면서 역시 헤겔도 '선의(善意) 해석'에 주력(注力)하였다는 점이다.

그러므로 (생전에 칸트 비판에 온 힘을 모은) 헤겔이 최재희를 만났다면, '형편없는 곡해자(曲解者)'로 규정하였을 것이다. 왜냐하면 헤겔은 평생 칸트의 〈순수이성비판(1781)〉을 무효화(無力化)하기에 그의 평생을 보냈기 때문이다.

그러므로 '철학도로서 최재희'는, **최소한 어떤 점 때문에 헤겔이 칸트를 그렇게 매도(罵倒)를 하였고, 소위 칸트의 '이원론(dualism)'과 헤겔의 '일원론(monism)'이라는 것은 무엇이고, 과연 누가 옳은가를 (책을 쓰기 전에) 먼저 자세히 따져 봐야 했었다.**

더욱이나 최재희는 (세계 제1차, 제2차 세계대전으로 입증이 된바) '전쟁 긍정의 헤겔' '범죄적 헤겔'에 관한 책을 쓰는 마당에, '인생부정(否定, The Negation of This Life)의 헤겔' '세계부정(否定, The Negation of This World)의 헤겔' 칭송에 더 신중했어야 옳았다. 왜냐하면 헤겔은 자신의 심각한 '우울증(憂鬱症, Hypochondria-Depression)' '자살충동(suicidal impulse)' '살인충동(killing impulse)'을 결국에는 '최고 사회적 윤리 도덕의 실현'으로 바꾸어 '정의(justice) 실현' '프로테스탄티즘의 원리'로까지 둔갑(遁甲)시켰던 '세계 제일 철학자'로 자임한 '전쟁광(warmonger)'이었기 때문이다. (참조, ⑪-06. 말을 탄 '세계정신'(1806). ⑤-13. '자살(自殺)'의 긍정 ⑨-23. '자기 파괴'가 '영원한 정의(正義)'이고 인간 본성이다.)

여하튼 최재희는 그 헤겔을 논하면서 다른 한편으로는 '친(親) 칸트 성향'을 거리낌 없이 드러내었다. 그리고 (칸트를 죽기 살기로 비판한) 그 헤겔을 최재희가 왜 다시 논해야 했는지를 다 밝혀 해명하지 못 하고 있다.

〈최재희 '헤겔의 생애와 철학'〉

ⓐ 헤겔의 '군국주의(Militarism)' '전체주의' '자살특공대(自殺特攻隊) 옹호'
정신이 가장 구체적으로 명시(明示)된 저서가 바로 그의 〈법철학(法哲學綱
要)〉이다. 최재희는 그 〈법철학〉에 관해 다음과 같이 진술하고 있다.

> "국가는 현실적이요, 그것의 현실성은 국민전체의 이익이 시민들의 특수
> 목적들의 달성 중에 실현되는 데에 존립한다. 현실성은 항상 보편성과 특수
> 성과의 통일이다.(p.196)"

거의 모든 경우가 다 그러하지만, 특히 헤겔의 경우는 그의 '전 저작(著作)'
과 주변 철학자(특히 칸트철학)와 자세히 비교 검토하지 않으면 헤겔의 '게르
만 국가주의(German Chauvinism)'를 다 볼 수 없다.

최재희의 위의 말은, 헤겔의 '현실적인 것이 이성적인 것이다.'라고 말을
최재희 식으로 해설한 것이다. 여기에서 특히 '최재희 식'이란 표현이 된 이
유는 헤겔의 전 생애를 통해 일관되게 표명(表明)된 바가 '현생 부정
(Negation of This Life)' '이승 부정(Negation of This World)'에 오직 '절대정
신(The Absolute Spirit) 옹호'이고 그 원칙 속에 헤겔의 '현실(살아 역사하는
하나님)=이성' 발언이 있었다. (참조, ②-24. **'주체의 역사(歷史)' '신의 역사(歷
史)'** ⑦-05. **'이성(理性)'이 세계(史)를 지배한다.**)

그런데 최재희는, '국가 이익=국민 이익'으로 몰고 가 극히 '상식적 주장'으

로 (신권통치 이론가) 헤겔을 논하고 있다. 즉 헤겔 논의에 있어서 먼저 최재희 자신은 '인간 중심' '시민 중심'의 칸트에 동의(同意) 하는가, 아니면 '신(理性)의 통치를 대신한(게르만 군주, 세계정신)' 중심의 헤겔의 생각에 동의하는가를 먼저 밝히지 않으면, 위의 최재희 말은 효력을 발휘할 수 없다. (참조, ②-09. '신(God)'이 '절대 진리', '절대 가치', '절대 자유'이다.)

그런데 최재희의 헤겔 설명은 '인간 중심주의'로 계속 나가 그 '본래 헤겔'의 의도에서 이미 멀어져버렸다. (참조, ②-03. 인생은 '가상(假像)'으로, 그 자체가 고통과 근심이다. ③-08. 이 세상은 '껍질(husk)'이다.)

ⓑ 최재희는 다음과 같이 말하기도 하였다.

"헤겔은 청년 시절부터 실제적 인륜세계에 관심을 집중했던 동시에 '신교(新敎)의 사랑' 교리를 통해서 현실과 융합하는 사상에 도달했다. 그에 있어서 현실과 융합하는 사랑은 항상 미흡한 의무의식이나 당위보다는 현실 우위의 진리를 가진 것이었다. 그러므로 참다운 현실과 당위와를 서로 분리시켜 보는 관념론적 이원론을 불완전한 것으로 배척한 반면에 변증법적 일원론에 입각하여 '이성적인 것, 그것은 곧 현실적이며 또한 현실적인 것, 그것이 곧 이성적이다.'라는 명제를 제시하였다.(p.199)"

최재희는 이로써 역시 '이성=신'이란 '일방주의' '헤겔의 그 사기극(詐欺劇)'에 말려들었던 모습을 감추지 못했다. 즉 칸트는 일상 시민의 '순수이성'을 최고 자유 근거로 알고 그것을 바탕으로 인간(인류) 사회가 운영되어야 함을 역설한 '과학(경험 수용의)철학자'이다.

그런데 헤겔은 그 칸트가 〈순수이성비판〉을 통해 '교부(敎父)철학'을 근본에서 부정함에 대해 다시 그 신학(神學) 특유의 '엉터리 변증법'[경험적 과학적 전제인 '감성(물자체)'의 無視라는 측면에서의 규정임]으로 그 〈정신현상학〉 〈논리학〉에서 '절대정신' '절대이념'을 반복 주장하여 그 '살아 역사(役事)하는 하나님(이성, 정신)'을 증언하려 하였고(참조, ②-26. 세계 창조 이전

726

에 계셨던 신(성부)), 그의 〈법철학〉에서는 **그 '게르만 군주'를 '세계정신(이성, 하나님)'과 동일시를 행하여, 자신의 '자살충동' '살인충동'을 '최고 윤리의 실현'으로 둔갑시켰을 뿐만 아니라, 다른 사람들의 '살인충동'까지 고무(鼓舞)시켰다.** (참조, ⑨-14. '그리스도'는 '기꺼이 죽고자 하는 생명 이야기'이다. ⑨-30. 몰락(죽음)=영원한 정의=윤리적 실체=만족 ⑥-13. 현재는 '장미'이며 '십자가'이다.)

헤겔은 한 마디로 자신의 전쟁(희생, 자기파괴) '강박 신경증(强迫症, Obsessive Compulsive Neurosis)'을 제대로 파악을 하지도 못 하고 도리어 그것을 '최고 도덕(正義, Justice)의 실현'이라 주장하였으니, 그 어김없는 물증(物證)이 칸트가 지은 '영구평화론'을 공개적으로 조롱을 했음이 그것이다. (참조, ⑨-23. **'자기 파괴'가 '영원한 정의(正義)'이고 인간 본성이다. ⑥-26. '영구평화(永久平和)론 비판'**)

최재희는 (헤겔에 관한 저술했을)당시 아직 '칸트의 〈순수이성비판〉[물자체(the thing in itself)론 등] 주장'에 충분한 사려(思慮)가 오히려 유보(留保)된 상황[27]에 있었으니, 그 헤겔의 '사기극(詐欺劇)'까지 언제나 다 볼 수 있을지 알 수 없다.

ⓒ 최재희는 역시 다음과 같이 말하였다.

"철학의 사명은 이성적인 것을 탐구하는 일이다. 그런데, 이성적인 것은 역사세계에서 자신을 실현하고 있다. 그러므로 철학은 현재적인 것·현실적인 것을 파악해야 하는 것이요, 초월적 하나님이 그 소재를 알 터인 피안적인

---

27) 최재희가 '(6)...可想體(물자체)는 非現象體라고만 설명된 것이요, 대상이 없는 개념이다. 그러므로 現象體와 可想體의 구별은 대상의 문제가 아니라 개념의 천착일 뿐이다.'(최재희 역, 판단력비판, 박영사, 1976 p.327 '칸트에 관한 두 소론')라고 말했던 것은, 칸트가 **'사물의 탐구'에 항용(恒用)될 수밖에 없는 대 전제('물자체')를, 단순한 '개념의 천착'으로 잘못 알고 있는 현장(現場) 공개**이니, 즉 칸트의 '물자체'란, 기하학에서 '점'의 규정이나, '두 점간에 최단의 거리는 직선(直線)이다.'라는 것과 동일한 '과학도의 자명(自明)한 전제'로서, 더 이상의 설명이 소용이 없는 '선험적 전제'로서, 소위 '개념(칸트의 표상)의 천착'과는 관계가 없다. (참조, ③-26. 대상(Objects)과 개념(Conceptions)의 일치)

것을 설정하는 것이 아니다. 소위 피안적인 것은, 일면적이요, 공허한 억지 추리의 오류에서 유래하는 것이다. 이성적인 것은 자연에서건 국가에서건 현실적이다. 이처럼 현실적 이성을 파악하고 표현하는 일이 철학의 사명이다. 만약 반성·감정·일반적으로 주관적 의식이 현재를 허망한 것으로 보고, 현재를 초월한 곳에서 '보다 더 좋은 것'을 안다면, 그런 주관적 의식이야말로 허망 속에 빠져 있는 것이다.(p.200)"

최재희는 위의 발언으로 자신이 그 '헤겔(현실적인=이성적인 것)'을 다 알고 요약한 듯 '용맹(勇猛)'을 보였지만, 사실 어림없는 이야기다.

즉 헤겔의 '이성적인 =현실적인 것'이라는 전제를 바로 뒷받임하고 있는 '절대정신(세계정신, 현실적 군주)'를 위한 '봉사정신의 발휘' 아들의 '노예로서의 봉사(a Servant of the Lord)'라는 그 〈신국(神國, The City of God, 426)〉 이론이 가동(稼動)되었고, 그것(神國)의 작은 일부로서 마지막 목숨까지 흔쾌히 버리는 '희생(Sacrifice)' 문제, '헤겔 식 자살충동(suicidal impulsion)' '헤겔 식 살인충동(killing impulsion)'을 다 고려하지 못 하면, 최재희는 기껏해야 '잘난 척 했던 헤겔 선전가'밖에 남은 몫이 없다. 즉 헤겔 당시에나 지금이나, 세상을 위협하는 '정신질환자'는 이미 자기 목숨은 여러 번 포기했던 '막장 사람'이라는 사실을 망각하면 헤겔의 이해는 결코 끝난 문제가 아니다. (참조, ⑥-35. 공동체(共同體) 안에 희생(犧牲)-A. 아우구스티누스, ⑨-23. '자기 파괴'가 '영원한 정의(正義)'이고 인간 본성이다. ⑥-13. 현재는 '장미'이며 '십자가'이다.)

헤겔은 그것을 마지막 수단으로 칸트와 자신을 차단시키고, '게르만'을 속이고 '제국의자들'을 등쳐먹었다.[제국주의자들은 그 헤겔을 믿었다가 亡했다.] 즉 헤겔의 그 '절대정신(하나님. 군주)'의 지배(신권통치)는, '국가'에서나 '세계사 전개'에 일반인데, '시민(시대의 아들)'은 그 '아버지(하나님, 군주)'를 그 '절대자유(the absolute freedom)' 속에 '옥쇄(玉碎)'하는 것이 헤겔의 '자유(윤리 도덕)' '선' '진리'의 실현이었다. (참조, ⑥-25. '군주(君主)'는 '총체성' 자체이다. ⑥-37. 독일 '국가 사회주의(나치즘)'-A. 히틀러 ⑥-38. '세계 근대 문명'

은, '게르만(아리안) 문명'이다.-A. 히틀러)

ⓓ 최재희는 역시 다음과 같이 말하였다.

"⟨법철학(綱要)⟩는 그것이 국가 철학을 내용으로 하는 한, 근대 게르만 문명권이, '국가를 그 자신에 있어서 하나의 이성적인 것으로 개념에 의해 파악하고 서술하려는 기도(企圖)'이다. 그것은 있어야 할 이상적 국가를 구성하는 것이 아니라, 국가라는 '인륜적 우주'를 이성적인 것으로 천명하고 인식해야 하는 것을 교시하는 것이다.(p.201)"

최재희의 위의 발언에서 ⟨법철학⟩의 '국가론'은 '이상적 국가론'이 아니라 '현재(당대)의 국가론'이란 최재희 말은 (제국주의자 측면에서는)옳은 말이다.

그러나 앞서 지적한 헤겔의 전(全) 저작에 명시되어 있는 '절대정신(신)' '세계정신(제국주의 군주)'에 대해 그 '그들(신, 군주)'에 대한 '노예 봉사(a servant of the Lord)'가 확실하게 충분히 고려되지 못 경우에는, '헤겔로부터도 추방을 당할 가짜 추종자'가 된다는 사실을 최재희는 아직 모르고 있었다. **(참조, ③-28. '주인'은 하나님이고, '노예'는 인간이다. ⑥-12. 각 개인은 '시대의 아들'이다. ⑨-17. 신상(神像)을 중심으로 한 신전(神殿) 건축 론, ⑨-20. '사회적 오케스트라(the social orchestra)' 론)**

ⓔ 최재희는 다음과 같이 말한 부분도 있다.

"철학은 현실이 성숙한 뒤에, 그런 현실을 이성적 합리적인 것으로서 인식한다. 그러므로 헤겔이 현실화한 이성, 따라서 '이성적인 현실'을 말할 때에, 그는 근대적 사회가 이미 성숙해 있는 것을 전제하고 있는 것이요, 루터의 신교를 믿을 정도로 근대의 '게르만' 문명권의 국가가 성숙한 것을 전제하고 있는 것이다. 이런 전제 아래서 '현실적인 것이 이성적이다.'(p.202)"

헤겔은 습관적으로 '헤겔 개인의식의 성숙(成熟)' '시대(사회) 상황 변화(變

化)'를 편리하게(?) 자의(自意)로 왕래하였다.

만약 위의 최재희의 말을 다 그대로 믿을 경우, 최재희는 명백히 헤겔의 '신권통치(Theocracy)' 긍정자임이 확실하다. 더 말할 것이 없이 **국민(시민) 중심주의' '자유주의' '평등주의' '평화주의'에 반대하는 헤겔의 '절대통치' '절대복종' '귀족옹호' '전쟁옹호'에 최재희가 가입(加入)을 선언한 경우다.**[〈법철학〉의 요지가 그것임]

다시 말해 최재희의 위의 발언은, '칸트냐' '헤겔이냐' 문제에서 최재희가 '개신교 신학자(헤겔)' 편에 섰다는 선언에 해당한다. 그러므로 최재희는 헤겔이 선언한 '시대의 아들' 이론 '전쟁 긍정' '프로테스탄트 고유 원리'를 몸소 실행하지 않을 수 없는 지경(地境, 입장)에 이르렀다. (참조, ⑥-13. **현재는 '장미'이며 '십자가'이다. ⑥-14. 프로테스탄티즘 고유 원리**)

ⓕ 최재희는 역시 다음과 같이 말하였다.

> "-법의 지반은 일반적 정신이다. 정밀하게 말하면, 법의 입장과 그것의 출발점은 자유의지이다. 따라서 자유가 법의 실체요, 법의 사명이다. 법의 체계는 실현된 자유의 왕국이요, 의지가 자기 자신에서 생산한 세계이며, (눈에 보이는 첫째의 자연에 대비해서) 제2의 자연이다.-
> 이상의 '따온 글'은 〈법철학〉의 사상전체를 요약하는 것이라고 말할 수 있다. 그것에서 사람은 세 가지 기본 사상을 풀이해 낼 수 있다.
> 첫째는 법의 체계는 자유의지의 체계라는 것이다. 둘째는 법의 지반이 정신이라는 것이다. 셋째는 법의 체계는 제2의 자연이라는 것이다. 이 세 가지 내용이야말로 객관적 구조를 표현하는 것임에 틀림없다.(p.213)"

최재희는 위에서 인용 구절이 '법철학의 사상 전체'라고 하였다. '헤겔의 말'의 반복이다. 그러나 **최재희의 위의 요약 역시 인류 공통의 '시민 정신' '자유' '평등주의'를 기반으로 한 것이 아닌(그에 反한) 헤겔의 '절대정신(하나님)'에의 '복종(봉사)'에 초점을 헤겔 식 '신권통치' 긍정이라는 점에 '자유 민주주의'를 훼손하는 '마수(魔手)'가 숨겨져 있다는 점이다.**

칸트의 〈순수이성비판(1781)〉이 계몽주의 혁명가 볼테르의 '시민중심' '이성' '자유' '자연법' 사상을 그대로 수용했다는 점, 그리고 '근대 현대 시민 사회'에 필수필연의 사상이 되었다는 사실을 조금이라도 최재희가 알았더라면 그러한 '뒷걸음질의 우스꽝스런 모습'은 연출하지 않았을 것이다.

인간의 잘못은, 그 '정보(情報)부족'과 '정보 선택과 판단의 잘못'이 대부분이다. '헤겔의 논의'는 그 '개인적 허점(憂鬱症, 自殺긍정과 도덕적 정당화)'와 그것과 맞물린 '절대정신' '전체주의'에 대한 '봉사정신(a servant of the Lord)'의 발휘와 실현(자기파괴, 玉碎)'를 함께 고려를 못하고는 말해서는 안 되고 말을 해 보았자 ('국가 사회 경영'과 '세계 경영'에) 도움 될 것이 없다.

ⓖ 최재희는 다음과 같이 말하기도 하였다.

> "자유의지는 칸트에게서는 도덕적 개념이다. 그러나 헤겔에서는 초 도덕적 개념이요, 세계적 개념이다. 세계적 개념이란 도덕성에서 구별된 인륜적인 공동체 중에 실현되어 있다는 뜻이다. 자유는 도덕적 · 주관적인 선에만 국한되는 것이 아니라 그것을 넘어서서 인륜적 · 객관적인 세계에 실현된 것이다.(p.214)"

최재희는 위에서 '칸트의 도덕 개념'과 '헤겔의 세계적 개념'을 거론하였다. 그러나 (인간 이성 중심인) 칸트의 '계몽주의 정신'과 ('절대정신-신' 중심인) 헤겔 신학(神學)을 구분하지 못 하는 최재희의 위의 설명으로는 어림없는 문제이다.[解決을 해야 할 문제가 泰山이다.]

즉 최재희는 그 (전쟁 옹호, 자살 예찬의)흉악한 헤겔'의 '자살충동' '살인충동'을 '정의의 실현'으로 미화시킨 '전쟁 광신주의(Fanaticism)' '절대(독재)주의' '게르만 종족주의' '전쟁불가피론(변증법)' '시대의 아들'론으로 앞장을 서서 '미네르바 올빼미(부엉이)' 타령(打令, p.202 - 이것은 개인이 '시대의 아들'이라 했던 헤겔 자신의 변명임)을 행한 그 헤겔에게 자신의 오른팔을 걸었으니, 원래 헤겔의 그러했듯 그것(전쟁불가피론 등)은 최재희 자신이 결코 책임을 질 수도 감당할 수도 없는 '그 세기의 오류(誤謬)'의 끈질긴 반복일 뿐이다.

ⓗ 최재희는 〈법철학〉 항에서 역시 다음과 같이 말하였다.

"시민사회에서 적당한 위치를 발견한 국민경제는 욕망의 체계요 혹은 실재의 체계이다. 이러한 국민 경제의 사명은, 무한히 많은 개별적인 것 속에서 사물의 간단한 원리들을 찾아내는 것이다. 그것은 사물 안에 작용하여 있고, 또 사물을 지배하고 있는 오성을 밝혀내는 것이다. 다시 말하면 얼른 봐서 개별적 관심들이 한정 없이 서로 항쟁하고 있는 시민사회를 관리하고 있는 합리성을 발견하는 것이다. (p.224)"

이 최재희의 발언은 속말로 '제사(祭祀, 헤겔의 殺人 戰爭)에는 관심이 없고 젯밥(경제적 이득)에만 관심한' [프로테스탄트 원리에 무관한] 그 '세속적 (世俗的) 결론'에 도달하였다. 이러한 '최재희 식 해설'을 헤겔 자신도 못 견딜 것이라고 앞서 지적을 하였다.[ⓐ 항 참조]

최재희 해설에 '반(反)헤겔적 발언'이란, '국민 경제' '욕망체계' '실재의 체계' '개별적인 것'이라는 말이다. 헤겔은 평생토록 '현생부정' '현세부정'을 '변증법 지양'으로 거듭거듭 강조하였다. (참조, ②-03. 인생은 '가상(假像)'으로, 그 자체가 고통과 근심이다. ③-08. 이 세상은 '껍질(husk)'이다. ⑤-13. '자살(自殺)'의 긍정 ⑧-25. 칸트의 불쌍한 '이율배반(Antinomies)')

그런데 '헤겔의 진정한 의도(一元論 자체 문제임)를 몰랐던' 최재희는, '국민경제' '욕망체계'를 반복 거론하고 있다.[그것은 사실상 '1980년대 한국인 최재희'의 관심 사항임]

더욱 큰 최재희 실수는, '실재의 체계'에 '실재(substance)'라는 어휘니, 헤겔에게 '실재'는 신(God, 절대정신)밖에 없다.['욕망체계'는 헤겔의 제일 극복의 대상이었음] (참조, ③-09. '신'과 '벌레'와의 대비(對比), ⑤-10. '생식(生殖)'은 무한 가상(假象)의 행렬이다.)

732

최재희는 헤겔 중심(神 중심의 思考)의 정반대인 '피조물(국민, 노예, 욕망)'의 '경제 기준'을 마련을 하여 '실재(신)를 대신한 군주 중심'의 헤겔 철학을 끝도 없이 곡해(曲解)를 늘어 놓고 있다. 안타까운 일이다. (참조, ②-04. '인간'보다는 '신(God)의 영광'을 알려야 한다. ③-36. 자기는 '절대신'의 그림자이다.)

ⓘ 최재희는 다음과 말하는 것으로 〈법철학(법철학강요)〉을 마감하였다.

> "〈법철학(강요)〉를 떠나서, 예나 회전(會戰) 당시 병영을 순시하는 나폴레옹을 보고, 세계정신이 기행(騎行)하고 있다고 언명한 사람은 헤겔이다. 세계역사는 세계 심판(審判)이라는 역사 철학적 사상을 표명한 사람도 바로 헤겔이다. 이러한 철학자에 대해서 프러시아의 (現存國家를 한갓 謳歌한) 어용 철학자라고만 단정하는 것은, 너무나 안이한 속단이라고 할 수 있지 않을까?(p.225)"

최재희는, 예나(Jena)시를 침공한 나폴레옹에 대한 헤겔의 언급, '세계 역사는 세계 심판'이라고 말한 그 배후 사상(신권통치), '프러시아의 어용학자(게르만 종족족주의)'라는 지적을 이해할 수 없음은 그의 〈헤겔의 생애와 철학〉 전반에 널려 있다.

나폴레옹을 '세계정신'이라고 한 것은 '광신적 군국주의 옹호자 헤겔'이 자신이 이미 상정(想定)한 '세계정신'을 그 '나폴레옹'에게 바친 소위 '헤겔 현실 정신'의 현장 고백이다. 그것은 아무도 부정할 수 없는 헤겔의 '우울증(憂鬱症, Hypochondria, Depression)'이 '광란의 살인 전쟁 총수' 나폴레옹과 '동일시(同一視)'가 극적(劇的)으로 행해진 심경의 토로이니, 이것으로써 헤겔 특유의 '현세부정' '자살긍정' '살상긍정' '정의 실현' '도덕의 실현'으로서의 의문이 다 풀리게 된다. (참조, ⑪-06. 말을 탄 '세계정신'(1806) ②-03. 인생은 '가상(假像)'으로, 그 자체가 고통과 근심이다. ⑤-13. '자살(自殺)'의 긍정 ⑨-23. '자기 파괴'가 '영원한 정의(正義)'이고 인간 본성이다.)

ⓙ 참고로 최재희는 앞서(〈칸트의 생애와 철학-1977〉)에서 다음과 같이 말하였다.

> "기(氣)의 발(發)인 칠정(七情)은, 칸트의 용어로 표시하여 '감성(感性)'의 수용성(受容性)에서 유래한 것이다. 다시 말해 '칠정'은 외물에서 감수(感受)하는 감성의 변화무상한 감정 내용을 표시한 것이다.(p.261)"[28]

최재희가 칸트의 '감성(感性, sensibility)'을 이기(理氣)철학의 '칠정(七情)'을 동일시했음은 그의 성급함을 그대로 노출 현장이다. 쉽게 말하여 최재희는 칸트의 '감성(sensibility, 직관 표상)'에다 인간의 '감정(感情, emotions)'을 대입하였다. 이에 한 마디 거들면 ('感性'이 아닌) '감정(感情)'은 '실천 이성(practical reason)' '판단 의지(the will of judgement)'이므로 칸트의 '감성(感性, sensibility)' 문제가 아닌 '오성(understanding, 종합능력)' 내부 문제이다.

최재희는 '유래한 것'이라는 그 특유의 애매모호(曖昧模糊)한 표현을 하였지만, 사실 칸트의 '감성'은 삼라만상의 '표상(Representation)'을 전제했으므로 '최재희의 칸트 인용'은 있으나 없으나 동일한 '빈 말[空言]'일 뿐이다.

이황(李滉, 1501~1570)의 '이기(理氣)'설은, 칸트의 〈순수이성비판(1781)〉을 지나고, 이후 '실존(肉體, Body) 긍정'의 쇼펜하우어(A. Schopenhauer, 1788~1860), 니체(F. Nietzsche, 1844~1900)도 지나고 나서, S. 프로이트(S. Freud, 1856~1939)의 '본능(Instinct)과 그 억압(Repression, Reason)' 이론에 이르러서 비로소 '그 바른 논의 장소'를 획득하게 된다. (참조, ④-24. 로크(Locke)와 칸트(Kant)의 분기점(分岐點)-I. 칸트)

---

28) 최재희, 칸트의 생애와 철학, 태양문화사, 1977, '칸트 철학과 이황 철학의 비교'

⑫-18 임석진 역(1980), 〈정신현상학〉 분도출판사

1980년 임석진(林錫珍)은 헤겔의 〈정신현상학〉을 한국어로 번역하여 그의 학문에 대한 열정을 과시하였다.

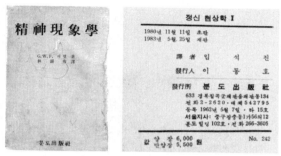

〈임석진 역 '정신현상학'〉

임석진은 '역자의 말'에서 다음과 같이 말하였다.

> "실로 이 한권의 책은 무한한 사상의 샘을 용솟음치게 하는 '역사적 실천 주체로서의 인간'의 정신과 사유, 그리고 필경 이를 뒷전으로 밀어 줄 수밖에 없는 철학의 소산이 뜻하는 바가 자연 변화, 발전하는 자연과 세계의 현실 속에서 그 얼마나 숭고한 거대한 자기 현현(顯現)의 힘과 의의를 지닐 수 있는가를 단적으로 실증한 값진 '세계사적 기록'이라고 하겠다.(p.5)"

우선 생생한 '헤겔의 말'을 다 들어봐야 거기에서 다시 헤겔이 과연 무슨 생각을 하였고, 역시 거기에 따라 각자의 느낌과 해야 할 말들도 생길 것이다.

이러한 측면에서 임석진은 유종호(1962)의 〈역사철학〉, 윤용탁(1972)의 〈법의 철학〉에 이어 〈정신현상학〉을 추가하여 한국에서 더욱 안정된 헤겔 탐구와 논의를 가능하게 하였다.

최재희(1981), 〈헤겔의 사회철학〉 형설출판사

최재희(崔載喜)는 1981년에 〈헤겔의 사회철학〉이라는 저서를 내었는데, 그것은 앞서 1966년 〈헤겔의 철학사상〉에서 〈법철학〉 부분을 독립시켜 더욱 구체적으로 고찰한 것이다. 즉 15년 후에 최재희가 저술한 〈헤겔의 사회철학〉에서는, '헤겔의 생각'에 더욱 많은 동조(同調)를 하고 있다는 것이 그 특징이다.

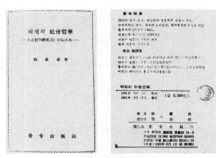

〈최재희의 '헤겔의 사회철학'〉

ⓐ 최재희는 헤겔의 '자유의지'를 다음과 같이 정리하였다.

"사고를 통해서 자기를 본질로서 파악하여, 그로 인해서 자기를 우연적인 것과 거짓된 것에서 벗어나게 하는 바 자기의식이, 즉자차대자태(卽自且對自態)의 자유의지요, 이러한 자기의식이 법(권리) 도덕 인륜생활의 원리가 되는 것이다.(p.41)"

위에서 '즉자차대자태(卽自且對自態, Being *in and for itself*)'란 바로 '절대정신'을 전제한 것이니, 헤겔은 칸트의 '이성'을 바로 '절대정신(이성, 신)'으로 변용한 것을 최재희는 [앞서 김계숙의 경우처럼] 헤겔의 '절대정신=자유'을 그대로 수용하고 있다. (참조. ②-09. **'신(God)'이 '절대 진리', '절대 가치', '절대 자유'이다.**)

즉 헤겔의 경우(최재희는 헤겔을 말하고 있는 경우임) '즉자차대자태(卽自且對自態, Being *in and for itself*)'란 그대로 '절대정신', 즉 '신(God)'의 다른 이름이다. (참조, ③-25. 칸트와 헤겔의 근본적 차이점 ③-36. 자기는 '절대신'의 그림자이다.)

칸트는 〈순수이성비판〉에서 인류 공통의 '감성(感性, sensibility)'과 '오성(悟性, understanding)'[二元論]에 기초하여 '합리적인 인간 중심의 자유론'을 폈음에 대해, 헤겔은 〈정신현상학〉에서 인간 '감성'을 초월한(무시한) '절대 정신(절대신)[일원론][29]**을 강조하였다.** 칸트는 '감성(직관, 물자체)'을 '실체(Substance)'로 잡았음에 대해, 헤겔은 기존 신학자들과 동일한 '절대정신(The Absolute Spirit, God)'를 그 '실체(Substance)'로 잡았다.

그렇다면 헤겔의 '절대 정신(司祭 정신)'은 보통 인간으로서는 알 수 없는 (납득할 수 없는) '실행(도덕) 원리(논리)'를 기정사실화 한 '헤겔의 속임(欺瞞)'이 전제된 논리이다. 그리고 사실 헤겔의 '자유(윤리)의지'란, 바로 '법(신)에의 절대 복종 의지' 더 극단적으로 '목숨을 내놓을 정신' '희생(祭物) 정신'의 일반화이다. (참조, ⑥-35. 공동체(共同體) 안에 희생(犧牲)-아우구스티누스 ⑨-23. '자기 파괴'가 '영원한 정의(正義)'이고 인간 본성이다. ⑥-14. 프로테스탄티즘 고유 원리)

---

29) 헤겔의 '절대정신'이란 칸트가 〈순수이성비판〉에 '인간 자유의 실체'로서 '순수이성'을 내세웠음에 대해, 개신교 신학자 목사 **헤겔은 칸트의 '순수이성'을 기독교 삼위일체의 '성신(Holy Spirit)'론으로 대체(代替)를 행해 놓고** '칸트의 과학(감성) 철학'을 '세속 철학'이라 비판하고 자신의 '신학'이 칸트를 극복했노라고 선전을 하였다.(〈철학사〉의 요지임) 그리하여 헤겔은 (우울증의)'희생-자기파괴(正義)' 논리로 자신을 속이고 게르만을 일부를 역시 속였지만, '신권통치(theocracy)' 구시대 발상으로 향한 헤겔의 '현세 부정' '자살긍정' '전쟁 긍정'은, 오늘날 '지구촌 경영 시대'에 어디에서도 정당화 될 수 없는 '영원히 폐기되어야 할 그 자체'가 명백하게 되어 있다.[헤겔은 '게르만 신국(神國)'에 심취하여 당초 '신약에서 '칼을 부정한 예수'에게도 조롱을 퍼부으며 '자신의 전쟁 옹호 선전'에 넋을 잃었던 '전쟁 광신주의자'였다.]

그러나 칸트는 기본적으로 모든 인류에게 '어떤 제약도 필요가 없는 순수 이성의 자유, 무제한의 자유' '감성'과 '오성'과 '이성' 능력을 긍정하였다. (참조, ②-33. '진리'란 '인식과 그 대상이 일치하는 것'이다.-I. 칸트)

최재희는 '인류 공통(공통)의 이성 중심 칸트 생각'(〈순수이성비판〉)과 '절대 정신(여호와) 중심의 헤겔의 생각(〈정신현상학〉〈논리학〉)'을 확실히 구분하지 못 한 상태에서[칸트의 '감성' 중시를 다 이해하지 못한 상태에서], 그 '헤겔의 [이성적]자유(윤리)'론을 다 알고 있는 것처럼 말을 하고 있다. (참조, ④-23. '정신(심성)'의 주요 기능은, '감성'과 '오성'이다.-I. 칸트, ⑧-25. 칸트의 불쌍한 '이율배반(Antinomies)')

ⓑ 최재희는 역시 다음과 같이 말하였다.

"실존 철학의 선구자인 키에르케고르(1815~1855)은 헤겔 철학에는 무엇보다도 주관성이 없다고 했다. 헤겔 철학이 객관적 합리성 현실적 합리성을 원리로 삼는 한에서, 그것은 상황 내(狀況 內) 존재를 주체적으로 걸머지는 일이 없는 것이요, 이것에서 어떤 거리를 두고 있는 것이며, 따라서 한갓 합리적일 뿐이라고 했다.
그러나 헤겔이 주관성을 전혀 돌보지 않고 있었던 것은 아니다. 그는 객관적 합리성 현실적 합리성을 인륜적 생활의 단계에서 주장했던 것이다. 일반적으로 실존철학도가 실존적 자유의 이름 아래 내세웠던 주관성을, 헤겔은 이 '양심'론에서 다루어서, 특히 키에르케고르의 윤리적 실존을 '자기를 절대자라고 주장하는 주관성의 첨단이라'고 비평할 가능성이 많은 것이다.(p.124)"

단적으로 말해 최재희는, '헤겔 자신이 한사코 부정한 칸트'와의 분쟁을 양자(兩者) 견해의 정확한 분석을 통해 확실하게 그 시비(是非)를 판정을 행한 것이 급선무(急先務)였다.
그런데 최재희는 그것을 우회(迂廻)해서 다른 사람들의 견해(키에르케고

738

르 등)를 아무리 나열을 해봐도 그 근본 문제('신-절대정신' 중심과 '인간 중심주의'의 차이)는 결코 다 '석명(釋明)'이 될 수 없다.

그래도 위의 최재희 말에서 그냥 지나칠 수 없는 부분은, 헤겔이 '객관적 합리성 현실적 합리성을 인륜적 생활의 단계에서 주장했다.'는 최재희의 진술이다.

최재희는 1981년까지 칸트에 대한 번역서(譯書 〈순수이성비판〉 등)와 헤겔에 대한 저서를 냈음에도 불구하고, 그 '칸트에 반대한 헤겔의 쟁점'을 한 번도 제대로 짚지를 못하고, **칸트 따로 헤겔 따로** 그저 칭송(稱頌)하고 치켜세우기에만 바빴다.

거듭 요약하거니와 **칸트는 '인간(감성) 중심주의' '이원론(Dualism)' '과학(경험) 존중 계몽주의 철학자'이고, 헤겔은 '감성 무시' '절대 이성(신) 중심주의' '일원론(Monism)' '개신교 신학자'라는 사실이다.**

ⓒ 최재희는 헤겔의 '군주(국왕)'에 대해 다음과 같이 언급하였다.

> "군주의 개념은 반성적 오성의 고찰에 대해서는 가장 난해한 개념이다. 왜냐하면 오성 추리는 개별화된 규정들에 시종하고, 여러 이유 한정된 견지 (見地) '이유에서의 연역'들만을 알 뿐이기 때문이다. 그래서 오성 추리는 '군주의 존엄'을 형식상으로나 본질상으로나 파생적인 것이라고 표명한다. 그러나 군주의 개념은 파생적인 것이 아니라, 자기 기원적인 것이요, 따라서 군주의 권리는 신적(神的) 권위에 기본 한다고 보는 것이 타당하다. 헤겔의 이런 견해는 오늘날 지탄을 받을 가능성이 많다.(p.221)"

최재희는 1966년부터 1981년까지 치더라도 15년간 헤겔의 〈법철학〉에 매달렸음에도 위의 진술은, **그 헤겔에게 '(게르만)군주'란 그대로 '세계정신(world-soul), (살아 있는 神)'점을 (확실하게)다** 알지 못하였다. 그러므로 최재희는 이에 더 나가, **헤겔의 〈법철학〉은 '온 국민'을 그 '일인 독재자'에 종속시킨 '노예 철학(the Philosophy of Bondman)' '게르만 신국(The German City** of God)' 주장이라는 사실을 어느 날에야 다 (명백하게) 알게 될지는 모를 일이다. (참조, ⑧-03. '게르만 왕국', '신국(神國)', '이성적인 세계' ③-28. '주인'은 하나님이고 '노예'는 인간이다. ⑨-17. 신상(神像)을 중심으로 한 신전(神殿) 건축 론 ⑨-20. '사회적 오케스트라(the social orchestra)' 론)

ⓓ 최재희는 헤겔의 '영구평화론 반대'를 다음과 같이 설명하였다.

"헤겔은 이상과 같이 국제 전쟁이 필연적인 것으로 파악할 뿐만이 아니라, 한 걸음 더 나아가서 전쟁 홍호론까지 전개하고 있다. 전쟁 상태는 세속 재물(財物)의 무상성을 참으로 반성하게 하고, 특수한 것, 유한한 것이 관념성을 지니는 것에 불과하다는 것을 정당하게 인정하도록 한다. 전쟁은 여러 국민의 인륜적 건강성을 보존하여, 유한한 사물들의 고정화를 막는 것이다. 그것은 기류(공기의 요동)가 해양의 부패를 막는 것에 유사하다. 이러므로 기루가 없기 때문에 파도가 정지해 있는 해양과도 같이 '평화의 지속', 아니 항구평화(恒久平和)는 국민들을 도리어 해이하게 하고 타락하게 하는 것이다.(p.239)"

최재희의 '헤겔 편들기'는 마침내 '군국주의(軍國主義)'와 '민주주의', '헤겔 철학'과 '칸트 철학', '전쟁 불가론'과 '평화주의'도 구분을 못하는 완전 마비증상(痲痺症狀)에까지 동조하게 되었다. 실로 참담(慘憺)한 상황이다. (참조, ⑥-37. 독일 '국가 사회주의(나치즘)'-A. 히틀러 ⑥-38. '세계 근대 문명'은, '게르만(아리안) 문명'이다.-A. 히틀러)

최재희는 〈헤겔의 사회철학〉을 간행할 때(1981)까지, 아직 철학자로서 자기의 '일관된 자기 확신'이 없어, 모두 남들의 의견에만 좌고우면(左顧右眄)하고 있는 경우였다.

그 이유는 간단하다. '과학'과 '실존(육체)주의'로 확실히 나오질 못 하고, '추상적 윤리 도덕 일방주의'에 매달려 헤겔의 '살상(殺傷)의 전쟁불가피론(변증법)'을 판별 구분을 행하지 못 한 그 '최재희 철학'이 문제이다.

740

⑫-20 한단석(1981), 〈헤겔 철학사상의 이해〉 한길사

1981년 한단석(韓端錫)은 〈헤겔 철학 사상의 이해〉를 출간하였다.

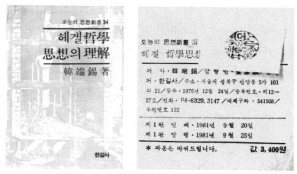

〈한단석 '헤겔 철학사상의 이해'〉

한단석은 '헤겔 철학의 현대적 의의'라는 항목에서 다음과 같이 말하였다.

> "헤겔이 자신의 철학을 관념론이라 할 때, 이는 사변적 변증법적 철학을
> 의미하는 것이다. 그리고 그 근저에는 이성에 대한 깊은 신뢰와, 진리 탐구
> 로 향하는 높은 정열로 이루어진 불굴의 철학 정신이 있는 것이다. 이 철학
> 정신을 더욱 선명하게 나타낸 것은, 그가 1818년 베를린 대학 교수로 취임해
> 서 최초로 행한 개강연설일 것이다. 그것은 곧 헤겔 철학의 핵심을 이론으로
> 서가 아니라, 심정으로서 토로한 것이었다. 이와 같은 철학 정신이야말로 헤
> 겔 관념론 철학의 원점으로서 파악하지 않으면 안 되는 것이다. 아니 무엇보
> 다 관념론은 헤겔 자신의 철학정신(철학하는 마음)이었다고 생각해야 할 것
> 이다.(p.179)"

한 사람이 누구에 관심을 가질 적에는 여러 가지 동기(動機)가 있게 마련
인데, 철학도 한단석은 헤겔 생각 정점을 〈법철학〉에 포함된 '1818년 베를린
대학 교수 취임 개강연설'을 지목하였다. 많은 철학도 공감할만한 부분을 한
단석은 잘 지적한 셈이다.

그러나 '헤겔의 철학'이야 말로 헤겔 자신이 주장한 '헤겔의 전체(평생)진술'이라는 거시적(巨視的)인 안목으로 먼저 살펴야 하는 것이 반드시 필요 사항인데, 한단석은 하나 저서 〈법철학〉 그 중에도 '서문'에 의존함은 너무나 한정된 시각에 머물러 있는 상태이다.

더욱 크게 생각하여 '인류의 철학사의 전개'라는 관점은 실로 '호한광대(浩限廣大)'한 것이라고 할 수 있으나, 과연 '**어떤 관점(觀點)에서** 그것들을 모두 살필 것인가'는 문제는 중요하고 치명적인 사항이다.

헤겔 철학은 인간 중심의 칸트 〈순수이성비판〉에 반발로 그의 '절대정신(신)' 중심으로 펼친 '개신교 신학(Theology)'이다. 그리고 〈법철학〉은 그의 '절대정신'을 현실적인 '게르만 군주(세계정신)'로 변용하고, 시민(국민)을 그 '아들(聖子)'로 변용시켜 '십자가 지은 것(살상 강행)' '천국 가는 것(正義 실현－薔薇)'으로 강변(强辯)했던 것이 그 '전쟁 예찬 철학'의 '서문'이다. (참조, ⑥-25. '군주(君主)'는 '총체성' 자체이다. ⑥-12. 각 개인은 '시대의 아들'들이다. ⑥-13. 현재는 '장미'이며 '십자가'이다.)

더구나 헤겔은 〈법철학〉 전반(全般)에 '인간 중심' '평등 중심' '평화 중심'의 '칸트 철학'을 조롱하고 칸트의 〈법이론〉이나 〈영구평화론〉을 부정했던 헤겔의 모습은, 그 자신도 숨길 수 없는 '극악(極惡) 점'의 명시로서 헤겔은 그의 사후 19세기 '제국주의' '침략전쟁'과 양차(兩次) '세계 대전'에 도망을 칠 수도 '일급 사상범(思想犯)'이 되어 있다.

이것까지 '묵인(黙認)을 하자'고 하면, 과연 우리의 '공부(독서)'를 장차 무엇에 어디에 쓰자는 것인가를 다시 '현실과 이성'을 강조했던 그 헤겔에게 다시 묻지 않을 수 없다.

⑫-21 임석진 역(1983), 〈대논리학〉 지학사

1983년 임석진(林錫珍)은 헤겔의 〈대논리학〉을 번역하여 '헤겔의 이해'에

742

큰 길을 열었다.

 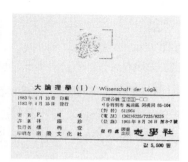

〈임석진 역 '대논리학'〉

임석진은 '대논리학 제3권을 간행하면서'에서 다음과 같이 말하였다.

> "이것은 우리가 헤겔의 철학과 사상에서 지쳐 나오는 변증법의 근원적 의미
> 와 본질을 어떻게 받아들여야만 하는가 하는 데 대한, 이른바 그토록 '어려운
> 철학'에 대한 기본적 해답을 얻는데 빼놓을 수 없는 지침이 될 것이다.(p.7)"

옳은 말이다. 헤겔은 그의 〈논리학〉을 42세(1812년)에 간행을 했는데, 이
후 수정과 보완을 계속하여 이 〈대논리학〉은 헤겔의 사망 이듬해(1832)에
간행될 정도 지속적으로 공을 들인 저서이다. (참조, ④-02. 헤겔 〈논리학〉
소사(小史)) 그래서 '변증법'하면 '헤겔'을 들먹이는 까닭은 헤겔의 대부분의
저서가 '변증법'에 의거하기 때문이다.

**그러나 이에 거듭 명시되어야 할 사항은, 헤겔의 '변증법' 착안(着眼)은 기존
기독교 '삼위일체(Trinity)'의 '가짜 논리학'에서 비롯된 것이고, 그것을 〈논리
학〉에서 플라톤 식 '이념' '절대이념(신)'으로 변용이 되어, '순수존재(聖父)=개념
(聖子)=절대 이념(聖神)'으로 전개되었던 '헤겔 식 개신교 신학'이라는 사실이다.**
(참조, ②-13. '신'은 '정신(spirit)'이다.)

헤겔의 '변증법'은 사실 '기독교 신학(神秘主義)'의 정당화를 위해 기독교를
'성신(정신)'로 설명한 것이 〈종교철학〉〈정신현상학〉이고[성부=성자=성신

(정신)], 플라톤 식 '이념(개념)'으로 펼쳐 보인 것이 〈논리학〉이고[순수존재=개념=절대 이념], 게르만 '애국심'으로 펼쳐 보인 것이 〈법철학〉〈역사철학〉이다.[게르만 군주(성부)=국민(성자)=애국심(성신)] (참조, ⑥-25. '**군주(君主)**'는 '**총체성**' 자체이다.)

헤겔은 그의 〈자연철학〉에서도 오히려 '정신' '절대이념' '게르만 애국심'을 강조하였으니, **헤겔에게는 크게는 '기독교 신학(성부)'과 '게르만 종족주의(성자)', '플라톤 이념(성신)'도 역시 그 삼위일체를 이루는 것으로 변질이 되어 있으니, 그 모든 것이 '광신주의(Fanaticism)' 목사 헤겔의 '업적들(?)'이다.**

⑫-22 임석진(1985), 〈헤겔 변증법의 모색과 전망〉 종로서적

1985년 임석진(林錫珍)은 〈헤겔 변증법의 모색과 전망〉을 간행하였다.

〈임석진의 '헤겔 변증법의 모색과 전망'〉

임석진은 '칸트냐 헤겔이냐?' 항에서 헤겔보다는 칸트에 무게를 두어 해설을 행했다. 그런데 임석진은 이미 그 '헤겔 소개'에 전념을 해 왔던 사람이다.

ⓐ 임석진은 다음과 같이 말하고 있다.

"돌이켜 보면 이러한 헤겔의 변증법적 논리와 또한 그의 내면적인 정신사

744

적 전개도 결코 아무런 저항 없는 평탄한 역사의 과정을 거치며 오늘에 이른 것은 아니다. 1831년 헤겔의 사후 곧이어 일기 시작한, 이른바 좌우파로의 분열은 이를 단적으로 증명한 것이며, 특히 19세기 사상사의 양대 물결을 이루다시피한 마르크스와 키에르케고르가 각기 전혀 상반되는 위치에서 헤겔 철학과 그의 변증법에 대한 이해를 시도하였으니, 이것은 흡사 거대한 사상의 용광로와도 같이 모든 개별자를 빠짐없이 자체 내에 흡수, 용해시키고도 남는 박진감 넘치는 헤겔 변증법의 소용돌이치는 치는 논리적 운동 방법과 그 완결된 체계를 놓고, 한편에서는 방법을 주도하는 전체의 이념을, 그러나 다른 한편에서는 체계 속에 깃들어 있는 고독한 개인의 세계를 각기 별개로 유리시켜, 결국은 서로가 전체상으로서의 헤겔 사상의 어느 일면을 자기들의 전유물로 하려던 것이 아니었던가고 생각해 볼 수 있다.(p.238)"

한 사람의 학자에게 모든 것을 다 얻기를 바랄 수 없을 것이다. 어떤 한 가지 정보(News)를 얻는 것에도 감사를 해야 한다. 임석진은 1985년까지 이미 헤겔의 〈정신현상학〉을 번역하였고, 〈대논리학(Greater Logic)〉을 번역하고 이미 헤겔의 〈역사철학〉〈법철학〉은 번역 인지(認知)하고 있는 상태였다.

그런데도 임석진 자신은 이해 분석 종합을 거친 비판 과정이 없이 '헤겔 학설의 나열'에 그치는 것은 임석진의 한 가지 약점이다. 임석진은 칸트 헤겔에다가 마르크스 키에르케고르를 다시 첨가하였다. 물론 각자의 특징과 호오(好惡) 장단(長短)점이 서로 다르게 마련이다. 임석진이 독일 학계에서 '칸트로 돌아가자'란 말을 임석진이 들었다면, 그 때 최소한 '헤겔의 약점'도 들었을 것이다. 그런데 **임석진은 '오직 헤겔!'이라는 태도를 견지하고 있으니, 오히려 그 점은 이상(異常)할 정도이다.**

ⓑ 임석진은 같은 글에 다음과 같이 말한 대목이 있다.

"과연 헤겔이 다만 마르크스와의 연관을 지닌다는 바로 이 한 가지 이유만으로 해서 철학이나 사회 과학 분야에 걸쳐서 그에 대한 연구나 열기를 타기해 버려야 할 것인가. 헤겔이 간직하고 있는, 그리고 오늘의 세계 철학과 사상에 미친 그의 거대한 힘을 올바르게 투시하

거나 평가하지 못하는 입장에서 일부 편협한 패배주의적이며 독선적
인 주장을 서슴지 않은 대표적(?) 지식인, 학자가 허장성세하는 요즘
풍토는 하루 빨리 시정되어야만 할 것이다. 우리는 모두가 '시대의
아들'이며, 이 냉엄한 오늘의 한국적 상황은 우리 모두에게 이 시대의
아들로서 저마다 자각이 있기를 재촉한다는 것을 깨우쳐야 하리라고
얘기하고자 한다.(p.245)"

임석진은 헤겔의 말 그대로 '감동되어 있는 사람'이다. 위에서는 헤겔이 〈법
철학〉에서 주장했던 '시대의 아들(a child of time)'이란 말을 인용하였다.

**한 마디로 '시대의 아들'이란 '역사 종속 이론(Historical Dependence
Theory)'으로 헤겔 '노예철학(Philosophy of Bondman)'의 표본이다. 즉 임석진
확인을 했듯이, 〈역사철학〉 서문에서 명시하고 있는 '이성(신)의 역사 지배' '환
상의 변증법적 전개'라는 헤겔의 주특기(主特技)에서 볼 수 있듯이, '개인은 없
다.' '개인주의는 있을 수 없다.'이다. 이것이 헤겔의 최대 치명적인 약점인데도
임석진은 그것에 오히려 눈을 감고 있다. (참조 ⑥-37. 독일 '국가 사회주의(나치
즘)'-A. 히틀러 ⑥-38. '세계 근대 문명'은, '게르만(아리안) 문명'이다.-A. 히틀러)**

⑫-23 전두하(1989), 〈헤겔 철학의 이해 및 비판〉 중앙경제사

1989년 전두하(全斗河)는 〈헤겔 철학의 이해 및 비판〉을 출간하였다.

〈전두하의 '헤겔 철학의 이해 및 비판'〉

전두하는 '서문'에서 다음과 같이 말하였다.

　　"주저인 네 가지 저술을 – 풀어 말하면, 인류 정신의 경험의 역정(〈정신현
상학〉), 존재론 내지는 형이상학(〈대논리학〉 2권)…..인륜체계(〈법철학강
요〉)………〈역사철학〉 혹은 〈철학사〉가 그의 조국 프러시아의 입헌 군주제
를 세계사의 전개의 정상(頂上)에 앉히거나 또는 철학의 체계와 역사를 강제
로 일치시키는 강인한 사색의 저의를 우리에게 거리낌 없이 엿보게 하고 있
기 때문이다.(p.4)"

　전두하는 〈정신현상학〉 〈논리학〉 〈법철학〉 〈역사철학〉을 헤겔의 주요
저서로 생각하였다.

⑫-24 임석진 역(1989), 〈법철학〉 지식산업사

　임석진(林錫珍)은 1972년 윤용탁이 처음 한국어로 번역한 〈법의 철학〉을
〈법철학〉이라는 이름으로 다시 번역하여 '헤겔 철학'에 대한 자신의 열정을
과시하였다.

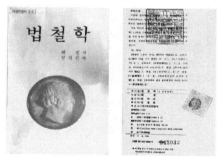

〈임석진 역의 '법철학'〉

　임석진은 '역자의 말'에서 다음과 같이 말하였다.

"지난 10여 성상에 걸쳐 끝없는 노력과 정성을 쏟아온 결과 이제 10권이 훨씬 넘는 헤겔 원전의 번역서 및 연구서가 간행되었으니, 이는 분명히 필자 개인의 차원을 넘어서 우리나라 학술문화와 사상 및 이론을 다 같이 함양하는 데 일조(一助)가 될 만한 긍정적 성과임을 자부하면서 앞으로도 굽힘 없는 정신적 역정을 거듭해 나갈 것을 다짐해 보고자 한다.(p.8)"

신라의 설총(薛聰, 655(태종무열왕 2년)~ ?)이 중국의 '구경(九經-四書五經)'을 신라어로 바꾸어 한국에 유학(儒學)이 성행하게 되었는데, 임석진은 현대 한국에 '헤겔 논의'가 제대로 행해지게 한 '헤겔 학에서의 설총(薛聰)'이라고 할 만하다.

⑫-25 임석진(1992), 〈변증법적 통일의 원리〉 청아출판사

1992년 임석진(林錫珍)은 〈변증법적 통일의 원리〉라는 책을 출간하였다.

〈임석진의 '변증법적 통일의 원리'〉

임석진은 '서언'에서 다음과 같이 말하였다.

"결국 세계와 한국과 나 - 이 3자(者) 사이의 얽히고설킨 총체적 관계와 그 밖으로부터의 구조적 형식을 내면적, 계기적 요소로서 채워주며 이끌어

나가는 신, 자연, 인간 즉 천·지·인(天地人) 사이의 변증법 운동의 맥이 오늘 이 땅의 우리에게 어떻게 드러날 수 있는가 하는 문제를 짚어 보려는 필자의 조그만 소망은 그 동안 펴낸 세 권의 책, 〈헤겔의 노동의 개념〉〈시대와 변증법〉 및 〈헤겔변증법의 모색과 전망〉에서 어렴풋하게 그 한 귀퉁이만이라도 채워졌다고나 할까....

바로 그 속편이라고도 할 〈변증법적 통일의 원리〉는 이미 지적한 바와 같이 1990년을 전후한 현대사의 큰 가닥들을 사상의 형태로 획정하고 정리하면서 이를 다시 심사숙고하여 바야흐로 탈현대(脫現代)를 지향한다고 하는 이 시대의 길목에서 우리 모두에게 요구되는 마음가짐을 되새겨보려는 하나의 시도라고 하겠다.(pp.4~5)"

위에서 임석진이 말한 '세계와 한국과 나'라는 말은 주목(注目)을 요한다. 헤겔도 '세계와 게르만과 헤겔 자신'을 고려해 글을 썼으나, 그 헤겔을 번역하고 읽었던 임석진도 궁극의 문제는 '한국과 임석진' 자신에게로 돌아온다.

임석진이 난해한 헤겔의 원전(原典)에 매달려 그 온전한 번역에 힘을 기울였던 것은 무엇보다 그 '헤겔의 말'이 임석진 자신과 나아가 한국인 모두에게 좋은 생각을 부추길 것이라는 확신과 희망에 노고를 감수했음은 두 말할 필요가 없는 사항이다.

글을 읽고 나면 인간의 사고에 (그 독서 이전과는) 차이가 생길 수 있고 그것을 역시 사람들과 공유하고자 하는 자연스런 생각에서 저서(글쓰기)를 행하게 될 것이다. 임석진도 그러한 동기에서 〈헤겔의 노동의 개념〉〈시대와 변증법〉〈헤겔 변증법의 모색과 전망〉에 이어 〈변증법적 통일의 원리〉가 간행되게 되었다고 말하고 있다.[임석진의 헤겔에게 너무 '공감(共感)'을 많이 하고 비판정신 없는 것이 흠(欠)임]

⑫-26 두행숙 역(1996), 〈헤겔 미학〉 나남출판

1996년 두행숙은 〈헤겔 미학〉을 번역 출간하였다.

〈두행숙 역의 '헤겔 미학'〉

ⓐ 두행숙은 '역자의 말'에서 헤겔 〈미학〉의 문제점을 다음과 같이 지적하였다.

"그러나 헤겔의 이 미학 사상은 몇 가지 문제점을 안고 있다. 첫째, 헤겔은 절대정신의 영역을 예술, 종교, 철학의 세 단계로 나누고 거기에서 예술을 최하위 단계로 놓으면서, 사실은- 적어도 현대에 와서의-예술의 독자성을 인정하지 않고 있는 점이다. 또한 예술 형식과 장르들을 역사적인 발전이라는 도식 속에서 너무 의도적으로 구분하면서 그들 사이에도 우열을 가리고 있다. 이것은 예술을 철학이나 종교와 똑같은 독자적으로 무한적인 것을 향해 나아가고자 하는 인간의 다양한 욕구를 규명하는 데 과연 충분할까? 즉 건축이나 조각, 회화, 음악, 서사시 등은 어느 시대를 막론하고 그것이 표현하는 형식과 내용, 그 방식이 각각 독자적이고 다른 것이지 꼭 시대성 속에서 그 우열을 가려야 하는가 하는 점이다. 그리고 이미 예술 자체의 종말을 고한 헤겔로터 이미 200년 가까이 된 현대의 시점에서 시문학의 측면에서 볼 때에도 서사시가 아닌 산문, 그것도 소설이 사실은 서사시를 능가하는 장르로 꼽히고 있은 점을 볼 때, 우리가 헤겔의 관점에서만 머물러 시문학의 장르를 고찰해야 할까 하는 의문이 든다. (pp.xiii~xiv)"

두행숙의 헤겔 〈미학〉에 제일차적 불만은, 헤겔이 '예술의 독자성(獨自性) 무시'를 들었다. 옳은 지적이다. **헤겔은 자신의 '신 중심'의 '전체주의 (Totalitarianism)'를 예술작품 비평에도 그대로 적용하여, '신 중심' '도덕(내용)**

<u>중심' '부분(獨自性, 개인) 무시'를 능사(能事)로 알았기 때문이다.</u>

ⓑ 두행숙은 역시 다음과 같이 말하였다.

　　"둘째, 헤겔은 그가 살았던 당시 독일 고전주의가 추구했던 서양의 고대
그리스 문화를 중심으로 한 이상주의의 정점에서 서서, 세계의 예술 전체를
고찰하고 있다.......그러나 이 〈미학강의〉를 읽어가는 독자, 특히 우리 한국
의 독자는 헤겔의 미학적 사유대상이 과연 정말 광범위하고 보편적인 것이
었는지에 대해 객관적으로 냉철히 고찰해 보아야 할 것이다.......헤겔이 알
고 있었던 세계는 고대 이집트와 그리스, 로마를 중심으로 하는 세계였으며,
그 시각에서 볼 때 인도, 중국 등은 주변적 세계로 밀려나 부수적으로 고찰되
는 위치를 벗어나지 못하고, 서구 문화와 예술의 관점에서 철저히 경시되었
음을 간과해서도 안 된다.(pp. xiv~xv)"

　두행숙은 헤겔 〈미학〉이 '동양 무시' '서양(희랍 예술)최고'의 편향(偏向)을
지녔다는 지적이다.
　**헤겔은 그의 〈미학〉을 통해 그의 '가짜 논리학' 변증법이 '엉터리' 전제라는
것, '신(도덕-내용) 중심의 사고(思考)'가 어떤 것이고, '전체주의' '전체 속에 개인
의 기능' '세계정신' '윤리(도덕)정신'의 문제('自殺'과 '正意 실현'의 동일시)가 어
떻고 작품 해설에 적용되었는지를 다 볼 수 있게 되었다.** (참조, ⑨-14. '그리스
도'는 '기꺼이 죽고자 하는 생명 이야기'이다. ⑨-23. '자기 파괴'가 '영원한 정의
(正義)'이고 인간 본성이다.)
　즉 헤겔은 〈미학〉의 논의에까지도, '게르만 종족주의'는 취소되지 않았으
니 헤겔의 〈미학〉은 '서구 중심' '신(神)중심' '도덕(내용)중심' '변증법' '전체
군국주의' '게르만 국수주의'에 '우울증(depression)' '자살(自殺)의 윤리화' 정
당화로 이용이 되었다. 그런데 〈미학〉에 나타난 헤겔의 그러한 특징은 그의
전 저술 속에 역시 그대로 반복이 되고 있다. (참조, ⑦-08. '배타(排他)적인'
유대 민족(Jewish))

한마디로 **헤겔**은 그의 〈미학〉에서 '인간 생명 중심' '개인 중심' '자유(욕망) 표현' '사해동포주의'인 '칸트의 예술 정신'을, '신 중심' '전체 군국주의' '도덕 중심' '서구 게르만 중심주의'로 펼쳐 놓고 마지막에는 '예술'보다는 '종교' '종교'보다는 '철학'을 강조하였다. (참조, ⑨-27. 예술은 '절대 이념'을 표현해야 한다.)

특히 헤겔의 '전쟁 옹호' '전쟁 대비론' '전체주의'는 결과적으로 제1차 제2차 세계대전으로 이어졌으니, 헤겔에 동조한 사람들을 그 '세계대전'도 신(God)의 뜻으로 '환상적 변증법' 수행 과정으로 해석할 수밖에 없으니, **'전쟁' 자체를 '변증법에 변전 통합 과정'으로 해석하며 '이성적(理性的) 역사 진전(進展)'이라 운위하는 것이니, 아무튼 기가 찰 노릇이다.** (참조, ⑨-17. 신상(神像)을 중심으로 한 신전(神殿) 건축 론)

'헤겔주의자'는 무지(無知)함을 넘어 '극악(極惡, 전쟁)'도 그 '변증법'으로 정당화했으니, 그들은 감히 신의 이름으로 행악을 하는 '떼강도 생각'으로 19~20세기 '제국주의'를 고집쟁이들이다.

헤겔에게 과연 무엇이 '도덕'이고 '절대자유' '절대이념'인지를, 소위 '헤겔을 안다는 사람들'은 '전쟁 옹호'를 행했던 '가식(假飾)의 헤겔'을 위해 다 대답을 해야 할 책임들이 있다.[**헤겔은 '현존하시는 신'[30]의 간증(干證)으로 평생을 보냈으니, 독일과 일본의 패망은 역시 그 '신(理性)'의 뜻(?)으로 볼 수밖에 없다.** 그러한 헤겔의 논리로 헤겔의 '게르만 우월주의(German Chauvinism)'가 박살이 났다. 그러한데도 그 헤겔에서 해결의 열쇠를 찾으려는 사람들은 다시 몇 번을 더 망해 봐야 알 것인가. 그것이 '노예 철학(Philosophy of Bondman)'의 絶望 그 자체이다.]

그러기에 **혜안(慧眼)의 니체(차라투스트라)는 이미 대전(大戰) 전에 '헤겔의 국가주의'를 향해 다음과 같이 말하였다.**

---

30) '신(神)의 현존 근거에 관한 강의(Lectures on the Proofs of the Existence of God)' 16강(講) - G. W. F. Hegel(Translated by E. B. Speirs & T. B. Sanderson), *Lectures on the Philosophy of Religion*, Routledge & Kegan Paul, 1968, V 3, pp.155~327

"그러나 국가(國家)는 모든 언어로 거짓말을 하고 그것이 말하는 것은 모두 거짓이고, 그가 가지고 있는 것은 모두 훔친 것이다. 국가는 모두가 가짜이고, 물어뜯는 이빨도 훔친 것이고, 그 내장도 가짜이다."[31]

이미 헤겔의 '게르만 종족 우월주의'에 중독된 사람들은, 이 니체의 충고를 듣고도 무시했고, 보고도 못 본 듯이 '국수주의(Chauvinism)'에 몰입해 있었다. (참조, ⑥-37. 독일 '국가 사회주의(나치즘)'-A. 히틀러 ⑥-38. '세계 근대 문명'은, '게르만(아리안) 문명'이다.-A. 히틀러)

⑫-27 임홍빈(1996), 〈근대적 이성과 헤겔철학〉 고려대출판부

1996년 임홍빈은 〈근대적 이성과 헤겔철학〉이라는 저서를 출간하였다.

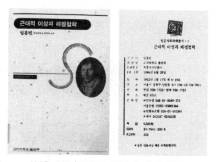

〈임홍빈의 '근대적 이성과 헤겔철학'〉

임홍빈은 〈근대적 이성과 헤겔철학〉에서 헤겔의 '변증법' '자연철학' '형이상학' 등을 상론하였다. 그런데 특히 주목되는 부분은 '11장. 19세기 후반기 철학사상의 한 흐름에 관한 연구'이다.

임홍빈은 거기에서 다음과 같이 말하고 있다.

---

31) F. Nietzsche (translated by R. J. Hollingdale), *Thus Spoke Zarathustra: A Book for All and For None*, Penguin Classics, 1961, p.54

"즉 헤겔의 절대정신의 이념에 근거해서 파악된 세계사의 전개과정은 다음 두 가지 측면에서 강한 회의에 직면한다. 첫째는, 이러한 사변적인 현실 파악이나 서술이 필연적으로 당시 유럽의 현실자체가 잉태하고 있는 문제들로부터 외면하게 만들며, 둘째로 미래의 본래적인 비 규정성과 개방성이 헤겔의 역사관에 의해서 온전한 형태로 고려되고 있지 못하다는 지적이다.
　　이 시기에 활략한 사상가들의 면면을 살펴볼 경우에 우리의 이 같은 판단이 그릇되지 않음을 알 수 있다. 키에르케고르, 니체, 마르크스, 엥겔스, 프로이트 등은 모두 이성의 합리성이나 관념론적인 세계 이해에 대해서 한 결같이 의심을 품었던 사상가들이다.(p.306)"

위에서 임홍빈은 '세계사의 전개 과정'이란 헤겔이 〈역사철학〉에서 보인 것을 말하는데, 그 문제점으로 첫째가 '유럽의 현실 외면'이라는 점, 둘째가 '미래에 대한 안목 제시가 없음'이라 하였다.

헤겔은 볼테르를 이어 칸트가 애를 써 확보해 놓은 '인간 최고자유를 법으로 보장하는 헌법(A constitution of the greatest possible human freedom according to laws)'[32] '세계 시민권론(cosmopolitical right)'[33] '영구평화론(Perpetual Peace)'[34]을 걷어차 버리고, '절대 자유(복종)주의' '국수주의' '전쟁 옹호'로 치달아 갔으니, 무슨 '현실이나 미래에 대한 안목'이 따로 있을 수 있겠는가.

임홍빈은 헤겔의 〈역사철학〉이 바로 라이프니츠(G. Leibniz, 1646~ 1716)의 '신정론(神正論)', 중세 아우구스티누스의 '신권통치(Theocracy)'의 더욱 구체적 현실 적용 '게르만 신국(神國, The German City of God)' 론이라는 사실까지는 아직 못 보아 애정에 찬(신중한) '헤겔 탐구'를 지속하고 있다. (참조, ②-04. '인간'보다는 '신(God)의 영광'을 알려야 한다. ⑥-35. 공동체(共同

---

32) I. Kant(translated by J. M. D. Meiklejohn), *The Critique of Pure Reason,* William Benton, 1980, p.114
33) I. Kant(Translated by W. Hastie), *The Science of Right,* William Benton, 1980, pp.456~7 'The Universal Right of Mankind'
34) I. Kant(translated by M. Campbell Smith), *Perpetual Peace,* Thoemmes Press, 1992

體) 안에 희생(犧牲)-A. 아우구스티누스)

그러나 실존주의자 '니체' '프로이트'를 확인하게 되면 자연 '헤겔의 독(毒)'에 그 해독제(解毒劑)를 얻은 셈이니, [임홍빈의 탐구는] 더욱 시간이 지나봐야 그 (전체 헤겔의)결론에 도달할 상황이다.

⑫-28 임석진 역(1996), 〈철학사〉 지식산업사

1996년 임석진(林錫珍)은 헤겔의 〈철학사〉 3부('희랍철학', '중세 철학', '근대철학') 중 제 1부('소크라테스학파까지')를 번역하여 그 헤겔 소개의 역정(力征)을 계속하였다.

〈임석진 역의 '철학사 Ⅰ'〉

임석진은 '역자 서문'에서 다음과 같이 말하고 있다.

> "즉 불후의 대철학자이며 사상가인 헤겔이 가슴 깊이 새겨온 오직 하나의 표적은 절대의 일자(一者), 일성(一性), 일심(一心), 즉 존재 일반의 자기성(自己性)을 포착하여 이를 만물, 만사의 때와 곳을 가리지 않는 형통(亨通)함으로 드러내고 서술, 석명(釋明)하려던 것이 아니었던가. 이러한 그의 통찰과 자기파악은 아마도 동서고금을 관통하고 이어져 온, 이른 바 인류의 지혜, 바로 그것에 다름 아니다.(p.4)"

이러한 임석진의 '헤겔에 대한 존경과 흠앙(欽仰)'이 그가 처음 헤겔에 관심을 지녔던 당시(1960년 대)부터 〈철학사 Ⅰ〉을 출간한 당년(1996)까지 줄잡아 40년을 지녀온 일관된 생각의 표현이었다.

그러한 임석진에게 '헤겔의 비판'을 수용(收容)하라는 요구는 그에게나 다른 사람 경우 모두에게 불필요한 사항이니, 한국인은 그 임진석의 노고 덕으로 헤겔에 더욱 쉽고 정밀하게 대응을 할 수 있게 되었고, 확실한 인생관 세계관을 더욱 명백히 '공론화'할 수 있게 될 것이기 때문이다.

그러나 임석진이 한국어로 아직 옮기지 못한 **더욱 중요한 영역(領域, 〈철학사〉 2, 3부 등)**에 대해서는 그 각자 소용(所用)들에 맞추어 찾아가 확인할 수밖에 없게 되어 있다. (참조, ⑧-21. 뉴턴은 '이념'을 모르는 '야만인'이다. ⑧-25. 칸트의 불쌍한 '이율배반(Antinomies)')

⑫-29 최신한 역(1999), 〈종교철학〉 지식산업사

1999년 최신한은 헤겔의 〈종교철학〉을 번역하였다.

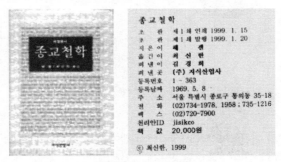

<종교철학>
초   판 제1쇄 인쇄 1999. 1. 15
초   판 제1쇄 발행 1999. 1. 20
지 은 이 헤 겔
옮 긴 이 최 신 한
펴 낸 이 김 경 희
펴 낸 곳 (주) 지식산업사
등록번호 1 - 363
등록날짜 1969. 5. 8
주   소 서울 특별시 종로구 통의동 35-18
전   화 (02)734-1978, 1958 ; 735-1216
팩   스 (02)720-7900
천리안ID jisikco
책   값 20,000원
ⓒ 최신한, 1999

〈최신한 역 '종교철학'〉

최신한은 '옮긴이의 말'에서 다음과 같이 말하였다.

"이 책은 ......1821년 4월 30일부터 8월 25일까지의 강의를 담고 이 책은

.....유일하게 남아 있는 원고이다......

　　이러한 맥락에서 헤겔의 종교철학은 완전한 철학체계를 가능하게 하는 최고점이다.......

　　종교철학의 도움으로 종교는 철학적 학문에 절대적인 내용을 부여하며, 철학은 종교에 절대적 형식을 부여한다. 철학과 종교는 종교철학을 통해 형식과 내용의 절대적 일치를 이를 수 있으며, 절대정신은 이러한 일치를 통해 완전하게 실현된다.(pp.3~4)"

　　그동안 헤겔 철학의 연구자들의 관심은 〈법철학〉이나 〈역사철학〉에 관심에 주로 관심을 표명해 왔지만, 사실 목사 헤겔의 '변증법'은 궁극적으로 '신의 존재 증명', '신의 현존하심'을 말하기 위한 방편(方便)이라는 점은 이 〈종교철학〉을 통해서 완전히 확인될 수 있다. **최신한은 그 점까지 지적하거나 그에 적절한 텍스트('신의 현존 증거에 대한 강의(Lectures on the Proofs of the Existence of God)'[35]를 포함한 텍스트)를 택한 것은 물론 아니다.** (참조 ②-01. 〈종교철학 강의〉의 성립과 개요(槪要))

　　역자 최신한은, 헤겔 〈종교 철학〉의 (전체 헤겔 철학 상의) '문제 점 논의'에서는 물론 한발자국 물러나 스스로 자리를 잡아, 헤겔 '이후 세계 사상사의 변동'에도 별 관심을 보이지 않았다. 최신한은 ('유일원고' 이외에) 〈종교철학〉에 추가로 발견된 원고에도 관심이 없었다. (참조, ②-01. **〈종교철학 강의〉의 성립과 개요(槪要)**)

⑫-30 김준수 역(2004), 〈자연법〉 한길사

　　2004년 김준수는 헤겔의 〈자연법〉을 번역하였다.

---

35) G. W. F. Hegel(Translated by E. B. Speirs & T. B. Sanderson), *Lectures on the Philosophy of Religion*, Routledge & Kegan Paul, 1968, V 3, pp.155~327

〈김준수 역의 '자연법'〉

김준수는 '옮긴이의 말'에서 다음과 같이 말하였다.

"헤겔의 많은 저서들 가운데 최초의 본격적인 법철학적 저작인 이 논문에서 헤겔은 홉스를 비롯한 경험주의적 자연법 이론과 칸트와 피히테의 형식주의적 자연법 이론, 대립과 분열로 특징지을 수 있는 근대 시민사회와 이를 반영한 실증법학을 고대 폴리스적 인륜성의 이념과 셸링적 동일철학의 방법론에 준거하여 분석하고 비판하면서 절대적 인륜성의 체계로서의 참된 자연법을 구축하기 위해 모색하고 있다. 여기서 헤겔이 주장하는 것은 개별성을 고착시키고 이에 추상적 보편성을 대립시키는 근대 개인주의적 자연법 이론은 방법론적 비일관성과 강제의 질서만을 산출하는 내용적 모순을 드러내면서 진정한 자연법 체계를 구성하는데 실패하게 되며, 개별성을 무화(無化)하고 민족공동체로 합일할 때 정신과 자연, 개인과 사회제도, 이념과 현실이 통일되고, 이러한 생동하는 총체성으로서의 절대적 인륜성을 전제로 해서만 개인의 자유가 진정하게 실현되고 분열된 시민사회와 억압적 지배질서를 극복하며 인륜의 자기 형태로서의 자연법에 관한 학적 체계가 가능하다는 것으로 요약할 수 있다.(pp.198~9)"

광복(1945) 이후 헤겔을 번역하고 생각했던 사람들의 공통 특징은, 헤겔의 소위 '관념주의'가 무엇이고 그것의 문제점이 어디 있는지를 (총체적으로) 먼저 짚지 않고 '찬양과 감탄'으로 일관하고 있다는 점이다. 그러기에 헤겔이 감추고 있는 ('현세부정'의) 그 '흉악(凶惡)함'은 처음부터 감지를 못 하고 무

조건 헤겔의 진술 속에서만 그 해답까지 찾으려는 '근시안(近視眼)적인 노력'
으로 일관들을 하였다.

즉 헤겔의 저작들은, 헤겔 자신의 말 그대로 '전체(全體, 저술들)'를 보아야
하고 칸트 등의 주변 정보(情報)도 아울러 꼭 확보해야 한다. 한마디로 **헤겔
의 평생 '작업'은 먼저 '인간 이성'과 '자연법(Natural Law)'을 최고로 생각한 그
볼테르(Voltaire, 1694~1778), 그리고 그 영향을 전적으로 반영한 '칸트 철학을
절망적으로 비판하는 일' 그것이었다.** (참조, ⑥-01. '자연법(Natural law)'을 비
판한 헤겔)

헤겔의 '자연법(Natural Law)'론이야 말로 <u>1763년 볼테르가 〈관용 론, '칼라
스 사건'(*Treatise on Tolerance, J. Calas affair*)〉에서 상론한 '자연법(Natural
Law)'론[36]에 대한 헤겔의 비판을 전제로 한 것으로, '반(反) 볼테르' '반(反) 계몽
주의'에 시동(始動)을 거는 것이었다.</u> 칸트에 앞서 볼테르는 '정의(正義)를 아
는 이성(理性)은 인류의 통성(通性)이다.(All these people....derive the same
consequences from the same principles of unfolded reason.)'[37]라는 대전제
아래, 중국 공자(孔子)의 기본적 전제 '내가 당하기 싫은 일을 남에게 행하지
말라.(己所不欲 勿施於人)'를 최고[38]라고 거듭 강조를 했으니, 볼테르는 당시
프랑스나 프러시아 등에서 기독교가 신·구교로 나뉘어 반대파를 중상 모략
하여 죽이고 싸움에 모든 기독교 '독선(獨善)주의'를 다보고 그에 대해 세밀
하고 총체적인 허구를 모두 들추어내었다. (참조, ⑥-01. '자연법(Natural
law)'을 비판한 헤겔)

볼테르는 '실정(실증)법'에 앞서 사회 공통의 인간 양심 양식을 존중하였는

---

36) Voltaire(translated by B. Masters), The Calas Affair *A Treatise on Tolerance*, The Folio
　　Society, 1994, pp.37~8 'Chapter 6, On Intolerance as Natural Law'
37) Voltaire, *The Ignorant Philosopher*, The Book League, 1940, pp.446~447 'XXXI. Is
　　There any Morality?'
38) Voltaire(Translated by T. Besterman), *The Philosophical Dictionary*, Penguin Books,
　　2004, pp.334~335 'Philosopher' ; Voltaire, *The Best Known Works of Voltaire*, The
　　Book League, 1940, pp.462~463 'Ⅱ. The Chinese Catechism'

데, **헤겔은 〈법철학〉에서 '하나님'을 대신한 '군국주의 황제'를 두고 그에 절대 복종('절대자유')을 가르친 것이니, 흉악(凶惡) 바로 그것이었다.** 앞으로 김준수의 탐구와 확인이 얼마나 진척이 되어야 그 '시비(是非)'를 구분할지는 알 수 없다. (참조, ⑥-25. '군주(君主)'는 '총체성' 자체이다. ⑥-12. 각 개인은 '시대의 아들'이다. ⑥-14. 프로테스탄티즘 고유 원리)

⑫-31 강영계(2004), 〈헤겔 절대정신과 변증법 비판〉 철학과 현실사

2004년 강영계는 〈헤겔 절대정신과 변증법 비판〉이란 책을 내어, 그동안 1967년 김계숙은 〈헤겔 철학과 자유의 정신〉 이래 (〈법철학〉〈역사철학〉의) 국지적(局地的) 담론에 머무른 '헤겔 논의'를, 일약(一躍) '실존주의 (Existentialism)' 비판적 시각으로 '헤겔 전작(全作)'을 상대로 대대적인 논의를 펼치었다.

〈강영계의 '헤겔 절대정신과 변증법 비판'〉

ⓐ 강영계는 다음과 같이 말하였다

"헤겔 철학의 이해는 말 그대로 서구 사상의 이해다. 서양 사상은 작은 강물들이 커다란 호수로 모였다가 다시 퍼지고 또다시 큰 호수로 모이는 것처럼 일관성 있게 체계적으로 전개되어온 것이 사실이다. 현대 철학의 대표적인 호수가 하이데거라면 독일 관념론의 거대한 호수는 헤겔이다.(p.7)"

강영계는 '전통 보수주의(conservatism) 학파'에 근접해 있는 사람이다. 소위 '전통보수주의'란 무엇인가? 플라톤의 관념(언어)철학과 기독교 삼위일체를 '믿음으로 수용한 사람들'이라는 뜻이다. 그들이 전혀 해로울 것은 없으나, 공통적으로 '과학(육체) 거부'나 '무관심'을 그 '도덕'의 출발로 생각하고 '국가주의'에 전념 혹은 가담을 했던 사람들(헤겔, 하이데거)이다. (참조, ⑨ -01. 독일 중심의 〈미학〉 ⑫-02. '추축국(樞軸國, Axis Powers) 형성(1936)')
　더욱 구체적으로 말하여 '보수주의자들'은, 역시 뉴턴, 볼테르, 칸트, 니체의 시민(국민) 중심의 '계몽주의' '평화주의' '개인주의' 수용을 어렵게 생각하거나 그 '전적인 인정(認定)'에 한계(限界)를 느끼는 사람들이다. (참조, ⑧ -21. 뉴턴은 '이념'을 모르는 '야만인'이다. ⑧-25. 칸트의 불쌍한 '이율배반 (Antinomies)')

ⓑ 강영계는 역시 다음과 같이 '헤겔'을 규정하였다.

　　"헤겔의 변증법은 한마디로 말해서 그의 전체 철학 체계를 관통하는 존재론적 원리이다. 절대정신이 자연, 예술, 종교 그리고 절대지식의 과정을 통해 모순과 통일이라는 지양과 화해에 의하여 자신을 전개시키고 결국에는 자기 자신으로 복귀하는 것은 곧 변증법이라는 존재 원리에 의한 것이다.(p.57)"

강영계의 위의 발언은 앞서 '독일관념론의 거대한 호수'라는 수사(修辭)의 연장(延長)이다. 소위 신학자 헤겔의 '가짜의 논리학(a logic of Illusion)' '변증법(Dialectic)39)'이 '전 철학 계를 관통하는 존재론적 원리'라는 속 편한 강영계의 '헤겔 요약'이 그것이다. (참조, ②-37. '변증법'은, '오류(誤謬)의 논리학'

---

39) I. Kant(translated by J. M. D. Meiklejohn), *The Critique of Pure Reason,* William Benton, 1980, p.37 - "변증법은 가상(假象, 환상)의 논리학이다.(dialectic...was nothing else than a logic of illusion)"

이다.-I. 칸트, ②-39. 스콜라 철학자들의 '동어반복(Tautology)'-I. 칸트)

그러나 이 강영계의 '헤겔 논의'에도 역시 불가피한 칸트의 충고 '시비판정 의무론'을 거듭 짚지 않을 수 없다. (참조, ④-25. **우리는 '시비(是非) 판정에 의무'가 있다.-I. 칸트**)

즉 강영계는 칸트가 헤겔에 앞서 〈순수이성비판(1781)〉에 세워 놓은 '물자체(The Thing in itself)'론이나, '경험주의(과학주의)' 그리고 '진리(truth)'란 "인식과 인식 대상이 일치하는 것(the accordance of the cognition with its object)"[40]에는 별로 관심을 주지(보이지) 못 하고 <u>성급하기 '헤겔 철학이 그대로 서구 사상'이고 '변증법이 존재 원리'라는 등의 쓸데없는 망발(妄發)을 늘어놓고 있는 점이 그것이다.</u> (참조, ②-33. **'진리'란 '인식과 그 대상이 일치하는 것'이다.-I. 칸트 ⑥-31. 인간 '최대 자유 보장'론-I. 칸트**)

ⓒ 강영계는 역시 다음과 같이 말하였다.

> "형이상학적 실체인 절대 정신 내지 절대자(또는 신)을 전제로 하는 한에서 변증법 논리학은 목적론, 결정론, 낙관주의의 입장을 확고부동하게 견지하지 않을 수 없다. 그렇지만 폐쇄적인 절대체계는 폐쇄된 삶의 사회를 강요하기 마련이다.
> 우리들은 헤겔 변증법에서 양에서 질로 그리고 질에서 양으로의 변화, 부정의 부정, 모순과 대립의 통일 등을 긍정적인 요소로 받아들일 수 있다. 그러나 절대 정신이라든가 법칙적인 변증법적 발전, 이론과 현실에서 무차별적인 정(定) 반(反) 합(合)의 통일 등은 폐쇄적 거대 담론으로서 설득력이 매우 약하다고 말할 수 있다.(p.60)"

강영계의 말하기 방법은 '헤겔의 주장'에 대해 '옳다 그럴 수밖에 없다.'라고 해놓고 '폐쇄된 사회' '설득력' 등의 어휘로 그것을 완화하는 '절충적 태도'

---

40) I. Kant(translated by J. M. D. Meiklejohn), *The Critique of Pure Reason,* William Benton, 1980, p.36

를 취하였다. 이것은 강영계의 원만한 성격일지는 몰라도, **헤겔의 본래 주장은 그 '동어반복(同語反覆)'의 스콜라 철학도의 '가짜 논리학' '변증법'으로, 오히려 '살인 전쟁 옹호(전쟁불가피론)'를 행한 사실상 '제국주의 논리의 원흉(元兇)'이다.** 그것을 모르고 역사적 고찰로 자신의 '박식(博識)'을 자랑하고 '절충주의'로 얼버무리려고 해서는 아니 될 것이다. (참조 ⑥-23. 칸트의 '영구평화(永久平和)론' ⑦-09. 개신교의 영웅, 프리드리히 대왕 ⑥-38. '세계 근대 문명'은, '게르만(아리안) 문명'이다.-A. 히틀러)

ⓓ 강영계는 다음과 같이 〈정신현상학〉을 비판하였다.

"인륜성, 교양, 도덕성의 객관 정신이나 종교 및 절대 지식의 절대 정신을 보더라도 헤겔이 비록 동적인 변증법적 과정을 강조할지라도 그가 주장하는 정신이 얼마만큼 폐쇄된 형식적 체계를 가지고 있는지 잘 알 수 있다. 〈정신현상학〉 체계와 변증법이 전체적 관점에서 볼 때 형식적인 이유는 헤겔이 현실을 외면하고 철저하게 사변(思辨)에 의존했다는 데 있다. 제아무리 이론과 현실을 통일시킨다고 할지라도 그것이 단지 사변 속에만 이루어진다면 결국 남은 것은 형식주의이다.(p.91)"

강영계가 위에서 했던 말,-'제아무리 이론과 현실을 통일시킨다고 할지라도 그것이 단지 사변 속에만 이루어진다면 결국 남은 것은 형식주의이다.'라는 말은 그 헤겔이 '천만부당하게 분노할 말'이고, '젊은 강영계'가 '형식(Form)주의' 란 말(칸트의 '오성'작용 결과로서의 '형식')을 함부로 막하는 경우이다.

쉽게 말하여 헤겔이 〈법철학〉에 강조한 것은, 당장에 '이(그) 나라(게르만 神國, The German City of God)'에 대한 '각 개인'의 '희생(Sacrifice)'의무 규정을 말한 것이니, '단지 사변 속에만 이루어진 것'이라는 강영계의 말은 얼마나 (그 헤겔에게) 무책임(무관심)한 발언이며, 평생을 '형식 파악(종합능력)'을 강조한 그 칸트에게도 예의를 못 챙긴 '무성의한 강영계'라는 비난을 면할 수 없다. (참조, ⑥-12. 각 개인은 '시대의 아들'이다. ④-23. '정신(심성)'의

주요 기능은, '감성'과 '오성'이다.-I. 칸트)

ⓔ 다음은 강영계가 행한 〈역사철학〉에 대한 비판이다.

"이상에서 살펴본 여러 가지 부정적인 측면 이외에 헤겔의 역사철학은 여
전히 긍정적인 측면을 소유하고 있다. 즉, 그가 ①주관과 객관의 이분법을
통일하여 이념과 열정이 하나로 되는 자유로운 주체를 착상한 점 ②세계사
를 자유의 발전 과정으로 해석한 것 ③정신은 이성의 간지(幹枝)에 의하여
세계사를 보편적인 것으로 전개한다고 본 점 등은 몇 가지 이론적인 결함에
도 불구하고 여전히 역사적 의식에 커다란 영향을 미치고 있는 헤겔의 중요
한 주장들임은 부정할 수 없다. 이제 우리는 다음과 같은 몇 가지 본질적인
물음들을 앞에 놓고 있다. ①역사는 보편적인 정신 원리를 소유하고 있는가?
②세계는 다원적인가 아니면 일원적인가? ③역사는 순환하는 것인가? 아니
면 발전하는 것인가? ④우리들의 구체적 현실적 역사를 우리들은 어떤 관점
에서 고찰할 것인가? 이와 같은 물음에 대한 답은 헤겔의 말한 것과 마찬가
지로 분명히 지금·이곳의 우리들의 의식이 신적인 의식이 아니라 자기의식
의 수준(변증법적인 단계가 아니라)에 이르렀을 때 비로소 정당성을 소유할
수 있다는 답을 구할 수 있을 것이다.(p.134~5)"

강영계가 위에서 '자유로운 주체' '자유의 발전' '이성의 간지(幹枝)'로 (일
부)긍정했던 것은, '우울증(憂鬱症, Hypochondria - Depression) 환자 헤겔'
이 보인 '자살 충동(suicidal impulse)' '살인 충동(killing impulse)'을 미화(美
化)하여 '정의(Justice) 실현' '도덕(Morality)의 실현' '자유 의지(Free Will)'로
강조했던 바를 구체적으로 짚지 않은 논의로, 그 '부정적 세계(The Negation
of This World)'관을 그대로 용인(容認)을 한 참담한 현장이다. (참조, ⑤-13.
'자살(自殺)'의 긍정 ⑨-23. '자기 파괴'가 '영원한 정의(正義)'이고 인간 본성이다.
⑥-13. 현재는 '장미'이며 '십자가'이다.)

ⓕ 다음은 강영계의 〈법철학〉 비판이다.

"더욱이 국가와 국가 간의 관계에서 전쟁을 필연적인 것으로 인정하며, 전쟁을 일종의 이성의 간지(奸智)로 봄으로써 그 정당성을 인정하는 것은 목적론적 전체론을 대전제로 하고 있음을 말해 준다. 비록 역사를 학의 대상이 아니고 존재의 방식으로 보는 헤겔의 견해가 타당하다고 할지라도 국가의 발전 단계를 표현하는 역사를 특정한 역사법칙주의에 종속시키는 것은 그가 암암리에 낙관론적 목적론을 대전제로 삼고 있음을 말해준다. 우리들의 이론이 어디까지 가설이라고 생각할 때 목적론이라든가 역사법칙주의는 절대성을 상실할 수밖에 없다.(p.181)"

그래도 강영계는 그 '헤겔 이해와 그 깊이' 문제에서 1967년 김계숙 이래 가장 심도(深度) 있는 접근을 하고 있다는 점이 위의 진술이다.

그러나 강영계는 위에서도 그가 대전제로 한 목사 헤겔의 '낙관론적 목적론' '이성의 간지(奸智)'가 그 아우구스티누스나 라이프니츠의 '신권통치(Theocracy)'의 현실적 실현이고 그 '절대정신(절대신)'이 바로 헤겔의 '이성'론임을 다 알아야 그 헤겔 론이 비로소 안정(安定)을 얻는다는 사실이다. (참조, ⑥-12. 각 개인은 '시대의 아들'이다. ⑥-14. 프로테스탄티즘 고유 원리) 앞서 확인했던 대로, 강영계가 존중하는 그 하이데거(M. Heidegger, 1889~1976)도 히틀러 정부에 가담하여 그 '전쟁의 제국주의'에 가담을 했음에도, 강영계는 오히려 그 하이데거를 '현대철학의 대표적 호수'로 알고(존중하고) 있다. 하이데거야말로 ('개념주의' '역사주의자'로서) 헤겔을 빼면 그야말로 '시체(屍體)'이니, **헤겔의 '전체주의' '역사 종속주의' '관념론'은 그 제자 하이데거에게로 명백히 연결되어 있음은 '하이데거'의 존경 자 강영계가 알 것이다.**[하이데거와 헤겔의 차이점은, 목사 헤겔의 '전체(절대)주의'에서 '기독교 신'만 제거하고 하이데거는 바로 헤겔의 '현상학(이전의 칸트의 현상학)' '언어 중심' '역사중심(종속)주의' '허무주의'를 다 활용하고 '스콜라 철학자' 헤겔의 '기독교 성령 신학' 대신에 '불교(허무주의)'를 선호(選好)한 것만 서로 구별이 되고 있다.] (참조, ⑥-37. 독일 '국가 사회주의(나치즘)'-A. 히틀러 ⑥-38.

'세계 근대 문명'은, '게르만(아리안) 문명'이다.-A. 히틀러)

⑧ 다음은 강영계의 헤겔 〈미학〉 비판이다.

"예술미나 예술의 형식에서 정신 내용과 형태의 통일을 핵심적인 것으로
보는 헤겔의 입장은 변증법적 정신이 전제되지 않으면 불가능하다. 현대에
와서는 정신과 물질의 이원론을 주장하기도 어렵거니와 세계의 총체성으로
서 정신이나 절대자로서의 정신을 말한다는 것 역시 매우 막연하고 모호한
것으로 여겨진다.(p.250)"

그동안 불안했던 강영계의 '헤겔 논의'는 〈미학〉 논의에서 어쩔 수 없이
부도(不渡)를 낸다. 무엇이 그것인가. **현대에 와서 정신과 물질의 이원론의
주장이 어렵다.**'는 강영계의 말이 그것이다. 강영계는 이에 앞서 '일원론' '이
원론'을 구분해 보였다(p.56). 그런데 위에서 강영계는 '이원론'이 어렵다고
했는데, 그렇다면 남은 것은 '관념적 일원론(헤겔)' '물질적 일원론(마르크스)'
만 남는다.

원래 칸트가 〈순수이성비판〉에서 주장했던 소위 이원론(Dualism)은, '감
성, 자연 대상, 물자체(Natural Object, The Thing in Itself)'와 인간 '오성, 이
성(cognition 이성)'을 구분하는 '과학의 탐구 영역(육체, 자연)'과 '인간의 실
천 이성(자유와 도덕론)'을 구분하는 불가피한 것으로 마땅한 것이다. (참조,
③-26. **대상(Objects)과 개념(Conceptions)의 일치한다. ④-23. '정신(심성)의 주
요 기능'은, 감성능력(표상 능력)과 그 종합능력(오성기능)이다.-I. 칸트)**

그런데 개신교 신학자 헤겔은 '절대 정신(이성, God)' 중심 사고로 통일
행하여 '자연 사물(the physical and world)=신(Father)의 창조물=성자(Son)'
의 '삼위일체'론 '가짜 논리학' '동어반복'의 개신교 신학으로 '통일'하였는데,
이것이 소위 헤겔의 '일원론'이다. 그러므로 헤겔에게 '실체' '주체' '자유'는
'절대정신(신)'으로 통합한 결과가 헤겔의 그 '일원론(Monism)'의 다른 이름
이니, 위에서처럼 '얼버무리는 강영계의 말'로는 '헤겔의 [동어반복]사기(詐

766

欺)’가 충분히 석명(釋明)이 될 수는 없다.

여기에 다시 상기(想起)할 수밖에 없는 것이 개신교 신학자 헤겔의 ‘절대정신론’과 계몽주의자 칸트의 ‘시비판정(是非判定) 의무론’이다. (참조, ②-14. ‘하나님(절대신)’이 ‘아들(만물, 자연물)’을 창조하셨다. ④-25. 우리에게는 ‘시비(是非) 판정의 의무’가 있다.-I. 칸트)

위에서 강영계가 곧 이어 예로 든 ‘양자(陽子) 역학’ ‘상대성론’(p. 250)은 물론 ‘인간 도덕(윤리)’과는 구분된 ‘자연 사물 속에 원리(물자체의 원리)’이니, 그 두 영역(자연과학의 영역과 인간 도덕(자유)의 두 영역)의 구분이 바로 소위 칸트의 ‘이원론(二元論)’이다.

이에 대해 헤겔은 ‘정신(聖神)’과 ‘피조물(자연 사물)’을 소위 ‘가짜의 논리학’ 변증법으로 통합해 놓은 것이 ‘일원론’이니, ‘과학의 현대’에는 시민 중심의 칸트 ‘이원론’에 있고, 헤겔의 일원론은 ‘기독교도들의 각자 신앙심’일 뿐이다. (참조, ②-14. ‘하나님(절대신)’이 ‘아들(만물, 자연물)’을 창조하셨다. ②-09. ‘신(God)’이 ‘절대 진리’, ‘절대 가치’, ‘절대 자유’이다.)

ⓗ 역시 강영계는 다음 같이 말하고 있다.

> “따라서 논리보다는 자연(自然)이 그리는 자연보다는 예술, 종교, 철학 등
> 이 완전하고 절대적인 절대 정신 자체로 접근한다는 주장은 목적론적 거대
> 담론이다. 이제 우리들은 미세 담론의 입장에서 일단 헤겔의 거대 담론을
> 해체하고 예술미란 어떤 것인지 예술과 예술 작품은 무엇인지 처음부터 현
> 실과 이상을 철저히 구분하면서 냉철하게 분석하고 비판하지 않으면 안 된
> 다. (p. 252)”

위의 강영계의 말은, 헤겔의 ‘전체주의’에 대한 ‘개인주의(微細談論) 긍정’이라고 할 수 있다. 그러나 헤겔의 〈미학〉은, 칸트의 인간 중심, 자유주의의 ‘형식(Form)’론에다가 헤겔 특유의 ‘신 중심’ ‘절대정신’ ‘군국주의’ ‘게르만 우월주의’에 ‘자살 충동’을 ‘자유의지’ ‘정의실현’으로 미화(美化) 예찬(禮讚)으

로, '예술'보다는 '종교', '종교'보다는 '현실 중심(애국심)의 철학'을 강조한 '노예 철학(a servant of the Lord)'의 일관된 주장이라는 점을 확실하게 알 필요가 있다. (참조, ⑨-24. '형식(Form)'에 '내용(Content)'을 첨가했던 이유 ⑨-23. '자기 파괴'가 '영원한 정의(正義)'이고 인간 본성이다. ⑨-17. 신상(神像)을 중심으로 한 신전(神殿) 건축 론 ⑨-20. '사회적 오케스트라(the social orchestra)' 론)

① 다음은 강영계의 〈종교철학〉에 대한 언급이다.

"오늘날 우리는 현실적인 역사를 돌아볼 때 역사가 발전 개념을 가지고 전개되기보다는 오히려 반대로 퇴보하는 경향을 지적하거나 아니면 단순히 우연적으로 변화하는 성격에 주의를 집중하게 된다. 그러므로 예술, 종교, 철학도 과연 역사 전개와 함께 발전의 길을 걸어왔는가 하는 의심을 하게 된다. 더욱이 헤겔이 계시 종교라고 말하는 기독교가 모든 다른 종교들의 절대적 완성 체라기보다는 현실적인 타협에 급급하며 더 퇴행하고 있는 현실을 직면하지 않을 수 없다.(pp.285~6)"

강영계의 '헤겔 말하기 방법'은, 헤겔의 이론 소개에는 자못 씩씩하다가도 그 약점이나 비판의 경우는 슬그머니 톤은 낮추는 경향을 보이고 있다. 위의 말에도 강영계는 '헤겔 〈종교 철학〉' 자체를 논하기보다는 '오늘날 (종교적)현실'로 말 머리를 돌리고 있다.['원조(헤겔)'와 '말단(오늘날의 개신교)'의 혼동]
즉 헤겔의 '기독교 관'은 목사 헤겔 '절대정신(God)'의 그 '실체(substance)'이고 그 '전부(全部)'이다. 목사 헤겔은 '기독교'를 '정신(성령)'으로 칸트의 '이성'을 바로 '절대정신'으로 바꾸어 놓고 그 칸트 비판을 '개신교도 사명감'을 행했던 바가 '헤겔 신학의 전부'를 이루었다.
그것들을 제대로 보기 의해는 우선 헤겔의 〈종교철학〉부터 살펴야 한다. (참조 ②-04. '인간'보다는 '신(God)의 영광'을 알려야 한다. ②-19. 우리(기독교인)는 우리 신과 하나이다.)

① 다음은 헤겔의 〈논리학〉에 대한 언급이다.

"만일 헤겔이 현대적인 의미의 인지 과정에 신경을 기울였다면 그는 오히려 칸트적인 입장을 취했을 것이다. 주관과 객관의 통일은 희망사항일 뿐이다. 세계는 총체성이 아니고, 우리들이 인지하는 한에서 세계는 다원적인 것이다. 다원적인 것들은 우리들 인간의 능력에 의해서 통일되는 것도 있고 통일되지 않는 것도 있다. 자연 법칙은 물론이고 도덕 법칙도 객관적이고 필연적인 것은 있을 수 없다. 수시로 변화하는 인간의 다양한 능력은 대상을 그리고 대상과 인식의 관계를 인식하면서 이론적 법칙을 구성하고 또한 법칙을 이용해서 현실 대상을 변화시킨다.(p.352)"

강영계는 그가 〈헤겔 절대정신과 변증법 비판〉 쓸 때까지, 목사 헤겔에게 필요 이상의 둔신술(遁身 術)을 행해 보였다. 위의 진술도 그러한 맥락에 행해진 발언이다.

그러나 강영계는 헤겔을 정말 '안이(安易)한 태도'로 접근하고 있으니, **헤겔은 그의 전 자작을 통해 '계몽주의자'인 뉴턴, 볼테르 칸트를 죽기 살기로 비판을 행하였다.** (참조, ⑧-21. 뉴턴은 '이념'을 모르는 '야만인'이다. ⑧-25. 칸트의 **불쌍한 '이율배반(Antinomies)'**)

사실 그 헤겔에게서 그 '반(反)계몽주의'를 빼면 그에게는 별로 죄(罪)가 없다. 즉 헤겔은 '절대주의' '전체주의' '절대자유'는 모두 그의 '여호와주의'와 연관된 것은 그의 개인 취향으로 볼 수도 있기 때문이다.

그런데 문제의 목사 헤겔은 '계몽주의자들의 이상주의'를 물리치기에 너무 골몰(汨沒)한 나머지, '게르만 신국(神國, The German City of God)' 건설에 그 특유의 '자살[자기파괴]의 자유' '윤리의 자유'를 '프로테스탄트 고유 이념' '현실적인 것'으로 주장을 하고 나갔다. (참조, ⑧-03. **'게르만 왕국', '신국(神國)', '이성적인 세계'** ⑨-23. **'자기 파괴'가 '영원한 정의(正義)'**이고 인간 본성이다. ⑥-13. **현재는 '장미'이며 '십자가'이다.**)

이 명백한 사실을 다 볼 때까지, '모든 헤겔 논의'는 유보되어야 마땅하다.

⑫-32 윤병태(2005), 〈삶의 논리〉 용의숲

2005년에 윤병태는 〈삶의 논리〉라는 책을 내었는데, '헤겔 대논리학의 객체성과 이념론 분석'이란 부제(副題)가 붙어 있다.

〈윤병태의 '삶의 논리'〉

ⓐ 윤병태는 우선 '머리말'에서 '객체(자연 사물) 논리학' '주체 논리학'을 구분하면서 다음과 같이 말머리의 대강을 잡았다.

"주체논리학의 세 번째 계기이면서 그 결이기도 한 이념론은 개념론의 형이상학적 시원이면서 종말이다. 동시에 이념론은 헤겔 논리학 전 체계의 출항지이면서 기항지(寄港地)라는 면에서 그의 논리학의 주춧돌이며 대들보이다.(p.6)"

전체적인 헤겔 〈논리학〉의 줄거리를 크게 요약한 것이다.

ⓑ 그런데 윤병태는 다음과 같은 진술을 하고 있다.

"노동은 근원적으로 육체노동이지 영혼의 노동은 아니다. 영혼은 욕망이라는 씨앗을 육체 속에 뿌려 그를 노동의 현장으로 내몰아 쟁기질하도록 시킨다는 점에서 언제나 육체의 주인이며, 반대로 육체는 영혼이 아니라 제 자신이 살기 위해 영혼을 붙들려고 하고 이를 위해 가루가 되도록 마지막

770

순간까지 숨 쉬며 움직이고 노동한다는 점에서 언제나 영혼의 노예이다. 이 것을 바꿔 말하면 영혼이 육체에 예속된다는 뜻이다. 육체가 숨 쉬고 노동하는 것을 거부하자마자 더 이상 삶의 징표의 영혼은 사라질 수밖에 없기 때문이다. 이것은 〈정신현상학〉의 주인과 종의 변증법뿐 아니라 〈논리학〉의 목적론을 이해하는 중요한 하나의 방향을 제시한다.(p.145)"

윤병태는 〈정신현상학〉에 '주인 정신' '노예 정신'을 논하다가 '영혼=주인' '육체=노예'로 비약하여 위와 같이 진술을 하고 있다.['육체 피로'는 '정신의 피로'와 동등하다는 점에서 위의 윤병태의 말은 진실이 없다.] (참조, ⑧-02. **가난하면 '철학'도 불가능하다.**)

간단히 말하여 헤겔의 〈정신현상학〉에서 취급하는 '주인과 노예' 문제는 한 개인 내부의 문제가 아니라, '하나님'과 '인간'의 관계 문제이다. (참조, ③ **-28. '주인'은 하나님이고, '노예'는 인간이다.**)

ⓒ 윤병태는 역시 다음과 같이 말을 하였다.

"종교적 의미에서 절대이념은 신이다. 그러나 이 신이 자신을 육화(肉化) 하여 이 땅위에 나타지 않고 자신의 피조물 속에 자신의 뜻이 녹아 있지 않으면 우리는 그런 신을 알 재간이 없고 우리들에게 알려지지 않는 어떤 것에 신이라는 이름을 붙일 이유도 없다. 인간의 세계에서도 마찬가지이다. 이 세상에 존재하는 어떤 이도 부모의 '자식'이며 이 '자식'을 통해 부모는 자신의 전 생애를 그려내고 있는 것이다. 이 점에서 자식은 부모의 종착점이며 또한 그 체계요 형식이며 내용이다.(p.376)"

윤병태는 너무 〈대논리학〉에 집착하여 헤겔의 〈종교철학〉은 돌아보지(인 용되지) 않았다. 헤겔(절대주의 신학)과 칸트(자연과학과주의와 자유(도덕) 론)의 생각은 근본적으로 달라, 칸트는 '감성(Sensibility, 표상, 직관, 물자체)' 와 '오성(Understanding, 종합력, 이성, 판단력)'의 양분(兩分)한 소위 그의 '이원론(二元論)'이다. 이에 대해 신학자 헤겔은 '대상(Object, 즉자존재, 자연물)’과 ‘이성(Reason, 대자존재)’을 통합 ‘절대정신(The Absolute Spirit, 즉자 대자존재－The Being in and for Itself)’으로 통일했다는 것이 신(God) 중심의 ‘일원론(一元論)’이다. (참조, ②-13. ‘신’은 ‘정신(spirit)’이다. ②-14. ‘하나님(절대신)’이 ‘아들(만물, 자연물)’을 창조하셨다. ②-34. 감성의 참된 상관 자는 ‘물자체(the thing in itself)’이다.-I. 칸트)

ⓓ 그런데 윤병태의 말에는 다음과 같은 구절이 있다.

“헤겔은 〈대논리학〉의 절대이념론에서 ‘논리학과 변증법’을 부활시키기 위해서는 ‘즉자 대자적으로 사유 규정들을 고찰하는’ 칸트철학의 공헌을 되돌아볼 것을 묵시적으로 권고한다.(p.397)”

청중이나 독자들은 성미들이 급하다. 즉 마냥 귀를 기우리지를 못 하고 금방 딴 곳으로 자신의 주의를 돌리게들 마련이다.
윤병태의 위의 말은, 윤병태의 칸트 헤겔 이해뿐만 아니라, 윤병태 자신의 설명 그 자체를 무효화 하는 말이다. 즉 인간 중심의 계몽주의자 칸트의 ‘이원론(Dualism)’과, 개신교 신학자 헤겔의 ‘일원론(Monism)’ 중에 과연 윤병태는 어디에 속하는가의 의문에 명백히 대답을 해야 한다.
왜냐하면 헤겔은 그의 저서 곳곳에 ‘칸트 비판’을 빼지 않았고, 칸트는 그의 〈순수이성비판〉에서 기존 ‘교부(敎父) 철학’ 상세히 비판 거부하였기 때문이다. (참조, ②-37. ‘변증법’은, ‘오류(誤謬)의 논리학’이다.-I. 칸트 ②-38. ‘변증법’은 가짜 논리학이다.-I. 칸트)
이미 한국에 널려 있는 바 소위 ‘칸트는 훌륭하다’ ‘헤겔도 위대하다.’ 식의 발언으로는 더 이상 책을 쓸 이유가 없을 것이다. 윤병태의 경우에도, 유명한 칸트의 ‘시비판정(是非判定) 의무론’은 역시 유효하다. (참조, ④-25. 우리에게는 ‘시비(是非) 판정의 의무’가 있다.-I. 칸트)

⑫-33 이광모(2006), 〈헤겔 철학과 학문의 본질〉 용의숲

　2006년 이광모는 〈헤겔 철학과 학문의 본질〉을 출간하여 헤겔의 〈논리학〉에 큰 관심을 보였는데, 저자 이광모는 헤겔의 '논리'에만 관심을 집중하고 그것보다 더욱 '현실적인 것'이라고 말한 〈법철학〉〈역사철학〉〈종교철학〉에의 논의는 유보시킴으로써 '헤겔의 본지(本旨)' 파악과 비판에는 스스로 '확실함'에 한계를 보인 점이 특징이다.[〈논리학〉 해명서로서의 입장 견지]

〈이광모의 '헤겔 철학과 학문의 본질'〉

ⓐ 이광모는 우선 다음과 같이 말하고 있다.

　　"그렇다면 헤겔이 '논리학'을 학문이라고 할 때 그것은 어떤 의미에서 학문이며 그 방법은 무엇인가?……헤겔은 '철학이 학문이려면, 그 방법을 수학과 같은 하위 학문으로부터 빌려올 수 없다'고 말한다. 그렇다면 그 원리를 어디로부터 구해야 하하며, 또한 그 원리에 대한 정당화는 어떻게 이루어질 수 있는가?(pp.7~8)"
　헤겔의 〈논리학〉은 일차적으로 플라톤 '이념 철학'을 원용하였지만, 궁극적으로 '절대이념(신)'에 관한 '삼위일체(Trinity)' '변증법'에 의존하였다.
　이광모는 이 책을 간행할 때까지 헤겔이 〈논리학〉을 왜 썼는지, 그리고 헤겔의 〈논리학〉이 그의 〈종교철학〉에는 어떻게 관련되어 있는지를 살피지 않았다.

헤겔의 문제는 '국지적(局地的)인 연구(영역별 고찰)'는 결국 '헤겔 전체(절대정신)' 속에 정밀하게 다시 자리를 잡게 마련인데, 이광모의 고찰은 〈논리학〉에 국한 되어 많이 불안하다.

ⓑ 이광모는 다음과 같이 말하였다.

"칸트에 의하면……대상에 대한 인식이 순수오성개념들에 근거해서만 필연적이라고 한다면, 정당화를 과제로 삼는 철학은 이제 대상에 인식이 어떻게 순수오성 개념들에 근거할 수밖에 없는가를 밝혀야 한다.(102)"

이광모의 이 말은, 당시 이광모가 〈순수이성비판〉을 전혀 이해하지 못 한 상태라는 점을 보여주고 있다. 즉 칸트는 ('진리'가) '인식과 그 대상의 일치(the accordance of the cognition with its object)'라는 일반적 전제를 두고 그 '인식(Cognition)'에 필수적인 두 가지 능력 '감성(Sensibility)' '오성(Understanding)'으로 구분 설명을 가하였다. 그리고 그 '오성(종합력)'의 작용 범주(the Categories)를 밝혔다.

그런데 이광모는 '정당화를 과제로 삼는 철학은 이제 대상에 인식이 어떻게 순수오성 개념들에 근거할 수밖에 없는가를 밝혀야 한다.'고 했으니, (이 문장 상으로) 칸트에게 무엇을 더 밝히라는 것인지 알 수 없다. 더구나 '정당화를 과제로 삼는 철학'이란 말 자체가 성립할 수 없는 있을 수 없는 규정이다.['철학'은 누구에게나 '진리'에 관심을 둘 뿐임]

ⓒ 이광모는 역시 다음과 같이 말하였다.

"(칸트의) '선험적 증명'의 핵심은 범주가 증명 근거인 '경험'을 비로소 가능하게 하며 동시에 이러한 증명 근거에 이미 전제되어 있다는 점이다. 여기서 칸트가 범주의 '객관적' 타당성을 증명하기 위해 범주와 가능한 경험의 연관을 밝히는 '선험적 증명'의 방법을 택한 것은 결코 우연이 아니다.(p.105)"

이광모의 이 말로 미루어 이광모는 이 말을 행할 당시에까지 〈순수이성비판〉의 중요 쟁점에 들어와 있는 사항은 없다.[칸트의 주요 주장은, '오성(Understanding, 이성, 판단력)'의 작용에 결코 '감성(Sensibility, 직관, 표상, 물자체)'이 제외될 수 없다는 주장이 〈순수이성비판〉의 핵심주장임]

ⓓ 이광모는 역시 말했다.

"헤겔에 의하면 칸트는 근거 제시의 길을 끝까지 걸어가지 않는다...(중략)..이것을 헤겔은 단적으로 다음과 같이 표현한다.....(중략).... '관계개념들(범주들)'의 연역은 자기인식의 단적인 통일부터 이러한 규정들과 차이로의 이행에 대한 서술이어야 한다. 하지만 이러한 참된 종합적인 진행, 즉 자기 자신을 산출하는 개념을 제시하는 일을 칸트는 하지 않았다.' 이러한 작업을 하지 않은 칸트는 '선험적 증명'을 통해 범주들의 '객관적 타당성'은 증명했을지 모르지만 범주들 서로서로에 대한 관계 속에서 주어질 수 있는 규정 자체의 '값(Wert)'은 제시하지 못하고 있다. (pp.108~9)"

사람들은 항상 '누가 서로 대립을 보일 경우' 그들의 주요 쟁점에 다 도달을 해야(모두를 참고해야) 비로소 어떤 '판결'을 행할 수 있다. 칸트는 '감성(물자체, Sensibility Things in themselves)'가 '실체(Substance)'이고 헤겔은 '이성(하나님, Reason, God)'이 '실체'이다. 이광모는 칸트도 헤겔도 아직 다 모르는 상황이다. (참조, ②-35. **'대상과 일치하지 않는 인식'은 거짓이다.-I. 칸트 ②-09. '신(God)'이 '절대 진리', '절대 가치', '절대 자유'이다.**)
ⓔ 이광모는 말했다.

"그러나 우리가 원리로부터의 범주들을 연역하고자 헤겔의 의도를 받아들인다고 할지라도, 그 '철학적 증명'이 설득력을 가지려면 칸트와 연관해서 아직 한 가지 더 설명되어 한다. 그것은 다름 아닌 그 결과가 '변증법적'이 되는 범주들의 '초월적 사용'에 관한 문제이다. 왜냐하면 규정 근거인 범주들을 다시 규정하려는 헤겔의 '철학적 증명'은, 이성 사용에 대해 칸트가 경고한 인식 능력의 한계를 벗어나 '초월적 사용'을 하려는 시도이기 때문이다.(p.109)"

이광모는 '감성' 중시의 칸트의 입장을 확인하고 있었다는 점을 위의 진술은 말하고 있다. 그러나 문제는 이광모가 헤겔의 '절대이성(신)' 중심에서 바로 그 헤겔의 '변증법'이 나왔다는 사실은 언제 알지는 알 수 없다. (참조, ②-14. '하나님(절대신)'이 '아들(만물, 자연물)'을 창조하셨다.)

ⓕ 이광모는 계속했다.

"헤겔은 칸트의 비판 철학을 '우리가 사물의 본성을 인식하기 이전에 인식 능력이 사물의 본성을 파악할 수 있는가를 먼저 시도'로 이해한다. 하지만 이러한 비판을 수행하는 '반성적 인식' 자체는 결코 칸트의 철학 체계 속에서 설명되는 인식이 아니다. 헤겔이 문제삼고 있는 점이 바로 이것이다.(pp.109~110)"

헤겔의 칸트에 대한 궁극적 불만은, 칸트가 '무신론(無神論)'자라는 사실이고, '감성(물자체)'에 인식의 기둥을 두고 그것을 취소하지 않는다는 점이다.
그러나 헤겔은 중심은 '하나님(절대 정신)'으로 그것으로 '동어반복'으로 천지만물을 다 설명한 '편리한(간편한) 사고'를 행했던 사람이다. 이광모가 그러한 헤겔을 선호(選好)한 것은 막을 수 없다.
그런데 헤겔의 문제점은 그 '하나님 섬기기 이론'으로 '제국주의 독재자' '노예도적'의 옹호에 돌입하였던 그것이 문제이다. (참조, ③-28. '주인'은 하나님이고, '노예'는 인간이다. ⑥-12. 각 개인은 '시대의 아들'이다.)

ⓖ 이광모는 말했다.

"그때 '반성'은 헤겔에게 더 이상 체계를 근거 짓는 전제로서 체계에 대해 외적으로 머무르지 않는다. 오히려 반성은 범주와 마찬가지로 '규정'으로서

776

이해된다.(p.111)"

칸트와 헤겔의 근본적인 차이점은 주지된 바와 같이 칸트가 '감성(물자체)' '오성(판단력, 이성)'의 '이원론(Dualism)'에 대해 헤겔은 '절대이성(신)' 중심의 '일원론(Monism)'이란 설명으로 요약이 되어 있다.

이광모가 헤겔의 독서를 근거로 헤겔의 어구(語句)를 제시한 것은 그런대로 의미를 지니고 있지만, '헤겔의 궁극의 의도'까지 확인을 하지 못 하고 '책 쓰기'에 돌입한 것은 뒤에 뉘우침을 남기게 마련이다.[〈법철학〉〈역사철학〉〈종교철학〉까지 검토가 반드시 행해져 결론이 이르러야 함]

⑫-34 권기철(2006), 〈헤겔과 관념론〉 철학과현실사

2006년에 권기철(權奇哲)은 〈헤겔의 관념론〉이란 책을 출간하였다.

〈권기철의 '헤겔의 관념론'〉

권기철은 헤겔의 〈정신현상학〉과 〈법철학〉을 검토한 후에 다음과 같이 말하고 있다.

"19세기의 '시민사회'에서는 이성의 지배 원리에 따라 사회적 실천이 통제되었다. 이론과 실천의 통일에 관한 문제는 이성과 자연의 인식론적 관계 규정에서 출발했으며, 이를테면 칸트에게서 '경험 인식의 선험적 종합'은 선험적 자아인 주관에 의해 객체적 대상과의 '형식적 일치'에서 완료된다. 이때 선험적 자아는 이성이 아닌 오성이며, 이성의 이념은 존재 가능성과 인식 불가능이란 모순적 양립에 봉착하게 된다. 헤겔은 '<u>형이상학적 사고 운동에 서 표출된 (이성의) 자기 비판의 계기를 수용 급진화</u>'하는 동시에 '<u>...전일성 (全一性)의 개념을 활성화시킴으로써</u>' 칸트에게서 나타난 계몽주의적 한계를 극복하고자 한다. 그는 '<u>자신과의 화해의 철학을 근대적 정신의 응답으로 보 았다. 이와 함께 비존재(非存在)자의인 단순 역사적인 것으로부터 모든 철학 적 관심을 압수해버렸던 동일한 (칸트의)관념론이 다시금 새로운 시대의 역 사적 조건 하에 위치하게 된다.</u>' 헤겔에게서 이론과 실천의 문제는 '역사적 조건 하에서' 구체적으로 이루어지는 정신과 자연과 이성과 현실의 '변증법적 통일'에서 완성된다.(pp.288~9)"

이것이 권기철이 그의 〈헤겔의 관념론〉을 쓸 때까지의 헤겔 공부 요약이 다. 권기철은 위르겐 하버마스(J. Habermas, 1929~)의 말[밑 줄 친 부분]을 인용하여 자기 생각을 대신하였는데, 권기철은 그 하버마스의 등[背]에 올라 칸트를 넘어서 헤겔의 '가짜 논리학' 변증법에 동조한다는 견해가 위에 표명 되어 있다.

그러나 이미 짚어 온 바와 같이 헤겔의 '신학(神學)'이 칸트의 '감성(직관, 표상)' '오성(이성)'론을 '넘느냐 마느냐'라는 논의 자체가 무의미한 것이다. 쉽게 말해 '삼위일체'에 포함이 되지 않은 것은 '세상(우주)'에 없으니, 그것으 로 설명 못할 것이 없다는 입장이 개신교 목사 헤겔이다. (참조, ⑪-01. '개신 교(改新敎)의 토머스 아퀴나스' ⑥-14. 프로테스탄티즘 고유 원리)

그런데 칸트의 입장은 '<u>신(절대정신, 전체)의 논의(또는 영혼불멸론 등)'도 '감 성(직관, 표상)' '오성(이성)' 즉 보편적인 인간 인식력의 범위(범주) 내에 들어온 논의가 아니면 결국 '스콜라 철학'의 '동어반복'에 떨어지고 만다는 칸트의 평명 (平明)한 주장이다.</u> (참조, ②-38. '변증법'은 가짜 논리학이다.-I. 칸트 ②-39. 스콜라 철학자들의 '동어반복(Tautology)'-I. 칸트)

무슨 다른 이야기를 더해 시간을 끌 이유가 없다. 다시 이에 명백히 해 두어야 할 사항은 '칸트의 모든 말'과 '헤겔의 모든 말'을 객관적으로 검토해

778

보면 '인간 이성 중심의 칸트'와 '신(절대정신) 중심의 헤겔'만 남는다. 그런데 군이 **'헤겔을 편들고 있는 사람(하버마스 포함)'은 이미 기독교인이거나, 그들의 전제 말을 아직 다 검토를 못 했거나, 아니면 소위 '계몽주의(과학주의)' 위대성에 눈을 감고 있는 사람이다.**

권기철은 위의 발언으로 보아 자신은 아직 변증법이 '가짜 논리학'인지 아닌지, '칸트'와 '헤겔'이 무엇을 가지고 서로 대립했는지도 사실상 무관심했다는 점을 스스로 명시하고 있다. 이에 나아가 헤겔은 〈법철학〉에서 칸트의 〈법이론〉〈영구평화론〉을 무시하고 '힘'과 '전쟁 옹호론'을 거들고 있는데도 권기철은 그저 '헤겔 최고'로 마냥 태평이었다.

그저 외국인의 말마디에 기대어 '우울증'에 '자살충동' '자기파괴 충동'을 '정의(Justice) 실현 의지'로 예찬(禮讚)하고 '생명 부정' '전쟁 옹호'의 '19~20세기 제국주의 철학'을 편을 들어서 어쩌자는 것인가. 그리고 그런 '철학'을 도대체 어디에 쓸 것인지를, 권기철은 반드시 대답을 해야만 한다. (참조, ⑥-37. 독일 '국가 사회주의(나치즘)'-A. 히틀러 ⑥-38. '세계 근대 문명'은, '게르만(아리안) 문명'이다.-A. 히틀러)

⑫-35 윤병태(2007), 〈청년기 헤겔 철학〉 용의숲

2007년에 윤병태는 〈청년기 헤겔 철학〉을 내었다.

〈윤병태의 '청년기·헤겔 철학'〉

윤병태는 '뉴턴 역학과 천체물리학에 대한 헤겔의 비판'에 관해 다음과 같이 언급하고 있다.

"필자는 여기서 헤겔의 교수 자격 논문의 분석을 통해 헤겔과 뉴턴의 철학적 물리학적 사유의 비판적 교차점을 진단해 보려는 것이다. 일반적으로 뉴턴이 영국 경험론의 철학적 방법론에 큰 영향을 준 것에 대해서는 별로 논의되고 있지 않은 것이 오늘의 현실이다. 아마도 헤겔의 '천체 궤도에 대한 철학적 탐구'가 우리에게 친숙하지 않은 데도 원인이 있겠고 헤겔의 천체물리학을 학계에서 과소평가하는 것이 원인일 수도 있을 것이다. 그러나 헤겔 변증법의 근원적 모습이 정신계의 관찰에서 얻어진 것이라기보다 물리적 운동에 관한 역학적 관찰에서 유래한다는 사실에 주목하면 헤겔의 천체물리학을 낡은 이론이라고 버릴 수만도 없다.(p.9)"

윤병태의 말에 우리가 우선 주목할 사항은, '헤겔의 천체물리학을 낡은 이론이라고 버릴 수만도 없다.'고 했던 점이다. 윤병태는 우선 자신의 관심이 '자연물(자연과학) 원리'에 있는지 '형이상학(윤리도덕)의 문제'에 있는지를 먼저 독자들에게 태도를 확실하게 해야 한다.['자연 과학 전공'과 '인문 사회학 전공'의 구분 문제]

즉 윤병태처럼 '혼미(昏迷)'를 계속하는 경우는, 가령 우리의 생명에 그 10배 길이를 더 연장해도 어떤 '효과적 결론(유용한 情報 제공)'에는 이를 수 없다.

윤병태의 경우는, 헤겔을 좇아 '천체 물리학'을 배우고, 뉴턴에게는 '윤리학'을 배우려는 사람인지 아닌지 그 대답부터 우리는 먼저 들을 필요가 있다. (참조, ⑤-07. 케플러와 뉴턴)

⑫-36 이광모(2007), 〈세계정신의 오디세이〉 웅진씽크빅

이광모는 〈헤겔 철학과 학문의 본질(2006)〉에 이어 2007년에 〈세계정신의 오디세이〉를 간행하였다.

세계정신의
오디세이
헤겔 철학을 넘어서

지식 전람회 024 철학 이야기
세계정신의 오디세이 헤겔 철학을 넘어서

초판 1쇄 발행 2007년 5월 21일

지은이 | 이광모
펴낸이 | 최봉수
펴낸곳 | (주)웅진씽크빅 (프로네시스)

기획책임 | 김정민
편집 | 이유나 김정은
일러스트 | 김플호일러스트레이션
북디자인 | 부피피

등록 | 1980년 5월 29일 제 300-1980-14호
주소 | 서울시 종로구 동숭동 199-16 웅진빌딩
편집부전화 | 02-336-2534
주문전화 | 02-3670-1519   팩스 | 02-3670-1054

〈이광모의 '세계정신의 오디세이'〉

이광모는 말했다.

〈"'역사 속에서 이성이 실현된다.'는 헤겔의 생각은 얼핏 추상적으로 들릴
수도 있다. 왜냐하면 이 말은 마치 신(神)이 있고 이 신이 인간의 역사에 개
입하여 자신을 드러내듯이 그렇게 이성이라는 실체가 이 이성이 인간의 역
사 속에서 자신을 드러내는 것이라고 생각하기 쉽기 때문이다. 하지만 이성
의 역사 속에서 실현된다는 헤겔의 말은 간단히 말해 역사는 이성적으로 전
개된다는 말과 동일한 의미이다. 만일 역사가 이성적으로 전개되지 않는다
면 어떨까? 아마도 인간의 삶은 혼돈과 무질서, 폭력과 기만으로 얼룩질 것
이다. (pp.24~5)"〉

이광모는 위의 진술로 자신의 '헤겔 논의가 의미(意味) 없음'을 공언(公言)
한 셈이다. 우선 이광모는 위에서 자신이 **헤겔의 가장 중요한 전제 '이성=하나
님' '폭력(전쟁)=변증법적 전개 과정' 모두에 제대로 이해를 하지 못 했다는 사실
을 여지없이 고백하였기 때문이다.** (참조, ⑧-09. '신의 세계지배'에 대한 믿음
⑥-13. 현재는 '장미'이며 '십자가'이다.)

⑫-37 나종석(2007), 〈차이와 연대〉 도서출판 길

2007년에 나종석은 헤겔 〈법철학〉 연구서인 〈차이와 연대〉를 간행하였다.

〈나종석의 '차이와 연대'〉

나종석은 '헤겔의 전쟁론'이란 항목에서 다음과 같이 말하였다.

> "설령 헤겔의 전쟁이론이 오해의 소지가 있다고 할지라도, 헤겔은 국가가
> 결코 군국주의적이어야만 한다는 것을 긍정하지 않았을 뿐 아니라, 제국주의
> 적 팽창에 전적으로 반대하는 입장이었다는 점을 상기해야 할 것이
> 다.(p.589)"

나종석은 〈차이와 연대〉 책을 간행할 때까지는 헤겔을 전체적으로 자세히
살피지 못 했다는 점을 위의 진술로 명백히 되고 있다. 만약 헤겔이 나종석
의 말대로 '군국주의자' '제국주의적 팽창주의자'가 아니라면, 세계에는 그 '군
국주의자' '제국주의적 팽창주의자'가 한 사람도 없다는 점을 나종석은 명심
해야 한다. (참조, ⑥-37. 독일 '국가 사회주의(나치즘)'-A. 히틀러 ⑥-38. '세계
근대 문명'은, '게르만(아리안) 문명'이다.-A. 히틀러)

⑫-38 박병기 역(2008), 〈자연철학〉 나남

2008년 박병기는 헤겔의 〈자연철학〉을 번역 출간하였다.

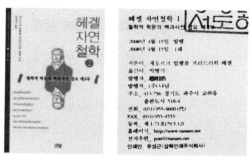

〈박병기 역의 '자연철학'〉

박병기는 '옮긴이 해제'에서 마음과 같이 말하였다.

> "철학자 헤겔은 자연대상과 자연 현상의 탐구나 자연과학적 성과의 통속적 서술에 거의 관심을 두지 않았다. 헤겔은 또한 자연과학 이론을 분석적으로 추구하려 노력하는 것이 아니라 사유와 사유의 법칙을 연구했다. 자연철학자 헤겔은 어떤 조건 아래서 자연에 대한 인식이 가능하며 자연과학자의 언명이 사유 일반의 전체 맥락에서 의미하는 것은 무엇인가에 관심을 가졌다. 헤겔의 자연철학은 자연에 대한 사유의 이론이다.(2권 p.418)"

헤겔은 누구보다도 '체계' '전체(우주만상)'을 생각하고 '창조주(하나님)'를 생각하고 '피조물(자연물)'의 무상함을 탄식 극복하려 '자신의 관념 철학'을 세웠다. 그리하여 결국 〈자연 철학〉 속에서도 '하나님 생각' '조국(祖國, 게르만)의 생각'을 내비추었고, 자연물의 궁극적 의미도 역시 명시하였다.

헤겔에게 '자연(물자체)'는 피조물로서 '정신적 인지 대상'으로 '하나님'의 다른 형상이나, 극복 초월이 되어 '절대 정신' '절대 이념'으로 나아가는데 '극복 대상'들이다. 그러한 헤겔의 '자연 대상'에 소견을 밝혀 놓은 것이 그의

〈자연철학〉이다. (참조 ⑤-13. '자살(自殺)'의 긍정 ⑤-14. '동물의 부적합성'은 '죽음의 싹'이다. ⑤-15. '생명의 이념'은, 주체성이고 정신이다.)

⑫-39 나종석(2012), 〈헤겔 정치철학의 통찰과 맹목〉 에코리브르

2012년 나종석은 〈헤겔 정치철학의 통찰과 맹목〉을 간행하였다.

〈나종석의 '헤겔 정치철학의 통찰과 맹목'〉

나종석은 말했다.

> 〈"헤겔의 변증법적 모순 개념은 형식논리적인 모순이 아니라 화용론적 모
> 순의 성격을 지니는데.........그러므로 헤겔이 주장하는 모순은 절대이념을
> 통해서 완전히 해소가 된다.(p.223)"〉

헤겔의 '모순'은 궁극적으로 '자연(대상)' '정신(신)' 두 가지 문제이고, 신학
자 헤겔은 '자연(대상, 육신)'을 초극하고 '정신(절대이념)' 하나로의 통일을
지향하는 '일원론(Monism)'이다. 다른 우회로에 주저(躊躇)할 하등의 이유는
없다. (참조, ②-22. '절대 영원의 이념' '신(God)' '정신(Spirit)' '물리적 자연
(physical Nature)'의 상호 관계)

⑫-40　김준수(2015), 〈헤겔, 정신의 체계〉 한길사

2015년 김준수는 〈헤겔, 정신의 체계...〉를 출간하였다.

〈김준수의 '헤겔, 정신의 체계...'〉

ⓐ 저자 김준수는 '헤겔 철학의 웅장한 터전, 자유'라는 항목에서 다음과 같이 진술하였다.

> "독일 관념론은 자유의 철학이다. 자유를 포기하는 것은 인간이기를 포기하는 것이고 민중의 목소리가 곧 신의 목소리라고 포효했던 루소의 책을 읽다가 그만 너무 심취하여 평생을 거르지 않던 산책 시간마저 잊어버렸다는 칸트의 일화는 너무도 잘 알려져 있다. 또 루소와 칸트의 계승자를 자처한 피히테는 자유의 철학이 아니라면 그 밖의 모든 것은 노예철학이라고 선언하면서 그 둘 사이에서 결단을 내리라고 촉구했다. 이런 피히테의 절대적 자유를 향한 열망은 프랑스 혁명에 환호했던 청년 헤겔과 셸링을 매료시켰다. <u>굴종과 체념의 굴레를 떨쳐버리고 민중 스스로가 자기 삶과 역사의 주인이 되어 자유의 푸르른 기상을 드높일 시대가 마침내 도래 한 것이다.</u>(p.161)"

헤겔의 '자유(윤리 도덕)'론을 조금이라도 깊이 있게 짚어본 적이 있는 사람들의 우선 김준수 식 '호기(豪氣)'에 더욱 냉정해지지 않을 수 없다. '굴종과 체념의 굴레를 떨쳐버리고 민중 스스로가 자기 삶과 역사의 주인이 되어 자유의 푸르른 기상을 드높일 시대가 마침내 도래 한 것'이라는 규정에서 다시 자신이 읽었던 헤겔의 책을 거듭 확인을 해야 할 처지에 놓이기 때문이다.[김준수의 경우는 헤겔의 '게르만 神國'론을 豫想도 못 하고 있는 경우임] (참조, ⑥-12. 각 개인은 '시대의 아들'이다. ⑥-17. '원죄'론에 근거를 둔 헤겔의 '자유정신' ⑦-10. '보편적 의지'는 '자유(윤리) 의지'이다.)

ⓑ 그런데 김준수의 논의는 다음 진술로 이어졌다.

"특히 근대 자유주의 전통 속에서 개인 자유에 대한 권리는 모든 사회적 행위와 제도의 규범적 정당성을 판정하는 척도이자 이상적인 사회 질서를 구축하기 위한 이론적 출발점으로 확립되었다. 전통적 집단과 신분의 구속에서 벗어난 개인의 무한한 자유에 대한 근본적이면서도 광범위한 자각이 일어난 이후에야 비로소 자유 개녀A에 대한 본격적인 철학적 논의도 가능해졌다.(p.163)"

우리가 먼저 주목해야 할 대목은 김준수가 '개인의 자유(Freedom)에 대한 자각이 일어난 후에야 철학적 논의도 가능해졌다.'는 대목이다.

그렇다면 김준수가 행했던 앞선 '자유 예찬'은 '헤겔의 (복종의)자유'와는 무관한 자유이니, 헤겔이 말한 자유는 개인과 무관한 '신의 자유' '전체' '국가' '인륜의 우주' 속에서의 '봉사의 자유(의무)' '복종'을 말했기 때문이다. (참조, ②-09. '신(God)'이 '절대 진리', '절대 가치', '절대 자유'이다.)

ⓒ 그러나 김준수는 다음과 같이 말하고 있다.

"참다운 자유는 자기주장과 자기 상실, 자기 헌신과 자기 회복의 사변적 통일, 즉 자유로운 타자 속에 나의 자유를 찾을 수 있는 힘, 나와 타자의 호혜적 자기 긍정의 힘이다. 이런 의미에서 참된 자유는 보편적 자유이다.(p.198)"

이것은 헤겔의 '자유'와 유사하게 정리된 김준수의 결론이다. 그러나 이러

786

한 '보편적 자유'는 사회(전체) 속에 기본적으로 전제되어 있는 '윤리' '도덕'으로, (앞서 김준수가 논의한) '개인의 자유'와는 근본에서 다르다.['게르만 신국' 건설을 위한 '희생(자살의 자유)'라는 점에서] (참조, ⑦-10. '보편 의지'로서의 '자유(윤리) 의지', ⑨-23. '자기 파괴'가 '영원한 정의(正義)'이고 인간 본성이다.)

ⓓ 김준수는 '변증법'에 대해서도 다음과 같이 말하였다.

> "변증법은 헤겔 철학의 계승이냐 폐기냐의 전선(戰線)을 가르는 격렬한 싸움터이다. 더욱이 변증법 진영 내부에서도 사변적 변증법, 유물 변증법, 부정 변증법, 자연 변증법, 사적(史的) 변증법 등 다양한 분파가 서로 치열하게 논박하면서 경합을 벌리고 있는 실정이다.(p.204)"

이에 한마디를 거들면, **문제의 헤겔 '변증법'은 당초 상식(경험주의 과학주의)으로는 수용 불능의 '삼위일체(Trinity)'의 믿음의 '정신(성령)철학'에서 시작되었고(〈종교철학〉〈정신현상학〉〈논리학〉), 뒤(베를린大 근무 이후)에는 '게르만 신국(神國)' 건설과 '철권통치 옹호' '살상 전쟁(희생) 예찬'을 기본으로 삼고 있다.(〈법철학〉〈역사철학〉〈철학사〉〈미학〉)**

ⓔ 김준수는 '변증법'에 대해 다음과 같이 언급하였다.

> "우리는 제2장에서 변증법이 긍정적 귀결을 갖는다는 주장에 대한 근거로 헤겔이 가장 먼저 제시하는 것이 '규정된 부정'이라는 점을 보았다. 고착된 사고를 뒤흔들고 주어져 있는 직접적인 존재를 붕괴시키는 변증법의 거대한 부정의 운동이 허무주의처럼 추상적인 무(無)로 종결되지 않고 오히려 긍정적인 내용을 산출하는 이유는 그 부정이 아무런 초점이 없이 함부로 이루어지는 부정이 아니라 항상 부정되는 특정한 그 무엇에 대한 부정이기 때문이다.(p.243)"

헤겔의 논의에는 헤겔 자신이 역시 그러한 태도를 견지했듯이, 헤겔의 '자유'나 '변증법' 개념의 이해도 중요하다.

그러나 더욱 중요한 것은 역시 또 헤겔이 그러했듯이 우리의 '자유', '한국의 국가 운영'과 '세계 평화'에 헤겔의 생각이 어떻게 '긍정적'으로 활용될 수 있는지를 고려해야 한다는 점이다.

누가 어떻게 호도(糊塗)하더라도 헤겔은 '게르만 종족주의' '전제중심주의'를 그 철학 체계로 삼은 사람이다. 더욱 살펴 정확한 안목으로 침착하게 (수식어는 생략을 하고) 말을 해도 다 알아 듣고 있다.

(한 마디로)**헤겔의 그 극악(極惡)의 본상을 입증하고 있는 바는, '철권통치에의 절대복종' '희생' 권장을 이론화한 것이 〈법철학〉이고, 헤겔의 '변증법(전쟁불가피론)'이 더욱 악랄한 귀결점은 그의 〈역사철학〉에서 그것을 '신의 최상의 세계경영(神正論, Theodicy, Theocracy)', '게르만 우월주의(German Chauvinism)', '광신주의'라는 것이다.** '젊은 김준수'는 대답을 해야 한다. 그러한 헤겔을 진정으로 존중하고 끝까지 존중할 수 있는지를.[더욱 크고 巨視的으로 봐야 한다.] (참조, ⑥-37. 독일 '국가 사회주의(나치즘)'-A. 히틀러 ⑥-38. '세계 근대 문명'은, '게르만(아리안) 문명'이다.-A. 히틀러)

세계는 이미 위대한 '뉴턴, 볼테르, 칸트의 정신'으로 운영이 되어 왔고, 신학자 '헤겔의 신권주의'를 믿는 것은 일부 '각 개인의 취미(종교적 취향)'일 뿐이다.

참고 문헌

헤겔(鈴木權三郎 譯), 歷史哲學, 岩波書店, 1932
헤겔(김계숙 역), 헤겔의 논리학, 민중서관, 1955
헤겔(유종호 역), 역사철학, 이문사, 1980[1962]
헤겔(윤용탁 역) 법의 철학, 휘문출판사, 1972
헤겔(서동익 역), 철학 강요, 을유문화사, 1975
헤겔(김병옥 역), 역사철학, 대양서적, 1975
헤겔(전원배 역), 논리학, 서문당, 1978
헤겔(권기철 역(1978), 역사철학 강의, 동서문화사, 1978
헤겔(임석진 역), 정신현상학, 분도출판사, 1980
헤겔(임석진 역), 대논리학, 지학사, 1983
헤겔(임석진 역), 법철학, 지식산업사, 1989
헤겔(임석진 역), 역사 속의 이성, 지식산업사, 1992
헤겔(임석진 역), 철학사 1, 지식산업사, 1996
헤겔(두행숙 역), 미학, 나남출판, 1996
헤겔(최신한 역), 종교철학, 지식산업사, 1999
헤겔(김준수 역), 자연법, 한길사, 2004
헤겔(임석진 역), 정신현상학, 한길사, 2005
헤겔(박병기 역), 자연철학, 나남, 2008

강영계, 헤겔 절대정신과 변증법 비판, 철학과 현실사, 2004
광덕, 보현행원품, 해인총림, 1981
권기철, 헤겔과 관념론, 철학과 현실사, 2006
김계숙 등, 세계문화사, 보문각, 1956
김계숙, 헤에겔 철학과 자유의 정신, 서울대출판부, 1967
김준수, 헤겔, 정신의 체계, 한길사, 2015

김형석, 헤겔과 그의 철학, 연세대출판부, 1978

나종석, 차이와 연대, 도서출판 길, 2007

B. 러셀(한철하 역), 서양철학사, 1958, 대한교과서주식회사, 1958

J. S. 밀(이상구 역), 자유론, 삼성문화문고, 1972

박찬국, 하이데거는 나치였는가?, 철학과 현실사, 2007

볼테르 (이봉지 역), 캉디드 혹은 낙관주의, 열린책들, 2009

볼테르(송기형 임미경 역), 관용론, 한길사, 2001

쇼펜하우어(권기철 역), 의지와 표상으로서의 세계, 동서문화사, 1978

윤병태, 삶의 논리, 용의숲, 2005

윤병태, 청년기 헤겔 철학, 용의숲, 2007

아우구스티누스(추인해 역), 신국론, 동서문화사, 2013

이기영 역, 한국불교사상, 삼성출판사, 1990

이재룡 등 역, 성 토마스 아퀴나스의 신학대전 요약, 가톨릭대학교출판부, 1993

이재숙 역, 우파니샤드, 한길사, 1996

임석진, 시대와 변증법, 청사, 1979

임석진, 헤겔 변증법의 모색과 전망, 종로서적, 1985

임석진, 변증법적 통일의 원리, 청아출판사, 1992

임홍빈, 근대적 이성과 헤겔철학, 고려대출판부, 1996

전두하, 헤겔 철학의 이해 및 비판, 중앙경제사, 1989

정상균, 형식문학론, 한신문화사, 1982

최재희, 헤겔의 철학 사상, 정음사, 1966

최재희, 헤겔의 생애와 철학, 이문사, 1980

최재희, 헤겔의 사회철학, 형설출판사, 1981

칸트(윤성범 역), 순수이성비판, 을유문화사, 1969, p.98 '일반 논리학의 구분에
        관하여'

칸트(이한구 역), 영원한 평화를 위하여, 서광사, 1992

칸트(이충진 역), 법이론, 이학사, 2013

A. J. 토인비, 역사 연구(11권), 홍은출판사, 1973

T. 핀카드(전대호 태경섭 역), 헤겔 영원한 철학의 거장, 이제이북스, 2006

한단석, 헤겔 철학사상의 이해, 한길사, 1981

홍재일, 헤겔 철학과 변증법, 법문사, 1960

A. 히틀러(서석연 역), 나의 투쟁, 범우사, 1989

G. W. F. Hegel(Translated by E. B. Speirs & T. B. Sanderson), *Lectures on the Philosophy of Religion*, Routledge & Kegan Paul, 1968

G. W. F. Hegel(Edited by P. C. Hodgon), *Lecture on the Philosophy of Religion*, University of California Press, 1984

G. W. F. Hegel(translated by J. B. Baillie), *The Phenomenology of Mind*, The Macmillan Company, 1949

G. W. F. Hegel(translated by W. H. Johnston & L. G. Struthers), *Science of Logic*, George Allen & Unwin LTD, 1951

G. W. F. Hegel(translated by M. J. Petry), *Philosophy of Nature*, Humanities Press, 1970

G. W. F. Hegel(translated by H. B. Nisbet), *Elements of Philosophy of Right*, Cambridge University Press, 1991

G. W. F. Hegel, *Lectures on the Philosophy of World History*, Cambridge University Press, 1975

G. W. F. Hegel(translated by J. Sibree), *The Philosophy of History*, Dover Publications, 1956

G. W. F. Hegel(translated by E. S. Haldane & F. H. Simson), *Lecture on The History of Philosophy*, Routledge and Kegan Paul, 1968

G. W. F. Hegel(translated by T. M. Knox), *Aesthetics(Lecture on Fine Art)*, Clarendon Press, 1975

D. Ades, *Dali and Surrealism,* Harper & Row, 1982

St. Thomas Aquinas(Translated by Fathers of English Dominican Province), *Summa Theologica*, Christian Classics, 1948

Aristotle Horace Longinus, *Classical Literary Criticism*, Penguin Books, 1974

St. Augustine(Translated by M. Dods), *The City of God*, The Modern Library, 1950

S. Barren & M. Draguet, *Magritte and Contemporary Art,* Los Angeles County Museum of Art, 2006

R. Brunet, *Chine Japon Coree,* Belin/Rcclus, 1994

D. Chand(Sanskrit with English translation by), *The Yajurveda*, Munshiram Manoharlal Publishers Pvt. Ltd., 1998

H. B. Chipp, *Picasso's Guernica History Transformations Meanings*, University of California Press, 1988

P. Dagen, *Picasso*, MFA Publications, 1972

D. O. Dahlstrom, *The Heidegger Dictionary*, Bloomsbury, 2013

R. Descharnes, *Salvador Dali; The Work The Man*, Harry N Abrams, 1989

R. Descharnes & G. Neret, *Salvador Dali*, Taschen, 2006

L. Dickerman, *DADA*, The Museum of Modern Art, 2006

S. Freud, *Totem and Taboo*, W. W. Norton & Company Inc. 1956

P. Gimferrer, *Max Ernst*, Rizzoli, 1983

S. Gohr, *Marette : Attempting the Impossible,* d. a. p., 2009

The Harper Atlas of World History, Harper Collins, 1992

A. Hitler, *Mein Kampf*, Houghton Mifflin Company, 1939

P. Hulten, *Futurism & Futurisms*, Gruppo Edtoriale, 1986

A. Jaffe, *C. G. Jung Word and Image*, Princeton University Press, 1979

C. G. Jung, *Aion*, Routledge & Kegan Paul, 1974

C. G. Jung, *Mandala Symbolism*, Princeton University Press, 1972

I. Kant(translated by J. M. D. Meiklejohn), *The Critique of Pure Reason,* William Benton, 1980

I. Kant(Translated by J. C. Meredith), *The Critique of Judgement,* William Benton, 1980

I. Kant(translated by M. Campbell Smith), *Perpetual Peace*, Thoemmes Press, 1992

I. Kant(Translated by W. Hastie), *The Science of Right*, William Benton, 1980

D. Knoweles, *Hegel and The Philosophy of Right*, Routledge Philosophy GuideBooks, 19oo

J. S. Mill, *On Liberty and Other Essays*, Oxford University Press, 1991

J. Meuris, *Rene Magritte,* Taschen, 2004

R. Motherwell(Edited by), *The Dada Painters and Poets: An Anthology*, The Belknap Press of Harvard University Press, 1981

F. Nietzsche (translated by WM. A. Haussmann), *The Birth of Tragedy*, The

Macmillan Company, 1909

F. Nietzsche (translated by R. J. Hollingdale), *Thus Spoke Zarathustra: A Book for All and For None*, Penguin Classics, 1961

F. Nietzsche (translated by A. M. Ludovici), *ECCE HOMO-Nietzsche's Autobiography*, The Macmillan Company, 1911

F. Nietzsche (Translated by T. Common), *Beyond Good and Evil*, The Edinburgh Press, 1907

F. Nietzsche(translated by Oscar Levy), *My Sister and I*, A M O K Books, 1990

F. Nietzsche(Translated by D. F. Ferrer), *Twilight of the Idols*, Daniel Fidel Ferrer, 2013

F. Nietzsche (translated by T. Common), *The Works of Friedrich Nietzsche, V. III, The Antichrist*, T. Fisher Unwin, 1899

F. Nietzsche (W. Kaufmann & R. J. Hollingdale-Translated by), *The Will to Power*, Vintage Books, 1968

B. Noel, *Magritte*, Crown Publishers, 1977

T. Pinkard, *Hegel : A Biography*, Cambridge University Press, 2000

Plato, *The Republic*, Penguin Books, 1974

S. Radhakrinshnan, *The Principal Upanisads*, George Allen & Unwin LTD, 1953

B. Russell, *History of Western Philosophy*, George Allen & Unwin Ltd, 1971

J. Russel, *Max Ernst Life and Work*, Harry N. Abrms, 1960

R. Safranski(Translated by S. Frisch), *Nietzsche : A Philosophical Biography*, W. W. Norton & Company, 2002

A. Schopenhauer(translated by J. F. J. Payne), *The World as Will and Representation*, Dover Publications, 1969

A. Shopenhauer(F. C. White - Translated by), *On the Fourfold Root of the Principle of Sufficient Reason (Shopenhauer's Early Four Root)*, Avenbury, 1997

W. Spies, *Max Ernst Collages, The Invention of the Surrealist Universe*, Harry N. Abrams, 1988

W. Spies & S. Rewald, *Max Ernst : A Retrospective*, The Metropolitan Museum of Art, 2005

Stanford Encyclopedia of Philosophy, 'Hegel's Aesthetics', 2009

D. Sylvester, *Rene Magritte*, Manil Foundation, 1992

D. Sylvester, *Rene Magritte*, Manil Foundation, 1994

30000 Years of Art, Phaidon Press, 2003

A. J. Toynbee, *A Study of History*, Oxford University Press, 1973

Voltaire, *The Best Known Works of Voltaire*, The Book League, 1940

Voltaire(translated by B. Masters), The Calas Affair *A Treatise on Tolerance*, The Folio Society, 1994

Voltaire(Translated by R. Pearson), *Candide and Other Stories*, Everyman's Library, 1991

Voltaire(Translated by D. Gordon), *Candide*, Beford/St.Martin's, 1999

Voltaire(Translated by L. Tancock), *Letters on England*, Penguin Books, 1980

E. Wright(edited by), *History of The World*, Bonanza Books, 1984

저자 후기

'정보(情報, Information)의 확보'가 공부하는 사람의 전부이다. 그 '정보(情報)'는 오늘과 내일을 위한 정보(情報)이다.

'정보(情報)'는 인간의 모든 영역에서 '왕이 되는 그 길'이지만, 그 '정보'는 역시 모든 사람들에게 유용하고 요긴한 것으로 '독점' '은폐' 그 자체가 죄악이다.

후배가 선배 비판하기는, 더욱 많은 '정보(情報)'를 확보하고 있으므로 쉬운 일이다.

저자가 '헤겔에 관한 정보', 그중에 그가 '우울증' 환자로서 그 '자살충동' '자살(자기 파괴) 욕구'를 자신의 '정의(正義) 실현 의지' '도덕의 실현 욕구' '자유의지'로 오해하고 있었다는 사실의 공개는, 그 동안 한 사람의 '다다(Dada) 이론가' '평화주의자'로서 '작은 역할'이나마 모처럼 행하게 된 바로 기쁘게 생각한다.

그러나 하나의 '비판'에는 또 다른 '비판들'이 기다리고 있으나, 마지막 기준은 '인간 생명'이라는 점은 다다이스트 이전 인류의 공론(公論)이다. 사실 그 '인간 존중(긍정)'의 '대 원리'에 멀어지면, 남 구제는커녕 당장 그 개인 스스로도 감당할 수 없는 '불행한 존재'일 뿐이다.

| 저자 소개 |

정상균 (Jeong Sang-gyun)

약력 : 문학박사 (1984. 2. 서울대)
조선대학교, 서울시립대학교 교수 역임

논저 : 다다 혁명 운동과 볼테르의 역사철학
다다 혁명 운동과 니체의 디오니소스주의
다다 혁명 운동과 예술의 원시주의
다다 혁명 운동과 문학의 동시주의
('2013년 대한민국학술원 우수학술도서' 선정)
다다 혁명 운동과 이상의 오감도
한국문예비평사상사
한국문예비평사상사 2
추상미술의 미학
문예미학
비극론
한국최근시문학사
한국현대시문학사
한국현대서사문학사연구
한국고대서사문학사
한국최근서사문학사연구

논문 : 태종 이방원(李芳遠)의 참성단(參星壇) 재궁(齋宮)시 고찰
수성궁몽유록 연구
한국고전문학교육의 반성
시조가사의 율성(律性) 연구
한국 한문학의 국문학으로서의 가능성과 한계성

역서 : 澤宙先生風雅錄
Aesthetics of Nonobjective Art

다다 혁명 운동과 헤겔 미학
Movement Dada & Hegel's *Aesthetics*

초판 인쇄   2017년 4월 20일
초판 발행   2017년 4월 30일

지 은 이 | 정상균
펴 낸 이 | 하운근
펴 낸 곳 | 學古房

주   소 | 경기도 고양시 덕양구 통일로 140 삼송테크노밸리 A동 B224
전   화 | (02)353-9908   편집부(02)356-9903
팩   스 | (02)6959-8234
홈페이지 | http://hakgobang.co.kr
전자우편 | hakgobang@naver.com, hakgobang@chol.com
등록번호 | 제311-1994-000001호

ISBN 978-89-6071-664-3   93100

값 : 50,000원

이 도서의 국립중앙도서관 출판예정도서목록(CIP)은 서지정보유통지원시스템 홈페이지
(http://seoji.nl.go.kr)와 국가자료공동목록시스템(http://www.nl.go.kr/kolisnet)에서 이용
하실 수 있습니다. (CIP제어번호 : CIP2017009536)